Bayerisches Lesebuch

Serie Piper
Band 431

Zu diesem Buch

Über gut hundert Jahre, von Lena Christ bis Marieluise Fleißer, von Ludwig Thoma bis Herbert Achternbusch und Gerhard Polt, spannt sich der Bogen dieses Lesebuchs, das im Spiegel der bayrischen Literatur zeigen will, was sich tat und was sich tut unter dem weiß-blauen Himmel, was sich geändert hat und was beim alten geblieben ist, seit die Bayern Anno 1870/71 auf ihre Eigenstaatlichkeit verzichteten. Ihre Eigensinnigkeit haben sie dem Deutschen Reiche damals mit Sicherheit nicht geopfert – die Querköpfigkeit, die Lust am notorischen Widerspruch ist ein herausragendes Stammesmerkmal, das der Bayer gerne und auf jedem Gebiet unter Beweis stellt.
Aber nicht nur in der Abgrenzung nach draußen, auch im eigenen Lande schätzt der Bayer den Widerspruch als höchstes Formprinzip: Und so steht in diesem Lesebuch auch neben dem stillen Naturlyriker Georg Britting der Räterepublikaner Ernst Toller, treten neben den getreuen Chronisten bayrischen Brauchtums Georg Queri mit Heinrich Lautensack und Frank Wedekind die Barden der Schwabinger Bohème, gesellen sich zum schlicht-derben Ton der Mundartdichtung Karl Stielers die vertrackt philosophisch-linguistischen Eskapaden des Erzschelms Karl Valentin. Wie sich derartig konträre Elemente zu einer harmonischen Ganzheit von vollendeter Dissonanz zu fügen vermögen – dieses Geheimnis Bayerns ein wenig zu lüften ist Ziel der Sammlung.
Wenn sie dem Eingesessenen zu einem literarischen Brevier seiner Heimat wird, dem Landfremden eine Einladung, eine Verlockung zum Lesen und Reisen, dann hat sie ihren Zweck erreicht. Manches liebgewordene Klischee mag dabei Schaden nehmen, doch es gibt Neues und Besseres zu entdecken: ein eigenwilliges Völkchen und seine Literatur, sich selbst und anderen ein Ärgernis und eine Lust zugleich.

Günther Lutz, geboren 1950 in München. Studium der Literaturwissenschaft, Geschichte, Theaterwissenschaft und Linguistik; Promotion zum Dr. phil. mit einer Arbeit über Marieluise Fleißer und die bayrische Literatur des 20. Jahrhunderts. Seit 1979 im Buchhandel tätig.

Bayerisches Lesebuch

Von 1871 bis heute

Herausgegeben von
Günther Lutz

Piper
München Zürich

ISBN 3-492-10431-2
Oktober 1985
2. Auflage, 11.–16. Tausend Dezember 1986

Umschlag: Federico Luci, unter Verwendung
einer Zeichnung von Hans Taschner
Gesamtherstellung: Clausen & Bosse, Leck
Printed in Germany

Inhalt

Vorwort

Ziel der vorliegenden Anthologie ist es, altbayrische Zustände aus gut hundert Jahren in literarischer Gestaltung vorzuführen: die Menschen, die politischen Verhältnisse und die kulturellen Traditionen, die ihre Denk- und Verhaltensweisen bis heute mitbestimmen. Heimat der Texte ist das bayerische Stammland, eine kulturelle Einheit seit vielen Jahrhunderten, Oberbayern, Niederbayern und die Oberpfalz umfassend (während der Staat Bayern aus Altbayern, Franken und Schwaben besteht). Der Zeitraum reicht von Kobells »Brandner-Kasper«, der erstmals 1871 in den »Fliegenden Blättern« erschien, bis zu einem noch unveröffentlichten Lied von Hanns Meilhamer und Claudia Schlenger.

Die Autoren der Anthologie stammen zum Großteil aus Altbayern, es wurden aber auch zugezogene Schriftsteller aufgenommen, wenn ihre Werke Signifikantes zu kulturellen Vorgängen in Bayern beitrugen. Die Kapitel, die sich mit der Kultur Schwabings und den politischen Verhältnissen in Altbayern befassen, enthalten daher viele Texte nichtbayrischer Autoren. Nicht sinnvoll erschien es mir, die Anthologie zu einem Lesebuch der in Bayern verfaßten Literatur auszuweiten, etwa ein Gedicht von Stefan George oder einen Prosatext von Regina Ullmann oder Alfred Andersch aufzunehmen. Die Vielfalt ist schon groß genug, und das Vorhaben, bayrische Zustände im Spiegel ihrer Literatur abzubilden, würde nur verwässert.

Leicht fiel es, den Zeitraum der Anthologie auf die letzten hundert Jahre einzugrenzen. Zwar hatte die romantische Bewegung der regional begrenzten Literatur den Weg geebnet, aber außer idyllisierenden Dorfgeschichten oder Mundartgedichten war wenig dabei herausgekommen. Während in Norddeutschland in der Zeit der Aufklärung und erst recht der der Weimarer Klassik und der Jenaer und Berliner Romantik die Literatur Gipfel des künstlerischen Individualismus erreichte, tat sich im bayrischen Raum sehr wenig. Den antiklerikalen Satiren eines Pezzl oder Bucher folgten die romantisch beeinflußten, mißglückten Gedichte Ludwigs I., später, in der zweiten Hälfte des 19. Jahrhunderts, die klassizistischen Hohlheiten der von König Max II. berufenen »Nordlichter«, unter ihnen Geibel und Heyse. Allerdings setzte unter diesem König auch die Erforschung des bayrischen Hochlands ein, die Beschreibung der Landschaft, der Sitten und Gebräuche des einfachen Volks, seiner Lieder und seiner Volkspoesie. Johann Andreas Schmeller hatte zu dieser Zeit bereits sein »Bayerisches Wörterbuch«, diese einzigartige Fundgrube bayrischer Wörter und Redewendungen, fertiggestellt.

Im Zug dieser volkskundlichen Bemühungen wurde in verstärktem Maße die Mundart, allerdings in strikter Begrenzung auf derbe und rührende Stoffe, zur Sprache der Literatur. Erst mit dem Naturalismus, einer literarischen Richtung, die aus den Großstädten kam und auf naturwissenschaftlicher Grundlage dem Wilhelminischen Pathos den Kampf ansagte und minutiös Leben und Leiden der unteren Schichten aufzeichnen wollte, kam es zur Anerkennung des Dialekts als einer eigenständigen, schichtenspezifischen Literatursprache. Wenn man die Werke Ludwig Thomas oder Lena Christs dem bayrischen Naturalismus zuordnet, so hat diese Klassifizierung kaum etwas mit dem Programm dieser literarischen Bewegung zu tun. Aber: Die künstlerische Legitimation einer wirklichkeitsgetreuen Regionalliteratur, die ohne idyllisierende Augenwischerei auskam, war nun erreicht.

Während in den neunziger Jahren des 19. Jahrhunderts Bayern politisch bereits von Norddeutschland abhängig war, die politischen Entscheidungen in Berlin getroffen wurden, entwickelte sich eine eigenständige bayrische Literatur, die altbayrisches Denken und Handeln uneingeschränkt beschreiben konnte.

Literaturgeschichtliche Epochenbegriffe, mit denen Stilarten und Geistesbewegungen unterschieden werden, haben für die bayrische Literatur wenig Sinn. Außer in der für das bayrische Dichten untypischen Großstadtkultur, die literarische Richtungen (Symbolismus, Impressionismus, Expressionismus etc.) schnell aufgriff und wieder fallenließ, bevorzugt die bayrische Literatur die Beschreibung der unmittelbar wahrgenommenen Wirklichkeit. Die Subjektivität des Autors bestimmt die lyrische, dramatische, satirische oder historisierende Stilart. Wer etwa Autoren wie Gottfried Kölwel oder Georg Britting dem Expressionismus zuordnet, übersieht, daß beide vorwiegend eine zwar unterschiedlich wahrgenommene, aber stets realistisch benannte Kreatürlichkeit beschreiben. Auch experimentelle Versuche zeitgenössischer bayrischer Autoren bewegen sich selten ins Abstrakte, sondern haben ihr solides Fundament im sinnlich Erfahrbaren. Denn so wie der Altbayer vom pragmatischen Bauern abstammt, der nur an das glaubt, was er auch sinnlich wahrnehmen kann, so ist der bayrische Autor dem Umfeld, das er mit seinen Augen erfassen kann, verhaftet. Nur manchmal, wenn er seiner Fabulierlaune freien Lauf läßt, kommt er ins ausufernde Erzählen, erfindet er aus dem Stegreif, ohne allerdings auf sein festes Fundament, den Boden, auf dem er steht, zu verzichten.

Die hier versammelten Autoren haben bayrische Verhältnisse beschrieben – vorgestrige, gestrige, heutige. Einige bekannte Autoren fehlen (z. B. Annette Kolb, Mechtilde Lichnowsky, Eugen Roth), entweder, weil es nicht möglich war, in sich geschlossene Texte der Autoren zu finden, oder weil ihr Werk der (subjektiven) Konzeption der Sammlung zum Opfer fiel; bewußt verzichtet habe ich auf den Hochland-Kitsch eines Ludwig Ganghofer und die rein nostalgischen Bestrebungen einer zeitgenössischen Mundartlyrik, die das verlogene »Mia san mir«-Gehabe eines folkloristischen, unwahren Bayern mit Gewinn verkauft. Meist war die künstlerische Qualität der Maßstab der Auswahl, manchmal auch der kulturgeschichtliche Wert eines Textes (so etwa bei Lena Christs Beschreibungen der ersten Kriegsjahre 1914/15). Vielfach werden Autoren mit mehreren Texten vorgestellt, um die Spannbreite ihres Werks anzudeuten. Wenn dem Leser ein Autor so gefällt, daß er zum Weiterlesen angeregt wird, dann wäre ein Zweck dieser Anthologie erreicht. Soweit möglich, habe ich mich bemüht, abgeschlossene Texte auszuwählen, die den unterschiedlichsten Gattungen (Epik, Drama, Lyrik, Essay etc.) angehören. Für Werkauszüge (so z. B. für in sich relativ abgeschlossene Romankapitel) habe ich neue Titel gewählt, die als solche im Anhang kenntlich gemacht sind. Gekürzt habe ich nur die theoretischen Texte von Amery und Sperr, deren letzte Absätze nicht mehr zur gedanklichen Einheit der Essays gehören, außerdem (aus Platzgründen) die Erinnerungen Tollers an die

Münchner Räterepublik. In diesem einen Fall, wo keine literarische Sinneinheit gefährdet wurde, schien mir dieses Vorgehen berechtigt.
Unter Verzicht auf literaturgeschichtliche und gattungsspezifische Einteilungen, die der Vielfalt bayrischer Literatur und ihrer thematischen Einheitlichkeit nicht gerecht werden, ergab sich eine Gliederung nach thematischen, topographischen und chronologischen Gesichtspunkten. In ihrer Ganzheit soll die Anthologie zeigen, wie Literatur eine bestimmte, regional begrenzte Kultur und die sozialen, politischen, kulturellen Veränderungen, die innerhalb dieser Kultur im Laufe der Zeit stattfinden, erkennbar werden läßt.
Was wäre da passender als ein essayistisches Rahmenwerk mit Texten zur altbayrischen Kultur und Charakteristiken ihrer bekanntesten Autoren. Wie zutreffend für das Bayrische erscheint die barocke Kultur, die Religiöses versinnlicht, greifbar macht. Auch in den Bräuchen des Kirchenjahrs wird Religion gelebt, auf der altbayrischen Lebensbühne faßbar zelebriert. Und wenn die alten Bräuche auch langsam aussterben, die Freude am Fest, am äußerlichen Glanz bleibt erhalten. Das gesellige Miteinander, ob beim Volksfest, beim Theaterspiel oder beim gemeinsamen Musizieren, ist fester Bestandteil bayrischen Lebens. Max II. ließ als erster heimatliche Volkslieder sammeln, der bekannteste Sammler von Volksweisen, unterstützt von den Wittelsbacher Herzögen und angeregt von Ludwig Thoma, war der Kiem Pauli. Welche völkerverbindende Wirkung vom Musizieren ausgehen kann, zeigt der sensible Text von Wilhelm Dieß, in dem der Kiem Pauli 1945 den amerikanischen Befreiern mit volkstümlichen Weisen eine andere, positive Seite deutscher Kultur vorführt.
Beispielen zur Vielfalt der bayrischen Mundart, einer modernen Auffassung zeitgemäßer bayrischer Literatur und einem Beitrag zur eigenständigen Kultur Niederbayerns folgt Carl Amerys kritische, diskussionswürdige Durchleuchtung des bayrischen Wesens. Bäuerlicher Pragmatismus und religiös bedingter Fatalismus werden hier in Zusammenhang gebracht mit der politischen Bedeutungslosigkeit Bayerns seit 1866, mit dem ohnmächtigen Reagieren eines fremdbestimmten Landes, dessen Bewohner sich nur gegen »konkrete Zwänge« zu wehren vermögen. Er ist

sich selbst der Nächste, der Altbayer, und er versucht alles so zu drehen, daß die gewohnte Ordnung erhalten bleibt.
Natürlich verwundert es überhaupt nicht, daß die Porträts, die bayrische Autoren ihren Kollegen widmeten, nicht gerade in die Tiefe literarischer Interpretation reichen. Gesehen wird das Verwandte, die gemeinsame kritisch-realistische Komponente (Graf–Thoma), die in willkürlich anmutenden Assoziationen konstatierte Seelennähe (Achternbusch–Valentin), wenn nicht gar die freundschaftliche Beziehung (Thoma–Queri). Zu weit geht es allerdings doch, wenn der Literaturhistoriker Josef Hofmiller in Lena Christ die elementare Kraft der unbewußten literarischen Äußerung zu erkennen vermeint. Hier wird der künstlerische Akt mystifiziert am Beispiel einer Frau, die das ländliche und städtische Milieu aus eigener Erfahrung genauestens kannte. Daß aber Hofmiller den literarischen Wert Lena Christs an der Genauigkeit ihrer Schilderungen mißt, ihrer Beschreibung bäuerlicher Kultur und kleinbürgerlicher Stadtkultur, ist wieder kennzeichnend für Absicht und Aufnahme bayrischen Schreibens.
Es wurde bereits erwähnt, daß unter König Max II. die oberbayrische Landschaft und Kultur erschlossen wurde. Franz von Kobell und Karl Stieler, ein Verehrer Kobells, die beide dem gehobenen Bürgertum angehörten, dichteten im mundartlichen Volkston, imitierten Volkspoesie und sangen das Lob des derbnaiven, einfachen Volkscharakters. Ihre Lyrik trug (sicher unfreiwillig) mit zur Schaffung des Bayern-Idylls bei, das seine schlimmsten Auswüchse in Postkartenkitsch, Wildererromantik und verlogenen Folkloreabenden hatte. Kobell hat aber auch ein Meisterwerk geschaffen, die erste Mundartdichtung in Prosa (der bis heute nur wenige nachgefolgt sind): »Die Gschicht von Brandner-Kasper«, die religiöse Sinnlichkeit und Bauernschläue, gepaart mit echtem Gefühl, im ländlichen Menschen porträtiert. Dieses Glanzstück altbayrischer Erzählkunst steht zu Recht am Beginn der literarischen Texte unserer Sammlung. Stielers Aufsatz über das Haberfeldtreiben zeigt, daß der Autor nicht nur derb-pointierte und gefühlvolle Gedichte schrieb, sondern auch durchaus kritisch das bayrische Brauchtum beobachtete. Der Text weist schon voraus auf Queris ausführliche Studie

über das Haberfeldtreiben und seine kriminellen Auswüchse, die dann 1911 erschien.
Damit sind wir aber schon bei den Autoren, die ohne Beschönigung einmal sachlich, dann mitfühlend, dann wieder humorvoll-satirisch, stets aber genau die ländlichen Sitten beschrieben. Zuallererst war es Thoma, der Altmeister der modernen bayrischen Literatur, der als Advokat in Dachau den bäuerlichen Menschenschlag kennenlernte und seine oft kuriosen Erlebnisse in Erzählungen umsetzte (»Agricola«, 1897). Der Bäckersohn Oskar Maria Graf, der am Starnberger See aufwuchs, und der Niederbayer Dieß, der einen Hof in der Nähe des Tegernsees bewirtschaftete, schildern die bäuerliche Engstirnigkeit und das egomanische Vorteilsdenken des Landmenschen detailliert und ohne Überzeichnung. Die große Bedeutung der Natur für das Leben auf dem Lande vermitteln die atmosphärisch dichten Stimmungsbilder von Gollner und Becher.
Im Dorf ist alles überschaubar, nichts ist zu verheimlichen. Der Kleinstädter lebt in einem sozialen Umfeld, dem er sich, will er anerkannt sein, anpassen muß. Trotzdem kann er (heimlich) Wünschen folgen, die den institutionalisierten Moralvorstellungen nicht entsprechen. Lust und Angst, Anpassung und Auflehnung sind typische Gegensätze, die im Kleinstädter angelegt sind. Von der Literatur fordert dies eine subtile Einfühlung in Geisteshaltungen, die wesentlich komplizierter sind als diejenigen des bäuerlichen Menschen. In den Erzählungen von Ludwig Thoma, Gottfried Kölwel und Marieluise Fleißer ist sie glänzend gelungen. Sie sind ein Beweis dafür, daß bayrische Autoren auch vielschichtige Charaktere mit komplexem Umfeld überzeugend beschreiben können.
Der Weg der Anthologie führt uns in die soziale Vielfalt der Großstadt. München war seit der Mitte des 19. Jahrhunderts ein kulturelles Zentrum in Deutschland, das auch viele Norddeutsche anzog. Das Kapitel über die »Münchner Leut'« gehört aber noch dem eingeborenen Münchner in der Mannigfaltigkeit seiner Wesenszüge. Bissig (Ruederer), zärtlich-humorvoll (Kreis) und sozialkritisch (Lena Christ) sind sie gezeichnet: die Gschaftlhuber der besseren, geldigen Gesellschaft wie die geschundenen Armen aus den Herbergsvierteln, die grantigen Familienväter

wie die geizigen Liebhaber, die herzlosen Hausherren wie die törichten, verführten Mädchen. Als Apotheose gibt uns Thomas Postsekretär ein Beispiel für raunzig-münchnerisches Auftreten in himmlischen Gefilden – selbst wenn er davon nur träumt.

Für den alteingesessenen Münchner waren die Künstler von Schwabing sicher nicht mehr als das »Gschwerl«, das durch unbürgerliches Verhalten provozieren wollte. Wohl keine künstlerische Richtung war der altbayrischen Kultur so fern wie die Brettl- und Cafékultur Schwabings, diese Großstadtkultur mit ihren frivolen Künstlerfesten und scheiternden Existenzen. Im starren Moralkorsett der Wilhelminischen Zeit war »Schwabing« ein Ort des geistigen Aufbruchs gegen Prüderie und falsche Moral, für Emanzipation und künstlerische Frechheit. Es ist erstaunlich, in welch engem Zeitraum die verschiedensten Kreise und Programme hier aufeinandertrafen: Das Kabarett der »Elf Scharfrichter«, in dem Frank Wedekind seine Lautenlieder sang und für das der Wedekindverehrer Lautensack expressiv-erotische Gedichte schrieb, wurde 1901 gegründet; der »Simpl« der Kathi Kobus, wo Ringelnatz seine Gedichte vortrug, wurde 1903 eröffnet; im selben Jahr fand das bacchantische Fest der »Enormen« statt, das uns Franziska zu Reventlow schildert. Zur gleichen Zeit trafen sich Dichter, Künstler, Philosophen, Weltverbesserer im Café Stefanie und hofften auf Durchbruch und Anerkennung, vielfach auch nur darauf, daß ein Text oder Bild von ihnen in der »Jugend« oder im »Simplicissimus«, bei dem Thoma Redakteur war, veröffentlicht wurde. In dieser Welt des Spielerischen und wenig Ernsthaften trieben sich aber auch wahnhafte Fanatiker herum: der Prediger Derleth etwa, ein denkbares Vorbild für Thomas Manns Erzählung »Beim Propheten«. Unausgegorene, rassistische, in einem mythischen Heidentum wurzelnde Philosophien verkündeten Ludwig Klages und Alfred Schuler. Und zu Beginn der zwanziger Jahre suchte Adolf Hitler in Schwabing nach Anhängern, die seine antisemitischen Wahnideen mit ihm teilten (Oskar Maria Graf berichtet davon in seinem Buch »Gelächter von außen«). Nach dem Zweiten Weltkrieg blühte die Brettlkultur in Schwabing noch einmal kurz auf, neue Literaturvereine (z. B. der »Tukan-Kreis«) entstanden. Heute ist der Reiz des Künstlerviertels von Diskotheken und

Schickerialokalen verdrängt worden. Peter Paul Althaus hat als letzter mit wehmütigem Ton die große Zeit Schwabings, seinen unseriös-verspielten Geist beschworen und sein Ende beklagt.
Der alteingesessene Münchner, nein, er ging nicht nach Schwabing, höchstens mal zum prickelnden Zusehen, seine Unterhaltung fand er im Wirtshaus, wo die »Volkssänger« mit ihren Truppen auftraten, im Hotel Oberpollinger, Hotel Wagner, im Peterhof und im Café Metropol. Das bekannteste, heute noch existierende Etablissement für die Auftritte der Münchner Komiker war das »Platzl« beim Hofbräuhaus (wo Karl Valentin übrigens nie auftrat). Die Volkssänger boten harmlose Unterhaltung, neben Musiknummern und Kurzszenen meist selbstgeschriebene Couplets, in denen so recht nach dem Bürgerwillen auf hohe Bierpreise oder rabiate Hausdrachen geschimpft und über die dummen Bauern vom Land gespottet wurde. Beispiele für diesen biederen Humor geben die Texte von Papa Geis und vom Weiß Ferdl. Auf den Volkssängerbühnen begann auch Karl Valentin seine Karriere, die ihm Erfolge weit über München hinaus bescheren sollte. Valentins Entwicklung vom skurril-eigenwilligen Solovortrag über das absurde Spiel mit der Sprache bis zum erschütternden Kleinbürgerdrama, bei dem einem das Lachen im Hals stecken bleibt (»Der Firmling«), soll durch die drei abgedruckten Texte wenigstens angedeutet werden. Liesl Karlstadt, seine kongeniale Partnerin, vertrat die bodenständige Vernunft, mit der sich der Querdenker Valentin messen mußte und die ihn in immer tiefere Dimensionen seiner Gegenlogik verstrickte. Man muß sich nicht wundern, daß Valentin bei den Münchnern gar nicht so beliebt war – schließlich vertrat er eine Spielart des Humors, die von Intellektuellen gefeiert wurde, den einfachen Bürgern aber recht merkwürdig und »spinnert« vorkommen mochte. Die Volkskultur, die mit den Volkssängern begann (die es übrigens nicht mehr gibt, Rundfunk und Fernsehen mit ihren sterilen Shows haben sie verdrängt) – mit Valentin war sie weit über die Grenzen hinausgegangen, die im Selbstgefühl des Zuschauers lagen, der seine Meinung vertreten wissen wollte.
Wäre man gehässig, so könnte man sagen, daß all die Literatur, die im Kapitel über das »München- und Altbayernidyll« gesam-

melt ist, heute die bestätigende Funktion der biederen Volkssänger übernommen hat. Von Michl Ehbauer bis zu Georg Lohmeier haben die Autoren gemeinsam, daß sie mit wohlwollender Liebe zu ihrer Heimat und ihren Bräuchen und Traditionen stehen. Trotzdem muß, bei aller Vergangenheitssentimentalität, doch differenziert werden. Das hier beschriebene Idyll ist nicht nur heil, es kann auch schmerzhaft und ergreifend sein. Sicher identifizieren sich Autoren wie Herbert Schneider oder Franz Ringseis mit ihrer Heimat, aber sie betrachten sie nicht mit verbundenen Augen. Diese Welt der Geborgenheit kann der Ort tief empfundener Wehmut sein, die dennoch das Schicksalhafte zu akzeptieren vermag (so in dem wundervollen Gedicht von Ringseis »Tuipn auf deim Grob«), sie kann genauso heiter und ohne Rührseligkeit beschworen werden (wie bei Georg Lohmeier), sie ist vor allem literarisch viel anspruchsvoller umgesetzt als in den einfachen Couplets der Volkssänger. Die nach bayrischem Muster geschaffene Welt hat ihre Berechtigung, solange sie nicht mit öden Reimen eine falsche Nostalgie beschwört. Den vielen Dialektlyrikern, die ihre Banalitäten mit dem Etikett des »Urwüchsig-Bayrischen« versehen, sei das Gedicht »Das Oadelwoass« von »Scharfrichter« Hanns von Gumppenberg gewidmet.
Weniger zu sagen gibt es zu den Texten, die in chronologischer Anordnung politische Verhältnisse in Bayern widerspiegeln – sie sollen für sich selbst sprechen. Festzustellen ist, daß all die beschriebenen Vorgänge und Ereignisse, von Hitlers Putschversuch einmal abgesehen, den uns Feuchtwanger mit den Augen eines Münchner Mitläufers sehen läßt, nicht spezifisch bayrisch sind. Vom Wilhelminischen Deutschland über den Ersten Weltkrieg, die Zeit der Räterepublik (die auch keine rein bayrische Angelegenheit war), die Zeit von Weimar, die Jahre der Nazidiktatur, die den nächsten Weltkrieg einleiteten, geht der Weg bis zu den Trümmern der Nachkriegsjahre. Er wird gesäumt von konservativen, liberal-kritischen und revolutionären Stimmen. Unbeteiligt ist niemand, jeder gibt seine Meinung ab. Ludwig Thoma kritisierte das Hohle und Steife des Wilhelminismus, seine Untertanenmentalität, um später, wie Lena Christ und viele andere, mit Enthusiasmus den Ersten Weltkrieg zu begrüßen. Die Zeit der Räterepublik mit ihren chaotischen Zuständen

und ihre blutige Zerschlagung durch die weißen Freikorps und Regierungstruppen wird aus konservativer (Hofmiller) und revolutionärer Sicht betrachtet – ein Versuch, beide Positionen zu verdeutlichen. Wer die konservative Politik in den frühen zwanziger Jahren in Bayern, das Aufbegehren gegen die ungeliebte Republik studieren will und die nationalistischen Tendenzen, die Hitler stark werden ließen, für den ist Feuchtwangers Roman »Erfolg« Pflichtlektüre. Als es dann zu spät war, blieb den Regimegegnern die Flucht ins Exil oder das Schweigen der inneren Emigration. Weltweite Aufmerksamkeit erlangte Oskar Maria Graf mit seinem Aufruf an die Nazis, auch seine Bücher zu verbrennen wie die seiner antifaschistischen Berufskollegen und Freunde. Andere, wie Marieluise Fleißer, die nicht emigrierten, erhielten Schreibverbot, wieder andere, wie Albrecht Haushofer, schlossen sich dem Widerstand gegen Hitler an. Während seiner Haft schrieb Haushofer bewegende, um Schuld und Verhängnis kreisende Sonette, die visionär bereits das ruhmlose Ende des tausendjährigen Reiches vorausahnen. Aus dem Schutt des zerbombten Deutschland holt Erich Kästner seine lemurenhaften Gestalten, die Geflüchteten und die Ewig-Gestrigen, die desillusionierten Kinder und die gerissenen Geschäftemacher, die Heimkehrer und die selbstgefälligen Parteipolitiker, die in ihrer Gesamtheit die neue Bundesrepublik Deutschland repräsentieren, in der Bayern ein Bundesland unter anderen sein wird.

Den Unterschied zwischen dem ober- und dem niederbayrischen Charakter hat Benno Hubensteiner in seinem hier abgedruckten Aufsatz über die Niederbayern so definiert: »Der Niederbayer (...) ist schwerfälliger, aber auch beharrsamer; voll Freude am Auftrumpfen und an der prallen Pracht; dabei gradan und gradaus bis zur Grobheit.« Diesen niederbayrischen Menschen zeigen uns Max Peinkofer, für dessen »Roten Bua« wir leider keine Abdruckgenehmigung erhalten konnten, und Emerenz Meier in ihren Mundartgedichten. Daneben gibt es aber zwischen Donau und Inn einige Autoren (Britting, Carossa, Lautensack, Dieß), die in der Feinfühligkeit ihrer Betrachtung und in ihrer sprachlichen Sensibilität die Vielfalt bayrischen Dichtens um eine neue, bisher nicht gehörte Note erweitern. Die ausgewählten Texte schlagen eine Brücke von der Kindheit bis zum Tod, reichen vom mystischen Naturerlebnis des jungen Knaben bei Britting über die in klassisch-ruhigem Ton erzählten frühen Berufserfahrungen des jungen Arztes bei Carossa bis zum feierlichen Leichenbegängnis bei Dieß, das in unfreiwilliger Turbulenz endet.

Wir sind in der Gegenwart angelangt. Wer geglaubt hatte, die bayrische Literatur würde in wehmütiger Rückbesinnung versanden (zwischen 1950 und 1960 sah es sehr danach aus!), der täuschte sich gewaltig. Gerade in den letzten zwanzig Jahren ist eine Fülle von Autoren herangewachsen, die mit unterschiedlichen Mitteln und Absichten, meistens aber sehr kritisch sich mit den heutigen Verhältnissen in ihrem Land auseinandersetzen. Daneben gibt es Einzelgänger wie Herbert Rosendorfer oder Herbert Achternbusch. Rosendorfer schreibt phantasievolle Geschichten und Romane von geradezu barocker Fülle; Achternbusch erfindet ein wildes, anarchisches Universum, in dem er sich in den verschiedensten Verkörperungen zur Sprache bringt, er kann aber auch, wie die »Blutentnahme« beweist, soziale Vorgänge knapp und präzise benennen. Noch am ehesten der gemütlich-bayrischen Tradition verbunden ist der Sebastian Gsangl von Reiner Zimnik, ein behäbig-bodenständiger Raunzer. Aber auch Zimnik sieht die Auswüchse der einstmalig bayrischen Gemütlichkeit, den Massentourismus auf der Wies'n, wo ruhige Platzerl, wie sie der Münchner liebt, nur noch schwer zu finden sind.

Soziale und kulturelle Mißstände greifen die zeitgenössischen Autoren mit derselben Kampflust und Kraft an, die ihr Vorfahre Ludwig Thoma gezeigt hatte. Umweltsünden, Arbeitsmisere, Wohnungsnot werden genauso zur Sprache gebracht wie soziales Elend oder Zukunftsangst. Beeinflußt von den experimentellen Arbeiten der Wiener Gruppe (zu der u. a. Konrad Bayer, H. C. Artmann und Gerhard Rühm gehörten), haben Carl-Ludwig Reichert und Michael Fruth einen neuen Typus des Mundartgedichts mit konsequenter Dialektschreibung geschaffen. Sie haben das virtuose Spiel der konkreten Poesie mit Lauten und Wörtern übergeführt in kritische Inhalte. Ähnlich haben nach ihnen viele Lyriker mit der Mundart gearbeitet, unter ihnen Fritz Fenzl und Josef Wittmann.

Das kritische Volksstück einer Marieluise Fleißer und eines

Ödön von Horváth, die schon in den zwanziger Jahren im Sprachgebrauch ihrer Personen soziale Unterschiede erkennbar machten, griffen Martin Sperr, Rainer Werner Fassbinder und Franz Xaver Kroetz auf. Kroetz, der in seinen frühen Stücken die Artikulationsnöte und die Fremdbestimmtheit der kleinen Leute von Marktstrategien und aufgezwungenen Konsumideologien bloßstellte, ging mit der Sprachreduzierung am weitesten: »Wunschkonzert« ist ein Stück ohne Sprache, das Drama einer Artikulationslosigkeit, die bis zur Selbstzerstörung führt. Kroetz hat selbst erkannt, daß die radikale Reduktion seiner Personen auch eine Reduktion seiner dramatischen Möglichkeiten bedeutete. Heute bemüht er sich mit einer vielschichtigeren Sprache um die Beschreibung komplexerer sozialer Verhältnisse. Dem Theatergänger kam die sprachlose Dumpfheit, das Dahinvegetieren der Kroetzschen Figuren ja ohnehin exotisch vor. Wesentlich genauer, auf den sozialen Punkt treffend, mutet da die Fertigsprache an, mit der Gerhard Polt und Hanns Christian Müller ihre Leute ausstatten. Hinter den vorgefertigten Sprachmustern ihrer Personen verbirgt sich Abgründiges. Und den Weg zu einem neuen, publikumswirksamen Volkstheater geht der Passauer Siegfried Zimmerschied, der mit Witz und sprachlicher Treffsicherheit aktuelle Geisteshaltungen entlarvt. Eines seiner gelungensten Stücke stellt uns den »Mitterer« vor; es ist eine Kleinbürgertragödie vom beruflichen Scheitern, das an der Schwelle zum Absurden steht.

Die jungen bayrischen Autoren kommen fast alle aus dem Bereich der dramatischen Kunst. Sie setzen die alte bayrische Bühnenkultur fort. Zu ihnen sind auch Hanns Meilhamer und Claudia Schlenger zu rechnen, die hier mit ihrem antinostalgischen Lied vom »Über-Bayern« vertreten sind. Die Freude am Derblecken, am Aufbegehren mit Witz und Können dominiert. Sie hat auch ihren Niederschlag gefunden in der neuen Volksmusik, die musikalisch die Tradition pflegt, in ihren Texten aber Namen und Mißstände schonungslos aufdeckt (Biermösl Blosn, Guglhupfa'). Weil ihre Lieder ohne die dazugehörige Musik undenkbar sind, will ich es hier bei der bloßen Empfehlung belassen.

Selbst der grandioseste Text der neuen bayrischen Literatur, Uwe Dicks »Öd«, verlangt eigentlich die Bühnenpräsentation, mit der der Autor sein »Monster« zum Leben erweckt. Hier ist er noch einmal präsent: der Wirtshaushocker, der vor sich hinphilosophiert, mal aggressiv, mal mit lichten Momenten, mal heimtückisch-gefährlich, mal offen-derb. Die Stimme eines ganzen Volksstamms: pragmatisch-nüchtern, konservativ und daher schwer beeinflußbar, aufbegehrend und daher schnell ungerecht. Was dazu die außerordentliche Qualität dieses »Bio-Dramas« ausmacht, ist Dicks innovative Sprachkraft, seine Fähigkeit, mit Wörtern zu spielen, ähnlich wie Arno Schmidt es tat, und so dem Bayrischen eine neue Dimension zu verleihen. Legt man diese sprachschöpferische Kraft zugrunde, dann kann man wirklich gespannt sein, wie und wohin sich die bayrische Literatur weiterentwickeln wird.

I. Das verschnörkelte Weltbild

Zur altbayrischen Kultur

Franz Hugo Mösslang

Das verschnörkelte Weltbild

Altbayern war schon ein barockes Wesen, bevor das Zeitalter des europäischen Barocks begann. Als es soweit war, schlüpfte auch Altbayern in das neue Gewand, und siehe da, es paßte, als habe es ihm ein himmlischer Schneidermeister angemessen.

Draußen, außerhalb des altbayrischen Fünfecks, zwackte die neue Mode des Barocks die Völker nicht wenig. Sie war sehr kostspielig, und es war schwer einzusehen, warum sich der gemeine Mann für Dinge abrackern sollte, die ihn im Grunde nichts angingen: der barocke Triumph der katholischen Gegenreformation, die barocke Prachtentfaltung des Absolutismus, der eitle Nachäffungstrieb des schon halb entmachteten Adels und die Prahlsucht des aufsteigenden Bürgertums.

In Altbayern dagegen saß der Barock allen sogleich wie angegossen. Hier traf er nicht auf eine kalte rationale Staatskonstruktion. Hier gab es längst nicht jene volle Strenge einer Ständegliederung, deren einziger Daseinszweck es war, nach der Spitze hin ausgerichtet, diese zu tragen. Das zu nationaler Eigenart herangereifte Altbayern mußte schon längst nicht mehr von einer solch spröden Konstruktion künstlich zusammengehalten werden; es trug sich selbst. Gemeinsame Grundauffassungen verbanden Kirche, Landesvater und Landesadel, den Bürger, den Handwerker, den Bauern und das abhängige, aber niemals proletarisierte Gesinde weitaus solider, als es intellektuelle Berechnung oder blanker Zwang andernorts je konnten. Die Stände fühlten sich als gottgegeben und gottgewollt, mit besonderen Pflichten ausgestattet, aus denen sich die besonderen Rechte wie natürlich ergaben. Wo Unrecht geschah – und es geschah auch in Altbayern genug –, hoffte jedermann wenigstens auf gerechten Ausgleich im Jenseits.

Der Landesherr entstammte einem eingeborenen Geschlecht, dessen Blut sich stets einen kräftigen Schuß altbayrischen Wesens bewahrt hatte. Der altbayrische Adel, im Durchschnitt nicht übermäßig reich und schon lange dem Landesfürsten mehr verpflichtet als dem Reich, war vielfach mit dem städtischen Bür-

gertum verschwägert und versippt. Das Bürgertum selbst holte sich die Mütter seiner Geschlechter aus dem breiten Bauernland, in dem, selten weiter zurück als zwei oder drei Generationen, ohnehin seine eigene Wiege gestanden hatte. Über eine Unzahl wohlausgestatteter Klosterschulen stieg ein starker und regelmäßig fließender Strom an nachgeborenen Bauernburschen empor zu den Höhen damaliger Bildung. Durch sie kam auch der einfache Mann zu geistlichen und weltlichen Ämtern, erreichte oft bürgerliche Anerkennung, übernahm verantwortlichen Staatsdienst und gewann den Adelsbrief.
Auf den altbayrischen Bauernhöfen saßen nur selten Freie. Aber es war hierzulande Übung der adeligen und geistlichen Grundherren, den Bauern auf seinem Lehen sitzen zu lassen und ihn mit Abgaben nicht unerträglich zu überfordern, sei es aus der nüchternen Berechnung, daß nur ein gesunder Gaul den Karren zieht, sei es, weil die Grundherren selbst bäuerlicher Tradition und bäuerlichen Denkens voll waren in einem Land, wo so mancher Abt und Pfarrer »Vater« oder ein adeliger Herr »mein Vetter« zu einem seiner Hintersassen sagen konnte. Im Dienst eines von je aufwandfreudigen Volkes hat das altbayrische Handwerk niemals wirklich gedarbt. Es fand seinen goldenen Boden verhältnismäßig leicht und konnte sich an der Fülle kennerischer Aufträge und luxuriöser Bestellungen hohe technische und künstlerische Ausbildung erarbeiten.
Dies etwa war der innere Zustand des altbayrischen Staatsgebildes, als ihm die Geschichte das barocke Gewand überwarf. Sie tat es im richtigen Augenblick. Anscheinend wächst jedes Volk auf geheimnisvolle Weise der Stunde zu, die dem endlich erwachsenen jene unverwechselbar eigenen Züge verleiht, wie sie auch der einzelne auf der Höhe seines Lebens gewinnt.
Dann freilich liegen auch sein Charakter, seine Verhaltensweise zur Umwelt und sein historisches Gewicht fast unabänderlich fest, bis es irgendwann im Zeitenstrom untertaucht, sich auflösend zu amorphem Material für neue Geschichtskompositionen.

Altbayern ist bis auf den heutigen Tag ein barockes Wesen geblieben. Für die meisten anderen europäischen Völker bedeutet der Barock nur den Durchgang durch eine Entwicklungsperiode. Vielleicht einen zurückgelegten Schritt zu sich selber, vielleicht sogar nur den Einbruch von etwas Feindlichem, das überwunden oder ausgestanden werden mußte. So mag der Barock heute für sie nicht mehr bedeuten als eine liebenswürdige Erinnerung an einstmals so heiter-prächtig ausstaffierte Tage, eine stolz gepflegte Leistungsschau für das Museum der eigenen Geschichte, eine Sammlung köstlicher Einsichten, die man bewahrt, weil sie heute nicht mehr zu gewinnen wären.

Für Altbayern ist der Barock Erfüllung geworden. Für Altbayern ist er das letzte Gewand. Der Barock umreißt die Grenzen der kulturellen Entfaltungsmöglichkeiten Altbayerns und legt den Kreis fest, in dem sich auch die politischen Wirkungen dieses Landes bescheiden müssen. Was seither in diesem Land gebaut worden ist, gleichviel in welchem Stil, es ist ein barockes Etwas an ihm. So ist der Gedanke Ludwigs I., in München, in Aschaffenburg, an der Donau klassisch zu bauen, tief barock gedacht. Er setzt den Schein gegen die Realität des Milieus und des Klimas. Und was seither in diesem Land an politischen Verschnörkelungen sichtbar geworden ist, das wird nur dem begreiflich, der es aus dem barocken Weltbild versteht, das noch heute das altbayrische Fünfeck beherrscht: das Leben zum Schauspiel zu überhöhen, weil man es anders nicht erträgt.

Aber es weist dem Altbayrischen auch den Platz im deutschen Gemeinwesen zu, den es mit Vorteil für das Ganze auszufüllen vermag und der ihm in jener Vielfalt eines künftigen Europas zusteht, ohne die sich unser Erdteil niemals wird vereinigen können.

Was ist Barock?

Barocke Architektur ist gestaltetes Licht. Der Barock baut nicht, er formt und spielt. Stein und Stuck, Marmor und Farbe, Holz und Eisen, Leinwand und Karton sind für ihn kein Material mit eigenen Gesetzen, sie sind nur Kulisse. Abblendend und aufblendend, bündelnd oder zerstreuend, mit Schnörkeln und Schwüngen tändelnd, mit raffinierten Perspektiven täuschend, modelliert der Barock einen Bühnenraum, auf dem in der Hauptrolle das Licht agiert.

Klassik ist erhabenes Kalkül. Sie liegt dem Altbayern nicht. Alles Barocke ist strömende Empfindung. In ihr schlägt das altbayrische Herz: schamhaft innig, wo es liebt, aufbegehrend in seinem Kraftgefühl, verschwenderisch jubelnd in seiner Diesseitigkeit.
Klassik ist die Vorherrschaft des Intellekts. Dem Intellekt steht der Altbayer skeptisch gegenüber. Er kennt seine kalte Neigung zu herrschsüchtiger Hypertrophie und fürchtet sie.
Barock ist der Triumph des Auges. Mit dem Auge erfaßt der Altbayer die Welt. Nicht auf den abgezirkelten Grundrissen eines philosophischen Systems errichtet er sein Weltbild, und in den wolkigen Visionen romantischer Sehnsüchte und Schwärmereien findet sein Fuß keinen Halt. Nicht *hinter* dem Bild sucht er die Wirklichkeit. Seine Wirklichkeit ist das Bild selbst, das die Dinge von sich entwerfen. Nur im Anschaubaren fühlt er sich ganz zu Hause. Er ist naiver Illusionist, weil er die Welt geordnet wie in einer Guckkastenbühne sieht. Er ist klarsichtiger Realist, weil er die Dinge nimmt, wie sie ihm erscheinen.
Aus der Anschauung strömt dem Altbayern seine naiv-schöpferische Gestaltungskraft zu, die es ihm vergönnt, sein Dasein eigenwillig-künstlerisch auszustatten. Und dieselbe Anschauung vermittelt ihm die Richtlinien für sein weltkluges Sichselbstbescheiden, das ihn vor den Maßlosigkeiten und Exzessen überheblicher Abstraktionen bewahrt. In ihr aber zerfließt auch allzuleicht seine praktische Nüchternheit in jenes Traumhaft-Tatenlose, in die allzu einsichtige Melancholie, die man als die altbayrische Wurschtigkeit kennt.

Das Barocke an den Altbayern ist schon in der Landschaft vorgezeichnet, in der sie wohnen:
»Schau Dir die weithin schwingenden Hügel unserer Moränenlandschaft an, das gezackte Band der hohen Berge, spüre die Erregungen durch Föhn, die Freuden des Lichts und der zartgefärbten Wolken, horche auf das gewalttätig Ausbrechende unserer Natur, schmecke das fette Grün der Wiesen, den Duft der Zirbeln und das herbstliche Modern der Hochmoore. Denke an das schwere Leben unserer Bergbauern, die durch Blitz, Lawine, Steinschlag und Sturm immer gefährdet waren und darum ein Le-

ben in harmonischer Ruhe weder kannten noch wollten; höre auf den silbernen Klang unserer Seen und Flüsse, die die Strenge der Hochebene auflockern, wenn Du alles in Dich aufnimmst, so wirst Du einsehen, daß uns diese Naturerscheinungen zum Barock führen mußten.« So deutet diese Zusammenhänge ein subtiler Kenner, der Rheinländer Friedrich Springorum, in seinem Buch »Der große Auftritt«.

Die altbayrische Landschaft hat nichts Klassisches an sich, dazu fehlt ihr die Ruhe. Sie ist nicht romantisch. Zur Romantik fehlt ihr die schwebende Süße und das Zwielichtige. Was die altbayrische Landschaft ausmacht, das ist eine Fülle dramatisch wechselnder Szenerien, urzeitlich derb die eine, die andere hingebreitet in klarer und heiterer Diesseitigkeit, die dritte ein gleichsam in Berg und Hügel, in Feld, Wiese, See und Fluß gefaßter Jubelruf.

Barock ist auch der altbayrische katholische Glaube.

Auch er hat sein historisches Alibi. Wie schon das erste (und bisher einzige) große deutsche Aufbegehren gegen überlebte Ordnungen, wie schon die Bauernkriege zum Beginn der Neuzeit an Altbayern vorübergegangen sind, so blieb Altbayern das einzige größere deutsche Territorium, das die folgenschwere Wende der Reformation kaum berührt hat. Die Gegenreformation brauchte in Altbayern nicht kämpfend aufzutreten, sie traf hier nicht auf den »lutherischen Feind«. Es genügt, wenn sie manche aus der Hybris der spätmittelalterlichen Kirche überkommenen Mißstände ausmerzte und der katholischen Seele dieses Landes mit weltläufig-kompromißbereiter Einfühlsamkeit ein moderneres Gewand anzog. Sie tat es, und es wurde ein durchaus barockes Gewand.

In ihm fühlt sich seither der altbayrische Glaube so wohl und so sicher, daß er Aufklärung und Säkularisation, Kapitalismus und Marxismus, Naturwissenschaft, Neuheidentum und die ganze Technisierung adaptieren konnte, ohne an seiner Substanz Schaden zu nehmen: er blieb als Lebensgefühl erhalten. Dazu mußte dieser Glaube freilich von einer Art sein, die vor fremden Richtern schwerlich bestehen kann. Und so ist er auch: er hat nichts Bigottes an sich. Nicht einmal das Wort Frömmigkeit paßt für

ihn, wenn man unter Frömmigkeit schuldbewußten Gehorsam gegen göttliches Gebot versteht. Viel eher ist er bewußte Gotteskindschaft, aus der ein recht diesseitiger Anspruch auf familiäre Geborgenheit resultiert und zugleich eine Sicherheit des Bevorzugtseins, die an Adelsexklusivität erinnert.
Heiter betrachtet so der altbayrische Katholik diese Erde als göttliche Schöpfung und Schenkung, die nur der Gottlose zum hoffnungslosen Jammertal profanieren kann. Ungestraft und mit unängstlicher Diesseitigkeit darf der Gläubige mit beiden Beinen auf ihr stehen, weil ihm langmütigste Gnade sicher ist, so oft er auch strauchelt. Wohlbehütet ruht er in der Hand Gottes. Mag er sich noch so ungut gebärden, diese Hand läßt ihn nicht fallen, solange er selbst die humorvoll-einsichtige Liebe des Herrn zu seinen Geschöpfen über sich sieht und anerkennt. Herzhaft darf er zugreifen an der gesegneten Tafel, die für ihn gedeckt ist, denn keine Lust ist sündhaft, es sei denn, sie werde frevlerisch mißbraucht, um Gott zu kränken. Aber für eine solche Untat steht man mit dem Vater im Himmel auf viel zu vertrautem Fuß. Seine Gebote hält man, und sei es nur aus Tradition, so gut es eben geht. Darüber hinaus unterhält man mit dem Himmel vorbeugend nützliche Beziehungen und pflegt diese nicht weniger als die nützlichen auf Erden. Zuletzt ist die Erlösung von allen Übeln, ist die ewige Seligkeit gewiß.
Wenn es den Tod nicht gäbe, bedürfte es für den Altbayern keines besonderen Übergangs zwischen dem zeitlichen Hier und dem ewigen Dort. Das Leben wäre nur der kurze Ausflug eines Seligen in die selige Schöpfung ...

Was da an Tausenden von Barockkirchen auf Altbayerns Wiesen und Hügeln, in den Dörfern und Städten steht, ist wirklich das einzig passende Gewand für solch katholische Rechtgläubigkeit: Prunkschlösser sind sie, gebaut als Residenzen für den Himmelsfürsten, den man mit Stolz unter sich weiß. Eine großartige Huldigung von Untertanen sind sie, aber gewiß nicht die Huldigung von Unterwürfigen. Dafür geben sie sich viel zu selbstbewußt. Ein Hauch repräsentativer Verschwendungssucht geht von ihnen aus, eine eitel-angeberische Selbstdarstellung künstlerischen Empfindens und handwerklicher Tüchtig-

keit, manchmal auch eines fast protzigen Reichtums an optisch-symbolhaften Einfällen, der beinahe erschreckende Zauber einer überquellenden Phantasie auch, die ans Gotteslästerliche grenzt.
Und doch: Über all die Quer- und Längsovale ihrer Grundrisse, über die Blendarkaden, Stuckornamente, Pilaster, gekröpften Kartuschen und blanken Lisenen der Wände, über all die Rocaillen, Voluten, Girlanden, Amouretten, Putten und Atlanten dieser Kirchenräume hinweg zieht eine durchsetzige Magie den Blick nach oben zum gewölbten Himmel des Deckenbilds. Geheimnisvoll perspektivisch gezogenen Fäden folgend schaut der Mensch auf und entdeckt über sich, fern und doch in plastischer Erdhaftigkeit, das Gemeinwesen der Engel und der Seligen, der Märtyrer und der Heiligen, überkrönt von der strahlenden Pracht der Dreieinigkeit. Und all das Licht, das diese Räume mit silberhellem Jubel, mit tröstender Versprechung und freudiger Einladung füllt, es hat dort oben seinen Ausgang. Von dort oben allein regnet der Segen herab.

Franz Hugo Mösslang

Das altbayrische Jahr

So etwa ist die altbayrische Lebensbühne eingerichtet: Von der Natur hat sie die wohlgegliederte Form und das angenehme Maß. Nirgends eine tote Stelle, kein langweiliger Fleck, nirgends ist etwas überzeichnet. Es gibt Berge, aber nicht zu viele, es gibt Ebenen, aber keine ist zu flach, es gibt Wälder, aber keiner ist zu groß und zu tief. Himmel und Wetter stellen die Beleuchter, und beide sind vielseitig und einfallsreich. Der Himmel ist hoch, sein Blau unvergleichlich durchscheinend und seidig, seine Wolken einmal aquarellfarbenzart, einmal ölfarben-glanzvoll und dramatisch aufgetürmt. Das Wetter rückt die Berge hin und her, einmal stahlhell und fern, einmal tintenblau und zum Greifen nahe, als wäre es eine fahrende Kamera voller Brennweiten-Tricks. Die Sonnenuntergänge und der beginnende Tag haben hierzulande etwas opernhaft Großartiges. Man begreift vor ihnen die altehr-

würdige Vorstellung vom Donnergang der Sonne und der Sphärenmusik des Weltgefüges.
In diese glücklich machende, erhebende Landschaft hineingestellt sind in kunstvoller Ordnung die Siedlungen, die großen und die kleinen, die winzigen, und jede ist ein vollendetes Schmuckstück für sich. Man weiß, wie instinktsicher der Mensch durch die Jahrtausende gelernt hat, auf das Notwendige, Nützliche und Rationelle hin zu planen und zu bauen. Und doch muß man sich im altbayrischen Raum davon überzeugen lassen, daß die allerletzten Entscheidungen von etwas Irrationalem gefällt werden. So malerisch steht hier jedes Haus an seinem Platz, so zum Bilde komponiert wirken Dorf und Städte, so unterhaltsam schlängeln sich die Straßen durch die Gründe und über die Hügelrücken.
Die Maße des altbayrischen Hauses strömen Geborgenheit und Wohnlichkeit aus, die ältesten und die jüngsten. Jedes Detail lokkert das Notwendige seiner Gestalt mit dem Luxus angenehmer Zugaben auf. Lustige Farben als Sockel, auf der Tür und der Türfassung, als Fensterumrahmung und als Fensterlädenanstrich. Simpelfröhliche Geranienreihen auf den Balkonen und Umläufen und ein hölzerner, buntgefaßter Heiliger in einer Nische. Dazu im altbayrischen Oberland noch die aufwendige Lüftlmalerei zur Straßenseite hin oder die barock empfundene Scheinarchitektur in den raffiniert täuschenden Licht- und Schattentönen, wie sie der Barock erfunden hat. Sogar das »Häusl« hat noch ein Herzl in die Tür geschnitten und nicht nur ein Loch, damit man sehen kann, ob es besetzt ist oder frei.
So erzählt das Haus vom Stolz des Bauherrn, läßt dem Vorübergehenden einen Abglanz seiner Freude an Besitz und Dasein zukommen und zeigt, daß man noch kein Lump sein muß, wenn man offen zugibt, daß man auch etwas springen lassen kann und etwas springen läßt.
Hinter solcher breiten Pracht steht der Pfarrhof nicht zurück, die Kirche spielt die erste Geige, selbst der Gottesacker trauert nur »mit Pomp«. Das Wirtshaus hält daneben seinen Vorzugsplatz mit Goldschild und weißblauem Maibaum davor.
Neben dem Dorf haben sich die Märkte großgewachsen, die Städte und die Großstadt. Ihre Funktionen als soziale Gebilde

sind verschiedenartig und wandeln sich mit den Zeiten. Aber jedes Gemeinwesen ist zugleich auch die wohleingerichtete, ideale Bühne für das große Festspiel des Lebens geblieben. Und wenn jemand in diesem Sinn die Münchner Stadt ein Millionendorf nennt, dem nimmt sie es nicht übel.

Das altbayrische Festspiel ist weit mehr als abendfüllend: Es dauert immer wieder ein volles Jahr. Seine unzähligen Akte sind sehr lang, die Pausen kurz, ja, genaugenommen gibt es keine, denn wie in einem Zirkus mit drei Manegen laufen die Akte nebeneinander und überschneiden sich oft.
In diesem Festspiel wechseln sakrale Akte mit profanen. Doch sind die Typen nicht streng geschieden. Häufig dienen die sakralen Akte der altbayrischen Spiellust als Anlaß oder gar nur als Vorwand, sie aufs profanste auszustatten, während sich die profanen gern das Ansehen öffentlicher, geschäftlicher oder familiärer Verpflichtungen geben, um Anspruch auf »Ausstattung« zu gewinnen.
In der Neujahrsnacht verhält sich der echte Altbayer beschaulich und in sich gekehrt. Im Kreise der Seinen genießt er das Glück, das neue Jahr doch noch erleben zu dürfen, räkelt sich in apokalyptischem Vorhersagen und kann die ersten Nachrichten über die Opfer des gewaltigen Neujahrschießens um Mitternacht, an dem er mindestens mit dem Herzen begeistert beteiligt war, kaum erwarten. Das karnevalsmäßige Valet an das alte Jahr in Gaststätten und Hotels, im Skiurlaub auf den Hütten und in den Bars ist ein mehr modischer Brauch, den der Altbayer den Junggesellen und den Nachwuchsjahrgängen überläßt.
Auch das Fest der Heiligen Drei Könige begeht der echte Altbayer einhäusig. Da muß im Duft glimmender Weihrauchkörner das »+ Kaspar + Melchior + Balthasar + « mit weißer Kreide an die Haus- oder Zimmertür gezeichnet werden, und gern lädt man wenigstens an diesem Tag Verwandtschaft und Freunde ein: Sie haben die letzte künstlerische Umgruppierung der Hauskrippe in die Anbetung der Könige gebührend zu bewundern, die dem theatralischen Trieb besonders schöne Anlässe zur Entwicklung prächtiger, bunter und geschichtenträchtiger Massenszenen bietet. Wo noch die »Sternsinger«, die als Kaspar, Mel-

chior und Balthasar kostümierten Buben, von Haus zu Haus ziehen, gehen sie von keiner Tür unbeschenkt, weil nur Kinder aus bedürftigen Familien dieses begehrte Amt ausüben dürfen. Die Geschichte von den »Vier Heiligen Drei Königen« ist eine der treffendsten altbayrischen Geschichten. Sie zeigt, daß es beim »Gespui« (dem Spiel) selten auf das Dokumentarische ankommt, sondern vielmehr auf das Herz oder die Gaudi.

Mit dem Dreikönigstag schließt in Altbayern die Weihnachtszeit. Der Fasching beginnt. Von Haus aus kennt der Altbayer den Fasching nicht. Er kennt nur den altheidnisch-christlichen Brauch des Winteraustreibens, die letzte erlaubte Ausgelassenheit vor der Strenge der Vorosterzeit. Seit man aber den Winter nicht mehr austreibt, der statt aller Schrecken der Natur längst eine zweite Saison ins Land bringt, gleichermaßen beliebt bei den Fremden wie bei den Eingeborenen, seit auch das Fasten keine Kasteiung mehr ist, sondern bestenfalls ein angenehmer Wechsel von den einen Schmankerln zu anderen, seitdem ist die »Maschkeradi« im altbayrischen Land gepflegte Folklore geworden, wie anderswo auch.

Der Fasching, der berühmt gewordene, ist ein Münchner Gewächs:

Der Münchner Fasching war ursprünglich das entzückende Kind aus der Ehe zwischen dem Genie der Schwabinger Künstlerschaft und den eingeborenen spielerischen Talenten. Die eine hatte den Einfall, spannte den phantastischen Rahmen, baute die Kulissen, entwarf die Kostüme und achtete sehr darauf, daß das angesetzte Spiel nicht ins geistlos Zufällige, ins billig Flache entartet. Das Münchner Talent stellte die großen und die kleinen Rollen, die Chargen und die Komparserie. Mit feinem Gefühl für das eigene Wesen suchte sich jeder seine Rolle aus, parallel dazu oder diametral entgegen, kostümierte sich passend nach Aufgabe und Alter und übte gewissenhaft den Text, den die Rolle von ihm forderte. Und alle wurden Casanovas Zeitgenossen, wurden Venetianer oder Eskimos, Zirkus-Artisten oder Atelierbesucher, Gäste einer Vorstadthochzeit, Weltreisende, Alte Römer der kaiserlichen Verfallszeit, Schwabraxaskinder oder Burgherr, Junker, Knecht, Minnesänger, Ahnfrau, Burgfräulein, orientalische

Kreuzritterbraut, auch Markgraf und Hofnarr, Fürst oder Strauchdieb, Lagerprediger oder Landsknecht im Spiel der »Damischen Ritter«.

Davon ist nicht viel auf unsere Tage gekommen. Notzeiten haben vieles vom Glanz des alten Münchner Faschings verwaschen, denn er war nicht billig. Die Faschingstalente sind im wachsenden Mischmasch der Bevökerung immer rarer geworden. Industrieprodukte, Geschäftskonkurrenz, Massenandrang der Amusischen, auf gewisse Instinkte zielende Werbung zehren an der echten Faschingssubstanz. Er entartet auf der einen Seite ins Offiziell-Offiziöse, ins angeberisch Prominenten-Exklusive, und aus einem verzaubernden Erlebnis wird allzuleicht eine fade Werbeschau, wer weiß, für wie vielerlei nüchterne Interessen. Auf der anderen Seite verdünnt er sich zusehends zu einer schlichten Tanzveranstaltung mit Modeorchester und Show-Einlagen. Nur daß man eben kostümiert (und das im Doppelsinn so sparsam wie möglich) kommt, im Stil der neuen Zeit sich ernsthaft abtanzt, und doch, trotz verlängerter Polizeistunde, das Berauschende nicht erlebt, das man irrtümlicherweise von einem »Kostümfest« erwartet.

In solchen Formen aber hat der Münchner Fasching über das ganze Land und weit über seine Grenzen hinaus Verbreitung gefunden. Man könnte allein mit den üblichen Faschingsprinzenpaaren ganze Säle füllen und aus dem Metall der Faschingsorden Ozeandampfer bauen. Der große Münchner Fasching ist tot. Was sich breitmacht, ist ein gemanagter Wohlstandszirkus.

Den Leuten freilich macht es gemeinhin Vergnügen, zumal sie in der Lage sind, dafür zu bezahlen. Der Faschingskenner trauert. Da und dort hat er sich noch eine kleine Trauminsel erhalten, um sein geliebtes Faschingsspiel »auf echt« zu spielen. Dort zimmert er sich seine Bühne, schlüpft in seine Maske und in seine Rolle. Sein höchster Triumph: so gut zu spielen, daß ihn keiner erkennt. So gut zu spielen, daß er eins wird mit seiner Maske und mit seiner Rolle. Daß er für Stunden sich selber vergißt, sich, den eigenen Alltag, die eigenen Sorgen. Daß er, unkenntlich wie er ist, Unkenntlichen anvertrauen kann, wer er wirklich sei. Er weiß sehr wohl, daß er im Leben auch nur eine Art Theaterrolle spielt. Einmal im Jahr aber, in Parabeln, die wie Lügen klingen

mögen, ganz offen, ganz er selbst sein zu dürfen, ist für ihn zwar auch Gaudi, Jux, Lockung, Abenteuer, Bestätigung und künstlerische Bewährung. Aber das verfliegt mit dem Morgengrauen wie das Münchner Faschings-Du, wie Rolle und Maske. Was aber bleibt, ist Entspannung, Erlösung und ein unvergleichliches Glücksgefühl.
Dann lächelt er verträumt, lacht vielleicht sogar. Die aber, die vom »Kostümfest« kommen, lachen nicht. Sie sind nur müde.

Inzwischen sind die Schneeglöckerln aufgegangen, und das Märzenbier ist gebraut, das ehemals kräftezeugende Nahrungsmittel zum Ausgleich mit dem Fastenfisch, der jetzt auf den Tisch kam statt des Schweinernen und Gselchten. Aber auch ohne diese längst vergessene Fastenpflicht ist das starke Bier gesund und treibt die Winterschlacken aus dem Leib. Auch gibt es Anlaß, locker gewordene Freundschaften zu erneuern, den kollegialen Zusammenhang zu festigen, Verbindungen zu knüpfen und wieder verschiedene Rollen zu spielen: die des einfallsreichen Debatters, des trinkfesten Rundenrekordlers, des geselligen Vorgesetzten oder des verkannten Untergebenen, der Dinge weiß und Künste beherrscht, von denen man »droben« keine Ahnung hatte.
Der Palmsonntag kommt, der Erinnerungstag an den Einzug Jesu in Jerusalem. Da werden die »Palmkatzerl«, die Weidenknospen, geweiht und hinter das Kreuz im Herrgottswinkel gesteckt. Aber die zu Ruten geflochtenen Weidenzweige treffen auch den Palmesel, und Palmesel ist in jedem Haus der, den der Bettzipfel an diesem Tag als letzten ausgelassen hat.
Die Karwoche beginnt, und im ganzen gläubigen altbayrischen Land hebt ein großer Wettkampf an, wer und wo man seinem gekreuzigten Herrgott das eindrucksvollste, das prächtigste Grab bereitet. Denn daß er »Erster Klasse«, in Lebensgröße, mit tausend Blumen und hundert buntleuchtenden »Grabkugeln« beigesetzt werden muß, von grimmigen Landsknechten in der steinernen Gruft bewacht, von Mutter Maria und den Jüngern beweint, das will die Frömmigkeit durchaus. Die Glocken müssen verstummen, die Kinder dürfen nicht singen, man zieht sich dunkel an und versäumt die Kreuzwegandachten und die Fasten-

predigten nicht in der Kirche, die mit ihren schwarzverhangenen Fenstern den Frühlingssonnenschein in das Dämmerlicht einer Gruft verwandelt.
Inzwischen hat der Kirchenchor geübt und das Orchester die große Ostermesse einstudiert. Jetzt erheben die Glocken wieder ihre Stimmen, und das Gloria hallt durch den Kirchenraum, daß die Mauern zittern. Schinken, Brotfladen, bemalte oder gefärbte Eier und Salz werden geweiht und kommen zum österlichen Frühstück auf den Tisch. Aber am ergreifendsten ist es doch, wenn in der oder jener Gemeindekirche noch das Oster-Evangelium auf der Kirchenbühne sichtbar aufgeführt werden kann, an den Hängen des Ölbergs die Figuren der Jünger in Höhlen schlafen, Christus dreimal sich in Todesängsten betend verneigt und der Engel mit dem bitteren Kelch aus der Höhle herabgleitet. Oder wenn am Ostermorgen drunten im Heiligen Grab auf wunderbare Weise der Leichnam des Herrn verschwindet und droben am Altar Christus, die Siegesfahne in der Hand, aus blumenübergossener Gruft herauf ans Licht fährt. Da kommt kein Huster auf im weiten Kirchenschiff: ob die alte barocke Mechanik auch funktioniert und ja nicht quietscht, und daß der Mesner sie würdevoll und ohne Rucke und Zucken bewege. Denn das wäre eine echte Schande für die ganze Gemeinde, und sie bräuchte für Spott nicht zu sorgen. So stürzte einmal bei einer ähnlich mechanischen Himmelfahrt die Christusfigur ab und zerschellte. Um aber der Gemeinde die äußerste Blamage zu ersparen, zog der Mesner die Scherben in einem Korb gen Himmel, denn »auffi muaß a«!

Das Jahr steigt höher, der Maibock ist gebraut, und die Burschen haben den riesigen Maibaum gefällt und geschält. Er muß noch aufgestellt werden, weißblau beringelt, geschmückt mit den kunstvoll gesägten und bemalten Emblemen der Handwerke und den treffenden Abbildern von Kirche und Dorf, bekränzt mit Tannengrün und Bändern.
Aber bis dahin muß er bewacht werden, denn es ist der Brauch, daß er von Gemeinde zu Gemeinde gestohlen wird und nur gegen gewichtige Bierfässer ausgelöst werden kann. Das gibt gelegentlich blutige Köpfe, und früher gab es dann und wann ein frisches Grab.

Die Mädchen schmücken den Maialtar mit den ersten Blumen, und bald darauf wird herbduftendes, frischgemähtes Gras die Straßen für die Fronleichnamsprozession bedecken, dicht wie es auf der Wiese gestanden hat. Dann reiht sich ein Spalier eben geschlagener Birken in ihrem lichten Grün die Häuserfronten entlang, aus jedem Fenster fällt rot und blau und gelb und goldgebordet ein prächtiges Tuch über das Fensterbrett, und sonntäglich feierlich wartet, was Beine hat, auf den »Umgang«. Mit haushohen Fahnen kommt er an, voraus die Schulkinder, die Buben erst, dann die Mädchen. Die Erstkommunikanten des Jahres mit brennenden Kerzen, die Knaben in blauen Anzügen und weißen Handschuhen, die Mädchen ganz in Weiß mit Schleier und Blumenkranz als himmlische Bräute. Es folgen die Vereine: Zuerst das Musikkorps, getragene Märsche spielend, die Schützen in Uniformen und Trachten. Es folgen im langsamen Gleichmarsch, orden- und ehrenzeichengeschmückt, die Reihen der Bürgerschaft. Es folgen die ortsansässigen Ordens- und christlichen Laiengesellschaften, rauchfaßschwingende Ministranten nahen, der reichbestickte Traghimmel schwankt heran, die Knie der Zuschauer beugen sich, die Hände bekreuzigen Stirn, Mund und Brust: das goldstrahlende Allerheiligste ist da.

Ihm folgen die Ortsbehörden, der Bürgermeister mit seiner Amtskette, die Gemeinderäte, die Beamten, die Polizei. Laut betendes Volk schließt sich an, sein Singsang mischt sich mit den Weisen der Musikzüge, dem Klingeln der Ministranten, dem Geläut der Kirchenglocken. Die Zeit scheint stillzustehen, mehr noch, die Uhr läuft zurück aus jeder bösen und häßlichen Gegenwart, und der empfindsame Zuschauer fühlt sich in jene seligen Tage paradiesischer Gemeinschaften zurückversetzt, die stets gestern gewesen sein sollen und niemals wirklich gewesen sind ...

Langsam beginnt das Jahr sich abwärts zu neigen, und die Bauern haben die Ernte unters Dach gebracht. Jetzt häufen sie die besten Früchte ihrer Felder und Gärten auf den Altären zum Erntedankfest, und das ganze Land schließt sich ihnen an.

Das Fest der Kirchweih kommt heran, Anlaß zu gewaltigem Backen und Braten, auch Anlaß zu motorisierten Massenfahrten

der städtischen Altbayern aufs Land zum Besuch ihrer engeren Heimat, wo dann und wann in den Wirtshäusern kein Platz mehr für die Einheimischen bleibt.
Bald haben die Heiligen ihren Tag und die Toten auch. Es regnet, es ist kalt, in den Bergen schneit's schon.
Jetzt muß des heiligen Leonhard, des Bewahrers der Haustiere, insbesondere der Rösser, gedacht werden, und man muß staunen, woher noch all diese Rösser kommen, die ihre Reiter zur »Leonhardikapelle« tragen oder die schweren, dichtbesetzten Kastenwagen über die steilen Straßen ziehen. Da steht der Dampf über schwitzenden Pferderücken, die Peitschen knallen, der Zuruf des Kutschers schrillt über Gebet, Gesang und Blasmusik. Sachverständige Augen prüfen die Fahrkünste, die alle gebraucht werden, sollen die schweren Wagen das Ziel mit Eleganz erreichen. Die Wallfahrt wird zur olympischen Fahrkonkurrenz. Nachher wird getrunken und getanzt, und manches dieser Prunkgefährte hat, bei später Heimfahrt, seine Last so unversehens in den Straßengraben geworfen, daß auch die starke Hand des heiligen Leonhard nichts mehr zu retten vermochte ...
Mit dem ersten Schnee klopft streng und gütig der Nikolaus an die Tür, und es ist jedes Jahr ein großes Feilschen in der Familie, wer ihn darstellen dürfe: überwältigend in seinem Wissen um die heimlichsten Untaten der Kinder, würdevoll und lieb und zugleich unenträtselbar als Onkel, Schwager und Nachbar.
Jetzt muß das richtige Moos für die Weihnachtskrippe ausgegraben werden. Eile tut not, denn die Weihnachtskrippe zu bauen ist eine langwierige und schwierige Arbeit, die bedacht sein will.
Das »Kripperln« ist das liebenswürdigste Steckenpferd der altbayrischen Spielfreudigkeit. Vor der Aufgabe, das biblische Geschehen um die Geburt Christi anschaubar darzustellen, geht das altbayrische Herz gewaltig auf: Da ist die Herbergsuche in der herzenskalten Stadt Bethlehem, der zerfallene Stall in der Höhle, die Verkündigung auf dem Felde, die Anbetung der Hirten, die Ankunft der Könige mit ihrem Gefolge, die Übergabe der reichen Geschenke, der Kindermord zu Bethlehem,

die Flucht nach Ägypten. Welche Fülle von Szenen, welcher Reichtum an wunderbaren Lichteffekten, welche Möglichkeiten der Gruppierungen, welche stilistischen, kompositorischen, malerischen Probleme!

So etwa verläuft das altbayrische Jahr. Es gibt sich als ein gelebtes Kirchenjahr. Das ist es auch und ist es auch wieder nicht. Immer weiter entfernt sich die altbayrische Spielfreude von ihren Ursprüngen. Diese verkümmern zu Anlässen, während das Spiel zum Selbstzweck wird. Die »ideologisch oder glaubensmäßig geschlossene, autoritär gelenkte Gesellschaft«, um mit einer Formulierung von Alexander Mitscherlich das klassische Altbayern zu umschreiben, weicht auf, und niemand kann sagen, welch neue Verbindungen die freigewordenen Substanzen eingehen werden.

So findet heute die berühmte altbayrische Möbelbaukunst vielfach abgewandelte Nachahmung, weil sie in idealer Weise Solidität und Zweckmäßigkeit mit Gemütlichkeit zu verbinden versteht. Altbayrisches Singen und Musizieren entdeckt der Kenner jetzt öfter denn je in der großen Musik wieder als rhythmisches oder melodisches Element. Vielfach befruchtet altbayrisches Können in schwierigen Handwerken das Bemühen um neuen Ausdruck. Man braucht nur an den Instrumenten- und Orgelbau, an die Hinterglasmalerei, an die fast verlorene Kunst der Stukkateure zu denken, die ihre Geheimnisse aus der hohen Zeit des bayrischen Barock und aus noch früheren Tagen hierzulande bis in die Gegenwart vererbt haben. Die in einem adeligen Sinn vornehmen und dezenten Farbakkorde der echten altbayrischen Trachten, der jugendfrische Flair, den ihre kecken Accessoires ausstrahlen, das Kleidsame ihrer raffinierten Schnitte wird heute aufmerksam von der Weltmode übernommen oder ins Internationale verwandelt. Der altbayrische Stil ist zum Exportartikel geworden: wo er hinkommt, bringt er ein bescheidenes, aber wärmendes Leuchten mit, nichts Sensationelles, nichts Epochales, nichts, wovon man spricht. Nur ein bißchen Freude.

Kiem Pauli

Nachwort zur ›Sammlung Oberbayrischer Volkslieder‹

Es ist eine Erfahrung, die viele Volksliedsammler gemacht haben, daß man durch Aufrufe wenig Schätze gewinnt und daß man schon selbst auf die Wanderschaft gehen muß, wenn man alte Volkslieder finden will. So zog auch ich von Dorf zu Dorf, suchte alle Sangeskundigen auf, und überall, wo ich hinkam, war es schön und lustig. Die ärmsten Leute und die größten Bauern, alle haben mich gleich freundlich aufgenommen. Wenn sich nach der ersten mißtrauischen Begrüßung herausstellte, daß ich kein Geld wollte und nicht vom Finanzamt war, dann war der Bann gebrochen, und es ist mir heute noch unvergeßlich, wie der alte Stangl von Holzkirchen zu mir sagte, nachdem ich eine Viertelstunde in seinem Hause war: »Mir is grad, als tat i di scho jahrelang kenna!«

Es gibt Sünden, die man nie wieder gutmachen kann, und ich bin der Ansicht, daß wir gegenüber den Österreichern reichlich spät zum Sammeln unserer Volkslieder ausgezogen sind; denn nun ist vieles zersungen und von manchem guten Lied ist die Melodie verlorengegangen oder der Text nicht mehr in Ordnung. Fremdenverkehr, Technik und Industrie sind Feinde des Volksliedes, und so mag auch von dieser Seite manche schädliche Einwirkung gekommen sein.

Gute Volkslieder wieder zu verbreiten ist sicher besser, als große Sammlungen, die meistens dem Volk selbst wegen des zu hohen Preises unzugänglich sind, in den Bücherschränken vermodern zu lassen. Wenn ich mich trotzdem zur Herausgabe dieses Buches entschlossen habe, so liegt der Grund darin, daß ich zeigen wollte, wie unser Volk und sein Lied heute aussehen, wie das Volk denkt und fühlt. Liebe, Haß, Ernst, derben Spott und Humor und tiefe Religiosität findet man in seinem Lied. Lieber Leser, sei nicht böse, wenn die Dichtung manchmal sehr primitiv oder etwas derb ist, aber wir wollen doch die Menschen sehen, wie sie sind, mit ihren Fehlern und Vorzügen! Was würde heute Ludwig Thoma, der mir die erste Anregung zu meiner Tätigkeit gegeben hat, zu

diesem Buch sagen? Über vieles würde er sicher lachen, namentlich über die Wildschützenlieder, die ja von Haß gegen die Jäger strotzen.
Ich kann dieses Buch nicht schließen, ohne in ehrlicher Dankbarkeit meiner zwei hohen Gönner, Herzog Ludwig Wilhelm von Bayern und Prinz Albrecht von Bayern, zu gedenken; ohne sie würden heute wenig gute Jodler in unseren Bergen erklingen. Beide, selbst mitten im Volk lebend, haben längst erkannt, daß nicht das Sammeln allein, sondern das Wiederverbreiten guter Lieder und Jodler die Hauptsache ist. Meine ganze Arbeit wäre ohne die großzügige Hilfe dieser zwei Wittelsbacher unmöglich gewesen, darum sei ihnen hier Dank gesagt von ganzem Herzen!
Bei dieser Gelegenheit möchte ich auch erwähnen, daß wir ohne einen Professor Josef Pommer und ohne die Tätigkeit des Wiener Volksgesangvereines wenig Jodler und Lieder hätten verbreiten können; Namen wie Helmuth Pommer, Zoder, Kotek, Liebleitner, Pöschl, Kronfuß und Klier sollten auch bei uns mehr genannt werden.
Nun danke ich noch Herrn Professor Emil Preetorius für seine gütige Hilfe, meinem lieben Freund Professor Kurt Huber, der mich immer mit Rat und Tat unterstützte, und meinem Verleger, der sich trotz aller Schwierigkeiten entschlossen hat, dem Buch das Leben zu schenken.

Bad Kreuth, im November 1934

Wilhelm Dieß

Mai 1945

Mit dem Frühjahrswetter war es im Oberland so bestellt: zu Ostern ausgewachsener Frühling, eine Woche später ein Abschnitt Winter, kurz darauf warmer Föhn, der die vertrauensselige Obstblüte herauslockte, zu frühem Tode; nach einigen weiteren Wochen ein bösartiger, hartnäckiger Nachwinter, mit eiskalten Regengüssen im Vorland und schweren Schneefällen in den höheren Lagen.

In diesen Tagen trieben – wie welkes Laub im Sturm – ungezählte Scharen deutscher Soldaten auf der Flucht vor den andringenden Amerikanern regellos durchs Land den Bergen zu. Gleichzeitig tauchten SS-Truppen auf mit Geschützen und reichem Troß, um, wie sie erklärten, eine Verteidigung aufzubauen.
Dieser wilde Spuk dauerte indessen nicht lange. Mit dem Einrücken der Amerikaner jagte er weiter und verlor sich so rasch, als er gekommen war. Die angekündigte Verteidigung flackerte da und dort auf, vermochte nicht das geringste aufzuhalten, reichte aber hin, noch einiges sinnlose Unheil anzurichten.
Die amerikanischen Soldaten fanden bei der Bevölkerung des Oberlandes keinerlei Widerstand vor, nicht einmal Furcht, sie waren also aller kriegerischen Mühen enthoben. Gleichwohl gebärdeten sie sich, wenn sie von ihren Panzerwagen stiegen und Häuser und Gehöfte nach deutschem Militär und nach Waffen absuchten, manchmal rauh und heftig. Das wäre sicherlich nicht immer geschehen, wenn sie hätten verstehen können, was die Bauern ihnen sagten. Im Grunde konnten beide Teile zufrieden sein, es hätte alles viel schlimmer gehen können.
Hinten in Bad Kreuth, wo sich der Winter von je besonders wohl fühlt, liegt Anfang Mai tiefer Schnee. Er zehrt hart an den Kräften der wandernden Soldaten, die auf ihrer Flucht dorthin sich verlaufen. Erschöpft fallen sie in die wenigen Behausungen ein, glücklich, auf kurze Zeit ein Dach über dem Kopf zu haben und etwas ausruhen zu können.
Am Rande des Hochfelds, gegen die Wolfsschlucht zu, feuern einige SS-Geschütze ins Tegernseer Tal. Als sie Antwort bekommen, verstummen sie sogleich und machen sich davon; ein Haus hinter dem Kurgebäude brennt lichterloh. Kurz darauf ziehen auch alle Soldaten, die zur Rast eingefallen sind, wieder ab.
Und jetzt liegt eine Stille über dem versteckten Erdenwinkel, wie seit Jahren nicht mehr.
Der Kiem Pauli steht am Fenster seiner Stube und schaut den dunklen Fetzen Rauches zu, die im trüben Wintermorgen von der Brandstätte über das Schneefeld schwanken. Seine Stube, seit einer Woche Herberge durchwandernder Soldaten, hat er, so gut es gehen mochte, aufgeräumt. Jetzt ist er müde, und wartet.

Seine Gedanken läßt er kommen und gehen, wie sie wollen, er beachtet sie kaum, wie es halt ein müder Mensch macht.
Von Scharling herein hört er Schießen, er wird nicht mehr lange zu warten brauchen.
Wird er seine Lebensarbeit, die einfachen Menschen seiner Heimat wieder mit ihren Liedern zusammenzubringen, noch einmal aufnehmen können, oder ist auch da alles in der Wurzel zerstampft und verwüstet, was er mühsam gesät und was schon so glücklich aufgeblüht war? Mein Gott, waren das köstliche Arbeitsjahre, wie es rundum im Lande zu singen angefangen hat.
Da stäuben vorn, wo der Weg von der Talstraße ins Hochfeld mündet, Schneefontänen auf. Während er sich noch bemüht, zu sehen, was da kommt, entsteht am Hauseingang ein Gerumpel und Getrampel, gleich darauf kracht die Stubentür auf und schwerbewaffnete amerikanische Soldaten drängen herein. Sie füllen die ganze Stube aus und suchen aufgeregt und lärmend herum. Unverkennbar sind sie zornig und willens, ihren Zorn an jemandem auszulassen. Einer fällt mit wilder Rede den Pauli an, woran dieser ihn als militärischen Vorgesetzten erkennt.
Der Pauli, der englischen Sprache völlig unkundig, versteht kein Wort von alldem, was der wütende Offizier auf ihn einredet. Wenn er sich nur verständlich machen könnte – obzwar doch eigentlich ein Blinder sehen muß, daß er ein friedlicher Mann ist und seine Stube kein Hinterhalt. Die Amerikaner aber bemerken das offenbar nicht, sie behandeln ihn wie einen höchst gefährlichen Feind, fuchteln mit ihren Waffen herum und schreien durcheinander – langsam wird ihm unbehaglich. Irgend etwas muß geschehen, so stumm und untätig kann er nicht stehenbleiben.
Da nimmt er seine Zither von der Wand, streift den Ring an den Daumen, setzt sich an seinen Tisch und beginnt zu spielen. Ein Präludium zuerst, in seltsamen Akkordenfolgen – es fällt ihm bei Gott nicht ein, was er denn nun spielen soll –, allmählich entsteht der Anfang eines Landlers, er ist zufrieden und läßt dem Landler seinen Lauf. Er sitzt mit dem Rücken zu den Soldaten, deren Heftigkeit noch nicht nachgelassen hat; in seinem grauen Janker sitzt er da, leicht über das Instrument gebeugt, und schaut seinen Händen zu, wie sie ohne ihn gelassen und sicher ihre Arbeit tun,

aber doch gleich. Denn in der Sprache des Herzens verstehen sich alle Menschen, die guten Willens sind.

Josef Martin Bauer

Die Vielfalt der Mundart

Der Raum des Altbayerischen ist groß und abgerundet. Mit einer weitreichenden Armbewegung läßt sich ausweisen, was wir alles ringsum zu unserem Raum rechnen. Vom Geschichtlichen und Kulturellen her dürfen wir zu Altbayern rechnen das gesamte Oberbayern, ebenso Niederbayern als Ganzes und die Oberpfalz mit jenen Abmaßen, die im sprachlichen Raum niemand besser gekannt hat als Schmeller, der selbst Oberpfälzer war.
Wir haben bis hierher die Sprache des Altbayern durchgegangen und durchstudiert in jener ganz bestimmten Art des Wortschatzes und der Aussprache, wie sie sich vorfindet im Mittelteil Altbayerns.
Je weiter wir uns von einem nur ungefähr fixierbaren Zentrum der Sprache entfernen, desto deutlicher und häufiger finden wir Abweichungen von genau unserem Typ, die am Kern des Sprachgefüges nichts verändern, aber zumindest eine andere Modulation in die Mundart bringen, die uns erlaubt, einen anderen Altbayern meist recht genau festzulegen nach Heimat und Herkunft.
Wir machen auch auf kurzen Reisewegen durch unsere Heimat und durch unsere eigene Sprache immer wieder die Beobachtung, daß sich Tonfall und Wortschatz und Hervorbringung einzelner Laute bereits verändert darbieten in Orten, die keine fünf Gehstunden voneinander entfernt sind. Es läßt sich, auch wenn so eine Grenze inzwischen mehr und mehr verwischt wurde, immer noch feststellen, daß im Rottal links der Rott ein etwas anderes Bayerisch gesprochen wird als rechts des Flusses. Daß derlei Grenzen sich über Jahrhunderte erhalten haben, ist begründet in der geringen Wanderlust des Altbayern sowohl zum Zweck des Vergnügens wie zum Zweck einer Brautschau, die verschiedenerlei Blut gründlicher durcheinandergerüttelt hätte.

Unser hier gelehrtes Altbayerisch dürfte sich wohl, wenn es eine Klassik auf diesem Gebiet überhaupt gibt, als das klassische Altbayerisch bezeichnen, in dem die Regeln, vor allem der Aussprache, festgelegt sind, die als Maß gelten dürfen für den Grad der Abweichung mancher Ausdrücke und Ausspracheformen von diesen als Maßstab geltenden Regeln.

Den Kern des altbayerischen Landes, in dem die Mundart so, wie sie hier dargestellt wurde, am reinsten und nicht mit allzu vielen Beimischungen von fremdartiger klingenden Vokabeln gesprochen wird, kann man ungefähr umreißen, wenn man eine Verbindung zieht vom Süden des Bayerischen Waldes nach Passau, von Passau innaufwärts über Neuötting nach Rosenheim, von Rosenheim etwa nach Wolfratshausen, weiter an der Amper entlang nach Dachau, von hier nach Pfaffenhofen, an der äußeren Begrenzung der Hallertau entlang, vom Gäuboden hinübergreifend ans andere Donauufer, wo sich südlich des Regengebirges der Kreis schließt.

Die genannten Orte und Städte und Flüsse sind lediglich Markierungen, sie müssen mit ihrer Umgebung einbezogen werden in dieses sprachliche Altbayern, und selbst dann ist damit längst keine starre Grenze aufgezeichnet, denn die Übergänge von einer Sprechart in eine etwas andere Sprechweise sind längst so sehr verwischt, daß man keine Grenzen mehr ziehen kann mit dem Bleistift auf der Landkarte.

Man möchte wünschen, dieser Verfall der Unterschiede wäre noch nicht so weit vorgeschritten; dann müßten wir nicht alle Mühen und alle Liebe aufwenden, um die Mundart überhaupt noch zu erhalten. Gern wären wir einverstanden mit einem Verschnitt, dessen Herkunft sich nicht so genau lokalisieren läßt, wie dies noch um die Jahrhundertwende möglich war. Ein Schönheitsmangel wäre das vielleicht nicht einmal, und wir hätten größere Aussicht, unsere Mundart über die nächste Zukunft hinweg zu erhalten, wenn sie sich noch weiter zusammenschleifen würde zu einem Idiom, das man im Rupertiwinkel ebenso verstehen und sprechen könnte wie im Raum hinter dem Ammersee, hier wie dort mit ein paar Spritzern der regionalen Eigenart ausgestattet, die nur noch als Gewürz und als stammliche Auffärbung wirken würden.

Noch aber sind wir immerhin so weit, daß wir im Bayerischen Wald unsere liebe Mühe haben mit einer fehlerfreien Verständigung, und daß selbst einer vom Fuß des Bayerischen Waldes seine liebe Not hätte im Ammergau oder sonstwo an der Nordseite der Alpen. Wir dürfen niemandem zumuten, daß er umfangreichere Sprechproben aus allen möglichen Seitengebieten unserer Stammessprache aufnehmen soll, denn ich will bescheiden sein und zugeben, daß es einem Altbayern aus dem Kern Altbayerns längst nicht möglich ist, die Nuancen der Aussprache aus irgendwelchen Gebieten des westlichsten und östlichsten Bayern makelfrei wiederzugeben.
Zunge und Gaumen und Kehle müssen von Grund auf für einen Typus der Sprache geschaffen sein. Es ist ja nicht zufällig, daß bei uns in allen Gebirgsgegenden, mit erheblichen Unterschieden freilich, die Laute um das *k* und *g* und *ch* so kehlig kommen, und das Gegenteil ist auch damit nicht bewiesen, daß man von Fall zu Fall feststellen kann, woher und wie weit eine Stammesgruppe den Weg nach Bayern herein genommen hat.
Die Altbayern werden keine Schwierigkeiten haben, die folgenden paar Sätze aus dem bayerischen Südosten des Gebirges zu verstehen:
»Wia mei Vata no Leara in Birg g'wais'n is, da is an aita Jaga, Roregga had a g'hoass'n, offt za-n eam in Hoagascht'n kemma. Da Vata had'n recht gean g'habt, den ait'n kreizbrav'n Ma; afa von Geistan hamm s' nid re'n deaff'n, da is's ausg'wäis'n; mei Vata had nix von Geistan glapt.«
Die Unterschiede zum Hauptstamm unserer Mundart sind da keineswegs erheblich, aber um sicherzugehen, daß uns nicht ein falscher Ton hineingeriet, habe ich das Zitat lieber doch bei denen zu leihen genommen, die von der Sprache genug verstehen.

Erheblich schwieriger wird die Sache bereits, wenn ich jetzt eine Probe bringe aus dem Bayerischen Wald und seiner Mundart, besonders auch seiner Satzbauweise:
Amal is a Bischof umma'tumma gräist und da is a denn san-an Häitbaubm kemma, dea d' Schaf g'häit had. Da Bau is nebma säne Schaf duätgwe'n und had in an Bäichl flässi g'leant. Des Ding had 'n Bischof g'fai(l)n, und ea had mi'n seln discarian a'fangt. »Ha, Baibl, san denn däne Schaf so raue, das du so flässi leana ka'st? I ha' a a grausse Hea'd

Schaf, aba de macha ma' vül z'schaffa.« – »Ja«, moi't da Bau, »Du hast halt eppa Sä a drunta.« – »Ja frale«, had da Bischof g'sagt, »da hast aba recht! Sechane san gnäigng drunta«, und had g'lacht.

Diese Anekdote vom Bischof und dem Hütbuben stellt nun schon ein Extrem dar in der Vielgestaltigkeit unserer Mundart, und hier sehen wir uns tatsächlich gezwungen, übersetzend einzugreifen: *Sä* sind Säue, die der Bischof nach des Knaben Meinung in seiner Herde hat, und *gnäigng* bedeutet so etwas wie freilich.

Der Tiroler würde sagen *woll, woll*, und so ist es auch im Bayerischen noch mancherorts zu hören.

Anderswo hört man's eben anders. Zum Beispiel hört man in einem Sprachgebiet, das sich hinzieht von der Isar bei Tölz bis hinüber nach Benediktbeuren, weiter über den Staffelsee bis nach Steingaden an den Lech, das klare *o* in Wörtern wie *g'sogt* und *trogt* und *schlogt* unserer Gegend als *e*:

er hat *gse't*, er *fre't*, es *schle't zehne*.

Diese Veränderung zu einem gedehnten *e* führt zu einem vollständigen Aufsaugen des *g*. Anstatt der erheblich verbreiteten Eigenart unserer Mundart, das *o* in eine Art Diphthong *ou* zu verwandeln und zu sagen *grouß* und *rout* und *Broud* und *Doud*, wird hier ein Diphthong *oa* geformt, so daß die Wörter *groaß* und *roat* und *Broad* und *Doad* heißen und Ludwig Thoma, wie bereits erwähnt, ein schlampiges Weibsbild eine *Loas* nennt und Niederroth auch als *Niederroath* in den Text schreibt. Diese gleiche Verformung gibt es nämlich auch in dem ganzen Raum hinter Dachau, wo das Schwäbische sehr nahe an unsere Hauptstadt heranrückt und jene Erscheinung auftritt, die wir durch Georg Queri auch aus der westlichen Ammerseegegend kennen, daß ein *s* oder vor allem ein *st* zum *sch* werden wie in *bischd* und *hoschd* und *gehschd*.

Erscheint hier schon in voller Regelmäßigkeit statt *net* das bereits recht schwäbische *it* und *nit*, so tauchen weiter gegen Schwaben hin die typisch schwäbischen Verkleinerungsformen auf: *Weible, Biable, Leible*.

Wo kommt das Wort *sched* vor und was bedeutet es? Ausgerechnet dieses Wort kommt einem, wenn man sich mit der bayerischen

Mundart befaßt, immer wieder unter. Dieses *sched*, ein Adverb, kommt in sehr weit auseinanderklaffenden Gegenden Bayerns vor, und zwar in zwei Formen: als *sched* und als *schled*. Für alles, was wir im übrigen Bayerisch mit *grod* ausdrücken wollen, wird *sched* oder *schled* verwendet, und zwar im Sinn von gerade und geradeaus, also um eine Richtung zu weisen:
schled auffe, schled ummi, schled ausse.
Ebenso aber wird dieses Adverb verwendet für *grod* im Sinn von eben:
sched is a bei mir dogwen, sched ham ma g'redt vo dia. Das finden wir an der unteren Donau, in der Straubinger Gegend, im Bayerischen Wald und so im ganzen Unterland, natürlich auch im Rottal.
Am linken Ufer der Rott, wo die wesentlichen Städte des Rottals liegen, darf man sich rühmen, den Dialekt des Unterlandes am weichsten zu sprechen und vielleicht auch am lässigsten.
Am rechten Ufer der Rott, um Rottalmünster und Triftern, hört man einen wunderlich ausgeprägten Dialekt, der natürlich jetzt im Verflachen ist. Das *e* erscheint vielfach als ein *ei*, der Pfeffer heißt *Pfeiffa*, das Beten wird zum *Beit'n* und der Schneck zu *Schneigg*. Ähnlich ergeht es dem *a*, das vielfach zum *au* wird. Hier heißt also das Gras *Graus*, der Apfl *Aupfl*, man raucht nicht, sondern man *raukt*, weil das *ch* recht häufig zu einem reinen *k* wird. Füssing jedoch, das in genau diesem Gebiet liegt, heißt nach gesamtbayerischer Aussprache *Fiassing*, und die Gemeinde Safferstetten, in der Füssing liegt, *Soffaschdehn*, den Ton ganz vorne auf dem *o*. Um nun vom Chiemsee zu sprechen, der *Cheamsee* heißt, oder doch Chiemsee, je nach der Gegend um den Chiemsee, in der man den Namen nennen hört. In der Richtung nach Mühldorf heraus ist *Cheamsee* gebräuchlich, drinnen aber gegen die andere Seeseite hin ist er der Chiemsee. Der Ort Chieming am Chiemsee nennt sich auf jeden Fall *Cheaming*.
Regeln aufzustellen, die heute noch verbindlich wären, wo der Fremdenverkehr alles weitgehend geglättet hat, ist soviel wie unmöglich.
Prien nennt sich Prien, der Fluß gleichen Namens aber heißt *Prea'*. Während das Schulgepäck im ganzen sonstigen Bayern

Schuiranz'n heißt, gehen die Kinder hier und in der ganzen Gegend bis zur österreichischen Grenze mit dem *Schuikalier* auf dem Buckl zur Schule.

Wendet man sich eine Strecke weit den Bergen zu, so wird die Mundart mit Gaumen und Kehle rauh geformt. Gerät einer in den Raum um Wolfratshausen, Starnberg oder Dießen, so hört er die Milch und das Mehl und das Bild und den Stiel wieder einmal mit einem ganz deutlichen *l* gesprochen. Wir Bayern passen nicht in eine sprachliche Zwangsjacke.

Hört man in der eben genannten Gegend das *r* am Anfang eines Wortes so, als sei es mit einem spiritus asper versehen – mit de *Hros'n is heier net des Hrechte* –, so daß wir an die Nonne Hroswitha von Gandersheim erinnert werden, deren Schreibweise wir nie begriffen haben, so trägt der Waldler seine beinahe dumpf tönenden Vokale orgelnd imposant vor, und anderswo wiederum stoßen wir auf jenes geschärfte *gg*, das wir von *da doagg'n Birn* und vom kränklichen Kind her, das endlich *ausbeggld hot*, vom *Wegg'n* und von *da Degg'n* her auch anderswo in unseren Dialektgebieten antreffen.

Aba ma muaß, wenn ma do in de Eig'nart'n umanandasuacht, recht angle sei', wei ma si sunst leicht vaduad.

Angle oder *angl*, mit Sicherheit im Semptdialekt daheim, ist so viel wie bedächtig, genau, vorsichtig.

Der *Angel vom Weps* ist nun wieder etwas ganz anderes. Er ist der Stachel, und das Verbum davon heißt angeln.

Mi hot a Weps g'anglt. Und da Wehdam is oiwei irga worn.

Für Leute unserer Mundart ist es unzumutbar, das Wort Wespe überhaupt auszusprechen. Die Hintereinanderstellung der Konsonanten ist unaussprechbar, und so wird die Wespe zum *Weps'n*. Daß er männlich wird, braucht niemand zu stören. Die Biene heißt ja auch *der Imp*, ob als Individuum gemeint oder als ganzes Volk.

Der Wehdam, um auch ihn zu erklären, der überhaupt keiner Erklärung bedarf, ist der Schmerz jeder Art, er ist alles, was weh tut, alles, was *letz* ist, und stammt auch ohne Umwege von wehtun her. Ein Wort wie Schmerz liegt uns nicht und wird auch nie gebraucht.

Aber es gibt das Adjektiv *g'schmerzt*. Damit wird jenes Getue um-

schrieben, mit dem manches Frauenzimmer eine Überempfindsamkeit vorführt, die dann eben doch nur Getue ist. *Geh, dua net so g'schmerzt!*
Wo immer man aber in unser Land und in unser Sprachgebiet blickt auf der Ausschau nach Spielarten und Varianten der Mundart – überall fällt uns heftiger als die Freude über sprachliche Entdeckungen der Kummer an über den fortwährenden Verlust an Sprache und Wortschatz. Am entscheidendsten ist der Wortverlust auf all den Gebieten, die nahe oder entfernt mit der Landwirtschaft zu tun haben und mit der Methodik der ländlichen Arbeit und der ländlichen Sozialverhältnisse.

Martin Sperr

Plädoyer für eine bayrische Literatur

Die Geschichte Bayerns und seine lange literarische Tradition geraten allmählich in Vergessenheit. Dafür lassen sich mehrere Gründe finden.
Die deutsche Geschichte wird an unseren Schulen dargestellt als folgerichtige Entwicklung zum Deutschen Reich hin. Entwicklungen in andere Richtungen werden im Geschichtsunterricht nicht berücksichtigt. Für die Darstellung der Geschichte Bayerns heißt das, daß der Standpunkt der Sieger in der preußisch-bayrischen Konfrontation vertreten wird, nämlich die Bismarcksche Idee des Deutschen Reiches. In den Schulbüchern wird die Geschichte Bayerns nur noch am Rande erwähnt.
Im Unterricht wird Schriftdeutsch gelehrt und gesprochen und hochdeutsch geschriebene Literatur gelesen. Dialektliteratur taucht selten auf, und wenn, dann als schnurrige Seltsamkeit. Daß z. B. Karl Valentin und Ernst Niebergall bedeutende Dichter sind, wird unterschlagen. Da den Kindern außerdem mundartliche Formulierungen im Aufsatz als »schlechtes Deutsch« angekreidet werden, müssen sie zu der Meinung kommen, daß ihre Muttersprache, nämlich der Dialekt, minderwertig sei. Es wird nicht einmal der Versuch unternommen, ihnen ein histori-

sches Sprachverständnis zu vermitteln, welches sie den Dialekt als durchaus eigenständige Sprachform begreifen lassen würde.

Natürlich hat das Hochdeutsche auch in den Gegenden, in denen ein eigenständiger Dialekt gesprochen wird, seinen ganz bestimmten und berechtigten Platz. Als allgemeinverständliche Verwaltungs- und Verkehrssprache wurde es verhältnismäßig früh auch in Bayern eingeführt. Es war auch die Sprache der Dichter und, neben dem Latein, die der Gelehrten. Zwar wurde mit dem Erwachen des Nationalismus in Europa in der ersten Hälfte des 19. Jahrhunderts die bayrische Mundart für die Literatur wiederentdeckt; das Hochdeutsche blieb jedoch weiterhin Verwaltungs- und Verkehrssprache.

Die bis heute fortwirkende ablehnende Haltung der Bayern gegenüber dem Hochdeutschen setzte erst ein, als das Königreich Bayern ins Deutsche Reich eingegliedert wurde. Die preußische Hegemonie innerhalb des Deutschen Reiches führte dazu, daß die alles streng und unbayrisch regelnden Preußen mit dem Hochdeutschen identifiziert wurden. Nur diese Herrschaftsstruktur des Deutschen Reichs erklärt übrigens auch, warum das Hochdeutsche einen solchen Absolutheitsanspruch erhielt. In der föderalistisch organisierten Schweiz sind die verschiedenen Formen des Schwyzer Dütsch dem Hochdeutschen immer zumindest gleichberechtigt gewesen.

Durch die offizielle Unterdrückung des Dialekts und durch die Forderung nach Beherrschung und ausschließlichem Gebrauch des an den Duden-Normen ausgerichteten Hochdeutschen wurden die Bayern ihrer eigenen Sprache und damit ihren Denktraditionen gegenüber erheblich verunsichert. Solange es noch immer als Zeichen mangelnder Bildung angesehen wird, wenn jemand bayrisch spricht, darf man sich nicht wundern, daß der Dialekt auch auf dem Land allmählich ausstirbt.

Es soll hier dem lebendigen Gebrauch, nicht einer restaurativen Pflege des bayrischen Dialekts das Wort geredet werden. Bedeutung und Notwendigkeit des Hochdeutschen, auch als verbindlicher schriftsprachlicher Norm im Verkehr mit dem Ausland, sind ganz unbestritten. Jedoch sollte man sich darüber im klaren sein, daß der Dialekt mehr als nur Daseinsberechtigung hat und

daß das Hochdeutsche in gewisser Hinsicht sogar auf ihn angewiesen ist.
Auch das Hochdeutsche ist dauernden Veränderungen unterworfen. Als »Schriftsprache« wird es nirgends so gesprochen, wie es die Norm vorschreibt, und es wird den Veränderungen, die von den Dialekten und der Umgangssprache ausgehen, immer erst nachträglich angepaßt. Die Sprache des Dudens ist also, um lebensfähig zu sein, von Dialekt und Umgangssprache abhängig. Die gesprochenen Sprachformen sind konkreter, vielschichtiger, wandlungsfähiger und können sich aus sich selbst heraus erneuern. Der Dialekt ist sehr viel materialistischer und realitätsverbundener als das abstrakte Duden-Deutsch. – Deutlicher als Definitionen zeigt Ludwig Thomas Komödie »Erster Klasse« in dem Dialog zwischen dem Kunstdüngervertreter Stüve und dem Bauern und Abgeordneten Josef Filser, theoretisierend der eine, wirklichkeitsnah der andere, die Verschiedenartigkeit der Sprachbereiche.
Heute ist der bayrische Dialekt das Medium der bayrischen Autoren für die Beschreibung ihrer Realität, die ein Teil der bundesrepublikanisch-kapitalistischen Wirklichkeit ist oder für diese stellvertretend sein kann. Die Verwendung des Dialekts hat nichts mit Lokalpatriotismus zu tun, sondern ist Ausdruck eines politischen Bewußtseins: Das Instrument der wirklichkeitsnäheren Sprache wird benutzt zur Erfassung und Darstellung der sich verändernden gesellschaftlichen Realitäten. Zum Beispiel werden allgemeine Probleme wie Homosexualität (»Jagdszenen aus Niederbayern«) oder Gastarbeiter in der Bundesrepublik (»Katzelmacher«) plastisch und konkret durch die Festlegung auf ein bestimmtes Milieu, das bedeutet: eine bestimmte Sprache.
Für eine neue bayrische Literatur eignen sich daher vor allem diejenigen literarischen Formen, die vorwiegend durch Dialog konstituiert sind, also Drama und Hörspiel. Eine weitere Möglichkeit zeigt sich in den Mundartgedichten von Carl-Ludwig Reichert und Michael Fruth: Feststehende Redewendungen werden so eingesetzt, daß sie als Denkklischees und Vorurteile entlarvt werden. In diesen Gedichten wird auch etwas unternommen, was von jedem heute lebenden bayrischen Schriftsteller zu fordern ist: Es wird nämlich die Wandlung des Bayrischen in der

Konfrontation mit dem Duden-Hochdeutsch reflektiert. Diese Wandlung muß reflektiert werden, wenn man Sprache als einen Gradmesser oder ein Signal für gesellschaftliche Veränderungen betrachtet.

Benno Hubensteiner

Niederbayern und die Niederbayern

Vor siebzig, achtzig Jahren ist auf meinem früheren Passauer Lehrstuhl der Herr Professor Josef Wimmer gesessen. Er war ein Lehrerssohn aus Reichersdorf bei Landau an der Isar; ein Bahnbrecher dessen, was man heute »Kulturgeographie« heißt; ein ganz gehauter Kenner unseres Landes noch obendrein. Wenn er etwa 1897 in der berühmten Zeitschrift »Bayerland« über die Niederbayern schrieb, tat er sich noch leicht. Er beschrieb einfach das sogenannte »Karpfhamer Fest« – jenen großen Kampf der Wagen, Rösser und Gesänge, der damals jeden Herbst ganz Niederbayern auf den Rottwiesen zusammenführte. Und er meint: »Was vor allem hervortritt, ist die Vorliebe für Prunk und Glanz; da sieht man zierlichst gebaute Wägen, die schönst geschirrten Pferde, die Männer in feinem Tuche, die Weiber in leuchtender Seide. Die Konsumtionskraft am Mittagstisch auf der Post, sowie in den Bier- und Weinbuden auf der Wiese ist staunenswert. Sieht und hört man aber genauer hin, so offenbaren sich auch lobenswerte Eigenschaften: ein offenes, ehrliches Wesen, Selbstbewußtsein und Kraftgefühl, klares Denken und kurzes Reden ... Man muß die Bevölkerung anderer Gegenden kennengelernt haben, um die trefflichen Charakterzüge des niederbayerischen Flachländlers insbesondere seine äußerlich aufrechte, innerlich aufrichtige Art, aufs wohltuendste zu empfinden.«

Den Kenner überkommt ein wehmütiges Lächeln.

Zwischen dem Professor Wimmer mit seinem Karpfhamer Fest und uns Heutigen liegen nämlich Barrieren, die wir nicht mehr so ohne weiteres übersteigen können. Wir sind auf einmal mitten in der zweiten industriellen Revolution und ihrer Sturzwelle von

Technisierung und Nivellierung; wir erleben den breiten Einbruch der Massenmedien; sehen die beginnende Verfarmerung unseres Bauernlandes und Bauernstandes. Eine Wegmarke bezeichnet uns dabei Martin Sperr mit seinen »Jagdszenen aus Niederbayern«. Weniger das schwache und verkrampfte Theaterstück, sondern der starke Film, den Peter Fleischmann daraus gemacht hat. Da dröhnen Traktoren und lärmen die Mähdrescher, daß man das eigene Wort nicht mehr versteht; brausen die Düsenjäger über die Menschen hinweg – Menschen, die nur noch Landmaschinen-Menschen sind, und denen vom Alten nichts mehr geblieben ist als ein Stück gemüthafter Brutalität.
Und wenn bei diesem Film ganz Unholzing mitgespielt hat, das Dorf Unholzing bei Landshut mit seinen betonierten Odelgruben und zweihundert Einwohnern, seiner weißen Barockkirche und seiner grünen Landschaft, dann, so möchte man meinen, muß auch hier etwas Wahres an der Sache sein.
Nun, der Historiker ist von Berufs wegen ein Skeptiker und ein Analytiker. So drängt sich ihm die Frage auf, ob denn Volk und Volkstum überhaupt eine konstante Größe sind oder sein können? Ob sie es je waren? Jedenfalls, methodisch wird sofort eines klar: daß wir nicht von den unbeständigen Leuten ausgehen dürfen, sondern beim festen Land anfangen müssen.
Dieses Niederbayern läßt sich dann sofort definieren. Es ist einer von den sieben Regierungsbezirken des Freistaates Bayern. Und im übrigen ist in unseren alten Schulen eine Landkarte an der Wand gehängt, da hat man es genau sehen können: wie dieses Niederbayern ausfließt vom Böhmerwaldkamm bis zur oberen Vils und zur oberen Rott; wie es hinüberreicht von der Holledau bis zum Saurüssel und zum Passauer Wald.
Aber diese Grenzen auf der Schul-Landkarte sind, wie gesagt, die Grenzen des heutigen Regierungsbezirkes, und sie stammen aus dem Jahre 1837. Damals hat König Ludwig I., der den starren Montgelas-Staat mit den Kräften der Geschichte und des Volkstums durchdringen wollte, aus einem Stück Isar- und Regenkreis und der Masse des Unterdonaukreises wieder ein »Niederbayern« gebildet.
Für den Historiker allerdings ist dieses »Niederbayern« von 1837 nur sehr bedingt brauchbar. Er muß zurückgehen bis er die Be-

zeichnung »Niederbayern«, »Unterland«, »Niederland«, lateinisch »Bavaria inferior«, zum erstenmal in den Quellen findet. So kommt er dann ganz von selber zur ersten bayerischen Landesteilung – der von 1255.
1255: die Wittelsbacher regieren bereits in der vierten Generation über Bayern, aber die Söhne Ottos des Erlauchten, Ludwig der Strenge und Heinrich XIII., können sich nicht vertragen und teilen das Land. Diese Teilung ist schwierig, denn seit 1214 ist auch die Rheinpfalz beim Haus Wittelsbach, und wenn jetzt Ludwig diese Pfalz und das Oberland bekommt, dann muß der Anteil Heinrichs, eben unser Unterland, entsprechend größer sein. Wir haben also zunächst eine Art »Groß-Niederbayern«: im Westen bis über Moosburg und Erding hinaus; im Süden bis zum Gebirgsrand hin; vor allem aber, der Inn macht nicht die Grenze, sondern das Land öffnet sich breit gegen Oberösterreich hin, und zwar bis zu den großen Wäldern um den Hausruck.
Dabei stehen die beiden Teilherzogtümer von Anfang an Rücken gegen Rücken. Von Oberbayern schaut man nach Schwaben hinaus und hinein ins Tirol; von Niederbayern geht der Blick aufs österreichische Donauland und hinüber nach Böhmen.
Natürlich ist dieses Niederbayern von 1255 im Lauf der Jahrhunderte noch ein paarmal kräftig umgemodelt worden. Zur Hauptstadt Landshut, immerhin schon 1204 gegründet, kam die Nebenresidenz Burghausen dazu. Seit 1353 gab es eine wittelsbachische Seitenlinie in Straubing, die auf merkwürdige Weise mit den holländischen Grafschaften verklammert war; ein paar Jahre saß ein eigener Herzog sogar auf dem Natternberg bei Deggendorf.
Doch es kommt hier nicht aufs einzelne an, sondern aufs große Ganze: nämlich daß sich dieses Niederbayern als staatliche Einheit hält bis hin zum Jahr 1503/04, ja, daß gerade das 15. Jahrhundert mit seinen drei »Reichen Herzögen« einen Höhepunkt bedeutet. Symbol dafür ist die berühmte Landshuter Hochzeit, die Herzog Ludwig der Reiche seinem Sohn Jörg zurichtet, als er 1475 die Tochter des Königs von Polen heiratet. Und jetzt, mit dem 15. Jahrhundert, werden uns auch Männer faßbar, die heute noch für den Ruhm unseres Landes stehen und trotzdem zeitlebens echte Niederbayern geblieben sind.

1432, am Laurenzitag, stirbt zu Landshut Hans Stethaimer, der glorreichste Baumeister unserer Spätgotik, ein hintersinniger Kopf und ein verwegenes Genie zugleich. Bald nach 1500 kommt Hans Leinberger, der Bildschnitzer, mit einem Werk, das jeden Rahmen sprengt, eine Melodie anschlägt, die dableibt bis hin zu Christian Jorhan im Rokoko oder bis hin zum immer noch unbekannten Meister der Schmerzensmadonna von Hengersberg.
1477 aber wird im stillen Abensberg Hans Turmair geboren, der große Geschichtsschreiber, der sich dann auf Humanistenart nach seiner Vaterstadt »Aventinus« nannte. Wenn seine klassische Schilderung des bayerischen Volkes heute noch durch alle Geschichtsbücher geht, darf man nicht vergessen, daß hier zunächst Niederbayern gemeint ist – genauer gesagt, das Land zwischen dem Dürnbucher und dem Hienheimer Forst.
Freilich, die niederbayerische Linie des Hauses Wittelsbach ist schon 1503 erloschen, mit Herzog Georg dem Reichen, der nur zwei Töchter hatte, aber keine Söhne. Aus der Frage, wer nun erben sollte, die Wittelsbacher von Oberbayern oder die von der Pfalz, sprang einer der sinnlosesten und grausamsten Kriege auf, die unser Land gesehen hat – der sogenannte »Landshuter Erbfolgekrieg«, der erst 1504/05 mit einem Winter- und Plünderungszug durch Niederbayern sein Ende fand. Der Abt Angelus Rumpler von Vornbach am Inn, einer der bedeutendsten Vertreter des niederbayerischen Klosterhumanismus, hat uns diesen Krieg ausführlich beschrieben, erschüttert, fast verzweifelt: »De Calamitatibus Bavariae«.
Der Sieg Herzog Albrechts IV., des Weisen, von München war teuer erkauft, und sein neues Primogeniturgesetz von 1506 suchte nun jeder weiteren Teilung den Riegel vorzuschieben. Ober- und Niederbayern sollten künftig ein Land sein und nach dem Recht der Erstgeburt weitervererbt werden. Dafür durfte sich jeder wittelsbachische Fürst das »Utriusque Bavariae Dux« in die Titulatur schreiben – das stolze »Herzog beider Bayern«.
Aber 250 Jahre eigener Staatlichkeit waren nicht so leicht auszulöschen. Noch der nachgeborene Sohn Albrechts des Weisen, Herzog Ludwig X., ertrotzte sich eine eigene Hofhaltung in Landshut und stellte mit seiner berühmten, ganz italienisch ge-

stimmten Landshuter Stadtresidenz selbst die Münchner Neuveste in den Schatten. Als Herzog Ludwig 1545 ohne Erben starb, blieb den Niederbayern wenigstens noch ihr eigener Landtag mit dem prächtigen Ständehaus vorne am Platze, und zwar bis hin zu den großen Reformen unter dem Minister Montgelas.

Und es blieb die eigene Nuance in der Kunst, besonders deutlich sichtbar in unserem breiten, volkhaft strömenden Rokoko. Man darf nur einmal zwei Stiftskirchen des 18. Jahrhunderts gegeneinanderhalten: Rottenbuch und Aldersbach. In Rottenbuch die helle, heitere Klarheit des oberbayerischen Pfaffenwinkels, bei uns in Aldersbach die pralle, goldstrotzende, fast spanisch-ekstatische Pracht des Unterlands.

Oder wenn man die ganze gewachsene Kraft des alten Niederbayern sehen möchte, muß man einmal die Akten des Bauernaufstandes von 1705/06 studieren, als sich das Land gegen die kaiserliche Besatzung erhebt. Nur in Niederbayern haben wir den regelrechten Volks- und Partisanenkrieg; geborene Fähndlführer wie den Gerichtsschreiber Sebastian Plinganser von Pfarrkirchen oder den Studenten Georg Meindl aus Altheim im Innviertel; Erfolge wie die Einnahme der festen Plätze Burghausen, Braunau, Schärding, Vilshofen oder Kelheim. Und als man das Land in der Gewalt hat, was tut man: es bildet sich eine regelrechte Regierung in Burghausen, und sie nennt sich »Kurbayerische Landesdefension des Unterlands«.

Überflüssig zu sagen, daß auch bei diesem Volksaufstand 1705, wie noch fast bei jedem, die Katastrophe am Ende gestanden ist – das Gemetzel am Handlberg bei Aidenbach, 8. Januar 1706, das man kaum noch eine Schlacht nennen kann. Und echt bayerisch, niederbayerisch auch, wie zunächst alle dabei sind und hinterher gar keiner mehr.

Die gleichen altbayerischen Wittelsbacher nun, für die sich unsere Bauern 1705 erheben, sterben 1777 selber aus, mit Kurfürst Max III. Josef, dem »Vielgeliebten«. Jetzt erben doch noch die Pfälzer alles zusammen.

Nur daß auch die Habsburger in Wien, vertreten durch den Kaiser Josef II., auf Grund alter Verträge Gebietsansprüche erheben, und zwar solche, die gerade aufs benachbarte Niederbayern zielen. Das kann nun wieder Friedrich der Große nicht hinneh-

men, denn Niederbayern österreichisch, das würde das Gleichgewicht zwischen den beiden deutschen Großmächten verschieben. So kommt es zum bayerischen Erbfolgekrieg. Einem Herbst- und Manöverfeldzug in Böhmen, den die Preußen nur den »Kartoffelkrieg« heißen, die Österreicher aber den »Zwetschgenrummel«. Und im Teschener Frieden von 1779 darf sich Kaiser Josef II. dann tatsächlich ein Stück Niederbayern abschneiden – nämlich das Innviertel.
Wenn man die alten Karten anschaut, dieses Innviertel ist ein prächtiges Wald-, Hügel- und Bauernland bis zu den Hausruckbergen hin; mit breiten Städten wie Braunau oder Schärding, behäbigen Marktflecken wie Mattighofen oder Mauerkirchen, Altheim oder Ried. Und dieses Innviertel ist Zug um Zug das Gegenstück und Spiegelbild zu unserem Rottal. Wie eben der alte Innviertler Leibspruch aus dem Sommerkeller von Uttendorf heißt:

»Treu liabn und schea singa,
Schnell fahrn und schwaar tringa,
Resch redn und fest wehrn,
Hat da Innviertler gern!«

Ob das nicht auch Niederbayern ist – altes Niederbayern?
Aber jetzt wird's noch einmal kompliziert. Der Herzog, und nach ihm der Kurfürst in München, ist nämlich bei uns nicht der einzige Landesherr gewesen, sondern neben ihm steht, klein aber kompakt, das alte Hochstift Passau: also jenes Gebiet, wo der Bischof von Passau nicht bloß geistlicher Oberhirte war, sondern auch die ganze weltliche Macht innehatte. Wenn wir im Passauer Dom stehen und die alten Bischofswappen anschauen, über den Altären etwa oder über den barocken Prunkportalen, so finden wir überall neben dem Krummstab auch das Schwert – das Schwert als Zeichen des alten Jus gladii – der Gewalt über Leben und Tod als Grundlage der Landeshoheit.
Freilich, um dieses Hochstift Passau war lange gewürfelt worden, und die Wittelsbacher sind dem Bischof eigentlich nach bis vor die Haustür. Das Kloster St. Nikola war schon bayerischer Boden und das sogenannte »Schanzl« blieb die äußerste Verteidi-

gungsposition der Stadt. Die Habsburger auf der anderen Seite aber hatten dem Bischof noch 1383 das obere Mühlviertel abgenommen und ihn ganz auf das Ilzland zurückgedrängt. Geblieben war so ein Territorium, das, ganz im Ungefähren, die drei alten Bezirksämter Passau, Wolfstein und Wegscheid umfaßte. Dazu die unvergleichlich-prächtige Stadt mit ihren Kirchen und Klöstern, Schulen und Bibliotheken, Buchdruckereien und Kunstwerkstätten, der fürstbischöflichen Hofkapelle und einem fürstbischöflichen Opernhaus.

Wenn wir uns das alte Niederbayern einmal vom Kulturellen her anschauen, erscheint es wie eine Ellipse mit zwei Brennpunkten – Landshut und Passau. Denn Straubing war als Residenzstadt schon 1425 ausgefallen; Regensburg aber, die Reichsstadt, die andere Bischofsstadt, blieb eine kleine Welt für sich.

Dies alles scheint noch im 19. Jahrhundert recht deutlich auf. Zwar wird das Hochstift Passau 1803 säkularisiert und kommt zu Bayern, aber dafür erhält die Stadt Passau die Regierung unseres Unterdonaukreises, Landshut dagegen die bayerische Landesuniversität. Unter König Ludwig I. muß Landshut 1826 seine Universität an München abgeben und bekommt dafür als Trostpflaster 1839 die Regierung des neuen Bezirkes »Niederbayern«. Passau behält lediglich seinen tausendjährigen Bischofssitz; die 1833 wiedergegründete Philosophisch-Theologische Hochschule; das Landgericht und die Garnison – nämlich die Passauer Jäger, aus denen dann 1878 das 16. Infanterie-Regiment geworden ist.

Aber das Grollen von damals geht heute noch unterirdisch weiter. Es genügt ein einziger Blick in die »Passauer Neue Presse«, um festzustellen, daß man nirgends gegen die Regierung in Landshut aufsässiger ist als drunten in Passau.

Und jetzt sind wir doch wieder beim neuen Niederbayern und der Karte von 1837 oder 1839. Eines kann sie uns nämlich schon zeigen – das Kerngebiet dessen, was Niederbayern hieß und heißt. Das sind nämlich drei gewachsene Einzellandschaften: im Norden der Wald; im Süden das Holz- und Hügelland zwischen Isar und Inn; dazwischen aber als Herzader und eigentliche Achse das Donautal mit seinem Gäuboden.

Natürlich bedeuten diese drei Landschaften drei ganz verschie-

dene Ansätze unserer Siedlungsgeschichte und damit eine deutliche Abschattung des Menschenschlags, aber zusammengenommen erst geben sie den herrlichen Dreiklang des alten Niederbayern. Dieses Niederbayern ist nämlich im Kern eine echte, organisch gewordene Einheit. Und die Teilung von 1255 ist nicht bloß eine dynastische Zufälligkeit, zwei Brüder, die sich nicht vertragen können, nein, die Teilung war schon auch in den Verhältnissen angelegt. Wir haben bereits hingewiesen auf die geopolitische Komponente. Wir könnten auf die Sozialordnung kommen. Wie Niederbayern schon von der Wanderzeit an Herzogsland ist. Wie es durch die Jahrhunderte ein Land der Herrensitze bleibt und der großen Höfe. Mit nicht allzu vielen Klöstern, dünn gesäten Städten, vielen alten Bauernmärkten.
Aber es geht noch tiefer. Niederbayern ist, von Oberbayern aus gesehen, das ganz andere. Zunächst spüren wir es sofort am breiteren Klang der Mundart. Man muß Max Peinkofer gehört haben, wie er seine klassische »Maidult in Passau« vorgetragen hat. Oder man muß Max Matheis kennen und den Rhythmus seiner Dialektgedichte in dem schönen Band »Bayerisches Bauernbrot«.
Und dann erst das Volkslied! Schon Kurt Huber hat es bemerkt, wie mit dem niederbayerischen Kornland und der hopfenschweren Hallertau auf einmal der Jodler verstummt. Wie aber dafür die große Bauernhochzeit kommt und eine geradezu homerische Freude am »Aussingen« – eben das »Gstanzl« als das niederbayerische Distichon, voll schlagendem Humor, ungezügelter Lebensfreude, ja derbstem Bauernspaß. Der Roider Jackl war nicht zufällig in Weihmichl bei Landshut daheim.
Oder nehmen wir einmal die alten Sagen! Das Oberland liebt hier den Scherz und den Übermut, Geschichten, die mit dem Gebirg zusammengehen, seinen Nachtsennerinnen, versteinten Jaagern und übergossenen Almen. Da sind die vergrabenen Schätze an der Roten Wand oder am Kirchstein bei Tölz, und zuletzt kommt der Lazarus Aigner von Reichenhall daher, der Anno 1529 in den Untersberg hat hineingehen dürfen ...
Bei uns in Niederbayern dagegen, im Wald vor allem, ist alles dunkler und düsterer. Hier ist das Land der Totenbretter, der Seelen und der Geister. Wir haben einen großartigen Beleg dafür,

auch wenn die erste Auflage nur ein schmales Heftchen ist. Nämlich die Sammlung »Scheichtsame Gschichten um Rachel und Lusen«, die uns der Lehrer Biberger von St. Oswald 1924 zusammengetragen hat. Zusammengetragen nicht in der üblichen Schulschreibe des professionellen und professoralen Sagensammlers, sondern in jener von Anschauung gesättigter Waldlermundart, wie sie die alten Leute damals noch geredet haben.
Oder wenn wir eine letzte Verdichtung wollen, dann dürfen wir bloß an eine Figur denken, wie den längst sagenhaften Mühlhiasl von Apoig – an den Waldpropheten und seine Weissagungen, die fast bis herauf zum heutigen Tag durchs Land gegangen sind. Er muß in der großen Wende der napoleonischen Zeit gelebt haben, unser Mühlhiasl, und genau betrachtet, laufen alle seine Prophezeiungen auf eine ganz einfache Bauernweisheit hinaus: nämlich daß es nicht gut enden kann und der »Bänkabräumer« nicht mehr weit ist, wenn einmal alles abfällt von Vätersitte und Väterbrauch.
Vielleicht klingt das etwas pathetisch, dieses »Vätersitte und Väterbrauch«. Überliest man aber die verschiedenen Versionen der Mühlhiasl-Prophezeiung genauer, so sieht man wie damit gerade auch die technischen Neuerungen gemeint sind und der seit dem 19. Jahrhundert auch bei uns stetig ansteigende Lebensstandard, der ja nicht immer und überall das reine Glück bedeuten muß. Vom eisernen Hund ist die Rede, der auf der Donau heraufbellt; von den zweiradeligen Karren, die schneller fahren als ein Roß oder ein Hund laufen kann; von den roten Ziegeldächern, die an die Stelle der alten Strohschaub und Holzschindel treten; vom Zucker, der den Honig verdrängt, und von den Bauersleuten, die nur noch lauter Kuchen essen ...
Jetzt haben wir eine Fülle von Material beisammen, stehen wir vielleicht auf etwas festerem Boden als weiland unser Professor Wimmer, und wir könnten nun so etwas ansteuern, wie die Charakteristik des Niederbayern schlechthin. Natürlich gesehen im Kräftedreieck von Landschaft, Geschichte und Volkstum, die sich auch bei uns gegenseitig bestimmen und durchdringen, wie überall. Und trotzdem, helfen kann mir jetzt nur

noch, daß mein Vater ein Oberbayer gewesen ist, meine Mutter aber von einem Hof im Rottal daheim ist: daß sozusagen der Oberbayer und der Niederbayer in mir selber miteinander raufen.

Zum Oberbayern – ganz allgemein gesprochen! – gehört ein schneller Witz und eine gewisse Wendigkeit, das Jaagerische im Auftreten und in der Erscheinung, die Schneid und die Verwegenheit. Der Niederbayer dagegen ist schwerfälliger, aber auch beharrsamer; voll Freude am Auftrumpfen und an der prallen Pracht; dabei gradan und gradaus bis zur Grobheit.

Aufsässig sind sie beide, sonst wären sie keine Bajuwaren. Aber der Niederbayer ist jäher und radikaler: man studiere nur einmal die Reformation in Straubing, den großen Volksaufstand von 1705 oder den Durchstoß der Bauernbund-Bewegung von 1893.

Und wenn es um die reine Kehrseite geht: beim Oberbayern ist es der Hang zum Schnackerlhaften; der Niederbayer ist nur zu gern ein hainbuchener Geselle.

Freilich, damit sind wir noch nicht über das Niederbayern des 19. Jahrhunderts hinausgekommen, vor allem nicht über die indirekte Stammescharakteristik, die uns bereits 1875 ein großer niederbayerischer Klassiker gegeben hat: nämlich Josef Schlicht mit seinem Buch »Bayerisch Land und bayerisch Volk«.

Schlicht ist in der Hallertau geboren. Er ist Kooperator zu Oberschneiding gewesen, dann, bis zu seinem Tod 1917, Schloßbenefiziat zu Steinach bei Straubing. Nichts als der Spaziergang über Wiesen und Felder; die Studierstube zu Hause, wo die Lampe brennt; ein einfaches Leben mit Land und Leuten – aber so hebt er ganz Niederbayern aus den Angeln, zeichnet er das alte Kirchen- und Bauernjahr in Vorwald, Gäu und Hallertau.

Schlicht ist Geistlicher gewesen, aber alles andere als ein Frömmler oder ein Schönredner. Der Herr Generalvikar in Regensburg hat nicht allzu viel Freude mit ihm erlebt, und der Passauer Dogmatiker Alois Winklhofer hat einmal gemeint, über dem Werk von Schlicht müsse man sich direkt fragen, ob die Leute damals überhaupt den richtigen Glauben gehabt haben. Und trotzdem, Schlichts Niederbayern ist noch ein Land, wo sommerüber alles auf den Feldern werkt und die Kirchen kühl im Lindenschatten stehen. Schlicht ist das 19. Jahrhundert als das klassische Jahrhundert unseres Bauerntums: die große Freiheit nach dem Sturmjahr 1848 und doch wieder die innere Geborgenheit in der weiß-blauen Monarchie lang vor 1914.

Das Auseinanderfächern haben wir erst bei den drei großen Dichtern unseres Landes, die, alle drei ums Jahr 1880 geboren, mit ihrem Leben und Wirken bis in unsere fünfziger Jahre reichen. Hans Carossa, Mechtilde Lichnowsky und Wilhelm Dieß.

Wilhelm Dieß ist der einfachste Fall. Ein Lehrerssohn aus Bad Höhenstadt, der zunächst Advokat wird, dann hoher Ministerialbeamter, 1957 in München gestorben ist. Er ist kein Schreibtischmensch, sondern der geborene Stegreiferzähler, der noch einmal die ganze Rottalheimat vor uns ausbreitet, nicht ohne Hintergründigkeit und voll herzhaftem Humor. Man lese nur einmal die einfache Geschichte, überschrieben »Zwischen Donau und Inn«, im Sammelband »Das Heimweh«. Da kann in einer Wanderung von Perach über Zeilarn nach Schildthurn, von Schildthurn über Tann und Kößlarn nach Rotthalmünster, von Rotthalmünster hinab nach Ering alles darinnen sein – die Landschaft, die Menschen und ihre Schicksale. Wilhelm Dieß bedeutet für Niederbayern etwa das, was Ludwig Thoma für Oberbayern ist. Gewiß, das Werk von Dieß ist nicht so weit auseinandergefaltet, aber dafür ist es überall voll herzlichem Verstehen und ganz ohne Spott und Hohn.

Mechtilde Lichnowsky ist demgegenüber das ganz andere Herkommen. Und am fremd klingenden Namen soll man sich nicht stoßen: sie ist nämlich eine Gräfin Arco und auf Schloß Schönburg bei Pocking zu Hause. 1904 hat sie den Fürsten Lichnowsky geheiratet, den letzten kaiserlichen Botschafter in London, und ist auf ihre Weise eine Dame von Welt geworden und hineingewachsen in die große Literatur. Und trotzdem, wenn sie in Ägypten reist, sind die niederbayerischen Spatzen da, und der Sommer ist für sie ein einziger großer Park mit dem hellen Geräusch der eisernen Rechen über den Kieswegen. Oder 1934, in Cap d'Ail an der französischen Riviera, setzt sie sich auf einmal hin und schreibt ihre Kindheitserinnerungen nieder. Über die alten Dächer segeln die Schwalben hin; wir riechen die Pferde und das

Heu von den Rottwiesen; Kloster Reichersberg blinkt mit seinen Fenstern in der Abendsonne und die Passauer Sechzehner geben im Schloßpark ein Standkonzert. Wir haben nochmals unser altes Niederbayern, diesmal als Zuflucht, Erinnerung und Traum, gesehen durch ein großes Temperament.
Neben Dieß und der Lichnowsky ist Hans Carossa die viel problematischere Natur. Er, der Sohn des Landarztes von Pilsting, bleibt nicht draußen in der Welt, sondern geht wieder heim – nach Passau zunächst, nach Seestetten dann, nach Rittsteig zuletzt. Und er stellt sein stilles und oft auch stilisiertes Werk bewußt der Zeit entgegen. Eigentlich eine einzige große Autobiographie. Das niederbayerische Donauland und sein später, blauer Herbst, gezeichnet in einer ruhig-versonnenen Art, die von fernher an Goethe erinnert oder an Adalbert Stifter ...
Nun sind wir tief in der Literatur. Aber was gerade sie uns zeigen kann: daß unser Niederbayern doch eine recht beharrsame Landschaft ist. Ein Land, das eigentlich die Zäsur von 1918 nicht wahrhaben wollte und auch nicht die von 1933. Nach dem Zweiten Weltkrieg haben wir zwar dann das große Beben gespürt bis hinaus ins letzte Dorf, die Besatzer, die Flüchtlingswelle, die Währungsumstellung, aber mit den fünfziger Jahren haben wir alle noch einmal die große Restauration versucht. In Staat und Gemeinde, in der Kirche und in der Schule. Und in der festen Hoffnung, daß um uns immer noch die alte Heimat sei und wir nicht herausfallen könnten aus dieser unserer Welt.
Erst jetzt brechen die Dämme, und wir stehen tief betroffen da, merken, daß wir scheinbar so unverwüstlichen Niederbayern auf einmal an Disregulationen leiden. Daß unsere Besten verunsichert sind, unsere großen Häuptlinge verdutzt, unsere Landräte, Bürgermeister, Pfarrer und Schulrektoren samt und sonders verprellt. Bis wir alle miteinander nur noch eine Chance sehen – nämlich die Flucht nach vorn.
Aber auch unser breites Volk ist gar nicht so beharrsam, wie wir immer gemeint haben. Es nimmt die Wunder der Technik mit der gleichen unbefangenen Selbstverständlichkeit hin, mit der es in der Zeit vor dem elektrischen Licht das große Weihzen hingenommen hat und die dunkle Welt der Seelen und der Geister. Und wir sehen, daß der Zug zum Erraffen und zum Grob-Mate-

riellen schon auch zum Bauern gehört, zum Bayern, zum Niederbayern.
Trotzdem, wenn wir genau hinschauen, noch ist bei uns nicht alles hoffnungslos nivelliert und von den Geschäftemachern »erschlossen« bis in den letzten Winkel hinein. Man spürt noch überall den breiten Atem von Land und Landschaft, und nach dem Verlust der deutschen Ostgebiete liegt Niederbayern da als eine der letzten agrarischen Außenpositionen, die uns geblieben ist. Und der Bayerische Wald ist immer noch das größte zusammenhängende Waldgebiet der Bundesrepublik. Selbst in den Städten hat man überall den gewachsenen Dialekt um die Ohren, und in Passau verdreschen die Leute ihre Kinder immer noch auf offener Straße. Es muß schon seinen Grund haben, wenn sich die Autoren, die Einheimischen wie die Fremden, immer wieder am Niederbayern reiben!
Nein, die »kulturelle Signalverspätung« in der Provinz hat auch ihr Gutes. Weil wir noch nicht vollends überrollt sind, haben wir vielleicht die Chance, den Weg ins neue Zeitalter bewußt zu gehen. Vielleicht gelingt es uns noch, die Zersiedelung, die Ausschindung und den Ausverkauf unseres Landes in Grenzen zu halten: mit einer großzügigen Landesplanung, mit rigoros geübtem Natur- und Landschaftsschutz, mit einem Denkmalgesetz, das nicht bloß Papier bleibt. Und alles in bewußter Rückbindung an ein Erbe, das wir nicht so ohne weiteres wegwerfen dürfen und können.
Gewiß, ein Land und seine Zustände mögen und müssen sich wandeln, sonst gibt es keine Geschichte. Auch ein Stammescharakter ist nichts Starres, sondern wechselvolles Leben. Aber ist nicht für uns alle ein Stück Glück beschlossen im Wissen um und in der Liebe zu dem, was vor uns war und was noch sein wird, wenn wir längst nicht mehr sind? In diesem Sinn wollen wir immer wieder das Wort einlegen für unser altes Niederbayern, das Land und seine Leute.

Carl Amery

Was ist bayerisch?

Herbert Achternbusch, mein geschätzter Kollege und Landsmann, formulierte es gelegentlich so: »Die Bayern machen, was immer sie machen, wenn sie auch noch so technisiert sind, nämlich Mist aufladen. In Gummistiefeln stehen sie in der Miststatt und legen vom Misthaufen mit der Mistgabel Mist auf den Mistwagen, den sie dann auf beiden Seiten mit dem Mistbrett schrägschlagen. Sie sind stolz auf ihre Oberarmmuskeln, und sie sind stolz, daß ihre Regierung ihren Stolz auf den Stolz ihrer Oberarmmuskeln vertritt, und daß sie von ihrer Regierung behandelt werden, wie sie den Mist behandeln, denn keinem soll es besser gehen.«

Der Text, wenn auch für ein Kind geschrieben, reicht weit und ist bei etwas denkerischer Anstrengung auch recht differenziert und brauchbar. Wir könnten also hier jede weitere Nachforschung einstellen. Aber da auch für solche etwas geschehen sollte, die nicht an Achternbusch gewöhnt sind, und weil der Leser ein Recht auf mehr Ausführlichkeit hat, folgen die Seiten dieses Kapitels (und dieses Buches).

Zunächst gilt es ein- und abzugrenzen. Was meinen wir mit *bayerisch?* Meinen wir, um einmal eine Unterscheidung anzuwenden, die ihre Vorteile hat, damit das *Bayerische* oder das *Bairische?* Meinen wir, mit anderen Worten, den Staat oder den Stamm? Das Vielvölker-Konglomerat des Ministers Montgelas oder das eine Volk der Dialekt-Geeinten (durch Mittel- und Nordbairisch Geeinten, ohne der südbairischen Irredenta gesondert Erwähnung zu tun)?

Wenn man zu Resultaten kommen will, muß man beides meinen – oder keines von beiden.

Wir gehen mit der Zeit; das heißt, wir gehen vom Stamm aus und nähern uns der gesellschaftlichen, staatlichen Wirklichkeit von heute. Was im Laufe der Annäherung die Baiern den anderen Stämmen, den Franken, Schwaben, Pfälzern, Deutschböhmen antaten und antun (oft zu deren großem Mißvergnügen); was, andererseits, die neubayerischen Stämme den Alt-Baiern antaten und antun (gleichfalls oft zu ihrem großen Mißvergnügen): Es wird, hoffentlich, im Laufe unserer Betrachtungen sichtbar werden.

Aber wir gehen von Unbestreitbarem aus: Es gibt etwas Bairisch-Bayerisches, etwas Spezielles, das es von anderen Stämmen und Landschaften unterscheidet. Und zwar stärker unterscheidet als diese Stämme untereinander verschieden sind. Nicht einmal der Begriff des »Süddeutschen« hilft da weiter; die Kluft zwischen Baiern und Alemannen kann nur der übersehen, der ganz oberflächlich hinsieht. Und auch das Österreichische hat sich längst, hat sich ganz, ganz anders entwickelt – trotz der mißverständlichen Gemeinsamkeit, die im Dialekt zu stecken scheint.

Aber was ist nun das spezifisch Bayerisch-Bairische? Was für Merkmale, was für Kriterien können wir heranziehen, damit die Klassifikation einerseits nicht zu weit, andererseits nicht zu eng wird?

Erledigen wir zunächst das Einfachere. Bayerisch ist natürlich nicht identisch mit dem Gebirglerisch-Zünftigen, dem Krachledern-Aufdrahrerischen, dem verwegenen Gemsenjägerblick und den Landschaften, die mit dem Munde gemalt sind (so sagte mir's einmal ein spitzzüngiger Norddeutscher). Es ist im weiteren Sinne auch nicht identisch mit dem, was man mit dem ganzen Stuß von »weißblau und heiter« umschreiben kann: mit Komödienstadl und Gebirgstrachtenerhaltungsvereinen, mit Kammerfensterln und Goaßlschnalzern. Daß Reste jungsteinzeitlicher Lebensart hier und anderswo in Europa (etwa bei den Hochland-Schotten) noch erhalten sind, mag in Grenzen sogar stimmen; und daß sie Geld auf dem tertiären Sektor einbringen, sei nicht bestritten. Aber weder das wirkliche Bayern noch das wirkliche Schottland ereignen sich in solchen Reservaten, haben sich nie in ihnen ereignet – vergessen wir es also.

Aber wie steht's mit der Gleichung *bairisch = bäurisch*? Erklärt sie nicht wesentlich mehr von der Sonderart dieses Stammes? Seine Verachtung des Abstrakten etwa, seine Überzeugung, daß es vor allem gilt, »das Sach zusammenzuhalten«? Sein Mißtrauen gegen jedwede Ideologie (außer einer solchen, die er nicht als Ideologie erkennt)? Erklärt sie nicht die manchmal erfrischende, manchmal außerordentlich irritierende Grobheit, den Stolz auf die

Oberarmmuskeln, von dem Herbert Achternbusch spricht? Das Bekenntnis zum Mist (auch Ludwig Thoma hat es abgelegt, seine Sensibilität muskelbeugend überspielend) als der Prima-facie-Evidenz irdischer Gebundenheit, an der man halb spöttisch, halb ressentimentgeladen jeden Aufschwung der Seele mißt? »Da hast dei' Vision, du Simpl!« wurde der kleine königliche Page Baron Hans von Gumppenberg von einem älteren Semester angeschrien, der in seinem Pult das Konzept eines Gedichts mit der Überschrift »Vision« gefunden hatte, und der es vor den Augen des unglücklichen Knaben zerriß. Ähnliches hat August Graf von Platen schon erlebt, als er in der bayrischen Armee diente ...

In der Tat, man kommt der Sache näher; aber nur um den Preis der Versimpelung. Denn erstens gibt es bäurische Seelenlagen solcher Art allenthalben in der Welt, wo es Bauern gibt oder gegeben hat – und zweitens ist bayrisch-bairische Besonderheit beileibe nicht nur auf die einst herrschende Wirtschaftsform zurückzuführen. Es kommen andere Faktoren in die Gleichung hinein. Hier sollen nur zwei genannt werden: die Abkunft – und die spezielle historische Rolle des Landes seit der Reformation.

Zur Abkunft: Daß die Völkischen ausgerechnet in München mit ihrer Agitation begannen (von der Hitler zunächst nur ein kleiner Trommler war), geschieht ihnen, den Völkischen, aber auch ihren bayerischen Förderern recht. Denn von Germanentum kann in Bayern wirklich keine Rede sein – oder doch nur in einer kläglich verdünnten Lösung. Romanisches gibt es mehr (wer die schönen Mädchen an der alten römischen Donaugrenze, zwischen Regensburg und Passau, nicht kennt, ist selber schuld ...), Slawisches, Awarisches, aus Böhmen mitgebracht, ganz alte Völkerschaften wie etwa die Narisker, die in der heutigen Oberpfalz saßen (der gelehrte oberpfälzische Arzt Ringseis hatte ein Nariskerprofil, desgleichen, in unseren Tagen, der Literaturprofessor Walter Höllerer aus Sulzbach-Rosenberg). Aber das meiste, das allermeiste in unserem Gen-Bestand wird doch keltisch sein.

Leider sind sie etwas in Mode gekommen, die Kelten; sind »in«, wie man so sagt. Aber die Evidenz ist dennoch erdrückend: Nirgends sonst in deutschen Landen ist ihr Charakter so dominierend. Die Verhandlungen, die Julius Cäsar mit gallischen Häuptlingen führte (im *De bello Gallico* ist's nachzulesen), könnten heute in bayerischen politischen Hinterzimmern laufen. Wilde, theatralische Kraft, posierendes Mittelpunktgefühl, Lust am Phantasieren, Desinteresse an größeren Zusammenschlüssen und der entsprechende Mangel an kaltem Weitblick, Populismus, Partikularismus bis hin zur Anarchie: Das alles kennen wir schon aus den älteren Quellen, aus Gallien, Irland, Schottland ...

Kommen wir, um uns im Folgenden nicht unnötig damit zu belasten, auf ein bekanntes Beweisstück: die Popularität Ludwig des Zweiten. Im europäischen Raum von heute gibt es dazu eine einzige Parallele, eine keltische: die womöglich noch größere Popularität des Stuartprinzen Charles Edward, genannt Bonnie Prince Charlie, in Schottland. Es liegt auf der Hand, was die beiden Figuren vergleichbar macht: ihre katastrophale Lage in Zeit und Raum, ihre gänzlich unzweckmäßige Einstellung zur sogenannten Realität, ihre entsprechende Erfolglosigkeit – aber ebenso ihre perfekte Erfühlung dessen, was Märchensehnsucht von der Rolle eines Prinzen oder eines Königs erwartet.

Für Nichtspezialisten sei hier kurz das gelebte Märchen des Bonnie Prince Charlie zusammengefaßt: Landung mit sieben Gefährten im Fjord nan Uamh 1745 an der schottischen Westküste; Weihe der Fahne; die Treue der Clans (sie war beileibe nicht komplett, aber was verschlägt's); triumphaler Marsch durch Schottland, Sieg über mehrere englische Heere, Vorstoß Richtung London, erzwungene Umkehr, (selbstverschuldete) totale Niederlage im April 1746 in Culloden bei Inverness, welche den Untergang der gälischen Nation einleitete. Aber dann Monate der romantischen Flucht, des Verstecktwerdens durch Getreue, die den Kopfpreis von £ 30000 verachteten; Indianerspiel in Grotten und Höhlen, und schließlich die gelungene Rettung durch eine französische Fregatte genau in jenem Loch nan Uamh, ein Jahr nach der Landung. Das Märchen ist perfekt; und sogar sein klägliches Ende ist keltisch: die jahrzehntelange Trunksucht des Prinzen, der als Wanderer durch Europa (besonders das katholische) irrte.

Ludwigs Rolle ist unblutiger, das Desaster, das er mitverursachte, geräuschloser. Keineswegs aber unbedeutend, wie wir sehen werden. Das heißt nicht, daß sie weniger perfekt, weniger romantisch war. Wer die Materialien des großen Sagenzyklus um König Artus kennt, der ist immer wieder verblüfft, mit welcher unbewußten Präzision der Mondkönig, der *Roi Lune*, wie ihn die Franzosen nennen, diese Materialien verwendet hat: überhöhtes, mythisches Königsgefühl in rabenschwarzer Zeit, geheimnisvolle Ohnmacht, Unordnung und Lehensverrat unter den Gefolgsleuten, Rückzug in Grotten und Einsamkeit – all dies gekrönt durch einen unheimlichen, immer noch nicht schlüssig aufgeklärten Tod im See Avalon. Nur das Schwert Excalibur fehlt, das der todeswunde Artus in den Arm des Elfenweibes legt, der sich aus der Tiefe emporreckt. (Andenkenpostkarten haben all dies mit der unbewußten Genialität des Kitsches höchst anschaulich illustriert.) Erfolglosigkeit als Verheißung: Das ist die Formel, die beider Existenz in der Memoria des Volkes wachhält.

Schottland ist, ohne Frage, älter, härter, wilder als Bayern. Seine Geschichte verlief dramatischer, seine Sagenbestände blieben näher am alten Heidentum. Aber die Parallelen sind überzeugend. Die »offizielle« Geschichte interessiert das Volk nicht oder kaum, es berührt sie nicht (woran natürlich wieder eine Menge »Wahrheit« ist). Aus dieser Geschichte werden nur die Parabeln erinnert, die durch die Bedürfnisse der Barden veränderten Spektakel, die es verdienen, ins Reich der Sage einzugehen. Ein wunderschönes Beispiel dafür, wie solche Veränderung funktioniert: Es gibt aus dem Jahre 1866 ein alpenländisches Lied, welches den »Sieg« der Bayern bei Kissingen feiert. Der Barde hatte offensichtlich nur davon gehört, daß da eine Schlacht geschlagen worden war, und er hielt es für überflüssig, die genaueren Nachrichten abzuwarten – wer konnte schon gesiegt haben, wenn nicht die Eigenen?

Eine solche Art, die historischen Dinge, den Schritt der Geschichte zu sehen (oder nicht zu sehen!), eignet sich natürlich sehr schlecht zur Integration in ein hegelianisches oder sonst »fortschrittliches« Weltbild. Hier gilt es offen zu sprechen. Ich halte die schlichte Ablehnung des »Weltgeistes« durch unser Stammes-Ingenium, die Weigerung, die »Wirklichkeit«, das heißt das zufällig reale Resultat der Makro- oder Mikrogeschichte, als Entscheidung über seine Richtigkeit anzuerkennen, für eine der wenn auch bescheidenen, so doch positiven Besonderheiten meines Stammes. Aber ehe wir das etwas genauer untersuchen, gilt es zuvor noch den zweiten Faktor heranzuziehen, von dem ich sprach: die spezielle Geschichte Bayerns (zunächst Baierns) seit der Reformation.

Details werden dem nächsten Kapitel vorbehalten bleiben. Hier genügt es festzustellen, daß die Gegenreformation in deutschen Landen nirgends so siegreich war wie in Baiern, wo sie das natürliche Mißtrauen gegen jede Weltverbesserei bedeutend verstärkt hat. Reformation, das hieß ja auch, und nicht zuletzt, Verheißung; Wiederbelebung, Verstärkung des Entwurfs christlicher Lebensaufgabe auf das kommende Jerusalem hin. Dem setzte der militante Katholizismus seine Statik entgegen; sein Beharren auf dem hier und heute gegebenen »Apparat« der Heilsverwaltung. Gewiß, auch der Katholizismus, und gerade der sehr fromme Katholizismus der Baiern im 17. und 18. Jahrhundert, wußte, daß die Welt unvollkommen ist, und das Leben war schlimm genug, so schlimm wie in deutschen Landen anderswo auch. Aber – um hier einmal ganz grob zu generalisieren –: Rettung suchte man nicht im zukünftigen Heil für alle, sondern im separaten Gnadenerweis, im Mirakel. Das Land war dicht besetzt von Wallfahrten, Gnadenorten, Gelegenheiten, sich zu »verloben« (d. h. Gelübde abzulegen) in jeder Not des Leibes und der Seele. Es ist überliefert, daß sich die Leute im Wirtshaus stritten, wer für dies oder jenes zuständiger, heilkräftiger sei: die Muttergottes von Altötting oder von Tuntenhausen, der heilige Veit da oder der heilige Erasmus dort, der Leonhard von Leonhardspfunzen oder das heilige Kreuz von Tattenhausen ... Noch mitten im Zweiten Weltkrieg hatte sich ein bedeutender Münchener Chirurg sowohl nach Altötting wie nach Tuntenhausen »verlobt« (beides Marienwallfahrten), um seine Klinik vor den Brandbomben zu retten. Sein Gebet wurde erhört, und der Chirurg stiftete zwei Votivbilder, eines nach Altötting und eines nach Tuntenhausen. Auf beiden aber waren die zwei Madonnen über dem brennenden Bavariaring zu erblicken: die eine in Weiß, die andere in Schwarz – ein doppeltes Netz der Sicherheit sozusagen ...

Es sei festgestellt, daß dies nicht spöttisch gemeint ist. Es ist das logische Resultat einer Religiosität, die sich nicht von den uralten

vor- und frühgeschichtlichen Bewußtseinsinhalten lösen kann oder will. Und natürlich war sie auch vor 1800 nicht die einzige Religiosität in Bayern. Natürlich gab es »echtere« Frömmigkeit, tiefe Mystik, gab es Todessehnsucht und – vor allem im 17. Jahrhundert – ständige Wiederholung des *Memento mori*, der Ausrichtung auf die letzten Dinge. Doch – und das führt uns wieder zum entscheidenden Unterschied! – hinter all dem stand (und steht teilweise noch heute) ein letzten Endes prähistorisches Grundgefühl von der Stetigkeit der Welt, die uns umgibt; das Grundgefühl, das sich, Welten entfernt, in einem Todesgebet der Indianer so ausdrückt: »Menschen kommen und gehen, aber die grünen Berge bleiben.« (Es gab einen bayerischen Pfarrer, der dies auf seine Weise formulierte: er war ein begeisterter Bergsteiger und erklärte schlankweg, daß er, wenn er in den Himmel komme, damit rechne, daselbst Berge vorzufinden. Ohne dieselben könne er sich eine paradiesische Ewigkeit nicht vorstellen.)
Eine der verblüffendsten Bestätigungen für diese Hypothese, die Hypothese von der letzten Endes statischen Weltfrömmigkeit, ist in Ernst Blochs schwierigem, aber spannendem Büchlein über *Die Lehren von der Materie* zu finden. Er spricht dort über die Materielehre des romantisch-katholischen, bayerischen Philosophen Franz von Baader. Alles Denken und Sein, so führt Bloch aus, hängt für Baader vom Gedachtwerden durch Gott ab; aber daß die Materie besteht, die Welt und ihre Schönheit mitten in der Gefährdung, das verdanken wir dem Mitleid Gottes. Dieses Mitleid schiebt das Gericht auf, dieses Mitleid, diese Barmherzigkeit selbst erschafft die schöne liebliche Außen- und Lichtseite der Natur. Baaders Prosa ist ungeheuer dunkel und pompös; aber der eine Satz verdient zitiert zu werden: »Es ist nur der Mensch, der dem verderbten Wesen offen ist ... die äußere Natur kann also betrachtet werden als ein furchtbarer und mächtiger Schild, durch welchen der Schöpfer dem Vater der Lüge immer den Mund verschlossen hält ...«
Hier geht es, hoffentlich, nicht nur um eine vergangene Philosophie oder Theologie. Es geht um die wunderschöne Grundidee: um die schöne Welt, die schöne Materie als einen Schutz vor dem Nichts und dem Bösen. Das ist, wenn man so will, das genaue Gegenteil dessen, was eine finstere Spiritualität durch Jahr-

tausende auch im Christentum angezettelt hat. Das ist, auf der Ebene der hohen Spekulation, die Sehnsucht des bayerischen Leutepriesters nach den höchst wirklichen Paradiesesbergen. Das ist die Kraft – und natürlich auch die Grenze bayerischen Welt- und Selbstgefühls.

Weltverbesserer, im positiven wie im negativen Sinn, haben es deshalb in Bayern schwerer als anderswo. (Hier liegt, meines Erachtens, der grundlegende Unterschied zu den Alemannen: Nirgends in Deutschland gibt es mehr Chiliasten, mehr Weltverbesserer als dort.)

Die Medaille hat natürlich ihre negative Seite – sie sei sofort erwähnt. Ein bäuerisches Volk, jahrhundert-, ja jahrtausendlang an die Wichtigkeit des Besitzes in einer statischen Welt gewöhnt, wird hart, ja hartherzig. Wertbewußtsein, Identitätsgefühl klammern sich an »das Sach«, an den Boden, an das Haus, an den Hausrat. Was von außen dagegen andrängt, wird grundsätzlich als Feind empfunden – ob es das Rentamt oder der Weltverbesserer ist. Wenn's dennoch zuschlägt; wenn die Dinge umstürzen oder umgestürzt werden, wird entweder ein Sündenbock gesucht – oder, was auch sehr bairisch ist, man fällt auf die Überzeugung zurück, daß der Weltlauf letzten Endes absurd, irrational ist. Nirgendwo sonst in deutschen Landen werden Unfälle, Krankheiten, Verderbnis von Mensch und Natur so breit, ja so selbstgefällig erörtert wie in Bayern, speziell in Altbaiern. Alles, so heißt's dann, ist »aufgesetzt«, das heißt vom Schicksal bestimmt, der Autounfall beweist letzten Endes die Dunkelheit der Welt, die Absurdität aller Dinge. Und wenn's ganz schlimm wird, dann wird die Verzweiflung wortlos. Der vornehme Generalbaß der Verzweiflung, der durch die namhafte österreichische Literatur geht, hat durchaus seine bairische Entsprechung. Aber unsere Geschichte hat uns nicht die Werkzeuge geliefert, die im alten Kaiserreich einen Grillparzer, einen Trakl, einen Musil – und, noch in unseren Tagen, eine Ingeborg Bachmann und einen Thomas Bernhard ermöglichten und ermöglichen. Es gibt Dutzende von bairischen Moosbruggers – aber Thoma hat keinen beschrieben, und Xaver Kroetz auch nicht. (Es gibt zwei bairische Schriftsteller, die nahe herankommen: Oskar Maria Graf und – auf seine Weise – Herbert Achternbusch.) Die bairische

Verzweiflung hängt in aller Regel wortlos und ohne Abschiedsbrief des Morgens im Heuboden. (Das allerdings hat auch Thoma beschrieben.)
Bedeutet dies, daß der Baier kein Revolutionär, kein Empörer sein kann? Keineswegs. Es zieht sich ein Strang von Rebellion, von Aufsässigkeit durch unsere Geschichte – aber es ist immer die Rebellion gegen ganz konkrete Zwänge. Den Zwang etwa, kein Wildbret schießen zu dürfen. Den Zwang, zuviel Steuern zahlen zu müssen. Den Zwang, zum österreichischen Militär eingezogen zu werden. Den Zwang zu Vorschriften, die man nicht versteht und nicht verstehen will. Einmal in unserer Geschichte – anno 1918 – hat sich dieser Zwang und die Rebellion dagegen zur halbwegs wirklichen Revolution verdichtet. Aber als sie dann stattfand – was sollte durch sie erreicht werden?
Dafür gibt es wieder eine wunderschöne bairische Geschichte, die Oskar Maria Graf mitteilt. In den Novembertagen 1918 – die Erbitterung über den sinnlosen, mörderischen, auspowernden Krieg hatte allenthalben, auch auf dem flachen Land, den Siedepunkt erreicht – fand in München eine sozialdemokratische Versammlung statt. Es ging darum, ob die Mehrheitssozialisten, die sogenannte Basis, dem Appell der Unabhängigen, dem Appell Kurt Eisners folgen solle oder nicht. Eine Schlüsselfigur der Versammlung war ein riesiger Münchener Dreher, von allen als Respektsperson geachtet. Zornig, verbissen redete man auf ihn ein: »Was is? Was sagst? Mach ma mit oder net?« Der Dreher stand auf, atmete tief durch und sprach aus vollem Herzen: »Also dann – mach ma halt Revolution, damit a Ruah is!«
Das ist schon mehr als ein weißblaues Kuriosum, wie es die norddeutsche Publizistik liebt. Da hat einer aus ahnendem Herzen den ältesten Revolutionsbegriff überhaupt formuliert. Hannah Arendt hat darüber sehr scharfsinnig geschrieben: über die Re-Volutio, die (ursprünglich astronomische) Rück-Wälzung des Kosmos in seine richtige Lage. Über die Wiederherstellung der alten Lebensweise, der alten Freiheiten, der alten Gerechtsame. Das war der ideologische Ausgangspunkt für die deutschen Bauernkriege: In ihren Memminger Artikeln forderten sie nichts anderes, die Sprecher der Aufständischen, als die Wiederherstellung der Freiheiten, welche ihnen die steuergierige Meute der

Renaissance-Kleinfürsten entreißen wollten und entrissen. Es war in erster Linie ein politischer, kein sozialer Aufstand (der Vulgärmarxismus hat da fürchterlich herumgepfuscht). Das war auch der ideologische Ausgangspunkt der amerikanischen Revolution: Aufstand gegen eine Londoner Zentralregierung, welche die Kolonisten zur Finanzierung der steigenden Gemeinschaftsaufgaben heranziehen wollte. Ja, selbst 1789 entstand die revolutionäre Situation noch durch einen »Rück-Schritt«: die Wiedereinberufung der Generalstände, der *États Généraux*, die seit 1614 nicht mehr getagt hatten. (Die Französische Revolution allerdings überschritt diese Ausgangslage fast augenblicklich.) Nichts anderes erwartete der Dreher, der Münchener Sozialdemokrat, von der Revolution – nichts anderes als die Ruhe, die Wiederherstellung der gott- oder naturgewollten Verhältnisse.

Der »normalen« Verhältnisse also? Hier stoßen wir an eine kritische Schwelle. Was erfährt der Mensch hier und heute in unserem turbulenten Jahrhundert als normal? Selten das, was wirklich normal ist, das heißt selten das, was wirklich den natürlichen Normen entspricht. Normalität, das ist für den Bürger selten etwas anderes als die erinnerliche beste Stufe des Status quo. Aber es ist der Status quo selber, der in unserem Jahrhundert unweigerlich in die wahnwitzige Vernichtung jedweder Normalität mündet. 1918 wandte sich der kleine Münchener Tandler, aber auch der geplagte Bauer der Revolution zu, weil er sich an die guten Zeiten vor 1914 erinnerte und diese als normal empfand; aus keinem anderen Grund aber schwenkte er 1920 oder 1922 oder 1923 zu den Rechten um. (Da waren natürlich auch andere, kompliziertere Dinge am Werk, die später abzuhandeln sind.)

Seitdem ist Bayern ein Problem für Deutschland geblieben. Um es gleich zu sagen: Hitler ist nicht der typische Aspekt dieses Problems. Was wir ihm bis 1923 erlaubten, ist schlimm genug; aber wir schreiben 1979, und das Problem ist geblieben. Es ist schwer, es in einem Satz zusammenzufassen; vielleicht können wir es mit Hilfe eines Vergleichs illustrieren, der wie alle Vergleiche hinkt, aber dennoch als Begleiter nützlich sein kann.

Norman Mailer, der sicher brillanteste Reporter der amerikanischen politischen Szene (jedenfalls solange er darüber schrieb), umreißt in einem seiner erschöpfenden Berichte über einen amerikanischen Wahlkongreß in den sechziger Jahren die Stimmung der Delegierten aus den amerikanischen Südstaaten; die Stimmung der verborgenen, letztlich unbewußten Wut über den rettungslosen Untergang eines *way of life*, einer Lebensweise, der es die Geschichte nicht erlaubte, innerhalb ihrer sicherlich vorhandenen Begrenzungen, aber auch mit ihren eigenen Kräften und Mitteln zur Reife zu gelangen. Sicher: Der amerikanische Bürgerkrieg 1861 bis 1865 ist an Härte, an Zerstörungskraft, aber auch in seinen tiefgreifenden Folgen mit dem Krieg von 1866 nicht zu vergleichen; vor allem hat er keine nachteiligen wirtschaftlichen Folgen gehabt, während die Okkupation durch den Norden und die darauf folgenden Plünderungen den amerikanischen Süden auf Generationen ruinierten.

Dennoch: auch in Deutschland ist der Süden unterlegen. Und besonders Bayern ist (neben Österreich) unterlegen. Das alte Land wurde von außen mit einem neuen Lebensstil, einer neuen Art der Existenz überzogen, dies führte, so oder so, zu seiner Sprachlosigkeit, zu seiner Fremdbestimmung. 1918, 1923, aber auch 1933 und 1945 bis in unsere Tage hinein hat das zur Folge, daß die verzweifelten Signale der alten Lebensart nur verzerrt, als klägliche Parodien ihrer selbst sichtbar und hörbar wurden. Gewiß, der Norden hatte längst, hatte schon seit dem 18. Jahrhundert alles für sich: den Geist, das Geld, die Bildung, die Kanonen. Aber das bedeutete nicht, daß Bayern deswegen nicht das Recht gehabt hätte, seine eigenen Strukturen, seine eigenen politischen und gesellschaftlichen Entsprechungen zu seiner Eigenart zu entfalten. Sicher, Bayern machte seine eigenen Fehler; aber sie waren um keinen Deut schlimmer als die des Nordens. Es hatte nur keine Zeit mehr, sich seiner Fehler und seiner Stärken unter den Bedingungen der Moderne bewußt zu werden. Es konnte, seit 1866, nur noch reagieren. Und das tut es bis heute. Während es im täglichen Leben nach wie vor ein relativ liberales Land ist, hat es keinen Weg mehr gefunden, von der unter- und unbewußten Wut wegzukommen – von der unfruchtbaren Fixierung auf sein Schicksal. Und selbst die Stichworte, mit der es diese Wut, verzerrt und gefährlich, ins Geschäft der Gegenwart einbringt, sind unfehlbar von außen bestimmt und geliefert.

II. Die Gschicht von Brandner-Kasper

Anfänge einer eigenständigen Regionalliteratur

Franz von Kobell

Die Gschicht von Brandner-Kasper

1

Der Brandner-Kasper is a Schlosser gwest und hat bei Tegernsee a kloas Häusl ghabt, hübsch hoch obn am Albach, wo mar auf Schliersee nübergeht. Da hat er ghaust mit sein Wei, die Traudl ghoassn hat und mit seini zwoa Buabn, mi'n Toni und mi'n Girgl; die san zeitli Soldatn worn und hamm in an Artollerie-Regiment dient in Land draußt. Der Kasper is a fleißiger, braver Mo gwest und lusti und schneidi. Gforchtn hat er ihm vor gar nix und hat amal an großn wininga Hund, der a Dirn umgrennt hat und hätt's zrissn, frei mit der Hand bei'n Kragn packt und hatn a so an a Mauer higworfa, daß er nimmer aufgstandn is und 'n Hagmoar vo Scharling hat er sei Raffa und Spetaklmacha bei der Meß auf der Kaiserklausn aa vertriebn. Nebn seiner Schlosserarbet hat er's Büchsnmacha guat verstandn und für d' Jaaga d' Stutzn gfrischt und zsammgricht, besser was a Büchsmacha in der Stadt.
Is aa 's Jagn und 's Scheibnschießn sei größti Freud gwest und hat auf d'letzt überall jaagern derfa, denn der Forstmoaster hat an ihm an verlässinga Jagdghilfn ghabt und der nix kost hat.
Wier er auf die Jahr kumma is, is sei Traudl gstorbn, hatn recht gschmerzt, weil's gar a guats und taugsams Wei gwesn is und jetzt hat er halt alloa für ihm a so furtglebt, und no in sein fünfasiebzigstn Jahr hat ihm weiter nix gfeit an der Gsundheit und hat gjaagert und gschossn wier a fufzger.
Jetzt sitzt er amal dahoam und hat ihm an Rechblatter zsammgricht und probiert, und überdem klopft's an der Tür.
Denkt er, wer muaß denn da draußt sei, denn des Aklopfa is bei'n ihm nit Brauch gwest und ruaft nacha: »No eina!« Jetzt kommt da an elendiger Loda rei, zaundürr, daß er grad klappert hat und bloach und hohlauget, an abscheuliga Kerl.
Der Kasper sagt: »Was geits, was willst?«
Na der ander: »Kasper, i bin der Boanlkramer und ho di fragn wolln, ob d' net ebba mit mir geh willst?«

»So? Der Boanlkramer bist, na Bruder, i mag nit mitgeh, gfallt mir no ganz guat auf der Welt.«

»Denkt hab i ma's«, sagt der Boanlkramer, »aber holn muaß i di do amal, was moast ebber in Frühjahr?«

»Waar nit aus in Fruajahr, wo der Ho'falz is und der Schnepfastrich und die kloan Vögerln am schönstn singa, na, dees war ma zwider.«

»Oder in Summa?«

»Nix Summa, da hon i mit der Rehbirsch Arbet und is aa z'hoaß.«

»Oder in Hirgscht?«

»Ja was fallt dir denn ei, ha narret, soll i d' Hirschbrunft hintlassen, und die Klopfeter und 's Oktoberschießn, waar nit aus!«

»No also, nacher in Winter?«

»Da mag i aa nit, schau 's Fuchspassen und 's Moderausjagn is mei extragi Freud und is in Winter aa z'kalt.«

»Ja willst denn du ewi lebn? Dees tuats nit, Kasper.«

»Boanlkramer, i will dir was sagn, mei Vater selig is neunzg Jahr alt worn, und so alt will i aa wern, na kost mi abholn. Aber i glaab, es is gscheiter als die Rederei da, wann d' mit mir a Glaasl Kerschngeist trinkst, i hon an recht an guatn, und du schaugst ja so elendi aus und sper, daß dir a Glaasl gwiß guat toa werd und a paar Kirternudl hon i aa no dazua.«

Und so geht er an a Wandkastl hi und holt a Flaschl raus und a paar Glaasln und die Nudeln.

'n Boanlkramer is ebbas selles no nit passiert und setzt si an Tisch hi und probiert den Kerschngeist.

Der hat im woltern gschmeckt und a Nudl aa, und da trinka die zwoa (der Kasper hat fleißi eigschenkt) und der Boanlkramer is ganz allert worn; hat aber do alleweil vo die 90 Jahr ebbas abahandln wolln.

Da sagt der Kasper: »Woaßt was, mach mar a Gschpielei drum, paß auf!«

Und geht wieder an dees Kastl, da is a Kartn glegn und der Grasober just obndrauf. Den schiebt der Kasper in sein Joppnirmi und legt na d' Kartn auf'n Tisch.

»Jetzt heb dir a Häuferl aba, Boanlkramer«, sagt er, »dees is des dei, und dees ander is des mei. Wann jetzt du in dein Häuferl 'n

Grasober hast, so gehn i mit dir, wann d' magst, wann aber i den Grasober in mein Häuferl ho, so derfst ma nimmer kemma, bis i 90 Jahr alt bi.«
Der Boanlkramer, der scho a bißl an Dampes ghabt hat, hat glacht und hebt ihm an woltern Toal ab und sagt: »Wegn meiner, es gilt«, denn er hat ihm denkt, weil er die mehrern Kartn ghabt hat, kunnt leicht der Grasober dabei sei.
Wie er jetzt seini Kartn nachananander aschaugt, steckt der Kasper hoamli den Grasober in sei Häuferl nei und wie der Boanlkramer mi'n Aschaugn firti gwest is, broat der ander vor ihm sei Kartn, und da geht halt richti aa der Grasober her.
»Verdammti Gschicht«, sagt der Boanlkramer, aber der Kasper lacht und sagt: »Trink no a Glaasl und laß ma den Neunzger lebn!«
»I ko nix macha«, sagt der Boanlkramer, »aber ebber reut di dei Glück amal, und wanns a so is, derfst mi grad ruafa, bi nacha glei da.«
»Hat guati Weg«, sagt der Kasper, und wie der oa na furt is, hat er ihm no nachgruafa, er soll fei acht gebn, daß er nit in Bach einifallt, – und is mit den Bsuach ganz zfriedn gwest.

2

San schlechte Zeitn kemma, der Tiroler Krieg is ausbrocha und hat alle Leut derschreckt. Es ist a böser Krieg gwest, und grausi is's herganga bei Schwatz und auf'n Berg Ißl, und viel boarischi Soldatn san bliebn selm, und 'n Kasper seini Süh, die er so gern ghabt hat, hat's aa derwischt. Was hat's gnutzt, daß s' globt worn san in Rapport, daß s' überall so schneidi garbet hamm, der Kasper hat's halt nimmer gsehn und is ihm nachet ganga.
Anderni traurigi Sachan und Zwiderheitn san agruckt, fremdi Leut san daherkemma, hamm überall 's Holz zsammakaaft und zsammagschlagn: natürli hamm si die altn Wildwechsl, die er so guat kennt hat, verändert und is mit 'n Wildprat aa weniger worn, und d' Wildschützen san mehra worn, wie's allzeit geht, bal a Krieg is.
Der Kasper is freili net leicht verzagt worn, aber an diewein hat ihm do d' Welt nimmer recht gfalln, und na hat er wohl aa an

Boanlkramer denkt und was der gsagt hat von »ruafa«, aber gruafa hat er'n dengerscht nit.
Jetzt is ebbas bsunders gschegn. A Sennderinn auf der Gindlalm is von an wildn Stier gstocha worn und is glei dahingwest aa.
Derwei aber ihri Leut gwoant und gjammert hamm, is dees Diendl ganz frisch und wohlauf an der Himmiportn gstandn, hat gar nit gwißt, wie's hikemma is.
Der Portner, der Petrus, hat's glei dersegn und hat's Türl aufgmacht, dees nebn der großn Portn gwest ist. Er hat an langa graabn Rock aghabt und a blobi Bindn um d' Schulter und 's Diendl hat 'n verwundert groß angschaut.
»Grüß di Gott, Diendl«, sagt er und weil's a bildsaubers Diendl gwest is, hat er ihm denkt, die is taugsam für an schön Engl.
»Ja, wo bin i denn?« sagt sie ganz derschrocka.
»In Himmi bist«, sagt der Petrus, »und wer di glei eiweisn lassn ins Paradies, aber zerscht sag ma, wo kimmst denn du her?«
»I bi vo Tegernsee dahoam und Sennderinn gwest auf der Gindlalm.«
»Ja na kennst ebber aa 'n Brandner Kasper?«
»Den altn Kasper moants, wer werd den nit kenna. Er kehrt oft ei in meiner Hüttn, wann er auf d' Jagd geht.«
»Geht er no auf d' Jagd, muaß ja scho an achtzger sei?«
»Ja wißts es, Asitzn tuat er halt die mehra Weil, 's Birschn geht freili nimmer recht, aber sonst is er no guat bei'n Zeug.«
»Schau, schau, er sollt scho aa herobn sei, i wart alli Tag drauf.«
»Derft's scho no a Wei wartn«, sagt's Diendl, »bals wahr is, was an diem oa verzählt hamm.«
»No!? was is denn dees?«
»Sie sagn halt, i glaab's aber nit, der Kasper hätt amal mi'n Boanlkramer kart und hätt der verspielt und derfet 'n derntwegn vor sein neunzigstn Jahr nit furtnehma vo der Welt. Der Kasper is a lustiger und hat ebba die Gschicht amal oan aufbundn.«
»Wer woaß, wer woaß«, sagt der Petrus, »kunnt ebbas dra sei, da muaß i aufpassn. Aber Diendl, jetz geh da eini, i schick dir glei an Engl nach, der di weiterführt. Du hast brav und frumm glebt auf der Welt, schau, derntwegn bist jetz aa in Himmi herobn.«
Und 's Diendl bidankt si und kußt ihm d' Hand und geht hi, wo er

ihr hideut hat; der Petrus aber schreibt glei a Vorladung an Boanlkramer und schickt's ihm.

3

Den andern Tag in aller Frua is der Boanlkramer daherkemma ganz untertäni und demüti, dees just nit alleweil sei Sach gwest is.

»Habt's mi ruafa lassn, Herr Portner«, sagt er, »soll Enk was bsorgn?«

Der Petrus schaugtn a Weil ernsthaft a, na sagt er: »Boanlkramer, was muaß i vo dir hörn? Du führst di schö auf, spielst mi'm Brandner-Kasper ums Leben und verlierst no obndrei! Was san dees für Sachan, wie kost di so ebbas untersteh?!«

»Ja schaugt's«, sagt der oa, »woaß ja, daß der Kasper da rauf kemma soll und weil's a so gnua Leut herobn habt's, hon i mir denkt, es macht nix aus, wann er a bißl spater kimmt.«

»An dees hast aber nit denkt, daß mit meiner Buachführung nix zammageht, bal an iader raufkimmt, wann er mag. Der Kasper is auf achtzgi eingschriebn, is schö gnua, und jetz is er scho drüber, und du gibst ihm gar neunzgi!«

Der Boanlkramer hat was sagn wolln, aber der Petrus hatn ganz fuchti agfahrn: »Staad bist, und glei gehst abi und bringst'n Kaspern rauf, oder i jag di aus'n Dienst.«

Da hat ihm der Boanlkramer nix mehr zsagn traut und is ganz dasi abgschobn.

Die Gschicht hat'n gwalti verdrossn.

Mei Wort hon i'n Kaspern gebn für die 90 Jahr, hat er denkt, und jetz soll i's nit haltn; es mag mi a so koa Mensch auf der Welt, und wann's aufkimmt, daß i an schlechtn Kerl gmacht ho, na derf i mi ninderscht mehr sehgn lassn.

Und hat ihm halt bsunna hinum und herum, wier er aus den Handl kemma kunnt.

Er is aber alleweil an a drahter Schlaankl gwest, und so is ihm richti was eigfalln. Dees probierst, hat er ihm denkt, spannt sei Wagerl a und fahrt zum Kaspern.

Der hat sei Pfeifei graacht und just d' Zeitung glesen. Wie der oa

reikimmt, hat der Kasper sei Brilln vo der Nasn abagschobn und schaugt halt, wer's is.
Er hat aber 'n Boanlkramer geschwind derkennt, denn der is no grad so zaudürr gwest und der nämlichi Häuter, wie's erstimal, wo er'n gsehn hat.
»Ha, was willst denn du?« hat er gsagt, »i ho di nit gruafa, und was ausgmacht worn is, werst aa no wissn, oder willst an schlechtn Kerl macha?«
»Nix, nix, fallt mer nit ei und i woaß, daß d' no 9 Jahr guat hast, da feit si nix. I ho just in der Nachberschaft a kloas Gschäft ghabt, und da hon i di bsuacha wolln und schaugn, was d' machst. Und weil i mei Wagerl da ho und auf a Plaatzl fahrn muaß, wo ma gar schö in's Paradies einischaugn ko, so is mar eigfalln, daß i dir dees sagn will, wann d' ebba mitfahrn wolltst.«
»Na, i dank dir recht schö«, hat der Kasper gsagt, »i bi nit so neugieri, wie d' moast, und bi lieber dahoam, wo i mi auskenn, als an an fremdn Ort, wo i nit woaß, wie's is.«
»Ja«, sagt der oa, »du moast ebba, daß d' dort bleiben sollst, wo i di hiführ. Vo dem is koa Red, es is a Spazierfahrt, und in an Stündl san ma wieder da, denn mit mein Rössl geht dees leicht.«
»Und ko ma wirkli in's Paradies einischaugn?«
»Ja, versteht si, wann i's amal sag.«
»Und in an Stündl san ma wieder da?«
»Wann di nit lang dort aufhaltn willst, dees steht bei dir, san mer in an Stündl wieder da, so wahr i Boanlkramer hoaß.«
Jetzt hat 'n Kaspern die Gschicht do begieri gmacht; auf a Stündl kann er ja mitfahrn und a weng einischaugn in's Paradies, von dem er scho soviel ghört hat.
Und er holt sein guatn Freund, 'n Kerschngeist, her und schenkt a paar Glasln ei.
»Wegn mei«, sagt er, »Boanlkramer, i fahr mit, und du bringst mi wieder her! Da trink, es is frisch draußt.«
Und sie stößn a und trinka, und na san s' naus.
Da is a schwarzs Wagerl gstandn wier a Trucha und a Raappi agspannt. Sie steign ei, der Boanlkramer schnalzt mit der Peitschn, und jetz san s' dahigsaust, daß der Kasper kaam'n Huat derhebt hat und is ihm Hörn und Segn verganga.

Als wann s' der Sturm davotraget, san s' dahi, und auf amal is 's finster worn und san Blitz umanandagfahrn unter ihna und ober ihna und hat dunnert und kracht, daß der Kasper gschrien hat.
»Was is dees? Kehr um, kehr um!«
Da hat ihm der Boanlkramer in's Ohr neigruafa:
»Da hoaßt ma's bei die schwarzn Wolkan, da san die Dunnerwetter z' Haus, mir san aber glei durch, derfst di nit ferchtn.«
Und richti is's gschwind wieder liacht worn, und sie haltn vor an großn, großn Gschloß in schönstn Sunnaschei. An den Gschloß is a goldes Tor gwest, und bei'n Seitntürl hat der Boanlkramer agläut und is glei der Petrus rauskemma.
»No, Kasper«, sagt er, »bist amal da, jetz geh no glei eina, i wer dir's Paradies zoagn und werst a Freud dra habn.«
Und nimmt 'n Kaspern bei der Hand und führt 'n eini, aber der Boanlkramer hat draußt bleibn müssen. Und die zwoa stenga jetz in an weitn Saal mit durchsichtigi Wänd wie gschliffes Spieglglas, und da hat ma weit nausgsegn in an Gartn mit die schönstn Bloamen in alli Farben und mit großi Baam voll Aepfi und Birn und Pfersi und Pomerantschn grad a Pracht, und der Kasper hat nit redn kinna vor lauter Verwunderung. Und in den Gartn san die schönstn Engl rumgwandelt mit silberni Flügl und glanzedi Kranzln in Haar und danebn aa viel, viel Leut, und auf amal springa zwoa Burschn daher und juxn und ruafa: »Ja, grüß Gott, Vater, Vater, grüß Gott!« und er derkinnt sein Girgl und sein Toni.
»Jesses, meine Buabn«, schreit er und fallt ihna um'n Hals, und da schau! sei Traudl kimmt a daher und sei Vata und Muatta und a ganz Rudl vo seiner Freundschaft, und is a »Grüß Gott« gwen hinum und herum und a Freud, daß ihm der Petrus, der zuagschaut hat, d' Augen gwischt hat.
Und in den Gewurl fliegt auf amal a kloaner Engl daher und sagt zum Kaspern: »Kasper, der Boanlkramer laßt Enk sagn, er fahret jetz wieder abi, ob's mitfahrts?«
»Na, liebs Bübi«, sagt der Kasper, »sag ihm, er soll no alloa fahrn; i bleib da und will nix mehr wissen vo der Welt drunt und sag Herr vergelts Gott tausendmal, daß ma die Gnad worn is, daß i daher kemma bi.«
Dees is die Gschicht von Brandner-Kasper.

Karl Stieler

D'Liab

Und d'Liab is a Büchsei,
Ma siecht nur koa Gschloß,
Kannst lang damit spielen,
Aufamal gehts dir los.

Und d'Liab is a Bleaml,
Kannst pranga damit,
Aber oft wenn mas brockt,
Nachher halt se si nit.

Und d'Liab is a Rößl;
Im Anfang gehts frumm,
Aber wenns a Weil lauft,
Schmeißts as Wagerl leicht um.

Und d'Liab is a Vögei,
Schön singa kanns scho,
Aber balst es willst fanga,
Fliegts dieweiln davo.

Und d'Liab is a Glasl,
Aber dös laß dir sagen,
Trags nur nit zviel umi,
Sonst werds dir derschlagen.

Und d'Liab is a Büchel,
Dös lusti angeht,
Aber dös woaß zerscht koaner,
Was hint no(ch) drinn steht.

Und d'Liab is a Ratsel,
Hat viele scho plagt –
Abers Ganze, was s' is,
Dös hat koaner no(ch) gsagt!

Die grantige Wirtin

Die alte Wirtin z'Unterberg,
Die macht a grantigs Gfriß,
Die kann die Fremden gar nit leidn,
Weil sie a Wirtin is.

Und wenn wer hinkimmt, nachher gront s':
»Was wollts denn Gsindel fremds?
Kriegts wieder gar nix zfressen z'Haus,
Daßs bis da eini kemmts?«

Derschlagen

Der Seppel und der Hans, no mein,
Die roasent da auf Lenggries 'nein,
Da kimmt an alter Mann daher,
Dös is an armer Teufel, der.
Er hat nix tan und hat nix gsagt,
Aber die zwoa, die ham ihn packt
Und haun ihn glei aufs Dachl nauf,
Daß d'moanst, er steht gar nimmer auf.
Jetzt müssen halt wegn dera Gschicht
Die zwoa zum Untersuchungsgricht.
Dort sagn s' zum Hansen: »Jetzt sags an,
Ha, warum haust denn du den Mann,
An Kerl, der si kaum zschnaufa traut hat?«
»Ja, weil ihn halt der Sepp so ghaut hat.«
Na sagn s' zum Seppen: »Jetzt sags an,
Ha, warum haust denn du den Mann,
An Kerl, der si kaum zschnaufa traut hat?«
»Ja, weil ihn halt der Hans so ghaut hat.«
Gel Freund, da schaugst! Jetzt hast es ghört,
Warum ma bei uns derschlagen werd!

Karl Stieler

Vom Haberfeldtreiben

In dem löblichen Ländchen, das zwischen Isar und Inn liegt, ist auch die alte Sitte daheim, die das Haberfeldtreiben benannt wird. Auch hier geht es mir ähnlich, wie in einem vorigen Kapitel, das heißt der gesamte Brauch ist schon so massenweise, so zahllos beschrieben worden, »daß mir zu tun fast nichts mehr übrigbleibt«. Um den verehrten Leser aber doch einigermaßen zu entschädigen, will ich einen anderen Streich hier wagen.
Nach einem der größten Treiben, die jemals stattfanden (wo? sagt die Redaktion), erhielt ich einen langen Brief von einem Bauernburschen, der Augenzeuge gewesen war und den ganzen Hergang berichtet. Dieser Brief folgt hier in wörtlicher Wiedergabe.
Was den Stil betrifft, so muß ich allerdings meinen jungen Freund vor dem Leser entschuldigen, da er noch nie etwas hat drucken lassen und diese Entschuldigung dürfte sich auch auf die Orthographie erstrecken.
Für meine eigene Person aber hoffe ich nur, daß er nichts davon erfährt und mich nicht etwa dafür durchprügelt, weil ich seinem Ruhm die Wege bahne.

Lieber Karl und Freind!
Du weißt schon von selber, das es bei einen Bauernmensch, wie mich, nicht vüll heist mit der Schreiberei; wenn ich Ahles mit dem Maul verzählen könnt, wär mir wohl leicht lieber.
Gestern hat's geschnackelt bei uns beim Haberfelldreiben. Denn die Haberersach ist ja ein alter Brauch aus der Revallazion (Revolution) oder Karl dem Grosen, wodurch man die Obrigkeit und anderen Leute, die man sonst nicht ankahnn, ordentlich abstrafft wegen der Lumperei. Weil es aber jetzt mehr Spitzbuben giebt, wie friherszeit, so giebt es auch mehr Haberfelldreiben und war gestern ein wunderschener Dag dazu. Alle Laken und Dreck war bei der Nacht verfroren und so stockfinster, das man sein Nebensmann nicht einmal sehen konnte, wann man nichts davon weiß. Um elf Uhr die Schandaren haten ihren Paterol (Pa-

trouille) gemacht, da herte Man aufeinsmal hinter dem großen Higel hint einen graussamen Spidagl (Spektakel) Sonsten war ahles ruhig und Stiehl, wie es sich auf eine so finstere Nacht gehört. Nun aber bald entstand sich auch am Wald ein Licht mit grosem Geschrei. Die Schandaren liffen vor aber ein Wachsbosten, den sie gar nicht gesehen haten rieff – »Halt oder es schnalt.« Da die muthigen Schandaren nicht hint bleiben wollten, so schoß der Wachsbosten loß und zwei Kügel pfipfen ihnen zwischen dem Köpfen durch. Wo sich aber das Licht entstanden hatte, kamen nun viele hundert Menschen zum Fürschein, lauter Haberfelldreiber mit ihrer ganzen Rüstung und Maschkra (Maskerade). Auf den grosen Hügel sie nahmen Stand, liesen Rageden (Raketen) auffahren, leideten mit alle Glocken und fingen an ihre Vorwürf zu ruffen.

Zum ersten backten sie den dicken Wirth, weill daß Birr so schlecht ist und mit der essenden Sach ist's auch nichts Gutes. Auch der Unterbögner ist verschandtelt worn, denn der hatt Geld und wird einesmalst ein warmer. Aber dum ist er hinfür, wie ein Roßkopf, kann er freilich nichts daffür, daß ihm sein Hirnkasten so kurz zugeschnitten ist.

Und erst das schöne Lisel haben sie spöttisch gemacht! Daß der ganze Fensterstock schon zerkratzt ist von den Liebhaber und daß sie gleich zwei Kindt auf ein Jahrgang zügelt hatt, auf Lichtmeß ein Buben und auf Weihnächten das Diendl.

Wahr iß aber schon auch, daß ein Schand iß mit der Lisel ihre böse Tugenden. Wie des Ahles mit der Verkündigung vorbeigewest ist, gieng der Spidagl von Neun (Neuem) an, alte Häfen und anderes Geraffel wurte zusammengeschlagen, auch die grose Trommel aus dem russischen Krieg oder sonst einem Alterthum war dabey. Zuletz schosen sie ahle Bixen ab, spülten einen Tanz auf und backten dann schnel zusammen, und lieffen in den Wald hinein. Wie sie davont waren, kammen die muthigen Schandaren sehr zahlreich herbei, allein es war Ahle schon lengst entwitscht. Groser Schaden wurde keiner angestifft, nur im Hintermaier sein Saustahl haben sie die Wand hineingedruckt und sind ihm auch zwei Stück Geißvieh verloffen. Aber am andern Früh war das Geißvieh von unsichtbare Hände schon wieder angehankt und die eingedruckte Summe lag in Stahl daneben. Das Feuer-

werchk und die Musik war sehr schön, das ist Ahles, die Neuigkeit von der Burgl schreib ich Dir das nächstemal. Gestern haben wir ein scheckiges Kalb bekommen und der Schusterhansel ist auch gestorben.
Ich beschliese mein schreiben mit dem Wunsch auf ein langes glückseliges Leben und Wohlauf
und bin Dein bereitwüliger Freind

Egidius Steinberger

Soweit die »Originalkorrespondenz« unseres Berichterstatters. Schon sein Brief verrät es mit großer Naivität, daß es weit mehr auf den »Spektakel« als auf ein moralisches Rügegericht hinausläuft, wenn jetzt ein Haberfeldtreiben gehalten wird und wer jemals Gelegenheit fand, einem solchen persönlich beizuwohnen, der wird diesen Eindruck in verstärktem Maße gewinnen. Vor Zeiten hatte wohl diese Volksjustiz ihre innere Berechtigung, in jenen feudalen Zeiten nämlich, da die Welt in Herren und in Hörige geteilt war und nur jener Recht erhielt, der schon die Macht besaß. Wie die meisten Sitten oder doch fast alle Unsitten, die zur Stunde im Hochland bestehen, ihre letzte Wurzel in den früheren bäuerlichen Grundverhältnissen haben, so ist es auch mit dem Haberfeldtreiben der Fall; es war das empörte Rechtsgefühl, das sich unter dieser Maske Geltung verschaffte und jenen die Strafe gab, die man mit legitimen Mitteln schwer erreichen konnte. Daher die tiefe Vermummung, die nächtliche Stunde und das verschworene Geheimnis, das über dem ganzen Bunde waltet.
Faßt man die Sache unter diesem Gesichtspunkt auf, so weiß man auch, was man von der Zukunft des Haberfeldtreibens zu halten hat. Seine innere Bedeutung ist weggefallen und damit kam auch die äußere Übung in Zerfall, die letztere mag noch eine Zeitlang fortdauern, aber sie besteht dann wie eine Form, der der Inhalt genommen ist, sie vegetiert noch eine kurze Zeit, wie der Baum, dessen Wurzeln durchschnitten sind.
Es ist wohl länger als fünf Jahre her [etwa 1865], seit das letzte Haberfeldtreiben im bayerischen Gebirge gehalten wurde und die Behörde ließ es damals nicht an »Maßregeln« fehlen, um auch ihrerseits dem Unfug Halt zu gebieten. Zwar gelang es ihr nicht,

das Geheimnis des Bundes zu entschleiern, aber seine Wirksamkeit ward dadurch bedeutend gelähmt, daß sofort alle militärpflichtigen Burschen des Bezirks eingerufen und eine fremde Garnison in die betreffende Gemeinde gelegt wurde. Doch das alles waren nur momentane, mehr zur Strafe als zur Hilfe verhängte Mittel, die letzte und gründliche Abwehr gegen dies schwarze Treiben kommt von innen heraus; es muß in den Überzeugungen absterben und durch die bestehende Ordnung der Dinge gegenstandslos gemacht werden.
Daß dem schon jetzt so ist, das fühlen die »Alten« selbst am besten, wenn sie wehmütig den Kopf schütteln und vom Haberfeldtreiben gerade so sagen, wie von der Wilderei: »'s geht nix mehr zsamm.«

III. Wann die alt Heindlin auf'n Brucker Markt hatscht

Über das Leben auf dem Land und in der Kleinstadt

Ludwig Thoma

Agricola

Einleitung

Ich will dich in das kleine Dorf führen, wo die Geschichten spielen. Du bist schon dort gewesen oder doch daran vorbeigefahren, aber du hast nicht acht darauf gehabt.

Denn wer die Gegend nur flüchtig sieht, mag sie wohl für reizlos halten; da eine Wiese, dort ein Feld, in weiter Ferne vielleicht ein Wald, aber immer das Nämliche und nichts Großartiges, was den Blick fesselt oder den Wunsch aufkommen läßt, anzuhalten und länger zu bleiben. Ja, vielleicht hast du im geheimen die Leute bemitleidet, die nicht wie du im schnellen Fluge durch diese Gegenden eilen dürfen, sondern darin bleiben müssen, viele Wochen und Jahre, ihr ganzes Leben lang.

Aber steig nur aus und geh mit mir dort auf den Hügel hinauf. Vielleicht findest du manches, was dir gefallen mag, und vielleicht nimmst du Anteil an denen, die hier ihre Freude suchen und ihre Arbeit tun.

Soweit dein Blick reicht, wölbt sich ein Hügel hinter dem andern, alle bedeckt mit reichem Gottessegen, weit hinten verlieren sich die dunkelgelben Ähren im blauen Himmel. Nun beugen sie sich im leichten Winde und wiegen sich hin und her. Da kommen tiefe Schatten in das helle Gold, und es sieht so aus, als läge ein wogendes Meer zu deinen Füßen.

Und schau nur hin: als wüchs er aus den Garben heraus, lugt dort ein Kirchturm vor.

Wenn du scharfe Augen hast, kannst du sehen, wie sich daneben ein leichter Rauch in der Luft verflüchtigt.

Das gibt uns anheimelnd Kunde, daß in der stillen Einsamkeit Menschen für ihr tägliches Brot sorgen.

Nun schreiten wir tüchtig aus und gehen darauf zu; an einem Weiher vorbei, in dem sich die gelben Halme und der Himmel darüber spiegeln, den Bach entlang, der sich bald in den Wiesen versteckt, bald lustig über die glitzernden Kieselsteine plätschert, bis wir am Eingange des Dorfes stehen.

Da liegen nun die kleinen Häuser, in helles Licht getaucht, vor uns, und es mag dich ein eigenes friedliches Gefühl überkommen, wenn du denkst, daß auf dem kleinen, weltverlorenen Flecke Menschen ihr Leben zubringen, just so, wie es ihre Eltern und Ureltern taten.
Hier das sauber geweißte Schulhaus, drüben das stattliche Wirtsanwesen mit dem großen Hofe und dem lustig aufgeputzten Maibaume darin, weiter nach vorne auf einer Erhöhung die Kirche und der stille Friedhof.
Das ist die Welt.
Wünsche und Hoffnungen, Freud und Leid sind in den engen Raum gebannt; da spielen sie als Kinder und wachsen heran, da kämpfen sie mit der Sorge und werden alt.
Und wenn sie den Weg von der Schule zum Friedhof zurückgelegt haben, ist ihnen soviel geschehen, wie denen, welche draußen in der Welt hassen und lieben.
Meinst du nicht, daß es sich verlohnen könnte, das kleine Leben kennenzulernen?
Die Vorrede ist fast zu ernst für ein Buch, das lustig sein will.
Aber ich will im Nachstehenden dieses Leben schildern, und wenn ich dabei, so gut und schlecht es ging, den heiteren Ton anschlug, so hat mich die Meinung dazu gebracht, daß man die Sorgen der Werkeltage am besten trifft, wenn man sie mit Humor behandelt.
Ob es mir gelungen ist, weiß ich nicht. Doch das eine kann ich versichern, daß mir bei dem Streben, wahr zu sein, die Absicht ferne gelegen hat, jemanden zu verspotten.

Agricola

Frei nach Tacitus' »Germania«

Vor beinahe 1800 Jahren hat der berühmteste aller Geschichtsschreiber mit vielem Wohlwollen und ehrlicher Bewunderung unsere Vorfahren geschildert. Da es eine schöne und für die Nachwelt so wertvolle Aufgabe ist, situs gentium describere, Land und Leute zu beschreiben, so will ich versuchen, Sitten und Gebräuche der Nachkommen zu zeichnen. Aber nicht derer, welche untreu germanischer Sitte Städte bewohnen, sondern derer, welche ferne von ihnen die Felder bebauen. Daher auch der Titel der Schrift.

Die Ebene Germaniens vom Donaustrome bis zu den Alpen bewohnen die Bajuwaren. Ich halte sie für Ureinwohner dieses Landes, für »selbstgezügelte«, wie sie in ihrer Sprache sich heißen. Fremden Einwanderern ist es schwer, sich mit ihnen zu vermischen. Gewiß ist, daß sie nie mit den Autochthonen verwechselt werden können.

Da sich dieses germanische Volk nicht durch Eheverbindungen mit fremden Nationen vermischt, bildet es einen eigenen, sich selbst gleichen Stamm. Daher auch der nämliche Körperbau bei dieser zahlreichen Menschenmasse, dieselben ungewöhnlich ausgebildeten Hände und Füße, dieselbe harte, widerstandsfähige Kopfbildung. Wie die Vorfahren, sind sie zu stürmischem Angriff tauglich und gerne bereit. Für Strapazen und Mühseligkeiten haben sie große Ausdauer, nur Durst können sie nicht ertragen.

Das Land ist verschieden gestaltet. Wälder wechseln mit Getreidefeldern, Höhenzüge mit großen Ebenen. In der Nähe der größten Ansiedlung erstreckt sich ein großes Moos; hier hat sich der Stamm am reinsten erhalten.

Die Bajuwaren haben viel Getreide und Vieh; doch herrscht über den Wert dieser Dinge jetzt großer Streit. Das Geld haben sie schätzen gelernt. Sie lieben nicht nur die alten, längst bekannten Sorten, sondern auch sämtliche neue. Das Hausgerät ist einfach. Besonders an den Gefäßen schätzen sie den Umfang höher als die kunstfertige Arbeit.

Waffen. Kriegswesen. Waffen hat dieses Volk vielerlei; doch wird auch hierin mehr auf Tauglichkeit als auf Schönheit gesehen. Sehr verbreitet ist die kurze Stoßwaffe, welche jeder Mannbare in einer Falte der Kleidung trägt; ihr Gebrauch ist aber nicht freigegeben, vielmehr sucht die herrschende Obrigkeit in den Besitz derselben zu gelangen. In diesem Falle ersetzt sie der Volksgenosse stets durch eine neue.

Als Wurfgeschoß dient ein irdener Krug mit Henkel, der ihn auch zum Hiebe tauglich erscheinen läßt. An ihren Zusammenkunftsorten sucht bei ausbrechendem Kampfe jeder möglichst

viele dieser Gefäße zu ergreifen und schleudert sie dann ungemein weit. Die meisten Bajuwaren führen eine Art Speere oder in ihrer Sprache Heimtreiber aus dem heimischen Haselnußholze, ohne Spitze, biegsam und für den Gebrauch sehr handlich. Wo diese Waffen fehlen, sucht jeder solche, die ihm der Zufall bietet. Ja, es werden zu diesem Zwecke sogar die Hausgeräte, wie Tische und Bänke, ihrer Stützen beraubt. Beliebt sind auch die Bestandteile der Gartenumfriedung. Vor dem Beginne des Kampfes wird der Schlachtgesang erhoben. Es ist nicht, als ob Menschenkehlen, sondern der Kriegsgeist also sänge. Sie suchen hauptsächlich wilde Töne zu erzielen und schließen die Augen, als ob sie dadurch den Schall verstärken könnten. Sie kämpfen ohne überlegten Schlachtenplan; jeder an dem Platze, welchen er einnimmt. Der Schilde bedienen sie sich nicht. Als natürlicher Schutz gilt das Haupt, welches dem Angriffe des Feindes widersteht und den übrigen Körper schirmt. Manche bedienen sich desselben sogar zum Angriffe, wenn die übrigen Waffen versagen.
Der vornehmste Sporn zur Tapferkeit ist häufig die Anwesenheit der Familie und Sippschaften. Diese weilen in nächster Nähe ihrer Teuern und feuern sie mit ermunterndem Zurufe an. Die Schlacht beendet meist der Besitzer des Kampfplatzes, der hierzu eine auserlesene Schar befehligt.
Lebensweise im Frieden. Wenn sie nicht in den Krieg ziehen, kommen sie zu geselligen Trinkgelagen zusammen. Auch hier pflegen sie des Gesanges, der sich aber von dem Schlachtgeschrei wenig unterscheidet. Tag und Nacht durchzuzechen, gilt keinem als Schande. Versöhnung von Feinden, Abschluß von Eheverbindungen, der beliebte Tauschhandel mit Vieh und sogar die Wahl der Häuptlinge wird meist beim Becher beraten. Selten spricht einer allein, häufig alle zusammen.
Jeder legt ohne Rückhalt seine Meinung dar und hält daran fest. Bei Verschiedenheit der Meinung obsiegt der mächtige Schall der Stimme, nicht die Kraft der Gründe. Am meisten liebt dieses einfache Volk die unbefangenen Scherze. Auch den anderen ist es nicht abgeneigt.
Der männlichen Jugend gilt als das höchste Fest die Wehrhaftmachung. Diese findet in den größeren Ansiedlungen statt, wo die Jünglinge in die Liste der Krieger eingetragen werden. Zu diesem

Feste schmückt jeder die Kopfbedeckung mit wildem Gefieder. Die Gefolgschaft eines jeden Dorfes zieht dann mit furchterregendem Geschrei in die Stadt ein. Eine eigenartige Musik begleitet sie. Das Fest endet mit größeren Kämpfen. Denn ein stilles Leben liebt diese Nation nicht. Das Getränke der Bajuwaren ist ein brauner Saft aus Gerste und Hopfen. Häufig beklagen sie den schlechten Geschmack, niemals enthalten sie sich des Genusses. Ihre Kost ist einfach. Aus Mehl zubereitete Speisen nehmen sie in runder Form zu sich; die geringe Nährkraft ersetzen sie durch die große Menge. An einigen Tagen des Jahres essen sie geräuchertes Fleisch von Schweinen und beweisen hierbei geringe Mäßigkeit.

Prunkvolle Kleider tragen sie nicht. Auch sehen sie nicht darauf, daß diese die Formen schöner erscheinen lassen. Das Oberkleid des Mannes ist kurz und mit Münzen geziert. Das Unterkleid dagegen ist sehr lang, eng anliegend und reicht bis an die Mitte der Brust. Meist ist es aus Leder gefertigt, schützt gegen Hitze und Kälte und ist dem Luftzuge unzugänglich. Das Kleid des Weibes besteht in übereinandergelegten Säcken und läßt über die Schönheit der Körperbildung im unklaren. So wenig wie auf die äußere Schmückung legt dieses Volk auf die sonstige Pflege des Körpers übergroßes Gewicht. Bäder werden als weichlich verachtet. Die Seife ist selten. Der Gebrauch der Zahnbürste unbekannt.

Das Weib. Unähnlich hierin den Vorfahren, achtet dieses Volk den Rat der Weiber nicht und glaubt nicht an deren göttliches Wesen. Ihren Aussprüchen horchen sie nur ungern. Doch fehlt nicht alle Verehrung des Weibes. Zu den geselligen Zusammenkünften haben die Weiber Zutritt; ja sie dürfen sogar mit den Männern aus einem Gefäße trinken. In dieser Gastfreundschaft herrscht eifriger Wettstreit. Auch tanzen die Jünglinge, welchen dies eine Lustbarkeit ist, mit ihnen umher. Bei dieser Übung erweisen sie mehr Fertigkeit als Anmut.

Eigentümlich ist die Art, wie sie sich zum Tanze paaren, sie beweist die Oberherrschaft des Mannes. Der Jüngling, welcher eine Stammesjungfrau gewählt hat, stößt einen grellen Pfiff aus und winkt ihr befehlend mit der Hand. Häufig hört man auch bei diesen Lustbarkeiten plötzlich den Kriegsruf ertönen. Den Weibern gilt es als ehrenvoll, wenn um ihretwillen der Kampf ent-

brennt. So ist auch die Werbung um sie oft mit Gefahren verknüpft. Haß der anderen, nächtlicher Überfall und Heimscheitelung bedrohen den Jüngling, welcher einer Volksgenossin zuliebe die Gehöfte aufsucht und Mauern erklettert.
Das ist's, was ich im allgemeinen von dieses Germanenvolkes Sitte erfahren habe.

Ludwig Thoma

Die Probier

Ursula Reischl steht auf dem Hausanger hinter dem Hofe und tut Mist breiten.
Es ist ein schöner Herbsttag, und die Nachmittagssonne brennt so heiß herunter, daß die Ursula oftmals die Arbeit aussetzt und ein bissel Umschau hält, um zu rasten.
Sie wischt sich mit dem Ärmel die Schweißtropfen von der Stirne und fährt mit der Hand ein paarmal unter der Nase auf und ab. Dann nimmt sie wieder eine Gabel voll Mist und schüttelt ihn bedächtig auf den Anger.
Mit einem Mal tönt ein schriller Pfiff vom Hofe herüber, und dann noch einer.
Die Urschel schaut um und sieht, daß ihr der Vater winkt. Sie stößt die Mistgabel in den Boden und geht bedächtig auf das Haus zu.
»Wos geit's?« fragt sie, als sie näher gekommen ist.
»Der Brandlbauer ist do mit sein' Nazi und schaut's Sach o. Mach, daß d' in d' Stuben neikimmst.«
»Is scho recht«, sagt die Urschel und geht mit dem Vater in das Haus.
Vor der Küchentüre bleibt sie stehen und schlieft mit den bloßen Füßen in ein Paar Pantoffeln.
Dann tritt sie hinter den Bauern in die Stube und schaut bolzengerade, aber doch ein bissel schüchtern, auf die fremden Leute.
Am Tische sitzt der Brandlbauer; ein stämmiger Alter mit grauen Haaren und glattrasiertem, braunrotem Gesicht.
Neben ihm sein Nazi im Feiertagsgewande. Lustige, kleine Au-

gen, Stumpfnase, großer Mund, hinter dem eine Reihe gesunder Zähne heraussieht. In den gut entwickelten Ohrwascheln trägt er Sterne aus Goldblech.
Die Brandlbäuerin sitzt neben der Reischlin auf der Ofenbank. Man sieht nicht viel von ihren Zügen, weil sie durch das große schwarze Kopftüchel verhüllt sind.
Auf dem Schoße hält sie den bei Besuchen unerläßlichen Handkorb und darüber gebreitet einen blauen Schal.
»Da is d'Urschel«, sagt der Reischlbauer. »S' Good«, ruft der Nazi, und der Brandlbauer sagt: »Jetzt geh mi in Stall naus«, damit steht er auf, und die Gesellschaft setzt sich in Bewegung zur Haustür hinaus über den Hof.
Im Pferdestall, der sehr reinlich gehalten ist, sieht der Brandlbauer mit Wohlgefallen das hohe Gewölbe und die fetten Hinterteile der strammen Gäule.
»Achti?« fragt er.
»Ja«, sagt der Reischl, »und oaner is im Feld d'außt.«
»San neuni«, meint der Brandl und streicht dem nächststehenden Gaul mit der Hand bedächtig über den Rücken.
»I hab allaweil Glück g'habt im Stall«, fährt der Reischl fort; »is guetta fünf Johr, daß mi koaner mehr verreckt is. No, 's Fuatta is guat; an Habern bau i selm.«
»Baust selm?« fragt der Brandl und schaut dem Rotschimmel prüfend in das Maul.
Währenddem führen auch die zwei Bäuerinnen ein eifriges Gespräch unter der Stalltüre.
»Und mit die Anten is mi gor net viel aufg'richt«, meint die Reischlin; »erst gesting hon i zu der Brummerin g'sagt, Brummerin, sag i, wann mi denkt, was mi an a so an Anten hifuattert, hab i g'sagt, nacha is leicht g'schaugt, sag i. Des muaß ma net moan, hab ich g'sagt, daß da Profit so groß is, sag i ...«
»Do host recht, Reischlin, aba do is mi an Anten no liaba, wia so a Henn' ...«
Die Brandlbäuerin wird durch ihren Ehemann unterbrochen, welcher mit seinem Nazi und dem Reischl unter die Tür tritt und sagt: »Jetzt schau mi an Kuhstall o.« Sie gehen darauf zu.
Der Nazi dreht hie und da den Kopf nach der Ursula um, welche mit der Mitterdirn hinterdrein geht.

Sooft er umschaut, rennt die Ursula ihrer Begleiterin den Ellenbogen in die Hüfte, und alle zwei halten die Hände vor die Mäuler, damit man nicht hören soll, wie sie gar so herzhaft lachen müssen. Im Kuhstall kommen auch die Weiber zum Reden.

Die Reischlin gibt die Vorzüge einer jeden Kuh bekannt; sie erzählt, wieviel Milch eine jede gibt und ob sie zwei- oder dreistrichig ist.

»Die Scheck sell doben is mi de allaliaba, Brandlin. I hab scho oft zum Bauern g'sagt, Bauer, sag i, die Scheck is mi de liabeste. Wann i anort nei geh dazua zum Melken, habt sie sie so staad. Da braucht's gar nix, sag i. A so a rechtschaffen's Vieh is, hab i g'sagt, daß 's grad a Freud is, sag' i ...«

Der Stall ist eingehend besichtigt, und der Brandlbauer hat dem letzten Ochsen den Schweif aufgehoben und seine Qualitäten gemustert.

»Reischl«, sagt er jetzt, »mi g'fallt de Sach. Und indem mei Peter an Hof kriagt und der Nazi heiraten will, halt i für eahm um die Ursula o.«

»Mi is recht«, erwidert der Reischl, »und wenn mi aushandeln, übergib i an Hof.«

Die Ehe ist ein Vertrag, wie ein anderer auch. Soll er richtig werden, dann müssen die Leute wissen, wie sie daran sind.

Deswegen muß man sich vorher alles genau anschauen, damit man nicht hinterher ausgeschmiert ist.

Vorsicht ist besser wie Nachsicht, und für die Reu' gibt der Jud' nichts.

Ich wüßte noch viele Sprichwörter, um das zu entschuldigen, was ich jetzt beschreiben möchte, aber nicht sagen darf.

Kurz und gut, der Nazi ist der Meinung, daß man keine Katz' nicht im Sack kauft, und während die Eltern die Übergabe des Hofes besprechen müssen, hat er eine andere Prüfung vor, die nicht weniger wichtig ist.

Es wird kein Wort darüber verloren.

Das ist einmal so Brauch.

Die Eltern haben nichts dagegen, und die Ursula auch nicht.

Sie tut wohl ein bissel geschämig und schaut recht spaßig aus ihrem Kopftuch heraus.

Dann aber fährt sie sich ein paarmal mit dem Rücken der Hand unter der Nase auf und ab und geht, ohne daß es ein Zureden gebraucht hätte, langsam die Stiege hinauf, den Gang hinter, in die Menscherkammer.

Der Nazi marschiert tapfer hinterdrein; sie läßt die Türe offen, er lehnt sie zu, und das andere ist nicht mehr recht zum Erzählen.

Wir müssen die zwei schon allein lassen und wieder zu den Alten hinuntergehen, die in der Stube eifrig verhandeln. Die Bäuerinnen sitzen auf der Ofenbank und horchen zu, wie die Mannsbilder den Austrag besprechen und das Abstandsgeld.

Nur hie und da redet die Reischlin ein Wort mit, wenn ihre besonderen Interessen in Frage kommen.

»Fufzeh Henna muaß i b'halten derfa, und acht Anten und vier Gäns ...«

»Zu wos brauchst denn gor so vüll Henna?«

»Zu wos mi de Henna braucht? De braucht mi scho. Ich möcht Oar handlen, daß mi a weng a Geld in d' Hand kriagt. Bald braucht mi des, und bald braucht mi des ander. I mog net, daß mi geht wia der Huaberin. Reischlin, hat s' g'sagt, balst amol übergibst, sagt s', nacha nimmst da was G'scheits aus, hat s' g'sagt. I bin aa so dumm g'wen, sagt s', und hob nachgeben, hat s' g'sagt, und jetzt kon i wegen an jeden Oar zu der Bäurin laffa, sagt s', und muaß no recht schö bitten aa, hat s' g'sagt. Und des mog mi gor net ...«

»No, no, Reischlin, wegen de Henna z'tragen mir uns net. Also, Reischl, nacha kriag's ös fufzehtausad March Abstandsgeld ...«

»Ja, aba de Taub'n muaß i kriag'n«, fällt ihm die Reischlin ins Wort; »an Taubenkobel muaß i aa hamm, daß mi im Fruhjohr mit die junga Tauben handeln ko. Des gibt's gor it, daß i de Taub'n herlaß ...«

»No, vo mir aus«, brummt der Brandlbauer, »also ös kriagts drei Zimmer zu da Wohnung, an Austrag, wia ma's g'sagt hamm, und fufzehtausad March Guatsabstand ...«

»Ja, und acht Anten und vier Gäns; des sell gibt's gor it ...«

»Jessas ja, du kriagst deine Anten scho. Also sechstausad March zahl i bei da Hozet, fünftausad auf Liachtmeß und viertausad auf Micheli 's nächst Johr. Is a so recht?«

»Mi is recht«, sagt der Reischl.

»Nacha mach ma's moring notarisch. Ös kembts um achti in da Fruah auf Dachau zum Ziaglerbräu. Bal i no net do bin, fragt an Bräumoaster Engart, der woaß nacha, wo i bi.«

Im Rahmen der Türe erscheint in diesem Augenblick der Nazi. Und hinter ihm die Ursula.

Er schlenkert ruhig in die Mitte der Stube vor und dreht den Hut in den Händen; sie macht sich zu der Ofenbank hin und zupft an ihrem Kopftüchel.

Ihre Ankunft erregt kein Aufsehen.

Der Brandlbauer erklärt seinem Stammhalter, daß man sich herunten geeinigt hätte.

Da zieht der Nazi seinen Geldbeutel, nimmt bedächtig einen Silbertaler heraus und gibt ihn der Ursula als Darangeld, zum Zeichen, daß auch oben alles in Ordnung befunden worden sei und daß nunmehr der Vertrag als richtig und fertig gelte.

»So, und jetzt pfüat enk«, sagte der Brandl und geht mit seinen Leuten zum Hofe hinaus.

Sie drehen sich nicht um, und die andern schauen ihnen nicht nach. Die Ursula schlieft wieder aus ihren Pantoffeln und geht auf den Anger.

Sie zieht die Mistgabel aus dem Grasboden und fängt gemächlich die Arbeit an, wo sie aufgehört hat.

Währenddem ist der Brandl zügig dahingegangen; wie sein Weib einmal neben ihm her stapft, stoßt er sie an und sagt: »Hast as g'seg'n, Bäurin, de oa Sau is guat trachti? Mi müassen schaug'n, daß d' Hozet bald is, sinscht vokaft da Reischl no g'schwind de kloan Fackein.«

Georg Queri

Wildererlied

Hab dih schoh dersehgn,
bist im Kammerl glegn
bei der Meinign und hast dih gfreut;
werd dee Zeit scho kemma,

wo mir Zwiesprach nehma,
wo dir d' Knia schnaggln, daß's dih reut.

Geh nur deine Wegerl,
steig nur deine Stegerl –
aus dee Augn, Jaager, kimmst mir net;
heunt werd's Kügerl gossn,
morng werd's Jaagerl gschossn –
steigt an anderer zu ihr in's Bett!

Mach fei Reu und Leid,
eh's dih abikeit!
Morng wann s' d' Fruahmeß läutn, na gehst nei;
wer ih aa neikemma,
wer mei Kügerl nehma,
wer's in Weichbrunn taucha, dees ghört dei!

Und wan s' Elfi läutn,
siehgst mih von der Weitn:
Jaager, fürchst dih net alloa im Wald?
Jaager, hast dein Stutzn?
Jaager, möchst mih putzn?
Jaager, woaßt es, wia a Stutzn schnallt?

Laß dei Kügerl laffa,
tua eahm nachi gaffa,
werst schoh eisehgn müassn, daß's nix is!
Pfiffa hat dei Kügerl,
pfeiffa tuat mei Kügerl,
daß dees meine trifft, dees woaß ih gewiß!

Werd's dih umareißn,
werd's dih zsammaschmeißn,
pfüat dih Gott, adjes, du schöne Welt!
Werd mir nix draus macha,
werd auf deiner lacha,
weil am Kammerfenster oaner fehlt!

Wann die alt Heindlin auf den Brucker Markt geht

Wann die alt Heindlin auf'n Brucker Markt hatscht,
da werd z'erst bei der Thalhauserin hingstandn
und werd g'ratscht.

Und bei der Pfreindtnerin bleibt s' aa-r-a bißl steh,
und nachat muaß s' zu der Seitzn Kathrein geh.

Bruader,
da wannst so nachi gangst dene ratschatn Sachn,
aber da müaßt dih bucklig lachn!

Da stellt s' bei der Thalhauserin den schwaarn Korb an
Bodn hi,
(weil's an Schnaps trinkn muaß)
und da kimmt der Thalhauserin sei Hund und hat was im Sih!
Schau, wia er 's Haxl aufhebt!
Und laßt 's scho rinna!

(Oar, denk ih, hat d' Heindlin in sein Korb drinna.)

Bei der Pfreindtnerin wia s' an Korb an Bodn histellt,
kimmt der kloa Spitzl daher und bellt
und riacht.
Aha! sagt er und tuat an G'ruch nachigehn,
is der Thalhauserin sei Hund dagwen!

Und der Spitzl tuat, was er halt toa muaß,
und schickt aa-r-an schön Gruaß.

(Wern scho Oar im Korb drinna sei –
wann 's a gselchts Fleisch waar, wur 's zwider sei!)

Jetz siehgst d' Heindlin bei der Seitzn Kathrein im G'sprach –
d' Hund laffa ihr scho a Zeit lang nach
und freun sih, daß s' an Korb nohmal aus der Hand tuat,

und sagn:
aber der Korb riacht dir guat!

Der Korb riacht nach ’n Schneider Lenz sein Hund,
und nach ’n Hund vom Brunnenmetzger riacht er scharf –
ham mir aa-r-an Bedarf!

(Mei, oh mei! Sie lassen ’s gar aso rinna!
Is dengerst koa Mehl und koa Salz net drinna?)

Aha! Jetz merkt ’s d’ Heindlin aa schoh und schreit:
Jeßmariandjosef!
Jetz is alles gfeit!
Malefizhund, miserablige,
glei laßt’s mir meine Kirtanudl steh!
Meine ganzn Kirtanudln ham s’ mir versoacht –
san gwiß alle derwoacht!
Und hat d’ Frau Bezirksamtmo extri gsagt:
Heindlin hat s’ gsagt,
daßt mir fei’ d’ Kirtanudln net vergißt,
weil s’ mei Moh gar so gern ißt!

Und dee alt Heindlin lupft an Deckl auf und schaut nach –
ja, hübsch woach is ’s scho, dees ganz Sach.

Jetz woant s’.
Jeh, sagt dee ander, da taat ih jetzt recht plärrn
wegn dee Kirtanudln –
wern scho wieder truckn wern!

Müaß’ ma s’ halt in’s Rohr toa! moant d’ Seitzn Kathrein,
glei leg ih noh a paar Scheitl in Ofn ein.

Und legt nach.
Und tuat d’ Nudln in’s Rohr.
Und trocknt s’ schö staad.
Is d’ Nässn weg und der G’ruch is verwaaht.

Und d' Hauptsach is,
daß da Herr Bezirksamtmo seine Nudln net vermißt,
weil er s' gar so gern ißt.

Gebet zu unsern liebn Herrgott, wo sei Sunn scheinen laßt über Gerechte und Ungerechte, aber alles, was recht is: dieselln Niederzeismaringer hat er halt doh net heraußn!

Oh, du liaber Herrgott,
siegst es denn gar net, wohin dei Langmuat und Güat
mi dene hundshäutern Niederzeismaringer führt,
wo den heilin Namen Gottes an dee Wertag und Feirtag eitl nenna,
und wo ihrn liabn Nächstn
(wo aber mir Polykarpszeller san)
gar nia net verleidn könna;
und vom Graabschuaster Jaggl sollst es doh aa schoh wissn:
am Barthlmarkt
hat mih der Kerl beim Roßhandl bschissn;
und schau nur dene Niederzeismaringer amal zua beim Haberhandl,
da derwischt es gwiß beim sündhaftn Lebnswandl;
und eahna Herr Pfarrer an Gottesstatt
hat gsagt:
daß unser Herr Kaplan Schweißfüaß hat;
und waruma woant mei Schwester aso
und von wem hat s' sei Kind?
Von dee Niederzeismaringer hint!
Und beim Gricht muaßt fragn, da wissn sie's gwiß,
daß a jeder von dene meineidi is!

Oh, du liaber Herrgott im Himmi drobn,
du konnst doh koane söllan Zigeuner net lobn!
Und wannst es grad bei der Hand hättst, a rechts Haglschauern,
so laß's nur grad abi
auf deeselln hundsmiserablign Bauern!
Oh, du grundgüatiger Herrgott,
und deine Blitz laßt aa los –
und wia waar's mit an saggrischn Grimma
für eahnere Roß?
Und vielleicht konnst es eirichtn,
daß eahner Herr Pfarrer verschwindt –
und schickst eahna an recht an lutheranischn
aus Preußn hint!

Johannes R. Becher

Oberbayrische Hochebene

Kornfelder. Und ganz hinten an dem Rand
Ziehn Pappeln hin, dort wo die Straße schleift
Die Ebene aufwärts. Aus dem Walde greift
Ein Mast heraus. Draht schwingt ins Land.

Dies alles menschenleer und unnahbar.
Die Wolken, drin die Berge sich verstecken,
Schon donnernd. Kläglich läutet die Gefahr
Ein Kirchlein an. Die Pappelreihen schrecken

Im Windstoß auf, schräg hingestreift vom schweren
Gewölk. Die Straße wird gehoben
In Säulen Staubs. Und plötzlich Stille wieder.

Dann rauschts im Raum. Wie weggewischt die Ähren.
Die Blitze hängen schon in Bündeln oben.
Der Mohn winkt noch. Da schlägt der Hagel nieder.

Oskar Maria Graf

Ein Bauer rechnet

I

Es war eine frische, mondhelle Märznacht. Ganz ausgesternt wölbte sich der blanke Himmel, rundum auf den schneefreien, aufkeimenden Feldern stand ein dünner Dunst, und es roch kräftig nach Dung und feuchter Erde.
Auf dem schmalen, ausgefahrenen Feldweg, der von Weimberting nach Besenberg durch leicht hügelige Äcker führt, ging der baumlange Amrainer-Sepp, mit seinem richtigen Namen Joseph Lederer, torkelnd heimwärts. Allem Anschein nach war er sehr ärgerlich, denn er stieß oft und oft seinen dicken Weichselstecken fest auf den Boden und knurrte dabei grimmig vor sich hin: »Und grod mit Fleiß mog i it! Grod mit Fleiß it!« Er war beim Unterbräuwirt in Weimberting gewesen und hatte ihm ein schlachtbares Kalb angeboten. Ein zäher und schandmäßig schlechter Handel war daraus geworden. Der knickrige Wirt nämlich war immer und immer wieder von der eigentlichen Sache abgewichen, hatte dem Sepp eine Maß Bier um die andere aufgeschwatzt und dabei den Preis des Kalbes unglaublich tief heruntergedrückt. Die Amrainers von Besenberg aber waren von jeher weit und breit als sehr geldgierige, äußerst sparsame Leute bekannt, und der Sepp galt als der knauserigste von ihnen. Er mußte in einem fort an das sinnlos ausgegebene Geld denken. Sein Kopf war bierschwer, sein Hirn dumm und stumpf, sein Magen rumorte, er rülpste mitunter und verfluchte den erbärmlichen Stand des Bauern in jetziger Zeit, verfluchte das Kalb, die ganze heutige Weltordnung, aber die meiste Wut hatte er doch auf diesen fetten schlitzäugigen Unterbräuwirt. Während des ganzen Schacherns nämlich hatte dieser ewig so verfängliche, spöttische Fragen an ihn gerichtet, zum Beispiel, warum er – der Sepp – mit seinen vierunddreißig Jahren noch immer keine Courage zum Heiraten habe, wo er doch einziger Sohn und Erbe des fast schuldenfreien Hofes sei? Wo es doch rundherum schwergeldige Bauerntöchter grad genug gebe, und

wo doch die alte Amrainerin gottesfroh wäre, wenn sie endlich übergeben könnte.

»Jetzt hot dir doch d' Brandversicherung scho dein' neuen Stodl herbaut! ... Und wennst jetz an Batzn Geld derheiratst, kunntst doch dei' Anwesen leicht richtn lassen!« hatte der neugierige Wirt einmal beiläufig hingeworfen und ganz frech und noch viel spöttischer dazugesetzt: »Du wartst gwiß, bis dir 's Haus aa no niederbrennt, daß dir d' Versicherung dös aa no neu baun muaß?« –

Der Sepp kam jetzt auf der Besenberger Höhe an und blieb stehen. »Sauwirt, windiga!« brummte er mürrisch und schaute rundum. Alles war tot und still. Der hohe Mond verbreitete eine ungewöhnliche Helligkeit, und drunten auf der flachen Mulde tauchte das weitläufige Dorf Besenberg auf. Gleich das erste Bauernhaus mit dem neuen Stadel daneben, das war der uralte Amrainerhof. Er lag ungefähr wurfweit vom eigentlichen Dorf entfernt, langhingestreckt stand er auf dem freien Feld, kein Zaun umgab ihn.

Der Sepp hob sein stoppelbärtiges, hageres Gesicht, prüfte noch einmal wie ein witternder Hund die Umgebung und wurde ruhig. Er sah scharf, immer schärfer auf den neuen Stadel, dann wieder auf das Haus, und seine etwas herausgequollenen, leichtglotzenden Augen wurden belebter. Ein zerschlissenes Lächeln glitt über seine Züge. Er schnaubte, und endlich fuhr er mit dem Daumen und dem Zeigefinger in seine linke Westentasche, fingerte eine Weile darin herum und zog nacheinander vier Fünfmarktaler heraus. Nachdenklich wog er sie in seiner Handmuschel und schien sehr zufrieden zu sein. In diesem Augenblick aber schlug die Besenberger Kirchenuhr drei Viertel zwölf. Das erschreckte ihn ein wenig. Schnell ließ er die Taler wieder in die Westentasche gleiten und ging hastig weiter. Erst kurz vor dem Amrainerhof verlangsamte er seine Schritte. Hinten beim Leerbacher bellte der Hund auf. Der Sepp knirschte und trat von der Straße auf den weichen Feldrain. Vorsichtig ging er dahin, und als er an der feuchten, abgebröckelten Stallwand des Hauses stand, lauschte er angestrengt. Der Leerbacherhund bellte nicht mehr. Alles schlief. Der Sepp ging schmal an der Wand etliche Schritte weiter und drückte sein Gesicht an das kleine, verschmierte Fenster der Knechtkammer, die neben dem Stall zu ebener Erde lag. Etliche Augenblicke überlegte er. Sein Herz schlug. Er spürte es sogar in den Schläfen. Er gab sich einen kurzen Ruck und klopfte sacht an die Fensterscheiben.

»Wastl? He, Wastl!« keuchte er unterdrückt und klopfte schließlich stärker. Drinnen räkelte sich jetzt jemand im Schlaf.

»Wastl! He! Aufmach! Ich bin's, der Sepp!« wiederholte er dringlicher, und endlich bekam er Antwort. Der Knecht kroch mühselig aus seinem Bett und kam auf das Fenster zu.

»Geh weita, mach!« drängte der draußenstehende Sepp.

»J-jaa, ja ja! Wos is denn scho wieda?« wimmerte der Knecht und öffnete den einen Fensterflügel. Ihm war schon etliche Tage nicht recht gut, und gestern mußte er sich hinlegen, so schlecht war's geworden. Elendiglich jammerte er, der Sepp sollte ihn doch in Ruh lassen mit seinem Zeug, das komme ja doch einmal auf, und dann ...

»Ah! Red doch it! Mach auf! Geh weita!« ließ der Sepp nicht locker, und nach einigem Hin und Her kam der Knecht dann doch an die hintere Stalltür und ließ den jungen Bauern hinein zu sich.

Gutding eine Stunde hockte der Sepp am Bett des jammernden Knechtes. Mit einem Fünfmarktaler fing das Handeln an. Beim dritten Taler noch meinte der kranke Wastl, er möge nicht mehr, wenn es aufkomme, komme er ins Zuchthaus und – überhaupt, ihm sei so miserablig schlecht, wenn das nicht besser werde, gehe er in das Krankenhaus. Beim vierten Taler endlich bekam der Sepp das Übergewicht.

»Dei' Kranksei' is ja doch dös best Alibi!« sagte er zum Wastl, und wenn er erst einmal auf dem richtigen, neugebauten Haus Bauer sei, er wisse, was Pflicht und Schuldigkeit sei. Alle vier kalten Taler drückte er dem fiebernden Knecht in die heiße Hand.

»Wastl, i vergiß dir's nia! Deiner Lebtog it!« schloß er warm und einnehmend. Alsdann schlich er durch den Stall in seine Schlafkammer hinauf. –

In der darauffolgenden Nacht – in Besenbach und beim Amrainer schlief alles ruhig und tief – fing auf einmal hinten in der Tenne das Knistern an. Schnell schlug das Feuer durch das dürre

Dachgebälk, die erhitzten Ziegel zersprangen und fielen krachend herab. Als dann die hellichte Flamme zum Dachstuhl hinausloderte, plärrte der Leerbacher durch das offene Ehekammerfenster: »Brenna tuat's! Brenna tuat's!« Die Leute schreckten aus dem Schlaf und rannten daher. Ganz Besenberg lief zusammen. Die Kirchenglocken fingen an zu läuten und bekamen allmählich Antwort von den umliegenden Dörfern. Die Feuerwehr rückte aus und war machtlos. Ein Höllenlärm umfing das brennende Haus. Mit der Nachtjacke, im Barchentunterrock, mit zerzaustem Haar und verschrecktem Gesicht kam die alte Amrainerin auf den Hof gelaufen, die Dirn sprang von der Altane herab und verstauchte sich den Fuß, mit knapper Not konnte man den kranken Knecht aus seiner qualmenden Kammer retten, denn irgend jemand hatte die Stalltüren aufgerissen, das Vieh abgehängt, und dieses rannte wie wild geworden ins Freie. Die Rösser jagten in die weite Dunkelheit, die Kühe liefen brüllend ins Dorf, die Säue sausten verängstigt in die Nachbargärten und versteckten sich in Büschen und Winkeln. Alles ging drunter und drüber. Die aufgeschreckten Hühner flogen gackernd in der hellen Nacht herum, die Weiber schrien und weinten, die Männer stritten und reagierten kopflos, und als endlich die Weimbertinger, die Freiselbacher und Trostinger Feuerwehren auf den Platz kamen, war der ganze Hof nur noch ein lohender Feuerhaufen.

»Ja, Himmikreizherrgott, wo is denn eigentli der Sepp! Der Sepp?« schrie der Besenberger Feuerwehrhauptmann Lochbichler die weinende Amrainerin an, und auf einmal fragten alle so stürmisch, auf einmal wollte es jeder wissen, als hänge davon alles ab. Und da erfuhr man, der Sepp sei heute nachmittag nach Freising, um ein Roß zu kaufen.

»Z' Freising? ... Und dahoam brennt 's Sach!« schimpfte der Lorinser: »Der is guat!«

Und der Bernlochner meinte: »No, do kunnt er doch scho lang zruck sei' ... Hm, ausgerechnet wenn's brennt, is er beim Roßkaaffa!« Es war zwar weiter nicht argwöhnisch gemeint, es kam bloß von der allgemeinen Aufregung, aber einige faßten dabei doch ein Mißtrauen. Als aber der Sepp später dann ankam mit einem fetten Grauschimmel, war's dann doch viel anders, denn der junge Bauer wurde ganz verstört über das Unglück. Er fing

sogar zu weinen an, und jeder Mensch hatte ein aufrichtiges Erbarmnis mit ihm. Der Lochbichler war der erste, der zu ihm sagte: »Noja, Sepp, es werd in Gottes Nama scho wieda werdn! ... D' Besnbacha hobn no nia an Besnbacha an Stich lossn!«
Der Sepp faßte sich wieder ein wenig, aber er war wie zerbrochen. Er, seine alte Mutter und die Ehhalten nahm man beim Leerbacher auf. Das Vieh wurde eingefangen und in den Nachbarställen untergebracht. Die Feuerwehren spritzten noch alles halbwegs zu Asche, zogen endlich ab und machten der Üblichkeit entsprechend in Weimberting beim Unterbräu Einkehr. Da gab es Freibier, ein ganzes Faß. Durst hatten die Leute, massig Durst. Und selbstredend wurden sie mit der Zeit auch lustig. Bei dieser Gelegenheit ließ der Unterbräuwirt Worte fallen, die allgemein als sehr unangebracht empfunden wurden. Er sagte etwas vom guten Versichertsein beim Amrainer und warf ziemlich hämisch hin, jetzt, wenn alsdann der Hof neu aufgebaut würde, heirate der Sepp sicher. Das verstimmte.
»Pfui Teifi!« schrie der Lochbichler mannhaft und warf dem Wirt etliche Grobheiten ins Gesicht: »Pfui Teifi ... I tat ma Sündn färchtn, a so daherzredn! I tat mi schama, wenn anderne a solchers Unglück hobn, no schlecht davo z' redn!« Und er hatte sofort alle für sich. Der Wirt kam schier in Bedrängnis.
Ob er vielleicht ein schlechter Kerl sei, der Amrainer-Sepp, meinten etliche, und wiederum der Hoazbaur von Freiselfing fragte, ob er vielleicht von Freising das Feuer hätte herblasen können, der Sepp? Am Nachmittag sei er weg, und um zehn Uhr in der Nacht hätt's zu brennen angefangen?
Kurzum, recht ausfällig wurde man gegen den vorlauten Unterbräuwirt, und da erzählte der, wie der Sepp vorgestern beim Kälberhandel komisch dreingeschaut habe, als er – der Wirt – ganz beiläufig sagte, ob er vielleicht gar mit dem Übernehmen und Heiraten warten wolle, bis das alte Haus auch noch niederbrenne und von der Versicherung neu gebaut würde.
»I red net einfach daher, aba wos i siech und här, dös sell hob i gsehng!« wehrte er sich, der Wirt. Und da freilich wurden etliche nachdenklich. Jeder in der Stube beruhigte sich. Keiner hingegen verlor ein ehrabschneiderisches Wort über den Sepp. Bloß der Hebersberger von Trosting meinte nebenher: »Noja, 's

Knausern und 's Geizigsei' is ja scho ewi dahoam beim Amraina z' Besenberg!« Das war alles.

II

Es ging alles in seiner Ordnung. Die Versicherung zahlte ihre runden neunundzwanzigtausend Mark aus, und der Amrainerhof erstand neu. Der Sepp half überall mit und war in einem Eifer. Die Besenbacher taten ein übriges. Der Leerbacher fuhr ihm billigen Sand aus seiner Sandgrube her, vom Lindl'schen Sägewerk in Trosting kam das Holz in Brettern und Balken, zu dem der Lochbichler und der Pointner beigesteuert hatten. Nach kaum zwei Monaten war dann eine fidele Hebefeier, und dabei zeigte sich der Amrainer-Sepp einmal nicht knauserig. Er stiftete einen halben Hektoliter Bier. Er selber war fast der Munterste dabei.

Als das Haus neu und frisch dastand, ließ schließlich der Sepp auch mit sich reden.

»Jaja, Muatta, i heirat scho, aba nur langsam ... So was loßt si doch net über's Knia o'brecha«, meinte er, wenn ihm die alte Amrainerin solcherart zuredete. Er schien auch langsam herumzuschauen nach einer passenden Hochzeiterin.

Um dieselbige Zeit kam endlich der Wastl, der eine Lungenentzündung bekommen hatte, aus dem Krankenhaus und konnte selbstredend wieder einstehen beim Amrainer. Indessen, der Knecht nahm sich jeden Tag mehr heraus, und da kam er zur alten Amrainerin unrecht. Nach etlichen Streitereien sagte sie ihm kurzerhand den Dienst auf. Das verwirrte sonderbarerweise den Sepp sehr. Der Amrainerin war es auffällig, daß er dem Knecht so beistand und absolut gegen das Ausstellen war. Doch die alte Amrainerin hatte von jeher einen eisernen Kopf. Sie gab nicht nach. Starrköpfig blieb sic dabci, am anderen Sonntag könne der Wastl gehen.

»Herr auf'm Hof bin oiwei no i ... Und i sog, der Lackl konn geh!« wies die Altbäuerin den Sepp zurück, als er's ein letztes Mal mit dem Einlenken versuchte. Scharf sah sie ihm in die Augen und meinte: »Schaugt ja nett aus, wennst du für den Hallodri

bist und eahm mehra glaabst ois wia mir ... 'naus muaß er, sog i! 'naus, auf der Stell!« Der Sepp zog, wie man sagt, den Schwanz ein und sagte gar nichts mehr.
In der Frühe am Sonntag ging der Wastl ins Hochamt nach Weimberting, hernach suchte er ein Wirtshaus um das andere auf, soff sich einen hübschen Rausch an und kam zuletzt zum Unterbräu in die Stube. Er hockte sich keck zwischen die ruhigen Bauern und tat sehr laut. In das aufsässigste Fluchen kam er mit der Zeit und stieß ab und zu unverständliche Drohungen heraus. Einige verbaten sich dieses saudumme Geplärr.
»Hoho! Hoho!« schrie der Wastl jetzt erst recht: »I bin no koan was schuidi bliebn! I zoi mei' Bier wia jeda andre und brauch auf gor koan aufpassn!«
»'s Mäu hoit, bsuffers Wogscheitl, bsuffers!« kam der Hegerl-Peter in Harnisch und machte fuchtige Augen: »Dein' Schnobl hoit, sünst hau i di glei außa aus dein' persern Röckei!« Alle rund um den Tisch wurden immer aufgebrachter, und als der Unterbräuwirt den frechen Knecht wegschieben wollte, stand der hart auf und schrie laut: »So! So, Baurn, jetz geh i auf Freiselfing umi auf d' Schandarmerie, und morgn hoin s' an Amrainer-Sepp, daß ös wißts! Guat Nacht, beinand!« Er schwankte, rülpste, und alle starrten ihn einen Moment lang sonderbar an. Ehe aber einer was dagegen sagen konnte, drängte sich der Wastl aus dem vollbesetzten Tisch und ging. Stockstumm blieb es noch eine ganze Weile. Jeder glotzte.
Alsdann sagte der Unterbräuwirt doch ein wenig unterirdisch triumphierend: »No, i glaab oiwei, i hob doch recht ghabt ... Paßts nur auf, wos ma do no für a Sauerei derlebn ... Jetz geht's um Haut und Krogn beim Amrainer-Sepp!«
»Holla! Holla! A so is oiso de Gschicht!« begriff der Lochbichler, und jetzt fing jeder zu reden an.
Am andern Tag wurde der Amrainer-Sepp verhaftet. Das gab im ganzen Gau ein Aufsehen. Etliche Monate später fand die Verhandlung vor dem Schwurgericht in München statt. Der Sepp und der Knecht, alle zwei waren geständig. Der eine blieb im großen und ganzen sachlich, der andere benahm sich kläglich, wimmerte und weinte und beteuerte in einem fort. Viele Leute aus der Besenberg-Weimbertinger Pfarrei waren im Gerichts-

saal, und man rechnete es dem Sepp hoch an, daß er mit solchem Nachdruck betonte, seine alte Mutter habe mit der ganzen Geschichte nichts zu tun, sie sei ganz und gar unschuldig. Fast aufdringlich oft wiederholte er in einem holperigen Schuldeutsch: »Ich möcht' schon sagen, Herr Richter, meine Mutter hat nie nichts gewüßt von ünserer Lumperei! Radikal gor nix!« Er hätte es gar nicht so hitzig zu machen brauchen. Es stellte sich sowieso einwandfrei heraus.

Wegen Brandstiftung bekam also dann der Knecht Sebastian Kögl, wie sich der Wastl schrieb, ein Jahr und neun Monate Zuchthaus und drei Jahre Ehrverlust. Der Amrainer-Sepp erhielt drei Jahre Zuchthaus und ebensolang Ehrverlust.

»Versicherungsbetrug aber«, hieß es in der Urteilsbegründung, »kann deshalb nicht in Frage kommen, weil die derzeitige Besitzerin des Amrainerhofes, die Brandleiderin und Mutter des Angeklagten Joseph Lederer, Bauerswitwe Kreszenzia Lederer von Besenberg, von dem Werk der beiden Angeklagten nichts wußte.«

Nachdem der Sepp diesen Satz gehört hatte, schnaufte er sichtlich auf, und sein bis dahin etwas benommenes Gesicht wurde ruhig. Er schaute flüchtig nach seiner alten weinenden Mutter und schien weiter nicht erschüttert zu sein. Um den mitangeklagten Knecht kümmerte er sich nicht im geringsten. Er war für ihn völlig Luft. Sicher überschlug er sich als knauserig rechnender Mensch insgeheim alles genau und war zufrieden: Für vier Fünfmarktaler hatte er einen neugebauten Bauernhof erwirkt. *Der* blieb ihm ja doch zum Schluß. Ein solcher Handel war besser wie der damalige mit dem Kalb beim Unterbräuwirt in Weimberting. Deswegen wünschte der Sepp auch das Wort nicht mehr am Schluß. Aber als ihn der Polizist abführte, sagte er zu diesem fast keck: »Noja, drei Johr san aa koa Ewigkeit.« Er konnte warten. –

Gotthelf Gollner

Vor dem Gewitter

A hoaßa Tog hot se higlegt
und is eigschlaffa.

Koa Vogllaut, koa Windwort,
da Booch hot aufghert zum Laffa.

Taum hockan stoanan am Dooch,
d Katz draamt untam Wong.

D Hena ham se eigroom im Sand.
Staad iss gor net zum song.

D Gluat aufm Weg, auf de Stoa
brüats Weeda aus.

Konn ma bloß schaung, nix toa
wia wartn auf da Bank vorm Haus.

Große Welt

Wo i s Laffa glernt hob,
is d Wöid
nauf bis zum Feichtnberg ganga
und obe bis zum Muibooch.
Hamma uns droom vasteckt,
oda drunt Frösch gfanga,
warn ma vareckte Hund,
weit weg von dahoam.

De Grässan ham Wegscheid gseng.
Drei Stund zum Geh.
Und Haisl, net zum Dazöin.

D Muatta is gor bis auf Passau.
A Stoodt, konnst as net denga.
Konn ma net hilaffa, so weit,
muaßt mim Bus einefahrn.
A Zuagang, daßs gfeit is.

Und da Voda soi ois a Junga
neikemma sei bis Minga.
Dees hot glangt für a Leem.
D Haisai so hoch,
daßd as Dooch nimma siegst.
Gschäfta mit Sach, so vui scho.
Und Leit, daßd as net glaabst.

Aba da Bruada vom Moser
war glei no weida wia Minga.
Der is auf Amerika nei.

Herbst

Durchd oglaffane Fenstascheim
sieg i Rengwoikn
d Fichtnspitzn stroaffa.

A Voglscheicha
riaht se umasunst.

Auf de Überlandleitunga
hockan Room
wiar in am Notnbiachal.

Johr genga ma durchn Sinn.

S feit nimma vui
zum Winta.

Wilhelm Dieß

Tiberius scherzt

Der Holzlehenhof liegt am Fuße eines bewaldeten Berges, hoch über der Straße, die durch das Tal führt. Er kehrt dieser Straße die Rückseite seiner Gebäude zu, mit der vorgelagerten mächtigen Dungstätte. Die freundliche Front ist südwärts gerichtet, dem Berge zu. Obstbäume verteilen sich auf dem Weideboden, der dort, flach zuerst, dann jählings ansteigt zum Waldrand. Gegen die ungebärdigen Bergwinde im Frühjahr ist der Hof geschützt, aber die Unwetter, die vom Abend gegen Morgen das Tal hindurchziehen, setzen ihm zuweilen schwer zu. Vom Norden her ist er nicht sehr gefährdet, da dort eine Hügelkette das Tal abschließt. Die Kirchenglocken der Dörfer an den Ausgängen des Tals reichen zu ihm hinauf.

Bei nachdrücklicher Herbstsonne, vor zwei Menschenaltern etwa, vor Krieg und Völkerwanderung, führt ein alter Mann eine Kuh am kurzen Strick den Weg zum Holzlehenhof hinauf. Er schimpft laut und fließend vor sich hin und versucht, die Kuh zu zügeln, die es eilig hat, zum Stier zu kommen, der oben steht im Stall des Holzlehenhofes, den Kühen auch der Nachbarställe zu Diensten. Der Weg ist steil, der Atem, der den beiden Wanderern zur Verfügung steht, ist sehr verschieden bemessen. In kurzen Abständen bleibt der Mann stehen, um Luft zu schöpfen, und zwingt die Kuh, die ihrerseits dessen durchaus nicht bedarf, in ihrem Eifer innezuhalten, was immer ein aufregendes Spiel im Gefolge hat. Die Kuh, vorne angehalten, weicht rückwärts ungestüm zur Seite, zerrt den alten Mann vom Weg und kreist mit ihm auf und ab, bis er nachgibt und der Marsch bergan fortgesetzt wird. Die Rast bedeutet für den alten Mann keine Erholung, sondern fordert ihm mehr Atem ab als das stetige Steigen, er legt sie aber ein, weil man beim Bergsteigen nun einmal von Zeit zu Zeit rastet – er bedenkt nicht, daß in dieser Erfahrung eine muntere Kuh nicht vorkommt.

Der alte Mann kommt vom Hügel jenseits des Tales, sein Name ist Franz Reiter. So wenigstens findet er sich in den standesamtlichen Registern vor, und so wird er nächstens auf das Holzkreuz

seines Grabhügels gesetzt werden. Er stellt, kurz gesagt, die amtliche Bezeichnung dar, mit der er in die Schar der Menschen eingereiht ist, das Brandzeichen oder wie immer man es nennen will, das ihn legitimiert, auf Erden zu wandeln.
Indessen ist der Name dem alten Mann, der ihn immer nur zu Unterschriften verwendet hat, allmählich so aus dem Gedächtnis entschwunden, daß er sich jetzt redlich besinnen muß, wenn er ihn nötig hat. In Wahrheit nämlich ist er sich und aller Welt nur unter dem Namen Weberkaspar bekannt. Sein Vater war Weber, auf dessen kleinem Anwesen, von dem er schuldenhalber vor vielen Jahren gekommen war, hieß es Zum Moser. Der Knabe Franz hätte also erwarten können, Moserfranz gerufen zu werden, aber es geht wunderlich zu auf der Welt, immer wieder wird die Ordnung durchbrochen, Moser und Franz wollten für den Knaben keine Verbindung eingehen. Auch der Name Franz, der ihm in der Taufe zugeteilt worden war, wurde ihm nicht belassen, und das ist ebenso wenig zu erklären wie der Ersatz durch Kaspar. Der Name Weberkaspar erwies sich übrigens durchaus tragfähig und haltbar.
Es würde sich nicht lohnen, den alten Weberkaspar sich näher anzusehen, wenn er nicht an diesem Herbsttag seine Kuh zum Holzlehenhof gebracht hätte.
Er hat sein Leben in Unzufriedenheit hinter sich gebracht, obwohl er eigentlich immer vom Glück begünstigt war. Als völlig mittelloser Bauernknecht hat er sich ein auskömmliches, schuldenfreies Gütl erheiratet und ein bienenfleißiges, sparsames Weib, und keinesfalls hat er mehr Ungemach erfahren, als es uns allen als Mindestmaß zugeteilt ist. Er hätte, wenn ihm eine Fee die entsprechenden Fragen gestellt hätte, auch nicht anzugeben vermocht, wie eigentlich sein Leben besser hätte verlaufen sollen.
Er war, alles in allem, bei geringem Verstand mit einem bitterbösen Maul ausgestattet, ein unguter Bursche. Er sah alle Fehler der Menschen um ihn herum und der öffentlichen Einrichtungen und rügte sie bei jeder Gelegenheit rückhaltlos mit der Begründung, er sei »ein gerader Mensch«.
Schlimme, auch körperlich schmerzhafte Erfahrungen brachten ihn von diesem geraden Weg nicht ab. Daß dieser Weg in weitem

Bogen um seine eigene Person und sein Anwesen herumführte, bedarf kaum der Erwähnung. In seinen guten Jahren war er ein scharfer Trinker gewesen, ohne sein Eheweib wäre er verdorben. Unter dem Einfluß des Alkohols pflegte sich seine Hellsichtigkeit im Aufspüren fremder Fehler und öffentlicher Mißstände zu unerhörten Graden zu steigern, ingleichen die Kraft und der Reichtum seines kritischen Wortschatzes. Anerkennung blieb ihm versagt, nicht selten erntete er dagegen Schläge. Niemand nahm ihn ernst. Das störte ihn aber nicht. In der Nähe des Geltungsbedürfnisses kann Einsicht so wenig aufkommen wie Scham und Rücksicht; das ist im Kleinen nicht anders wie im Großen.

Als er älter wurde, wehrte sich sein Körper gegen die Aufnahme und Verarbeitung von Alkohol, und da mußte er nachgeben. Damit verlor sich zwar die Klarheit seiner Kritik, die Fähigkeit, unzufrieden zu sein, blieb ihm aber unvermindert erhalten, ebenso ein reicher Schatz an scharfen und kränkenden Ausdrücken.

Daß dieser Mann heute die Geduld nicht aufbringt, die freudige Kuh bergauf zu einer Gangart zu bewegen, der er selbst noch gewachsen ist, kann nicht weiter verwundern. Er hätte zu Hause bleiben und eine seiner Töchter schicken sollen, wie es auch sonst geschah. Aber gerade heute wollte er das nicht.

Der Holzlehner, ein gestandener Mann von Ansehen, in den besten Jahren, der den Wert seines Hofes richtig einzuschätzen weiß und seinen eigenen damit in Zusammenhang zu bringen pflegt, hat ihn herankommen sehen. Er gibt Weisung, den Stier aus dem Stall zu führen, vorher aber die Deckgebühr von fünf Mark zu erheben. So entspricht es der Übung, außerdem ist es angebracht, beim Weberkaspar etwas vorsichtig zu sein. Nach erfolgter Bezahlung erscheint die Melkerin Vroni, ein von Gesundheit und Kraft strotzendes, pausbäckiges junges Frauenzimmer, alsbald mit dem Stier.

Nun geschieht es, daß dieser, nach einem flüchtigen Blick auf die Kuh, sich gelangweilt wieder dem Stall zuwendet. Jeder Versuch, einen Stier von solcher Haltung abzubringen, ist aussichtslos, jedermann weiß das. Natürlich auch der Weberkaspar, den aber augenblicklich ein sinnloser Ärger befällt. Er verlangt ungestüm die Gebühr zurück, durchaus unberechtigt, denn die Deckgebühr gleicht lediglich die Bereitstellung des Stiers aus, nicht mehr und nichts anderes. Darüber besteht nicht der geringste Zweifel. Allein der Kaspar schreit wütend auf die Vroni ein, die ihm schließlich entgegenhält, die Schuld liege nicht beim Stier, sondern ganz offensichtlich bei ihm selbst, weil er die Kuh so getrieben habe, daß nichts mehr zusammengehen könne. Da er keine Ruhe gibt, wird der Holzlehner herbeigeholt. Die Auseinandersetzung – der Weberkaspar liebt von jeher Wortgefechte leidenschaftlich – wird heftig und verläßt den Boden reiner Sachlichkeit. Als der Kaspar sich zur Drohung versteigt, er werde den Holzlehner im ungefähren Ausmaß der Deckgebühr herschlagen, damit er sie nicht ganz umsonst bezahlt habe, erwidert dieser nichts, sondern geht langsam auf ihn zu, mit den Blicken deutlich das Maß für den ersten Griff nehmend. Nun ist es höchste Zeit, daß er verschwindet. Er faßt den Strick wieder kurz und zerrt seine Kuh mit gebührender Eile aus dem Hof hinaus. Als er die Dungstätte erreicht hat, wendet er sich noch einmal zurück und schreit dem Holzlehner, der mit der Vroni und einigen Knechten, die der Streit herbeigelockt hat, den Rückzug beobachtet, zu: sein Stier sei ja gar kein Stier, sondern nur ein Bummerl.

Nun ist das eine böse Sache, einen Stier als Bummerl zu bezeichnen, denn damit wird ihm alles abgesprochen, was man von ihm an männlichen Eigenschaften füglich erwarten kann. Er wird zu einem verächtlichen Kümmerling degradiert, zum Schandfleck seines Stalles, er gehört zum Metzger, nirgends sonst wohin.

Der Stier des Holzlehner, der von der Kuh des Weberkaspar nichts hat wissen wollen, ist nun durchaus kein Bummerl, sondern ein strammer, kräftiger junger Bursche, der noch nie versagt hat. Die Vroni hat ganz recht gehabt, als sie die Schuld auf die Kuh geschoben hat, allein den Holzlehner trifft die Beschimpfung an einer empfindlichen Stelle, und er kann sie nicht verwinden, mag sie noch so unbegründet sein und von einem alten Halodri kommen, dessen Wort bei keinem Menschen etwas gilt. Bei ruhiger Überlegung müßte der Holzlehner sehen, daß sein Ansehen in keiner Weise gefährdet ist, aber das Schicksal, das ihm bestimmt ist, gestattet ihm diese Überlegung nicht.

Er fährt ins Simmental, der Heimat übrigens seiner Bäuerin, und

bringt einen Stier nach Hause von so gewaltiger Körperlichkeit, daß dergleichen im Tal noch nie gesehen worden ist.
Im Abstammungsnachweis lautet sein Name: Tiberius, und das erregt auf dem Hof, wo von alters die Stiere Prinz, Sultan und Pascha heißen und römische Kaiser unbekannt sind und ohne Bedeutung, unbehagliches Befremden. Der Bauer aber ändert nichts, und so prangt über dem Ehrenplatz im Stall, dem nach Süden gerichteten Eckplatz im Mittelgang, groß und breit das seltsame Wort Tiberius.
Tiberius steht im dritten Lebensjahr, also in der Blüte seiner Kraft. Zwei wuchtige Kettenaggregate halten ihn am Barren fest bei spärlichem Spielraum. Ein schwerer Nasenring macht seinen Schädel übermächtig, seine Augen blicken böse. Zuweilen läßt er seine Stimme hören, ohne zu offenbaren, warum, und das veranlaßt die Stalleute, sich zu versichern, daß die Ketten in Ordnung sind. Seine Pflege und Fütterung ist der Vroni anvertraut, die sich bald gut mit ihm versteht, die ihn auch zu den Kühen, die er decken muß, ins Freie führt, an einem langen Stock, der mit einem doppelten Karabiner am Nasenring befestigt ist. Ihr folgt er willig, wenigstens scheint es so, und jedenfalls ereignet sich nichts, was eine andere Meinung begründen könnte. Fremde Leute freilich dürfen sich nicht zeigen, wenn er aus dem Stall kommt, sie erregen sofort seine Aufmerksamkeit, die Vroni spürt es am Stock und sie jagt die Leute fort. Vom Bauern läßt er sich Zutraulichkeiten, sehr bescheidene, wie Kraulen zwischen den Hörnern, Beklatschen, gefallen, wenn sie mit freundlichen und respektvollen Anreden begleitet sind, aber eine weitere Annäherung duldet er nicht.
Im späten Herbst ist er angekommen. Ein langer Winter bei behaglicher Wärme in immer gleicher Umgebung und unverändertem Ablauf der Tage bleibt nicht ohne Wirkung. Er gewöhnt sich ein, und es wird deutlich, daß er entgegen seiner furchterregenden Erscheinung im Grunde gutmütig ist. Die Melkerin behauptet sogar, er sei zuweilen richtig lustig und zum Scherzen aufgelegt. So spiele er mit ihr, wenn sie ihm das Futter vorgebe, indem er mit dem weichen, immer feuchten Maul an ihre Hand stoße, in den Barren zu steigen versuche – freilich vergeblich – und dergleichen primitive Lustigkeiten mehr. Sie bleibe aber vorsichtig,

weil man, wie sie sagt, den Mannsbildern niemals trauen darf, am wenigsten, wenn sie sich zutraulich gebärden.
Der Bauer hingegen erklärt jedem, der es hören will, er habe den Tiberius nun so weit, daß er für sein Teil ohne jede Sorge mit ihm umgehen könne, man dürfe nur keine Zaghaftigkeit merken lassen. Er führt ihn auch in Vertretung der Vroni des öfteren ins Freie, und das ist seinem Herzen ein wahres Genügen.
Ende Mai, die Heuernte ist im Gange, wird von einem jungen Burschen eine brünstige Kuh zum Hof gebracht. Die Melkerin will in den Stall gehen, der Bauer aber schickt sie aufs Feld, den Tiberes, sagt er, bringe er selbst heraus, und zum Heuen komme er nach. Er begibt sich auch sogleich in den Stall, holt den langen Stock, hakt ihn in den Nasenring, löst die Ketten und läßt den Tiberius rückwärts aus dem Stand treten. Der vollbringt das wie gewöhnlich, schwerfällig, aber willig, und beide machen sich auf den Weg durch die Stallgasse auf das Stalltor zu. Die Vroni, Gabel und Rechen, die sie aus dem Schuppen sich geholt hat, auf den Schultern, sieht das durch das Fenster, läuft herein und öffnet das Stalltor. Tiberius hat sie dabei wohl bemerkt, vielleicht lenkt ihn das ab, oder er ist plötzlich aus einem anderen Grund unachtsam, jedenfalls gleitet er – beim Pflaster der Stallgasse geschieht das leicht – auf der Hinterhand aus. Er stürzt nicht geradezu, aber steht auch nicht mehr auf den Beinen. Um das wieder zu erreichen, setzt er mit aller Kraft seine Klauen ein, und nach einem stürmischen Beinwirbel ist er wieder in der Höhe.
Der Bauer liegt auf dem Pflaster, Tiberius hat ihn umgerissen. Der Stock ist ihm dabei aus den Händen entfallen, doch kann er sich im Augenblick um ihn nicht kümmern, er muß zusehen, von dem Stier nicht erdrückt oder zertreten zu werden. Hurtig wälzt er sich hin und her, und mit Achtsamkeit und Glück kommt er auf die Beine. Tiberius steht jetzt quer im Gang, dem Bauern Aug in Auge gegenüber; der Stock hängt lose am Nasenring herab. Nach ihm greift der Bauer, erreicht ihn auch, aber eine leichte, unmerkliche Bewegung des Stiers schlenkert ihn weg, der nun wie ein Pendel zu schwingen beginnt. Jetzt ist es höchste Zeit für den Holzlehner, sich in Sicherheit zu bringen. Indessen spürt dieser die Gefahr offenbar nicht, bleibt auf seinem Platz und folgt mit den Armen dem Stock, der immer mehr ins Schleu-

dern gerät – Tiberius, in großem Behagen über die ungewohnte Freiheit, sieht darin wohl die Aufforderung zu scherzen und geht darauf ein.
Während der Holzlehner weiter nach dem Stock angelt, angelt der Stier mit seitwärts geneigtem Kopf nach dem Holzlehner, mit mehr Erfolg als dieser. Als er merkt, daß er ihn gefaßt hat, ruckt er seinen Schädel nach oben, und der Holzlehner fliegt, als Ganzes sozusagen, beträchtlich in die Höhe und auf ein weiteres leichtes Schütteln mit Wucht auf das Pflaster. Die Vroni, vor Schrecken gelähmt, schreit ihrem Bauern etwas zu, dieser liegt einen Atemzug still, dann zappelt er hastig mit den Beinen, und das scheint für Tiberius das Zeichen zu sein, daß das Spiel weitergehen soll. Und es geht weiter.
Als die von der Vroni mit rasendem Hilfegeschrei herbeigeholten Knechte vom Feld herbeistürzen, finden sie Tiberius im Freien vor dem Stall eifrig und angeregt mit der ihm zugeführten Kuh beschäftigt, behindert indessen durch den Führungsstock, den er noch immer am Nasenring hängen hat, und durch den jungen Burschen, der die Kuh vom Stier wegbringen will, ohne ihn zu erzürnen. Vroni, die sich auskennt, daß jetzt keine Gefahr droht, nähert sich ihm von rückwärts mit freundlichen Zurufen, hat alsbald auch den Führungsstock in der Hand und Tiberius in ihrer Gewalt.
Die Knechte suchen den Holzlehner im Stall, zunächst vergeblich, entdecken ihn aber dann zwischen zwei Kühen im Stand dicht hinter dem Futterbarren, wo ihn Tiberius beim Scherzen schließlich hingeschleudert hat. Er liegt auf dem Gesicht, glatt ausgestreckt, und rührt sich nicht mehr.
Die Bäuerin aus dem Simmental hat an der Stelle, wo Wohnhaus und Stall des Holzlehnerhofs aneinander stoßen, eine Nische in die Mauer brechen und dort eine Muttergottesstatue anbringen lassen, darunter ein Marterl, darauf in ungelenker, aber anschaulicher Darstellung der Holzlehner und der Tiberius zu sehen sind.
Es bleibt zu bedenken, was alles zu besorgen war, daß der Holzlehner in seinen besten Jahren den ihm bestimmten frühen Tod finden konnte: der alte Weberkaspar mußte eine Kuh den Berg hinaufführen, was er eigentlich nicht mehr leisten konnte, was

ihm auch gar nicht mehr oblag, was aber den Erfolg hatte, daß die Kuh abgetrieben ankam und vom Stier verweigert wurde; der Holzlehner mußte sich durch ein Schimpfwort ohne Grund getroffen fühlen und dann bis ins Simmental fahren und viel Geld ausgeben, um den Tiberius zu holen, der bestimmt war, ihm den Tod zu bringen.
Diese Betrachtungen haben wir, die Vroni und ich, angestellt, geraume Zeit nachdem sich alles begeben hatte, auf der Holzlehenalm am Fuß des Guffert, wo die Vroni, nicht mehr die jüngste, aber noch voll in Kraft und Saft, als Sennerin regiert.
Auf einer Bergwanderung habe ich dort zugesprochen, und am Abend sitzen wir zusammen auf der Bank vor der Hütte.
Unser Gespräch wird laut nur in Stichworten für die Gedanken, die es weiterspinnen. In solcher Weise erzählt mir die Vroni auch vom Tode des Holzlehner. In ihrer Erinnerung hat sich alles, was zusammengehört, ordentlich zueinander gefügt. Anfang und Ende schließen sich.
»Jeder«, sagt die Vroni, »geht seinen geweisten Weg, er sieht aber nicht, wann er um die letzte Ecke biegt. Zuweilen spürt er es, aber selten.«
Der Mond, in voller Scheibe, zum Greifen nahe, gleitet durch die fernher glitzernden Sterne auf uns zu. In den Brunnentrog auf der Gred sinkt aus dünnem Rohr ein schlanker Wasserstrahl nieder, mit heimlichem Singen – einem Ton, den keiner vergißt, der ihn je nächtens auf einer Alm gehört hat.

Ludwig Thoma

Peter Spanningers Liebesabenteuer

Die oberbayrische Stadt Dürnbuch liegt keineswegs an der Eisenbahn.
Vor etlichen fünfzig Jahren stand es der Regierung im Sinne, eine Hauptbahn an die Stadt zu legen. Aber der Brauereibesitzer Peter Spanninger, der Großvater des jetzigen Peter Spanninger, wehrte mit anderen Bürgern die Neuerung ab. Man sagte der Regierung mit klaren Worten, daß die Dürnbucher am Alten und

Hergebrachten hingen. Sie wollten mitnichten das Fuhrwesen von der Landstraße bringen und alle Wirte und Lohnkutscher schädigen. Der Weitblickende möge bedenken, daß mit ihnen die Schmiede, Sattler und Wagner Einbuße litten, die Bräuer minderen Absatz fänden und die anderen Geschäftsleute in Gefahr schwebten. Denn alle Kundschaft könne mit der Bahn schnell und mühelos die große Stadt erreichen und dort Geld ausgeben, was besser in Dürnbuch bleibe.

Die Regierung wollte die treue Bevölkerung nicht kränken und legte den Schienenstrang so weit entfernt von der Stadt, daß die Nachkommen des Peter Spanninger zwei Stunden mit dem Omnibus fahren müssen, wenn sie den Pfiff einer Lokomotive hören wollen. Heute noch rumpelt frühmorgens um sechs Uhr der Postwagen über den Stadtplatz, und der Postillion Johann Glas lenkt die Pferde, wie es sein Vater tat. Zu Winterszeiten sitzt er verfroren auf dem Bocke und schaut neidisch auf die dunkeln Fenster, hinter denen die Bürger in warmen Betten liegen.

Wenn es aber Frühling wird, und ein feiner Morgen tagt, setzt er das Posthorn an und bläst sein altes Lied. Dann kommen Leute an die Fenster und prüfen mit verschlafenen Augen das Wetter.

So hat sich in Dürnbuch das gute alte Wesen erhalten.

Hierin wie überhaupt.

Dürnbuch hat dreitausendvierhundertneunzehn Einwohner. Darunter sind vier Protestanten und ein Israelit; die übrige Bevölkerung ist römisch-katholisch.

Auch darf man nicht glauben, daß jene Andersgläubigen Eingeborene sind. Der Stadtschreiber Rellstab, der mit seiner Frau und zwei Kindern der evangelischen Konfession angehört, ist Mittelfranke. Der Israelit heißt Isidor Blumschein, stammt aus dem Schwäbischen und wurde durch den Produktenhandel in die Gegend geführt.

Im übrigen erlitt das katholische Bekenntnis keinerlei Schaden durch die Fremdlinge. Bei den jüngsten Wahlen fielen alle Stimmen auf den ultramontanen Kandidaten, Kaufmann I. B. Irzenberger.

Der Stadtschreiber wollte die politische Überzeugung der Herren Bürger schonen, und auch Blumschein heulte mit den Wölfen.

Dürnbuch ist der Sitz ansehnlicher Behörden, nämlich eines königlichen Bezirksamtes, Amtsgerichtes, Rentamtes und Notariates; es hat eine Gendarmerie-, eine Post- und Telegraphenstation. Zu den Lehranstalten gehören außer der Volksschule eine Töchterschule der armen Schulschwestern und eine Realschule. Ferner befinden sich dort sechs Kirchen, acht Bräuhäuser, eine Kunstmühle und ein herrschaftliches Schloß, welches aber nicht mehr bewohnt wird.
In früheren Zeiten gehörte es den Grafen Selz-Dürnbuch, einem alten Geschlechte.
Der letzte Dürnbuch, Johann Anton, starb unverehelicht als kurfürstlich bayrischer Kämmerer im Jahre 1764. Der Besitz ging auf die Familie der Freiherrn von Selz-Gögging über, deren letzter Sprosse um die Mitte des neunzehnten Jahrhunderts das Zeitliche segnete.
Vor seinem Tode verkaufte er das Gut Dürnbuch an den Fiskus. Dieser bewirtschaftet noch heute den schönen Forst, läßt aber das Schloß verfallen, weil die Kosten der Instandhaltung zu hoch kommen. Die Säle zu ebener Erde hat Isidor Blumschein um geringen Preis gemietet; er benützt sie als Lagerräume für Landesprodukte.
Handel und Industrie stehen in Dürnbuch in gedeihlicher Blüte. Die Landbevölkerung bringt ihre Erzeugnisse in die Stadt und deckt hier wiederum ihre Bedürfnisse. Die zwei Warenhandlungen von J. B. Irzenberger und Gabriel Riedlechner haben erklecklichen Umsatz. Die Brauereien sind gut betrieben; die bedeutendste von Peter Spanninger »Zum Stern« siedet über achttausend Hektoliter Malz ein. Die Kunstmühle war bis vor wenigen Jahren im Besitze des Herrn Jakob Bonholzer, ist aber jetzt in eine Aktiengesellschaft umgewandelt.
Der Handel mit Getreide und Vieh ist rege; auch mit Holz werden gute Geschäfte gemacht. Das ehrsame Handwerk gedeiht. So ist im allgemeinen die Bevölkerung wohlhabend, auch wohllebig. Die Arbeit wird mit bedachtsamer Ruhe getan, und alle Feste werden gewissenhaft begangen.
Jeder Familienvater muß in pünktlicher Reihenfolge die Wirtschaften besuchen, um die Beziehungen aufrechtzuerhalten.
In der behäbigen Art der Bürger liegt es begründet, daß gerade

diese Seite der geschäftlichen Tüchtigkeit am besten ausgebildet ist.
Über Lage und Bau der Stadt läßt sich Rühmendes sagen. Dürnbuch liegt vierhundertachtzig Meter über dem Meere, in dem von Hügeln durchzogenen Alpenvorlande. Die Höhen sind bewaldet; aber das dunkle Fichtenholz wechselt ab mit Wiesen und Getreidefeldern, was ein freundliches und mannigfaltiges Bild gewährt. Man erblickt in der Nähe zahlreiche Dörfer und Weiler; auch in größerer Ferne, wo sich die Häuser dem Auge verbergen, lugt da und dort ein spitzer Kirchturm über die Hügel hervor.
Der Ort Dürnbuch ist um die Mitte des vierzehnten Jahrhunderts entstanden. An die alte Zeit erinnern einige Reste der Stadtmauer und ein gut erhaltenes Tor. Man gelangt durch dasselbe auf den mäßig großen Marktplatz, dessen Mitte ein Marienbrunnen ziert.
Hier steht auch die schöne Pfarrkirche, welche im spätgotischen Stil erbaut ist.
Auf der Südseite des Platzes erheben sich die drei stattlichen Brauereien zum »Stern«, zum »Rappen« und zum »Goldenen Lamm«.
Sie strecken, wie einige Wirtschaften gegenüber, große schmiedeiserne Schilde in die Luft hinaus.
Die blinken freundlich in der Sonne und verheißen Eingeborenen wie Fremden behagliches Unterkommen.
Die Gassen, welche in den Marktplatz einmünden, sind krumm, eng und uneben. Die Häuser sind mannigfaltig gebaut. Viele haben nach italienischem Muster breite Fassaden, welche in geraden Maueraufsätzen die Dächer überragen.
Diese sind mit Schindeln gedeckt und stoßen hart aneinander. Nicht selten üben waghalsige Knaben auf der gefährlichen Höhe ihre Spiele, indem sie über alle Dächer klettern von einem Hause zum andern.
Und die Kater haben hier oben ein weites Feld für ihre Liebesfahrten.
Der Stolz der Stadt ist eine Lindenallee, welche am Schlosse vorbei bis Holzhausen führt.
Zum mindesten einmal im Jahre beschreibt der quieszierte Leh-

rer Furtner ihre Reize im »Alzboten«, gewöhnlich in den Herbsttagen, weil er an die wundervolle Färbung der Bäume und an den wehmütigen Anblick der sterbenden Natur passende Gedanken über den Allerseelentag anzuknüpfen weiß.
Dem Dürnbucher Bürger ist die Allee mit allen Erinnerungen des Lebens verwachsen.
Hier hat er als Kind gescherzt, hier schlich er in dämmernden Abendstunden an der Seite eines weiblichen Wesens, und hier schreitet er jetzt, wenn die Zeit der Torheiten vorüber ist, am hellen Tage neben seiner ehrbaren Frau und neben dem Kinderwagen her.
Südlich der Allee fließt die Alz, ein stattlicher Fluß. In seinem klaren Wasser spiegeln sich die Rückseiten der Häuser, Weidenbüsche und Erlen und die Kühe, die den kleinen Leuten der Vorstadt gehören. Und manches Mal auch die Wäsche der Dürnbucher Damen, welche am Ufer zum Trocknen aufgehängt wird. Im Luftzuge wiegen sich die blühweißen Geheimnisse hin und her, und der Spaziergänger kann hier vieles erblicken, was er sonst nicht zu sehen kriegt.

Man darf es als Tatsache hinstellen, daß die Spanninger in vier Geschlechtern die reichsten und damit die angesehensten Leute von Dürnbuch waren; daß auch der jetzige Besitzer der Bierbrauerei »Zum Stern« auf dieser Höhe steht. Und daran knüpft man die Hoffnung, daß sich kein Spanninger in absteigender Linie bewegen wird.
Die erblichen Eigenschaften wie die Stellung der Familie schließen Befürchtungen aus. Einem Spanninger ist der Weg geebnet und die Bahn zu allen Ehrenstellen offen. Ein Spanninger kann mit der Überzeugung ins Leben treten, daß er Distriktsrat wird, und daß dermaleinst an seinem offenen Grabe die sämtlichen Vereine Dürnbuchs mit umflorten Fahnen stehen werden.
Diese Laufbahn ist ihm vorgezeichnet; die Achtung der Bürger hängt an seinem Besitze. Die Spanninger strebten nie darüber hinaus und sanken nie darunter hinab.
Sie waren in vier Geschlechtern gutmütige Menschen; und jeder hatte mit fünfundzwanzig Jahren seinen Bauch, mit sechzig Jahren seinen Schlaganfall.

Was dazwischen lag, war Durst, Fröhlichkeit und Verständnis dafür, daß auch die armen Teufel leben wollen.
Die Bildung der Spanninger hielt zwar Schritt mit den Anforderungen der Zeit, aber sie blieb innerhalb der Grenzen des Notwendigen. Den älteren Geschlechtern hatten die Grundelemente, Lesen, Schreiben und Rechnen, genügt; die gewerbliche Kunst wurde daheim gelernt.
Der jetzige Inhaber der Brauerei mußte schon mehrere Jahre die neugegründete städtische Realschule, oder, wie man sie damals hieß, Gewerbeschule, besuchen. Die Neuerung wandelte den Familiencharakter nicht um; sie blieb ohne einschneidende Wirkungen. Und das war gut. Denn mancher, der eine höhere Stufe der Erkenntnis erklimmen will, gewinnt nichts als eine Verachtung der tieferen, die ihm guten Halt gegeben hätte.
Der Sternbräu geriet nicht in die Gefahren der Zwiespältigkeit von Beruf und Bildung. Er streifte die angeflogenen Kenntnisse ab und behielt als Rest nur eine Vorliebe für Fremdwörter.
Durch ihren häufigen Gebrauch erhob er sich mit einiger Befriedigung über die große Menge. Noch ein anderes kam ihm zustatten. Sein Vater hatte ihn nach Straubing geschickt; er verbrachte hier ein volles Jahr als Volontär in der Kollerschen Brauerei, und galt später den Dürnbuchern als ein Mann, der sich in der Welt umgetan hatte. Der Sternbräu zog daraus die Lehre, daß der bloße Anschein ungewöhnlicher Regsamkeit das Ansehen mehrt. Und diese Erfahrung leitete ihn wieder bei der Erziehung seines Sohnes. Er war nicht bekümmert, als der heranwachsende Peter in der Realschule sehr geringe Tüchtigkeit bewies. Es ist nicht einmal sicher, daß er die Semesterzeugnisse aufmerksam las; die Noten, welche hinter Algebra, Geschichte, Geographie, französischer Sprache standen, waren ihm herzlich gleichgültig. Das Wichtige, nicht für jetzt, sondern für alle Zeit war, daß so bedeutend klingende Wissenschaften mit seinem Sohne überhaupt in Zusammenhang gebracht wurden. Dabei konnte er wohl die schulmeisterliche Ansicht über Fleiß und Talent eines Spanninger übersehen.
Als Peter das achtzehnte Lebensjahr erreichte, schickte er ihn nach Weihenstephan.
Darin lag ein Zugeständnis an die Forderungen des Zeitgeistes.

Der Besuch der Brauerschule gewährt den allgemeinen Vorteil jeder akademischen Bildung; dazu den besonderen der scheinbaren Umwertung einer gewerblichen Tätigkeit in eine Wissenschaft.

So verbrachte also der junge Sternbräu zwei Jahre unter den Jünglingen, die in Freising ungeschlachte Fröhlichkeit zeigen. Sie bildeten einen Verein »Gambrinia« und fanden ihre Freude in der Nachahmung studentischer Manieren. Die Berufsehre bedingte, daß sie noch trinkfester waren als die Jünger der Hochschulen. Peter tat rechtschaffen mit und glaubte an das Verdienstliche und an das Bedeutende dieses Treibens. Er war von der besonderen Ehre der drei Farben rot, gold und blau überzeugt, schwur ihnen Treue und vermaß sich im Gesange, für Rot, Gold und Blau in Kampf und Tod zu gehen.

Es war eigentlich nicht die Art der Spanninger, so große Dinge zu versprechen; noch weniger, sie zu erfüllen. Aber da sich Peter nicht viel dabei dachte, störte der fremde Zug den Grundton seines Wesens nicht allzusehr. Die Flammen seiner Begeisterung schlugen nicht hoch. Und wenn er sie mit dunkeln und hellen Bieren löschte, geriet er wieder in Dürnbucher Fahrwasser. Nach zwei Jahren kehrte er in das Elternhaus zurück und paßte sich ohne Mühe dem bürgerlichen Leben an. Die äußerlichen Spuren der Weihenstephaner Zeit verwischten sich freilich nicht. Peter war dick geworden, und die Augen traten noch mehr aus dem stark geröteten Gesichte hervor. Das in der Mitte gescheitelte Haar kämmte er in die Stirne.

Die Schultern zog er hoch, um sie noch breiter erscheinen zu lassen. Er schloß gerne den untersten Knopf seiner Jacke, damit sich die Brust bauschig wölbte. Beim Gehen ballte er die Hände zu Fäusten und hielt sie mit dem Daumen an den Hosentaschen fest.

Die Dürnbucher bemerkten das studentische Gebaren sehr wohl und waren geneigt, darin die Kennzeichen eines reizvollen Lebenswandels zu erblicken. Denn weil sie keine Erfahrung in akademischen Dingen besaßen, statteten sie ihre Meinung darüber mit den abenteuerlichen Vorstellungen ihrer geheimen Sehnsucht aus. Sie wollten es nicht anders gelten lassen, als daß der Sohn ihres reichsten Mitbürgers zwei Jahre mit seltsamen Liebeshändeln hinter sich gebracht habe. Wer in solchem Rufe steht, ist gut daran, wenn ihn das bürgerliche Gewissen im Besitze der nötigen Mittel schätzt. Und darum zog Peter ohne sein Zutun Nutzen aus dem, was eigentlich ein Vorwurf war.

Nun lebte damals in der Kreuzgasse ein Mann, der vielen unheimlich war, weil die Art seines Erwerbes nicht klar zutage lag. Er hieß Korbinian Fröschl und trieb weder Handel noch Handwerk. Er hatte aber nicht etwa die Mittel, welche ihm das Leben eines Privatmannes möglich machten, sondern er stand in offenkundiger Dürftigkeit. Seinen Unterhalt verdiente er durch leichte Geschicklichkeiten, die auf geheimes Wissen begründet waren und schon darum den Verdacht der seßhaften Bürger erregten.

So war er ein Quellenfinder. Wenn er mit einem Gabelzweige in der Hand über die Hügel schritt, konnte er mit untrüglicher Sicherheit bestimmen, wo man nach Wasser graben könne. Überdies besaß er gute Mittel gegen landesbräuchliche Krankheiten, so daß er den Bauern als schätzbarer Heilkünstler galt.

Weil er aber viele Kenntnisse nur mit Heimlichkeit verwerten durfte, hatte er ein schweigsames Wesen angenommen, welches das Vertrauen verscheuchte. Überdies war er nach seinem Äußeren eine düstere Erscheinung, und manche seltsame Nachrede hing an seinem Namen. Dieser Korbinian Fröschl besaß eine zwanzigjährige Tochter mit Namen Anna; sie war eine schön gewachsene Person, von angenehmen Zügen, jedoch ohne rechte weibliche Tugend. Ihre Kindheit war nicht behütet worden. Die Mutter war früh dem Tode verfallen, und der Vater, den seine Geschäfte oft vom Hause fernhielten, kümmerte sich wenig um die Erziehung. So gewöhnte sich Anna nicht an Pflichterfüllung und entbehrte der tröstlichen Grundsätze, daß Arbeit das Leben versüßt und Armut nicht schändet.

Vielmehr hing sie ihr Herz an vergängliche Dinge und hegte den Wunsch, ihre Schönheit, die ihr wohlbekannt war, mit nichtigem Putze zu heben. Dieses Frauenzimmer lernte der junge Spanninger durch einen gewöhnlichen Zufall kennen. Es war zu Ende April, und die Dürnbucher Welt hatte ein frühlinghaftes Aussehen. Die Stare pfiffen in allen Gärten, und die Schlehdornhecken waren mit weißen Blüten bedeckt, und Gabriel Riedlechner und

J. B. Irzenberger hatten ihre Neuheiten in Frühlingsstoffen ausgelegt.

Da ging Anna Fröschl über den Stadtplatz und blieb vor den Ladenfenstern stehen. Sie betrachtete Pers und Zephir, blau gemusterte Baumwollstoffe, Musselin und Mull. Sie fertigte sich in Gedanken von jedem Zeuge eine Bluse an und suchte sich bunte Gürtel aus, die dazu passen konnten, und drehte sich vor den Spiegelscheiben, als hätte sie nun die ganze Pracht zu probieren.

Peter, der vor seinem Hause stand, sah die gefällige Person von weitem und ging wie von ungefähr über den Platz. Er spazierte einige Male mit hochgezogenen Schultern an dem Laden vorüber und bemerkte unterweilen die Vorzüge des Frauenzimmers.

Auch dieses übersah seine Aufmerksamkeit nicht, und als es sich zum Gehen schickte, warf es ihm einen brennenden Blick zu.

Peter überlegte, ob er darin eine Aufmunterung erblicken dürfe, aber da trat Kaufmann Irzenberger aus dem Laden und begann ein Gespräch mit ihm. Peter fragte gleichgültig und nebenher, wer die Person gewesen sei, die so lange die Auslage betrachtet habe.

Irzenberger gab genaue Auskunft, und so erfuhr der junge Spanninger, daß die Tochter des anrüchigen Fröschl seine Beachtung gefunden hatte. Das kühlte ihn ab.

Die natürliche Scheu, welche gut situierte Leute von zweifelhaften Elementen fernhält, war in ihm stark entwickelt. Nicht weniger das dunkle Gefühl, daß arme Leute immer bestrebt sind, die Wohlhäbigkeit auszunützen.

So war er abgeneigt, sich in ein unrühmliches Abenteuer einzulassen, und schon wenige Tage später bestärkte ihm eine zufällige Begegnung diesen Vorsatz.

Er ging um die Mittagszeit das Alzufer entlang und sah nahe der Brücke einen Menschen, der mit nackten Beinen im Flusse stand und ein Netz aus dem Wasser hob. Zwei kleine Fische zappelten darin. Der Mann faßte sie mit der Hand und warf sie in eine rostige Gießkanne. Es war Korbinian Fröschl. Peter erkannte ihn und sah auch, daß er ein schmutziges Hemd auf dem

Leibe trug und eine Hose, die an vielen Stellen nicht geflickt war. Da fühlte Peter mit Macht, wie gut er getan hatte, solche Leute selbst auf verbotenen Wegen zu meiden.

Allein Anna hatte die Blicke des jungen Spanninger nicht vergessen. Im Gegenteil dachte sie häufig daran und brachte sie in Zusammenhang mit ihren heimlichen Wünschen nach hellen Blusen und gelben Ledergürteln. Sie ging jetzt häufig auf den Stadtplatz, und immer so, daß sie an der Brauerei »Zum Stern« vorüberkam.

Doch traf es sich nie mehr, daß sie dem Peter in die Hände laufen konnte.

Ein oder das andere Mal stand er im Kreise der Honoratioren, welche sich allabendlich auf dem Bürgersteige vor Sonnenuntergang zusammenfanden. Aber er war durch die dicken Bäuche und breiten Rücken so versteckt, daß sie ihm keine Blicke zuwerfen konnte. Da nahm sie einen raschen Entschluß und schrieb einen Brief an den Jüngling, der sein Glück nicht verstand. Sie wählte ein überaus zierliches Papier, das mit Spitzen umrändert und auf der ersten Seite mit einem schnäbelnden Taubenpaare geschmückt war. Darunter setzte sie den Vers:

> Kein Feuer, keine Kohle kann brennen so heiß
> Wie heimliche Liebe, von der niemand nichts weiß

und weil sie die Anrede nicht zu kalt und nicht zu warm wählen mochte, half sie sich, indem sie ein Fragezeichen und zwei Ausrufezeichen über den Text schrieb. Dann sagte sie, es sei vielleicht ein gewisser Jemand, dem man kürzlich begegnete, erstaunt über diese Kühnheit, und vielleicht denke er sich gar etwas Schlechtes. Sie habe lange gezweifelt, ob es sich schicke, einem fremden und doch nicht fremden jungen Herrn zu schreiben, und sie wisse, es schicke sich eigentlich nicht. Denn besonders in Dürnbuch seien die Leute gleich bereit, ein Mädchen schlecht zu machen, aber sie hoffe, daß ein gewisser Jemand nicht so sei. Und wenn sie das nicht dächte, und wenn sie glauben müßte, er könne etwas Schlechtes meinen, dann würde sie überhaupt nicht schreiben. Aber sie müsse doch schreiben, weil sie ihm sagen wolle, daß sie gerne den gewissen Jemand wiedersehen möchte, und wenn er deswegen nichts Schlechtes denke, dann solle er um Gottes willen nur ja nicht kommen. Und er solle nicht vor der Dunkelheit kommen, weil neidische Augen wachten. Darunter schrieb sie: »Ungenannt und doch bekannt A. F.« Und sie setzte wiederum ein Fragezeichen und zwei Ausrufezeichen hinter die Buchstaben.

Der Brief stürzte Peter in Ratlosigkeit. Er sah das frische Mädchen vor sich mit allen runden Heimlichkeiten, die sein Blick begehrlich gestreift hatte, aber als Spanninger konnte er nicht blind in den Strudel der Leidenschaft tauchen. Denn, wie gesagt, er war von Kind auf mit großem Mißtrauen gegen das andere und ärmliche Menschentum angefüllt worden. Und dachte er auch zu manchen Stunden, daß er wohl verstohlen in den Liebesgarten schleichen könne, so überlegte er baldigst wieder, daß solche Leute wie Fröschl Geheimnisse gerne zu Geld machen. Stündlich wechselte er mit seinem Entschlusse seine Stimmung.

Jedesmal, wenn er sich vornahm, zu entsagen, wurde sein Gemüt leicht und froh, und jedesmal, wenn er der Lockung folgen wollte, fühlte er sich bedrückt. Die helle Stube, der sauber gedeckte Tisch, alle Behäbigkeit des Elternhauses mahnten ihn, die bürgerliche Ehrsamkeit zu wahren, aber wieder winkten ihm die lebhaften Gedanken an beachtenswerte Reize.

Denn trotz aller Meinungen, die in Dürnbuch feststanden, war es sein erstes Abenteuer. Und weil sich seine Tugend nicht auf gefestigte Grundsätze, sondern auf äußerliche Bedenken stützte, mußte sie immer wieder ins Wanken geraten.

Am Tage des Stelldicheins spazierte Peter gleich nach dem Mittagessen durch die Kreuzgasse. Er wollte unauffällig die Örtlichkeit erkunden, und darum hatte er sich zur Jagd gerüstet. Vielleicht dachte er nebenbei, daß er so das Wohlgefallen an seinem Äußeren heben könne, denn er war mit Joppe und Gewehr gewalttätig anzusehen. Überdem hatte er seine Waden mit ledernen Gamaschen umkleidet, obschon die Sonne leuchtend am Himmel stand und alle Wege in Trockenheit lagen. So stieg er mit langen Schritten durch die Gasse.

Die Häuser waren unbehaglich anzuschauen; es fehlte ihnen die rechte Breite. Sie standen eng aneinandergepreßt und ragten steil in die Höhe, damit sie oben Luft schöpfen konnten. Kleine Fenster saßen unregelmäßig neben- und übereinander, die Scheiben waren trübe, und viele gähnten schmucklos in die Gasse herunter. Nur wenige waren mit dunkelfarbigen Vorhängen geschmückt. Was Peter sah, wirkte erkältend auf seine Gefühle, und er wünschte jetzt, unbemerkt zu entkommen. Aber die stille Gasse war an hallende Schritte und knarrendes Leder so wenig gewohnt, daß sie erwachen mußte.

Der Flickschneider Söllbeck, der mit untergeschlagenen Beinen in seiner Werkstätte saß, erhob sich rasch, um dem jungen Manne mit den prallsitzenden Beinkleidern nachzusehen.

Gegenüber trat die Frau Buchbinder Gnadl unter die Türe und schüttete schmutzige Brühe auf das Pflaster. So hatte sie ein Recht, im Freien zu weilen und zu ergründen, was den Sohn des Sternbräu in die Gegend führen könnte.

Nebenan trug die Schusterin Brummer ihr Knäblein auf dem Arme heraus, und dieses begann alsogleich zu schreien. Da öffneten sich herüben und drüben die Fenster, und alle neugierigen Augen folgten dem blanken Jägersmanne.

Peter trachtete vorwärts, aber in der Mitte der Gasse stutzte er, denn er sah Anna Fröschl, die freundlich auf ihn herablächelte. Weil ihr Jäckchen nicht völlig geschlossen war, sah man den Ansatz der runden Brust. Peter faßte sich ein Herz und grüßte und merkte, daß das Mädchen zweimal nickte. Das gab ihm und den andern zu denken. Dem Flickschneider Söllbeck blieb es für den Nachmittag ein Gegenstand innerlicher Betrachtung, und die Gnadlin erschien von da ab bis zum Abend jede halbe Stunde vor ihrem Hause, um Spülwasser auszuschütten und Rundschau zu halten. Peter verließ die Stadt und schritt über Felder und Wiesen. Er hatte Gefahr und Glück des Abenteuers dicht beieinander gesehen und war in neue Zweifel verstrickt. Aber als nun die Bäume lange Schatten warfen, hatte die Tugend einen großen Sieg errungen, und die Schar der Guten war um einen vermehrt. Der junge Spanninger war entschlossen, auf Liebe und schlimme Nachrede zu verzichten. Und er machte sich auf den Heimweg.

In Dürnbuch läutete man den Englischen Gruß. Die hellen und tiefen Töne der Glocken klangen mit gemessener Feierlichkeit in den Abend, und wäre Peter eine stimmungsvolle Natur gewesen,

so hätte er empfinden mögen, daß seine reinliche Seele sich in diesem Augenblick aufwärts erhob, bis zu den rosaroten Wolken des Frühlingshimmels. Jedoch auch sein gröberes Gemüt kam in Schwingung, freundliche Heimatgefühle faßten ihn an. Er sah im Geiste ungestörte Behaglichkeit, reichlich gedeckte Tische und Ordnung. Und so sicher wußte er sich, daß er den Rückweg wiederum durch die Kreuzgasse wählte. Sie lag schon im Dunkeln, als er sie betrat. Am Eingange brannte ein trübes Licht; der Schein der Laterne reichte kaum bis zum zweiten Hause. Peter wollte seinen Gang beschleunigen, als eine vermummte Gestalt ihm entgegentrat. »Herr Spanninger!«
Er blieb stehen und erkannte Anna, die sich in ein Tuch gehüllt hatte. Sie sagte mit leiser Stimme, daß sie an sein Kommen nicht mehr geglaubt habe, und bei diesen Worten zog sie ihn sanft in den Schatten der Mauer. Peter folgte mit halbem Widerstreben und antwortete, daß er gleich wieder gehen müsse, weil man ihn daheim erwarte. Er horchte dabei ängstlich in die Gasse hinaus. Es war tiefe Stille und nichts zu vernehmen als die Atemzüge des Mädchens.
Das flüsterte, der Herr Spanninger könne doch ein wenig verweilen. Ein anderes Mal gerne, sagte Peter, aber nur heute ginge es nicht, weil er Besuch habe von einem Freisinger Freunde.
Der würde sicherlich warten, meinte Anna, und der Herr Spanninger könne sagen, daß er sich auf der Jagd verspätet habe. Und der Herr Spanninger dürfe nicht glauben, daß sie ihn lange aufhalten wolle, denn sie wisse wohl, daß es für sie nicht schicklich sei, bei einem Herrn zu stehen, obgleich sie gewiß niemand erblicken könne.
Peter wurde allmählich sicher und fragte, warum ihm das Fräulein geschrieben habe.
Nur so und überhaupt, erwiderte Anna, und dann habe sie sich gedacht, daß der Herr Spanninger sie vielleicht noch kenne, denn sie sei ihm in früheren Jahren öfter begegnet.
Daran könne er sich nicht erinnern, sagte Peter. Sie glaube es wohl, antwortete Anna, denn ein so vornehmer Mann gäbe kaum acht auf ihresgleichen. Das Gespräch stockte, indem Peter nichts zu erwidern wußte.
Anna knüpfte den Faden auf ein neues an. Sie habe gemeint, der

Herr Spanninger kenne sie noch, denn er habe ihr neulich nachgeschaut.
Das sei nicht darum gewesen, sagte Peter, sondern weil ihm das hübsche Fräulein aufgefallen sei.
Das könne sie aber gewiß nicht glauben, erwiderte Anna, und sie sähe deutlich, daß der Herr Spanninger sie verspotte. Denn es gäbe schönere als sie in Dürnbuch.
Es sei keine so hübsch, versicherte Peter.
O, da müsse sie lachen, sagte Anna, denn er sei ein galanter Herr, der solche Dinge allen Mädchen sage. Aber sie wisse recht gut, daß vornehme Leute gerne ihren Scherz trieben.
Peter schwieg und horchte mit Unbehagen auf Schritte, die vom untern Ende der Gasse her klangen.
Das sei der Schuhmacher Brummer, flüsterte Anna, und Herr Spanninger möge in das Haus eintreten. Sie nahm ihn bei der Hand und schlich auf Zehenspitzen voran.
Peter konnte nicht widerstehen, da die Schritte näher kamen. Es war ihm jedoch in dem engen Hausgange keineswegs wohl zumute, und er beschloß, baldigst Abschied zu nehmen.
Anna lehnte die Türe zu und lugte durch die Spalte hinaus. Der nächtliche Spaziergänger kam vorbei, und es war wiederum stille.
Jetzt gab Peter kund, daß er nicht mehr länger bleiben könne; aber das Mädchen ließ ihn nicht ziehen. Er müsse noch warten, denn der Schuhmacher Brummer könne umkehren. Bei den Worten schmiegte es sich an den jungen Mann; er fühlte ihre Schulter und roch den Duft ihrer Haare, aber er rührte sich nicht.
Anna seufzte.
Was sich der Herr Spanninger denken müsse, daß sie jetzt so mutterseelenallein im Dunkeln bei ihm stände?
Peter sagte, sie könne nichts dafür, daß sie sich verbergen müßten, und es dauerte nicht mehr lange.
Nein, nein! erwiderte Anna, so leicht sei es nicht zu nehmen, alle Welt sei dabei, von einem Mädchen immer das Schlechteste zu denken, und der Herr Spanninger habe gewiß eine schlimme Meinung von ihr.
Er habe eine gute Meinung von ihr, sagte Peter.

Anna seufzte wieder.
Das hoffe sie fest. Denn sonst müsse es sie bitter gereuen, daß sie den Brief geschrieben habe. Und eigentlich, sie könne es nicht begreifen, wie sie den Mut gefunden habe.
Es sei nichts weiter dabei, sagte Peter.
Für ihn nicht, erwiderte Anna. Aber was würden die Leute von ihr sagen, wenn sie es erführen? Sie könne sich nicht mehr auf der Straße blicken lassen, so würden alle über sie herfallen.
Das erfahre niemand, sagte Peter.
Ja, das müsse der Herr Spanninger versprechen, das Geheimnis müsse er wahren. Er dürfe nicht sagen, daß sie ihm geschrieben habe, und er dürfe nicht sagen, daß er in ihrem Hause gewesen sei in der stockfinsteren Nacht und ganz allein.
Er werde nie davon sprechen, sagte Peter.
Sie habe jedoch davon gehört, erwiderte Anna, daß die Vornehmen sich darüber lustig machen, wenn sie einem Mädchen den Kopf verdrehen. Und der Herr Spanninger habe gewiß viele Abenteuer gehabt und lache über die Mädchen, die ihm Glauben schenkten.
Er werde gewiß nichts verraten, versicherte Peter, und überdem, jetzt wolle er gehen.
Anna öffnete zögernd die Tür und schloß sie hastig wieder.
Denn auf ein neues klangen Schritte in der engen Gasse.
Es waren feste, grob aufgesetzte Tritte. Eilige Tritte.
Das Mädchen fuhr erschrocken zusammen.
»Jesus! Der Vater!« flüsterte sie. Peter fühlte sein Herz stille stehen. Er wollte hinaus in das Freie. »Um Gottes willen nicht!« sagte das aufgeregte Mädchen. »Es ist zu spät! Da hinein! Sie müssen da hinein!« Hastig zog sie ihren Besucher in den Gang zurück, bis sie an eine Türe kam, die sie aufriß. Ein dumpfer Kellergeruch schlug Peter entgegen, aber Anna ließ ihm keine Zeit zur Besinnung. Sie gab ihm einen heftigen Ruck, also daß er stolpernd nachfolgen mußte. Dann stand er schwer atmend in einem moderigen Gewölbe und horchte. Die Haustüre wurde geöffnet. Eine rauhe Stimme fluchte über die Nachlässigkeit, daß um diese Stunde nicht abgesperrt sei. Dann rief die Stimme Anna beim Namen, mehrmals, und mit jedem Male lauter. Dann klangen schwer genagelte Stiefel gegen die Treppenstufen.

Fröschl wollte über die Stiege hinaufgehen, um seine faule Tochter zu wecken. In diesem Augenblicke machte Peter in seiner Angst eine Bewegung und schlug mit dem Gewehrkolben heftig gegen die Gießkanne, die hinter ihm stand. Der Schlag tönte laut durch den Gang, und Fröschl schrie, was das sei? Hallo, was das sei?

Anna kam hervor und sagte, daß sie es wäre, und was der Vater wolle.

Fröschl herrschte sie an, was sie in der Kammer um diese Zeit zu tun habe, und das wolle er gleich sehen.

Peter hörte, wie der grimmige Mensch mit einer Zündholzschachtel hantierte, und dann sah er Licht aufblitzen.

Schreckliche Gedanken bestürmten ihn. Erinnerungen an teuflische Geschichten von Menschen, die in verborgenen Kellern umgebracht wurden, von Totengerippen, die erst nach vielen Jahren bei baulichen Veränderungen gefunden wurden; von jungen Männern, die spurlos verschwanden. Er warf sein Gewehr von sich, denn er dachte, daß der Anblick der Waffe die Roheit seines Feindes steigern würde. Und er schrie mit heiserer Stimme: »Schonen Sie mich! Ich bin der Sohn achtbarer Bürgersleute!«

»Was und wie?«, grollte Fröschl.

Und Peter wiederholte es: »Halten Sie ein! Hier steht der Sohn achtbarer Leute!«

»So, so, der Herr Spanninger!« höhnte Fröschl, indem er den todbleichen Jüngling beleuchtete. Dann wandte er sich um gegen seine Tochter, und als er merkte, daß sie über die Stiege eilte, folgte er ihr mit schrecklichen Worten.

Peter tastete sich die Mauer entlang bis zur Haustüre. Er riß sie auf und stürmte hinaus und lief mit tollen Sprüngen durch die Kreuzgasse. Er lief bis in die Mitte des Stadtplatzes und machte erst am Marienbrunnen halt, um Atem zu schöpfen. Als er wieder zu sich kam, hielt er Umschau.

Von drüben, wenige Schritte entfernt, blinkte das Licht über dem goldenen Sterne, dem ehrenvollen Wahrzeichen des Hauses. Nie hatte es ihm freundlicher gelacht.

Es überkam ihn wie Dankbarkeit gegen den Schöpfer, der es nicht zugelassen hatte, daß ein Spanninger sein junges Leben verlor in den schmutzigen Kellern des Fröschlhauses. Dann ging

Peter heim. Er wartete die Gelegenheit ab, daß er unbemerkt auf sein Zimmer schleichen konnte, und kleidete sich um. Seine Joppe und den Hut mit der verwegenen Feder warf er beiseite, und als er gleich darauf in der väterlichen Wirtsstube saß, fühlte er kräftiges Wohlbehagen und herzliche Freude an der bürgerlichen Ehrbarkeit.
Er hoffte zuversichtlich, daß sein Abenteuer geheim bleiben würde. Fröschl hatte guten Grund, über seine Mordpläne zu schweigen, und das Mädchen nicht weniger. Denn sicherlich war das ein abgemachtes Spiel gewesen.
Die Nacht schlief Peter unruhig. Arge Träume quälten ihn. Er sah einen wilden Menschen und eine üppige Weibsperson in einem Keller schwere Verbrechen begehen. Sie pökelten einen Leichnam in das riesige Krautfaß ein; und der Tote trug die Züge des Peter Spanninger.
Schweißtriefend erwachte er. Es pochte heftig an die Tür; der Hausknecht trat ein und brachte ein Gewehr. Der Fröschl habe es abgegeben, sagte er und drückte sein linkes Auge bedeutsam zu und lächelte.
Und dieses Gehaben mußte Peter durch mehrere Wochen sehen. Nämlich alle Bräuburschen und alle Dienstboten und die Kellnerinnen und die Gäste und der alte Sternbräu selbst hatten es angenommen, mit den Augen zu blinzeln, wenn sie Peter sahen.
Und noch viele Jahre später, als Herr Spanninger senior schon längst von sämtlichen Vereinen zu Grabe geleitet war, und Herr Spanninger junior hinwiederum einen Sohn und künftigen Sternbräu erzeugt hatte, erzählten sich die Dürnbucher, daß Peter gar seltsam hinter den schönen Mädchen her gewesen sei. Und auch dieses mehrte sein Ansehen.

Gottfried Kölwel

Die reiche Braut

Seit der Assessor Adolf Schneemann nach Spiegelberg gekommen war, spähten die Bürgersmädchen heimlich aus dem Fenster, wenn der neue Beamte mittags oder abends in den Gasthof

»Zur Post« zum Essen ging. Er war ein junger, noch lediger Herr, der durch seinen aufrechten Gang und seine stets wohlgepflegte Kleidung auffiel. Die braunen Halbschuhe glänzten meist in der Sonne, so blank geputzt waren sie, die Hose hing in straffen Falten, und der Sakko saß geschmeidig auf der rundlichen Hüfte. Zu alledem gaben ihm einige Schmisse, eine schwarze Hornbrille, sowie ein heller, ziemlich weiter Hut das vollendete Gepräge eines städtischen Menschen. Da er als Verwaltungsbeamter mit der Beförderungsaussicht zum Regierungs-, Oberregierungs- und schließlich gar zum Ministerialrat eine glänzende Partie zu sein schien, reizte es die vermögendsten unter den Spiegelberger Mädchen, ihn zum Mann zu gewinnen.

Aber da geschah es eines Tages im Mai, als die Bäume eben zu blühen begannen, daß eine fremde junge Dame unerwartet in der Stadt ankam und im Gasthof »Zur Post« Quartier nahm. Als bald darauf der Hausdiener mit einem zweirädrigen Karren drei große Koffer vom Bahnhof brachte, fragten ihn viele Leute, wer denn die angekommene Fremde sei. Er nannte ihren Namen: Elfriede Wurm, und erzählte, daß sie sich als amerikanische Staatsangehörige in den Fremdenzettel eingetragen habe; sie wolle sich gelegentlich ihres europäischen Aufenthaltes Spiegelberg nur deshalb ansehen, weil dieser Ort ihre eigentliche Heimat sei.

Einigen unter den älteren Leuten fiel es auch gleich ein, daß vor vielen Jahren einmal ein Herr Gotthard Wurm hier gelebt habe. Er hätte, berichteten sie, das große, draußen vor der Stadt gelegene Sägewerk besessen, es verkauft und wäre dann nach Amerika ausgewandert, wo schon er, aber vielmehr noch sein Sohn durch Gründung von Fabriken zu großem Reichtum gekommen sei. Tatsächlich verbreitete sich am selben Tag auch noch vom Gasthof »Zur Post« aus die Neuigkeit durch die Stadt, die angekommene junge Dame sei nichts Geringeres als eine amerikanische Millionärstochter, so daß fast jedermann die Enkelin des ausgewanderten Gotthard Wurm zu sehen wünschte.

Es war ein warmer Abend, und die Luft hatte sich so regungslos zwischen die Häuser gelegt, als ob es schon Hochsommer wäre. Über den giebeligen Dächern blieb der Himmel wolkenlos ausgespannt, und die ersten Sterne traten unauffällig aus dem zarten

Blau. Mitten auf dem Stadtplatz plätscherte der unermüdliche Brunnen, aus den geöffneten Fenstern, wo schon die ersten Lichter aufbrannten, drang manchmal ein kurzes Klavierspiel, oder eine Mädchenstimme sang. Dann war es wieder ganz still, und man sah, wie sich Gestalten aus den Fenstern lehnten und gleich allen Vorübergehenden den Blick gegen den Gasthof »Zur Post« wandten. Hier war auf der kleinen, sehr niederen Terrasse, hinter blauen, an weißen Holzgittern hochgerankten Winden halb verborgen, ein Tisch festlich gedeckt. Ein großer Blumenstrauß stand in der Mitte, und man glaubte im Schein der aufgedrehten Bogenlampe die Porzellanteller und die silbernen Bestecke glänzen zu sehen, und selbst die wie Bischofsmützen aufgestellten Servietten schienen ein besonderes Leuchten auszustrahlen.

Jedermann wußte, daß hier für die Millionärstochter gedeckt sei; so war man eigentlich etwas verwundert, als der eben angekommene Assessor, der an jedem warmen Abend im Freien speiste, sich heute an denselben Tisch setzte. Doch schien alles in Ordnung zu sein; denn die herauseilende Kellnerin, die ihr Haar sorgfältig aufgedreht hatte und über der schwarzen Satinbluse eine neugewaschene weiße Schürze trug, überreichte ihm schäkernd die Speisenkarte; man bemerkte, wie sie erzählte, was für einen besonderen Gast er heute an seinem Tisch haben werde. Kurz darauf sah man die ziemlich dicke Posthalterin im schwarzen Kleid herauskommen und ihre von dunklen Wimpern umrahmten Schlitzäuglein über den rot gepolsterten Backen guckten heute auffallend stolz vor sich hin. Denn an ihrer rechten Seite, über die gute, geradezu familiäre Aufnahme im altberühmten Gasthof der kleinen Stadt sichtlich erfreut, schritt die Millionärstochter.

Elfriede Wurm war sehr schlank, nahm sich im Vergleich zur wohlbeleibten Posthalterin fast strichartig aus, trug ein ziemlich eng anliegendes Kleid aus dunkler, weicher Seide und am Hals eine Perlenkette. Ihr Haar war auffallend hellblond, ihre Augen zeigten ein tiefes Leuchten, und das etwas blasse Gesicht schien durch die langen baumelnden Ohrringe aus Gold noch schlanker auszusehen, als es ohnehin schon war.

Der Assessor erhob sich von seinem Platz und verneigte sich überaus tief und höflich, als ihm die Posthalterin den neuen Gast vorstellte; während ihm hierbei die Millionärstochter die Hand reichte, sah sie ihn fest an, wie um zu prüfen, mit wem sie hier an einem Tisch sitzen werde. Adolf Schneemann hatte dies deutlich gemerkt und spürte trotz seiner sonstigen Sicherheit ein beklemmendes Gefühl, so daß er, um eine Ablenkung herbeizuführen, sofort eine an ihren Aufenthalt anknüpfende Rede über Spiegelberg sowie über ihre große Reise in Fluß zu bringen suchte. Als er hierbei dann und wann auch sein bißchen Englisch gebrauchte, das er auf der Schule gelernt hatte, machte es der jungen Amerikanerin einen offensichtlichen Spaß, in diesem kleinen Nest manches fröhliche Wort, dazu humorvoll geradebrecht, in ihrer Muttersprache zu hören. So unterhielt man sich gut, und die beiden blieben in Gesellschaft der Posthalterin so lange auf der Terrasse sitzen, daß die Leute fast müde wurden, aus den Fenstern zu sehen, und die draußen auf dem Platz immer wieder Vorübergehenden lachend sagten: »Es sieht ja gerade so aus, als hätte der Schneemann schon am ersten Tag Feuer gefangen.« Etliche Mädchen allerdings ergänzten mit abfälliger Stimme, daß dem Assessor wohl der Schnabel sauber bleiben werde; eine amerikanische Millionärstochter wird sich ausgerechnet in einen Spiegelberger Beamten verlieben!

Aber was tun die Herzen nicht wunder, wenn die Nächte warm sind und am Tag die Bäume immer mehr zu blühen anfangen. Bald bemerkte man, wie Adolf Schneemann seinen abendlichen Spaziergang nicht mehr allein machte, und es fiel auf, daß die Millionärstochter länger als bloß etliche Tage in Spiegelberg blieb.

Indessen war der Mond immer voller über die Giebelhäuser heraufgekommen, sein Glanz floß überschwenglich von allen Dächern und staute sich auf den Fensterscheiben, als der Assessor eines Abends nach dem Essen mit Elfriede Wurm wieder die Stadt verließ, um sich mit ihr in der zauberischen Nacht zu ergehen.

Auf einer Brücke, die den Fluß überquerte, blieben sie eine Weile stehen und blickten in das Wasser. Der Mond spiegelte sich reglos wie in einer blank geputzten Glasscheibe und schien ebenso abgrundtief hinabgesunken zu sein als er unerreichbar hoch über ihnen stand. Bald freilich achteten sie nicht mehr auf das silberne

Himmelsgestirn, sondern betrachteten nur mehr ihre eigenen Spiegelbilder. Dabei wurden sie ganz still, einer suchte die Miene des andern aus dem Spiegelbild zu ergründen.
Auch wenn er etwas Unrechtes tue, sagte Adolf Schneemann, so müsse er doch gestehen, was ihn schon tage- und nächtelang bewege. Elfriede wisse, was für einen Eindruck sie auf ihn gemacht habe. Gerade deshalb aber mache ihn der Gedanke fast traurig, daß sie einer so reichen Familie entstamme. »Wie würde ich es wünschen«, fuhr er fort, »Sie als eine Frau aus einfachen Verhältnissen kennengelernt zu haben! Wenn Sie zum Beispiel ein armes Mädchen wären, dem es nicht gut ginge auf der Welt, gäbe es kein größeres Glück für mich, als Sie zu meiner Frau zu machen und Ihnen ein besseres und schöneres Leben bereiten zu können.«
Solche und ähnliche Worte schienen der jungen Dame nicht schlecht zu gefallen. Wie sehr Adolf Schneemann sie auf derartige Weise gewann, spürte er an den festen Händedrücken, die ihm dafür dankten und an den vollen Lippen, die aus dem Dunkel der Nacht seinem Kuß immer wärmer entgegenkamen.
So war also trotz aller abfälligen Meinungen der Spiegelberger Mädchen die allgemein bewunderte Millionärstochter doch die Geliebte des Assessors geworden, und dieser war nicht wenig stolz auf seinen Erfolg. Denn in Wirklichkeit hatte er doch das heimliche Ziel, die Braut gerade ihres großen Reichtums wegen zu gewinnen, um sich so für alle Zukunft ein sorgenloses Leben zu verschaffen. Ja, er war nicht bloß Assessor in Spiegelberg, sein Vater war Ökonomierat, besaß eine große Brauerei zu Adolzhausen und ein großes Gut dazu; er selbst war während seines Studiums in München zu einem vollendeten Kavalier geworden, mit dem sich eine Millionärstochter sehen lassen konnte.
Als es aber zu Spiegelberg bekannt wurde, daß sich die Millionärstochter mit dem Assessor verloben wolle, da fanden die Bürgersfrauen, die ihre eigenen Töchter gern an den Mann gebracht hätten, sowie die sich zurückgestellt sehenden Mädchen, einen reichlichen Klatschstoff. Was man gleich in den ersten Tagen an Elfriede Wurm bewundert hatte, ihr auffallend blondes Haar, ihre schaukelnden Ohrringe, all das bekrittelte und beschnüffelte man jetzt; während die einen sagten, sie färbe sich ihre

Haare, höhnten andere, sie solle mit ihren Ohrgehängen doch gleich zu den Türken gehen, in einen Harem passe sie ohnehin gut. Besonders aufreizend auf das Auge mancher Spiegelbergerin wirkten die großen, mit langen Fransen versehenden Schals, die sie bei abendlichen Gängen um die Schultern warf und in schlanken Falten bis zu den hochstöckeligen Lackschuhen niederfallen ließ.
Trotzdem hätte Elfriede Wurm von der kleinstädtischen Stimmung nichts wahrgenommen, wenn ihr nicht folgendes passiert wäre: Als sie nämlich mit Assessor Schneemann, der sich nicht wenig auf ihr Aussehen einbildete, durch die Hauptstraße ging, liefen Kinder verstreut hinter ihnen her, scharten sich zu einem Knäuel und riefen der Amerikanerin fortwährend etwas nach. Elfriede konnte es vorerst nicht verstehen, auch Schneemann hatte nicht darauf geachtet; als aber das Rufen der Kinder nicht aufhörte und immer zudringlicher wurde, horchten Adolf Schneemann und Elfriede deutlich hin und vernahmen aus dem kauderwelschen Durcheinander der Stimmen immer wieder die gleichen Worte:

Rot und blau
is 'm Kasperl sei' Frau.

Obgleich dadurch auch alle des Weges kommenden Leute stehen blieben und sich andere aus den Fenstern der Häuser lehnten, lächelte Elfriede trotz dieses Spottverses sehr überlegen und fast so, als hörte sie sich die Vorstellung in einem Zirkus an; doch konnte sie nicht verstehen, wie die Kinder zu diesen Worten kämen; sie trage zwar einen bläulichen Schal, aber etwas Rotes sei gar nicht an ihr. Adolf Schneemann blickte sie lächelnd an und sagte: »Die meinen wohl gar deine Haare. Spiegelberger Augen können eben blond nicht von rot unterscheiden. Aber was gehen uns die Spiegelberger Augen an!«
In der Nacht war ein heftiges Gewitter über die Stadt hinweggegangen und hatte ein so dichtes Gewölk hinterlassen, daß es noch während des ganzen Tages weiterregnete. Es sah überhaupt aus, als ob sich ein Landregen einstellen wollte, und herbstliches Frösteln wehte durch den beginnenden Sommer. Draußen auf der Terrasse zitterten die blauen Winden, und manche Blüten ließen

unter andauerndem Regen die Köpfe hängen; Tische und Stühle waren zusammengeklappt, damit das Wasser besser ablaufen konnte.
Es ging schon früh dem Abend zu, als Adolf Schneemann, vom Bureau kommend, in das Gastzimmer trat, um gemeinsam mit Elfriede zu essen. Doch wie sah er heute aus! Gar nicht elegant und straff wie sonst. Elfriede hatte fast den Eindruck, als käme eine verregnete Katze herein, so balgartig hing der schwarze, feuchte Mantel von seinen Schultern.
»Schlechtes Wetter«, sagte Adolf Schneemann und ließ sich, nachdem er Elfriede die Hand geküßt hatte, auf den Stuhl nieder. Dann nahm er, was er sonst nie in ihrer Gegenwart tat, die von ihr weggelegte Zeitung und begann die Seiten zu überfliegen. Elfriede war über dieses Benehmen verwundert und maß ihn mit großem Blick. Als gleich darauf die Kellnerin eintrat und Forellen servierte, die in der Küche mit Sorgfalt zubereitet worden waren, legte der Assessor zwar die Zeitung weg und entschuldigte sich sogar, daß er gelesen habe. Doch blieb er noch auffällig ruhig. Elfriede fragte, warum er so verstimmt sei. Der Assessor suchte der Rede auszuweichen, redete vom schlechten Wetter, das auf den Menschen drücke, und aß, den Fisch lobend, weiter. Erst als Elfriede abermals dem tieferen Grund seiner Verstimmung nachforschte, hörte der Assessor auf zu essen; er legte die Gabel aus der Hand und blickte die Geliebte stumm an. Da ihn diese gleichfalls ansah, blieben ihre Blicke ineinanderhängen. Plötzlich sagte er: »Du mußt einfachere Kleider anziehen, Elfriede!« Da legte auch Elfriede das Besteck weg, ließ die Hände sinken und lehnte sich etwas in den Stuhl zurück. »Spiegelberg ist eben nicht Neuyork«, fuhr der Assessor weiter, »du mußt das verstehen.« Elfriede verharrte in Staunen und Schweigen. Schließlich sagte sie: »Haben unartige Kinder einen so großen Einfluß auf dich?« Adolf Schneemann neigte sich eng zu ihr, nahm ihre Hand und sagte flüsternd: »Der Herr Bezirksamtmann ist heute in mein Bureau gekommen. Es wäre der Leute wegen nicht vorteilhaft, wenn du so auffällig gekleidet neben mir gingst.«
Freilich, was man dem Assessor sonst noch alles ins Ohr geflüstert hatte, verheimlichte er seiner zukünftigen Braut. Ob er sich

denn auch schon genau erkundigt hätte, ob Elfriede wirklich eine Millionärstochter sei? Es wäre doch auf jeden Fall merkwürdig, daß das Mädchen so allein durch die Welt reise, ohne Vater, ohne Mutter, was für Verhältnisse das eigentlich wären, und dergleichen.

Jedenfalls blieben die Forellen unverzehrt auf dem Teller liegen; die Kellnerin war sehr erstaunt über die großen Reste und meinte, ob es nicht geschmeckt hätte; als die Gäste sagten, der Fisch wäre ausgezeichnet, aber sie hätten keinen Appetit, sah die Kellnerin die merklich verdutzt Dasitzenden groß verwundert an.

Da geschah es sehr bald, während das Regenwetter noch immer anhielt, daß Elfriede eines Tages nicht zum Abendessen erschien und dem Assessor sagen ließ, er möchte kurz in ihr Zimmer hinaufkommen, sie wäre unpäßlich. Adolf Schneemann, über diese Nachricht etwas erschrocken, begab sich in das erste Stockwerk des Gasthofs hinauf. Auf der Treppe kam er an einem Spiegel vorbei; obgleich es schon düster war, merkte er doch, wie ihm etliche Strähnen ins Gesicht hingen. Er streifte sie zurück, ja, er nahm sogar einen Kamm aus der Westentasche, um das Haar sorgfältig zu glätten. Nachdem er kurz an der Türe gehorcht, aber nichts gehört hatte, klopfte er leicht an; gleich darauf ertönte Elfriedens Hereinruf, und Adolf Schneemann glaubte, ihre Stimme hätte einen sehr gedämpften Ton.

Als er in das Zimmer eintrat, sah er Elfriede in einem dichten Flauschmantel frierend am Bett sitzen. Sie war blaß, ihr Haar war in Unordnung geraten; es fiel auf, daß sie die Ohrringe abgenommen hatte. »Liebster«, sagte sie zu Schneemann und drückte leicht dessen dargereichte Hand. Der Assessor tat besorgt, rieb mit dem Taschentuch an der abgenommenen Hornbrille, als ob sie angelaufen wäre, und fragte, was denn fehle? »Ich habe mich nur etwas erkältet«, erklärte Elfriede. »Aber ich hoffe, es wird bald wieder gut sein.« Ob er einen Arzt rufen solle, fragte Adolf hierauf, doch Elfriede wehrte ihm und meinte, so schlimm wäre es nicht. Aber sie hätte eine viel peinlichere Sorge. Als nun der Assessor fragte, worin diese Sorge bestünde, sah ihn Elfriede groß an. Ein sonderbar feuchter Glanz spielte in ihren Augen, ihr Blick senkte sich, ihr Gesicht schien leicht zu erröten. »Es ist mir wirklich unangenehm«, begann sie mit fast heiserer Stimme, »aber an wen sonst als an dich könnte ich mich wenden. Ich habe nämlich heute bemerkt, daß mein Geld, das ich mitgenommen habe, durch mein unvorhergesehenes Bleiben fast verausgabt ist. Meine Schecks aber habe ich wegen der Unsicherheit auf Reisen auf einer Berliner Bank deponiert.«

Hier hielt sie ein, als warte sie ab, was der Geliebte dazu sagen werde. Schneemann suchte zwar den Blick hinter der Brille zu verbergen, doch sah er Elfriede scharf an. Er wurde fast rot im Gesicht, so unerwartet war ihm diese Nachricht gekommen. Erst nach einer peinlichen Weile räusperte er sich und sagte: »Soll ich an die Bank telegraphieren, damit man dir sofort die nötige Summe hierher überweist?« – »Das könntest du ja«, erwiderte sie, »aber die Überweisungen dauern doch, soviel mir bekannt ist, immerhin eine gewisse Weile. Woher aber soll ich bis dorthin Geld nehmen? Ich muß doch morgen die Wochenrechnung wieder bezahlen, und es wäre mir sehr unangenehm, sie schuldig bleiben zu müssen.«

Assessor Schneemann war wohl während seines ganzen Lebens noch in keiner solchen Klemme gesessen. Es war doch einerseits selbstverständlich, daß er als zukünftiger Gatte das Geld sofort anbieten mußte; andererseits aber dachte er schreckhaft an die ihm zugeflüsterten Bedenken, ob seine Braut denn wirklich eine Millionärstochter sei, und dergleichen. Die Augen schienen ihm überzugehen, während er langsam die Geldtasche hervorzog und fragte, wieviel Geld sie nötig hätte. »Wenn du mir bloß hundert Mark einstweilen geben kannst«, sprach sie sehr gedrückt, »so wird es vorläufig schon reichen.«

Bloß hundert Mark! Und: vorläufig! Es tanzte schier alles um Adolf Schneemann, so verwirrt war er. Und als er zudem am nächsten Tag noch merkte, wie gesund sich Elfriede plötzlich wieder zeigte und mit dem von ihm entliehenen Geld zum Kaufmann Rabele, dessen Haus sich unmittelbar an den Gasthof »Zur Post« anschloß, hinüberging, um einzukaufen, da wurde es immer noch wirrer um ihn, das heißt, es wurde ihm von Stunde zu Stunde klarer, daß seine Braut irgendwelche undurchsichtige Eigenschaften habe. Wenn Elfriede – er wagte es gar nicht auszudenken – eines Tages, während er im Bureau weile, schließlich gar verschwinden würde? Aber das sei doch unmöglich. Sie habe drei große Koffer bei sich. Wie sollte sie diese, ohne daß er etwas davon erführe, so rasch zur Bahn bringen lassen können. Überhaupt, was für komische Gedanken er sich in letzter Zeit mache! Wenn sie davon wüßte! Sie müßte ja doch trotz allem die Millionärstochter sein, für die sie sich ausgab. Wie käme sie ausgerechnet unter dem Namen Elfriede Wurm hierher, wie könnte sie wissen, daß ihr angeblicher Großvater, Gotthard Wurm, von Spiegelberg nach Amerika ausgewandert sei! Ja, hatte sie nicht schon des öfteren alle ihre Familienverhältnisse klar auseinandergelegt?

Der Tag, an dem vor Elfriedens Abreise die beim Goldschmied längst bestellten Verlobungsringe getauscht werden sollten, war gekommen. Im Gasthof »Zur Post« gab es ein großes Getue. Obgleich durch den Assessor nur ein ganz kleiner Kreis von Gästen geladen worden war, so wurde in der Küche doch gearbeitet, als wären ganze Volksmassen auszuspeisen. Die dicke Posthalterin hatte einen vor Erregung geröteten Kopf, so oft eilte sie zwischen Küche und Weinzimmer hin und her; denn sie wollte nicht bloß die Zubereitung der Speisen überwachen, sondern auch Sorge dafür tragen, daß der Tisch festlich gedeckt werde. Auch ließ sie vor dem Eingang zwei Lorbeerbäume aufstellen und sah mehrmals ängstlich nach der Uhr, ob es noch nicht Zeit zum Mahle sei.

Indessen war Amalie Kurz, eine Spiegelberger Schneiderin, in das Weinzimmer gekommen. Sie war eine völlig unscheinbare Person, hatte sich aber heute ganz sonntäglich herausgeputzt. Mit beiden Händen trug sie ein schön gefaltetes und wohlverschnürtes Paket und fragte, wo Fräulein Elfriede Wurm wäre. Die Posthalterin nannte ihr die Zimmernummer, und so begab sich Amalie Kurz über die Treppe in das erste Stockwerk empor. Sie spürte deutlich ihr Herz klopfen, je näher sie der Tür kam, und dachte schon, was für ein großes Trinkgeld sie wohl für das Herbeibringen erhalten werde.

Kaum war sie in das Zimmer der Dame eingetreten, da wurde sie noch benommener, weil sie neben Elfriede den Herrn Assessor vom Bezirksamt stehen sah. Was für vornehme Leute das waren! Herr Schneemann schien ihr geradezu ein Ausbund von männlicher Schönheit zu sein. Und wie freundlich seine reiche Braut war! Eilte sie ihr nicht lachend entgegen? Ja, sie lobte die Schneiderin sogar, weil sie so rechtzeitig gekommen wäre, auch nahm sie ihr das Paket aus der Hand und schnürte es selber auf. Zu Adolf Schneemann aber sagte sie: »Du bist verwundert, nicht, daß ich mir zu unserer Verlobung hier ein Kleid habe machen lassen?« Während sie das zusammengelegte Kleid aus dem Papier hervorzog, es etwas hoch hielt und auseinanderfallen ließ, sah sie den Geliebten an und fuhr weiter: »Schwarz. Ganz einfach. Wie es jedes Spiegelberger Mädchen tragen könnte.« Da begriff der Assessor; er lächelte und schwieg. Elfriede fügte noch hinzu: »Es ist nur deinetwegen geschehen.«

Inzwischen war Amalie Kurz schweigend dagestanden und wartete noch immer, ob das Fräulein denn die beigelegte Rechnung nicht sehe. Der Assessor, der das merkte, sagte: »Man wird das Kleid am besten wohl gleich bezahlen.« – »Natürlich«, erwiderte Elfriede und eilte auch schon an einen ihrer Koffer, um aufzusperren und Geld herauszunehmen. Plötzlich aber blieb sie reglos stehen, wie um sich zu besinnen, sah dann auf den Tisch unter das Papier, dann auf die Waschkommode, kramte unter einem daliegenden Mantel und sagte plötzlich: »Wo nur die Schlüssel sind! Ich werde sie doch nicht verloren haben.« Nach einer kurzen Pause wandte sie sich an Schneemann: »Sei doch so gut, Liebster, und lege es einstweilen aus!« Der Assessor zog mit sehr seltsamen Gefühlen die Brieftasche hervor und zahlte. Die Schneiderin dankte und ging.

Kaum aber war die Tür hinter ihr ins Schloß geklappt, zog Elfriede die Schlüssel aus ihrer ledernen Handtasche hervor und sagte zu Schneemann: »Du darfst mir nicht böse sein, Liebster! Aber ich konnte doch vor der Schneiderin nicht sagen, daß ich kein Geld habe. Die Überweisung aus Berlin ist noch immer nicht da.« Adolf Schneemann setzte sich auf einen Stuhl und wandte das Gesicht tief zu Boden; es trat großes Schweigen im Zimmer ein. Elfriede schien in eine getrübte Stimmung zu verfallen: sie ließ sich auf dem Bettrand nieder und verhüllte das Gesicht in beiden Händen. »Ich weiß auch nicht«, sagte sie mit sehr gedämpfter Stimme, »was die Schuld an dieser Verzögerung trägt.« Wieder breitete sich große Stille aus, und man hörte, wie der Assessor mit den Füßen manchmal unruhig über die Bodenbretter streifte. Er nahm die Hornbrille ab, wie oft in verlegener Situation, griff nach dem Taschentuch und begann zu putzen. Erst als er die Brille wieder aufgesetzt hatte und der Glanz der Gläser fast zu blenden schien, begann er: »Aber du hast doch telegraphiert?« Elfriede schwieg und verhüllte noch immer ihr Gesicht in den Händen. »Hast du etwa gar nicht telegraphiert?« forschte nun der Assessor mit schon drängenderer Stimme. Erneutes Schweigen. Da fragte der Assessor abermals und fast heftig: »Ist denn das möglich, daß du gar nicht telegraphiert hast?«

Doch Elfriede gab auch darauf keine Antwort. Nun erhob sich Schneemann vom Stuhl und ging auf seine Braut zu; er blieb, weil sie immer noch in unveränderter Stellung verharrte, dicht vor ihr stehen. Auf einmal bemerkte er, wie ein leichtes Zucken durch ihren Körper ging und wie sich dieses Zucken krampfhaft wiederholte. Er ergriff ihre Hände und wollte sie von ihrem Gesicht wegziehen, sie aber wehrte ihm. Da merkte er es deutlich; sie weinte.

Schneemann ließ sich nun neben ihr am Bettrand nieder und sagte: Es sei doch komisch, daß sie am Verlobungstag plötzlich so betrübt wäre. Da er aber seinen Arm leicht um ihre Hüfte legte, wich Elfriede etwas zurück, als fürchtete sie sich vor seiner Umarmung. Plötzlich sagte sie: »Liebst du mich denn? Und ist kein Schatten in deinen Gedanken?« Gleich wußte der Assessor nicht, was er darauf erwidern sollte; es entstand eine verlegene Pause. Nachdem er sich kurz geräuspert hatte, sprach er: »Warum fragst du mich so? Wie sollten Schatten in meinen Gedanken sein, wenn sie nicht hineingetragen werden!«

Langsam wandte ihm nun Elfriede ihr Gesicht zu. Sie suchte ihm tief in die Augen zu sehen; dann brach sie wieder in sich zusammen und verhüllte ihr Gesicht abermals in beiden Händen. Gleich darauf hörte der Assessor ein noch heftigeres Schluchzen als zuvor, und ihr schlanker Körper wurde auf und ab geschüttelt. »Ach, ich bin so unglücklich«, begann sie, und ihre Worte klangen sehr abgebrochen. »So unglücklich, nur, weil ich dich über alles liebe! Denn sieh, ich kann es dir nicht länger verschweigen. Wenn du nur irgend ein Mann wärest, so würde ich

dieses eben angekommene Verlobungskleid anziehen, hinabgehen zu den Gästen und lachenden Auges mit dir die Ringe tauschen. Aber, weil ich dich liebe, kann ich es nicht. Ich kann dich in kein Unglück stürzen!« Im selben Augenblick richtete sie sich auf, umfaßte den Geliebten stürmisch, küßte ihn leidenschaftlich und verbarg ihr Gesicht an seiner Brust. »Du«, sagte sie, »tu mir kein Leid an. Aber alles ist unwahr; ich bin ein ganz armes Mädchen.«
Heimgesuchter Bräutigam! Unten warten schon die Gäste, und die Ringe liegen bereit. Du aber mußt als Assessor und Sohn eines Ökonomierates aus Adolzhausen auch noch erfahren, daß die vermeintliche Millionärstochter gar nicht Elfriede Wurm heißt, sondern Anna Maier, eine Schauspielerin ist, die als Geliebte eines reichen Mannes eben von einer amerikanischen Reise zurückkehrte, dort zufällig Elfriede Wurm kennen lernte, von Spiegelberg hörte, und lediglich deshalb hierher gekommen sei, um in diesem entlegenen Ort einmal von aller Hast des Lebens ein bißchen auszuruhen.
Fast taumelnd ging Schneemann der Tür zu. In Anbetracht all der Schmach, die ihm diese Frau angetan hatte, brachte er es nicht über sich, wortlos das Zimmer zu verlassen. Vor der Tür angekommen, erfaßte ihn eine ungeheure Wut. Er wurde über und über rot im Gesicht, er ballte die Fäuste, er stampfte auf den Boden. Und wie ein Fluch kam es aus seinem Mund: »Hochstaplerin!« – Dann warf er die Tür hinter sich zu, und Anna Maier hörte noch von draußen her seine Schritte dröhnen. An der Treppe angekommen, kehrte der Assessor wieder um, begab sich bis an die Tür des Zimmers zurück, kam aber nicht herein. Anna Maier hörte nur, wie der draußen angesteckte Schlüssel im Schloß umgedreht wurde, so daß sie im Zimmer wie eine Gefangene eingeschlossen war.
Welche Bestürzung diese Wendung natürlich unter den geladenen Gästen und im ganzen Gasthof verursachte, wird sich jeder denken können. Obgleich man des Assessors wegen den Fall augenblicklich etwas zu vertuschen suchte, verbreitete sich die Nachricht von der eingeschlossenen Hochstaplerin doch wie ein Lauffeuer durch die Stadt. Besonders Neugierige gingen sogar extra am Gasthof vorüber und warteten, ob sich die Fremde nicht zum Fenster herabstürzen werde. Die größte Schadenfreude na-

türlich hatten die Bürgersfrauen und ihre verschmähten Töchter, weil dem hochhinauswollenden Assessor ein solcher Lohn zuteil geworden sei.
Inzwischen war die herbeigerufene Polizei in das Zimmer der Anna Maier eingedrungen. Der Kommissar Deichsl war ein mittelgroßer, sehr untersetzter Mann, der den Schnurrbart lässig über die Lippen herabhängen ließ, so daß es immer aussah, als hätte er eben aus einem Bierkrug getrunken. Die Knöpfe seiner dunkelblauen Uniform putzte er nur bei großen Festlichkeiten, und die Mütze trug er meist nachlässig auf dem Kopf. Er hatte bis heute die sogenannte Millionärstochter als eine von Spiegelberg Abstammende sehr geehrt, sie stets mit großem Respekt gegrüßt, und so fiel es ihm nicht ganz leicht, der auch jetzt noch sehr hübschen Dame als Scherge gegenüberzutreten.
»Aber Fräulein«, sagte der Kommissar Deichsl in sichtlicher Gutmütigkeit, »wie kann man nur so was machen.« Schon wollte er noch hinzusetzen: In diesem kleinen Nest da, wo doch alles an die große Glocke kommt! Aber er schwieg, weil er sah, wie traurig die junge Dame auf ihrem Bettrand saß; so bleich kam sie ihm vor, als wäre sie bereits gestorben. Da rührte sich ein förmliches Mitleid in ihm, und er suchte sie trotz alles Geschehenen sogar ein bißchen zu erheitern. »Nun ja«, sagte er, »jeder Mensch fängt einmal etwas an. Freilich so ganz ohne wird die Geschichte nicht abgehen, aber den Kopf kann's ja auch nicht kosten.« Er sprach das mit so gutgemeinter Laune, daß Anna Maier ihr Gesicht langsam hob; es spielte sogar ein leichtes Lächeln über ihre müden Züge, wie wenn sie sagen wollte: »Sind Sie als einfacher Polizist wohl gar ein besserer Mensch als der gebildete Herr Assessor, der nun, weil er sich getäuscht sieht, keine Grenze mehr kennt?«
Im Weiteren setzte Deichsl dem Mädchen auseinander, daß sie die Koffer wohl einstweilen als Pfand dalassen müsse, bis der Herr Assessor wieder zu seinem Geld gekommen sei; sie selber aber wolle er schon recht unauffällig in das Gerichtsgebäude bringen, nicht daß sich die Spiegelberger, wie er sich ausdrückte, vor Freude den Hals umdrehen. – »Ich soll also verhaftet werden?« fragte Anna Maier, und es lag plötzlich ein sehr bestimmter Ton in ihrer Stimme. Deichsl stand wie hilflos vor ihr und zuckte mit den Schultern. »Ich bin amerikanische Staatsangehö-

rige«, fuhr jetzt das Mädchen fort; sie zeigte sich sehr aufgerichtet und machte den Eindruck, als hätte sie alle Traurigkeit von vorher mit einem Male abgeschüttelt. »Aber Fräulein«, erwiderte Deichsl, »Sie heißen doch Anna Maier, und der Herr Assessor sagt, daß Sie eine Schauspielerin sind.«

Da geschah plötzlich etwas Unerwartetes: Straffen Schrittes ging das Fräulein an ihren Koffer, sperrte auf und nahm einen Paß hervor. Deichsl blätterte darin, und sein Gesicht schien sich wie zu einer Larve zu verziehen: die Augen wurden komisch groß, die Backen waren eingezogen, und aus dem gerundeten Mund spitzte die Zunge hervor. Hierauf kratzte sich Deichsl hinter den Ohren und sagte: »Da kann der Teufel klug werden, Fräulein. Mir geht der Verstand aus. Sie heißen also doch Elfriede Wurm?« Er sah sie musternd an. »Das Bild stimmt ganz genau«, bestätigte er, »und Sie sind also wirklich Amerikanerin? – Ja, aber ...« fuhr er weiter, kratzte sich wieder hinter den Ohren und fing zu stottern an.

»Sie werden das natürlich nicht verstehen können, Herr Kommissar«, begann nun Elfriede zu sprechen. »Aber die Sache ist ganz einfach. Da ich, ich muß fast: leider! sagen, aus sehr reichen Verhältnissen stamme, werde ich überall, wo ich bin, von allen möglichen Männern umworben. Alle jedoch wollen mich nur haben, weil ich so reich bin. Ich aber möchte um alles in der Welt nur nicht des Geldes wegen geheiratet werden. Eigentlich ein komischer Einfall, nicht wahr? Man soll doch froh sein, wenn man Geld hat, meinen Sie? Aber es ist nun einmal so. Vielleicht verstehen Sie aber jetzt das ganze Theater. Es war nur eine Probe. Herr Assessor Schneemann hat sie freilich schlecht bestanden.«

Nachdem sie alles auf Heller und Pfennig bezahlt hatte, reiste Elfriede ab, hinterließ den Angestellten des Gasthofs fürstliche Trinkgelder und begab sich auf dem schnellsten Weg nach Berlin, wo die mit ihr reisenden amerikanischen Bekannten weilten. Assessor Schneemann aber hatte das große Nachsehen, und das Hohngelächter der Spiegelberger Einwohner über ihn wurde so groß, daß er sich nicht mehr halten konnte und um möglichst baldige Versetzung eingab.

Marieluise Fleißer

Das Pferd und die Jungfer

»Du hättest das Pferd nicht kaufen sollen«, sagt mein Schwager, »das ist kein Pferd an einen Wagen.«
Ich sage kurz, ich wollte es haben.
»Warum machst du alles allein?« sagt mein Schwager, »ich wäre mit dir gegangen.«
Da kann ich nur lachen. Ich fühle mich nicht hereingelegt jedenfalls, ich hätte kein anderes genommen.
»Wer kauft eigentlich das Pferd?« fragte ich ihn.
»Du natürlich.«
»Schön. Dann ist es gekauft und jetzt Schluß.«
Mein Schwager sagt nichts mehr. Aber mich stößt der Bock, wenn mir alle hineinspucken dürfen, gewöhnen kann ich mich nie. Wovon lebt der Mensch, frage ich. Ich bin nicht mehr ich selber, man nimmt es mir stündlich.
Ich hätte große Lust, ich gehe auf und davon mit meinem Pferd, aber nichts ist wie früher, man bekommt keinen Zuzug. Man bekommt nicht einmal Futter fürs Pferd, wenn man nicht wie mein Schwager die Wirtschaft hat. An die Wirtschaft bin ich gebunden und wäre gern wie der Vogel so frei, man muß das ganz nüchtern anschaun. Man muß sich vertragen, auch wo man nicht hinpaßt, aber kriechen doch auch nicht.
Und doch bückt man sich unter Zwang, das kommt von den falschen Plätzen. Man sucht sich den Platz ja nicht mehr aus. Da ist es gut, wenn man glaubt an sein festes Kreuz, an das innere Rückgrat nämlich, möge einen der Glaube nicht täuschen. Man kann gleichgültig werden vom Bücken und innerlich tot, das ist die Gefahr, stumpf kann man werden. Man muß was suchen, daß man nicht abstirbt, man muß was haben, was man heftig verlangt, und sei's eine kurze Täuschung, ein Pferd zum Beispiel. Verlangen hält einen wach, sich täuschen ist besser als tot sein.
Das kann mein Schwager freilich nicht wissen, er sieht nicht hinein.
»Ihr sollt keine Last davon haben«, verspreche ich. »Ich mache alles mit dem Pferd ganz allein.«

Der Knecht schaut mich schief an.
»Und ich tue alles dafür«, wiederhole ich scharf, »denn es ist kein gewöhnliches Pferd, es ist ein Pferd von der Steppe.«
Der Knecht verbeißt sich ein Lachen.
»Es geht bloß krumm«, sagt er grob.
»Es geht nicht krumm«, fahre ich auf. Ach, ich habe selber gesehn, wie widerwillig es mir in den Stall ging, vor Widerwillen war es ganz linkisch.
»Es hat«, sagt der Knecht, »seit der Krieg aus ist, den Besitzer schon dreimal gewechselt, keiner hält es aus mit dem Pferd. Der Krieg hat an ihm was verdorben.«
»Das ist Schicksal«, sage ich und bin nicht zu belehren. »Denn es hat zu mir kommen müssen, und ich halte es aus.«
»Das ist Schicksal«, lacht der Knecht voller Hohn und geht mir aus den Augen. Später auf der Treppe hält er mich auf.
»Und wenn es ein Schieber ist?« grinst er.
»Was? Schiebt es?« frage ich erschreckt, »seit wann? Hast du selber gesehn, daß es schiebt?«
Der Knecht zuckt die Achseln.
»Da muß doch was schuld sein, wenn keiner es haben will«, sagt er verstockt.
Ich stürze hinaus in den Stall und mir graust. Ein Schieber, das wäre das Ende, weil man mit so einem Pferd nichts mehr anfangen kann, für den Menschen ist es verloren.
Es schiebt mit dem Hirn an jedem Ding, wogegen sich anschieben läßt, versteckt den Kopf unter der Futterraufe und schiebt, es scheuert und schiebt an der Wand und hört nicht mehr auf. Es würde dir die Mauer vom Stall durch Sonne und Mond schieben, wenn es nur könnte, hört nicht, sieht nicht, reagiert nicht, wird nie mehr normal, du kannst es gleich auf der Stelle zum Tierarzt bringen, was anderes bleibt dir nicht übrig.
Das Pferd natürlich steht im Stall wie jeder andere Gaul, schiebt jedenfalls nicht in dem Moment. Mir ist ganz elend, ich weiß nicht, soll ich ihm glauben? Vielleicht macht es eben jetzt eine Pause. Es kann doch nicht die reine Bosheit sein von dem Knecht, er hat was gesehen, bestimmt.
In meinem Unglück nehme ich mir selber das Pferd vor. Ich verstehe davon ja nicht viel, weiß aber, daß solche Tiere auf nichts

reagieren, und ich mache die Probe darauf. Ich trete ihm gegen den Huf, da wo die Haare anfangen und wo der Huf aufhört, das Pferd schlägt aus, wie es soll, Gott sei Dank. Es läßt sich auch von mir in die Ohren langen. Wäre es ein Schieber, täte es das nicht. Ich bin erleichtert, die Tränen brechen mir aus. Ich werde kindisch und bitte ihm ab. Dann kommt mir der Zorn. Man hat mir mein Pferd verleumdet.

Seitdem lebe ich nur für das Pferd, und es hat nichts gegen mich, es spitzt die Ohren und läßt sich was gefallen. Es spitzte die Ohren schon gleich beim ersten Mal, als ich darauf zuging und es aushandeln wollte. Es war ein Gaul, wie man ihn träumt. Als es Aug in Aug vor mir stand, fuhr es in mich hinein wie ein Blitz, als habe der Gaul mir schon einmal gehört. Ich nahm ihn an auf der Stelle.

Eine Eigenheit hat das Pferd, daß es scharrt. Mitten in der Nacht schleiche ich mich an seinen Stall und horche von draußen. Das Pferd ist wie eine Uhr, es scharrt und scharrt, und ich horche darauf. Ich war auch drinnen im Anfang, ich habe zugeschaut, wie es das macht. Es zieht den einen Vorderfuß vorsichtig schürfend zurück, dann kommt die Pause, wo es den Fuß unbeeilt vorsetzt, und wieder scharrt es zurück, ohne Unterlaß, in einem Rhythmus, der gleich bleibt. Wenn es müde wird, nimmt es dafür den anderen Fuß, und so macht es die ganze Nacht, ob es schläft oder wach ist, und mißt seine Zeit, das Pferd kommt zu keiner wirklichen Ruhe.

»Mein Pferd«, sage ich, »schläft überhaupt nicht.«

Außer mir läßt es keinen heran und wird unberechenbar, wenn ein anderer im Stall ist, es schlägt nach dem Knecht, holt ihm solche Stücke Fleisch aus dem Arm.

Ich sage: »Bleibt um Gottes willen weg von dem Gaul.«

Jede Fuhr, die über Land geht, nehme ich mit Absicht auf mich, ich nehme ihn so oft wie möglich nach draußen. Darauf wartet er nur, und alles vibriert an dem Gaul. Mit den Vorderfüßen ist er hoch in der Luft, wenn er anzieht.

Auf freier Landstraße ist das Pferd ein ganz anderer Gaul, wer es nicht sieht, glaubt es nie. Die wilde Freiheit jagt ihn dahin, ich kann ihn fast nicht mehr halten. Paßt ihm was nicht, macht er sich steif und geht krumm auf einmal, er spricht mit dem Fuß und

macht mich verrückt. Die Kinder wissen es schon, sie laufen neben mir her und deuten, wie krumm mein Gaul geht.
Den Stall mag er nicht und steht in seinem Eck, als sei ein Zauber auf ihn gelegt, er hat im Aug einen boshaften Schleier. Ich bürste ihn ab und rede in einem fort auf ihn ein, ich bilde mir ein, daß der Gaul mich versteht.
»Wir müssen schon dableiben«, sage ich voll Verstand, »denn wohin könnten wir laufen?«
Aber es kommt schon die Zeit, da gehen wir weg alle zwei, ich weiß es, das Pferd muß es wissen. Ich habe es ihm mehr wie einmal versprochen.
Manchmal zweifle ich, daß es mich mag. Ein schwerer Widerstand steckt drin in dem Pferd, es muß was erlebt haben, was wir nicht wissen. Die Natur war in ihm wohl zu stark, man hat sie verbogen in lauter Pein, jetzt macht sie in ihm was Verkehrtes. Das Pferd kann nichts dafür jedenfalls, von wem sonst weiß man das so genau?
Ich denke viel darüber nach, mein eigenes Leben zieht auf diesen einen Punkt sich zusammen. Denn das Pferd ist wie Feuer so schön und in der stürzenden Welt ein Wunder für mich. Ich will es bewundern, ich glaube, sonst müßte ich hassen, ich kann nichts mehr glauben, ich wäre verloren, glaube ich.
Auch wenn ich nicht im Stall bin, beschäftigt es meine Gedanken. Es läutet, ich gehe zur Gassenschenke und nehme den Krug an.
»Dunkel«, frage ich, »oder hell?«
»Wie immer.«
Ich bücke mich unter die Leiste vom Schiebefenster, ich sehe den Mann sonst nicht genau, der ein Stammkunde ist und darauf pocht. Da trifft mich sein zwinkerndes Auge.
»Na«, sagt er, »Amazonenfrau! Immer noch keinen Mann?«
»Ich mag keinen«, sage ich kalt, so was regt mich nicht auf.
Andere sagen zu mir noch ganz andere Sachen, und ich sitze einmal da an dem Tisch, einmal dort und sitze bei keinem zu lang. Über keinen denke ich nach, ich sehe jedes Glas, wenn es leer wird. Muß ich trinken, stelle ich mir Schaum hin und behaupte, der ist mir am liebsten.
Ich fühle mich unglaublich sicher, ich habe das Pferd jetzt, habe

den Sperrkreis, in dem es wirkt. Wie eine Wand steht es zwischen mir und den anderen.
Zuviel Böses habe ich gesehn vor dem Krieg und darin und danach, das Böse von allen Seiten. Wie kann es das gleiche sein wie zuvor und wem soll man traun? Der spielt Fußball mit dir, dem du traust. Es sank in mir auf den Grund, geht seitdem nicht mehr weg, wie ein Stein blieb es liegen. Will ich zum Menschen, heißt es springen über den Stein. Es wühlt in mir, lohnt denn das Springen? Bitter zuweilen stößt es mir auf, es müßte um Gottes willen sich lohnen. Ich erkenne, daß das mein Wunsch ist.
Die Erfahrung ist anders, die Menschen sind böse, sehe ich. Es gibt Gesichter, die gefallen einem vom Anschaun, man möchte hinzu wie die Motte ans Licht. Ich kanns übertäuben. Warum so nah? Daß er mich frißt? Ich bin auch nicht mehr so allein, ich habe das Pferd jetzt.
Und so schön ist mir keiner, daß mich nach ihm verlangt, in die sichere Hölle vielleicht, und so redet keiner mir nach dem Mund, über den Weg trau ich keinem. Ich weiß, wo die Roheit aufkommt mit der Gewohnheit, zuviel ist geschehn, die Welt wird nicht besser, sehe ich. Ich bin auch sicher, ich habe das Pferd jetzt.
Ein Zirkus kommt in die Stadt draußen vor dem Tor auf der Wiese. Ich gehe nicht hin, habe ich vor. In so einer Stadt natürlich tritt man auf die Leute vom Zirkus, sie schwirren in allen Winkeln. Unverwechselbar sehen sie aus. Viel Zeit haben sie nicht, sie kommen nur kurz herein zum Anschaun und Angeschautwerden, sie haben in ihrem Gang eine Uhr, soundsoviel Minuten. Sie blicken dir fest ins Gesicht, denn sie treffen dich nie mehr, ihr Blick wandert dann weiter.
Sie könnten mich neugierig machen, die mit einem Zirkus ziehn, aber ich würde mich vorsehn. Sie leben im Dschungel und bleiben nicht hängen. Sie biegen und brechen. Was sich nicht freiwillig gibt, fällt zurück.
Einer kommt in die Schenke manchmal, wenn die Vorstellung aus ist, so ein Schwarzer mit nach hinten gebürstetem Haar. Er sieht wie ein Dompteur aus, macht aber das andere auch. Seine Hautfarbe ist frisch und durchblutet.
Ein Zirkus hat zu wenig Leute gewöhnlich. Ein Mann muß dort

für drei stehn. Mich wundert, wie oft dieser kommt, es wird ihm am Schlafen abgehn. Er hört sich herum, wie es scheint, und sucht was Bestimmtes.
Beim Austreten vorhin im Hof hat er mit dem Knecht gesprochen, nicht zum ersten Mal offenbar. Ich schnappte es zufällig auf, weil ich Fleisch aus dem Eisschrank brauchte. Jetzt sitzt er an seinem Tisch, ich mache mir in der Nähe zu schaffen.
Ich weiß nicht, was ich habe an seinem Gesicht, ich schaue es forschend an und mache eine Reise darin. Das Gesicht ist sehr fest und setzt gern durch, was es vorhat. Da hineinsehn ist nicht anders wie einen tiefen Trunk tun für mich, und ich scheue den Trunk nicht, der Mann geht ja wieder fort. Er unterscheidet sich durchaus von allen.
Er mißt mich mit prüfendem Blick, leert sein Glas, ich muß Frisches bringen.
»Habt ihr kein Pferd für einen Zirkus?« fragt er nebenbei, und ich höre ihn gehn, ich bin mißtrauisch auf der Stelle.
»Wir haben kein Pferd.«
»So? Ich dachte.«
»Wir haben nur mein Pferd, und das ist nicht feil.«
»Wer spricht von kaufen? Ich will das Pferd ja nur leihn. Ich zahle sehr gut für den Tag.«
»Mein Pferd«, sage ich, »muß nichts verdienen.«
»Aber vielleicht macht es ihm Spaß. Wir haben Pferde, die arbeiten gern für den Zirkus.«
Ich antworte nicht mehr darauf. Die Katze ist aus dem Sack und will mir nicht gefallen.
»Sie werfen Diskus?« fragt er mich auf den Kopf zu, bilde ich es mir ein und lauert sein Blick, oder hat es nichts zu bedeuten? Er würde dann aber nicht fragen.
Ich ärgere mich über den Knecht, der ihm was gesteckt haben muß. Soviel gebe ich zu, ich habe es einmal getrieben.
»Man sieht es am Arm«, sagt er und betrachtet mich haargenau, ich stehe am Pranger, vielleicht bilde ich mir das nur ein. »Fast ein Männerarm, wenn man so hinschaut! Der Handteller, unglaublich!«
Ich starre gefroren. Es kann eine Bemerkung aus reinem Unverstand sein. Nein, der Knecht hat den Mund nicht gehalten.

»Warum sind Sie bei dem Sport nicht geblieben?«
Der Kerl fragt mir zuviel.
»Halt! Wohin laufen Sie?«
Nun, das kann er sehen wohin. Ich muß ja kassieren, ich gehöre nicht ihm.
Ich habe keine Lust mehr und setze mich an einen anderen Tisch, das waren schon zwei Sachen, die mir an ihm nicht paßten. Ich winke der Schwester, daß sie drüben bedient statt meiner, sie macht das sehr unauffällig, sie kennt meine Sprünge.
Ich muß so sitzen, daß er mich anschaut, sein Blick liegt mir im Gesicht wie eine Hand. Das könnte schön sein von diesem Mann, jetzt aber nicht mehr. Außerdem geht es ihm bloß um das Pferd.
Man muß wissen, mit dem Diskuswerfen hatte ich schönen Erfolg in einer Zeit, die auffällig kurz war. Es war eine Leistung wie von einem Mann, noch dazu war ich neu, ich war gar nicht so lang im Training, man konnte sich das nicht erklären. Meine Neider haben dann aufgebracht, daß das nicht mit rechten Dingen zugehen kann, und ich sei in Frauenkleidern ein Mann, unglücklich schon von Geburt. Wie scharf so ein Neid sieht, wie plump kann er übertreiben.
Das weiß ich am besten, daß ich zuviel habe von einem Mann in meiner Art mich zu geben, in der Seele, wenn man so will. Das ist kein Grund mich zu verlästern. Unglück ist es genug und mein schlechter Stern, ich bin zur alten Jungfer geboren.
Der Verein verlangte von mir, daß ich ein ärztliches Zeugnis beibringe. Ich trat aus dem Verein aus, ging in einen anderen, dorthin folgte mir das Gerücht sehr schnell. Auch dieser Verein verlangte ein Zeugnis. Ich trat abermals aus, warf die Scheibe ins Eck, sie war mir verleidet.
Von einem gewissen Standpunkt war es ja falsch. Nun hieß es, sie hat die Untersuchung zu scheun, aber ich konnte nicht helfen. Allem Spott hielt ich stand und wich nicht davon ab. Heutzutage wissen die Menschen nicht mehr, was Keuschheit ist, dachte ich, Sport hat seine Grenzen. Natürlich ist es schlimm, daß der Meute der Mund nicht gestopft ist. Ich lasse mich aber denen zum Spott nicht untersuchen.
Seitdem lebe ich im Zwielicht, ein bißchen anrüchig vielleicht,

aber auf meine Art stolz, zwischen den Geschlechtern ein Niemand. Wen geht es was an außer mir und wem falle ich zur Last? Ich bin da, keiner hat mich gefragt, ob ich will. Ich werde was machen aus meinem Leben, ich will schon was leisten.
Der Zirkusmensch steht zum Austreten auf, ich nütze seine Abwesenheit. Unter einem Vorwand rechne ich ab mit den Gästen. Dann ist für mich der Moment, wo ich ungesehen auf mein Zimmer verschwinde, ich lasse alle Arbeit der Schwester allein.
Bei halber Treppe hält es mich auf, das Pferd im Stall tut einen seltsamen Schrei, da wiehert es wieder wie eine Trompete. Was ist mit dem Pferd los? Hinunter die Treppe, hinein in den Stall, finde ich den Zirkusmenschen bei dem Knecht, und sie machen was mit meinem Pferd. Der Zirkusmensch macht es.
Was es ist, kann ich nicht sehn. »Weg von dem Pferd!« schreie ich viel zu spät. Ich hätte gern gewußt, was der Mann mit dem Pferd tat.
Der Knecht verteidigt sich, er hat das Pferd nur gezeigt, das wird kaum verboten sein, wenn sonst nichts passiert ist.
»Es ist aber was passiert«, behaupte ich unnötig laut, ich vergesse nie, wie es schrie. Beweisen konnte ich nichts. Es gibt von Zigeunern so Tricks.
»Na«, sagt der Knecht ganz ohne Scham, »gegen Sympathie läßt sich nichts machen.«
Denn der Zirkusmensch geht aus dem Stall und das Pferd ihm nach, als zöge er es mit einem Duft, es ist nicht an der Kette. Es reibt sich an ihm und sprüht dicke Flocken von Schaum, der Mann wird ganz naß übers Gesicht und zwickt die Augen lachend zusammen, er kann in lauter Liebe sich baden.
An mir ging es vorbei wie an einem Pfahl. Ich könnte weinen, denn das ist mein Pferd. Der Mann schüttelt sich ab, die Spritzer springen mir gegen den Mund und ich wische nichts weg. Ich gehe auf mein Pferd zu, will es am Zügel fassen, ihm, wer sein Herr ist, zeigen.
Wie die Schlange fährt es herum, und ich springe weg mit einem Satz, der Satan wollte mich beißen. Ich bebe am ganzen Leib vor seinem unerklärlichen Haß, die Knie geben unter mir nach, und es ist die eindeutige Niederlage vor einem Mann, oh, es ist schändlich.

Habe ich es nicht verteidigt vor diesem Mann? Mein Pferd, habe ich gesagt, muß nichts verdienen. Jetzt bringe ich es nicht einmal mehr in den Stall, bis es der Zirkusmensch selber zurückführt, im Augenwinkel männlichen Spott.
Ich stehe im Hof ganz betäubt. Der Mann kommt heran mit dem Knecht, sagt, es ist eine Sünde an so einem Pferd, ich soll es ihm einen Tag wenigstens lassen.
»Dann wird es bloß fremd«, wehre ich ab.
Der Mann redet lange Zeit auf mich ein, auch der Knecht, der ihm alles gesteckt hat.
»Schieben Sie Ihren Satan doch ab«, schreit der geradeheraus, »man ist ja im Stall seines Lebens nicht sicher.«
Ich weigere mich die ganze Zeit, ich bin so böse auf den Mann, wie ich ihm gar nicht zeige, mich schüttelts von innen heraus. Mittendrin reiße ich alles ab und schlage die Tür hinter mir zu, ich bin im Stall, wo mich aber das Pferd nicht heranläßt, es ist aufsässig gegen mich wie gegen den Knecht. Ich rufe hinaus in den Hof, der Knecht muß mir auf der Stelle das Pferd an die Kette legen, das muß er sonst nicht.
Vielleicht bin ich verrückt, ich fürchte, daß es mir nicht mehr dableibt. Ich habe gelebt in dem Wahn, das Pferd und ich, wir gehören zusammen. So einer brauchte bloß kommen! Natürlich hat so ein Dompteur was im Griff, was ein Laie nicht in der Hand haben kann, es gibt von den Zigeunern so Tricks. Ich bin noch dazu eine Frau, aber das Pferd war mein höchstes Gut und in der stürzenden Welt ein Wunder für mich. Darum war es nicht fair von dem Mann. Da stehe ich und denke nach, ich schlucke und gehe nach oben.
Ich will den Schlüssel umdrehen zu meiner Tür, da warnt mich was, vielleicht ein Geräusch, das Herz schlägt mir bis in den Hals. Bis ich mich umdrehe, hat der Mann mir doch abgepaßt und nimmt mich noch in den Arm nach allem, was er mir antat. Ich mache mich steif, weiter nichts, ich wehre mich nicht so besonders.
Ich will nichts schmecken und schmecke auch nichts von dem Kuß, ohne Leben hänge ich in seinem Arm. Natürlich will er mich erpressen.
»So wach doch auf, Dummes«, sagt er und hält meine Brust in

der Hand. »Du siehst doch, ich glaubs doch nicht«, sagt er und steht vor mir wie ein Dieb in der Nacht.
So können sie zu einem kommen, anders kommen sie nicht. Sie nehmen einem noch weg, was man hat. Ich kann nichts dafür, ich bin wachsendes Eis. Und der macht mich nicht schwach. Den kriege ich klein, denke ich langsam, ich kann nämlich denken. Ganz sacht dränge ich ihn von mir ab, ich rate ihm höhnisch, er muß das schon glauben. Hier bitte, ein Freibrief! Er läßt mich los wie gestochen, ich könnte ihm heut noch dafür eine Ohrfeige geben.
Die Nacht ist nicht schön, aber ich habe ein Kopfkissen, wenn ich losschreien möchte, und ich habe mich in einer Weise entschieden. Es ist doch gut, wenn man das tut, sonst vergißt man sich noch und glaubt an ein verfluchtes Glück.
Am anderen Tag habe ich eine eilige Fuhr, da holt mich beinahe der Teufel.
Ich könnte daran ja gewöhnt sein, immer wird es auf der Landstraße eine Jagd, das Pferd will mich messen. Es fordert mich immer heraus, das ist seine Lust, das war meine Lust, so waren wir beide ein Paar. Heut bin ich dem Pferd nicht gewachsen. Ich bin ganz woanders noch immer.
So schnell löst man sich nicht ab, auch wenn es entschieden ist und schon vorgezeichnet, bewältigt ist es noch nicht. Sichtrennenmüssen ist schwere Arbeit für mich, wo man gründlich sich loswühlen muß, ich bin noch am Wühlen.
Das Pferd spürt den Bruch zwischen mir und ihm. Es tut seinen Satz mittendrin, als ob es den Wagen abschütteln möchte, ich fange den Wagen nicht völlig ab, heute nicht. Dann geht es los mit allen Schikanen, ich habe Gott sei Dank keine Flaschen.
Im schleudernden Wagen stemme ich mich zurück mit aller Kraft, noch habe ich die Zügel, spüre aber, ich werde ihm nicht Herr, das Pferd wird mir den Arm noch auskegeln, spüre ich.
»So wart' doch«, schreie ich ganz sinnlos, ich gebe ihm keine Namen, das nicht.
Habe ich es nicht geliebt, dieses Pferd, schön wie Feuer, und in der stürzenden Welt ein Wunder für mich? Nimmst du mir das Leben, denke ich. Zur Angst habe ich keine Zeit, nur zu, denke

ich, im Nu kann es aus sein. Ich habe einen kalten Mut in dem Moment und alles Leben im Arm, mir liegt soviel nicht am Leben, das hier geht schnell, weiß ich.

Einmal hat es mich schon vom Sitz heruntergezogen, ein paar Schritt bin ich mitgelaufen sogar in einer häßlichen Hast zwischen den Hinterbeinen von einem Pferd, die mein armseliges Laufen gefährlich umgriffen, da war nicht viel Platz für den Fuß, es war häßlich, immer den Wagen hinter mir her. Wenn er mich faßte, kam ich unter das Rad, nur mitkommen, nicht stolpern! Ich weiß nicht durch welchen Ruck bekam ich mit dem Hintern den Wagen zu fassen, ich stemmte und schob mich hinauf, ich war König, ich war wieder droben.

Das war aber eine Gunst, wie der Mensch sie nur einmal bekommt in seinem Leben, wiederholen möchte ich das nicht. Die Tour ist mir verleidet, überfahren werden möchte ich nicht, dann schon lieber erstürzen. Ich seh mich noch laufen zwischen den Hinterbeinen von einem Pferd, dann klopft mir das Herz bis hinauf in den Hals, das ist eine Erfahrung.

So oder so, das Pferd ist für mich verdorben.

Noch am gleichen Tag schreibe ich an den Zirkus, das Pferd ist mir feil. Ich mache alles schriftlich und durch den Knecht, ich kann den Mann bci dem Handel entbehren. Er hat das Pferd draußen zur Probe, schickt es aber noch einmal heim, vielleicht um den Preis zu drücken. Dann nimmt er es doch, was sage ich, bekommt es von mir so gut wie geschenkt gegen alte Währung in lumpigen Rentenmark, die Währungsumstellung ist kurz danach, keiner gibt Sachwerte aus der Hand. Wenn das knapp an der Umstellung kein Streich war!

Das Pferd wenigstens hat seine Freude und ist stolz abends in der Vorstellung, wie man mir sagt. Es soll in seinem Schmuck und all dem Glanz um sich herum nur so steigen.

Nach einer Zeit schreibt der Zirkusmensch mir eine Karte von Aachen, sie haben dort Winterquartier, der Gaul macht sich glänzend, wenn ich Lust habe, soll ich hinfahren und sie beide besuchen.

Ich hätte gern gesehn, was seitdem geworden ist aus meinem Pferd. Ich suche Aachen in meinem Atlas heraus und alle großen Stationen, an denen ich vorbeifahren müßte. Ich habe in Aachen mein zweites Ich, meine Gedanken sind dort. Ich müßte hinfahren, wenn ich täte, was einem so vorschwebt, natürlich tue ich das nicht. Ich wüßte gar nicht, wie es begründen.

IV. Das Münchner Klima

Die Großstadt

1. Die Münchner Leut'

Josef Ruederer

Der Bürger

Der Herr Maier oder Meier, der Herr Huber oder Hueber, der Herr Müller oder Miller – wie er nun heißt, hat vor acht Tagen sein Geschäft verkauft, hat hunderttausend Mark in vierprozentigen Staatspapieren auf der Hypothekenbank liegen, hat einen Anteilschein mit sechs anderen Münchnern auf eine Jagd im Brucker Moos oder bei Dachau, hat gestern sein fünfundvierzigstes Wiegenfest begangen und geht heute zum Salvator. In aufrechter Haltung, mit dem frohen Bewußtsein, daß er erlöst ist. Es war höchste Zeit. Die Herumtreterei hinter dem Ladentisch hat ihm so wie so schon lange nicht mehr gepaßt; alle Augenblicke kamen Reisende, die Offerten machten und noch öfter Kunden, die was kaufen wollten. Die Ladnerin war zwar hübsch grob, sie hat den Leuten gehörig die Meinung gesagt, wenn sie bessere Auswahl verlangten und besonders gespreizt taten. Auch er, der Herr Chef, hatte in dieser Richtung gar nichts versäumt. Er fuhr die Käufer oft an, daß man hoffen durfte, sie würden endlich wo anders hingehen. Aber, merktens die Dummköpfe nicht oder war er doch noch zu höflich: sie kamen jedesmal wieder, auch wenn er ihnen den größten Schund vorsetzte, und da riß ihm eines Tages die Geduld. »Mari« oder »Babett«, sagte er zu seiner Frau, »woasst was, i mag nimmer, i verkaaf.«

Und die Mari oder Babett, der die zwidere Bedienerei von der hochnasigen Bagaschi auch schon lange zuwider war, stimmte bei. Meinte außerdem, daß es heutzutage bei den ungesunden Verhältnissen nur noch die Juden mit ihren Warenhäusern zu etwas bringen könnten. Der Herr Gemahl war zwar nicht Antisemit von der Sorte der Christlich-Sozialen Wiens, weil ihm diese Brüll- und Skandalmanier in der Seele mißfiel, immerhin fand er in den Worten seiner Ehehälfte eine willkommene Förderung seiner Absichten. So kontrahierte er denn, kaufte sich ein großes Zinshaus mit fünf Stockwerken, und heute, wo er zum erstenmale ein freier Mann ist, zieht er seinen besten Rock an,

nimmt seinen Stock und geht, wie gesagt, zum Salvator. Ohne die Gattin, die inzwischen ihr Mittagessen kocht, wenn sie nicht vorzieht, ihr tiefes Bedürfnis nach Ruhe in Gesellschaft eines Herrn der besseren Stände zu befriedigen. Was sie aber auch tut, es ist ihm vollkommen gleichgültig, dem Herrn Maier oder Meier, dem Herrn Huber oder Hueber, dem Herrn Müller oder Miller – wie er nun heißt. Er zündet sich eine Zigarre an und überlegt im stillen nur noch das eine, soll er direkt auf den Nockherberg wandern oder vorher wo anders hin. Da die Uhr erst auf elf weist, vor zwei Uhr aber nicht angestochen wird, entschließt er sich zu letzterem und geht in den Kunstverein.
Das ist, wie schon der Name ganz richtig vermuten läßt, ein Verein, der sichs zur Aufgabe gemacht hat, der Kunst unter die Arme zu greifen. Er besteht seit hundert Jahren, zählt sechstausend Mitglieder, darunter gekrönte Häupter Europas, und hat über den sogenannten Arkaden, die sich als weites Rechteck von der Residenz bis zum neuen Armeemuseum hinüberziehen, vornehme Räume am östlichen Ende erbaut. Darin versammeln sich jeden Sonntag unter prächtigem Oberlicht Herren und Damen in großer Zahl. Ein Kommen und Gehen, ein Drücken und Drängen, ein Treppauf und Treppab, und dazwischen eine der nur zu bekannten Typen und Gruppen, die dem weltbekannten Verein seinen hohen Ruf auf immer gesichert haben. Da ein Leutnant, der sich mit Braut zum erstenmal in der Öffentlichkeit zeigt, dort ein anderer, der mit einer schönen Frau ein Rendezvous verabredet, da eine Mutter, die einem Rechtspraktikanten eine ihrer drei Töchter zukomplimentiert, und dort zwei ältere Damen, die kräftig auf sie schimpfen. Ist es Frühling, werden die neuen Hüte kritisiert, ging ein Ordensregen hernieder, werden die damit Begnadeten in aufrichtiger Herzlichkeit beglückwünscht, und gabs einen öffentlichen Skandal, wird er hier noch vergrößert. Nebenbei hängen allerdings auch ein paar Bilder an den Wänden herum, die aber weiter nicht stören. Ferner gibt der Verein zu Neujahr einen Kupferstich oder eine Radierung heraus, die er jedem, der den Beitrag pünktlich bezahlt hat, ins Haus sendet und auf die er mit großen Lettern die einfache Widmung druckt: der Kunstverein seinen Mitgliedern für das Jahr so und so oder so und so.

Dies Geschenk bekommt er natürlich ebenso regelmäßig wie die Andern, der Herr Maier oder Meier, der Herr Huber oder Hueber, der Herr Müller oder Miller, – wie er nun heißt. Seine ganze Wohnung hängt voll davon. Außerdem steht noch eine Menge auf dem Speicher herum, gesammelt von seinem Vater, Großvater und Urgroßvater. Alles längst verstorbene Herren, alles Münchner, alles Mitglieder des Vereins, denn sie sagten sich wie der Nachkomme ganz richtig, daß man für die Kunst etwas tun müsse. Originale erwarben sie freilich keine, sondern warfen jeden, der ihnen mit solchem Ansinnen kam, einfach zur Türe hinaus. Aber kauften etwa Andere so ein Zeug? Der Bierbrauer X? Der Großmetzger Y? Der Kaffeesieder Z? Leute, die zehn-, ja zwanzigmal so viel Geld hatten? Leute, die fürstliche Wohnungen, Equipagen und Dienerschaft hielten? Fiel ihnen gar nicht ein, und jenen Millionären erst recht nicht, die im filzigen Gegensatz alles zusammenscharrten, kaum einen Frühschoppen zu machen wagten und jahraus und jahrein mittags ihr Rindfleisch verzehrten. Den Malern und Bildhauern mochte der liebe Gott auf die Beine helfen. Das waren so Hungerleider, die nie was rechtes gelernt hatten, und die halt da waren, damit man in diesem ernsten Dasein ein bißchen was zur Zerstreuung hatte und am Sonntag etwas zum Schwatzen. Obendrein tat doch der Staat schon genug. Kaufte jedes Jahr für hunderttausend Mark Bilder, stopfte die Sammlungen voll, ließ Denkmale und Brunnen errichten, also braucht sich der gute Bürger deswegen noch kein Glas Bier zu entziehen. Am wenigsten ein Glas von jenem Gebräu, das, wie die alljährlich zur Versendung gelangenden Prospekte der Paulanerbrauerei behaupten, schon im Jahre 1651 von frommen Brüdern an der Stelle gesotten wurde, wo jetzt die Aktiengesellschaft ihren Sitz hat. Von jenem Gebräu, das, aus besonderen Würzen hergestellt, im Grunde die gleiche Wirkung erzielt, wie der berühmte Bock, die Sinne betörend, in selige Träume versetzend. Aber auch aufmuckend und revoltierend. So fanden da draußen auf der Höhe des Nockherbergs Schlachten statt, die in die bayrische Geschichte mit goldenen Lettern gegraben sind. Die stärkste und größte an jenem Tage, wo die schwer entrüsteten Stammgäste ein ganzes Kavallerieregiment mit einem abgedeckten Hause in die Flucht schlugen und eine

Kompagnie Gensdarme noch dazu. Freilich jetzt sitzt man zahmer, man singt bescheidene Lieder, weil die Behörden entsprechende Maßregeln getroffen haben. Aber nach wie vor birgt alles eine gewisse Dosis von Explosivstoff gegen jene Elemente, die der Münchner als seine Erbfeinde betrachtet: den Schenkkellner, den Zylinder, den Schutzmann. Der erste füllt die Maßkrüge nur halb, der zweite vertritt die verhaßte Noblesse, der dritte sucht die Ordnung aufrecht zu halten. Das ist auf einmal zu viel, und so wandert heute auch jener Mann in einer merkwürdig bewegten Stimmung dahin, der als neugebackener Privatier eigentlich zuerst in den Kunstverein möchte, ehe er zum Salvator geht.
Vom nüchternen Viertel der Schelling-Theresien-Amalienstraße, das die Stillosigkeit der siebziger Jahre erstehen ließ, biegt er ein in die Ludwigstraße, entlang der Universität, des Salinenamts und der Staatsbibliothek. Vorbei am Kriegs- und Finanzministerium bis zur Feldherrnhalle. Es ist ihm, als sähe er das alles zum erstenmal, wie im Traum. Dort der Tilly, dort der Wrede und in der Mitte der nackte Oberbayer, der, einen griechischen Helm auf dem Kopfe, das stramme Frauenzimmer umfängt. Da regt sich in dem stillen Beschauer wieder das Mitglied des Kunstvereins. Das nur Sonntags genießt, wie es auch nur Sonntags zur Jagd geht, das mehr auf Genrehaftes sieht, auf Entstehung und Herkunft des Kunstwerks, als auf eigentlichen Wert, das die neuen Sachen immer den alten vorzieht. Und wie man nie in die Pinakothek geht, worin die verstaubten Schmöker hängen, so schaut man auch nicht auf die gediegene Art der Theatinerkirche oder der Alten Residenz, sondern man interessiert sich eben nur für das Kriegerdenkmal. Das hat der Herr von Miller gemacht, der in Bayern und München alles macht, jeden Auftrag, jede Konkurrenz, jede Sache, mit Ausnahme solcher, wo nichts dabei rausschaut. Der nun sechzigjährige Mann hat das Geschäft seines Vaters, des Gießers der Bavaria, übernommen, ist Mitglied der Reichsratskammer und zugleich Präsident jener festgeschlossenen, stillen Vereinigung, ohne die man heute innerhalb der weißblauen Grenzpfähle in künstlerischer Hinsicht nichts mehr erreichen kann. Wenigstens jetzt nicht mehr. Früher kam es wohl vor, daß der eine oder andere Auftrag durch fatalen Zufall in unberufene Hände kam. Das hat man zu verhindern gewußt. Man gab

der nach innen längst gefesteten Vereinigung auch nach außen ein bestimmtes Gepräge und ließ sich von einer allezeit hilfsbereiten Regierung die offizielle, staatliche Anerkennung erteilen. Durch Allerhöchstes Dekret, sowie durch den Titel einer königlich bayrischen Monumentalbaukommission. Die sieht bei der Aufnahme neuer Mitglieder weniger auf Talent als vor allem auf unbedingte Verläßlichkeit. Unter aktiven Mitgliedern versteht sie die eigentlichen Leiter und Macher, vor denen die Türen in allen Ministerien auffliegen, unter passiven jene Beamten, die eine freundwillige Regierung als zu allem nickende Beisitzer der Form halber abgeordnet hat. Ob aber ordentlich oder außerordentlich, immer vertreten die Mitglieder jenen Typus, der in München zur höchsten Blüte gelangt ist und unter dem Namen der »Spezl« eine weite Berühmtheit erlangt hat.
Der soll nun seine Erklärung finden wie der Kunstverein und der Salvator. Spezl oder auch Spezi, der Spezielle, der Besondere, der Freund, der Genosse, ist, in welcher Gestalt er sich auch zeigen mag, ob mit geraden oder krummen Beinen, ob mit großen oder kleinen Händen, immer dieselbe Erscheinung. Er fährt mit höchsten Kreisen auf die Jagd und schaut dabei verächtlich auf die Leute, die es nicht tun: das ist der sogenannte Jagdspezl, er schleicht in den Bureaux der Referenten herum, die über Bilderankäufe zu entscheiden haben: das ist der sogenannte Kunstspezl, er sitzt, wenn was los ist, in den vordersten Reihen der Theater: das ist der sogenannte Premièrenspezl, er tritt bei Prozessen als Sachverständiger auf, und schwört jeden Eid, der von ihm verlangt wird: das ist der sogenannte Prozeßspezl. Es gibt noch viele Abstufungen, so zum Beispiel den Redaktions- oder Kritikspezl, deren Titel sich von selber erklären, oder auch den Aktienspezl. Wie er aber ist: immer wird der Spezl seine Aufgabe erfüllen, er wird Stimmung machen. Niemals für sich; das besorgt der Andere. Ist doch in dem anregenden Verkehr alles auf sichere Gegenseitigkeit gestellt. So schlägt der Jagdspezl den andern für den Orden vor oder für den Professortitel, der Kunstspezl schlägt zum Ankauf für die Pinakothek vor, der Premièrenspezl gibt ermunternde Zurufe dem Kritikspezl oder dem Redaktionsspezl, kurz und gut, es geht alles durch- und ineinander, es mündet alles an einer Stelle und trifft sich wieder, so ent-

gegengesetzt die Ausgangspunkte sein mögen, im Punkte des gegenseitigen Zusammenhaltens. Geprüft wird niemals, was gut oder schlecht, was wahr oder unwahr, was echt oder unecht, es wird nur gelobt, es wird nur gefördert. »Brüaderl, kennst mi scho, leih mir an Sechsa.« Das ist die geheime Parole, die mit listigem Augenzwinkern verteilt wird, gegenseitiger Händedruck als Freimaurerzeichen, das ist die Begrüßung, und der bayrische Patriotismus das Banner, unter dem gesiegt wird.
Auch er möchte gern von der Kompagnie sein, der Herr Maier oder Meier, der Herr Huber oder Hueber, der Herr Müller oder Miller – wie er nun heißt. Er sehnt sich nach einem Spezl, er möchte wo herein, möchte was unternehmen, wo was rausschaut und nichts zu riskieren ist. Das Privatisieren ist ja ganz schön, verdient man aber Geld damit, ists noch viel besser. Jedenfalls gäbe er einen famosen Aufsichtsrat ab, und wenn außerdem Patriotismus nötig wäre, wollte er auch diesen auftreiben. Er ist nämlich gut weiß-blau gesinnt, sieht streng darauf, daß die zwei Löwen auf den Briefmarken herumhupfen, nennt den König von Preußen nie Kaiser von Deutschland, jammert heute noch den Raupenhelmen nach, und wenn alle Bundesstaaten ihren Truppen tiefgrüne Mäntel anzögen, dann müßten die Bayern ein mattes Saphir tragen. Denn dies mächtige Volk hat eine große Vergangenheit; das weiß er. Jeden Sonntag sieht er sie unter den Arkaden, wenn er zum Kunstverein geht. Ein Freskogemälde hängt dort neben dem andern, und wo die Phantasie des Beschauers nichts zu ergänzen vermag, hilft ein erklärender Text in Vers oder Prosa freundwillig nach. Man braucht nur zu schauen, man braucht nur zu lesen. Dort z. B. ein Schiff, auf dem ein einzelner Mann steht, – nichts weiter. »A. Miaulis schlägt die türkische Flotte bei Kos.« Man kann eine Flotte nicht einfacher schlagen, man kann einen Sieg nicht einfacher darstellen. Wenigstens keinen aus der Zeit der griechischen Befreiungskriege, wo Ober- und Niederbayern sich in Athener verwandelten, um dem Volk der Hellenen in der Mundart der Isarwinkler das Zeitalter des Perikles zurück zu erobern. Vorn am Eingang die Bilder gleich neben der Feldherrnhalle sind reicher gruppiert. Wie Otto von Wittelsbach die bekannte Heldentat in der Veroneser Klause vollbringt, wie Kaiser Ludwig zu Rom die Krone empfängt, wie

Max Josef seinem Volk die Verfassung gewährt: das ist mehr in dem Stile gehalten, den die bayrische Geschichtsforschung der letzten Jahre besonders in Volks- und Mittelschulen bevorzugt, weil sie, eifersüchtig auf Preußens führende Stellung, vor allem zeigen will, »daß mir halt a no do san«. So prangen die Bilder vielsagend an der Stelle und dürften so bald nicht wieder verschwinden. Das Münchner Klima hat zwar, kunstverständiger als ihre Schöpfer, versucht, die Farben zu verwischen, aber das Kultusministerium, so wenig es sonst für Malereien ausgibt, läßt sie regelmäßig wieder aufputzen, wie Rottmanns einst glühende Fresken, die unter bayrischem Himmel nicht leben und sterben können, sondern traurig herniederschauen auf die zahllosen Besucher des Kunstvereins und der Parade.

Er hat Mühe, sich durchzuwinden, dem Strom entgegen, der Herr Maier oder Meier, der Herr Huber oder Hueber, der Herr Müller oder Miller – wie er nun heißt. Wollte er schnell vorankommen, müßte er mit den Ellenbogen anrempeln, aber so geht er langsam, fast unentschlossen und läßt sich mehr treiben, als daß er sich selber bewegt. Denn im Geiste sieht er nicht mehr den Kunstverein, der dort winkt, ein anderes Bild tut sich auf vor ihm; ein stärkeres Menschengetriebe, droben auf der Höhe, über der Isar, an den Häuschen der Au, deren Dächer man berühren kann, wenn man die Hand ausstreckt. Zwischen winzigen Gärten, die mit verfaulten Zäunen umspannt sind, zwischen aufgehängter Wäsche, die im Märzwinde flattert, ziehen sie jetzt einher, die geputzten Menschen. Ihr bestes Sonntagsgewand haben sie angezogen, steife Kragen und bunte Krawatten hervorgeholt; einer trägt sogar einen Strohhut. Heitere Töne auf allen Gewändern, heitere Töne auf allen Gesichtern. Aber kein breites Grinsen, kein wieherndes Lachen; gedämpft ist alles. Still und behaglich tragen die Männer ihre teuer erworbenen Bäuche, die Frauenzimmer ihre strammen Brüste. Bei aller Freude ein gewisser Ernst, eine leichte Spannung auf allen Zügen. So etwas von der wohlwollenden Erwartung der Herren Examinatoren, die einen Kandidaten prüfen sollen. Einen, auf den sie Rücksicht zu nehmen haben, wie auf einen Prinzen oder einen Ministersohn. Wird er bestehen? Sie hoffen es, denn er hat noch immer bestanden, und war er wirklich einmal übel vorbereitet, sie ließen ihn

doch durchs Examen gehen und tranken ihn, wie sie ihn bisher getrunken hatten, unter freiem Himmel, am Tag des heiligen Joseph, am 19. März. Alle Volkslieder werden da tönen, innig wird sich Schenkel an Schenkel reihen, und damit die Sinne in vollsten Taumel versetzt werden, müssen Käse, Würste und Heringe mit tausend Wohlgerüchen die Nase umschmeicheln.
Von Ferne aber blaut der Alpenkranz über das weite Feld hinter dem Keller mit dem höchsten Berge, der Zugspitze. Wenn die Münchner das sehen, kriegen sie Wasser in die Augen und grüßen mit dem Maßkrug hinüber. Denn sie lieben diesen Berg, den Stolz ihrer Heimat, der zwei zerrissene Gletscher, drei großartige Täler und fünf Wirtshäuser in seinen Rippen birgt. Etwas Stammverwandtes, Knorriges schaut da zu ihnen herunter, mit dem sie sich verwachsen fühlen, etwas Frohes, Gesundes, dem sie im Sommer und Winter oft zuströmen. Hell strahlt es auf in der Märzsonne, und wie jetzt der Wind herankommt, der frische Wind von den Bergen, da schmecken die Brezeln noch einmal so gut und der Salvator erst recht. Man sitzt kühl und doch warm unter den kahlen Bäumen, durch deren Äste die Luft zittert wie flüssiges Metall. Man politisiert, man scherzt, man jammert über die Fleischpreise und zwickt die Nachbarin dabei verständnisvoll in den Hintern. Da und dort aber sitzt ein Alter; der hebt den Finger bedeutungsvoll in die Luft wie einer der Weisen vom Morgenlande. Vor den andächtigen Zuhörern entsteht da ein fesselndes Bild aus der alten Zeit, die die Leute, die sie gelebt haben, mit Vorliebe die gute nennen. Was damals ein Fiaker, ein Theaterbillet und ein Rettich gekostet hat, zieht vor dem verzückten Auge vorüber, staunend vernimmt man von dem Biere aus jenen Tagen, das fähig war, die Hose auf die Bank festzukleben, und dann wieder künden Sirenenklänge von der Kraft, mit der früher auf dem Salvator gerauft wurde. Lange und längst verschwundene Zeiten.
Der frische Märzwind trägt einen Hauch davon zu dem Helden dieses Kapitels, über die Isar hinüber zu dem Herrn Meier, dem Herrn Huber oder Hueber, dem Herrn Müller oder Miller – wie er nun heißt. Mächtig regt sich die Sehnsucht in ihm; und so geht er denn die Arkaden hinab, ohne umzuschauen, ohne hinzuhorchen nach der Parade, die jetzt in der Ferne mit einem vollen

Akkord einsetzt. Ein Bekannter ruft ihm zwar im dichtesten Gewühle zu, er solle sich ja den neuesten Grützner ansehen, »eine Heidenviecherei«, aber der so Beratene geht weiter, immer weiter, die kleine Anhöhe hinunter, vorbei am ehemaligen Palais Royal, die ganze Prinzregentenstraße. Dabei zählt er die Schritte mit und addiert, was er kann. Denn, wenn er noch so zum Anstich drängt, vergißt er auch jetzt, wo er dem Ziele immer näher kommt und den Malzgeruch schon in der Nase zu spüren meint, keinen Augenblick, daß er Geschäftsmann war. Er denkt zurück, was er auf diesem Spaziergang gesehen hat und geht an keinem Staatsgebäude vorüber, ohne die Fläche zu berechnen. Selbst entlang des Englischen Gartens kommen ihm äußerst praktische Gedanken. Er sagt sich, wie viel man da profitieren könnte, wenn man die prächtigen Bäume zu Brennholz zerhacken und Häuser an ihre Stelle setzen dürfte, große, schöne Zinshäuser mit vier bis fünf Stockwerken, alles in möglichster Eile gebaut, mit besten Bedingungen für Trockenwohner. Fiel auch bald der Verputz von der Front, wie das bewährte Sitte ist bei der Sorte von Architekten, die, halb bankerott, solche Massenaufträge in die Hand nehmen, fiel die Decke ein und kam der Palier ins Gefängnis, krepierten die Esel von Inwohnern an der Malaria, weil die Lage eine tiefe war und der Englische Garten nichts weiter als ein trokkengelegter Sumpf: die Hauptsache blieb, daß verdient wurde. Und noch wichtiger, daß man ein Zugmittel fand, was das Viertel beliebt machte, eine Reklame, ein Irgendetwas – was es war: es sollte von sich reden machen, es sollte die Leute herbeitreiben, es sollte dröhnen und scheppern. Weithin mußte mans vernehmen wie eine Menagerie, einen Zirkus oder –

Auf einmal hielt er ein in seinem Gedankengang und sah sich um. Er war im tiefen Sinnen immer weitergegangen, am Nationalmuseum vorbei über die neue, prächtige Brücke und von ihr die Freitreppe emporgestiegen zur hochgelegenen Terrasse des Friedensdenkmals. Hier war es; nur wenige Schritte gegen Süden befand sich die Stelle, die jeder Münchner nur allzugut kennt. Ja, dort inmitten der Anlagen sollte das Theater stehen. Eine großangelegte Monumentalbrücke war bestimmt, die Verbindung mit der Stadt herzustellen, und wo jetzt die langweilige Liebigstraße zum alten Gerümpel des Lehels führt, sollten gewaltige

Bauten eine gerade Linie zur Residenz beschreiben. Und all das geschenkt, für nichts. Nur den Bauplatz sollte die Stadt liefern. Etwa, als wenn man eine Mark aus der linken Hand legt, um mit der rechten hunderttausend zu fassen. Ja, so was wenn halt wieder käme, dann würde mans anders machen. Das meint er, der stille Beschauer. Er denkt nicht, daß mans heute nur mit Wagner anders machen würde, er denkt nicht, daß man jeden Revolutionär in der Kunst geradeso hinauspöbeln würde, er denkt nicht mehr daran, daß er als junger Kerl alle die Schmähreden auf den »narreten König« gedankenlos nachplapperte, sondern er schaut auf die Stadt, die mit ihren Kuppeln und Türmen im Sonnenglanz unter ihm liegt. Dort das Wahrzeichen Münchens, die Frauenkirche, dort der Justizpalast, dort das Dach des Hoftheaters, dort die Ludwigskirche und unter allem die Isar, so seicht, daß man die Fische drin zählen kann. Alles, alles sieht er, und wie er sich jetzt umdreht, gewahrt er inmitten des neuerstandenen Viertels hinter Zinshäusern und Villen das neue Prinzregententheater. Da weicht alle Kümmernis, es zieht ihm durch die Brust wie große, tiefe Versöhnung. Der Geist des seligen Königs konnte zur Ruhe eingehen, denn hier stand, was er ersehnt hatte. Ein bißchen weiter allerdings von dem Platze, wo es ursprünglich gedacht war, ein bißchen mehr aus Stuck und Verputz, ein bißchen Akkordarbeit, aber immerhin, es war da, das selbe stolze Theater mit verdecktem Orchester, mit amphitheatralischem Zuschauerraum. Und das hatte er vorhin im Geiste gesehen, als er das neue Häuserviertel entwarf: Große Festspiele im Sommer mit auswärtigen Gästen, mit viel Geld, Automobilen und Champagner, das wars, was man brauchte, um die Bauspekulation entsprechend zu heben, die zwar nach dem glücklichen Siebziger Kriege einen kolossalen Aufschwung genommen hatte, dafür aber umso stärker zusammengekracht war. Oh, der das gegründet hatte, war ein Teufelskerl und die Herren von der Terraingesellschaft nicht minder. So was, wenn man halt machen könnte, so was, wenn man halt kriegen könnte! Das dachte er bei sich und damit ging er um das Maximilianeum herum über die Gasteiganlagen nun wirklich zum Salvator, der Herr Maier oder Meier, der Herr Huber oder Hueber, der Herr Müller oder Miller – wie er nun heißt.

Ernst Hoferichter

Der Hausherr

Wir wohnten unterm Dach.
Im Winter hingen die Eiszapfen von den Wasserröhren herab, und man konnte den Schnee über der Decke abrutschen hören.
Im Sommer schwitzten die Wände, und die Zimmer wurden zu Bleikammern, in denen wir als Dörrobst eingepackt waren.
Aber auch in solchen Wohnungen kann man mit der Miete drei Monate im Rückstand sein.
Zweimal ließ der Hausherr schon einen Zettel abgeben, auf dem mit Tintenbleistift etwas vom Hinauswerfen geschrieben stand. Eines Abends war aus der Kammer des Zimmerherrn der Waschtisch verschwunden, und seine Seifenschüssel wurde neben dem Ausguß in der Küche angenagelt.
Auf dem Tisch lag Silbergeld aufgezählt, und ich mußte mir den Hals waschen und den Matrosenanzug anlegen, den ich sonst nur an hohen Feiertagen und zur Gratulation bei Verwandten anziehen durfte.
Dann wurde das Geld, das aus zehn einzelnen Markstücken bestand, in einen Briefumschlag gelegt. Ich bekam noch das Mietzinsbuch in die Hand gedrückt, und damit sollte ich zum Hausbesitzer hinunter, der im ersten Stock wohnte.
Damals waren die Hausherrn noch dick und rund – und Kenner konnten an ihrem Bauch die Hypothekenfreiheit ablesen. Der unsere mußte drei Bogenlampen verschluckt haben, denn er konnte sich seine eigenen Füße nur mit dem Taschenspiegel ansehen. Und diese Wucherungen um den Nabel nannte man Hendelgottsacker.
Er genoß hohe Achtung, besonders von jenen Parteien, die mit den Mieten im Rückstand waren, und ich mußte sogar das Dienstmädchen ehrerbietig grüßen, die sich beim Schuhputzen auf einen Nachttopf setzte.
Während ich die Treppen hinabschlich, dachte ich daran, daß die zehn Mark nur einen kleinen Teil der schuldigen drei Monatsmieten ausmachten. Und ich ging noch langsamer und

stellte mir vor – wie ich am Stiegengeländer hinabgerutscht wäre, wenn ich das Geld der ganzen Schuld bei mir gehabt hätte.
Vor der Türe lag ein geflochtener Fußabstreifer, auf dem ich schon oft das seltsame Wort »Salve« abgelesen hatte. Es mußte den Sinn von »Achtung« oder »Vorsicht« haben. Um den Hausherrn zu schädigen, hatte ich im Vorbeigehen immer die Schuhe abgestreift und dem »S« gingen bereits die Haare aus.
Die Schwelle zu der hausherrlichen Wohnung hatte ich bisher noch nie überschreiten dürfen. Und ich läutete kleinlaut, meiner Abzahlungsrate angemessen.
Die Türe öffnete sich zuerst nur auf Handbreite. Aber es genügte, um die Figur der Hausfrau sehen zu lassen. Sie war wie ein Ausrufezeichen gebaut und die Natur hatte ihr abgezogen – was sie dem Gemahl im Überfluß gab. Ihre Schneidezähne waren aus Gold gemacht und glänzten. Wenn sie abnehmbar gewesen wären, hätte sie damit ein Klavier bezahlen können.
Der Gang roch frisch geputzt und auf dem Weg nach dem Wohnzimmer war Zeitungspapier gelegt. Die Hausfrau ging auf dem Papier voraus – um mir zu zeigen, wie man sich in reinlichen Räumen zu bewegen habe. Und ich gab acht, nicht den weißen Rand der Zeitungen zu überschreiten und trat auf Todesanzeigen und Stellungsgesuche.
Als die Wohnzimmertüre aufging, schlug ein Akkord an. Auf der Innenseite dieser Türe war eine Zither angebracht, gegen deren Saiten bei jeder Bewegung silberne Kugeln anschlugen. Die Hausfrau merkte, daß mir diese Musik gefiel – und sie machte noch ein dutzendmal die Türe auf und zu.
Dann durfte ich mich an den Tisch setzen, indes mich königlicher Luxus umgab. Auf dem Mahagonibüfett waren drei Etui offen aufgestellt, in denen auf rotem Samt silberne Kaffeelöffel lagen.
In der Ecke stand lebensgroß ein Zwerg, der die Arme zu einem Schirmständer ausbreitete und in einem gipsernen Fliegenpilz steckten zwölf goldene Messer ...
Jetzt erst gewahrte ich den Hausherrn. Er lag ruhend im Schatten des überdachten Kronleuchters auf dem Kanapee. Um jede überflüssige Anstrengung zu vermeiden, hatte er sich auf den Bauch den Teller mit dem Vanillepudding gesetzt. Wenn er at-

mete, zitterte die sulzige Masse, die wie eine Fortsetzung des Leibes aussah und gleich einem Aussichtsturm über das ganze Wohnzimmer Umschau hielt.
Der Hausherr lächelte, und durch diese leise Bewegung lachte auch der Pudding mit. Sie glaubten wohl alle, daß ich ihnen die drei Monatsmieten komplett überbringen würde. Um ihre gute Meinung zu erhalten, rückte ich mit meinem Gelde noch nicht heraus.
Die Hausfrau gab mir einen Löffel und lud mich ein – vom Pudding mitzuessen. Dazu mußte ich mich über das Tischeck beugen, weil die Süßigkeit noch immer auf dem Bauche des Hausherrn lag. Und wenn ich zulangen wollte, schnaufte er aus, der Teller sank in die Tiefe – und ich griff daneben.
»Wart', ich geb' dir ein Stück mit ...«, sagte die Hausfrau. Und ihr Mann, der noch immer daran ablöffelte, hielt den Atem an, damit die Frau meine Portion abschneiden konnte. Sie benützte dazu ein langes Brotmesser – und einen Augenblick sah es aus, als wollte sie ihrem Mann den Bauch aufschneiden.
Dabei bemerkte ich, daß sie sich gegenseitig zublinzelten. Vielleicht hatten sie unsere Mieten schon für ewig verloren angesehen und freuten sich nun über das gefundene Geld. Und da tat es mir wohl, daß ich nur zehn Mark dabei hatte. Ich dachte schon daran, in der Hosentasche schnell zu wechseln und aus dem Briefumschlag nur fünf Mark auszubezahlen.
Aber eine neue Liebenswürdigkeit ließ mich meine ruchlose Absicht vergessen. Fräulein Wanda, die Tochter des Hausherrn, trat ins Zimmer und breitete einen gestickten Sofaläufer am Tisch aus. Freundlich erklärte mir die Hausfrau den Sinn der Zeichnung. Zwischen Gewitterwolken schwebten Englein und bliesen auf Posaunen den eingenähten Text: »Tritt ein – bring Glück herein«. In einem Instrument steckte noch die Nadel. Da ein Cherubim nur halbfertig war, konnte er diesen Satz nicht vor sich herblasen. Vielleicht, dachte ich mir, hat er auf Erden auch die Miete nicht bezahlen können und muß vom Posaunenruf ausgeschlossen bleiben.
Jetzt wurde ich unruhig – und begann im Mietzinsbuch zu blättern. »... Aber vorher soll dir mein Mann noch das ›Schweinchen‹ machen ...«, sprach die Hausfrau.

»Gut«, sagte der Hausherr, »soll ich's machen wie es geschlachtet wird oder wie es bei der Fütterung grunzt ... Was hörst du lieber ...?« »... Wie es bei der Fütterung grunzt ...«, erwiderte ich, denn der erste Vorschlag wäre gegenüber meiner folgenden Zahlung unbescheiden und in keinem Verhältnis zum Aufwand gewesen.
Und der Hausherr begann, wohlig zu grunzen, schob den Mund nach vorne und gab schlürfende, saugende und schmatzende Geräusche von sich ... Dazu tat die Hausfrau so, als ob sie ihm Futter vorschütten würde und der Gemahl erhöhte seine wohligen Töne.
Ich fand es nicht sehr komisch. Es fehlte an Gegensatz und es sah aus, als wollte ein wirkliches Schwein eine Sau nachmachen.
Während dieser kleinen Vorstellung zählte ich mein Geld auf, legte die Markstücke weit auseinander, damit es viel gleich sähe.
Der Hausherr hielt jäh an, schnellte aus dem Tierreich in die menschliche Wirklichkeit zurück und schüttelte den leeren Briefumschlag: »und das ist alles ...?«
Automatisch griff die Hausfrau nach dem bereits eingewickelten Pudding und schob ihn heimlich unters Tischtuch. Aber das Papier raschelte – und eine faltige Erhöhung zeigte mir an, wo mein Geschenk lag. Der Hausherr hatte sich die Stelle nicht gemerkt, fuhr am Kanapee empor und schlug gerade an diesem Punkt mit der Faust auf den Tisch ...
»Himmelherrgottsakrament ...!«
Das hörte ich noch – und dann schlich ich mich ohne Zinsbuch zur Türe hinaus. Die Zither schlug wieder mit einem Zauberakkord an. Aber die Hausfrau machte nicht mehr ein dutzendmal die Türe auf und zu – – –
Während ich die Treppen hinaufstieg, stellte ich mir den Geschmack des Vanillepuddings Bissen für Bissen vor. Und da ich unter dem Dach angelangt war, hatte ich ihn in Gedanken – aufgefressen ...

Ernst Hoferichter

Der Nierenbraten

Durch eine falsche telephonische Verbindung lernten sie sich kennen.
Er hieß Alois Mehltreter und stammte aus der Gegend zwischen Ampfing und Mühldorf, wo die letzte Ritterschlacht geschlagen wurde.
Aber dieses historische Ereignis hatte in seinem Charakter keine Spuren hinterlassen. Er liebte die Freuden des Lebens nur, wenn sie wenig oder gar nichts kosteten und trug von Herrschaften, Millionären und Doktoren abgelegte Anzüge.
Sie schrieb sich Franzi Vierlinger, saß an der Kasse eines öffentlichen Brause- und Wannenbades, verkaufte Seifen und Fichtennadelsalz und verlieh Handtücher. Sie schwärmte für Säulen, Tempel und Weinlaub im Haar – und verliebte sich sofort in Alois' Stimme, die etwas von der Milde echter Tafelbutter besaß.
Am Fischbrunnen trafen sie sich das erstemal. Sie trug ein Seidenkleid, das die Farbe einer Vierfruchtmarmelade besaß, und er hatte die Enden seines Selbstbinders aus der Weste gezogen und ließ sie unternehmungslustig im Winde wehen.
Alois schlug eine Fußwanderung vor. Aber Franzi stimmte für Fahrt – und so bestiegen sie die Plattform einer Straßenbahn, deren Endstation dem Busen der Natur am nächsten lag.
Aus dem Umstand, daß sie für sich selbst bezahlte, schloß er auf einen feinen Charakter, der nicht teuer kam und somit auch edel sein mußte.
Wiesen, Felder und Wald befreiten sie gegenseitig bald vom Druck der ersten Begegnung. Und als die Sonne sich poetisch hinter die grüne Wand des Forstes senkte, wußte sie schon die Größe seiner Kragenweite und er kannte die Namen ihrer Lieblingsfilmstars, von denen sie Hochglanzpostkarten besaß.
Er mußte immer reden – und sie vergaß dabei allen Inhalt. So war sie von dem melodischen Klang seiner Vokale gefangen ...
Alois war sich dieser Wirkung wohl bewußt. Als sie einen Durst nach Kaffee verspürte – begann er zur Ablenkung mit dem Gesang des »Seemannslos«.

Und so wohlig und schmalzig gelangen ihm die hohen Töne, daß Franzi unwillkürlich nach seinen Mundwinkeln hinsah – in der Meinung, daß sich darin das überschüssige Schmalz sammeln müßte.
In seinem Gesang hauste Wind und Meer mit solcher Deutlichkeit, daß jeder Zuhörer – mitten im Tannenwald, zwischen Moos und Fliegenpilzen, das lecke Schiff in die Tiefen des Ozeans versinken sah ...
Aber mit der zunehmenden Nacht breiteten sich auch die Übel von Hunger und Durst wie Ungeziefer aus. Der Ostwind trug die Klänge einer Militärmusik aus einer Gartenwirtschaft. Und Alois fühlte, daß die kostenlosen Freuden wie eine geschenkte Dauerwurst zu Ende gingen.
Im Schein von Bogenlampen traten sie in den fröhlichen Aufruhr des Gartens ein. Dabei hatte er den Gedanken, daß diese Fülle an Licht im Preis der abgebräunten Kalbshaxen rächend zum Ausdruck kommen mußte.
Er wählte einen Platz ohne Tischtuch, um durch Entsagung und Mangel auf nieder angesetzte Preise zu treffen. Sie nahm als Vorspeise noch die Erinnerung der letzten Töne seines Gesanges. In ihrem Gesicht entstand ein Glanz, der nicht nach fettiger Haut aussah. Er kam von innen. Und sogar die Sommersprossen schienen zu lächeln. Sie mußte das Glück wie einen Zentner Würfelkohlen in sich verspüren. So schwer und voll von Wärme ...! Und diese Fülle der Seligkeit rang nach Ausdruck.
Plötzlich kramte sie in ihrer Handtasche herum.
»Da ...!« sagte sie, und legte ihm einen Füllfederhalter in den Suppenteller. »... damit du mich nie vergißt ... und mir viel schreibst ...!« setzte sie leise hinzu.
Alois schmunzelte überrascht. Er, der selten gab, liebte Geschenke über alles. Und er fühlte, wie hinter seinem Brustbein ein festgefrorener Grundsatz schmolz. Alois Mehltreter wurde im Wirbel dieser unerwarteten Freude unsicher, und ein Trieb nach Verschwendung und Hingabe stieg in ihm empor. Die ganze Welt, seine Brieftasche, die Firmungsuhr und die Manschettenknöpfe »double« wollte er ihr zu Füßen werfen ... hielt sich aber doch vor dem Äußersten zurück.
Immerhin blieb noch soviel Schwäche, daß er ihr die Speisekarte

hinschob: »So ... jetzt such' dir aber etwas Feines auf meine Kosten heraus ...!«
Und Franzi begann mit dem Finger die Rubrik der Preise entlang zu fahren und blieb damit über 1 Mark 50 Pfennig – »Nierenbraten mit gemischtem Salat« – stehen.
Alois gab dem Finger in Gedanken einen Ruck nach unten – wo ein »Ungarisches Gulasch mit Kartoffeln« für 90 Pfennig gestanden wäre. Aber schon hatte Franzi der Kellnerin »Nierenbraten« zugerufen – und mit einem Blick auf den Füllfederhalter ließ es Alois geschehen.
Er bestellte dafür zum Ausgleich für sich nur eine Nudelsuppe, in die er zwei Stücke Brot bröckelte.
Und als der Braten mit der Beilage am Tische landete, entsprang ihm unwillkürlich der Satz: »... das macht die Musik ...«
»Was macht die Musik ...?« fragte sie erstaunt.
»... daß, ... daß dieser Nierenbraten ...«, sagte er versunken.
»... so gut schmeckt ...«, half sie ihm nach, indes er dachte: »... dieser Nierenbraten so teuer ist ...«
Und während Franzi Stück um Stück zwischen ihre preiselbeerroten Lippen schob, besah sich Alois den Füllfederhalter – und bemerkte plötzlich den Aufdruck: »Trinkt die Weltmarke Lorelei-Sekt!« Augenblicklich war es ihm klar geworden, daß er nur einen Reklameartikel geschenkt bekommen hatte, der überhaupt keinen Kaufpreis besaß.
Und es war, als ob plötzlich in ihm die Batterie einer elektrischen Taschenlampe ausgebrannt wäre. Kein Wort brachte er mehr hervor und in seinem enttäuschten Antlitz entstanden Gebirgszüge mit tiefen Tälern.
»Was hast du denn, Alois ...?« fragte sie besorgt.
Er gab keine Antwort.
»Macht dich die Musik traurig ...?«
»... ja ...!« murmelte er und zählte der Kellnerin das Geld auf den Tisch, »...die Luft hat dich müd' gemacht«, tröstete sie ihn auf der Heimfahrt. Und er dachte sich die heimliche Antwort: »Natürlich die Luft ...«, die so anständig war und nichts gekostet hat ...!«
Zum Abschied auf baldiges Wiedersehen mußte er sich zu einer erlogenen Herzlichkeit einen Ruck geben – –

Und sie schrieb ihm zweimal ... dreimal ..., er gab keine Antwort. Da kam eines Morgens dieser vierte Brief:
»Geehrter Herr! – – – und da Sie kein Interesse mehr zeigen, ersuche ich Sie höflichst, mir den Ihnen überreichten Füllfederhalter umgehend wieder zurückzusenden. Achtungsvoll: Franzi Vierlinger.«
Alois schwitzte vor Erregung. Und wenn der Füllfederhalter auch im Wert gesunken war, so hatte er auf eine kleine Weile doch seine Freude verschwendet. Und dieses verausgabte Gefühl erschien ihm wie eine Barauslage, zu der noch hinzukam, daß – – – nein, es war unglaublich. Und er schrieb ihr zurück:
»P. P. Erst nach Übersendung des Betrages von 1,50 Mark (m. W. eine Mark fünfzig) für den verauslagten Nierenbraten sende ich Ihnen den Füllfederhalter zurück. Alois Mehltreter.«
Und als er diese Antwort in den Kasten warf, freute er sich über seine Tatkraft. Die kurzen Bedenken, daß er dabei nicht als Edelmann und Kavalier gehandelt hatte, zerstreute er mit dem Wert, den ein Nierenbraten darzustellen pflegt.
Für dieses Geld könnte man zehnmal mit der Ringlinie um die Stadt trambahnfahren, ebensoviele Postkarten nach den entferntesten Punkten auf fünf Erdteilen senden, fünfzig frische Semmeln verzehren und im Panorama sich mehr als ein dutzendmal den Ausbruch des Vesuvs durch Vergrößerungsgläser ansehen ...
Und es war gar nicht auszudenken – was man noch alles für eine Mark fünfzig Pfennig erleben könnte.
Alois Mehltreter dachte es sich aus und vergaß darüber sogar sein Liebesabenteuer.
Ein halbes Jahr verging – als er durch ein seltsames Ereignis von neuem daran erinnert wurde.
An einem freien Nachmittag bummelte Alois wieder auf seine Art durch das Herzgeviert der Stadt. Er las auf Anlagebänken in fremden Zeitungen, die seine Mitmenschen vor sich ausgebreitet hielten, ließ sich in Feinkostgeschäften Gratisproben von neuen Kaffeemischungen und Suppenwürzen geben und hörte vor den Türen der Musikalienhandlungen dem Abspielen von Grammolaplatten zu.

Gegen Abend sah er plötzlich hinter der Scheibe eines vornehmen Speiserestaurants – Franzi Vierlinger mit einem feinen Herrn sitzen. Sie hatte auf dem weißgedeckten Tisch ein ganzes Lager von Eßwerkzeugen liegen, die auf die laufenden Gänge eines königlichen Menüs warteten.
Im Gesicht war sie voller geworden – und unwillkürlich bezog er einige Gramm dieser Zunahme auf seinen einst verausgabten Nierenbraten.
Und er stand eine geschlagene Stunde hinter einer Litfaßsäule versteckt – und beobachtete, daß sie – noch immer aß. Ja, und er wünschte insgeheim, daß sie gar nicht mehr aufhören würde.
Dagegen war sein Nierenbraten mit Salat kaum ein Almosen gewesen ...! Er schnaufte immer leichter und freier ... Und sein Verlust schrumpfte zu einer mageren Null zusammen.
Der feine Herr gab ihm Mut und Kraft zu einer neuen Tat. Jetzt fühlte er sich auch zu höheren Opfern bereit.
Er lief nach Hause, verpackte den Füllfederhalter und sandte ihn an Fräulein Franzi Vierlinger zurück. Und er legte einen kleinen rosaroten Brief bei, der davon handelte, daß er seinerseits auf alle Rückerstattung der Kosten für den einst verzehrten Nierenbraten samt Salat verzichte – und daß sie diese kleine Orgie als reines Geschenk seiner Liebe und ernsten Absicht zu betrachten habe. – Alois versprach sich durch diese weitausholende Tat eine große Wendung der Dinge. Tag für Tag horchte er an seinem Briefkasten auf ihr reuiges Lebenszeichen. ... Seinem kleinen Horizont entsprach eine große Geduld. Nachts träumte er alle Ängste um einen Nierenbraten, der immer wieder bezahlt werden muß ... Und am Tage hoffte er auf die Heimkehr der großen Liebe ... Und darauf wartet er noch heute. – – –

Julius Kreis

Ameisen

»'s Gras is no naß, der Bod'n is no net derwärmt, d' Ameis'n fress'n di z'samm'!«
Dies alles, was Vater Rambögl gegen einen Mittagsschlummer

im Freien vorbringt, verfliegt wie Spreu im Wind. Frau Rosina Rambögl, die in vielen Ehejahren den Hang zum Romantischen so oft verdrängen mußte, setzt ihren Willen durch. Also sucht man sich halt am Amper-Ufer ein Platzl aus. Herr Rambögl stochert mit dem Spazierstock mißmutig in der Wiese herum. Er sagt: »In a halb'n Stund waar'n ma beim Bruckbräu. Is a schattiger Garten, a Andechser Bier, guat g'halt'n. Na derfst di herflagga wia Zigeiner!«
Mutter Rambögl breitet schon die zwei Lodenmäntel auf dem Rasen aus und nimmt – um ihren Gatten mit dem Busen der Natur zu versöhnen – aus dem Rucksack ein paar Brote mit Geräuchertem.
Herr Rambögl läßt sich ächzend und knurrend nieder, denn dieses ungewohnte Lagern veranlaßt seine Gliedmaßen zu seltsamen und beschwerlichen Maßnahmen. Frau Rambögl ruht schon, hingegossen im kühnen Schwung ihrer Hüfte. Sie bewundert die Landschaft. »Die Aussicht is scho großartig. Alles so schön grün. Und de Ruah. Und de Wies'n – den wunderbaren G'ruch, wo's ham. Hör nur grad, wia d' Vögel singa!«
»I hör' koa«, sagt Rambögl. Er ist mit dem Ripperlbrot beschäftigt. »Allweil z'vui Salpeter tean s' hi'! Mit Kranewittbeerln g'hörat's g'würzt.« Er blickt mißgelaunt und kühlen Herzens in die Landschaft. »I bin koa Naturfeind – aber so am Bod'n hi' setz'n ...!«
Rambögl hat für die Natur eine wohlwollende Neutralität. Man kann sagen: Sympathie. Aber es muß die Kirche beim Dorf bleiben. Dieses Lagern im Freien paßt ihm nicht.
Mutter Rambögl reicht ihm ein Blümchen hinüber und fragt, wie es heißt. Er betrachtet es mißtrauisch. »Werd scho so a G'wachs sei!« Eine Erklärung, die auch Frau Rambögl kaum zufriedenstellen kann.
Sie gibt es auf, ihren Gatten zur Sinnigkeit anzuregen, wendet sich ab und summt ihr Lieblingslied vor sich hin: »Waarum weinst du, schöne Gärtnersfrau, weinst du um der Veilchen tiefes Blau ...« Dann ist sie sanft entschlummert und auch Vater Rambögl dämmert hinüber. Der Tag war heiß. Ganz fern im Wald schlägt ein Kuckuk. In den Schlaf von Herrn Rambögl klingt es, wie wenn im Bruckbräu frisch angezapft würde.

Sie erwachen. Frau Rambögl einige Augenblicke später als ihr Gemahl. Sie hört laute und heftige Worte, beschwörend, verwünschend, ergrimmt, anklagend. »Bluatsameis'n, bluatige, Hundsviecher dappate, g'scherte.«
Herr Rambögl ist beschäftigt, mit beiden Händen jene Partien seines Rückens zu erreichen, die nur einem Rastelli zugänglich sind.
»Biss'n ham s' mi! I hob's glei g'sagt. Grad zwoa Handbroat unterm G'nack, brenna tuats zum hi'wer'n!«
»Da gibt's nix Besseres als a frische Erd'n drauf«, sagt Mutter Rambögl und schiebt ihrem Mann auch gleich eine Handvoll heimatlicher Scholle zwischen Hemd und Rücken. Aber die Scholle rutscht talwärts und das Brennen hört nicht auf. »Jetzt ham ma an Dreck im Schachterl«, sagt Vater Rambögl. »Da laffa s', de Bestien«, ruft er grimmig und weist auf das Ameisengewimmel.
»An Salmiak sollt ma halt ham«, meint kleinlaut die Gattin. »Salmiak – Salmiak«, echot Rambögl. »Sag glei, daß ma d' Sanitätskolonne dabei ham soll'n! I hab's glei g'sagt, daß uns d'Ameis'n fress'n.«
Jetzt wendet sich das Erbarmen der Gemahlin in Erbitterung. »Nix hast g'sagt und überhaupts müass'n de grad herkumma sei! De war'n vorher gar net da! Tua nur net gar so schiali'! Mei! De Mannsbuider wenn was fehlt, des is ja glei ganz aus! Was tat's ihr erscht sag'n, wenn's Kinder auf d'Welt bringa müassats! – – Mi hat überhaupts gar koane biss'n!« – »De wer'n scho wiss'n warum«, sagt voll Rachsucht der Gatte Rambögl.
Mutter Rambögl läßt nicht gern jemand das letzte Wort: »Des san vielleicht gar koane Ameis'n g'wes'n. Vielleicht buidst dir des Brenna nur ei'. I siech koa Fleckl an dein' Buckl.«
Der Aufbruch vom Lager geschieht in Eile und Schweigen. Es ist jenes dumpfe Schweigen, das unter dem starken Druck der Atmosphären vor dem Gewitter über der Landschaft liegt.

Man wandert fürbaß. Rosina Rambögl kann es nicht länger mitansehen, wie ihr Mann vergebliche Versuche macht, die beiden Schulterblätter zu erreichen. Sie hat ein gutes Herz und reibt ihm das Weh energisch ab.

»Nix scheuch i so wia d' Ameis'n! Waar'n ma dahoam blieb'n, waar'n ma nachmittags nach Holzapfelkreut naus. Is aa a guate Luft, hätt'n uns was guats gunnt, unsern Grüawig'n g'habt.«
Die Frau: »I hab' überhaupts net fortwoll'n! Du hast doch g'red't von ara Landpartie!«
Er: »So, i bin's wieder g'wes'n.« Der Vater Rambögl schweigt. Er ist ein Kenner der Frauenseele.

Im Bruckbräu trifft man Herrn Erpfbacher. Begrüßung, Befragen nach dem Befinden, nach Woher und Wohin. Rambögl erzählt seine Schicksale und Abenteuer. »... z'sammg'fress'n ham s' mi!«
»Is aber no hübsch was überblieb'n«, sagt der Freund Erpfbacher und klopft Rambögl auf die runde Weste.
Rambögls Schmerz hat sich gelegt. Er lacht. Unter schattigen Kastanien, kühl, geborgen und vor Durst bewahrt, werden alle guten Regungen wach. Dafür ist in Frau Rambögl ein Stachel geblieben, der sticht und sticht und je versöhnter ihr Gatte mit sich und der Natur wird, desto mehr verdüstert sich ihr empfindsames Gemüt, und als Rambögl noch einmal die Bluatsameisen aufmarschieren läßt, da bricht bei Frau Rosina Haltung und Fassung und sie kann die Tränen hinter dem angesetzten Maßkrug nicht mehr verbergen. Sie schluchzt.
Herr Erpfbacher ist ein Mann von Ritterlichkeit und Gefühl. Er sagt: »Soll er doch froh sei, Eahna Mo'. Es gibt nix bessers geg'n Rheimatis! A jeder Doktor kann's Eahna bestätig'n. An Kassier Rimhofer, kenna S'n scho, den hat sei Ischias so plagt, – der hat wochenlang an Platz mit recht vui Ameis'n g'sucht. Glaab'n S', er hätt oan g'fund'n? So is im Lebn! Dem oan fehlt der Wein und dem andern 'as Glas!«
Rambögl klopft seine Rosina versöhnlich. Er sagt: »San man jo scho wieder beinand! Mir is gar net so weg'n de Ameis'n, nur des Hi'setz'n ins Gras ...«
Und Frau Rosina schluckt und wischt sich eine letzte Träne vom Aug.
»Fräulein, meiner Frau bringn S' drei Regensburger in Essig und Öl, aber vui' Zwiefi dro'!« –

In der Bahn bei der abendlichen Heimfahrt sitzen sie schon ganz im Frieden und Glück nebeneinander. »A so a schöner Tag is g'wes'n. Ewig schad, wenn da d'Leut net 'nausgehn mög'n ...« Rambögl dampft dicke Wolken aus seinem Kloben: »Gehst naus in d' Natur, siehst was, hast was davo, a jed's Bleami, a jed's Viecherl freut di.«
Er scheuert ganz heimlich den Rücken an der Banklehne. Und sagt: »I glaab, es sann vielleicht doch koane Ameis'n g'wes'n.«
Darauf Sie: »Es war'n scho oa! Schaug nur grad, wia schö d' Sonn' untergeht.«

Lena Christ

In der Auer Herberg'

Draußen bei der Kirche Maria Hilf in der Au sind die Herbergen vieler alter Bürger unserer Münchnerstadt. Und entlang dem Lilienberg lehnen noch allerhand Hütten und Häuslein, in denen schon die Urväter mancher noblen Palastbesitzer und Wagerlprotzen ihre ärmlichen Hosen zerrissen und die Wänd bekritzelt haben. Ein winziger Geißenstall, ein morscher Holzschupfen, ein alter Röhrlbrunnen oder eine mürbe Holzaltane und ein wilder Holunderstrauch in dem armseligen Wurzgärtlein weist noch dem Beschauer die Genügsamkeit der Bewohner dieser Herbergen mit ihren zwei, drei Kammern und dem Küchenloch. Da hinaus führt nun die Weinzierlfranzi ihren Schützling, die Hanni. Es ist um die Zeit am Morgen, da die Fabriken ihre Signale zum Beginn der Arbeit heulen und die Bäckerburschen mit den Milchmädchen an Straßenecken schwatzen. Durch die Gassen hinkt ein alter Lichtanzünder und verlöscht das Morgenlicht in den Laternen, und fröstelnd trippeln fünf, sechs Mädchen in dünnen Fähnlein ihrer Arbeitsstätte zu. Aus den Fenstern der Häuser blinkt da und dort ein mageres Öllicht, und aus den rußigen Kaminen steigt leicht und bläulich dünner Rauch in die beißend kalte, klare Morgenluft. Auf den hohen Giebeldächern liegt der festgefrorene Schnee, und von den Dachrinnen, die so nieder sind, daß man den Hausschlüssel darin verwahren kann, ohne

einen Schemel zu brauchen, hängen dicke Eiszapfen schier bis zum Boden.
Vor einer dieser Hütten macht die Franzi halt; sie späht erst durch eins der vereisten Fenster, dann drückt sie leise auf die Klinke. Das Haus ist offen, und sie treten ein in den winzigen Hausflöz. Da liegen und stehen Körbe, Kisten, Häfen und Holzscheite herum, auf den ausgetretenen Stufen der geländerlosen Stiege liegt Wäsche und Spielzeug, und vor der Tür, die in die eine Kammer führt, steht das eiserne Zylinderhütlein ihrer Kinder. In der Kammer liegen drei der Hascher in einer mageren Betthaut, einer sitzt hemdärmelig auf dem kalten Stubenboden, hat die Kaffeemühle und etliche Erdäpfel als Spielzeug neben sich und jammert um die Morgensuppe. Ein aufgeschossenes Maidl hockt vor dem alten Sesselofen und bläst aus vollen Backen in die schwelenden, rauchenden Reiser, während ein etwa sechsjähriger Bub auf dem zusammengesessenen, pichigen Kanapee steht und die Herdringe zur Melodie des Münchner Schäfflertanzes schwingt.
Die Hanni bleibt beklommen draußen vor der Stubentür stehen; doch ihre Gastgeberin sagt freundlich: »Trau di nur rei', Hanni! Gschiecht dir nix! Höchstens, daß di d' Arbat opackt. Geh, ziag mir die Gsellschaft o; die derfriern ja! Und koch eahna an Kaffee! Muaßt aber z'erscht d' Goaß melcha!« Die Dirn ist froh um die Arbeit. Sie zieht die schreienden, zappelnden Würmer an, wäscht sie und striegelt ihnen das Haar, hilft der Großen ein Feuer anmachen, daß es knistert und kracht, und stellt den Hafen mit dem Kaffeesatz darauf. »Wo hast dein Stall und a Melchgschirr?« fragt sie danach. Die Weinzierlin wird verlegen. »Mei«, sagt sie, »so nobel wia bei den Bauern gehts bei mir net zua. Da hätt ja i an Platz net dazua. Mir habn halt drei Stuben, und da hab i oane vergebn an an Zimmerherrn. Sand halt doch alle Monat sechs Mark. Und hintn, wo der Stall hingehört, hab i mei Gmüas und mei War. Mir muaß si halt nach der Deckn strecka. Da hint steht a blecherna Eimer, schau, den nimmst zum Melchen. Und da drin ...«, sie öffnet eine niedere Tür ... »Da drin is d' Goaß.«
Die Hanni nimmt den Blecheimer, auf dem noch ein Zettel klebt: »Feinste Aprikosenmarmelade«, und will hinein in die Geißen-

kammer. Aber erschrocken fährt sie zurück. Da liegt auf einem elendigen Lager ein bleicher Mann mit eingefallenen Wangen und fiebernden Augen, der flüstert heiser etwas Unverständliches und winkt mit matter Hand seiner Franzi, wobei ihn ein dürrer Husten peinigt. Neben diesem Siechenbett steht ein alter Waschkorb; und darin kriechts und wurlts, und es winselt ein Häuflein junger Hunde und krabbelt und sucht an der knurrenden Alten herum. Drunten am Fußende der Bettstatt aber ist ein Haufen Laubstreu aufgeschüttet, und darauf liegt, an den Bettfuß gebunden, meckernd eine grobbeinige Geiß, die sogleich aufspringt und nach ihrem Futter schaut. Die Weinzierlin geht an die Liegerstatt ihres Mannes, streicht ihm das Kopfkissen glatt und horcht auf sein Geflüster. »Wo bist denn gwen?« fragt er. – »Da brauchst do net z' fragn!« erwidert sie bitter. »Daß d' di denn alleweil wieder erwischn laßt!« – »Ja no. I hab halt wieder 's Maul net halten könna. Und a Widerstand is schnell beinand. Aber dees is jetz gleich. Dees ghört zum Gschäft. I hab mir wem mitbracht als Aushilf derweil, bis i wiederkimm – von der Straf. Deesmal muaß i sechs Wocha macha.« Ihr Alter seufzt und fragt um den Kaffee. »Glei kriagst 'hn«, sagt seine Franzi und schaut zufrieden auf die Hanni, die sich frisch auf die Streu gekniet hat und nun in flinken Strichen die gelbliche Milch in den Eimer melkt. Danach kocht sie eilig den Kaffee fertig, füttert die Kinder und den Kranken und geht dann hinter in den winzigen Schupfen um Heu für die Geiß. So beginnt sie ihr Tagwerk in der Münchnerstadt, in dem neuen Hoamatl, von dem sie dachte, es würde sich schon eine Kuh drin finden zum melchen. »Macht nix«, denkt sie; »wenns aa koa Kuah is; na is 's halt derweil a Goaß!« Und sie tut singend ihre Arbeit.

Kinder warten, Hunde füttern, den Kranken pflegen und der Geiß einstreuen, das Haus versorgen und die Mahlzeit richten, das ist der Hanni ihr Tagwerk; ein paar Stunden Schlaf auf dem hinabgeschelchten Kanapee, das ist ihre Nachtruh. Und eines Morgens sagt die Weinzierlin: »Hanni, heunt muaßt mit zum Handeln. Daß d' dich auskennen lernst in der Stadt, und daß d' mir 's Geschäft weiterführn kannst, wenn i net da bin.« Also holt sie ihren Handkarren aus dem Schupfen, ordnet das Gemüse, die

Orangen und die Nüsse darauf und schreibt mit großen Buchstaben die Preise auf die Tafel, die sie auffällig an den Karren hängt. »Franzi, wennst von der Schul hoamkommst, nachher wärmst die Suppen in dem blauen Hafen dort auf!« sagt sie noch zu der Großen; »und a Brot gibst an jeden, und an Vatan a weichs Ei. An Hund net vergessen und d' Goaß! Pfüat enk der Himme!« Sie schließt das Haus und macht sich auf den Weg.

Und so trabt auch die Hanni mit der Händlerin durch die Straßen dahin wie das Kalb am Strick, betrachtet die Stadt mit ihren Häusern und Läden, die Gassen, Plätze und Winkel, schaut auf die Schilder, welche ihr deren Namen weisen, und horcht auf die Rufe der Franzi, die ihre Waren mit beredten Worten anzubieten versteht. »Madam! Schöne goldgelbe Zitrona, viere a Zehnerl! – Geht nix ab? – Zuckersüaße Oranschen, Herr Nachbar! – Nehman S' Eahna a paar mit! Fünfe um a Zwanzgerl, Herr! – Neue Nuß! Nix gfällig?« Freilich geht das Geschäft nicht reißend; aber sie kommen auf ihrer Reise doch auch an Plätzen vorbei, wo sie binnen weniger Minuten mehr verkaufen als anderswo in einer Stunde. »Dees muaß i mir merka«, meint die Hanni; »daß i die Plätz no woaß, wann i amal verkaaf. Überhaupts sollt ma glei bloß dahin fahrn, wo si was rührt!«

Aber im selben Augenblick kommt einer, den die Dirn noch gut erkennt als einen Wächter der Gesetze; und sie begreift es schnell, warum ihre Wirtin so geschwind den Karren um die Ecke schiebt und im Trab die nächsten Straßen durcheilt. Ja ja. Breit ist die Straße – zum Verderben; aber es wohnen halt die reichen Leute dort! Und die Franzi meint: »Ja no! Allemal, wenn i mei Straf wieder abgsessen hab, gib i a Zeitlang Obacht auf die Vorschrift. Aber wenn i siech, wia meine Kinder hungri sand und d' Apothekn oa Markl um dees ander frißt für mein Kaschban seine Trankerl – mei, da wird oan alles wurscht. Da hoaßts halt: Hast a Geld? Und balst koans hast, bist verratzt und verkaaft vom Anfang bis zum End. Is 's vielleicht anders? Bringst an Schratzn auf d' Welt – dees erschte is, daß d' Hebamm fragt: Hast a Geld? Wenn s' aa net mit Worten fragt; mir gspürts scho, wann s' siecht, daß ma koans hat. Nachher laßt a so a Grischberl taafa; mei, 's Wasser kost't freili nix. Aber – der Pfarrer möcht lebn, und der Meßmer möcht lebn, und der Magischtrat und d'

Gmeinde aa. 's Heiratn ham s' oan aa net umasonst erlaubt; und balst amal einefallst in d' Gruabn, und brauchst an Nasendetscher und an Ewigkeitsfiaker, nachher tat not, du hättst als a Toter no an Geldbeutl in der Hand. Ja ja. – Is mir heunt scho angst, wenn mei Kaschba amal dro glaabn muaß. Bis i dees beinand hab, derf i mi no oft einsperrn lassen! Denn i möcht 'hn doch scho dritter Klass' eingrabn lassen, wenns a bißl geht. – Gnä Frau, was geht ab? Der Karfiol? Sechzig, gnä Frau. – Sonst noch was gfällig? – I dank schön, gnä Frau. A andersmal wieder d' Ehr!« Einmal kehrt die Franzi mit der Hanni auch ein während ihrer Handelsfahrt. Drunten beim Markt und Dultplatz, im Blauen Bock. Da sitzen sie beieinander, die Karrenschieber, essen ihren Brocken Wurst oder Käs, trinken ihre Maß und schwatzen sich die Galle weg, die ihnen so oft im Tag übergeht, wegen der War, wegen der Kundschaft und wegen des Wortes: Verboten. Und die Hanni lernt das Geschäft kennen; den Großhändler, die Reißer und Schlager unter der Ware, die Kundschaft und das Gesetz mit seinen Vertretern. Sie horcht genau auf die Rede des alten dicken Kartoffeltobias, verfolgt die Ausführungen der rothaarigen Blumenhändlerin und überlegt, was man für die nächsten Tage ankaufen könnt, um wenig zu setzen und viel zu gewinnen.

So lebt sie sich gemach ein in den Beruf ihrer Hauswirtin, der Weinzierlfranzi, und wird schließlich deren Vertraute und rechte Hand. Und das Häusl draußen an dem Berghang wird allmählich hell und freundlich, die Kinder hängen an ihr, dem Baserl, die Hunde springen ihr entgegen, die Geiß kennt sie, und der dahinsterbende Weinzierl macht zufrieden die eingebrochenen Augen zu, wenn ihm die Hanni die Kissen aufschüttelt und die Kammer hinausfegt. – Die Weinzierlin aber geht dahin, wo sie als tote Nummer einer Zelle den grauen Kittel der Verbrecher trägt, Socken strickt und Tüten klebt, Böden schrubbt und Wäsche reibt gegen einen Taglohn von vielleicht zwölf Pfennigen, bis sie den letzten Heller ihrer Strafmandate abgesessen hat.

Josefi! Der Tag aller Sepperl und Pepperl! »Heut geh i mit Bleame«, sagt sich die Hanni am Tag vor Josefi; »denn heut bring i sicherli mehr Veigerl und Schneeglöckerl o als wia Blaukraut und gelbe Rüabn.« Und sie legt ihr gutes Gewand an, nimmt den

weiten Armkorb statt des Karrens und läuft zur großen Markthalle, wo sie bald das Rechte findet: Anemonen, Schneeglöcklein, Nelken und Veilchen. Auf einer Bank nahe der Isar bindet sie geschwind eine Menge kleiner Sträußlein, und dann eilt sie mit dem Korb stadteinwärts, belebten Straßen zu und großen Häusern. »Herr, ein Sträußerl gfällig? – Schöne Veigerl, Frau, was geht denn ab? A Namenstagbuketterl net vergessen, gnädiges Fräulein!« Ach, sie kommen hart über ihre Lippen, diese Lockrufe und Anpreisungen! Und die Frauen, die vorüberhasten, sehen sie an mit Augen, die ganz unverhohlen sagen: Betteldirn! Tagdiebin! Und die Männer? Ja ja. Die schauen nicht bloß ihre Blumen an und ihren Korb; die gaffen ihr gar oft ins Gesicht, daß sie wähnt, es würde ihr bei solchem Gaffen alles abgezogen, jede Hülle, und sogar die Haut. »Herzerl!! – Schatzerl! – Schöns Kind!« Aber das Geschäft geht gut.
Und gegen Abend, da die Straßen und die Läden, die Gaststätten und die Wohnungen hell erleuchtet werden, da hat sie alle ihre Veilchen und die Schneeglöcklein verkauft, und auch von ihren Nelken und Anemonen sind nur noch wenig Büschel übrig. Da kommt ein alter Herr des Wegs, im Pelzrock und Zylinderhut. Der hat kaum die Hanni erblickt, als er sogleich zu ihr in die Toreinfahrt tritt, auf den Rest in ihrem Korb deutet und fragt: »Was kosten sie?« Und dabei gleitet sein Blick über ihre schwarzen Zöpfe, ihren Körper, und bleibt betrachtend stillstehen in ihrem von der kalten Luft geröteten Gesicht und in den Augen, indes sie leise sagt: »Drei Mark, Herr.« Er zieht die Börse und fragt, während er darin herum sucht: »Wie heißt du denn? Bist du Münchnerin? Bist du schon Frau?« Die Hanni bindet mit unsicherer Hand den Strauß zusammen.
Was der alles wissen möcht! Das wär wieder so einer! Aber ein feiner, ein vornehmer Herr ist er doch! Und sicher reich – sehr reich! Seine Börse ist gefüllt mit Silbergeld und Scheinen, und sein Anzug, sein Benehmen sagt ihr, daß er etwas andres ist als alle, die ihr bisher in die Augen sahen, – so begehrlich ... »I bin koa Münchnerin, naa, Herr. I bin aa net d' Frau selber. I bin bloß d' Hanni.« – »Die Hanni. Hast du zu Haus noch Blumen?« – »Naa, Herr. Aber i kann Eahna leicht morgn no oa bsorgn, so viel S' mögn!« Der Herr besinnt sich ein wenig. Dann reicht er ihr

eine Banknote hin. »Hier. Laß nur gut sein. Und bring mir morgn noch so einen Strauß. Wart, hier hast du meine Adresse. Um zwei Uhr bin ich zu Haus.« Er gibt ihr eine feine Visitenkarte in die Hand. »Auf Wiedersehen, Fräulein Hanni!« Noch ein kurzer Gruß, ein Lüften des Zylinders, dann ist er in dem Strom von Straßenbummlern verschwunden.
Die Hanni blickt ihm betäubt nach. Dann betrachtet sie abwechselnd die Karte und das Geld. »Zwanzg Mark! Für die paar Bleame! Und a Baron is er; der Herr! Und reich, ganz narrisch reich ...« Sie fährt mit der Trambahn heim. »Heut laaf i nimmer z' Fuaß bis in d' Au! Heut hab i scho mein Wochenlohn verdeant!« sagt sie sich. Und immer wieder betrachtet sie die Karte mit dem vornehmen Namen und der vornehmen Adresse. Und da sie draußen bei der Weinzierlhütten steht und aufschließt, summt sie leise:

»Lusti is auf der Welt,
Zwanzg Gulden in Silbergeld,
Dreißge in Schein –
Bua, mei Herzerl ghört dein!«

Die Hanni wirft den Korb unter die Stiege im Hausflöz, zündet eine Kerze an und geht hinein in die Stube. Aber die ist leer. Und aus der Kammer daneben dringt ein matter Lichtschein. Sie läuft durch die Stube und bleibt erschrocken an der Kammertür stehen. Da liegt der Weinzierl wachsgelb und starr in den Kissen; neben der Lagerstatt brennt in einer steinernen Flasche eine Wachskerze, und auf dem Nachttischchen liegen allerhand bunte Heiligenbilder ausgebreitet. Und auf der Zudeck des Bettes liegen und krabbeln die jungen Hunde, indes die Alte druntenbei den Füßen des Toten sich unters Deckbett verkrochen hat und schläft.
Die Kleinen aber hocken auf der Geißenstreu und machen halblaut Musik mit Papiertrompeten, indes der Bub leise weinend unter der herausgezogenen Kommodenschublade liegt und ängstlich nach dem eingebrochenen Gesicht des Toten schielt. Und die Geiß steht meckernd dabei, wühlt mit den Hörnern in der Wäsche und zerrt an ihrem Strick, der sich in ihre Füße ver-

wickelt hat. Starr steht die Hanni eine Weile vor dem Bild; endlich rafft sie sich zusammen, trägt die Kinder hinaus, kocht und versorgt das Haus und eilt danach zur Totenpackerin und zum Schreiner, zum Doktor und zum Pfarrer, bei dem sie auch das große Weinzierlmaidl findet, bleich und mit großen, fremden Augen. »Sie hat ihn sterben sehen«, sagt der Pfarrer mit einem Blick auf das Kind; »nun wollt sie nimmer heim, allein.« – »Aber mit der Hanni geh i scho hoam«, sagt das Dirndl. Und sie faßt die Hanni bei der Hand und zieht sie mit sich fort.

Nun liegt also der Tote da, und man muß warten bis zum Morgen, bis er in die gelblackierte Truhe mit dem Hobelspanbett und den steifgestärkten Spitzen kommt und der Deckel mit dem blechernen Herrgott drauf den starren Leichnam einschließt in die Kammer, die leicht Platz hat in der stillen Grube draußen im Gottesacker. »Mei, is guat, daß 'hn unser Herrgott hoamgholt hat!« meint die Leichenfrau am Morgen, da sie den Abgeschiedenen wäscht und für die letzte Reise kleidet. »Für die arma Leut is der Tod allemal a Glück. Und fürn Weinzierl scho ganz gwiß. Sitzt sie scho wieder?« Die Hanni gibt ihr keine Antwort und geht hinaus. Indes die Leichenträger und die Geistlichkeit erscheinen, der Friedhofswagen mit den beiden Rappen vorfährt und also der ehrbare Kaspar Weinzierl für immer seine Herberg in der Au verläßt. Dabei dann einer von den Trägern zu den andern halblaut sagt: »Da werds mitn Trinkgeld mager ausschaugn!« und ihnen seufzend eine Prise aus der großen Dose anbietet.

Da nun die Kammer leer und ausgefegt und das Bett des Heimgegangenen in die Holzlege hinausgehängt ist zum Lüften, auch die Kinder versorgt und die Stube durchwärmt ist, da muß die Hanni daran denken, den Tod des Hausvaters seiner Wittib draußen mitzuteilen. Und so macht sie sich am Vormittag noch auf den Weg.

»Und wenn grad amal was wär, Hanni, mit eahm, oder mit die Kinder, nachher bringst mir die Botschaft 'naus; fahrst bis in d' Tegernseerlandstraß und gehst die Alleebaam nach. Wenn d' Häuser ausgehn, siechst es a so vor dir steh.« So sagte die Weinzierlin noch vor ihrem Gehen. Also fährt die Hanni mit trübem

Sinn und müdem Kopf dahin und geht nachdenklich durch die alte Straße, indes der Föhn durch die Bäume pfeift, die Wolken jagt und drüben im Forst heulend über die Wipfel fegt, daß es weithin ächzt und kracht. Fröstelnd zieht sie ihr Wolltuch fester um die Schultern und blickt mit großen, starren Augen hinüber zu dem düsteren Häusergeviert mit der kleinen Kirche und den hohen Mauern, welche alles, was dahinter ist, abschließen von der Außenwelt. »Wann wirst du selber drin sein hinter dene Fenstergitter?« fragt sie sich; »wie mag dir wohl die Suppen schmekken drin in so einer Keuchen?« Und ein Zorn packt sie – über ihr hitziges Blut, über ihre Reise nach München, über alles, was Schuld trägt an ihrem Dasein überhaupt.

Unter solchem Denken und Sinnieren kommt sie unversehens an das hohe Gittertor, das sich eben hinter einem alten dürren Weiblein schließt. Sie überlegt, ob sie nicht dem Pförtner noch rasch rufen sollt; aber sie tuts nicht. »Dann geh ich zu Maxim ... da bin ich sehr intim ...« Die Hanni blickt erschrocken um sich. Da trippelt auf zierlichen Stöckelschuhen eine modisch aufgeputzte Dame hinter ihr zum Tor, trällert und singt und wiegt den Kopf mit dem Federnhut dazu im Takt, schlenkert das Täschchen und den Schirm in der Hand und tut, als ging sie zu einem Reichsgrafen auf Besuch. Vor dem Eingang bleibt sie stehen, schaut von oben herab zur Hanni hin und fragt: »Ham Sie schon gläut'!?« – »Naa.« Die Hanni betrachtet in starrem Staunen das noble Frauenzimmer und überhört schier, daß der Pförtner mit dem rasselnden Schlüsselbund das Tor aufschließt und einem die Freiheit gibt, einem bleichen, hageren Burschen im hellen Sommeranzug und Strohhut. Der zieht frierend die Schultern hoch, steckt die Hände tief in die Hosentaschen und sagt: »Joldene Freiheit, wie blickste mir an! Nee, Justav, so wat machste nich wieder!« Und damit stutzt er mit langen Schritten stadteinwärts. Der Schließer aber begrüßt die Dame mit den Worten: »So, bist scho wieder da, Kathi! Nur 'reinspaziert!« und sagt dann zur Hanni: »Wollen Sie auch 'rein?« Die fährt erschrocken zusammen. »Jaa ... dees hoaßt ... i muaß zum Herrn von dem Haus. I hab eppas zum ausrichten.« – »Aha. Also, dann gehn S' nur aa glei mit.« Drinnen in der Wachstube des Pförtners wird das feine Fräulein sogleich als alte Bekannte begrüßt und einer Aufseherin

überwiesen. Die Hanni aber weist den Totenschein des seligen Weinzierl vor und sagt: »Ich muaß mit der Weinzierlfranzi redn. Ihr Mann is gstorbn, gestern.« Man stellt sie dem Inspektor der Anstalt vor; dann wird sie in eine Kammer geführt, die durch ein hohes Gitter in zwei Hälften getrennt ist. Sie setzt sich fiebernd und zerschlagen auf einen Stuhl. Ein Schaudern erfaßt sie wieder, da sie daran denkt, daß sie vielleicht schon in wenig Tagen auch hier sein muß – als eine Bestrafte, eine Büßerin. Aber dazwischen kommt ein trotziger Grimm über sie. »Für was eigentli? Wegen was sperrn s' di ein? Was hast denn gar to? A paar fremde Mannsbilder hast a bißl scharf anlassen, weilst es net kennt hast, daß's gwappelte gwen sand! – Ah was! ...«
Eine Tür wird aufgeschlossen, eine robuste Wärterin mit harten Zügen und stahlgrauen Augen tritt mit der Gefangenen ein. Die Franzi wird bleich und rot; Angst wechselt mit dem Gefühl der Scham, hier hinter Schloß und Riegel, hinter Gitterstäben und im Beisein eines Dritten weiß Gott was hören, reden zu müssen. Aber die Hanni spürt, wie es der Franzi ist, sie würgt an ihrem Mitleid, Zorn und Schmerz, drückt die notpeinliche Verlegenheit nieder, die sie beim Anblick ihrer Hausmutter befällt, dabei sie an die Legend vom lieben Christusherrn denken muß, wie er vor dem Herodes stund; und sie sagt: »Franzi, du hast gsagt, wenn amal was is, ... i muaß dir sagn ... daß dei Mo ... der Kaschba ... gestern ... ruhi... und guat ... hoamganga is. Am Sunnta werd er eingrabn.« Es ist aus mit ihrer Fassung. Da drüben hinter diesem Beichtstuhlgatter, da steht die Wittib, wie eine schmerzhafte Mutter unterm Kreuz, schlägt die Händ vors Gesicht, läßt sie wieder sinken und sagt endlich mit einer fremden, toten Stimm: »Der Vater. Mei Kaschba. Nachher san ma jetz alloa.«
Die Aufseherin unterbricht sie mit einem Wort des Beileids. Und meint danach: »Mei, grad recht leicht wird er kaum gstorbn sein. Eahna Mann! Wenn man bedenkt, – die arma Kinder, und d' Frau da herin ...« – »O du ...« Beinahe wäre der Hanni ein Wort entfahren, das ihr gewißlich eine Woche Aufenthalt in diesen Mauern eingebracht hätte; aber sie schluckt's hinab. »Wennst was Bsonders hättst, Franzi: an Wunsch oder was; sag mirs. Was i toa kann, tua i.« Die Weinzierlin schüttelt den Kopf. »Naa, Hanni.

Werst scho alles recht macha. A Sträußerl Rosen kaafst eahm, für mi, und a Meß laßt eahm lesen. – Ja, wenn i's Geld hätt! Aber mei. Unseroana is und bleibt der Depp. Im Lebn und im Sterbn. Aber dees macht nix. Dafür gehts die reichen Leut besser. Geh, Hanni, gehn ma wieder. I mag net grob sein. Wenn oana an Geldsack scho in d' Wiagn nei kriagt, kann er so weni was dafür, als wia oana, der an Buckel mit auf d' Welt bringt, oder an Kopf ohne Verstand. Mach dei Sach guat. Am Samstag acht Tag bin i wieder frei. Fraeln Maier, führn S' mi wieder auffe, bitt schön. Pfüate Good, Hanni, Schaug auf meine Kinder ...« Ein hartes Weinen schüttelt sie, da sie geht. Die Hanni macht sich still auf den Heimweg.

Der Weinzierl ist zur Erden bestattet mit dem Gepräng und den Ehren, die ihm gemäß der Klasse, für die bezahlt wurde, zukamen. Und die Hanni begleicht die Totenrechnungen, bindet den Kindern schwarze Halstüchlein um, fegt das Haus von unten bis oben und geht danach wieder zum Handeln wie zuvor. Bis endlich die Weinzierlin kommt und ihr die Geldtasche samt dem Karren abnimmt, indem sie sagt: »Is mir lieber, wannst du dahoam bleibst bei die Kloana. Du konnst mit der Hausarbeit besser umgehn, und i mitn Handeln.«
So hätte denn die Hanni ihr Heimatl, ihre Erdäpfel mit der Brennsuppen und ihre Arbeit. Aber wie es halt so ist im Leben: hat einer den Strick, so möcht er den Esel dazu, und hat er den Esel, so möcht er ein Roß. Und da die Hanni das Häflein hat, möcht sie auch eine Wurst darein. Oft steht sie an dem Guckloch des hochgiebeligen Schindeldaches oder droben auf der Höhe des Fischerberges, schaut mit brennenden Augen über die großmächtige Münchnerstadt hin und seufzt: »Ja, ja. Wer da drin an Orts so an Palast hätt! A rare Hoamat und a Geld und a Ansehng bei die Leut ...« Wohl ist sie ihrer Hauswirtin dankbar für die Aufnahm, für das Vertrauen, wohl kommt sie sich da draußen in der altmodischen Vorstadt mit ihren gemütlichen Häuslein und Hütten, mit ihren Gassen und Winkeln und dem grünen Wasser, das sich mittendurch schlängelt, schier wie daheim vor; aber in ihr bohrt der Ehrgeiz, das Verlangen nach Wohlstand und Ansehen. Und sie überlegt schon, wie sie einen Vorwand fände, der Weinzierlin den Pfüagott zu geben.

Ödön von Horváth

Das Märchen vom Fräulein Pollinger

Es war einmal ein Fräulein, das hieß Anna Pollinger und fiel bei den besseren Herren nirgends besonders auf, denn es verdiente monatlich nur hundertundzehn RM und hatte nur eine Durchschnittsfigur und ein Durchschnittsgesicht, nicht unangenehm, aber auch nicht hübsch, nur nett. Sie arbeitete im Kontor einer Autoreparaturwerkstatt, doch konnte sie sich höchstens ein Fahrrad auf Abzahlung leisten. Hingegen durfte sie ab und zu auf einem Motorrad hinten mitfahren, aber dafür erwartete man auch meistens was von ihr. Sie war auch trotz allem sehr gutmütig und verschloß sich den Herren nicht. Oft liebte sie zwar gerade ihren einen nicht, aber es ruhte sie aus, wenn sie neben einem Herrn sitzen konnte, im Schellingsalon oder anderswo. Sie wollte sich nicht sehnen und wenn sie dies trotzdem tat, wurde ihr alles fad. Sie sprach sehr selten, sie hörte immer nur zu, was die Herren untereinander sprachen. Dann machte sie sich heimlich lustig, denn die Herren hatten ja auch nichts zu sagen. Mit ihr sprachen die Herren nur wenig, meistens nur dann, wenn sie gerade mal mußten. Oft wurde sie dann in den Anfangssätzen boshaft und tückisch, aber bald ließ sie sich wieder gehen. Es war ihr fast alles in ihrem Leben einerlei, denn das mußte es ja sein. Nur wenn sie unpäßlich war, dachte sie intensiver an sich.

Einmal ging sie mit einem Herrn beinahe über das Jahr, der hieß Fritz. Ende Oktober sagte sie: »Wenn ich ein Kind bekommen tät, das wär das größte Unglück.« Dann erschrak sie über ihre Worte. »Warum weinst du?« fragte Fritz. »Ich hab es nicht gern, wenn du weinst! Heuer fällt Allerheiligen auf einen Samstag, das gibt einen Doppelfeiertag und wir machen eine Bergtour.« Und er setzte ihr auseinander, daß bekanntlich die Erschütterungen beim Abwärtssteigen sehr gut dafür wären, daß sie kein Kind kriegt.

Sie stieg dann mit Fritz auf die Westliche Wasserkarspitze, 2037 Meter hoch über dem fernen Meer. Als sie auf dem Gipfel standen, war es schon ganz Nacht, aber droben hingen die Sterne.

Unten im Tal lag der Nebel und stieg langsam zu ihnen empor. Es war sehr still auf der Welt und Anna sagte: »Der Nebel schaut aus, als würden da drinnen die ungeborenen Seelen herumfliegen.« Aber Fritz ging auf diese Tonart nicht ein.
Seit dieser Bergtour hatte sie oft eine kränkliche Farbe. Sie wurde auch nie wieder ganz gesund und ab und zu tat ihrs im Unterleib schon sehr verrückt weh. Aber sie trug das keinem Herrn nach, sie war eben eine starke Natur. Es gibt so Leut, die man nicht umbringen kann. Wenn sie nicht gestorben ist, so lebt sie heute noch.

Ludwig Thoma

Der Postsekretär im Himmel

Zwei Tage vor Mariä Lichtmeß wurde der Postsekretär Martin Angermayer zu München von einem echt bayerischen Schlaganfall derartig getroffen, daß er schon nach einer halben Stunde den Geist aufgab.
Seine Seele schickte sich jedoch nicht sogleich zur Reise an, sondern sie gab wohl acht, ob den irdischen Resten auch alle übliche Ehre widerfahre, und zählte und prüfte die Kränze, welche von einigen Verwandten, auch vom Stammtisch im Franziskaner, dem Verkehrsbeamtenverein und seinem Kegelklub gespendet wurden.
Sie bemerkte sodann noch mit Genugtuung, daß der Herr Postrat Leistl beim Begräbnis zugegen war, daß auch die Haushälterin Zenzi in Tränen zerfloß, und sie fuhr gen Himmel, indes ein Quartett des Männergesangvereins eine erhebende Weise sang.
Da saß nun Sekretär Angermayer im Vorraume des Paradieses und fühlte sich keineswegs so glückselig, wie man es nach den Schilderungen frommer Bücher eigentlich glauben sollte.
Schon daß er nackend war, benahm dem an Ordnung gewöhnten Beamten die Sicherheit, und es wollte das Gefühl, ein respektabler Mensch zu sein und auch als solcher zu gelten, nicht recht in ihm aufkommen. Zudem fröstelte es den an überheizte Bureau-

räume Gewöhnten in dem Luftreiche, und der Verdacht, daß es von irgendwoher ziehe, quälte ihn nicht minder wie die Unmöglichkeit, jemanden zum Schließen eines Fensters auffordern zu können.

Denn dieser Vorhof des Paradieses war nach drei Seiten hin eigentlich offen, nur vom eigentlichen Himmel trennte ihn eine Wolkenwand und zwischen den wundervollen Säulen, die ihn rings umgaben, konnte freilich die balsamische Luft ungehindert einströmen, und gleichermaßen von oben, da sie kein Dach abhielt.

Angermayer schickte seine Blicke mißmutig in das unendliche Blau, das sich über ihm wölbte, und in die rosigen Fernen, die sich zwischen den Säulen auftaten, und diese Unbegrenztheit war ihm fremd, und was ihm fremd war, das war ihm nun einmal zuwider.

Dann stand, seine Unbehaglichkeit zu steigern, eine Menge von Leuten um ihn herum, die sichtlich nicht alle aus Bayern oder gar aus München gekommen waren.

Er konnte im Gegenteil bemerken, daß es Menschen aus aller Herren Ländern waren, gelbe, braune, schwarze, Leute mit langen Haaren, wie sie spinnende Schwabinger tragen, Leute mit buschigem Wollhaar, Leute mit Zöpfen, kurzum, zumeist fremdartige Wesen, denen er nie hold gewesen war, und die meisten verdrehten ihre Augen verzückt und selig und benahmen sich auffällig.

Jedem einzelnen von ihnen hätte er in den Straßen seiner Heimatstadt verächtlich nachgeschaut unter bissigen Bemerkungen. Jedem hätte er aus seinem Schalter heraus Respekt beigebracht, aber hier, so mitten unter ihnen, war er hilflos und, was das Schlimmste war, er gehörte eigentlich zu ihnen oder schien wenigstens einer von ihnen zu sein. Dann: zeit seines Lebens war er kein Freund von Kindern gewesen, und ihre Unarten, die von nachsichtigen Eltern womöglich noch gepriesen werden, fielen ihm stets unangenehm auf, und er war nie geneigt, ihrer Unerfahrenheit oder ihrer Jugend etwas zugute zu halten.

Hier trippelten sie nun scharenweise vor seinen Augen herum und jauchzten, und niemand war da, der sie mit Strenge zur

Ruhe gewiesen hätte, ja als er einen Bengel, der ihm zu nahe kam, einen unerzogenen Fratz nannte, schüttelte ein langhaariger fader Kerl, der neben ihm stand, mißbilligend den Kopf.
Da drängte sich Angermayer unwirsch durch die Menge und stellte sich hinter eine Säule, um nur das Getue nicht mehr mit ansehen zu müssen.
Seine Gedanken kehrten sehnsüchtig nach der Erde zurück, wo gerade heute als an einem Donnerstage der Kegelabend stattfinden mußte, und er beneidete die Glücklichen um ihr harmloses Vergnügen.
Die Kollegen redeten gewiß von der Überbürdung des Amtes, bekrittelten die Leistungen der Vorgesetzten und erzählten, wie sie diesem oder jenem die Meinung gesagt hätten, und sicherlich war auf diese Art die allergemütlichste Unterhaltung im Gange.
Vielleicht würden sie heute auch an ihn denken und wohl gar mit Bedauern seine Abwesenheit bemerken?
Er hatte freilich nicht das meiste zur Fröhlichkeit beigetragen, aber er war immer pünktlich zur Stelle gewesen und hatte sich jederzeit als eifriges Mitglied gezeigt, und wenn auf Zeit und Zustände geschimpft wurde, hatte es nie an seinem Beifall und seiner kräftigen Mitwirkung gefehlt.
Ach ja – München!
Angermayer seufzte tief, und der lästerliche Gedanke stieg in ihm auf, wie gerne er sich aus Elysium weg nach der bayerischen Hauptstadt versetzen ließe und wie er bereit wäre, mit einem Kollegen zu tauschen.
Aber er war schon ein Pechvogel.
Auf Erden hatte man ihn oft übergangen, ihm nie die verdiente Beförderung zuteil werden lassen, und wie er dann schimpfend und nörgelnd und doch im Innern zufrieden sich mit seiner Sekretärstellung abfand, mußte er weg mitten unter die nackten, ekelhaften Schlawiner hinein ...
»Angermayer!«
Er fuhr aus seinen Gedanken auf, als er seinen Namen mit einiger Ungeduld rufen hörte, und sah einen großen Engel am Himmelsportale stehen, der ungefähr so aussah wie ein Genius vom Oberammergauer Passionsspiel und der jetzt die Hände vor den

Mund hielt und wiederum den schallenden Ruf ertönen ließ: »Martin – Angermayer aus München!«
»I–ja!« antwortete mißmutig der Sekretär, »was wollen S' denn?«
»Vielleicht ist es Ihnen endlich gefällig, einzutreten?« schrie der Engel.
»I kumm scho«, knurrte Angermayer, und er schob sich langsam durch die Gaffer hindurch, die erstaunt über sein Zögern die Köpfe nach ihm umdrehten und die noch überraschter waren, als sie der Genosse ihrer künftigen Freuden mit großen Ellenbogen beiseite schob.
»Da bin i. Desweg'n brauchen S' do net so plärr'n«, sagte der Sekretär zum Engel, der den merkwürdigen Gast mit leuchtenden kugelrunden Augen maß.
»Ich habe dich mindestens dreimal gerufen«, sprach er dann mit leisem Tadel.
»Vo mir aus sechsmal«, erwiderte Angermayer mit einer im langjährigen Schalterdienst erprobten Grobheit, und er setzte beinahe feindselig hinzu:
»Für de Arbeit wer'n Sie wahrscheinlich zahlt wer'n.«
»Dein Ton ist ungehörig«, sagte der Engel. »Hier ist ganz und gar nicht der Ort für solche Äußerungen, mein lieber Angermayer.«
»I bin net Eahna Liaber, verstengen Sie mich! Und d'Säu hamm ma aa no net mitanand' g'hüat. Und drittens bin i der königlich bayrische Sekretär, des mirken S'Eahna!«
»Das bist du gewesen! Und jetzt bist du eine Seele, und sonst nichts, und hast dich in die Hausordnung zu fügen.«
»Wo is denn Eahna Hausordnung? Wenn Sie a Hausordnung hamm, nacha schaugn S' zerscht, daß de Kinder net so umanandrolz'n und lassen S' de Schlawiner da d'Füaß wasch'n. Dös waar a Hausordnung, verstengen Sie mich, und dena können S' was vazähln von Eahnara Hausordnung, aba net an königlich'n Sekretär, der wo seiner Lebtag g'wißt hat, was sie g'hört ...«
»Ja, Michael!« rief es ungeduldig von drinnen.
»Gleich!« erwiderte der Engel und schob mit einer im Himmel sonst nicht üblichen Energie den streitsüchtigen Sekretär in das Paradies hinein. Jeder andere wäre geblendet gewesen von dem schier undenkbaren Glanze, der hier strahlend ausgebreitet war,

und jeder andere hätte verzückt dem unbeschreiblichen Wohllaute der in der Ferne singenden und musizierenden Engel gelauscht.
Allein Angermayer hatte sich schon von allem Anfang vorgenommen, hier nichts so übermäßig schön zu finden, und dann war er von Natur nicht überschwenglich, und dann war er noch verbittert durch seinen Streit mit dem Erzengel.
Also blickte er mürrisch darein und schnitt ein Gesicht, das deutlich fragte:
»Is dös all's?«
Vor ihm saß inmitten von schön gelockten Engeln ein unglaublich gütig lächelnder Greis, der eine dunkelblaue Toga trug, in welche goldene Schlüssel eingestickt waren. Es war der heilige Petrus, der unserm Angermayer nunmehr freundlich zunickte und sagte: »Da bist du, mein Sohn! Sei willkommen in unserem Reiche!«
»Was sagst du?« fügte er bei, da der Sekretär etwas vor sich hin murmelte.
»Mi hätt'n S'scho no a Zeitlang drunt lass'n kinna. Es hätt ma gar net pressiert«, wiederholte dieser, und seine griesgrämige Miene wollte sich nicht aufhellen.
»Aber, Martin!« rief der Apostel, »du bist der erste, der an dieser Stelle nicht vor Freude jauchzt.«
»Mit'n Jauchz'n hab' i's überhaupts net, und i waar froh, wenn i drunt mein Grüabig'n hätt'.«
Petrus wandte sich lächelnd an die Engel, die neben ihm saßen.
»Seht da, ein Münchner, der sich erst an den Himmel gewöhnen muß!«
Und ernster sagte er zu Angermayer: »Nun geh und freue dich und bedenke, daß manches in deinem armseligen Leben Strafe verdient hätte. Aber es ist dir Mitleid erwiesen worden.«
Der Sekretär merkte am Tone, daß der Heilige als Vorgesetzter gesprochen hatte, und er schwieg.
Ein lebhafter Jüngling mit hüpfendem Gange, der genauso aussah wie einer aus der Schwabinger Stefan-George-Gemeinde, faßte ihn bei der Hand, indem er in singendem Tone sprach:
»Komm, seltsamer Geist, ich will dich führen.«
In dem Postsekretär regte sich wohl sogleich die grimmige Abneigung gegen die Art seines Begleiters, aber er war zu niederge-

drückt, um die rechten Worte zu finden, und er schritt griesgrämig und schweigsam neben dem Engel einher.
Der wurde nun gesprächig und erklärte dem Neuling die Grundidee des paradiesischen Lebens.
»Du mußt wissen«, sagte er, »daß hier alles auf unendliche Fröhlichkeit gestimmt ist. In den obersten Regionen, wohin wir ja nicht gelangen, befinden sich die erhabenen Geister, welche in fortlaufenden Gesprächen ihrer unbeschreiblichen Freude Ausdruck verleihen. Die Heiligen befinden sich in Verzückung, die Engel musizieren, und du hörst ja die erhabenen Klänge des Konzertes, wir andern aber, zu denen du nun auch gehörst, bilden die Heerschar der Seligen, und wir haben die Aufgabe, nach unsern bescheidenen Kräften den Eindruck des höchsten Glückes hervorzubringen. Zu diesem Zwecke erhält jeder eine Harfe.
Ich führe dich jetzt zu unserm Obersten, dem Engel Asrael, welcher sie dir verabreichen wird.«
»Was tua denn i mit a Harpfen?« unterbrach ihn Angermayer sehr unwirsch.
»Du mußt frohlocken«, sagte der Begleiter.
»M-hm, ja! Is scho recht! Weil i gar so guat aufg'legt bi, und überhaupts – i ko gar net Harf'n spiel'n – –«
»Du mußt nur in die Saiten greifen – siehst du, so ...«
Der lebhafte Jüngling nahm sein Instrument, das an einem rosaroten Bande über seine Schulter hing, und klimperte ein wenig.
Dabei hüpfte er im Takte abwechselnd einige Male auf dem rechten und linken Fuße nach vorne und sang mit näselnder Stimme:
»Ha-a-lä-ä-lu-u-jah ... Hä lalala – halälälä-u-u-ha-ha! ...«
Er hielt inne und blickte den Sekretär lächelnd an.
Der machte ein Gesicht, als wenn er saures Bier getrunken hätte.
»Wia hoaßt ma dös?«
»Das ist das Frohlocken der Heerscharen«, antwortete der Jüngling.
»Und Sie glaub'n«, sagte Angermayer, und ein bitterer Hohn spielte um seine Mundwinkel, »Sie glaub'n, daß i bei sowas mittua? I? Dös könna S' Eahna ja denk'n, daß i umanandhupf wia r'a spinneter Hanswurscht ...«

»Deine Sprache ist rauh«, erwiderte der Jüngling, »und dein Antlitz zeigt weder Ruhe noch Glückseligkeit, aber bald wird Harmonie dein Wesen verklären ...«
»De Sprüch mag i«, antwortete der erbitterte Postsekretär, und nach einer Weile fügte er hinzu: »Sie, passen S' auf, was san denn Sie früher g'wes'n?«
»Was ich ...?«
»Ja, was Sie bei Lebzeit'n g'wen san?«
»Ach so, als ich noch auf Erden wandelte?«
Und als Angermayer nickte, überflog ein seliges Lächeln der Erinnerung die Züge des langgelockten Jünglings, und er flüsterte mehr als er sprach: »Ich war Lehrer für rhythmische Gymnastik und harmonische Exterikultur.«
»Was is dös?« brummte sein Begleiter, »dös versteh' i net.«
»Ich lehrte die Jugend, sich rhythmisch bewegen und ...«
»Jetza!« schrie der Sekretär, »i hab ma's do glei denkt! A Schlawiner, a Tanzmoasta! Und von Eahna soll i was lerna, Frohlock'n oda so an Schmarrn? Jetzt hamm S' Zeit, daß Eahna verziahgn, sunst nimm i Eahna d' Harpfen und schlag Eahna umanand damit ...«
Der Jüngling entfloh mit einem Schreckensruf und ließ Angermayer allein zurück, mitten in einer Asphodeluswiese, auf die er sich nun hinsetzte, voll innerlichen Zornes über das Schicksal, das einen königlichen Sekretär dazu brachte, nackend im Grünen zu weilen.
Er starrte grimmig vor sich hin und überdachte die Möglichkeiten, von hier zu entrinnen. Da sich ihm keine zeigen wollte, und da er sich immer mehr darüber klar wurde, daß seine Versetzung in diese Gegend eine definitive wäre, bestärkte er sich in dem Entschluß, jede Zumutung abzulehnen, die mit seinem Charakter, seinen Neigungen und vor allem mit seiner Beamteneigenschaft nicht in Einklang ...
Er wurde in seinem Gedankengange unterbrochen.
Zwei riesige Engel ergriffen ihn jeder bei einem Arm, und entführten ihn so schnell und gewaltsam, daß seine Füße den Boden kaum mehr berührten.
Aber seltsam!
Angermayer empfand gegen diese Begleiter weit weniger Wider-

willen als gegen jenen sanften Jüngling, und die Gestalten, die Gesichter, die Manieren dieser ungefügen Geister muteten ihn beinahe vertraut an, so daß er trotz der rasenden Schnelligkeit, mit der er vorwärts getrieben wurde, in höflichem Tone zu fragen versuchte:
»Sie entschuldig'n ...«
»Halt's Mäu!« schrie der Engel zur Linken.
»Jegerl! A Landsmann!« rief der Angermayer erfreut und machte einen Versuch, stehenzubleiben, aber er wurde mit unwiderstehlicher Gewalt fortgerissen, und so keuchte er atemlos:
»Geh, sag'n S' mir doch, wo S' her san?«
»Wennst d'as schon wiss'n willst«, brüllte der Engel zur Rechten, »mir war'n Klosterhausknecht in Andechs ...«
»Jessas, Andechs!« jauchzte der Sekretär, und wunderkühle Nachmittage hinter den Maßkrügen des Bräustüberls fielen ihm ein, und er schnalzte unwillkürlich mit der Zunge.
»Und an Backsteiner und an Radi!« setzte er die Reihe der seligen Erinnerungen fort.
Mit wie wenig kann ein Mensch doch glücklich sein, und zu was brauchte man ein solches Paradies, wenn man es auf Erden hatte!
Sein Herz fühlte sich hingezogen zu diesen groben Geistern.
»Was teat's denn mit mir, Leuteln?« fragte er beinahe zärtlich.
»Mir geb'n da nacha scho d' Leuteln!« sagte der Engel zur Linken.
»Außi schmeiß'n tean ma di«, rief der Engel zur Rechten.
Und kaum waren ihm die Worte entfahren, so fühlte sich Angermayer von einem heftigen Wurfe einige Stufen abwärts geschleudert mit dem Kopfe in gefrorenen Schnee fahren, und tausend Sterne flimmerten vor seinen Augen. Ein Tor fiel donnernd hinter ihm zu. – – Er erwachte von dem Falle und der kühlen Luft, die um ihn strich. Er rieb sich die Augen und sah an sich hinunter mit entzücktem Erstaunen, denn er war bekleidet, und er sah um sich und erkannte den lieben alten Rathausturm, dessen beleuchtete Uhr die dritte Morgenstunde zeigte.
Da merkte er froh, daß er im Bräuhause eingeschlafen war und alles nur geträumt hatte, bis auf den Hinauswurf.
Der war erlebte Wirklichkeit.

2. In diesem Zauberbanne der Bohème

Heinrich Lautensack

Das Lied zur Laute

Dein Leib, der ist ein Garten reich,
darin ich selig weide;
in seiner Mitten glüht ein Teich ...

Über den Spiegel beug ich mich hin,
schau mein eigen Bild darin,
über den Spiegel beug ich mich hin,
schau mein eigen Bild darin,
tu meine Lippen bis an den Flaum
des Wassers – aufspritzt Schaum,
heißer Schaum,
weißer als weiße Seide.

Dein Leib, der ist ein Garten reich,
darin ich selig weide.

In seiner Mitten glüht ein Teich ...

Der Laternanzünder

Mit Leiter und mit Licht,
ob Vollmond ist, ob Dunkel,
ob hellstes Sterngefunkel,
mich ruft die Pflicht.
So wills der Magistrat:
tut kaum der Tag verschwinden,
muß ich Beleuchtung zünden
jedweder Missetat.

Ich tat es manches Jahr
und ich war nie besoffen.
Da hat mich Eins betroffen,
        das schrecklich war.
Seitdem betrink ich mich:
Ich kanns nicht nüchtern sehen,
wenn junge Mädchen gehen
und drehn und wenden sich.

Gott! was lag mir daran,
solang die eigenen Kinder
von dem Laternanzünder
        nichts Schlechts getan!
Doch meine Tochter, die
die Konfektion verlassen,
streicht heute durch die Gassen
und ich . . .
        beleuchte sie!

Das verstörte Fest

Alle Uhren wurden angehalten.
Nie mehr werde Tag! hieß die Parole
in dem Saal, der voller Spukgestalten
schwamm im starken Duft der Nachtviole.

Und die Zeit stand still in Uhrgehäusen.
Und phantastisch – ohne Augenlider! –
hingen Tausende von Fledermäusen
– Kopf nach unten – als Girlanden nieder.

Zaub're r, Teufel, Wichte und Lemuren!
Goldner Sekt gefror im Silberkühler.
Aus der Damen kupfernen Frisuren
streckten Nachtinsekten Riesenfühler.

– Plötzlich sprangen Tor und Tür entsiegelt,
und – wie graute da den Nachtgespenstern! –
von den Porphyrsäulen abgespiegelt
glomm ein rosa Licht in allen Fenstern.

Und herein trat – tauig frisch die Wangen,
deren Karmesin sich noch erhöhte,
als sie spürte, wie sie hier empfangen! –
eine Huldgestalt: die Morgenröte.

Viele flohn, unnennbar eingeschüchtert,
mit den Stirnen fast im Staub darnieder.
Selbst der Trunkenste schien jäh ernüchtert.
– Tag ward. – Und die Uhren gingen wieder.

Frank Wedekind

Die Schutzimpfung

Wenn ich euch, ihr lieben Freunde, diese Geschichte erzähle, so tue ich es keinesfalls, um euch ein neues Beispiel von der Durchtriebenheit des Weibes oder von der Dummheit der Männer zu geben; ich erzähle sie euch vielmehr, weil sie gewisse psychologische Kuriositäten enthält, die euch und jedermann interessieren werden und aus denen der Mensch, wenn er sich ihrer bewußt ist, großen Vorteil im Leben zu ziehen vermag. Vor allem aber möchte ich von vornherein den Vorwurf zurückweisen, als wollte ich mich meiner Übeltaten aus vergangenen Zeiten rühmen, jenes Leichtsinnes, den ich heute aus tiefster Seele bereue und zu dessen Betätigung mir jetzt, da meine Haare grau und meine Knie schlottrig geworden, weder Lust noch Fähigkeit mehr geblieben sind.

»Du hast nichts zu befürchten, mein lieber, süßer Junge«, sagte Fanny eines schönen Abends zu mir, als ihr Mann eben nach Hause gekommen war, »denn die Ehemänner sind im großen ganzen nur so lange eifersüchtig, als sie keinen Grund dazu haben. Von dem Augenblicke an, wo ihnen wirklich Grund zur Eifersucht gegeben ist, sind sie wie mit unheilbarer Blindheit geschlagen.«

»Ich traue dem Ausdruck seines Gesichtes nicht«, entgegnete ich kleinlaut. »Mir scheint, er muß schon etwas gemerkt haben.«

»Diesen Ausdruck mißverstehst du, mein lieber Junge«, sagte sie. »Sein Gesichtsausdruck ist nur das Ergebnis jenes von mir erfundenen Mittels, das ich bei ihm anwandte, um ihn ein für allemal gegen jede Eifersucht zu feien und ihn für immer davor zu bewahren, daß er je von einem ihn beunruhigenden Verdacht gegen dich befallen wird.«

»Welcher Art ist dieses Mittel?« – fragte ich erstaunt.

»Es ist eine Art von Schutzimpfung. – An demselben Tage, als ich mich entschloß, dich zu meinem Geliebten zu nehmen, sagte ich ihm auch schon ganz offen ins Gesicht, daß ich dich liebe. Seitdem wiederhole ich es ihm täglich beim Aufstehen und beim Schlafengehen. Du hast allen Grund, sage ich, eifersüchtig auf den lieben Jungen zu sein; ich habe ihn wirklich von Herzen gern, und weder dein noch mein Verdienst ist es, wenn ich mich nicht gegen meine Pflichten versündige, sondern es liegt nur an ihm selber, daß ich dir so unerschütterlich treu bleibe.«

In diesem Augenblick wurde mir klar, warum mich ihr Mann bei all seiner Liebenswürdigkeit manchmal, wenn er sich von mir nicht beobachtet glaubte, mit einem so eigentümlich mitleidig verächtlichen Lächeln ansah.

»Und glaubst du wirklich, daß dieses Mittel seine Wirksamkeit auf die Dauer behält?« fragte ich befangen.

»Es ist unfehlbar«, entgegnete sie mit der Zuversichtlichkeit eines Astronomen.

Trotzdem setzte ich noch großen Zweifel in die Unverbrüchlichkeit ihrer psychologischen Berechnungen, bis mich eines Tages folgendes Ereignis in staunenerregender Weise eines Besseren belehrte.

Ich bewohnte damals inmitten der Stadt in einer engen Gasse ein kleines möbliertes Zimmer im vierten Stock eines hohen Miethauses und hatte die Gewohnheit, bis in den hellen Tag hinein zu schlafen. – An einem sonnigen Morgen um neun Uhr etwa geht die Türe auf, und sie tritt ein. Was nun folgt, würde ich niemals erzählen, böte es nicht den Beweis für eine der überraschendsten und trotzdem begreiflichsten Verblendungen, die im Geistesleben des Menschen möglich sind. – Sie entledigt sich auch der letzten Hülle und gesellt sich zu mir. Weiter habt ihr lieben Freunde nichts Verfängliches, Anzügliches von meiner Erzählung zu gewärtigen. Ich muß immer wieder betonen, daß es mir nicht darum zu tun ist, euch mit Unschicklichkeiten zu unterhalten. – Kaum hat die Decke die Reize ihres Körpers verhüllt, als Schritte vor der Türe laut werden; es klopft und ich habe eben noch Zeit, durch rasches Emporziehen der Decke ihren Kopf zu verbergen, als ihr Mann eintritt, schweißtriefend und pustend infolge der Anstrengung, mit der er die hundertundzwanzig Stufen zu mir heraufgestiegen war, aber mit glückstrahlendem, freudig erregtem Gesicht.

»Ich wollte dich fragen, ob du mit Röbel, Schletter und mir einen Ausflug machst. Wir fahren per Bahn nach Ebenhausen und von dort mit dem Rad nach Ammerland. Eigentlich wollte ich heute zu Hause arbeiten; nun ist meine Frau aber schon früh zu Brüchmanns gegangen, um zu sehen, was deren Jüngstes macht, und da fand ich bei dem herrlichen Wetter keine rechte Sammlung mehr zu Hause. Im Café Luitpold traf ich Röbel und Schletter, und da haben wir die Partie verabredet. Um zehn Uhr siebenundfünfzig fährt unser Zug.«

Derweil hatte ich etwas Zeit gehabt, mich zu sammeln. »Du siehst«, sagte ich lächelnd, »daß ich nicht allein bin.«

»Ja, das merke ich«, entgegnete er mit dem nämlichen verständnisinnigen Lächeln. Dabei begannen seine Augen zu funkeln, und die Kinnlade wackelte auf und ab. Zögernd tat er einen Schritt vorwärts und stand nun dicht vor dem Stuhl, auf den ich meine Kleider zu legen pflegte. Zuoberst auf diesem Sessel lag ein feines batistenes Spitzenhemd ohne Ärmel mit rotgesticktem Namenszug und darüber zwei lange schwarzseidene, durchbrochene Strümpfe mit goldgelben Zwickeln. Da nichts anderes von einem weiblichen Wesen sichtbar war, hefteten sich seine Blicke mit unverkennbarer Lüsternheit auf diese Garderobestücke.

Dieser Augenblick war entscheidend. Nur ein Moment noch

und er mußte sich erinnern, diese Kleidungsstücke irgendwo in diesem Leben schon einmal gesehen zu haben. Kostete, was es kosten wollte, ich mußte seine Aufmerksamkeit von dem verhängnisvollen Anblick ablenken und derart bannen, daß sie mir nicht mehr entglitt. Das war aber nur durch etwas Nochniedagewesenes zu erreichen. Dieser Gedankengang, der sich blitzartig in meinem Hirne vollzog, veranlaßte mich dazu, eine Roheit von solcher Ungeheuerlichkeit zu begehen, daß ich sie mir heute nach zwanzig Jahren, wiewohl sie damals die Situation rettete, noch nicht verziehen habe.
»Ich bin nicht allein«, sagte ich. »Wenn du aber eine Ahnung von der Herrlichkeit dieses Geschöpfes hättest, würdest du mich beneiden.« Dabei preßte sich mein Arm, der die Decke über ihren Kopf gelegt hatte, krampfhaft auf jene Stelle, wo ich den Mund vermutete, um auf die Gefahr hin, ihr den Atem zu nehmen, jede Lebensäußerung ihrerseits zu verhindern.
Gierig glitten seine Blicke an den von der Decke gebildeten Wellenlinien auf und nieder.
Und nun kommt das Ungeheuerliche, das Nochniedagewesene. Ich ergriff die Decke an ihrem untersten Ende und schlug sie bis an den Hals empor, so daß nur ihr Kopf noch verhüllt war. – »Hast du je in deinem Leben eine solche Pracht gesehen?« fragte ich ihn. Seine Augen standen weit aufgerissen, aber er geriet in sichtliche Verlegenheit.
»Ja, ja – das muß man sagen – du hast einen guten Geschmack – nun, ich – werde jetzt gehen – verzeih mir bitte, daß – daß ich dich gestört habe.« – Dabei zog er sich zur Türe zurück, und ich ließ den Schleier, ohne mich zu beeilen, wieder sinken. Darauf sprang ich rasch auf die Füße und stellte mich neben der Türe so vor ihn hin, daß er die Strümpfe, die auf dem Sessel lagen, unmöglich mehr sehen konnte.
»Ich komme jedenfalls mit dem Mittagszug nach Ebenhausen«, sagte ich, während er die Klinke schon in der Hand hielt. »Vielleicht erwartet ihr mich dort im Gasthof zur Post. Dann fahren wir zusammen nach Ammerland. Das wird eine prächtige Tour. Ich danke dir bestens für deine Einladung.«
Er machte noch einige wohlgemeinte, jovial-scherzhafte Bemerkungen und verließ darauf das Zimmer. Ich blieb wie angewur-

zelt stehen, bis ich seine Schritte unten im Hausgang verhallen hörte.
Ich will es mir ersparen, den entsetzlichen Zustand von Wut und Verzweiflung zu schildern, in dem sich die bedauernswürdige Frau nach dieser Szene befand. Sie war seelisch wie aus den Fugen gegangen und gab mir Beweise von Haß und Verachtung, wie ich sie nie in meinem Leben empfangen habe. Während sie sich hastig ankleidete, bedrohte sie mich damit, mir ins Gesicht zu spucken. Ich verzichtete natürlich auf jeden Versuch, mich zu verteidigen.
»Wohin denkst du denn jetzt zu gehen?«
»Ich weiß nicht – – ins Wasser – – nach Hause – – oder auch zu Brüchmanns – um zu sehen, wie es deren Jüngsten geht. – Ich weiß es nicht.«
– – Am Mittag gegen zwei Uhr saßen wir zusammen unter den schattigen Kastanienbäumen neben dem Gasthof zur Post in Ebenhausen, Röbel, Schletter, mein Freund und ich, und erlabten uns an gebratenen Hühnern und hellschimmerndem saftigen Kopfsalat. Mein Freund, dessen Seelenzustand ich argwöhnisch beobachtete, beruhigte mich durch die ganz außergewöhnlich fröhliche Laune, in der er sich befand. Er warf mir scherzhaft treffende Blicke zu und rieb sich siegreich schmunzelnd die Hände, ohne indessen zu verraten, was sein Inneres so froh bewegte. Die Tour verlief ohne weitere Störung, und gegen zehn Uhr abends waren wir wieder in der Stadt. Am Bahnhof angekommen, verabredeten wir uns in ein Bierlokal.
»Erlaubt mir nur«, sagte mein Freund, »daß ich eben nach Hause gehe und meine Frau hole. Sie hat den ganzen schönen Tag bei dem kranken Kind gesessen und würde es uns übelnehmen, wenn wir sie nun den Abend zu Hause allein verbringen lassen.«
Bald darauf kam er mit ihr in den verabredeten Garten. Das Gespräch drehte sich natürlich um die überstandene Tour, deren Ereignislosigkeit von allen Teilnehmern nach Kräften zu erzählungswürdigen Abenteuern aufgebauscht wurde. Die junge Frau war etwas wortkarg, etwas betreten und würdigte mich keines Blickes. Er hingegen trug noch mehr als während des Nachmittags in seinem jovialen Gesicht jenes für mich so rätselhafte Sie-

gesbewußtsein zur Schau. Seine überlegenen, triumphierenden Blicke galten jetzt aber mehr seiner versonnen dasitzenden Gattin als mir. Es war nicht anders, als hätte er irgend eine innere, ihn tief beseligende Genugtuung erfahren.

Erst einen Monat später, als ich mit der jungen Frau zum erstenmal wieder allein war, klärte sich mir dieses Rätsel auf. Nachdem ich noch einmal die heftigsten Vorwürfe über mich hatte ergehen lassen müssen, war eine oberflächliche Versöhnung erfolgt, nach deren mühevollem Zustandekommen sie mir anvertraute, wie ihr Mann, als sie am Abend jenes Tages zu Hause mit ihm allein war, ihr mit verschränkten Armen folgenden Vortrag gehalten hatte:

»Deinen lieben, süßen Jungen, mein Kind, den habe ich jetzt aber gründlich kennen gelernt. Jeden Tag gestehst du mir, daß du ihn liebst, und ahnst dabei gar nicht, wie der sich über dich lustig macht. Heute morgen traf ich ihn in seiner Wohnung an; natürlich war er nicht allein. Freilich ist mir jetzt auch völlig klar geworden, warum er sich nichts aus dir macht und deine Empfindungen verächtlich zurückweist. Denn seine Geliebte ist ein Weib von so berückender, so überwältigender Körperschönheit, daß du mit deinen wenigen verblühten Reizen allerdings nicht mit ihr wetteifern kannst.« –

Das, meine lieben Freunde, war die Wirkung der Schutzimpfung. Ich habe sie euch nur geschildert, damit ihr euch vor diesem Zaubermittel bewahren könnt.

Frank Wedekind

Ilse

Ich war ein Kind von fünfzehn Jahren,
Ein reines, unschuldsvolles Kind,
Als ich zum erstenmal erfahren,
Wie süß der Liebe Freuden sind.

Er nahm mich um den Leib und lachte
Und flüsterte: »Oh, welch ein Glück!«

Und dabei bog er sachte, sachte
Den Kopf mir auf den Pfühl zurück.

Seit jenem Tag lieb ich sie alle,
Des Lebens schönster Lenz ist mein;
Und wenn ich keinem mehr gefalle,
Dann will ich gern begraben sein.

Brigitte B.

Ein junges Mädchen kam nach Baden,
Brigitte B. war sie genannt,
Fand Stellung dort in einem Laden,
Wo sie gut angeschrieben stand.

Die Dame, schon ein wenig älter,
War dem Geschäfte zugetan,
Der Herr ein höherer Angestellter
Der königlichen Eisenbahn.

Die Dame sagt nun eines Tages,
Wie man zur Nacht gegessen hat:
»Nimm dies Paket, mein Kind, und trag es
Zu der Baronin vor der Stadt.«

Auf diesem Wege traf Brigitte
Jedoch ein Individium,
Das hat an sie nur eine Bitte,
Wenn nicht, dann bringe er sich um.

Brigitte, völlig unerfahren,
Gab sich ihm mehr aus Mitleid hin.
Drauf ging er fort mit ihren Waren
Und ließ sie in der Lage drin.

Sie konnt es anfangs gar nicht fassen,
Dann lief sie heulend und gestand,

Daß sie sich hat verführen lassen,
Was die Madam begreiflich fand.

Daß aber dabei die Tournüre
Für die Baronin vor der Stadt
Gestohlen worden sei, das schnüre
Das Herz ihr ab, sie hab sie satt.

Brigitte warf sich vor ihr nieder,
Sie sei gewiß nicht mehr so dumm;
Den Abend aber schlief sie wieder
Bei ihrem Individium.

Und als die Herrschaft dann um Pfingsten
Ausflog mit dem Gesangverein,
Lud sie ihn ohne die geringsten
Bedenken abends zu sich ein.

Sofort ließ er sich alles zeigen,
Den Schreibtisch und den Kassenschrank,
Macht die Papiere sich zu eigen
Und zollt ihr nicht mal mehr den Dank.

Brigitte, als sie nun gesehen,
Was ihr Geliebter angericht',
Entwich auf unhörbaren Zehen
Dem Ehepaar aus dem Gesicht.

Vorgestern hat man sie gefangen,
Es läßt sich nicht erzählen, wo;
Dem Jüngling, der die Tat begangen,
Dem ging es gestern ebenso.

Franziska Gräfin zu Reventlow

Das dionysische Fest

Alles ist liegengeblieben während der letzten Woche – meine Aufzeichnungen, meine literarischen Pläne und wohl selbst meine Gedanken. Man lebte nur in den Vorbereitungen für das große Fest, und ich lebte mit. Wir gingen zu dem von Delius bezeichneten Schneider, fanden ihn nach langem Suchen in einer entlegenen Straße und fanden ihn recht merkwürdig. Er kenne Delius schon seit Jahren, erzählte er uns, und habe öfters für ihn gearbeitet – ein sehr gelehrter Herr, der Herr Delius. Und die Art, wie er dann die Kostümfrage eingehend erörterte, über den Schnitt antiker Gewänder sprach und mit ernster, nachdenklicher Miene die Maße nahm, erweckte den Eindruck, als ob auch auf ihn etwas von dem Geist des Altertums übergegangen sei.

Wir gingen Trikots kaufen und suchten zahllose Geschäfte durch, bis wir rotes Weinlaub für die Kränze und symbolische Tautropfen aus Glas fanden. Ich hatte die Idee des Flötenbläsers aufgegriffen, Konstantin wußte mir ein sonderbares Instrument zu verschaffen, das zur Not eine phrygische Hirtenflöte darstellen konnte, und ich saß viele Stunden allein zu Hause, um mich darauf einzuüben. Dazwischen mußte ich wieder Chamotte trösten, daß ich ihn diesmal wohl nicht gut mitnehmen könnte.

Einen Abend waren wir bei Hofmanns und halfen ein wenig bei den Zurüstungen. Dabei ging es heiter und lebendig her, es wurden keine dunkeln Gespräche geführt, und beide waren von einer wirklich herzlichen, zwanglosen Liebenswürdigkeit, so daß ich mich recht wohl fühlte. (Das dritte Zimmer stand an diesem Tage offen, aber es war niemand darin.) Die Mädchen sprachen halb im Scherz davon, wie ich mich mit dem Flötenblasen abmühe, man neckte mich damit und fand es sehr anerkennenswert. Bei diesem Gespräch sah der Professor mich zum erstenmal richtig an, und ich hatte einen Moment das Gefühl, als verstände er vielleicht etwas von dem, was in mir lebt, anstatt wie bisher mich einfach mit dem Vermerk abzutun, ich sei ein wundervoller Mensch.

Dann war schließlich der Tag herangekommen – ich saß noch bis zur Dämmerung zu Hause am Fenster und blies auf meiner Flöte. Dabei kam eine ganz verträumte Stimmung über mich, ich meinte wirklich ein Hirt zu sein, der eine antike Landschaft mit seinem Spiel erfüllte, vielleicht auch ein geliebtes Mädchen dadurch herbeizulocken suchte. Aber es kam kein Mädchen, es kam nur Chamotte, um zum Aufbruch zu mahnen – und ich war wieder Herr Dame, der ein griechisches Kostüm trug und den man dazu verurteilte, heute abend die Syrinx zu blasen.

Und ich blieb auch bei dem Fest Herr Dame.

Als Anblick und Stimmung war es schon etwas Wunderbares, ja, ich kann wohl sagen: als wir zu früher Morgenstunde das gastliche Haus verließen, waren auch meine Empfindungen bis zu einem Zustand inneren Taumels gesteigert, der noch heute nicht ganz erloschen ist. Und doch – und doch – ich wollte, ich wäre in der Lage, zu behaupten, man müsse seine Feder in heidnisches Blut tauchen, um Wahnmochinger Bacchanale zu schildern, und wenn ich mein Buch schreibe, werde ich es wohl auch so ausdrücken.

Ich denke nach – dort drüben am Sofa liegen noch mein Kostüm und die Hirtenflöte – und nun will mir wiederum scheinen, als übertriebe ich nach der anderen Seite. Es lag doch viel heidnischer Glanz und Schimmer über dieser Nacht – bei einigen war es vielleicht nur allgemeine frohe Feststimmung – Maria, Susanna sind sicher bei jeder Redoute ebenso bacchantisch aufgelegt – bei anderen wohl auch eine tiefe Entrücktheit aus der heutigen Welt. So Delius, der als römische Matrone in schwarzen Gewändern erschienen war; auf dem Kopf trug er einen schwarzen Schleier und in der Hand einen metallenen Triangel, dem er mit einem Stäbchen melodische Töne entlockte. Und auch bei dem Professor, der den indischen Dionysos darstellte, in purpurrotem Gewand mit Weinlaubkranz und einem langen goldenen Stab. Beim Tanzen raste er wild daher, und seine Augen rollten, mir fiel auf, daß er eigentlich ein schöner Mann ist mit seiner mächtigen Gestalt und dem dunklen Bart. Er schien auch vielen Frauen gut zu gefallen, und er sah sie alle mit verzückten Blicken an und fand sie alle namenlos schön. An Rauschfähigkeit fehlte es ihm sicher nicht, und er lebte ganz in seiner Rolle, wenn man es so nennen darf – außer bei einer kleinen Szene. Maria verfiel in einem animierten Moment darauf, an seinem ungeheuren goldenen Stab emporzuklettern – er schaute sie froh entgeistert an, hielt ihr den Stab hin, und der Stab brach in der Mitte durch. Schade, aber in diesem Moment versagte sein heidnisches Empfinden, und er wurde ärgerlich. Nach meinem Gefühl dürfte Dionysos sich nicht ärgern, wenn Bacchantinnen oder Hermaphroditen etwas entzweibrechen. Aber außer mir hat es wohl niemand bemerkt.

Den Meister sah ich zum erstenmal aus der Nähe, als Cäsar in weißer Toga und mit einem goldenen Kranz um die Stirn – er mischte sich ungezwungen unter die Menge, und es gab ihn wirklich. Dabei behält er doch immer eine gewisse Ferne, und seine Geste schien mir schön und würdig.

Das Fest begann mit einem feierlichen Umzug: voran schritt eine Bacchantin, die ein ehernes Becken schlug, dann kam Dionysos mit seinem goldenen Stab, ihm folgten der Cäsar – er trug eine Art kugelförmigen, durchbrochenen Krug, in dem ein Licht brannte – und die in Schwarz gehüllte Matrone, daneben und dazwischen bekränzte Knaben mit Weinbechern. Wer in antikem Gewande war, folgte, die übrigen blieben zur Seite stehen. Denn viele waren auch anders kostümiert – Renaissance, alte Germanen oder orientalisch. Der arme Georg, Marias Rechtspraktikant, der durch die Eckhäusler eingeladen war, hatte den Charakter des Festes entschieden nicht begriffen, er war als Pierrot gekommen, und es war ihm dann sehr unbehaglich. Willy, dem er sein Leid klagte, sagte, er müsse eben versuchen, sich wie der Narr in einem Shakespearischen Drama aufzufassen. Er empfand wohl die Bosheit nicht, die darin lag, und fühlte sich getröstet.

Der Umzug ergab tatsächlich ein ungemein wirkungsvolles Bild und durch den eigenartigen Gesang, der dabei angestimmt wurde, eine fast beklommen weihevolle Stimmung. Selbst Georg in seinem Pierrotanzug war ganz davon angetan und stand wie erstarrt in einer Fensternische. Es waren nur ein paar Verse, die liturgisch, das heißt in dumpfnasalem Ton gesungen wurden, wobei man alle Silben gleichmäßig betonte und ins Unendliche ausdehnte. Sie lauteten:

Wir sind gewohnt,
Wo es auch thront,
Hinzubeten, es lohnt.
Wie unser Ruhm zum Höchsten prangt
Dieses Fest anzuführen,
Die Helden des Altertums
Ermangeln des Ruhms,
Wo und wie er auch prangt,
Wenn sie das Goldene Vlies erlangt –
Wir die Kabiren ...

Zwei-, dreimal wurde dieser Gesang wiederholt, während der Umzug sich durch sämtliche Räume bewegte. Adrian saß am Flügel und spielte eine Art dumpfe, getragene Begleitung.
Dann löste sich alles in bewegtes Durcheinander, Tanz und die sonst üblichen festlichen Betätigungen auf. Ich sehe in der Erinnerung ein buntes Gemisch von einzelnen Bildern und Eindrükken, die ich wohl festhalten möchte, ehe sie sich verwischen. Der Professor – Dionysos – in einem Kreise von Damen – er redet in Versen, wohl eine halbe Stunde lang, man bewundert ihn, und mit Recht, denn es war wirklich eine Leistung. Die Kappadozische schmachtet ein wenig und ist ganz Bewunderung – sie hatte ein eigentümliches Kostüm an mit großen Metallplatten an den Ohren (vermutlich kappadozisch). Dann sehe ich Delius, die römische Matrone, in der Hand einen Teller mit zierlichen Butterbrötchen, die er versunken in den Mund schiebt. Er ist heute ganz in seiner wahren Welt. Seine Mutter (er lebt mit seiner Mutter zusammen und soll sie sehr verehren) irrt zwischen den Gästen umher und sucht ihn: Wo ist mein Sohn – haben Sie meinen Sohn nicht gesehen? Endlich entdeckt sie ihn, aber er wendet sich ab und will sie nicht anerkennen. Ganz betroffen flüchtet sie zur Frau des Hauses, die sie lächelnd beruhigt.
Ich entdecke Sendt, der alleine in heiterer philosophischer Ruhe hinter einem Glase Wein sitzt und die kleine Szene ebenfalls beobachtet hat. Halb betäubt lasse ich mich neben ihm nieder.
»Trinken Sie, junger Mann«, sagt er, »wie bekommt Ihnen denn das Flötenblasen – es machte mir aufrichtiges Vergnügen,

Sie neben dem Dionysos einherschreiten zu sehen. Solange die Maskerade Maskerade bleibt ...«

»Ach, lieber Doktor, wenn Sie nur Philosoph bleiben. – Ich bin wirklich freudig überrascht, Sie hier zu treffen.«

»Oh, warum nicht; ich amüsiere mich ausgezeichnet, und es gibt wirklich allerhand zu sehen – zum Beispiel Delius –, können Sie sich wohl denken, weshalb er seine Mutter nicht erkennen wollte?«

Ich meinte, er wollte wohl nicht aus der Stimmung herausgerissen werden, und als römische Matrone ...

Sendt lächelte.

»Die Matrone gilt vielleicht nur für Outsider. – Ich habe munkeln hören, daß er den Eingeweihten die große Urmutter darstellt – obwohl diese von Rechts wegen unsichtbar ist. Deshalb trägt er wohl auch den schwarzen Schleier auf dem Haupt. Sie begreifen, daß es nun wirklich stillos wäre, sich mit seiner Mama zu unterhalten, wenn man sich selbst als Urmutter empfindet.«

Ich versank in tiefes Staunen – Maria kam angestürzt und warf sich in einen Sessel:

»Da sitzt ihr wieder und redet, statt zu tanzen. – Hören Sie, Sendt, der Sie alles wissen, warum ist der Dionysos so rot? – Ich dachte immer, er wäre nackt und nur mit Weinlaub.«

»Zügeln Sie Ihre schlimmen Phantasien, Maria! Der indische Dionysos, den Sie heute in unserem Professor verkörpert sehen, wird im langen wallenden Gewande dargestellt. Und für Sie, lieber Dame – der Kult der großen Mutter kam aus Asien, deshalb mag wohl auch der indische als der Ur-Dionysos gelten.«

»Wie langweilig«, sagte Maria, »jetzt gibt's schon wieder einen Umzug, und ich wollte gerade mit Georg tanzen.«

Wir sahen in der Tat, daß man sich wieder zum Zuge ordnete; von allen Seiten strömten die Bacchanten, Jünglinge und Hermaphroditen mit erhitzten Gesichtern herbei. Dionysos schwang einen laubumkränzten Stab, den seine Frau ihm statt des zerbrochenen goldenen hergerichtet hatte. Nur Delius blieb ruhig an seinem Platz stehen, Adrian lief an ihm vorbei und fragte, ob er sich denn nicht beteilige, aber er antwortete gemessen: »O nein, es handelt sich diesmal nur um einen Privatumzug des Cäsar.«

Man fühlte, daß alle in erhöhter Stimmung waren, denn es ging lauter und lebendiger zu als am Anfang, bis der Cäsar sich in Bewegung setzte und wieder der eintönige dumpfe Gesang erscholl.

Wir, die Kabiren ...

»Was sind Kabiren?« fragte Maria leise.

»Thrakische Urgötter«, sagte Sendt und schenkte sich ein neues Glas ein.

Die Helden des Altertums
Ermangeln des Ruhms ...

Und nun wollte ich wieder wissen, warum. »Ich dachte gerade, sie wären enorm?«

»Die Kabiren sind eben noch enormer«, erwiderte der Philosoph. »Übrigens sind die Verse aus dem Faust.«

Und Maria ganz enttäuscht: »Aus dem Faust? – Ich meine, von Hofmann – sie sehen ihm so ähnlich.«

»Nein, nun hört auf, Kinder!« sagte der Philosoph. »Ihr fragt mich zu Tode? Lieber wollen wir nächstens wieder ein theoretisches Souper veranstalten – *Je me sauve*«, und damit verläßt er uns, um einer schönen Griechin die Cour zu machen.

Ich tanze mit Maria, mit einer Unbekannten, dann treibe ich mich herum und suche nach Susanna, die ich noch kaum gesehen habe. Die vier Hermaphroditen, deren Kostüm bis ins kleinste Detail übereinstimmt, sind durchaus verwirrend. Darin hat Susanna wohl recht gehabt. Ich denke, sie ist es, die vor mir steht, und lege sanft den Arm um sie – es ist Konstantin – er dreht sich um und schaut mich an wie ein schönes Mädchen:

»Nein – dort in der Fensterbank sitzt sie«, sagt er.

Die Lampen blenden, ich sehe nur ein paar schlanke schwarze Beine, ein weißes Obergewand, den roten Kranz, ich trete näher heran – Schnurrbart – Zwicker – es ist Adrian. Er unterhält sich gerade mit einem Franzosen, klärt ihn über die Bedeutung des Festes auf und weist auf eine Gruppe von Knaben und Bacchantinnen hin, unter denen es stürmisch und zärtlich zugeht. Ich höre Adrian sagen:

»Mais c'est une orgie – vraiment, c'est une orgie – un bacchanal!«

»Oui, oui, oui – parfaitement«, erwiderte der Franzose.
Hoffnungslos wand ich mich weiter durch die menschenvollen Räume, aber nun begegnete mir die wirkliche Susanna und zog mich mit:
»Ein neuer Zinnsoldat«, sagt sie, »er ist sehr nett, kommen Sie nur mit.«
Ja, er war wirklich recht nett – ein blonder Gutsbesitzer, der sich stilvoll in ein großes Pantherfell gewickelt hatte. – Wir etablierten uns in einer stillen Ecke, Susanna schmiegte sich an das Pantherfell und ließ mir ihre linke Hand. Sie weiß, daß ich mich dann schon etwas glücklicher fühle.
So saßen wir, schwätzten, ruhten uns aus und betrachteten das festliche Getriebe. Willy und Orlonsky tauchten manchmal auf, grollten etwas, weil sie nicht tanzen wollte, blieben eine Weile oder verzogen sich wieder. Heinz kam vorbei – dann sein Freund, der Indianer; ich erfuhr jetzt endlich von Susanna, daß er Petersen heißt und aus einer nordischen Heidegegend stammt – deshalb wird er auch trotz seiner dunklen Haare als blonder Germane eingeschätzt. An diesem Abend trug er ein orientalisches Kostüm und einen langen falschen Bart. Ich rief ihn an, da ich ihn doch kannte, aber er zuckte die Achseln und antwortete mit einem unverständlichen Gemurmel, was wohl bedeuten sollte, daß er nicht für mich zu sprechen sei.
»Er ist ein orientalischer Priester«, erklärte Susanna, »und es gehört dazu, daß er uns nicht kennt. – Überhaupt zu seinem Stil; er gilt gerne für verschlossen und herrisch.«
Es war schon spät; in der Mitte des Zimmers begann jetzt ein weibliches Wesen, anscheinend eine Mänade, die fast nur in rote Schleier gehüllt war und Hörner auf dem Kopf trug, Solo zu tanzen – alles schob sich zur Seite, um zuzuschauen. Delius in seinem schwarzen Gewande schritt um die Tanzende herum und ließ leise seinen Triangel ertönen. Ich erkannte die schwarze Malerin, die ich bei Heinz gesehen.
»Das ist die ›Murra‹«, sagte Susanna leise, »ich weiß nicht, wie sie sonst heißt. Der Petersen ist Bildhauer und hat sie kürzlich als ›erdhaftes Weib‹ modelliert – es ist nur ein Kopf, der nicht recht aus dem Stein heraus will. Er sollte eigentlich die Urzeit heißen, aber irgend etwas stimmte nicht, und er taufte es dann die

›Murra‹. Der Name soll eben das Dunkle, Erdhafte wiedergeben. Man fand es enorm, und das Mädchen ist sehr stolz darauf.«

Der Panther hörte aufmerksam zu und schien sich nicht besonders zu wundern – er muß doch nicht ganz fremd in Wahnmoching sein.

Die ›Murra‹ tanzte und bog sich in verzückter Gelenkigkeit vorwärts – rückwärts, man hatte manchmal Angst, sie könnte ohne weiteres durchbrechen. Alle Zuschauer waren völlig hingerissen, nur der Mann im Pantherfell machte ziemlich laut eine abfällige Bemerkung, und der Indianer – nein, diesmal war er ja Priester – warf ihm einen furchtbaren Blick zu. Die kappadozische Dame sah interessiert zu uns herüber, sie hoffte wohl, es würde wieder Blut fließen. Aber nun ergriff der Priester einen Gong und trat selbst in die Arena. Mit dröhnenden Schlägen und düsterer Miene schritt er auf die Tänzerin zu, um sie herum, und feuerte sie zu immer wilderen Sprüngen an. Sie erntete ungeheuren Beifall, ihre roten Schleier flogen auf und nieder, ich fühlte mich schließlich wie hypnotisiert, ich sah und empfand nichts mehr als rote Schleier – rote Schleier, hörte nichts mehr als die dröhnenden Gongschläge. Vielleicht war das wirklich der dionysische Rauschzustand, den dieses Fest ja herbeiführen sollte. Der Professor kam an den Tisch, und ich teilte ihm meine Empfindungen mit; er schien hocherfreut und sah mich voller Sympathie an. Dann zog eine Bacchantin ihn fort; der Panther gürtete sein Fell und mischte sich ebenfalls in das Gewühl. Susanna hatte bisher wohlig in unser beider Armen geruht; nun der andere gegangen war, konzentrierte sie sich auf mich. Ich war sehr glücklich und auch wieder melancholisch, denn ich wagte endlich die Frage, zu der ich mich schon lange verurteilt fühlte:

»Ach Susanna – kann ich Ihnen denn niemals mehr sein als ein Zinnsoldat?«

Und sie antwortete nur: »Das ist schwer zu wissen.«

Der Panther kam zurück und mit ihm der Philosoph; die beiden waren anscheinend schon bekannt und unterhielten sich eifrig miteinander. Immer noch tanzte die ›Murra‹, sie schien überhaupt nicht mehr aufhören zu können – dann plötzlich schleuderte der Indianer seinen Gong weit von sich und drehte sich rasch und immer rascher um sich selbst wie ein Derwisch. Das gab das Signal zu einer allgemeinen Ekstase, alles begann zu tanzen, zu drehen, in einem rasenden Tempo herumzuwirbeln – paarweise, allein oder zu mehreren, wie es gerade kam. Eine ganze Schar von Mänaden schwang sich im Kreise um den Dionysos, der verzückten Blickes bald eine, bald die andere ansah und einzufangen versuchte. Auch Susanna hatte ihre Faulheit abgeschüttelt und bildete mit Konstantin und Adrian ein unentwirrbares Ensemble von schwarzen Beinen und rotumlaubten Köpfen.

Wir hielten unterdessen an unserer Ecke fest, sie glich immer mehr einer umbrandeten Insel. Adrian trat wieder zu uns und betrachtete das bewegte Schauspiel durch seinen Zwicker.

»Hören Sie, Sendt«, sagte er hingerissen, »wenn Sie immer noch nicht zugeben wollen, daß wir in Wahnmoching noch einmal ein dionysisches Zeitalter erleben werden ...«

»Meinetwegen – erleben Sie es«, entgegnete der Philosoph trokken. »Es ist ja im späteren Altertum schon einmal vorgekommen, daß die dionysischen Kulte eine wohlgeordnete patriarchalische Weltanschauung wieder über den Haufen rannten und ...«

Adrian horchte gespannt auf: »Was? Das wußte ich ja gar nicht.«

»Nun, dann wird es Sie sicher interessieren, daß auch damals die Frauen wieder zu Mänaden und Hetären wurden, und – hören Sie nur gut zu, Adrian – auch damals lernte ein ernüchtertes Zeitalter wieder den Rausch einer tieferen und glühenderen Lebensempfindung kennen – was, soviel ich weiß, die verborgene Hoffnung Wahnmochings ist. Eben jene nächtlichen dionysischen Feste mit rasenden Tänzen, die Opfertiere, die von den Mänaden zerrissen und roh verschlungen wurden.«

»Pfui Teufel«, sagte der Panther.

»Weil in ihrem Blut der Gott selbst enthalten war.«

»Stierblut«, fiel Adrian, sich plötzlich erinnernd, ein.

»Ja, Stierblut, weil der Gott in der Gestalt eines Stieres erschien und man somit seine Substanz in sich aufnahm – aber bitte, lesen Sie es lieber in Ihrem Bachofen nach, ich habe nicht die Absicht, hier weitere Vorträge zu halten.«

Adrian nahm einen Zettel aus seinem Gewande und notierte sich

etwas. Der Panther hatte derweil nachgedacht und sagte bedächtig: »Es wäre eigentlich doch nicht so übel!« Dann stand er auf und reckte sich. Adrian faßte ihn am Arm.
»Kommen Sie, Panther! – Tanzen wir, rasen wir, stürzen wir uns unter die Mänaden.«
»Gebt nur acht, daß sie euch nicht zerreißen«, bemerkte der Philosoph friedfertig.
Und die beiden tauchten in dem tobenden Chaos unter, das noch eine Zeitlang fortwogte und sich dann allmählich in erhitzte und ermattete Einzelgestalten auflöste.

Thomas Mann

Beim Propheten

Seltsame Orte gibt es, seltsame Gehirne, seltsame Regionen des Geistes, hoch und ärmlich. An den Peripherien der Großstädte, dort, wo die Laternen spärlicher werden und die Gendarmen zu zweien gehen, muß man in den Häusern emporsteigen, bis es nicht weiter geht, bis in schräge Dachkammern, wo junge, bleiche Genies, Verbrecher des Traumes, mit verschränkten Armen vor sich hinbrüten, bis in billig und bedeutungsvoll geschmückte Ateliers, wo einsame, empörte und von innen verzehrte Künstler, hungrig und stolz, im Zigarettenqualm mit letzten und wüsten Idealen ringen. Hier ist das Ende, das Eis, die Reinheit und das Nichts. Hier gilt kein Vertrag, kein Zugeständnis, keine Nachsicht, kein Maß und kein Wert. Hier ist die Luft so dünn und keusch, daß die Miasmen des Lebens nicht mehr gedeihen. Hier herrscht der Trotz, die äußerste Konsequenz, das verzweifelt thronende Ich, die Freiheit, der Wahnsinn und der Tod ...
Es war Karfreitag, abends um acht. Mehrere von denen, die Daniel geladen hatte, kamen zu gleicher Zeit. Sie hatten Einladungen in Quartformat erhalten, auf denen ein Adler einen nackten Degen in seinen Fängen durch die Lüfte trug und die in eigenartiger Schrift die Aufforderung zeigten, an dem Konvent zur Verlesung von Daniels Proklamationen am Karfreitagabend teilzuneh-

men, und sie trafen nun zur bestimmten Stunde in der öden und halbdunklen Vorstadtstraße vor dem banalen Mietshause zusammen, in welchem die leibliche Wohnstätte des Propheten gelegen war.
Einige kannten einander und tauschten Grüße. Es waren der polnische Maler und das schmale Mädchen, das mit ihm lebte, der Lyriker, ein langer, schwarzbärtiger Semit, mit seiner schweren, bleichen und in hängende Gewänder gekleideten Gattin, eine Persönlichkeit von zugleich martialischem und kränklichem Aussehen, Spiritist und Rittmeister außer Dienst, und ein junger Philosph mit dem Äußern eines Känguruhs. Nur der Novellist, ein Herr mit steifem Hut und gepflegtem Schnurrbart, kannte niemanden. Er kam aus einer andern Sphäre, war nur zufällig hierher geraten. Er hatte ein gewisses Verhältnis zum Leben, und ein Buch von ihm wurde in bürgerlichen Kreisen gelesen. Er war entschlossen, sich streng bescheiden, dankbar und im ganzen wie ein Geduldeter zu benehmen. In einem kleinen Abstande folgte er den anderen ins Haus.
Sie stiegen die Treppe empor, eine nach der andern, gestützt auf das gußeiserne Geländer. Sie schwiegen, denn es waren Menschen, die den Wert des Wortes kannten und nicht unnütz zu reden pflegten. Im trüben Licht der kleinen Petroleumlampen, die an den Biegungen der Treppe auf den Fenstergesimsen standen, lasen sie im Vorübergehen die Namen an den Wohnungstüren. Sie stiegen an den Heim- und Sorgenstätten eines Versicherungsbeamten, einer Hebamme, einer Feinwäscherin, eines ›Agenten‹, eines Leichdornoperateurs vorüber, still, ohne Verachtung, aber fremd. Sie stiegen in dem engen Treppenhaus wie in einem halbdunklen Schacht empor, zuversichtlich und ohne Aufenthalt; denn von oben, von dort, wo es nicht weiter ging, winkte ihnen ein Schimmer, ein zarter und flüchtig bewegter Schein aus letzter Höhe.
Endlich standen sie am Ziel, unter dem Dach, im Lichte von sechs Kerzen, die in verschiedenen Leuchtern auf einem mit verblichenen Altardeckchen belegten Tischchen zu Häupten der Treppe brannten. An der Tür, welche bereits den Charakter eines Speichereinganges trug, war ein graues Pappschild befe-

stigt, auf dem in römischen Lettern, mit schwarzer Kreide ausgeführt, der Name »Daniel« zu lesen war. Sie schellten ...

Ein breitköpfiger, freundlich blickender Knabe in einem neuen blauen Anzug und mit blanken Schaftstiefeln öffnete ihnen, eine Kerze in der Hand, und leuchtete ihnen schräg über den kleinen dunklen Korridor in einen untapezierten und mansardenartigen Raum, der bis auf einen hölzernen Garderobehalter durchaus leer war. Wortlos, mit einer Geste, die von einem lallenden Kehllaut begleitet war, forderte der Knabe zum Ablegen auf, und als der Novellist aus allgemeiner Teilnahme eine Frage an ihn richtete, erwies es sich vollends, daß das Kind stumm war. Es führte die Gäste mit seinem Licht über den Korridor zurück zu einer anderen Tür und ließ sie eintreten. Der Novellist folgte als letzter. Er trug Gehrock und Handschuhe, entschlossen, sich wie in der Kirche zu benehmen.

Eine feierlich schwankende und flimmernde Helligkeit, erzeugt von zwanzig oder fünfundzwanzig brennenden Kerzen, herrschte in dem mäßig großen Raum, den sie betraten. Ein junges Mädchen mit weißem Fallkragen und Manschetten über dem schlichten Kleid, Maria Josefa, Daniels Schwester, rein und töricht von Angesicht, stand dicht bei der Tür und reichte allen die Hand. Der Novellist kannte sie. Er war an einem literarischen Teetische mit ihr zusammengetroffen. Sie hatte aufrecht dagesessen, die Tasse in der Hand, und mit klarer und inniger Stimme von ihrem Bruder gesprochen. Sie betete Daniel an.

Der Novellist suchte ihn mit den Augen ...

»Er ist nicht hier«, sagte Maria Josefa. »Er ist abwesend, ich weiß nicht, wo. Aber im Geiste wird er unter uns sein und die Proklamationen Satz für Satz verfolgen, während sie hier verlesen werden.«

»Wer wird sie verlesen?« fragte der Novellist gedämpft und ehrerbietig. Es war ihm ernst. Er war ein wohlmeinender und innerlich bescheidener Mensch, voller Ehrfurcht vor allen Erscheinungen der Welt, bereit, zu lernen und zu würdigen, was zu würdigen war.

»Ein Jünger meines Bruders«, antwortete Maria Josefa, »den wir aus der Schweiz erwarten. Er ist noch nicht da. Er wird im rechten Augenblick zur Stelle sein.«

Gegenüber der Tür, auf einem Tisch stehend und mit dem oberen Rande an die schräg abfallende Decke gelehnt, zeigte sich im Kerzenschein eine große, in heftigen Strichen ausgeführte Kreidezeichnung, die Napoleon darstellte, wie er in plumper und despotischer Haltung seine mit Kanonenstiefeln bekleideten Füße an einem Kamin wärmte. Zur Rechten des Einganges erhob sich ein altarartiger Schrein, auf welchem zwischen Kerzen, die in silbernen Armleuchtern brannten, eine bemalte Heiligenfigur mit aufwärts gerichteten Augen ihre Hände ausbreitete. Eine Betbank stand davor, und näherte man sich, so gewahrte man eine kleine, aufrecht an einem Fuße des Heiligen lehnende Amateurphotographie, die einen etwa dreißigjährigen jungen Mann mit gewaltig hoher, bleich zurückspringender Stirn und einem bartlosen, knochigen, raubvogelähnlichen Gesicht von konzentrierter Geistigkeit zeigte.
Der Novellist verweilte eine Weile vor Daniels Bildnis; dann wagte er sich behutsam weiter ins Zimmer hinein. Hinter einem großen Rundtisch, in dessen gelbpolierte Platte, von einem Lorbeerkranz umrahmt, derselbe degentragende Adler eingebrannt war, den man auf den Einladungen erblickt hatte, ragte zwischen niedrigen Holzsesseln ein strenger, schmaler und steiler gotischer Stuhl wie ein Thron und Hochsitz empor. Eine lange, schlicht gezimmerte Bank, mit billigem Stoff überdeckt, erstreckte sich vor der geräumigen, von Mauer und Dach gebildeten Nische, in der das niedrige Fenster gelegen war. Es stand offen, vermutlich, weil der untersetzt gebaute Kachelofen sich als überheizt erwiesen hatte, und gewährte den Ausblick auf ein Stück blauer Nacht, in deren Tiefe und Weite die unregelmäßig verteilten Gaslaternen als gelblich glühende Punkte sich in immer größeren Abständen verloren.
Aber dem Fenster gegenüber verengerte sich der Raum zu einem alkovenartigen Gelaß, das heller als der übrige Teil der Mansarde erleuchtet war und halb als Kabinett, halb als Kapelle behandelt erschien. In seiner Tiefe befand sich ein mit dünnem blassen Stoffe bedeckter Diwan. Zur Rechten gewahrte man ein verhängtes Büchergestell, auf dessen Höhe Kerzen in Armleuchtern und antik geformte Öllampen brannten. Zur Linken war ein weiß gedeckter Tisch aufgeschlagen, der ein Kruzifix, einen sie-

benarmigen Leuchter, einen mit rotem Weine gefüllten Becher und ein Stück Rosinenkuchen auf einem Teller trug. Im Vordergrunde des Alkovens jedoch erhob sich, von einem eisernen Kandelaber noch überragt, auf einem flachen Podium eine vergoldete Gipssäule, deren Kapitäl von einer blutrot-seidenen Altardecke überhangen wurde. Und darauf ruhte ein Stapel beschriebenen Papiers in Folioformat: Daniels Proklamationen. Eine helle, mit kleinen Empirekränzen bedruckte Tapete bedeckte die Mauer und die schrägen Teile der Decke; Totenmasken, Rosenkränze, ein großes rostiges Schwert hingen an den Wänden; und außer dem großen Napoleonbildnis waren in verschiedenartiger Ausführung die Porträte von Luther, Nietzsche, Moltke, Alexander dem Sechsten, Robespierre und Savonarola im Raume verteilt ...
»Dies alles ist erlebt«, sagte Maria Josefa, indem sie die Wirkung der Einrichtung in dem respektvoll verschlossenen Gesicht des Novellisten zu erforschen suchte. Aber unterdessen waren weitere Gäste gekommen, still und feierlich, und man fing an, sich in gemessener Haltung auf Bänken und Stühlen niederzulassen. Es saßen dort jetzt außer den zuerst Gekommenen noch ein phantastischer Zeichner mit greisenhaftem Kindergesicht, eine hinkende Dame, die sich als »Erotikerin« vorstellen zu lassen pflegte, eine unverheiratete junge Mutter von adeliger Herkunft, die von ihrer Familie verstoßen, aber ohne alle geistigen Ansprüche war und einzig und allein auf Grund ihrer Mutterschaft in diesen Kreisen Aufnahme gefunden hatte, eine ältere Schriftstellerin und ein verwachsener Musiker, – im ganzen etwa zwölf Personen. Der Novellist hatte sich in die Fensternische zurückgezogen, und Maria Josefa saß dicht neben der Tür auf einem Stuhl, die Hände auf den Knien nebeneinander gelegt. So warteten sie auf den Jünger aus der Schweiz, der im rechten Augenblick zur Stelle sein würde.
Plötzlich kam noch die reiche Dame an, die aus Liebhaberei solche Veranstaltungen zu besuchen pflegte. Sie war in ihrem seidenen Coupé aus der Stadt, aus ihrem prachtvollen Hause mit den Gobelins und den Türumrahmungen aus Giallo antico hierhergekommen, war alle Treppen heraufgestiegen und kam zur Tür herein, schön, duftend, luxuriös, in einem blauen Tuchkleid mit gelber Stickerei, den Pariser Hut auf dem rotbraunen Haar, und

lächelte mit ihren Tizian-Augen. Sie kam aus Neugier, aus Langerweile, aus Lust an Gegensätzen, aus gutem Willen zu allem, was ein bißchen außerordentlich war, aus liebenswürdiger Extravaganz, begrüßte Daniels Schwester und den Novellisten, der in ihrem Hause verkehrte, und setzte sich auf die Bank vor der Fensternische zwischen die Erotikerin und den Philosophen mit dem Äußern eines Känguruhs, als ob das in der Ordnung sei.
»Fast wäre ich zu spät gekommen«, sagte sie leise mit ihrem schönen, beweglichen Mund zu dem Novellisten, der hinter ihr saß. »Ich hatte Leute zum Tee; das hat sich hingezogen ...«
Der Novellist war ganz ergriffen und dankte Gott, daß er in präsentabler Toilette war. Wie schön sie ist! dachte er. Sie ist wert, die Mutter dieser Tochter zu sein ...
»Und Fräulein Sonja?« fragte er über ihre Schulter weg. »Sie haben Fräulein Sonja nicht mitgebracht?«
Sonja war die Tochter der reichen Dame und in des Novellisten Augen ein unglaublicher Glücksfall von einem Geschöpf, ein Wunder an allseitiger Ausbildung, ein erreichtes Kulturideal. Er sagte ihren Namen zweimal, weil es ihm einen unbeschreiblichen Genuß bereitete, ihn auszusprechen.
»Sonja ist leidend«, sagte die reiche Dame. »Ja, denken Sie, sie hat einen schlimmen Fuß. Oh, nichts, eine Geschwulst, etwas wie eine kleine Entzündung oder Verfüllung. Es ist geschnitten worden. Vielleicht wäre es nicht nötig gewesen, aber sie wollte es selbst.«
»Sie wollte es selbst!« wiederholte der Novellist mit begeisterter Flüsterstimme. »Daran erkenn' ich sie! Aber wie in aller Welt kann man ihr seine Teilnahme kundgeben?«
»Nun, ich werde sie grüßen«, sagte die reiche Dame. Und da er schwieg: »Genügt Ihnen das nicht?«
»Nein, es genügt mir nicht«, sagte er ganz leise, und da sie seine Bücher schätzte, erwiderte sie lächelnd:
»So schicken Sie ihr ein Blümchen.«
»Danke!« sagte er. »Danke! Das will ich!« Und innerlich dachte er: ›Ein Blümchen? Ein Bukett! Einen ganzen Strauß! Ungefrühstückt fahre ich morgen in einer Droschke zum Blumenhändler–!‹ – Und er fühlte, daß er ein gewisses Verhältnis zum Leben habe.
Da ward draußen ein flüchtiges Geräusch laut, die Tür öffnete

und schloß sich kurz und ruckhaft, und vor den Gästen stand im Kerzenschein ein untersetzter und stämmiger junger Mann in dunklem Jackenanzug: Der Jünger aus der Schweiz. Er überflog das Gemach mit einem drohenden Blick, ging mit heftigen Schritten zu der Gipssäule vorm Alkoven, stellte sich hinter sie auf das flache Podium mit einem Nachdruck, als wolle er dort einwurzeln, ergriff den zuoberst liegenden Bogen der Handschrift und begann sofort zu lesen.

Er war etwa achtundzwanzigjährig, kurzhalsig und häßlich. Sein geschorenes Haar wuchs in Form eines spitzen Winkels sonderbar weit in die ohnedies niedrige und gefurchte Stirn hinein. Sein Gesicht, bartlos, mürrisch und plump, zeigte eine Doggennase, grobe Backenknochen, eine eingefallene Wangenpartie und wulstig hervorspringende Lippen, die nur schwer, widerwillig und gleichsam mit einem schlaffen Zorn die Wörter zu bilden schienen. Dies Gesicht war roh und dennoch bleich. Er las mit einer wilden und überlauten Stimme, die aber gleichwohl im Innersten bebte, wankte und von Kurzluftigkeit beeinträchtigt war. Die Hand, in der er den beschriebenen Bogen hielt, war breit und rot, und dennoch zitterte sie. Er stellte ein unheimliches Gemisch von Brutalität und Schwäche dar, und was er las, stimmte auf seltsame Art damit überein.

Es waren Predigten, Gleichnisse, Thesen, Gesetze, Visionen, Prophezeiungen und tagesbefehlartige Aufrufe, die in einem Stilgemisch aus Psalter- und Offenbarungston mit militärisch-strategischen sowie philosophisch-kritischen Fachausdrücken in bunter und unabsehbarer Reihe einander folgten. Ein fieberhaftes und furchtbar gereiztes Ich reckte sich im einsamen Größenwahn empor und bedrohte die Welt mit einem Schwall von gewaltsamen Worten. Christus imperator maximus war sein Name, und er warb todbereite Truppen zur Unterwerfung des Erdballs, erließ Botschaften, stellte seine unerbittlichen Bedingungen, Armut und Keuschheit verlangte er, und wiederholte in grenzenlosem Aufruhr mit einer Art widernatürlicher Wollust immer wieder das Gebot des unbedingten Gehorsams. Buddha, Alexander, Napoleon und Jesus wurden als seine demütigen Vorläufer genannt, nicht wert, dem geistlichen Kaiser die Schuhriemen zu lösen ...

Der Jünger las eine Stunde; dann trank er zitternd einen Schluck aus dem Becher mit rotem Wein und griff nach neuen Proklamationen. Schweiß perlte auf seiner niedrigen Stirn, seine wulstigen Lippen bebten, und zwischen den Worten stieß er beständig mit einem kurz fauchenden Geräusch die Luft durch die Nase aus, erschöpft und brüllend. Das einsame Ich sang, raste und kommandierte. Es verlor sich in irre Bilder, ging in einem Wirbel von Unlogik unter und tauchte plötzlich an gänzlich unerwarteter Stelle gräßlich wieder empor. Lästerungen und Hosianna – Weihrauch und Qualm von Blut vermischten sich. In donnernden Schlachten ward die Welt erobert und erlöst ...

Es wäre schwer gewesen, die Wirkung von Daniels Proklamationen auf die Zuhörer festzustellen. Einige blickten, weit zurückgelehnten Hauptes, mit erloschenen Augen zur Decke empor; andere hielten, tief über ihre Knie gebeugt, das Gesicht in den Händen vergraben. Die Augen der Erotikerin verschleierten sich jedesmal auf seltsame Art, wenn das Wort »Keuschheit« ertönte, und der Philosoph mit dem Äußern eines Känguruhs schrieb dann und wann etwas Ungewisses mit seinem langen und krummen Zeigefinger in die Luft. Der Novellist suchte seit längerer Zeit vergebens nach einer passenden Haltung für seinen schmerzenden Rücken. Um zehn Uhr kam ihm die Vision einer Schinkensemmel, aber er verscheuchte sie mannhaft.

Gegen half elf Uhr sah man, daß der Jünger das letzte Folioblatt in seiner roten und zitternden Rechten hielt. Er war zu Ende. »Soldaten!« schloß er, am äußersten Rande seiner Kraft, mit versagender Donnerstimme, »ich überliefere euch zur Plünderung – *die Welt*!« Dann trat er vom Podium herunter, sah alle mit einem drohenden Blick an und ging heftig, wie er gekommen war, zur Tür hinaus.

Die Zuhörer verharrten noch eine Minute lang unbeweglich in der Stellung, die sie zuletzt innegehabt hatten. Dann standen sie wie mit einem gemeinsamen Entschlusse auf und gingen unverzüglich, nachdem jeder mit einem leisen Worte Maria Josefa's Hand gedrückt hatte, die wieder mit ihrem weißen Fallkragen, still und rein, dicht an der Tür stand.

Der stumme Knabe war draußen zur Stelle. Er leuchtete den Gästen in den Garderoberaum, war ihnen beim Anlegen der Überkleider behilflich und führte sie durch das enge Stiegenhaus, in welches aus höchster Höhe, aus Daniels Reich, der bewegte Schein der Kerzen fiel, hinunter zur Haustür, die er aufschloß. Einer nach dem andern traten die Gäste auf die öde Vorstadtstraße hinaus.

Das Coupé der reichen Dame hielt vorm Hause; man sah, wie der Kutscher auf dem Bock zwischen den beiden hellstrahlenden Laternen die Hand mit dem Peitschenstiel zum Hute führte. Der Novellist geleitete die reiche Dame zum Schlage.

»Wie befinden Sie sich?« fragte er.

»Ich äußere mich ungern über solche Dinge«, antwortete sie. »Vielleicht ist er wirklich ein Genie oder doch etwas Ähnliches ...«

»Ja, was ist das Genie?« sagte er nachdenklich. »Bei diesem Daniel sind alle Vorbedingungen vorhanden: die Einsamkeit, die Freiheit, die geistige Leidenschaft, die großartige Optik, der Glaube an sich selbst, sogar die Nähe von Verbrechen und Wahnsinn. Was fehlt? Vielleicht das Menschliche? Ein wenig Gefühl, Sehnsucht, Liebe? Aber das ist eine vollständig improvisierte Hypothese ...

Grüßen Sie Sonja«, sagte er, als sie ihm vom Sitze aus zum Abschied die Hand reichte, und dabei las er mit Spannung in ihrer Miene, wie sie es aufnehmen werde, daß er einfach von »Sonja«, nicht von »Fräulein Sonja« oder von »Fräulein Tochter« sprach.

Sie schätzte seine Bücher, und so duldete sie es lächelnd.

»Ich werde es ausrichten.«

»Danke!« sagte er, und ein Rausch von Hoffnung verwirrte ihn. »Nun will ich zu Abend essen wie ein Wolf!«

Er hatte ein gewisses Verhältnis zum Leben.

Johannes R. Becher

Café Stefanie

(1912)

In München wars, im Café Stefanie,
Als ich dir, Emmi, die Gedichte sagte,
Die ich allein dir nur zu sagen wagte,
Und häufig kam das Wort vor: »Irgendwie.«

Am Tisch daneben spielte Mühsam Schach,
Und Frank saß einem Geldmann auf der Lauer.
(Vielleicht saß der indes im Café Bauer?)
Ein Denker hielt mit Kokain sich wach.

Franz Jung erschien mit seiner Tänzerin,
Und Bing, der Zeichner, ließ das Billard fahren,
Denn Däubler nahte sich mit Bauch und Bart...

Ihr Freunde, die ihr gute Freunde wart,
Ich schreib euch dies zum Angedenken hin
An jene Zeit, als wir noch Kinder waren.

Leonhard Frank

Als Kunststudent in München

Das Boheme-Café Stefanie bestand aus einem Nebenraum, an dessen Fenstertischen Münchener Berühmtheiten jeden Nachmittag Schach spielten vor zuschauenden Straßenpassanten, und dem größeren Hauptraum mit einem glühenden Kohlenofen, versessenen, stark nach Moder riechenden Polsterbänken, roter Plüsch, und dem Kellner Arthur, der in ein zerschlissenes Büchlein, notdürftig zusammengehalten von einem Gummiband, die Pfennigsummen notierte, die seine Gäste ihm schuldig blieben. Der überfüllte Hauptraum hatte seinen eigenen warmen Ge-

ruch, eine spezielle Mischung aus Kaffee- und dumpfem Moderduft und dickstem Zigarettenrauch. Wer hier eintrat, war daheim.
Irgendwo im Haus oder im Himmel mußte ein Elektrizitätswerk sein. Die Gäste, angeschlossen an den Starkstrom, zuckten unter elektrischen Schlägen gestikulierend nach links und nach rechts und vor und von den Polsterbänken hoch, fielen ermattet zurück und schnellten mitten im Satz wieder hoch, die Augen aufgerissen im Kampf der Meinungen über Kunst. Hier und dort saß ein Jüngling, reglos grübelnd über das täglich wiederkehrende Problem, wie er Arthur diesmal überzeugen solle, daß er seine Zeche morgen ganz bestimmt bezahlen werde.
Im Café Stefanie gab es Kreise. Der Magnet eines Kreises war Johannes Wohl, ein innerlich wohlig ausgeglichener Oscar Wilde mit blauen Pluschaugen, der immer einen Strichjungen und einen Band Stefan George bei sich hatte und um seiner kantenlos warmen Liebenswürdigkeit und weichen Schönheit willen von wohlhabenden älteren Damen verehrt und hin und wieder auch gepflegt wurde, wenn er es sich gönnte, ein wenig krank zu sein und schön im Bett zu sitzen. Er war eine pfenniglose Lilie auf dem Felde, die nicht säte und dennoch erntete und gerne gut aß.
Hugo Lück, der hoch über dem Menschengewürm durchs Café zu seinem Tische schritt, den Kopf im Nacken, duldete nur differenzierte Anhänger, die wußten, daß ihre Bibel, »Die Blumen des Bösen« von Baudelaire, nur von den Gedichten übertroffen werden würde, die Hugo Lück demnächst schreiben werde. Er setzte mit seiner Geliebten pornographische Zeichnungen Beardsleys in die Praxis um und blickte mit einem imaginären Fernglas aus grauer Einsamkeit hinab auf die Zeitgenossen des zwanzigsten Jahrhunderts. Kürzlich hatte er eine Ausnahme gemacht und einen kerngesunden jungen Maler in seinen Kreis aufgenommen, Carlo Holzer, der soeben im Begriffe war, das Lungenflugzeug zu erfinden. Der Apparat brauche natürlich keinen Motor, er sei ganz einfach, er habe Atmungsklappen, nichts als Atmungsklappen, nämlich Lungen, und werde deshalb das Luftmeer beherrschen und darin leben, so selbstverständlich wie ein Vogel. Den Vogelrumpf und die mächtigen schwungvoll aus-

greifenden Flügel hatte Carlo schon gezeichnet. Die paar technischen Kleinigkeiten für die stählerne Lungenmaschinerie mußten noch erfunden werden, unter der Oberaufsicht Hugo Lücks, der gesagt hatte: »Ich bin entschlossen, unser Lungenflugzeug, das den Atlantischen Ozean zu einer Regenpfütze reduzieren wird, ans Kriegsministerium zu verkaufen.«

Auch Doktor Otto Kreuz hatte einen Kreis von Anhängern. An seinem Tische saßen ein knochenmagerer, zwei Meter langer Russe mit einem winzigen Knabenköpfchen, Fritz, ein verbummelter Student aus Karlsruhe, der einen mißglückten Selbstmordversuch hinter sich hatte und seitdem fröhlich trank, ein junger Schweizer Anarchist, hager, mit Schweizer Gebirgsnase, der zwei Jahre im Gefängnis gewesen war, wegen eines Raubüberfalles, begangen im Dienste der anarchistischen Weltanschauung, und die Malerin Sophie Benz, eine zwanzigjährige primitive Madonna aus dem dreizehnten Jahrhundert, mit Stupsnase und einfach geschnittenen Augen im milden Jungfraugesicht.

Doktor Kreuz, dreißig Jahre und verheiratet, hatte an der Grazer Universität Psychiatrie studiert. Die Oberpartie seines Gesichtes – blaue, kindlich unschuldig blickende Augen, Hakennase und volle Lippen, die immer ein wenig offen standen, als trüge er, lautlos keuchend, alles Leid der Welt – stimmte nicht überein mit der schwächlichen Unterpartie, dem Kinn, das nur angedeutet war und sich nach hinten ganz verlor. Wer das fanatische Vogelgesicht, das aus leicht getöntem Porzellan zu sein schien, einmal gesehen hatte, vergaß es nie. Doktor Kreuz kannte die Philosophie Nietzsches mit dem Herzen und war einer der frühesten Anhänger Freuds.

Diesen Abend saß auch Michael am Tisch. Er hatte Sophie in der Malschule kennengelernt und sie ins Café begleitet, in dem er vorher nie gewesen war.

Im überfüllten Hauptraum wurde es plötzlich still, als schwebte ein Gespenst durch. Arthur, der Napoleon seines Reiches, betrachtete, das Kinn hochgereckt, mit einem Rundblick seine verstorbenen Gäste. Ein bleicher Mann sagte, während er am Tisch vorüberschlich, zu Doktor Kreuz: »Freud – alles Unsinn! Glatter Unsinn!«

Der Gesprächssturm setzte ebenso plötzlich wieder ein. Doktor Kreuz sagte, während er eine Zigarette drehte, halb Tabak, halb Tee, lächelnd zu seinen Anhängern: »Den meisten erscheinen die Erkenntnisse Freuds heute noch als Unsinn; ich denke, die Ergänzung Nietzsches durch Freud könnte der große Glückszufall des zwanzigsten Jahrhunderts sein.«
Der lange Russe sagte entschlossen: »Kein Zweifel, Nietzsche und Freud ermöglichen es uns, den Weg zu bereiten für den komplexfreien hemmungslosen Übermenschen. Das ist das brennende Problem der Epoche. Wenn wir es gelöst haben, werden wir in dünner Luft gefährlich leben.« Er stützte die Stirn in die Hand. »Da ist nur ein Hindernis, allerdings ein sehr ernstes, äußerst ernstes – das Christentum.«
Der Anarchist, seiner Sache sicher, entgegnete ruhig: »Das Christentum ist durch Nietzsche ins Schwanken geraten. Nietzsche hat den Unterbau des Christentums gelockert.«
»Ah, ja, das hatte ich vergessen«, sagte der Russe erleichtert.
Doktor Kreuz schien eine bissige Bemerkung zu unterdrücken, er verzog stirnrunzelnd das Gesicht, als schmerzte ihn der Kopf von dem Gerede seiner allzu gelehrigen Schüler.
Michael, der die Namen Nietzsche und Freud noch nie gehört hatte, verstand nicht das geringste. Um seine Unwissenheit vor Sophie und ihren Freunden zu verbergen, preßte er, als sei er vom Gespräch abgelenkt durch einen Schmerz, sein rechtes Handgelenk, in dem er immer noch das Anstreichen des Lattenzaunes spürte.
Henry Ring, ein junger Franzose, mit dem zusammen Michael in einem Atelier wohnte, trat ein und setzte sich rittlings auf den Stuhl, die verschränkten Arme auf der Lehne, das Kinn auf den Armen. Doktor Kreuz fragte ihn höflich, warum er München Paris vorziehe. Henry, in dessen knospenhaft festem Gesicht alles viereckig war, auch der Mund, sagte vergnügt lächelnd, das viereckige Kinn noch auf den Armen: »Meine Mutter ist fünfundvierzig und sieht aus wie fünfundzwanzig. Zu verstehen, daß sie keinen erwachsenen Sohn im Haus haben will. Es würde ihr Geschäft ruinieren – meine Mutter ist eine Hur.« Er war sechzehn.
Der Russe blickte den Anarchisten an, bedeutungsvoll, als sei da

ja schon ein junges hemmungsloses Übermenschlein im Kommen.
Arthur hielt Henry schweigend den Schuldenzettel hin und sagte, nachdem Henry nur die Augen verdreht hatte: »Ich brauche mein Geld, das ist doch logisch. Ich bin verheiratet und habe vier Kinder, das ist doch logisch.«
Als Henry grinsend sagte: »Da hätten Sie eben nicht heiraten sollen, das ist doch logisch«, hieb Arthur die Serviette unter den Arm und eilte zur Tür, da soeben neue Gäste eintraten, bürgerlich solide Leute, die offensichtlich ihren Kaffee bezahlen konnten.
Doktor Kreuz schnellte hoch, als wäre dicht neben ihm soeben ein Blitz herabgezuckt. Alle standen auf. Arthur eilte herbei und verbeugte sich ruckartig, als Doktor Kreuz sagte: »Schreiben Sie nur alles auf meine Rechnung.« Er war ein sicherer Gast. Frau Doktor Kreuz erschien von Zeit zu Zeit im »Stefanie« und in den benachbarten Tabakläden und bezahlte die Schulden ihres Mannes.
Sie gingen langsam in der Richtung zu Doktor Kreuz' Wohnung, im Gespräch über Nietzsche und Freud, ein Grüppchen, isoliert vom Alltagsleben der Straße. Michael, von Sophie freundlich aufgefordert, ging auf dünnstem Eise mit. Seit er in München war, hatte er im Kopf die Empfindung, in einem Kreisel zu stekken, der mit ihm herumwirbelte, so verwirrend schnell vorbei an neuen und immer anderen neuen Lebensbildern, daß er nicht dazu kam, eines festzuhalten und darüber nachzudenken.
Doktor Kreuz sank beim Gehen tief in die Knie und schnellte mit jedem Schritt federnd hoch auf die Zehenspitzen in Kraft verschwendendem Auf und Ab.
Seine Frau, maisblond wie er, mit schweren Beinen und etwas zu starker Nase – in linealgerader Linie mit der Stirn –, eine üppige Nofretete, die schön aussah, so oft beim Lächeln die großen, ebenmäßigen Zahnbögen sichtbar wurden, machte belegte Brote zurecht, einen Berg – in den langen Russen ging viel hinein.
Doktor Kreuz, der die Frauen verehrte, das Prinzip des Weiblichen, wie er sich auszudrücken pflegte, und der Ansicht war, daß ihre Sexualkomplexe nicht nur analysiert, sondern auch tapfer im Bett abreagiert werden müßten, forderte seine Anhänger

durch Blicke auf, Sophie und Michael im kleinen Zimmer allein zu lassen. Daß Sophie, die er besonders schätzte, noch unberührt war, erschien ihm gefährlich komplexhaft und ihrer nicht würdig. Alle verließen das Zimmer, Hals über Kopf, als hätten sie soeben entdeckt, daß Sophie die Cholera habe.
»Hoffentlich wird er Sophie deflorieren, damit auch sie das brennende Problem der Epoche mit den Augen der Mitte sieht«, sagte der Russe und schob mit seinen langen, delikat gespreizten Fingern einen riesigen Streifen Brot mit Schinken in den Mund, ohne anzustoßen.
Sophies Gesicht war bis zum Haaransatz glührot geworden. Michael, der die Blicke des Doktors ebenfalls bemerkt hatte und dunkel ahnte, daß sie auch ihn angingen, studierte interessiert das Tapetenmuster. Plötzlich streckte Sophie das Kinn hoch, resolut, als hätte sie sich durch eine innere Anstrengung befreit von ihrer Verlegenheit, und während sie fragte, ob er mit zu ihr kommen wolle, in ihr Atelier, erschien wieder das anmutige warme Lächeln, mit dem sie ihn bei der ersten Begegnung in der Malschule, ohne es zu wissen, zum Gefangenen gemacht hatte.
Sie verließen die Wohnung ungesehen durch die Hintertür und gingen schweigend die Straße hinunter. Obwohl Michael froh war, mit Sophie wieder allein zu sein, hatte er das Empfinden, barfüßig durch Brennesseln zu waten, weil er auch jetzt nicht auszusprechen wagte, was er ihr seit Tagen hatte sagen wollen – wie sehr er wünschte, daß sie seine Freundin würde.
Die Einrichtung ihres Ateliers bestand aus einer Ottomane, einer Kiste mit Spirituskocher, dem zwei Meter langen Zeichentisch, einer runden Sitzbadewanne aus Holz und einem dreiteiligen verstellbaren mannshohen Spiegel, den sie für fünf Mark bei einem Trödler gekauft hatte. An den Wänden hingen, mit Reißnägeln angeheftet, Dutzende Aktstudien, in Tusche, Bleistift, Sepia, Rötel, einige stellenweise leicht aquarelliert, und alle nach demselben schönen Mädchenkörper. Sophie hatte vor dem verstellbaren Spiegel immer wieder das Modell gezeichnet, das nichts kostete – ihren Akt, in allen Größen, mehrmals lebensgroß, in allen erdenklichen Stellungen, knieend, stehend, liegend, und von allen Seiten: eine primitive Madonna mit

hochangesetzten kleinen Brüsten und schmalem Becken, das dennoch den weiblichen Schwung hatte und Platz für das Kind.
Sie stellte den Teekessel auf den Spirituskocher. Michael, umgeben von fünfzig nackten Sophies, senkte den Kopf und machte sich Vorwürfe, wie ekelhaft gemein er sei, weil er, dem die Kunst doch über alles gehen müsse, Sophies Akte nicht als Maler angesehen habe.
Ihm gegenüber hingen in der Mitte der Wand zwei größere Sophie-Akte dicht nebeneinander, Rückansicht und Vorderansicht, beide stehend, und darunter ein mit Rötel gezeichneter lebensgroßer liegender Akt, in allen Einzelheiten mit Schatten und Kreide-Glanzlichtern plastisch ausgearbeitet. Sophie lag auf dem Rücken, Kopf schulterwärts geneigt, Augen geschlossen und die entspannte Hand am Leib, wie die Venus von Giorgione. Obwohl Michael sich jetzt energisch befahl, diese lebensgroße liegende nackte Sophie ausschließlich als Kunstwerk zu betrachten, hatte er sich nach Sekunden aufs neue den Pelz verbrannt.
Sie stellten die Kiste vor die Ottomane. Sophie goß Tee ein. Sie trug ein eng anliegendes hautfarbenes Strickkleid, das erst unterhalb des knapp umspannten Beckens glockenförmig weit wurde für den Schritt und oben klar zeigte, daß ihr Körper als Modell gedient hatte für die sanften Rundungen und fließenden Linien der Aktstudien an der Wand.
Sophie hatte einen kleinen Kopf, so rund wie ein Mädchenkopf sein kann. Das Gesicht – einfach gezeichnete Lippen, etwas zu starke Backenknochen und runde Stirn – war beständig von innen her belebt.
Sie erhob sich. »Nehmen Sie Zitrone oder Milch zum Tee?« Auch in dieser Sekunde, da sie auf Antwort wartete, hatte ihr Gesicht und selbst der Körper – gereckt stehend, schon ein wenig schief, auf dem Sprung, zu holen, was er wünschte – den Ausdruck lebensmutiger Bereitschaft, die der Grundzug ihres Wesens war.
Sie brachte die Milch und setzte sich wieder neben Michael auf die Ottomane. Er brachte kein Wort hervor. Es wurde eine lange Pause. Schließlich fragte Sophie, in aller Unschuld nichts als die Kunststudentin, wie ihm die Aktstudien gefielen.

»Gut! Sehr gut!« Es war ihm nicht wohl dabei. Er blickte zu Boden.
»Es ist noch nichts, ich weiß. Ich sollte noch viel, viel mehr Akt zeichnen, jahrelang, bevor ich einen Pinsel anrühre.« Sophie, die Tochter eines Gymnasialprofessors, war aus Ellwangen und sprach stark den schwäbischen Dialekt. »Michelangelo hat sicher hunderttausend Akte gezeichnet, bevor er seinen David modellierte und die Sixtinische Kapelle ausmalte. Glauben Sie nicht?«
Darüber kann er jetzt nicht sprechen. Und was ist denn das – die Sixtinische Kapelle? Jetzt ist er mit ihr allein im Atelier, wenn er es jetzt nicht sagt, kommt vielleicht nie wieder so eine Gelegenheit. Jetzt muß es heraus. Jetzt gleich! Er sagte: »Was die Sixtinische Kapelle anlangt, haben Sie sicher recht.«
Sophie hob zufällig den Kopf, ihr Blick traf auf seinen Blick, der alles sagte. Sie senkte errötend die Lider und klammerte sich an die Teetasse. Michael bemerkte, daß ihre Hand zitterte. Er wußte nicht, warum er sich plötzlich sicherer fühlte. Er sah ihre Hände an, während sie Tee nachgoß, und sagte, nach einem Blick auf den lebensgroßen liegenden Akt: »Und auch wunderbar schöne Hände haben Sie.« Und dann ging es wie von selbst. »Ich möchte Sie etwas fragen – ich meine, ob Sie meine Freundin werden wollen.«
Selbst ihre Ohren erröteten, als sie ihm das glührote Gesicht zudrehte. Da legte sein Arm sich selbsttätig um sie, und die Lippen küßten. Es war ein Kinderkuß. Michael war noch so unerfahren wie Sophie.
Als sei sie es ihrer Ehre schuldig, jetzt tapfer zu sein, sah sie ihn tapfer lächelnd an und ließ sich noch einmal küssen. Es war, als äßen zwei Kinder zusammen einen Apfel. Wie es jetzt weitergehen sollte, wußten beide nicht. Da waren noch Berge und Gletscher dazwischen. Ihm wurde der Kopf heiß. Er sagte, aus Angst vor dem nächsten Schritt, den er nicht wußte, jetzt müsse er heim.
Michael, dunkelblond und gewachsen wie ein Leichtathlet, breitschultrig und beckenschmal, hatte ein längliches, zu mageres Gesicht, glatt wie Säuglingshaut, sehr dünne Lippen und über den Riesenaugen gewölbte Energiehöcker. »Die reine Den-

kerstirn«, hatte seine Mutter lächelnd gesagt und mit der Fingerspitze darüber gestrichen. (Sie und auch der Vater stammten von unterfränkischen Bauern ab.)
Auf der Straße lag Neuschnee. Michael wurde vom Glück dahingeweht. Die langsam herunterschwebenden großen Flocken sagten lautlos ja zu seinem Glück, und die eingeschneiten Bäume, glitzernd im Lichte der Bogenlampen, waren Frühlingsbäume, die in blendendweißer Blüte standen.
Henry war stehend über den Zeichentisch gebeugt, als Michael heimkam. Er hatte diesen Nachmittag seine erste Zeichnung – krumme, nächtliche Gasse in der Münchener Altstadt und ein Mädchen für Geld, wartend unter der Laterne – an den »Simplizissimus« verkauft und war, voller Begeisterung über seinen Erfolg, schon dabei, eine neue zu zeichnen.
Auf die Frage, wo er gewesen sei, antwortete Michael leichthin wie ein routinierter Frauenjäger: »Ach, nur bei meiner Freundin im Atelier ... Und du? Was hast du gemacht?«
Henry arbeitete weiter, während er sagte: »Ich war bei einer Hur. Zwei Mark fünfzig! Aber sie macht alles.« Er trat fortwährend von einem Fuß auf den anderen und preßte zwischendurch die Schenkel zusammen, halb in die Knie sinkend.
Michael sagte: »Also jetzt geh doch schon endlich hinaus.«
»Ich kann dir ihre Adresse geben. Eine dicke Pauke!« Er machte noch einen Strich, warf einen letzten Blick auf die Zeichnung, schleuderte den Bleistift hin und stürzte hinaus.
›Was meint er damit – sie macht alles?‹ Er hätte gerne gewußt, was man alles machen könne. Aber Henry zu fragen und damit seine Unwissenheit zuzugeben, ließ sein Mannesstolz nicht zu.
In der Nacht träumte er von Sophie, von dem lebensgroßen liegenden Akt, der sich bewegte und von der Wand herunterstieg. Auch die zwei Mark fünfzig kamen dazwischen. Er hatte sie in der Hand. Es war ein wirrer Traum, aus dem er gerädert erwachte.
Sophie war noch nicht da, als er gegen neun Uhr früh in die Malschule kam. Er stellte seine Staffelei neben ihre und begann das Aktmodell zu zeichnen, das reglos auf dem Podium stand – ein muskelbepackter junger Bursche mit verwüstetem Gesicht und wulstigen Lippen.

Die Malschule war in der Georgenstraße, in einem Holzhäuschen, das im Garten stand. Unten war das Atelier, aus dem eine steile hühnerleiterartige Treppe emporführte zu einer Holzgalerie, dem Zugang zu der winzigen Kammer, die der Inhaber der Schule bewohnte, Herr Ažbe. Er lag angekleidet im Bett, in tiefem Alkoholschlaf. Die Kognakflasche stand neben ihm.
Seine Schule war berühmt, er galt als ein genialer Lehrer. Die begabteren jungen Leute verließen die Akademie der Künste, um unter seiner Leitung zu studieren. Aus allen Ländern Europas kamen Kunstjünger zu ihm. Er fragte nicht, ob ein Schüler bezahlen konnte, und wußte auch nie, wer Schulgeld bezahlt hatte und wer nicht. Solange Geld für die Modelle und für Kognak in seiner Nachttischlade lag, war die Buchführung in Ordnung. Viele warteten auf einen frei werdenden Quadratmeter, seine Malschule war überfüllt. »Wer zuerst kommt, malt zuerst«, war sein stehender Scherz, den er und die Schüler, die nicht bezahlen konnten, ganz ausgezeichnet fanden.
Sophie ging auf den Zehenspitzen um den glühenden Kohlenofen herum zu ihrer Staffelei. Es war warm und still. Alle arbeiteten. Die unbestreitbare Tatsache, daß er gleichberechtigt zu diesen Künstlern gehörte und jetzt auch noch heimlich einen Blick wechseln konnte mit Sophie, die zurücklächelte, schwellte Michaels Brust. Das Leben war dick wie ein bekränzter Preisochse.
In die Arbeitsstille tönte ein Knarren – Ažbe stand oben auf der Holzgalerie, in seinem pelzgefütterten schwarzen Mantel mit Pelzkragen, die schwarze viertelmeterhohe Pelzmütze tief in der Stirn. Er hielt den Mantel, der bis zu den Knöcheln reichte, vorne hoch, stieg Stufe für Stufe herunter, sehr langsam, die Hand am Holzgeländer, und ging langsam auf einen Schüler zu, x-beinig und schleifend wie ein Kind, das Rollschuh laufen lernt.
Die Korrigierstunde, deretwegen er und seine Schüler berühmt waren, begann damit, daß er den Schlitten der Staffelei vierzig Zentimeter herunterließ zu seiner Blickhöhe – er war so klein wie ein zehnjähriger Knabe. Die Schüler standen um ihn herum und sahen aufmerksam zu, wie der Akt, der in der Luft gehangen hatte, durch ein paar Striche auf die Füße zu stehen kam, in der

richtigen Gewichtsverteilung des Körpers. »So, nämlich«, sagte er und trat langsam vor die Staffelei nebenan.
Dieser Schüler hatte an seiner nur handhohen Aktstudie eine ganze Woche herumgefummelt, Ažbe strich sie mit der Zeichenkohle durch, langsam, von der linken Schulter quer herunter zum rechten Fuß, und sagte: »Keine Knochen, keine Muskeln, keine Anatomie, nämlich.« Während er eine dicke Kontur um die sorgfältig retuschierte Photographie herumzog, erschien unter den Blicken seiner Zuschauer der Akt des Modells, das auf dem Podium stand.
Ažbe war ein Chirurg, er operierte seine Schüler, indem er ihre Arbeiten operierte. Mancher starb unter seinem Messer und verließ die Schule; die Begabten lernten, was von einem Lehrer gelernt werden kann.
Der nächste, ein schwarzhaariger Junge mit dicker Nase und eingefallenem, quittengelbem Gesicht, war so vertieft in seine Arbeit, daß er erst aufblickte, als Ažbe ihn auf die Schulter tippte. Er hatte nicht den Männerakt gezeichnet, sondern einen weiblichen Unterleib, nur den Teil zwischen Nabel und Schenkeln, in dreifacher Lebensgröße. Ažbe, der durch den dicken Pelzmantel fast so breit war wie hoch und trotz der hohen Pelzmütze den Schülern nur bis zur Brust reichte, lachte ein paar dunkle Alkoholtöne und sagte anerkennend: »Gut, nämlich. Aber gehen Sie nicht zum Irrenarzt, sondern zu einem Mädchen, nämlich.«
Ažbe wurde in München nur »Professor Nämlich« genannt. Aus seiner Schule waren anerkannte Maler hervorgegangen. Von ihm selbst hatte niemand ein Bild gesehen. Niemand wußte, ob er je ein Bild gemalt hatte. Niemand wußte etwas aus seinem früheren Leben. Jahre später, in einer kalten Dezembernacht, fiel er auf dem Heimweg in den Schnee, im Kognakrausch, und schlief ein. Er wurde erst am Morgen aufgefunden, erfroren. Seine Herkunft blieb unbekannt. Die Münchener Künstler folgten dem Sarg.
Michael versagte sich das Mittagessen, da das Kapital, mit dem er sein ganzes Studium hatte bestreiten wollen, in den drei Wochen schon bis auf ein paar Mark zusammengeschmolzen war. Er aß um sechs Uhr in einem vegetarischen Restaurant für fünfzehn Pfennige sein Lieblingsgericht, Backreis mit Aprikosenkompott,

und erfuhr, als er heimkam, daß er sein Diner mit der Nachspeise begonnen hatte. Henry hielt triumphierend zwei Zwanzigmarkscheine hoch, das Honorar für seine Zeichnung. Zehn Minuten später saß er mit Michael in der Odeonbar, dem besten und teuersten Restaurant von München.

Sie begannen mit Austern und aßen sich über Schildkrötensuppe und Forellen blau langsam empor zu Hasenrücken mit Preiselbeeren und über Omelette soufflé, Käse und Obst allmählich herunter zu schwarzem Kaffee, Hennessy und importierten Havannas. Sie hatten eine Flasche edlen Frankenweines getrunken, Escherndorfer Lump, Jahrgang 1893, dessen Qualität in der ersten Hälfte des zwanzigsten Jahrhunderts nur von den Jahrgängen 1911, 1917 und 1921 wieder erreicht wurde. »Ein Wein zum Hinknien«, hatte Michael nach dem ersten Schluck gesagt.

In beträchtlich gehobener Stimmung gingen sie heim ins Café Stefanie. Michael sagte: »Es gibt Höhepunkte im Leben, findest du nicht?«

Henry entschloß sich, mit den neunzig Pfennigen, die von den vierzig Mark übriggeblieben waren, die Hälfte seiner Schulden zu bezahlen. Arthur, der manchmal eine halbe Stunde verstreichen ließ, bevor er einem säumigen Schuldner schließlich doch wieder einen Kaffee hinstellte, ließ das Tablett diesmal sofort auf die Marmorplatte gleiten, schwungvoll und eine Sekunde in der Verbeugung verharrend, mit einem innigen Blick der Bereitwilligkeit. Er war ein unfehlbarer Psycholog. Schon an der Art, wie ein Schuldner die Tür öffnete und Kaffee bestellte, roch er, daß Bargeld in der Tasche war.

Hugo Lück trat ein wie ein Ereignis, gefolgt von seiner Freundin Lotte und von Spela Albrecht mit ihrem neuen Mann, die diesen Morgen geheiratet und dem Standesbeamten vorher erklärt hatten, sie heirateten nur aus Witz.

Lotte war ein schön gewachsenes Mädchen mit knabenhaft schmalem Becken, seidigem braunem Haar, kurz geschnitten, und wachsbleicher Haut. Während sie durchs Café ging, ließ sie durch Haltung und Gesichtsausdruck – vornüberhängend, linke Schulter hochgezogen bis zum Ohr und das Kinn zur Schulter gestreckt – keinen Zweifel aufkommen darüber, daß sie Hugos Sklavin war. Spela war dicklich und sehr klein. Die Frisur ihres rostroten Haares hatte die Form eines riesigen Turbans, zweimal so hoch und breit wie das winzige schneeweiß gepuderte Spitzmausgesichtchen, das wissend lächelte, beständig, als trüge sie eine wissend lächelnde Maske.

Die vier setzten sich in die Fensterecke. Hugo Lück lehnte den Hinterkopf an die Wand, Kinn hochgestreckt, und sagte scharf: »Die Tragödie des modernen Menschen ist das möblierte Zimmer.« Sein aschgraues Gesicht bestätigte es.

Michael blickte aufmerksam horchend hinüber, als Albrecht, der eine verkrustete Bißwunde am Mund hatte, ein neues Gedicht von sich rezitierte. Es handelte von düstersüß duftenden Tuberosen, die in Spelas weißen Händchen zu Peitschen wurden. Henry sagte ruhig: »Scheiße«. Lotte schob den Ärmel bis zur Achsel hoch und zeigte Spela die runden rot entzündeten Flekken, die der Geliebte mit der Zigarettenglut in ihre Haut gebrannt hatte. Michael verstand nichts.

Der bleiche Mann, ein schon halb verhungerter Komponist, der zu Doktor Kreuz gesagt hatte: »Freud – alles Unsinn, glatter Unsinn«, trat an den Tisch und fragte, gespenstisch lächelnd, ob die Herren Goethe und Schiller Herrn Beethoven einen Kaffee bezahlen könnten. Lück, der seinen Hunger erfolgreich totgeraucht hatte, zählte sein Vermögen auf den Tisch, fünfundvierzig Pfennige, und schob Herrn Beethoven wortlos zwanzig davon hin.

Rauchwölkchen unzähliger Zigaretten schwebten empor zu der dicken Rauchwolke über den Gästen, deren stürmische Kampfgespräche zusammenklangen, monoton rauschend wie ein Wasserfall. Van Gogh vor allen anderen hatte zu Beginn des zwanzigsten Jahrhunderts im Café Stefanie ein Erdbeben verursacht, und in einigen Köpfen wetterleuchtete schon die Revolution der abstrakten Malerei, die ein paar Jahre später mit den ersten Versuchen durchzubrechen begann.

Als Henry sagte, er werde nur die Hälfte seiner Schulden bezahlen, fragte Arthur, wo denn dann die vierzig Mark vom »Simplizissimus« seien. Das Ereignis hatte sich im Café Stefanie und in ganz Schwabing herumgesprochen und war Arthur vor einer Minute zu Ohren gekommen. Während sie sich nach längerem Hin und Her einigten, neben dem Büfett, kam Johannes Wohl, nachdem er seinem Strichjungen väterlich den Haarschopf geglättet hatte, herüber zu Michael, den Band George wie ein Gebetbuch in der Hand. Er hatte ein kleines Doppelkinnchen unter dem ebenmäßigen weichen Oval. Sein Mund wäre selbst für die schönste Frau eine Zierde gewesen. Er blickte Michael tief in die Augen und sagte: »Sie sind schön geworden.«

Michael wußte noch nichts von Homosexualität. Aber als Wohl ihm den Arm zärtlich um die Schultern legte, schnellte er in instinktivem Abscheu seitwärts und starrte ihn an, fassungslos vor Entsetzen und Zorn.

Professor Nämlich blieb stehen, einen Schritt entfernt, und ließ sich von Arthur ein Wasserglas mit Kognak füllen. Michael grüßte verstört und flüchtete in die Toilette. Er kämmte zehn Minuten sein Haar, das schon die Künstlerlänge hatte, und machte sich dann auf den Weg zu Sophie, mit der er verabredet war.

Er kam zu früh. Als er an die Ateliertür klopfte, stand Sophie noch in der hölzernen Sitzbadewanne, von oben bis unten eingeseift. Sie bedeckte sich unwillkürlich mit den Händen, als stünde Michael schon vor ihr, und rief, er müsse ein bißchen warten.

Er setzte sich auf die Treppenstufe. Plötzlich spürte er wieder Wohls Arm. Sein Rückgrat wurde eisig kalt. Einen Lattenzaun zu streichen war einfacher, als im Café Stefanie zu sitzen und zu begreifen, was da alles vorging. Nietzsche. Freud. Er muß lesen, alles lesen. Johannes Wohl wird er die Faust ins Gesicht knallen. Und was soll er jetzt zu Sophie sagen? Das beste wäre, auf und davon zu gehen. Aber mit ihr ist es ja ganz anders. Und er hat sie ja schon zweimal geküßt. Er wird sie einfach wieder küssen.

Sie öffnete die Tür und streckte den Kopf heraus. Da war wieder das anmutige Lächeln, diesmal mehr verlegen als etwas anderes. Sie hatte absatzlose Filzschuhe an und nur einen dünnen Morgenrock, knapp in die Taille geschnitten. Am liebsten hätte er sie sofort umarmt und geschehen lassen, was der Schöpfer aller Dinge wollte.

Eine Sekunde glaubte er, in ein anderes Atelier geraten zu sein – Sophie hatte ihre fünfzig Akte entfernt. Kein einziger Akt von

ihr hing an der Wand. Nur den in Natur hatte sie nicht entfernen können, er war unter dem schmiegsam herabfließenden Morgenrock in seiner ganzen Schönheit da.
In der Ecke war ein Mäuerchen aus Holzscheiten. Das Feuer im Ofen knisterte und krachte. Das Atelier war durchwärmt. Der warme Harzgeruch der brennenden Scheite war hier und dort durchzogen von dem kühlen pfefferigen Duft der weißen Nelken auf dem Zeichentisch, ein dicker Strauß.
Sophie stand vor ihm, im Blick die Frage an das Unbekannte. Die Natur, die erfolgreichste Kupplerin, legte Michaels Arme um Sophie. Helfen konnte Sophie ihm nicht, ihr Körper zitterte. Michael und Sophie mußten die Liebe erst lernen. Er blieb die Nacht bei ihr. Die Ottomane war schmal.

Joachim Ringelnatz

Bohème

Auch ich bin einst in ihrer Flur gegangen
Und denke gern an jene Zeit zurück.
Sie barg in schwarzer Hülle manches Glück,
Aus dem mir feine Lebensquellen sprangen.

Auch ihr bleibt Freunde, die heut weltverschollen.
Wir haben jedes Wetter einst geteilt;
Bergan, talab ist uns die Zeit enteilt; –
Will ohne Kann, und Können ohne Wollen.

Brotlose Nächte seh ich müd verdämmern,
Von kalten Wänden grinst die Einsamkeit,
Und wieder fühl ich, wie in jener Zeit,
Die Qual der Zweifel in den Adern hämmern.

Verhärmt verschwärmte Mädchenaugen winken.
Musik rauscht auf. Bunt formt sich Bild aus Bild. –
Könnt ich doch einmal noch so toll und wild
In unbemeßner Fülle Leben trinken.

Wohl ist sie leicht, doch wie man sie auch nehme,
Sie bleibt gewaltig ohne Wo und Wie.
Es liegt doch ein Stück eigne Poesie
In diesem Zauberbanne der Bohème.

Klabund

Marietta

Ein Liebesroman aus Schwabing

Ich habe kein Vaterland.
Ich habe kein Mutterland.
Jede fremde Sprache berührt mich heimatlich.
Ich bin eine polnische Prinzessin: hübsch aber schlampig.
Ich schiele.
Das ist meine Weltanschauung.
Eigentlich müßte ich ein Monokel tragen.
Ich gewinne auf der Münchener Wohlfahrtslotterie eine kleine Kuhglocke.
Ich binde sie mir um den Hals und lasse sie läuten.
Jeder möchte mein Hirt sein.
Ich bin Marietta.

Aber ich bin noch nicht ganz Marietta.
Ich will Marietta werden.
Ich schwanke noch.
Bin funkelndes Feuer.
Und sehr viel Rauch.
Ich habe eine unordentlich zugeknöpfte orangine Bluse und verkünde nachts im Simplicissimus blaue Fabeln und graue Anekdoten von Klabund.
Manche nur sind leise rosa und schmecken wie Himbeerkompott.
Ich kriege für den Abend vier Mark und nicht mal warmes Abendbrot.

Ich suche nach Nebenverdienst.
Gestern kam ein sehr junger Mann mit glattem Gesicht in Begleitung Etzels in den Simplicissimus.
Etzel sagte: »Der Herr möchte ein Manuskript tippen lassen!«
Ich kann Schreibmaschine schreiben, denn ich war eine Zeitlang auf dem Büro der Zeitschrift »Lese« (am Rindermarkt) beschäftigt.
Ich sagte: »Ich werde es gerne tun.«
Der junge Mann bestellte ein Glas Bowle für mich.
Ich setzte mich neben ihn auf die Bank.
Wir sprachen nicht viel.
Einmal legte er schüchtern seinen Arm um meine Hüfte.
Emmy Hennings sang das Lied von den »Beenekens«.
Sie kreischte wie eine dänische Möve, die sich von den Wellen des Kattegatt erhebt.
»Kommen Sie morgen früh um elf und holen Sie sich das Manuskript«, sagte der junge Mann und ging.
Er ging mit Schritten wie ein Gymnasiast und mit den Augen eines Seeräubers.
Er trug einen segelblonden Anzug.
Der roch nach Tang und wehte.

Der junge Mann wohnt Kaulbachstraße 56, parterre.
Die Tür stand offen, als ich kam, und er sagte: »Begleiten Sie mich ein Stück? Hier ist das Manuskript!«
Auf dem Tisch lag eine Postanweisung von der »Jugend«.
Ich nahm das Manuskript.
Es waren Verse.
Ich fragte ihn: »Haben Sie das gemacht?«
»O nein«, lächelte er, »gewiß nicht!«
Aber ich glaubte, daß er es sei.
– Wir gingen durch die Kaulbachstraße.
In der Sonne.
Er nahm den Hut ab und die Sonne ließ sich wie ein goldener Vogel auf ihn nieder.
»Ich habe einen schönen Akt«, sagte ich.
Ich mußte doch etwas sagen. »Der Habermann hat mich gemalt.«

Er sah mir durch die Bluse und meinte:
»Vielleicht!«
An der Ecke der Kaulbach- und Veterinärstraße hockte eine italienische Blumenverkäuferin.
Er kaufte ihr eine rote Nelke ab und schenkte sie mir.
Ich fühlte, daß er sie mir schenkte.
Er ist hochmütig.
Ich mag ihn nicht.
Er verabschiedete sich.

Um zu einer Schreibmaschine zu gelangen, stieg ich nachts durch ein Parterrefenster in den Verlag Heinrich F. S. Bachmair, bei dem ich früher einmal Fräulein gewesen war.
Ich tippte die Gedichte auf offizielle Briefbögen des Verlages Heinrich F. S. Bachmair, weil ich kein anderes Papier fand.
Becher kam mit Dorka und überraschte mich.
Er wollte mich schlagen. »Was hast Du denn hier zu suchen, du Aas?«
Aber Dorka beruhigte ihn.
Sie gingen zusammen ins Nebenzimmer und aufs Sofa.

Der junge Mann war nicht mehr in München.
Ich brachte das Manuskript einem Herrn, den er mir schriftlich bezeichnet hatte.
Ich empfing acht Mark.
Ich weinte.
Ich haßte den jungen Mann in der Ferne.
Der mir fremd war.
Der mir »über war«.
Wie ein Aviatiker.
Ich mußte fort.
Ich erbrach München.

Major Hoffmann sagte im Café Stefanie zu mir: »Möchten Sie nicht als Modell zur Fürstin von Thurn und Taxis?«
Ich sagte: »Sehr gern« (... ich habe einen schönen Akt. Der Habermann hat mich gemalt ...).
Man schickte mir telegraphisch das Reisegeld und ich fuhr.

Die Photographie der Fürstin von Thurn und Taxis hängt immer über meinem Bett.
Sie ist eine fürstliche Frau. Ihre Geschenke sind fürstlich.
Aber die Hände, mit denen sie sie reicht, sind die einer entthronten Bürgerin.

Während sie mich modelliert, lese ich aus einem Buch vor: Die japanische Nachtigall.
Oder ich erzähle ihr allerhand Geschichten.
Aller Hand streichelt dann über mich hin und ich bin wie Welt.
Ich erzähle ihr, daß ich in Treppenhäusern geschlafen habe und auf einer Bank in den Anlagen der Pinakothek.
Gegen vier Uhr öffnete ich die Augen, und die Schildwache stand vor mir.
Sie lächelte mit geschultertem Gewehr: »Schon ausgeschlafen?«
Sie sagte, daß sie Bäcker sei und immer früh aufstehen müsse.
Sie stehe gern des Nachts Posten, wenn die Sterne wie goldene Kinder über den Himmel gingen, Hand in Hand. Sie habe viel Spaß an dem Soldatensein.
Es gab schöne Rosen in den Anlagen: hell- und dunkelrote. Die Schildwache sagte, ich solle mir welche abpflücken. Sie passe auf, daß kein Schutzmann komme.

Es wird schon sehr kalt.
Ich habe keinen Mantel.
Ich schlafe mit dem Kaufmann Hirsch.
Er sieht aus wie ein verstaubtes Buch, das man nicht gern zur Hand nimmt.
Er ist anonym.
Er sprüht angeregt.
Er hat einen Bruder und einen Freund, die beide Maler sind.
Sie spotten: »Bei der Marietta kommst Du nicht so leicht an! Das ist ein Mädchen aus der Bohème. Die geht nicht für Geld!«
Kaufmann Hirsch hat mir fünfzig Mark gegeben.
Er macht mir einen Heiratsantrag.

Er ist sehr besorgt um mich.
Er läßt mir vom Kellner einen Fußschemel bringen.
Ich stelle die Füße unter den Schemel, damit man meine zerrissenen Schuhe nicht sieht.
Er ist sehr unglücklich.
Sein Bruder und sein Freund hätten einen idealen Beruf.
Er sei nur Kaufmann.
Was könne er mir bieten?
Ich sei ein ideales Mädchen. (Ich glaube, er hat Murgers »Bohème« gelesen, ehe er mit mir schlafen ging.)
Ich sagte, ich sei gar kein so ideales Mädchen, wie er dächte.
Denn ich würde nie mehr mit ihm schlafen.
Trotz der fünfzig Mark.

Ich lasse mich nicht auf den Boden schlagen.
Wir sitzen im Café Stefanie.
Der junge Mann ist auch da.
Er ist eben zurückgekommen.
Während ich in Paris war, war er in der Schweiz.
Ich bin durch das rote Meer in Paris geschritten, trockenen Fußes, und die Wogen wölbten sich vor mir.
Er glaubt noch immer, über mich hinweg zu sehen wie über einen Kiesel.
Aber ich bin nun ein Fels.
Er erschrickt.
Seine Stirn blutet vom Anprall ans Gestein.
Ich liebe ihn.
Sein Blut rinnt in meinen Schoß.
Ich erzähle ihm von Paris.
Wir trinken Samos im »Bunten Vogel«.
Wir fahren im Auto zu neunen nachts ins Isartal.
Es regnet.
Wir überfahren einen Hasen.
Es war eine Häsin und hatte drei Junge im Leib.
Der Chauffeur wird ihn sich braten.
Seine Frau wird ihn mit Gurkensalat servieren.
Wir kommen auf den Gedanken, einen Verein zu gründen und uns alle grüne Schärpen zu kaufen.

Es ist fünf Uhr früh.
Der junge Tag schwingt seinen gelben Hut.
Zwischen Wolken hervor.
Wir wandeln durch die Leopoldstraße.
Die Pappeln stehen steif wie männliche Glieder, aber belaubt.
Ich erzähle ihm von Paris.
Er schweigt wie ein Parlograph, in den man alles spricht, der alles treu bewahrt.
O, daß er mich ganz bewahre!
Nicht meine Sprache nur: auch meine Locken.
Meine kleinen Brüste.
Meine schiefen obszönen Augen, meine turmschlanken Füße.
Und meinen durstigen Mund.
Ich bin sein Kind.
Ich liege gekrümmt in seinem Bauch.
Die Hände vor meinen blinden Augen zu Fäusten geballt.
Wen wollen sie schlagen, wenn meine Blicke sehend werden?
Er wird mich gebären.

Am Morgen bestellt er Frühstück bei seiner Wirtin.
Eier, Kakao und Schinken.
Sein Zimmer ist sehr klein.
An den Wänden hängen Bilder, die er auf der Auer Dult gekauft hat.
Das Stück zu etwa 1.25 Mk.
Er sagt, sie seien von Veronese, Habermann (den kenne ich), Paolo Francese und Anton von Werner.
Ein Akt ist auch da, dem wirbeln die Brüste bis auf die Knie.
Der Geldbriefträger klopft.
Ich ziehe die Decke über den Kopf.
Der junge Mann gibt mir zehn Mark.
Er lächelt: er werde ein Feuilleton über mich schreiben.
Im Berliner Tageblatt.
Er gewähre mir zehn Mark Honorarbeteiligung.
Vielleicht werde er noch einmal sehr viel an mir verdienen, wenn ich mit ihm im künftigen Frühling nach Monte Carlo ginge.
Als sein Kapital.
Er würde mir die Garderobe bezahlen.

Und meine Aktien würden steigen bis weit über 500 ...

Ich berichte dem jungen Mann (er hängt jetzt neben der Fürstin von Thurn und Taxis über meinem Bett: ein lachendes Gesicht in Hut und Mantel) – daß ich ein Tagebuch führe.
Ich führe es, wie man ein Maultier führt im Gebirge: steinige Straßen, an brodelnden Schluchten vorbei und patinagrünen Almen.
Aber über der Ferne leuchtet die weiße Jungfrau mit dem Silberhorn, und Grindelwald ruht in besonntem Schweigen.
Er ist begeistert.
Er meint, ich solle ihm das Tagebuch doch einmal bringen.
Vielleicht könne man es seinem Verleger zeigen.
Vielleicht würde der es drucken.

Als ich ihn verließ, lag auf der Treppe ein zertretener Nelkenstrauß.
Hat er mich je geliebt?
Mein Kopf wird herumgeworfen.
Er ist kein Mensch.
Er ist ein Wald mit tausend Bäumen.
Hochwald.
Der streckt sich nach einer anderen Sonne.
Und seine Winde wehn von Uruguay.

»Marietta«, sagte der junge Mann, »ich werde die Köpfe der Gehenkten über mich befragen ...«
Ich hatte Angst und lachte.
Denn die Gehenkten wissen jede dunkle Zukunft.
»Wenn sie die Wahrheit sagen, opfere ich Dir einen Taler, Marietta.«
Er verschwand hinter dem Vorhang.
Auf einmal ertönte Geschrei.
Nicht ein Schrei: Millionen entsetzlicher Schreie.
Es klang von außen, von der Straße, und warf mich, ich stand am Fenster, betäubt ins Zimmer zurück.
Ich zog den Vorhang.
Der junge Mann hing am Ofenhaken.

Die Augen krochen ihm wie zwei schwarze Weinbergschnecken aus den Höhlungen.
Am Boden zu seinen Füßen lag ein funkelnagelneuer Taler.

Ich werde *nie* die Köpfe der Gehenkten über mich befragen.
(Und jenes entsetzliche Geschrei beim Tode des jungen Mannes weiß ich *natürlich* zu deuten: es kam vom nahen Schlachthof. Es brüllte aus tausenden von sterbenden Ochsen, Kälbern, Schweinen.)
Bei meinem Tode werden nicht die Ochsen schreien ...

Ich habe Sehnsucht nach dem elektrischen Rausch der Boulevards.
Nach Paris.
Nach den kleinen Dirnen, die am Abend wie Porzellan blinken.
Nach den dünnen Blumenmädchen, die gegen einen Frank Honorar im dämmerigen Hausgang mit einem onanieren.
Mein Kopf ist wie gehenkt.
Der junge Mann hat mich gehenkt.
Mein Kopf hängt lotrecht wie ein Kronleuchter von der Decke.
Meine Augen brennen wie Wachskerzen.
Sie duften.
Wie Weihnachten.
Ich bin Maria.
Ich werde den heiligen Geist unbefleckt empfangen.

Peter Paul Althaus

Fasching macabre

Die Lustigkeit fiel von den Wänden ab,
so tonlos, polternd und fahl,
als fielen Schollen in ein Grab
auf eine tote Qual.

Sie kehlten ihre Traurigkeit ab
mit Schrei'n und saurem Wein
und mit verzweifeltem Tanztrippeltrab
und mit Heißa und Lustigsein.

Und die Nacht war so lang wie die Traurigkeit groß,
und beides wollte nicht enden.
Zuletzt kam nichts mehr vom Boden los.
Und nichts fiel mehr von den Wänden.

Sie zogen ihre Verzweiflung aus
und hockten in nackter Wut
wie vor Stacheln zerschossenen Drahtverhaus –
und die Dämm'rung kroch wie gespenstiger Graus
um das Haus, in den Saal, in ihr Blut.

Kleine Ansprache

Trinkt euren Wein in Ruhe aus,
denn erst in zwölf- bis fünfzehntausend Jahren –
trinkt euren Wein in Ruhe aus,
wird – wie von Astronauten wir erfahren –

trinkt euren Wein in Ruhe aus,
wird ehestens die zweite Sintflut nahn;
trinkt euren Wein in Ruhe aus,
noch zieht der Mond am Himmel seine Bahn.

Trinkt euren Wein in Ruhe aus,
und lebt so weiter, dick, dumm und gefräßig;
trinkt euren Wein in Ruhe aus,
ihr seid dem lieben Gott zu mittelmäßig!

Früher war's das Künstlerviertel,
Schwabing – Schwabylon.
Heut markieren Viertelkünstler
Schwabing – Babylon.

3. Ein Wagen von der Linie Acht

Jakob (Papa) Geis

Aber es schaut gut aus

Herr von Gigerl mit Monokel
steigt graziös daher.
Schnabelschuhe, hohe Stöckel,
d'Haar brennt vom Frisör.
D'Hosen aufg'stülpt über d'Knöchel,
d'Strümpferl schaun heraus.
Kurz, Hans Wurst von ob'n bis unten.
Aber es schaut gut aus.

Rote Wangen und das Mündchen
voll schneeweißer Zähn'.
Aber ohne drüber z'reden:
»Fragt mich nicht von wem!«
Fragt auch nicht aus welchem Laden
ist die Büste raus?
Gummi, Roßhaar, Seegras, Watte.
Aber es schaut gut aus.

Ach, wie wird in manchem Gasthaus
doch soupieret fein,
und wie sind die Portionen
zierlich nett und klein.
Dann das Bier, es schäumt im Glase,
als wollt's wieder raus.
's ist zwar kaum ein Quartl drinnen,
aber es schaut gut aus.

Weiß Ferdl

Oberammergauer Fremdenführer

Oh, i bin koa Oberammergauer,
Naa, i bin a Unterammergauer,
Ja, dös ist mei größter Jammer,
Wollt ersaufen mich schon in der Ammer
Doch da schwemmts mich dann noch weiter nunter
– ganz munter.

Unterammergau liegt ganz nahe bei Oberammergau – doch glauben Sie nicht, was da für eine Kluft dazwischen liegt. Eher geht ein Kamel durch ein Nadelöhr, als daß ein Unterammergauer bei dö Oberammergauer mitmachen darf. Es ist halt so auf der Welt – der Ober sticht den Unter.

Ich tät so gern mitmachen: Als Pilatus hätt ich so eine günstige Profillinie. Alles tät ich machen: einen Schutzgeist, einen mit dem Palmwedel, sogar den linken Schächer, oder den, der bei der Kreuzigung 's Naglkistl tragt – alles umsonst, sie lassen keinen Unterammergauer mitmachen. Nur ein einziger Unterammergauer darf mitmachen – das ist der Esel, beim Einzug in Jerusalem ist er dabei, weil die Oberammergauer koan habn.

Jetzt hab ich mir amal die Haar wachsen lassen, die wachsen in Unterammergau genau so lang wie in Oberammergau.

Ich halt mich in der Nähe vom Bahnhof auf und mache einen Fremdenführer. Wenn die Fremden die langen Haar sehn, meinens, ich bin ein Oberammergauer, damit bin ich auch zufrieden. Wegen diesen vielen Fremden hab ich mir diese Binden machen lassen: english spoken – on parle français – si parla italiano – und ich versteh preißisch.

Wenn ich einen erwisch, dann erklär ich: »Diese Häuser, meine Herrschaften, sind Oberammergau – das andere is Umgebung. Hier, wo die Kirche steht, da ist früher die alte Kirche gestanden, da haben sie vor dreihundert Jahren das Gelübde abgelegt, alle zehn Jahre das Passionsspiel zu wiederholen. Damals vor dreihundert Jahren ist es den Oberammergauern sehr schlecht gegan-

gen. Da war große Not – seit sie das Gelübde abgelegt haben, geht es ihnen nicht mehr so schlecht.«
Zu verdienen gibts was – wenn sich einer einbildet, unbedingt bei einem Hauptdarsteller zu wohnen. Neulich hab ich einen Amerikaner drei Stunden rumgeschleppt, der wollt absolut bei der Maria übernachten – aber das ist nicht gegangen, auch bei der Maria Magdalena war schon alles voll. Dann haben wirs bei den zwölf Aposteln probiert, nix zu machen – sogar beim linken Schächer war ausverkauft. Von Pontius zu Pilatus san ma grennt. Gschwitzt ham ma alle zwei, daß uns grad's Wasser runterglaufn is – und dann is mir eine gute Idee gekommen. Sag ich: »Schwitzn tun S' – wolln mir vielleicht zur Veronika mit dem Schweißtuch?« »Well«, sagt er. Dann hab ich ihn nach Unterammergau nübergschleppt, zu meiner Schwester – die heißt Veronika. Nach Unterammergau wollns ja gar net nüber, da schimpfns allweil. Die Ausländer wenn schimpfen, dös macht nix, dö versteh i net, aba dö Preißn wenn anfanga, dö sind zum Fürchten.
Neulich hab ich einmal einen glücklich in Unterammergau drübn ghabt – dem hat hint und vorn nix paßt, der hat gschimpft!
»Da schleppen Sie mich eine Stunde durch die Gegend und sagen, Sie haben Zimmer mit fließendem Wasser – nun frag ich Sie, wo ist hier das fließende Wasser?«
»Ja, schaugn S' naus beim Fenster, da fließt die Ammer vorbei, wenn Hochwasser is, kommts sogar herein.«
»Det war wohl früher ein Hühnerstall?«
»Naa, a Schweinestall.«
»Wat soll dieses Loch kosten?«
»Ja mei, jetzt san halt Passionspreise – 30 Silberlinge.«
»Wat, 30 Mark für diese Bude, unerhört, und da sagen Sie, Sie wollen an der Chose nichts verdienen, Sie machen das nur wegen ...«
»Naa, dös san net mir, dös san die Oberammergauer – mir ham kein Gelübde abgelegt.«
»Und diese Liegerstatt, steinhart –«
»Ja mei, die ganze Passion ist eine Leidensgeschichte.«

Weiß Ferdl

Ein Wagen von der Linie Acht

Ein Wagen von der Linie Acht,
Weißblau, fährt rasselnd durch die Stadt,
Kling kling, bim bam.
So fährt der Wagen schnell dahin,
Die Menschen, die im Wagen drin,
Die schauen gar grantig, niemand lacht
Da drin, im Wagn der Linie Acht.

SCHAFFNER: Nächste Haltestelle Harras, Waldfriedhof umsteigen.

NERVÖSE FRAU: Bitt schön, Herr Schaffner, Max Weberplatz, muß ich umsteigen?

SCHAFFNER: Naa, erst am Stachus in die Linie 4 oder 19. – Aussteign lassn!

WAGENFÜHRER: Aba Leut, laßts doch d'Leut naus!

JUNGER MANN: Geh halt weg, alter Depp!

ALTER MANN: Dir gib i nacha glei an alten Deppn, Rotzlöffl, rotziger. A so a schwindsüchtigs Zigarettenbürscherl! Aa scho s' Maul aufreißn. I bin a alter Münchner Bürger, der vierzig Jahr seine Steuern und Abgabn zahlt hat, dös merkst da, du Rotzlöffl!

SCHAFFNER: Vorsicht, der Wagen ist besetzt!
Ein Wagen von der Linie Acht,
(In die Mitte gehen!)
Weißblau, fährt rasselnd durch die Stadt,
(Noch jemand ohne?)

Kling, kling, bim bam.
So fährt der Wagen schnell dahin,
Die Menschen, die im Wagen drin,
Die wackeln hin und her ganz sacht,
Da drin, im Wagn der Linie Acht.

SCHAFFNER: Bavariastraße, steigt jemand aus?

MANN: Naa, aba nei möcht ma. Gehts halt weiter nei, sonst datritt i no oan! Da sitzt a jeder drin und liest Zeitung, als hätt er fünf Mark fürn Sperrsitz zahlt, und wir stehn a halbe Stund da und wartn, bis die Verdrußlinie amal kommt! Weg da, sapprament!

EIN HERR: A so a narrischer Kampl!

SCHAFFNER: Vorsicht, der Wagen ist besetzt!

Ein Wagen von der Linie Acht,
Weißblau, fährt rasselnd durch die Stadt,
(In die Mitte gehen!)
Kling kling, bim bam.
(Noch jemand ohne?)
So fährt der Wagen schnell dahin,
(Sie Lümmel!)
Die Menschen, die im Wagen drin,
(Rindvieh!)
Die schaun sich bös an, sind verkracht,
(Affe!)
Da drin, im Wagn der Linie Acht.
(Rhinozeros!)

SCHAFFNER: Ruppertstraße, Zoologischer Garten umsteigen.

NERVÖSE FRAU: Bitt schön, Herr Schaffner, Max Weberplatz, muß ich umsteigen?

SCHAFFNER: Naa, erst am Stachus! Aussteign lassn!

WAGENFÜHRER: Aba Leut, laßts doch d' Leut naus!

EINE FRAU: Bitte, ich möchte aussteign.

EIN MANN: Steign S' halt aus!

FRAU: Ich kann nicht!

MANN: Dann kann i Eahna a net helfn.

SCHAFFNER: Der Wagen ist besetzt!

FRAU: Ich will doch aussteign!

SCHAFFNER: Dös hättns Eahna früher überlegn müßn!

Ein Wagen von der Linie Acht,
(In die Mitte gehen! – Dann komm ich ja wieder nicht naus!)
Weißblau, fährt rasselnd durch die Stadt,
(Bei der Endstation gehts dann scho.)
Kling kling, bim bam.

(Drücken Sie doch nicht so! – Ich drück ja net, da hintn druckns.)

So fährt der Wagen schnell dahin,
(Hast sie gsehn mit dö roten Fingernägel?)
Die Menschen, die im Wagen drin,
(Unds Maul ogstricha, da graust mir scho.)
Neipfercht als wie in einen Schacht,
(Lieber no a ogstrichns Maul, wia so a bissigs.)
Da drin, im Wagn der Linie Acht.
(Da helfn die Mannsbilder zamm, wenn's um so a Flitscherl geht!)

SCHAFFNER: Sendlingertorplatz! Umsteigen in Richtung Thalkirchen, Frauenhoferstraße, Bogenhausen!

NERVÖSE FRAU: Ach, bitt schön, Herr Schaffner, Max Weberplatz, muß ich ...

SCHAFFNER: Naa, am Stachus!

WAGENFÜHRER: Aba Leut, laßts doch d'Leut naus!

SCHAFFNER: Aussteigen lassen, erst die Plattform freimachen, rascher aussteigen! – Herrgott geh halt weiter, alte Rutschn, jetzt draht sie si no amal um, glei tritt i di nei ins Kreuz – Malefiz!

DAME: So spricht man doch nicht mit einer Dame!

SCHAFFNER: Dame? Auf der Trambahn gibts koa Dame!

DAME: Naa, da gibts nur Hammi!

MANN: Hö, warts a bisserl, mir wolln aa no naus! Drucka dö mit ihre Gipsköpf scho wieda rei!

SCHAFFNER: Vorsicht, der Wagen ist besetzt!

Ein Wagen von der Linie Acht,
(In die Mitte gehen!)
Weißblau, fährt rasselnd durch die Stadt,
(Noch jemand ohne?)
Kling kling, bim bam.
(Ach Gott, ich krieg keine Luft mehr! – Dann gibst mir deine Lebensmittel-Karten!)
So fährt der Wagen schnell dahin,
(Vier hängen am Trittbrett.)
Die Menschen, die im Wagen drin,
(Schaun gar nimma hin, wenn einer runterfällt.)

Die haben sich nur in Verdacht,
(Der hat halt net zahln wolln.)
So sinds im Wagen der Linie Acht!

SCHAFFNER: Stachus, Karlsplatz! Umsteigen in Richtung Hauptbahnhof, Pasing, Neuhausen, Marienplatz, Maximilian- und Ludwigstraße! Schnell aussteigen!

WAGENFÜHRER: Aba Leut, laßts doch d'Leut naus!

MANN: Kann ma ja net, wenn der Schiaba mit sein mordstrumm Rucksack dasteht.

ANDERER MANN: Dir gib i na glei an Schiaba, du Dreckhammi – i kumm von der Arbat. Glei hau i dir a solche runter, daß die der Teifi holt!

DAME: Nehmen Sie doch Rücksicht auf eine schwächliche Frau!

MANN: Schwächliche Frau – rennt mir glei an Ellbogn nei, daß mir alle Rippn kracha!

NORDDEUTSCHER: So watt jibst ja nur in Bayern.

MANN: Halts Maul, preißische Krampfhenna!

SCHWABE: Jetzt lassat mi naus, i muaß am Baahhof, sonst verwisch i mei Zügle nimmer. Lassat mi naus, lassat mi naus!

SCHAFFNER: Vorsicht, der Wagen ist besetzt!
Ein Wagen von der Linie Acht,
(In die Mitte gehen!)
Weißblau, fährt rasselnd durch die Stadt,
(Noch jemand ohne?)
Kling kling, bim bam.
(Sie, lassen S' Eahna Nasntröpferl net grad auf mi nauffalln. – Hinauf ko is net falln lassn.)
So fährt der Wagen schnell dahin,
(Fahrtberechtigungsausweis!)
Da schaut jetzt mancher gradaus drin,
(Zwei Mark!)
Ja freili, ha; dös war ja glacht,
(Dann steign S' aus.)
Jawohl, dös tua-r-i, gebn S' nur acht.
(Da muß i so raus.)

SCHAFFNER: Gabelsbergerstraße!

NERVÖSE FRAU: Bitt schön, Herr Schaffner, Max Weberplatz, muß ich da raus?

SCHAFFNER: Jetzt is dö no da, i habs Eahna do zwanzgmal gsagt: Stachus – bei der letzten Station hätten S' raus müassn!

NERVÖSE FRAU: Ach Gott, ach Gott, ach Gott, mich trifft der Schlag!

SCHAFFNER: Gut, dan bleiben S' sitzn bis zum Nordfriedhof. – Vorsicht, der Wagen ist besetzt!

Ein Wagen von der Linie Acht,
(In die Mitte gehen!)
Weißblau, fährt weiter durch die Stadt.

Karl Valentin

Das Aquarium

Weil wir grad vom Aquarium redn, ich hab nämlich früher – nicht im Frühjahr – früher in der Sendlinger Straße gewohnt, nicht *in* der Sendlinger Straße, das wär ja lächerbar, *in* der Sendlinger Straße könnt man ja gar nicht wohnen, weil immer die Straßenbahn durchfährt, in den Häusern hab ich gwohnt in der Sendlinger Straße. Nicht in allen Häusern, in einem davon, in dem, das zwischen den andern so drin steckt, ich weiß net, ob Sie das Haus kennen. Und da wohn ich, aber nicht im ganzen Haus, sondern nur im ersten Stock, der ist unterm zweiten Stock und ober dem Parterre, so zwischen drin, und da geht in den zweiten Stock eine Stiege nauf, die geht schon wieder runter auch, die Stiege geht nicht nauf, wir gehn auf die Stiege nauf, man sagt halt so.

Und da hab ich, in dem Wohnzimmer, wo ich schlaf, ich hab ein extra Wohnzimmer, wo ich schlaf, und im Schlafzimmer wohn ich und im Wohnzimmer hab ich zu meinem Privatvergnügen ein Aquarium, das steht so im Eck drin, das paßt auch wunderschön in das Eck hinein.

Ich hätt ja so ein rundes Aquarium auch haben können, dann wär das Eck halt nicht ausgefüllt. Das ganze Aquarium ist nicht größer als so (*zeigend*), sagn wir, das sind die zwei Glaswände – das sind meine Hände, ich erklärs Ihnen nur, daß Sies besser verstehn – und das sind auch zwei Wände und unten is der Boden, ders Wasser haltet, damits Wasser nicht unten wieder durchläuft, wenn man oben eines hineinschüttet. Wenn der Boden nicht wär, da dürfen Sie oben zehn, zwanzig, dreißig Liter neinschütten, das tät alles wieder unten durchrinnen. Bei einem Vogelhaus ist das ganz etwas anderes.

Bei einem Vogelhaus sind die Wände auch so ähnlich wie bei einem Aquarium, nur sind die beim Vogelhaus nicht aus Glas, sondern aus Draht. Das wär natürlich ein großer Unsinn, wenn das bei einem Aquarium auch so wär, weil dann das Aquarium 's Wasser nicht halten könnt, da rinnets Wasser immer neben dem Draht heraus. Drum is eben alles von der Natur so wunderbar eingerichtet. Ja, und ich hab eben in dem Aquarium Goldfisch drin, und im Vogelhaus hab ich einen Vogel; jetzt hat mich neulich einmal die Dummheit plagt, hab ich die Goldfisch ins Vogelhaus und den Kanarienvogel ins Aquarium getan.

Natürlich sind die Goldfisch im Vogelhaus immer wieder vom Stangl runtergrutscht und der Kanarienvogel wär mir im Aquarium bald ersoffen, dann hab ich wieder die ganze Gschicht beim alten lassen und hab den Vogel wieder ins Vogelhaus und die Goldfisch wieder ins Aquarium getan, wos hingehören.

Jetzt sind die Fisch wieder lustig im Aquarium umhergeschwommen, zuerst so nüber, dann so nunter, die schwimmen fast jeden Tag anders. Vorgestern ist mir nun ein Malheur passiert, ich hab gesehn, daß die Fisch mehr Wasser brauchen, und hab einen Wassereimer voll nachgefüllt, derweil war das zu viel, jetzt ist das Wasser so hoch (*zeigend*) über das Aquarium herausgstandn, das hab ich aber erst den andern Tag bemerkt, und ein Goldfisch ist über den Rand nausgschwommen und ist am Boden nuntergfallen, weil wir in dem Zimmer, wo das Aquarium steht, habn wir unten einen Boden, und da ist er dann dortglegn, aber erst, wie ers Falln aufgehört hat.

Jetzt hat aber der Fisch am Boden kein Wasser ghabt, weil wir so außer im Aquarium habn wir weiter kein Wasser im Zimmer.

Dann hat meine Hausfrau gsagt: »Sie werden sehn, der Fisch wird am Boden drunt kaputt, es ist das beste, Sie bringen den Fisch um.« Daß er nicht so lang leiden muß, hab ich mir gedacht, mitn Hammer erschlagn? Schließlich haust dich aufn Finger, also erschieß ich ihn. Dann hab ich mir aber gedacht: Schließlich triffst ihn nicht recht, dann muß er erst recht leiden, da ists schon gscheiter, hab ich gsagt, ich nehm den Fisch und trag ihn in die Isar und tu ihn ertränken.

Karl Valentin

Am Heuboden

ANNI: Simmerl, Simmerl! Wo bist denn?
SIMMERL: Do!
ANNI: Wo?
SIMMERL: Do!
ANNI: I seh di ja net.
SIMMERL: Deswegen bin i do da.
ANNI: Ja, hörn tua i di scho, aber sehn tua i di net.
SIMMERL: Ja, des ko i scho versteh, weilst halt im Finstern nix siehst.
ANNI: Aba warum hört ma nacha im Finstern was?
SIMMERL: Ja warum? Hörst du ebba jetzt grad was?
ANNI: Freili! Di hör i!
SIMMERL: Warum grad ausgrechnet mi?
ANNI: Weil halt sunst wahrscheinli neamand da is.
SIMMERL: Ja, woaßt du des gwiß?
ANNI: Freili woaß i des gwiß, sunst tat i do außer dir no ebbs hörn.
SIMMERL: Hörst du mi denn aa, wenn i nix red?
ANNI: Sell woaß i net; red amal nix, ob i nacha was hör.
SIMMERL: Ja, jetzt paß auf, jetzt red i nix. ––––– Hast des jetzt ghört, wia i nix gredt hab?
ANNI: Ja, tadellos – und des hab i nacha ghört, wiasd gsagt hast: »Hast des jetzt ghört, wia i nix gredt hab?«
SIMMERL: So, des hast ghört? – Aber des andere net?
ANNI: Was für a anders?
SIMMERL: No ja, wia i nix gredt hab.
ANNI: Na, zuaghört hab i scho, aber ghört hab i nix.
SIMMERL: Des is gspaßig, gell, mit dera Hörerei.
ANNI: Ja, des is wohl gspaßig. – Du, Simmerl! Probiern ma des

gleiche mitm Sehn aa, statt mitm Horchn; schaug amal net, ob i di na seh.

SIMMERL: Ja, is scho recht. – Jetzt schaug i amal net. – – – – – Jetzt hab i net gschaugt, hast mi gsehn?

ANNI: Na!

SIMMERL: Hast mi wirklich net gsehn?

ANNI: Na!

SIMMERL: Ja, wo hastn nacha dann hingschaugt?

ANNI: Nirgends.

SIMMERL: Warum hast denn dann nirgends hingschaugt?

ANNI: Ja, wo hätt i denn sonst hinschaun solln?

SIMMERL: Ja mei, zu mir her hättst schaun solln!

ANNI: Im Finstern seh i di doch net.

SIMMERL: Ja, warum net?

ANNI: Wenn du des net woaßt, wia solls denn dann i wissn? Wo i doch vui dümmer bin als du.

SIMMERL: Na Anni, des kannst aa net sagn, mir zwoa san scho gleich dumm, sunst kunnt ma net so saudumm daherredn.

ANNI: War des saudumm, was mir jetzt grad gredt ham?

SIMMERL: Na, ganz saudumm no net.

ANNI: No net? – Was is denn nacha ganz saudumm?

SIMMERL: Ganz saudumm wär zum Beispiel des, wenn i zu dir gsagt hätt: »Anni, halt dir amal d' Ohrn zua, dann schaug i, ob i di riach.«

ANNI: So, des is ganz saudumm?

SIMMERL: Ja, des wär ganz saudumm.

ANNI: O mei, bin i saudumm, daß i net amal gwußt hab, was ganz saudumm is!

Karl Valentin

Der Firmling

Die Bühne gehört – durch ein Plakat mit der Aufschrift ›Weinterrasse‹ gekennzeichnet – zum Zuschauerraum. Sie ist rosa tapeziert und zeigt im Hintergrund gemaltes Publikum, das an kleinen Tischen sitzt. Im Vordergrund sind drei Tische weiß gedeckt, darauf stehen Zahnstocher in

Ständern, die Spitzen nach oben, und als Tafelschmuck Tannenzweige in Vasen. Eine Anrichte trägt Sektkübel, Zigarettenschachteln, Teller, Salzstreuer, Gläser, Strohhalme, Bestecke und bunte Zigarrenkisten.
Zur Einleitung geht die Musik in ›Schön ist die Jugend bei frohen Zeiten‹ über. Karl Valentin spielt den Vater.

Beide kommen vom Publikumseingang her durchs Lokal und suchen einen Platz, finden ihn aber nach vielem Anstoßen unter Assistenz des dicken, beschürzten Oberkellners in weißem Sakko erst auf der als Weinterrasse hergerichteten Bühne. Pepperl (Liesl Karlstadt) hat viel zu große weiße Handschuhe an den Händen und trägt darin eine lange Kommunionkerze mit einer riesigen weißen Seidenschleife. Damit bleibt er auf dem Podium gleich am ersten Stuhl hängen, der krachend umfällt.
VATER: No, Depp ...
Pepperl rennt den zweiten Sessel um und lacht. Vater wirft Tisch und Stuhl um, verwickelt sich mit Schirm, Stuhl und Tisch, ein fürchterliches Durcheinander entsteht. Pepperl lacht.
VATER: Lach net so saudumm, dummer Bua.
Beide setzen sich nieder, schauen sich nach dem Kellner um und pfeifen.
VATER: He, Kellnerin, zwei Halbe!
KELLNER *kommt auf die Bühne:* Was wünschen die Herrschaften?
VATER: Zwoa Halbe Bier und etliche Brot.
KELLNER: Bedaure, Bier wird bei uns nicht verschenkt.
VATER: Mir wollns ja net gschenkt, mir zahlen ja.
KELLNER: Ich meine, wir führen kein Bier, hier gibts nur Wein – wir haben Weinzwang.
VATER: Na bringst halt zwoa Halbe Weinzwang.
KELLNER: Ich bringe Ihnen die Weinkarte.
Pepperl lacht und schaut immer auf seine Uhr.
KELLNER: Bitte, hier ist die Wein- und die Speisekarte. *Er geht ab.*
VATER: Was magstn Pepperl, weilst dich heute so schön firmen hast lassen, derfst du dir heut was Feines raussuchen. Was magst denn? Red – oder red' – was magst denn?
PEPPERL: An Emmentaler –
VATER: Ja hast du Hunger?
PEPPERL: Ja.
VATER: An Emmentaler werns da herin net ham. *Er schaut in die*

Weinkarte. Ja, hams scho oan, aber da hoaßt er anders, da hoaßt er Affenthaler. *Er pfeift.*

KELLNER: Bitte, haben die Herrschaften schon gewählt?

VATER: Bringst an Pepperl a Stück Affenthaler und Pfeffer und Salz.

PEPPERL: Ja, und zwoa Bretzn.

KELLNER: Sie meinen eine Flasche Affenthaler?

PEPPERL: Na, a Trumm Affenthaler.

KELLNER: Es gibt doch nur eine Flasche Affenthaler.

VATER: Wieso? Habts denn Ihr an Kas in der Flasche drin?

KELLNER: Affenthaler ist immer in der Flasche.

VATER: Seit wann denn?

KELLNER: Seit es einen Affenthaler gibt.

VATER: Ja, wia bringa mir denn den raus? Mir können doch net an Kas mitm Stopselzieher rausziehen!

Pepperl lacht.

VATER: Jetzt hörst amal dei saudumms Gelächter auf! – *Er haut ihm erbost eine runter.*

Pepperl weint.

VATER: So macht er mirs heut scho den ganzn Tag, in einer Tour grinst er, der dumme Bua.

Pepperl lacht wieder.

KELLNER: Mein Gott, er freut sich halt, weil er jung ist!

VATER: Ich war doch aa amal jung, vielleicht jünger wie der.

KELLNER: Also wollen Sie dann einen Affenthaler trinken?

VATER: Wieso trinken?

KELLNER: Affenthaler ist nur zu trinken.

VATER: So weich ist der?

KELLNER: Will der Kleine vielleicht eine Limonade?

PEPPERL: Ja.

VATER: Eine rote – a recht süße bringst ihm.

KELLNER: Und Sie auch eine Limonade?

VATER: Mir wars ja gnua, mir bringst an Schnaps!

KELLNER: Was für einen darf ich bringen? *Er liest die Likörkarte ab.* Allasch, Kirschwasser, Zwetschgenwasser, Rum, Kognak, Magenbitter, Kräuter . . .

VATER: Net so viel, einen nur!

KELLNER: Goldwasser, Macholl, St. Emmeram . . .

VATER: An Macholl habts aa, ja, den mag i.
KELLNER: Also eine Limonade und ein Gläschen Macholl.
VATER: Was, a Gläschen? A Flaschn möcht i, a Glasl is bei mir scho leer, wenn i's anschaug. Bring a Flaschn.
KELLNER: Eine ganze Flasche wird Ihnen wahrscheinlich zu teuer sein.
VATER: Dös geht Ihna an Dreck o.
KELLNER: Und was speisen die Herrschaften? *Er liest die Speisekarte ab.* Makkaroni mit Schinken ist noch da.
VATER: Magst solche – *zum Kellner* – na bringst oa.
KELLNER: Bitte sehr – also zweimal Makkaroni mit Schinken.
VATER: Naa, oamal.
KELLNER: So, nur einmal.
PEPPERL: Ja, für an jeden – eine –
KELLNER: Also dann doch zwei Portionen.
VATER: Nein, nein – eine – aber für zwei.
KELLNER: Ja, wollen Sie jetzt eine oder zwei?
PEPPERL: Nein, ich möcht nur eine.
KELLNER: Ja, dann wollen Sie doch zwei?
VATER: Nein, eine für uns zwei.
KELLNER: Sie meinen eine Doppelportion.
VATER: Ja, eine einfache Doppelportion.
KELLNER: Zum Donnerwetter, soll ich jetzt eine oder zwei Portionen bringen?
VATER: Jetzt bringst oane und schwingst dich, sonst kann sein ...
KELLNER: Ich bringe Ihnen jetzt eine Portion. *Geht schimpfend ab.* Das ist eine nette Bagage, die wissen nicht, was sie wollen, die sollen doch woanders hingehen, in eine Bauernwirtschaft, das ist ja furchtbar.
VATER: Nur net nachbrumma dahinten. Tua fei ja net launenhaft sei, sonst ziag i di raus aus deim Cheviot. – Ja mei, Pepperl, was sagst denn, habn die an Kas in der Flaschn drin, drum soll ma so wo net reingehn, in eine Tiele. Tiele hoaßn sies jetzt, früher hat ma Weinbeizen gsagt. – Lauter so moderne Krampf hams da. *Er will schnupfen.*
Pepperl stößt ihm den Tabak herunter.

VATER: Net steßn – Aff – überall bauns jetzt eine Tiele hinein, i bin nur neugierig, wie in zehn Jahren 's Hofbräuhaus ausschaugt. *Er will wieder schnupfen.*

PEPPERL: Jetzt wird er glei wieda reinkomma! *Er stößt den Vater wieder.*

VATER: Jetzt haut er mir schon die zwoate Pyramidn runter, glei schlag i di aa runter. *Er schnupft sehr laut.*

KELLNER: Hier bitte die Limonade für den Kleinen, hier Ihr Likör, wohl bekomms.

VATER: Bist da, Herzerl! *Er haut den Kellner hinten hinauf.*

KELLNER: Was erlauben Sie sich?

VATER: Oha, jetzt hab i glaubt, i bin im Hofbräuhaus bei der Marie.

Kellner ab.

VATER: So, Pepperl, jetzt laß dirs recht schmecken, heut ham mir so schon so viel herumgsoffn.

PEPPERL: Prost, Vata – ah, heut is zünfti – da schau her, Vata – ah, des is a Gaudi.

VATER: Ja was tuast denn!

PEPPERL: Seifenblasen.

VATER: Dir tua i dann glei Seifenblasen mit der teuren Limonad – des Steckerl ghört doch zum Umrührn. *Er rührt um, bricht aber das Röhrl ab.*

PEPPERL: So, jetzt hast es brochen, uh, der wenn reinkommt!

VATER: Lauter Glump hams scho a da herin, mir sagn einfach, des war scho.

PEPPERL: Ja, des sagn ma, na spannt ers net. Prost Vata, ah, heut is zünfti.

VATER: Prost Pepperl – so, jetzt derfst dei erste Zigarrn rauchen. *Er pfeift.*

KELLNER *kommt*: Bitte sehr?

VATER: A Zigarrn fürn Buam, a ganz leichte – weil er noch nie graucht hat.

KELLNER: Bitte sofort. *Geht ab.*

VATER: Die Mutter wenn uns jetzt seng kannt, dö hätt a Freud. Hats allwei gsagt, den Tag möcht i noch erleben, aber leider is sie heimgegangen in den großen Heimgarten.

KELLNER *bringt eine Zigarre*: Bitte sehr.

VATER: Zünds an Buam glei o! So, Pepperl, ziag nur fest – *zum Ober* – Moanst net, daßn zreißt?
KELLNER: Na, wir werden ja sehen.
VATER: Ja, wenn mirs scho amal seng, na is 's schon zspät. *Kellner ab.*
VATER: Inhalier nur fest, daßd a guate Farb kriagst. Du mußt dir denken: Heut ist der schönste Tag in deinem Leben – die Jugendzeit kommt nur einmal, des derfst mir glaubn – *er singt.*
»Schön ist die Jugend, bei frohen Zeiten, schön ist die Jugend, sie kommt nicht mehr.«
PEPPERL: Ja, des kenn ich auch, den alten Schmarrn. *Er singt mit.* Prost, Vata, heut is 's zünfti.
VATER: Das mußt du dir merken, die Jugendzeit kommt nur einmal im Leben ...
PEPPERL *singt:* »Drum sag ichs noch einmal ...«
VATER: Was sagst, Pepperl?
PEPPERL: Naa, i hab bloß gsunga, »Drum sag ichs noch einmal ...«
VATER: Da hast du recht, des kann ma net oft gnua sagn. *Er stößt mit der Nase in die Zahnstocher.* Au – au.
Pepperl zieht sie ihm heraus.
VATER: Wie kannst denn du die Zahnstocher da herstelln; wenn i Bluatvergiftung kriag und wird mir die Nasn weggschnittn, mit was schneuz i mi dann?
PEPPERL: Da kann i nix dafür, für was muaßt du dei Nasn überall drin habn.
VATER *reibt die Nase mit Schnaps ein:* Jessas, brennt dös.
PEPPERL: Ja eben – drum sag i 's noch einmal ...
VATER *wirft ihn über den Stuhl hinunter:* Fangt er immer wieder an mit seiner saudummen Jugendzeit.
PEPPERL: Ah geh, bis i amal windi wer!
VATER: Setz di her da! Setz di glei her? – Du Hundling!
PEPPERL: Tua fei net köppeln.
VATER: Halts Maul!
PEPPERL: Brauchst mi a net glei nunterwerfa, i hab di a net nuntergschmissn.
VATER: Des kommt scho noch – setz di her!

PEPPERL: Ja gell, wenn die neue Uhr bricht, dann ham mas – i glaub, i hab so schon die Feder abdraht.

VATER: Dei Gurgl drah i dir no ab – daß dus woaßt. – Denk liaba an dei Zukunft, woaßt heut no net, was du amal werdn willst.

PEPPERL: Dös wern mir nachher scho seng.

VATER: Heut woaßt no net, was du amal wirst. Pepperl, Pepperl, denke dran, was aus dir noch werden kann.

PEPPERL: Ja, da bin i selber neugierig.

VATER: Aber siehgst, des gfreut mi heut no, daß es mir gelungen ist, den heutigen Tag zu erleben.

PEPPERL: Ja, mi a, wär schad, wenn ihn mir zwei nimmer erlebt hätten.

VATER: Niemand auf der Welt hätt dir dein Firmpat gemacht, wenn ich mich nicht deiner erbarmt hätt.

PEPPERL: Ja, wennstn du net gmacht hättst, dann könnt i heut mit meiner Kerzn alloa rumharpfn.

VATER: Alle hams dir versprochen, a jeder hat gsagt, dein Buam mach i an Firmpat, und wies dann drum und drauf ankomma is, hat sich a jeder druckt. Merk dir das – Pepperl – Freunde in der Not gehen zehne auf ein Butterbrot. Gell, der Onkel hat dirs so sicher versprochen, und jetzt hat er dir was ghustet. Warum hat er dir denn dein Firmpat net gmacht? – Weil er kein Flins drauf hat, weil er dir koa Uhr hätt kaufen können. Ich hab dein Firmpat gmacht, ich hab mei Wort ghaltn. I war da wia da Zoaga.

PEPPERL: Ja, des is wahr.

VATER: Was hast denn ghabt vor der Firmung?

PEPPERL: Nix.

VATER: Net amal an Anzug hast ghabt, nackert hättst gehn müssen.

PEPPERL: Na hätt i halt mei Badehosn anzogn.

VATER: Koan Anzug hast ghabt, koa Hemdknöpferl, koane Sokken, koa Hemad, koan Charakter, nix hast ghabt wia dein saudumma Kopf.

PEPPERL: Ja, und den hab i von dir kriagt.

VATER: Ich kann mich noch gut erinnern, wia i rumglaufen bin um an Anzug für den Buam. Was i da für a Lauferei ghabt hab, das is der Bua gar net wert. In sämtlichen Kleidererziehungsanstalten war ich in München, beim Isidor Bach, beim Knagge & Peitz, beim Isidor Kustermann, beim Heilmann & Littmann, nirgends hab ich einen Kommunionanzug auftrieben.

Pepperl raucht die Zigarre, es wird ihm schlecht, er nimmt seinen Hut und geht ab. Kellner kommt herein und serviert die Getränke ab.

VATER *allein:* Und da wo ich ein auftriebn hätt, kostet ein Kommunionanzug heute fünfundsechzig Mark, ja, ja, mir wars ja gnua, des kann i mir als Mittelstandler net erlaubn, daß ich für den Buam fünfundsechzig Mark am Tisch hinleg – ich bin koaner von der Burschoisie, i muaß mir mei Geld mit der Hände Fleiß verdienen, na hab i mir denkt, koan neuen konnst net kaffa, kaff dir halt oan von Herrschaften abgelegten Kommunionanzug, zua alle Dandler bin i, in meine sämtlichen Stammkneipen ha i's rumerzählt, nichts wars, die ganze Hoffnung hab i schon aufgebn. Derweil schleicht sich ein Zufall ein. Kommt der Erlacher Franzl zu mir, a alter Spezi, ein Kriegskamerad von mir, mir san anno Siebazg mitanand z' Deisenhofen gstandn, Mann an Mann, Brust an Brust, direkt am Isarufer, wos so feucht war, der hat es erfahrn, daß i an Kommunionanzug kaufen will. Des gfreut mi, Franzl, hab i gsagt, sag i, aber es is net gsagt, daß des, wo dein Hundsbuam paßt, mein Knaben aa paßt – kurze Rede langer Sinn, der Erlacher Franzl bringt den Anzug, der Pepperl ziagtn o und – paßt hat er! *Er haut auf den Tisch.* Hätt ja i im Leben net denkt, daß dem Pepperl der Anzug paßt, wo er an Buam gar net kennt – kennt an Buam gar net – aber wia gsagt, der Erlacher bringt den Anzug, der Pepperl ziagtn o, und – paßt hat er. *Er haut auf den Tisch.* No ja, die Ärmel warn zlang, des stimmt, de hat d' Muada dahoam abgschnittn, und de Sach war erledigt, aber so is doch die ganze Sache furchtbar interessant. Und noch dazu will er mir den Anzug schenken – naa, sag i, Franzl, des gibts net, es gfreut mi ja über alle Maßen, daß du mir den Anzug kredenzt – aber so sehr mich dein Antrag würdigt, so hat die Sache einen ganz anderen Haken, denn du bist selber ein armer Teufl, und wenn du mir schon den Anzug gibst, dann wollen wir die Sache finanziell regln. In dieser Beziehung bin ich ein Ehrenmann, da laß i mir nichts nachsagen. Aber wie gsagt, er bringt den Anzug, der Pepperl zieht ihn an und – paßt hat er, das is ja das Horrende an der Angelegenheit. Man muß doch bedenken, daß er mein Buam noch mit keinem Auge erspähet hat. Kennt der an Buam net, sei Bua is vielleicht a Mißgeburt, aber mei Bua is gwachsn wie eine Hyazinthe. Aber wie gsagt, der Erlacher Franzl bringt den Anzug, der Pepperl ziagtn an und – paßt hat er! *Er haut auf den Tisch und fällt damit zu Boden.* Oha, jetzt hats mi abidraht – wo er an Buam gar net kennt – das ist ja das Frappante – ja was is denn des? *Er rutscht beim Aufstehen immer mit den beiden Füßen aus.* Muaß i in meine alten Tag noch 's Radlfahrn lerna.

PEPPERL *kommt weinend:* Vata, mir is so schlecht.

VATER: Mir auch.

PEPPERL: Vata, i möcht hoamgeh.

VATER: Ich auch.

PEPPERL: Mach, steh halt auf.

VATER: Wenn i könna tat, scho.

PEPPERL: Was hast denn?

VATER: A Hepfa.

PEPPERL: Der legt si glei am Boden hin, der faule Kerl! *Er hängt seinen Hut an den Kleiderständer und hebt den Vater auf. Der Vater fällt immer wieder hin. Pepperl hebt ihn immer wieder auf.*

PEPPERL: Mach, steh doch auf, mir is ja selber so schlecht.

VATER *singt:* »Auf der schönen grünen Wiese, da spielt ...«

PEPPERL: Halt doch dei Mäu!

Vater fällt wieder hin.

PEPPERL *schimpft:* Geh, sei doch net so ekelhaft!

VATER: Ich hab gekämpft für König und Vaterland!

PEPPERL: Ja, des is ja jetzt wurscht ...

Vater fällt hin.

PEPPERL: Jetzt wirds mir bald z' dumm wern, 's nächstemal konnst alloa in d' Firmung geh ...

Vater fällt hin.

PEPPERL: Dann setz di halt auf an Stuhl, wannst nimmer steh konnst.

Vater fällt mit dem Stuhl um.

PEPPERL: Jetzt werd i bald narrisch wern.

KELLNER *kommt mit den Speisen herein:* Ja, um Gotteswillen, wie sieht es denn hier aus, was ist denn das für ein Benehmen!

PEPPERL: Ich bins ja net, das war ja er.

KELLNER: Das ist ganz egal. Sie gehören beide nicht in dieses feine Lokal, das ist ja furchtbar.

PEPPERL: Weil er immer so viel sauft, der alte Aff.

VATER *zum Kellner:* Ich bin ein Ehrenmann, das merkst dir!

KELLNER *hebt alles auf und stellt die Speisen auf den Tisch:* So, jetzt essen Sie Ihre Makkaroni und dann machen Sie so schnell wie möglich, daß Sie fortkommen. Das geht doch nicht, wie Sie sich hier aufführen. *Zum Vater.* Nicht wahr, das müssen Sie doch selbst einsehen, daß das hier nicht geht.

PEPPERL: Ja, des hört der nimmer.

VATER *singt.*

KELLNER *nachdem er den Tisch in Ordnung gebracht hat:* Also bleiben Sie endlich sitzen und verhalten Sie sich ruhig, sonst lasse ich Sie rauswerfen. *Kellner ab.*

PEPPERL: So, jetzt hast es, jetzt werden wir noch rausgeschmissen aa, grad heut an mein Firmungstag. Jetzt bleibst amal sitzn, du bsuffana Uhu. *Beide fangen zu essen an. Pepperl haut mit der Kerze Vaters Nudeln hinunter.*

VATER: Mußt denn du immer beim Fressen die damische Kerzn ham. *Er nimmt sie ihm aus der Hand, ißt jetzt mit der Kerze, wickelt Nudeln darüber, steckt die Kerze in die Westentasche, holt sie wieder heraus und fährt Pepperl damit beim Essen in den Mund hinein. Pepperl schreit. Vater wirft Nudeln hinunter, der Tisch fällt um, er steckt alle Nudeln in die Tasche. Pepperl hat eine Nudel im Mund. Vater zieht sie heraus.*

PEPPERL: Wo is mei Huat, komm lauf ma davon.

VATER: Ja, dann brauch ma nix zahln.

Beide nehmen ihre Hüte vom Kleiderständer, werfen ihn um, und Pepperl trägt Vater huckepack hinaus.

KELLNER *kommt:* Halt, zahlen, zahlen!

Vorhang

V. Iatz no de Fahndeln weiß und blau

Das München- und Altbayernidyll

Michl Ehbauer

Die Allerweltserschaffung
oder
Wia d' Welt auf d' Welt kemma is

Im Anfang – sagt die Schrift – war nix!
Und über a Weil – war wieder nix.
Und erst a paar Tag später dann,
Da war erst recht nix, wo mir san.
Da hat sich unser Herrgott denkt:
Ja Himmiherrschaftfirmament!
Zwoa Frauentürm und Hollerbüx!
Dees Nix da umanand is nix!
Da muaß was her – dees siehch i scho'
Und is's a Welt – liegt aa nix dro'.
So aber derfs net weiter bleibn.
Da taat ma ja Zwoatausend schreibn
Und über mi da werad glacht,
Weils hoaßt, i hätt nix zsamma bracht.
Und bleib i gar alloa' für mi,
Stellt mir koa Mensch a Kircha hi'.
Es is scho' so – i muaß ebbs to',
Morgn fruah glei fang i's Werkeln o'!
Z'erscht werd amal a bissel gschlafa
Und nachher werd de Welt erschaffa!
Er stellt an Wecker auf halb drei
Und zwengs der bessern Scheberei
Hat er an Teller unterglegt,
Damit er richti läut und weckt.
Ihr derfts net fragn: Wo hat denn Er
Den Wecker und den Teller her?
Und 's Nachtkastl, auf dem dees steht?
Es paßt halt grad so in mei' Red.
In Wirklichkeit brauchts alles net,
Weil Gott ja net zum Schlafa geht.

Mir nehma o' – am andern Tag,
Da hörst den Wecker auf'n Schlag
Am Nachtkastl von unserm Herrn
So richti zünfti aufbegehrn.
Natürli hats an Herrgott grissen,
Bald hätt er d' Wolkenzuadeck zrissen,
So is er rausgfahrn aus'm Bett
Als wenn ers kreuznotwendig hätt
In aller Himmelherrgottsfruah.
Zeit hätt er ghabt – ja mehr als gnua.
Hätt nämli gar net so pressiert,
Daß d' Welt in acht Tag fertig wird. –
Entschuldigt 's, wenn i kritisier –
Er steht scho' an der Himmelstür
Und schaut hinaus ins weite All,
Dees gar net da war in dem Fall.
Ma' muaß sich vorstelln: ringsumher
War alles finster, schwarz und leer.
»Glei«, moant der Herrgott, »werds was wer'n,
I derfs ja selber bloß begehrn!
Die ganz' Verdunklung gfallt ma net,
I will, daß iatz a Licht aufgeht!« –

Da hats im weiten Ätherraum –
Wer dees net gsehng hat, glaubts ja kaum –
Aufblitzt so hell, so liacht und klar
Wia wann mit Christbaam abgsteckt waar.
Und umadum, ob nah und fern,
Da wimmelts grad vor lauter Stern.
De van de drahn sich auf der Stell
So ähnlich wia a Karussell.
De andern siehgst um andere kreisen,
De genga sozusagn auf Reisen.
Und jeder hat sei' eigne Bahn,
Denn koana stößt mi'n andern zsamm.
Sternschnuppen falln, ma hörts fast net.
Im Hintergrund san zwoa Komet'
Und jedem hängt a Schwoaf hint' nunter.

Ein Universum voller Wunder!
Und auf der Milchstraß – der Verkehr?
Da roasen s' hin und roasen s' her
Die ungezählten unbekannten
Nachtwandler, Fixstern und Trabanten.
Dabei hat unter de Milliona
Der Stern no' gfehlt, wo mir drauf wohna.

Der Herrgott denkt an unsere Erde
Und sagt mit aller Macht: *Es werde!*
Da hats an Rumpler to', an Zischer,
An kloana Wirbel und an Wischer
Und in am Nu war d' Welt scho' do.
Bloß war s' wia heut no' net a so.
Denn woast – die neue Erdenkugl
Hat no' koa Tal ghabt und koan Bukl,
Koa Meer, koa Insel und koan Bach,
's is alls erst gmacht wordn nach und nach.
Die Berg, verschieden in der Form
San extra all' erschaffa wor'n
Und zwischeneine Erze, Kohln
Für d' Leut, wenn s' später ei'schürn wolln.
Was halt beim Mensch die Habgier weckt,
Dees is im Erdbodn drin versteckt.
Wia Gold und Silber, Edelstoa.
Bei uns da glaub i gibts ja koa.
Na – san ma froh, daß net so is,
Sunst waarn ma aa scho' narrisch gwiß.
Denn da wo 's Gold is alls beinand
Da is erst recht koa Fried im Land.

Der Herrgott hats scho' richtig gmacht;
Jeds Ding is da in Anbetracht.
Zum Beispiel für die Schiffersmanna
Da hat er gmacht die Ozeana,
Damit die Fisch drin schwimma könna.
De wolln si' net an d'Luft hi'gwöhna.
Die sel' waar recht für'n Zeppelin,

Damit er fliagn ko' her und hin.
Für d' Vögel aa – gewissermaßen,
De ko' ma ja net z' Fuaß geh' lass'n.
Die höchsten Berg – es is nix neu's,
De hat er gmacht fürs Edelweiß,
Damit dees Bleaml hat sei' Ruah
Und net a jeder kimmt dazua.
An Wald, da wo ma 's Wildbret jagt,
Den hat er für die Jaga gmacht,
Für d' Eisenbahn zu ihre Schwelln
Und dann für d' Leut zum Christbaamstehln.
Dann no' de Wiesenplatz, de vieln,
Für solche, de gern Fuaßball spieln.
Und Pflanzen, Bleamln, gelbe Ruabn
Hat er no' gmacht, an Wind, an Sturm,
Der wo die Leut an Huat verwaaht,
Beim Kahnfahrn 's Innere aufa draaht. –
Der Blitz mi'n Donnerer als Begleiter
Muaß sei' scho' zwegan Blitzableiter.
Und d' Wolken hat er hera to',
Daß sich der Mond verstecka ko'.
Dann hat er no' an Regn erschaffa,
Daß d' Gschäfta eahnare Schirm verkaafa.
An Schnee, damit d' Leut schifahrn könna
Und d' Sunna no' zum Gsicht verbrenna.
Er waar bald nimmer ferti wor'n
Mit lauter nachschaugn hint und vorn.
Es ist ja aa – ihr liaben Leut
Fei' gar koa so a Kloanigkeit
A so a Welt – ma' derf bloß denka
Oafach a so in d' Luft nei'zhänga.
So ohne Nagel, ohne Schnur,
Koan Hammer hat er braucht dazua.
Dees woaß der Deixel, wia dees halt
Auf dera draahten Kugelgstalt.
Daß alle Plaatz zum finden san
Hat er aa no' Meridian'
Und Parallelkreis oni gmaln.

Er hat ja gwußt, daß d' Leut so wolln.
Und auf a jede Plattform nauf
Setzt er an Nord- und Südpol drauf.
Der oa is unt', der andere obn,
Daß d' Leut was zum entdecken hobn.

Wia na' der ganze Erdenplan
So fertig war mi'n Drum und Dran,
Da war koa Mensch no' da, koa Viech
Da wars no' friedlich, feierlich.

Doch weil der Zuastand, dees is klar,
So auf die Dauer letschert war,
Hat – als Versuch gewissermaßen –
Gott z'erscht die Viecher kemma lassen.
Dees war a Fliagats und a Laufats,
A Hupfats, Fressats und a Saufats.
Auf daß a Ordnung herrscht im Lebn,
Hat er die Viecher Nama gebn.
Die Gäul, de hat er Rösser ghoaßn,
Die Ziegen – na' dees warn die Goaßn,
Das Rindviech hoaßt er Ochs und Kuah,
Da ghört der Gmoastier aa dazua.
Die Schweine hat er tauft als Säu,
Die Papagei als – Papagei.
's Rhinozeros hat saudumm gschaugt,
Dem hat sei' Nama gar net taugt.
Und die Giraffe jedenfalls
Hätt liaba net den langa Hals.
Der Pfau auf dem Piedestal
Möcht gern a Stimm wia d' Nachtigall.
Der Elefant taat so gern fliagn,
Als wia den blöden Rüassel kriagn.
Die Wildsau grunzt: Möcht liaba hinka,
Als wia so gottserbärmlich stinka.
Der Esel schreit ganz unverfrorn:
»Warum kriag i so lange Ohrn?« –
»Gibs mir«, schreit da der Uhu glei.

»Ja freili!«, sagt der Spatz, »halts Mäu!«
Und d' Henna, de macht erst a Gschroa:
»I leg fast jeden Tag a Oa
Und er, der Gockel, – is dees recht?
Der hat die Federn, wo i möcht!«
An Goaßbock, den treibts umadum,
Der meckert und woaß net warum.
Die Maus, de quickst als wia a Ratz,
Sie möcht so groß sei' wia a Katz.
Sogar die Flunder macht a Gfries,
Weil s' brettlebn und broat tetscht is.
Oa Viech war halt dem andern neidi;
Net lang hats dauert, scho' wern s' streiti
Und 's Stärkere packt dees Schwächere o'
Und zreißts und frißts. – Wer ko', der ko'!

Der Herrgott schaut a Zeitlang zua,
Dann sagt er: »Is iatz bald a Ruah?
Wia habn was denn? Is dees der Dank?
Da hat ma no' Verdruß und Zank
Mit dene Herrgottsviecher do?
Dees gaang mir ja pfeigrad no' o'.
Wenn d' Menschen grad so hoakli wer'n,
De wo i no' erschaffat gern,
Dann pfüatdigott, da laß i fei'
Glei liaba dees Erschaffa sei'.
Auf alle Fäll – mit Vorbedacht
Werd da amal bloß – *oana* gmacht.
Der kann sich später selbn verbreiten.
An Stammensch bau i mir – an gscheiten –
Und der soll Herr sei' über euch
Im ganzen irdischen Tierbereich.
Dann hörts glei auf de Viecherei.
Habts mi verstanden drunt? – Es sei! (Ös Säu!)«

Und so is 's kemma, aber leider:
Der Mensch war gscheit und do net gscheiter.
Die Viecher hat er so dressiert,

Daß ihn koa Wildkatz mehr geniert.
Er selber, er bleibt ungezähmt,
Drum werd er manchmal unverschämt
Und geht sogar no' über Leichen,
Wenns sei' muaß, über seinesgleichen.
Der Mensch hat sich vom Mensch entfernt
Und vo de Viecher 's Raufa glernt.

Seit dera Zeit gibts Kriag mit Tote
Und heut is er no' stark in Mode.
Warum schaugt da der Herrgott zua
Und sagt net: Is iatz bald a Ruah!? –
Weil er statt den Instinkt zum Lebn
Dem Menschen an Verstand hat gebn,
Mit dem er forscht, entdeckt, erfindet,
Sich selber seine Reiche gründet.
Doch was er schafft mit viel Tamtam
Haut er sich selber wieder zsamm.
Er taucht! – Er fliagt! – Er schiaßt! – Er sprengt!
Wer woaß, ob net der Herrgott denkt,
Wenn er sei' Weltbild heut betracht':
Hätt ich den Menschen doch net gmacht!
– – – – – – –
Hätt Gott uns aber nicht erschaffen,
Gaabs auf der Welt no' mehra Affen. –
Kunnt ja so schö' sei', wenn all's möcht:
Der Mensch is guat, bloß d' Leut san schlecht!

Max Dingler

Maibaum-Spruch

Maibaum, steh auf,
Zum Himmi zoag nauf,
Daß ins zu jeglicher Zeit
D'Hoamat gedeiht!

D'Buabn ham ihn gschlagn no bei der Nacht,
Na ham s'n gschält und außi'bracht,
Von seine Brüada draußt im Holz
Nur grad den oan! Des macht'n stolz.

Iatzt soll er kündn Jahr und Tag,
Daß Brauch und Sitt no gelten mag,
Und soll aa hüatn vom Verderb
Des ehrsam Handwerk und Gewerb.

Sie ham eahm wohl die Äst ra'gschlagn;
Drum derf er iatzad andre tragn.
Mir gebn eahm deszwegn Stuck für Stuck
Nach altm Brauch den neuchn Schmuck:

Da sechts 'n Bäcker und 'n Wirt,
'n Fuhrmo, der sei Radl schmiert,
An Huafschmied sechts, an Zimmermo,
Da Schneider mit der Schaar kimmt dro,
Da Maurer, der ins d'Häuser baut,
Da Gerber mit der Ochsenhaut,
Und obnauf sechts zum Himmi strebn
An Pfarrhof und de Kirch danebn. –

Soll jeder Stand sei Sinnbild ham;
Und schließli kemman s' alle zsamm
Hoch über der Vergänglichkeit,
Wo Kelch und Kreuz zum Herrgott deut'.

Iatz no de Fahndeln weiß und blau –
Na feit nix mehr! Na sechts as gnau,
Daß ins de Zeitn net derreibn
Und daß ma boarisch san und bleibn!

Zum weißblauen Himmi zoag nauf,
Maibaum steh auf!

Thomasnacht

Leut, habt's des scho so recht bedacht:
Heint ham ma de Sankt-Thomas-Nacht,
De längste Nacht vom ganzn Jahr,
Dieweil der Tag der kürzest war.

Und wißt's as aa, was des bedeut',
Bal d'Finstern mit der Liachtn streit',
Bal d' Wolkengspenster übranand
Herdrucken aufs verschlafne Land,
Bis d'Sunna wiedrum obnauf kimmt
Und staad den größern Bogen nimmt?

Iatz hat s' as, bal s' aa no net rennt,
Derpackt. Sell hoaßt ma: d'Sunnawend,
A bsundre Nacht mit all ihrn Graus –
Wer zweifelt, dem geht's Feuer aus,
Der hat's in dera Nacht it leicht;
Drum is s' ja an Sankt Thomas gweicht,
Indem si er, der heilige Mo,
Mi'n Glaubn a weni hart hat to.

Und bal eahm aa de Finsternis
Im bessern Liacht vergangar is
Und hat si er sein' Herrn verschriebn, –
An dera Nacht is do ebbs bliebn.
Mi hoaßt's ja aa nach Brauch und Recht
De erschte von de rauchn Nächt.

Da sumst und saust de Geisterhatz
Ums Hausdach nach der schwarzn Katz;
De Bäurin tuat an Thymian
Und Krawittbeern auf d'Räucherpfann,
A Hexenmehl straat s' aa no drei
Und räuchert Stall und Stadel ei.
Na betn s' dreimal rum ums Haus:
»As Glück soll rei, as Unglück naus!«

De Madeln in der Stubn beinand,
De schmeißn eahre Schuach an d'Wand,
Weil d' Schuach, de deuten's eahnar o:
Bleibst ledi oda kriagst an Mo?
's Bettstattl fragn s': »I wissat gern,
Werd ebba bald a Hochzet wern?
Der welche nimmt na mi zun Wei?
Bettstattl, i tritt di – sag ma's fei!«

So hat de heilige Thomasnacht
A manche Offenbarung 'bracht.
Und des, Leut, laßt's enk aa no sagn:
A Baam, in dera Wunschnacht gschlagn,
Der gibt a Holz für d'Ewigkeit,
Des nia vermodert, nia derfäut.

No, d'Stadtleut weigt ja des it o,
Und denerscht – nehmts a Lehr davo:
Habts aar a Holz in enkern Wald
(In enkern Gwissen, moan i halt),
Da schlagts heut nacht bein Kerzenschei'
A Klafter raus und bringts as ei;
Na werd enk gwieß im neuen Jahr
Der Thomasnacht ihr Wunda wahr!

A kloane Bsinnlichkeit

As Vogerl singt, bal aa da Kata scho
  Zun Sprung o'setzt,

Da Heuschreck tanzt, bal aa des Vogerl scho
  Sei Schnaberl wetzt.

Und 's Graserl blüaht, bal aa da Heuschreck scho
  Zur Brotzeit pfeift –

Seids luschti, Leut, bal aa da Boanamo
Sei Sansn schleift!

Siegfried Sommer

Hereinspaziert zum Papa Schichtl!

Unter den Münchnern, »die auf dem Viktualienmarkt nicht mehr einkaufen«, stand vor über fünfzig Jahren in den Tageszeitungen schwarz umrandet auch der Name Michael August Schichtl. Papa Schichtl, der so oft lebende Personen auf offener Bühne ins »Jenseits« befördert hatte, verschwand an einem Tage, nachmittags um dreiviertel ein Uhr, inmitten einer lustigen Hochzeitsfeier selbst in der letzten Versenkung. Schon Schichtls Vater und Großvater gehörten zum fahrenden Volk. Der August lernte ursprünglich das Korbmacherhandwerk, erfreute dann aber bald bei einem Schaubudenbesitzer die ländlichen Jahrmarktbesucher mit seinen Späßen, bis er 1879 mit einem Barvermögen von 58 Pfennigen heiratete und gleichzeitig seine weltberühmt gewordene Attraktions-, Gespenster- und Zauberschau gründete.

»Auf geht's beim Schichtl!« hört man heute noch oft die alten Münchner sagen, wenn etwas angepackt werden soll. Wenn's beim Schichtl auf dem Oktoberfest »aufging«, wurde das zuerst einmal vom schnurrbärtigen Zwergen-August Toni Stumpf durch einen schmetternden Tusch angekündigt. Dann betrat Papa Schichtl in der Maske eines Schmierendirektors mit langen, roten Haaren, riesigem Vatermörder, Zylinder und weißen Handschuhen, an denen einige Finger fehlten, das Podium und hielt seine unvergleichlichen Ansprachen.

»Edle, wohlriechende Landbewohner«, schrie er, »hochverkehrtes Publikum! Hereinspaziert, a Zwanzgerl kost' der Galerieplatz, extra weich auf Schwartling. Noblesse, noblige, geht's nur rei, ihr g'schert'n Rammln, mir fress'n eire Erdäpfel aa! Heit gibt's eine extra Gala- und Riesenvorstellung. Was steht's denn so bläd da draußn rum? Gehts liaba herrei und schaugts hinaus, kummts, seid's net fad! I zoag eich die Enthauptung einer lebenden Person, ein hochinteressantes Experiment ohne Spiegel, Vorhäng und Kulissen, den Schwindel mach i net mit, i mach an andern!«

Mit seinen derben, aber nie beleidigenden Reden verstand es der populäre Theaterdirektor immer wieder, seine Zauberschau zu füllen. Mancher alte Münchner wird heute noch herumlaufen, der seinerzeit vom Schichtl unter den Klängen eines Trauermarsches auf das schwarze Schafott geschnallt und dann vor einem gänsehäutigen, atemlosen und dankbaren Publikum enthauptet wurde. Schichtl war auch seiner Künstlergruppe ein wirklicher Vater. In den Wintermonaten, wenn das Wiesengeschäft vorbei war, quartierte er seine Geister und Feen, den Scharfrichter und den August mit der Kapelle in seiner kleinen Wohnung ein. Manchmal gab er auch ein Gastspiel im »Elysium« in der Khidlerstraße. Seine Hauptattraktionen waren dort ein einarmiger Reckturner und die »Taubenkönigin«.

Über dreißig Jahre war der Schichtl von der Münchner Wies'n nicht wegzudenken. Er konnte aber keine Reichtümer sammeln. Er hatte immer ein gutes Herz und eine offene Hand für arme Menschen. Bei seinem Leichenbegängnis mußten einige Straßenbahnsonderzüge zum Waldfriedhof fahren, und viele Hunderte von Trauergästen, der schluchzende Tambourmajor, zahlreiche Artisten, Schausteller und angesehene Münchner Bürger umstanden sein Grab. Die Volkssänger hatten ein eigenes Grablied komponiert, und als sich nach der Beerdigung ein leuchtender Regenbogen über den Waldfriedhof spannte, sagten die Münchner: »Jetzt fahrt er in Himmi nei, unser Papa Schichtl.«

Siegfried Sommer

Klagelied eines alten Münchners

Kopfschüttelnd steht der ältere Herr im Lodenmantel vor der Auslage einer kleinen Bäckerei. Aber er hat sich nicht getäuscht. Tatsächlich ist an der kleinen Pyramide blaß vergrämter Semmelbastarde das Wörtchen »Schrippen« zu lesen. Und noch im Weitergehen muß der eingeborene Brotzeit-Spezialist über diesen Einbruch nordischer Lebensart in die bayerischen Belange leise lächeln. Dabei zieht vor seinen Augen eine lange Reihe längst vergessener Schmankerl, Genüsse und Kindheitserinnerungen vorbei.

Und er gedenkt noch der himbeerroten und giftgrünen Kracherl, die es in seiner Zeit in allen den winzigen Minzenkugel-Kaufhäusern gab, die man Standl nannte und die sich ein bißchen verschüchtert an die Bahndämme lehnten oder an den Isarbrücken und Mietgartenaussparungen standen. Auch den »Bärendreck« gab es da zu kaufen, »um a Fünferl an Waffelbruch«, eine kleine Jugendseligkeit, die in einer Pergamenttüte war, mit der man nachher, wenn man sie aufblies, einen Kanonenschlag erzeugen konnte. Ebenso begehrt waren ferner die Gummischlangen, Amerikaner oder Boxer, ein Fünferlgebäck, das heute fast gänzlich verschwunden ist, sowie die lila Veilchenpastillen oder der Eis- und Kokos-Schokolad.

Am schlimmsten aber hat die neue Zeit unter den Produkten der Metzger und Bäcker aufgeräumt. Das Maurerloawi und die Pfennigmuckl werden längst aus demselben Einheitsteig geschliffen und gebacken wie das süßmürbe Eierweckl, in dem zwar keine Eier waren, das aber immerhin aus zartem »Millidoag« fabriziert wurde. Auch die römischen Weckerl, die weder mit Rom noch mit dem Münchner Flughafen Riem etwas zu tun haben, obwohl sie »Riemische« geschrieben werden, sind verfälscht und zu kleinen Zwittern degradiert. Die Bezeichnung Riemische kommt nämlich davon her, weil früher die Bäckerlehrbuben das notwendige graue und weiße Mehl mit Riemen mischten, indem sie dieselben durch die Herstellungsmasse zogen. Zwar sind die Kaisersemmeln und die Eingeschnittenen der Form nach noch das gleiche Brot wie vor fünfzig Jahren, doch tut es einem alten Münchner Herzen halt weh, wenn es erfährt, daß diese Produkte verschiedentlich zuerst eingefroren werden, bevor sie in das Brotkörberl kommen.

Der »Warschauer« war einst das billigste und begehrteste Pausebrot für die Münchner Schuljugend. Um ein Fünferl gab es ein Stück, das so groß war wie zwei Kinderfäuste und mindestens ein Kilo wog. Doch auch im häuslichen Kreise, so erinnert sich der alte Spaziergänger, ist manches Gericht verschwunden, das noch

aus Großmutters Zeiten stammte. Wer macht heute noch breite Nudeln selber daheim, und welche Mutter serviert sie noch in der Milch, mit Zimt und Zucker bestreut? Die Dampfnudel ist den jungen Ehefrauen von heute in ihrer Herstellungsart längst ein Rätsel geworden.
»Dradiwichspfeiferl« halten sie höchstwahrscheinlich nur für ein witziges Wortgebilde, und auch die »Grimmiteigsuppe« dürfte ihnen einige Rätsel aufgeben. Der »Kuchenmichl« war einstmals ein beliebtes Sonntagsgebäck, besonders für kinderreiche Familien. Zu ihm wurde in Zeiten der Not als Getränk gerne der köstliche Saft vom »chinesischen Teepilz« serviert. Dann gab es da noch die herrliche »aufgeschmalzene Brotsuppn« und für die kleinen Kinder hin und wieder auch einmal ein paar Bierbrökkerl, weiche Semmelbröckchen, in dunklem Bier aufgeweicht. Die Milzwurst in der Brotsuppe, das saure Voressen, »Grammen«, die vom selbst ausgelassenen Fett stammten, und in großen irdenen Töpfen dunkelrote »Ranen« oder das gesunde Hollermus waren fast auf jedem Altmünchner Speiseplan zu finden.
In der warmen Jahreszeit sah man in allen Milliladerln die Regale mit der »Gschtekltn« in den braunen irdenen Weidlingen stehen. Auch Buttermilch, in der wirklich noch kleine gelbe Klümpchen wie im Danziger Goldwasser funkelten, war zu kriegen und heiß begehrt. Am Montag machte die Mutter aus den übriggebliebenen Fleischresten das gutbürgerliche Haschee, am Donnerstag holte sie beim Metzger eine Wurstsuppe und ein paar »Blunsen«, und am Freitag wutzelte sie mit eigener geschickter Hand den goldgelben Kartoffelschmarrn, zu dem es vielleicht sogar noch einen »Hätschibätsch« gab.
Doch auch an den heutigen Produkten der Metzger übt der stille Träumer kleine bescheidene Kritik. Und er denkt daran, wie er einst um ein Zehnerl fast eine armlange »Pfefferwurst« kriegte, in der allerdings nichts drin war als rotes Ochsenblut und die bestimmt so zäh und unverdaulich war wie ein Stück Radlmantel. Dafür, dünkt ihm, war beispielsweise der Leberkäs um ein Vielfaches besser und würziger als heute. Denn damals hat man halt diese Münchner Spezialität noch wirklich in einer Bratreine herausgebraten, so daß der fertige Laib hochbrüstig und braun

gebrutzelt war wie eine verlockende Kirchweihgans. Auch befanden sich keineswegs die fetten glitschigen Schwarterl in dieser Altmünchner Delikatesse wie heute, da man den Leberkäs in viereckige Quadern preßt und sie in Dampfkammern aufquellen läßt, was ihn zwar sehr saftig machen soll, aber vermutlich auch ziemlich wäßrig.
Sicher gäbe es in der Reihe der verfälschten oder sang- und klanglos verschwundenen Magentratzer und Gaumenkitzler noch manches zu erwähnen. Was aber einem eingesessenen und gelernten Brotzeitmacher immer wieder besonders hochkommt, das ist die Art und Weise, wie man in unserer Zeit die hoch empfindliche und ebenso geschätzte Weißwurst behandelt. Nicht nur, daß sie längst das Zwölfuhrläuten überhört hat und oft sogar zu mitternächtlicher Stunde bräunlich, runzelig und vergrämt wie ein böser Finger auf kaltem Porzellan serviert wird; man eist sie auch noch ein, um sie dauerhaft zu machen, und verschickt sie gleich gar in Dosen bis nach Hinterindien.
Dazu kann der sinnierende Lodenmantel-Philosoph in bezug auf den biederen Metzgergesellen, der diese »bayerischen Bananen« vor über hundert Jahren einst erfand, nur mehr leise murmeln: »Wenn das der Moser Sepp wüßte, das Herz im Leib möcht' ihm zerspringen.«

Herbert Schneider

So tröpfalweis

So warm
scheint d Sonna
auf des rote Ziagldach
so faul
legt si da Koda Egon
aufn Diwan flach
so müad
hinkt d Küchnuhr
um zehn Minutn nach
so kloaweis

wern im Imknhaus
de Imkn wach
so frisch
hupft s Fischal
drin im Wiesnbach.

So naß
schaugt s Starkbier
aus de Maßkrüag raus
so dreckat
zlaafft da letzte Schnee
vorm Haus
so liab
tragt d Muschi scho
ihr Kleid, ihr blaus
so brav
legt d Nachbarin
de Bettn naus
so grea
treibt scho des oide
Schnittlauchstöckl aus.

So hoch
am Himmi hängt
a gschmoizns Blei
so granti
is de letztn Täg
s Maronibratawei
so trallalusti
schaugt da kloane
Peppal drei
so gern
möcht manche Wittib
frisch vaheirat sei
so tröpfalweis
treibt uns da März
ins Früahjahr nei!

Nach 22 Jahr

Weilhammer Muschi,
woaßt des no,
wia i dir
vor zwoarazwanzg Jahr
koa Bußl net
gem hab derfa,
weilsd gmoant hast,
daß ma davo a Kind kriagt?

Weilhammer Muschi,
neilings hab i di
nachara Ewigkeit wieda
in Neuhausn geh sehng,
und da hast siem Kinda
dabeighabt.

Weilhammer Muschi,
ham vielleicht de Sieme
zufällig ollemitanand
dir ghört?
Na muaßt aba
in da Zwischnzeit
s Bussln zügig
erlaubt ham!

Weilhammer Muschi,
woaßt des no,
wasd meina Schwesta
ins Poesiealbum
einigschriem hast?

Genieße der Jugend
schöne Stunden,
sie wissen nichts
von Wiederkehr.
Einmal entschlüpft,

einmal entschwunden –
zurück kehrt keine
Jugend mehr!

Weilhammer Muschi,
i hätt dir damois
vor zwoarazwanzg Jahr
des Bußl
ohne Rücksicht auf Valuste
draufpappa soin!

Joseph Maria Lutz

Die Sterne

Durch die Sendlingerstraße in München pfeift ein kalter Wind, als der Magazinverwalter Schelchenrieder und der Oberinspektor Hirneiß ihr Stammlokal verlassen.
Schelchenrieder bleibt unter dem Torbogen stehen und tut einen tiefen Atemzug.
»Ahhh – grad guat tuat's, die frische Nachtluft; da drin am Stammtisch hat's heut wieder so einen Hecht g'habt, kaam zum Durchsehgn.«
Als sie am Alten Peter vorbeigehen, schlägt gerade die Turmuhr halb elf. Hirneiß wirft einen raschen Blick zum Turm hin, der mit seiner Spitze heute in eine klare, herbstliche Sternnacht hinaufzeigt.
Beim Anblick des flirrenden Sternhimmels überkommt es ihn poetisch. Er bleibt stehen, kreuzt die Hände am Rücken übereinander, daß sein Hackelstecken melancholisch hinten hinunterhängt wie ein Kuhschwanz, schaut schiefen Kopfes zum Himmel hinauf und sagt getragen:
»So schön sternklar is d' Nacht.«
Schelchenrieder, dem Zeigen von Gefühlen abgeneigt, wirft einen mißtrauischen Blick zu ihm hin und erklärt nüchtern:
»Im Herbst, da san die schönsten Sternnächte, dees is a alter Kaas.«

Hirneiß läßt sich nicht stören und schaut weiter gefühlvoll nach oben.
»Geh zua«, fährt Schelchenrieder verweisend fort, »Sterne, dees is was für Liabsleut. Für de paßt dees, als Umrahmung der betreffenden Gefühle, net wahr? Aber uns, uns gehnga die Sterne nix mehr an.«
»Aber schön san s' halt doch«, beschwichtigt Hirneiß.
Schelchenrieder wird grimmig:
»Von mir aus kann das da oben funkeln so viel's mag – i sag dir, daß uns die Sterne nix mehr angehnga.«
Hirneiß ist optimistischerer Meinung.
»Geh«, sagt er, »wegen die paar Jahrl, die wo wir älter san als vor zwanzig Jahr.«
»Und ich sag dir«, wirft Schelchenrieder barsch ein, »mir langen diese zwanzig Jahre vollkommen. Dazumalen, da san mich die Sterne noch was angangen, und heut gehnga s' mi nix mehr oo, verstanden!«
Er wirft einen giftigen Blick zum Nachthimmel hinauf, bleibt aber dann doch an ihm haften und erliegt der funkelnden Pracht da oben; ferne Erinnerungen verwischen seinen Groll.
»Oh mei, dazumalen«, beginnt er gerührt, »dazumalen, wenn man g'wart' hat, bis d' Polizeistund war. Da hab ich nämlich a Biermadl verehrt vom Bürgerbräu, und nach der Polizeistund, wenn's Lokal g'schlossen worn is, san s' allweil rauskommen, die Biermadln, links auf der Seiten, beim Notausgang. Was ich da g'wart hab bei der Nacht, daß ich s' heimführn hab können und daß s' mir kein Student oder gar so ein Schlawiner von Schwabing drunt ausspannt. San ja dumm gnua, die Madln. Also, daß ich's recht sag, dazumalen, beim Wart'n und nachher erst auf 'm Heimweg, da san uns die Sterne noch was angangen, mi und 's Reserl.«
Er steht, schaut zu den Sternen und ist gerührt wie sein Freund Hirneiß.
»Richtig, Resi, hat s' g'heißen, und am Gries drunt, da hat s' g'wohnt. Und wie wir dann mitnand durch den ›Englischen Garten‹ gangen san – diese Sterne, sag ich dir, die san uns was angangen.«
Und wie zur Entschuldigung fügt er hinzu:

»Das waren auch viel schönere Sterne zu der Zeit – heutzutag san s' nimmer so schön wia damals.«
Nun aber reißt er sich aus aller Weichlichkeit, geht entschlossen weiter und zieht Hirneiß mit sich.
»Überhaupts«, sagt er im Gehen, »heut gehnga mich die Sterne einen Dreck oo.«
»Ja mei«, tröstet Hirneiß, »dees san halt so gewisse Sachen, da konnst nix macha – es werd halt in der Natur auch Herbst.«
Er deutet dabei auf einige Bäume, die grell und gelb am Viktualienmarkt in der Straßenbeleuchtung stehen:
»Schau nur grad, wia's die Blatteln abiwaht.«
Schelchenrieder ist ebenfalls herbstlich berührt; er tut einen tiefen Schnaufer und sagt:
»Jawoi, die Blätter fallen von den Bäumen, und am Stammtisch fallt eine Maß nach der andern aus.«
Erschreckt über diese dunkle Andeutung schaut ihn Hirneiß an:
»Wia dees?«
Schwer, wuchtig und dunkel, wie unabweisliches Schicksal, bleibt nun Schelchenrieder mit seinen zwei Zentnern vor ihm stehen:
»Hast es net g'spannt? Der alt Hirlbeck zum Beispiel hat alleweil, so lang ich ihn kenn, seine drei Maß z'sammbracht am Stammtisch; in der letzten Zeit aber, da trinkt er bloß noch zwei.«
Kalt pfeift der Wind vom Gärtnerplatz herein, und raschelnd treibt er welke Blätter gerade Schelchenrieder vor die Füße. Er räumt sie mit seinem Stock mürrisch vom Trottoir herunter und sagt beiläufig dazu: »Das sind böse Zeichen, wenn das angeht, daß die ersten Blätter aufs Pflaster und die ersten Maß'n unter den Tisch fallen – dees herbstelt, mei Liaber.«
Hirneiß wird es unheimlich bei solchen Gesprächen.
»Aber beim Kart'n«, lenkt er ein, und es ist, als ob er das zweizentnerschwere Schicksal vor sich umzustimmen gedächte, »beim Kart'n, da merkst ihm no nix an, dem alten Hirlbeck – das Herzsolo aus der freien Hand, das wo der heut g'spielt hat, das braucht fei hinlegn, sag i dir.«
Das Schicksal läßt nicht locker:
»Ja mei, *diese* Herzsolo, die gehnga freili noch a Zeitlang, aber das

andere Herz, das laßt halt aus, da hast leider net a ganze Hand voll davon in der Pratz'n wia beim Kart'n. Wenn *der* Trumpf auskart' ist, nacha is d' Sau verspielt, so viel sag dir i.«
Hirneiß wehrt sich nicht mehr:
»Du magst scho recht ham«, sagt er im Weitergehen, »und wenn du sie so anschaust, die alten Krauterer, wenn s' so daherwackeln auf der Straß' – nach der Herzseit'n ziahgt's alle a bißl abi.«
»Da hat sich das Bier ang'sammelt, das wo s' g'suffa ham«, erklärt Schelchenrieder sachlich, »das is koa schlecht's G'wicht, das werd uns zwoa aa amal abiziahgn.«
Und nun schickt er seiner Rede einen etwas erzwungenen Lacher nach, denn es ist ihnen beiden ein bißchen unheimlich geworden bei diesem Nachtgespräch auf der herbstlichen Straße.
Hirneiß nimmt diesen Lacher wie einen entschwindenden Lebensfaden auf:
»Vielleicht, vielleicht aa net«, sagt er, »bis dato spanna mir da no nix; und wenn uns aa die Sterne nix mehr angehn, Maß Bier fallt bei uns no koane untern Tisch.«
Auch über Schelchenrieder ist es nun, weil er bald zu Hause ist und von der kalten Straße wegkommt, wie neue Lebenslust gekommen.
»Waar scho guat!« lacht er polternd, daß es weithin hallt, »und überhaupts, wie ich mir das so überleg, mit den Sternen is's eigentlich aa no net so weit g'fehlt.«
Und nun tritt er ganz nahe an seinen Freund heran:
»Da war heuer auf dem Oktoberfest an meinem Tisch amal a Madl g'sessen, so ein ›Herzerl für's Herzerl‹, woaßt, so ein G'schmacherl, so ein mollerts, so ein Trutscherl, ein ganz liab's – und nacha das Bier dazu und die Musi: i muß dir sag'n, wia's is, an diesem Abend, da bin i gnau dranhinkommen, daß mich die Sterne aa wieder was angangen waar'n.« Ein nebliger Wind fegt von der Isar herein hinter den beiden her, aus dem Rascheln der wirbelnden Blätter kichert es gespenstisch. Kalt und höhnisch funkeln die Sterne über dem Heimweg des Magazinverwalters Schelchenrieder und des Oberinspektors Hirneiß.

Franz Ringseis

Nach Japan

In Ismaning warn zwoa Ameisn,
die woitn gern nach Japan vareisn.
Doch die oa ham d Füaß gschmerzt, oiwei schlimma,
und bei Föhring hot s gsogt: »Nana i konima!«
Und die ander hot gsogt: »Wiaso gemana no?
Kehr ma um – Japanisch kema ja scho.«

S Gänsebleame und i

Gänsebleame kloans,
stehst so ganz alloans
in da Wiesn drinna,
ohne Nachbarinna.

Zittast leis im Wind,
wiar a Waisnkind,
dees si a bißl Sunna
mecht vagunna.

Knia mi vor di hi,
beig mi üba di,
schaug da in dei Gsichtal,
mach dar a Gedichtal.

Gibts aa Millionen,
wo si mit dir sonnen,
du bist doch der oane
ollaliabste kloane

Augnstern:
I hob di gern.

Tuipn auf deim Grob

Seit zwöif Johr
blian jeds Johr
die Tuipn auf deim Grob,
die wo i da domois
eipflanzt hob.

Die weißn wia dei Tanzkleidl,
die rotn wia dei Dirndlgwand,
die lilan wia dei Nachthemdal.

Seit zwöif Johr
wart i jeds Johr,
obs wiedakemma ausm Grob,
und bin froh, daß i no nia
umsonst drauf gwart hob.

Auf die weißn wia dei Tanzkleidl,
auf die rotn wia dei Dirndlgwand,
auf die lilan wia dei Nachthemdal.

Heimatlied eines bayerischen Preußen

Wo die Isarwellen rauschen an den Strand,
wo die Kühe Fladen prellen übers Land,
wo der Jast die Kellnerin haut auf den Popo,
dort ist meine Heimat, ist mein Bungalow.

Wo die Sennrin immer jodelt »holdrio«,
wo der Knecht die Felder odelt ach so froh,
wo im Wald der Wildschütz schleicht sich auf die Pirsch,
dort ist meine Heimat, bin auch ich ein Hirsch.

Wo der Schliersee lächelt und der Tegernsee,
wo ich abends trinke an dem See gern Tee,
wo ich mittags döse in dem Liejestuhl,
dort ist meine Heimat, ist mein Swimmingpool.

Wo die Berge herrlich blinken, Jott wie schön,
wo man immer sagen kann: Det war der Föhn!
wo's die kleenen Kinder jibt schon vor der Eh,
dort ist meine Heimat, von wo ich nie mehr geh.

Wo die Lederhosen krachen, meine ooch,
wo der Hi-as die Leiter steigt zur Zenzi hoch,
wo sie ihm den Nachttopp überm Koppe gießt,
dort ist meine Heimat, weil's so urig ist.

Wo es keine Jeiß gibt sondern nur ne Go-aß,
wo auf Felsenjipfeln blüht das Oadlwoaß,
wo der Sepp mit Liesen schuhplattelt so froh,
dort ist meine Heimat – holdaradio!

Georg Lohmeier

Beim alten Schecks

Im Wirtsgarten des Schecksbräu blühen die Kastanienbäume. Aufgedunsen von weißer Herrlichkeit bauschen sie sich in den Himmel. Der alte Schecks, es tröst' ihn der liebe Gott, kann jetzt, wenn es ihn gelüstet, nach drunten einen paradiesischen Blick zu werfen, nur die Dachziegel seiner irdischen Herberge sehen, in der er siebzig Jahre lang ein Mensch gewesen war – und was für einer! Ich seh ihn noch bei seinem Morgenspaziergang. Um sieben Uhr wälzt er sich aus dem Bett, fährt bedächtig in die Beinkleider und läßt dann die Hosenträger auf die Brust schnalzen. Schnaufend und hustend poltert er die Treppe herab und betritt den langen Hausflötz. Jetzt schreitet er aus bis zur vorderen Tür, um nach dem Wetter zu sehen. Es schickt sich täglich, daß gerade zu dieser Minute eine fromme Kirchgängerin, Babette Bleicher mit Namen, eine gebückte Greisin, zur Messe humpelt.
»Babette, guten Morgen!« ruft der Bräu mit belegter aber doch kräftiger Stimme. »Bet auch für mich armen Sünder!« Die schüchterne Frau nickt nur mit dem Kopf. Das mochten jahr-

zehntelang seine ersten Worte eines jeden neuen Tages, den ihm der liebe Gott schenkte, gewesen sein.
Nachdem er so sein Morgengebet verrichtet hat, dreht er sich um, durchmißt die ganze Länge des Flötzes und sieht zur hinteren Tür hinaus. Hier riecht es vom Sudhaus herüber nach Maische. Genießerisch verzieht er die Nase, pfeift eine muntere Melodie und strebt dem Gastzimmer zu. Kaum sitzt er auf seinem Stammplatz, als ihm die Annemarie auch schon ein Glas Dunkles kredenzt. Er tut einen tiefen Zug und das halbe Krüglein ist leer. Gähnend streckt er hierauf seine gewaltigen Arme in den Raum und bittet die Kellnerin um eine Zigarette. Er läßt sie sich anzünden und zieht an ihr, wobei er mit dem Kopf und den Fingern zittert. Er leidet an zu hohem Blutdruck und beständig droht ein Schlaganfall. Aber dies Zittern beim Zigarettenrauchen steht ihm gut. Es kann nur bedeuten, daß Gott Jakob, den Schecksbräu, gesegnet hat mit Korn und Fleisch und Bier, mit zweihundert Tagwerk Acker und Feld, mit hundert Tagwerk Wald, mit einer Brauerei und zwölf eigenen Gastwirtschaften.
Seit ich ihn kannte, war er ein Witwer zwischen fünfzig und sechzig. Er besaß einen feinen Witz und eine ansehnliche private Redegewandtheit, die er meist nur am abendlichen Stammtisch übte. Die drei markantesten Persönlichkeiten dieser Tafelrunde waren: einmal er selber, der Bräu, dann Hochwürden, der geistliche Herr Rat, und schließlich – aus Gnad und Barmherzigkeit – der Binder Franz.
Dieser war vor ungefähr vierzig Jahren als junger Handwerksbursch Bier- und Butterfässer reparierend und Heurechen machend in die Gegend gekommen.
Er war ein Mann von großer Schneid und von verwilderter Schönheit gewesen und hatte schließlich die einzige Tochter eines Bauern geheiratet und sich so respektvoll seßhaft gemacht. Seine Ehe war leider kinderlos geblieben. Und Franz war, obschon er das Bier bis in sein hohes Alter hinein liebte und auch in großen Mengen vertragen konnte, kein Verschwender, aber auch kein Bauer geworden. Seine Frau war bis zu ihrem Tode eine gar große Nörglerin gewesen. Nie hatte sie Franz ein gutes Wort gegeben und war doch selber – was alle Leute wissen – alles andere

als eine rechtschaffene Hauserin. So war der Binder Franz allmählich gezwungen worden, seinen erheirateten Bauernhof immer mehr zu verkleinern. Erst hatte der Wald, dann hier und da eine Wiese oder ein Acker einen neuen Besitzer gefunden und schließlich, nachdem der Franz Witwer geworden war, wurden das Vieh, der gesamte Grund und Boden zu Geld gemacht und Scheune und Ställe auf Abbruch verkauft. Jetzt wohnte er, ein Junggeselle, allein im halbverfallenen Haus etwas abseits vom Dorf, machte Rechen, wenn es ihn freute, oder saß auch schon vormittags beim Schecks und trank. Aber nie wie ein Müßiggänger, immer mit dem Durst eines schweren Arbeiters.
An solchen Vor- und Nachmittagen saß er im Sommer dann unter den schattigen Kastanien im Garten, allein oder mit dem Bräu. Der Schecks war untertags meist ein schlechter Gesellschafter. Alle Daumenlang tat er ein Schläfchen. Den Binder habe ich nie müde gesehen.
In diesem Paradies der Beschaulichkeit bin ich vor dreißig Jahren geboren worden. Meine Mutter, die Annemarie, war eine neunzehnjährige Schönheit, Bierkellnerin beim Schecksbräu und ledig.
Als sie mit mir niedergekommen war, verschwieg sie den Namen meines Vaters. Gewiß zogen die Leuten diesen und jenen in Betracht, aber es sind doch immer nur Vermutungen geblieben. Der Bräu, das muß ich sagen, war mir immer wie ein Vater erschienen. Kam ich in seine Nähe, spielte er mit mir, steckte er mir Süßigkeiten zu und nicht selten schenkte er mir die herrlichsten Spielsachen. Manchmal auch hob er mich auf seinen Schoß, streichelte mich lieb und ließ mich von seinem Bier trinken. Er war auch mein Taufpate gewesen und meine Mutter war immer des Lobes voll vom alten Schecks. Ich glaube fast, der Bräu hat sich heimlich recht gern für meinen Vater gehalten. Später, als meine Mutter den Dorfschneider geheiratet hatte und ich schon in Freising meinen Studien oblag, hat er mir großzügig Geld geschickt. Kam ich zu den Ferien nach Tegernbach, mußte ich beim Bräu logieren. So hab ich schon in der dritten Lateinklasse das Schafkopfen und Tarocken gekonnt wie ein Großer, während meine Klassenkameraden, soweit sie Sprößlinge akademisch gebildeter Eltern waren, vielleicht

kunsthistorische Exkursionen machten oder literarisch wertvolle Liebesromane lasen.
Aber nicht nur der Bräu, auch der Binder Franz war mir ein väterlicher Freund. Auch aus seinem Maßkrug tat ich manch kindlichen Zug. Und was ich ihm besonders hoch anrechnen muß, er war es, der in meiner Volksschulzeit über meine Hausaufgaben wachte.
An einem Wirtshaustisch in der großen Bräustuben saßen wir zwei und er erklärte mir das Dingwort oder Tunwort, korrigierte auch manchmal gar eigenhändig mit dem Griffel meine gekräuselten Buchstaben oder verbesserte die Resultate meiner Subtraktionen. Er ließ es auch nicht an Ermahnungen fehlen. Ja, manchmal war er ein strenger Lehrer. Energischer noch als meine Mutter. So daß es mir über einer schwierigen Rechnung die Tränen in die Augen trieb und der Bräu dazwischenfuhr und den alten Binder anherrschte:
»Jetzt ist's mir aber genug! Meinst du ich laß mir den Buben spinnet machen? – Da, kriegst a Fuchzgerl, Hansl«, fuhr er in sanfterem und tröstendem Tone zu mir geneigt fort, »lauf schnell zum Kramer Lenz nüber und kauf dir einen Schoklad!«
An einem Julitag, kurz vor den Sommerferien, ich war damals ein aufgeweckter Drittklaßler, saßen wir recht friedlich unter den Kastanien und dachten an nichts, als wir Hochwürden, den geistlichen Herrn Rat, von einem die Klingel bedienenden Ministranten begleitet, mit dem Allerheiligsten den Dorfplatz überqueren sahen. Der Schmiedvater wollte sich auf die letzte Reise machen und hatte nach der Wegzehrung verlangt. Wir bekreuzten uns.
Plötzlich patschte der Binder mit der flachen Hand auf den Tisch und sprach: »Jesus Maria, Hansl, jetzt hätt ich es bald vergessen! Der Herr Pfarrer hat mir gestern nacht beim Heimgehen noch gesagt, daß er dringend einen neuen Ministranten braucht und daß er ganz besonders an dich gedacht hat. Magst nicht ein Ministrant werden?
Im roten Gwandl und im weißen Chorrock in der Kirche herumhantieren, die Wandlungsglöckerl läuten, s'Meßbuch tragen, den Wein einschenken und s'Geld einkassieren? Für d'Meß a Zwanzgerl, fürs Amt a Zehnerl und für ein Begräbnis gleich gar eine Mark! Das wär' doch was für meinen Hansl!«

»He, he!« widersprach ihm der Bräu, »da habt ihr euch was Feines ausgedacht! Wegen des Geldes braucht aber der Hansl kein Ministrant werden. Solang er in meim Haus lebt, soll's ihm nicht schlecht gehen. Außerdem bin ich sein Taufpat und Vormund und als solcher will ich in Dingen, die den Buben angehen, gefragt werden.«

Mit Müh und Not und mit viel Schlauheit gelang es dem Binder Franz den Bräu allmählich umzustimmen. Und als kurz darauf der Herr Pfarrer kam, waren wir uns bald darüber einig, daß ich gleich morgen mit dem Lernen der lateinischen Gebete anfangen sollte. Der Binder, der früher auch einmal ein Ministrant gewesen sein wollte – und in der Tat noch alle Gebete auswendig konnte – war zu meinem Lehrer bestimmt.

Das waren denn liturgische Stunden, unter den Kastanien im Biergarten des Schecksbräus von Tegernbach!

»Ad deum, qui laetificat juventutem meam, hoaßts«, schrie zum zehnten Mal der Franz mir in die Ohren; und »quia tu es deus, fortitudo mea ...« korrigierte er mich, während der Bräu, der außer dem Dominusvobiscum und dem Etcumspiritutuo nichts Lateinisches verstand, meine Mutter in einem fort traktierte, nur ja genug Bier und Leberkäs herbeizuschleppen, auf daß wir durchs Lernen nicht die Kraft verlören.

»Annemarie, geh, bring uns noch zwei Dunkle, der Hansl kann die Meß' schon bis zum Evangeli!« rief er und schnalzte mit seinen Hosenträgern.

An einem Nachmittag, erinnere ich mich, ging es besonders hoch her. Es hatte eine Hitze, daß ich selbst wohl schon mehr als eine Halbe Bier aus den so häufig dargebotenen Krügen meiner väterlichen Freunde verschluckt haben mochte. Wir kamen zur Opferung. Der Binder wollte mir das Einschenken des Weines und Wassers in das heilige Kelchgefäß und die Handwaschung lehren. Er war voll Eifer und der liebe Gott wird ihm das Unziemliche seiner Geschäftigkeit längst verziehen haben.

»Also, ich bin jetzt der Pfarrer«, erklärte er, nahm dabei seinen Maßkrug zwischen die Hände wie der Priester beim Lavabo den Kelch und hieß mich das wertvolle Krüglein vom Bräu, weil ja nichts anderes gerade zur Hand war, nehmen, als wäre es ein Wein- oder Wasserkännchen. Franz war aufgestanden, Gebete murmelnd in unverständlichem Kauderwelsch; der Biertisch war zum Altar erklärt und der Bräu zum Mesner. Immer lebhafter wurde das hohe Spiel, immer exakter die heilige Pantomime. Er beugte das Knie, küßte den Tisch, sang in dröhnendem Baß, sich halb zur Seite drehend und die Hände ausbreitend. »Per omnia saecula saeculorum« und wir, der Bräu und ich, antworteten nicht minder kräftig »Ame – hen!«

»Satanskerle!« donnerte es auf einmal hinter uns. Es war Hochwürden, der geistliche Herr Rat, rot im Gesicht und den Spazierstock drohend ausgeholt, wußte er sich kaum zu fassen.

Wir schämten uns und schwiegen. Der Bräu fand endlich in gespielter Grobheit die passenden Worte: »Lerns ihm halt du, wenn's wir nicht können!«

Ein paar Tage später weckte mich meine Mutter mitten in der Nacht. Sie half mir schnell in die Kleider, strich mit dem Kamm geschwind durch mein Haar und schleppte mich die Stiege hinunter, hinein ins Gastzimmer.

Der Bräu, der Pfarrer und der Binder saßen noch am Stammtisch und hatten eben eine Wette abgeschlossen. Sie waren nicht mehr ganz nüchtern.

»Ein neues Meßgewand stift ich und hundert Mark geb ich dir, wenn er auch nur ein einziges Wörterl vergißt«, prahlte der Bräu vor Hochwürden, dem geistlichen Rat. Und als wäre das ein armseliges Angebot, wiederholte der Binder überlegen: »Fünf Maß zahl ich, wenn er auch nur einmal stecken bleibt, fünf Maß!«

»Und ich, meine Herrn«, kam endlich der Pfarrer zu Worte, »ich les' für jeden von euch gratis drei heilige Messen, wenn er die Gebete im Kopf hat und es freut mich noch obendrein.« Er nahm mich bei der Hand und ich mußte mein Latein heruntersagen. Ich konnte es – vom ad Deum, qui laetificat, bis zum Deo gratias ohne Stocken und ohne Hilfe. Am nächsten Tag war ich Ministrant.

Als der jüngste und letzte von sieben wurde ich zunächst nur zu den Sonntagsnachmittagsandachten verwendet. Hin und wieder durfte ich beim Hochamt das Weihrauchschiffchen tragen. Um bei der Messe, oder gar bei einer Beerdigung ministrieren zu können, hätte ich erst um ein Jahr älter werden müssen.

Unsere heilige Kirche ist eine strenge Hierarchie. Selbst die Ministranten sind numeriert und unter sich eitel eifersüchtig wie Universitätsprofessoren auf ihren Rang bedacht. Es half mir nichts, daß mich der Herr geistliche Rat besonders gern mochte. Wollte er sich vor meinen fünf übergeordneten Kollegen nicht ins Unrecht setzen, durfte er mich nicht bevorzugen. Aber ich habe es dennoch geschafft.

Kaum acht Wochen war ich bei den Dienern des Altars und ich hatte zum ersten Mal bei einer Beerdigung ministriert. Dem Oberministrant hatte ich die zu verdienende Mark versprochen und er hatte sich ohne lange Umstände bestechen lassen.

Der Tod kümmert sich nicht um die Stunde. Er greift zu ohne Fragen. Kommt er gelegen, gut. Kommt er ungelegen, es schert ihn einen Dreck. Unten in der Auwiese mäht er, am Erlbach, im Sommer, im Herbst und im Winter. Über den reißenden Bach führt ein schmaler Weg. Wenn hier ein Siebzigjähriger um zwölfe nachts einen Fehltritt macht, fällt er in sein Grab; und wer von uns ist ohne Fehl? – Dichter Oktobernebel verhüllte den Sturz und den Schrei. Nach drei Tagen fand man die Leiche. Man brachte sie in das einsame Haus, bahrte sie auf und besprengte sie mit Weihwasser. Am übernächsten Morgen wurde sie ausgesegnet und mit Fahnen, mit Musik und Gebeten zum Friedhof getragen.

Ich stand überaus traurig am Grabe meines väterlichen Freundes. Der Binder Franz, der mir ein so geduldiger Hauslehrer war, er war plötzlich tödlich verunglückt. Mir hatte er es gelehrt, wie man ministriert, und meinen ersten größeren Dienst am Altar tat ich bei seiner Totenmesse. Requiescat in pace! Der Leichentrunk war beim Schecks.

Es bleibt selten bei einer Veränderung. Ein paar Monate später, nach Weihnachten, heiratete meine Mutter den Schneidermeister Johann Glasl, einen Witwer. Der Herr geistliche Rat war es, der vor allem diese Ehe gestiftet hatte. Er hatte meinem Stiefvater, für den Fall, daß er meine Mutter ehelichte, den bei unserer großen Pfarrei recht einträglichen Nebenberuf des Mesners versprochen. Der alte Mesner war nämlich damals gerade gestorben. Johann Glasls Einkommen war nach seiner Eheschließung also halbwegs so bemessen, daß es ihm für die nach und nach stattlich sich mehrende Kinderschar nicht am Notwendigsten fehlte. Man war erst dem Schneider neidig gewesen, aber er war in der Tat der geeignete Mann für die Sakristei sowohl wie für meine Mutter. Aber nur zehn Jahre lang durfte er ihr ein treubesorgter Gatte sein, dann war auch sie ihm von einer heimtückischen Krankheit genommen worden. Nicht ganz ohne fatalistische Gottergebenheit ist er immer mehr ein stiller, braver Mann geworden, auf den die berufliche Nähe des Allerheiligsten humane Würde und etwas klerikale Bildung einströmen läßt.

Ich war zwar mit meiner Mutter ins Schneiderhäuschen übergesiedelt, aber nur für ein Jahr. Der Herr Pfarrer legte mir eines Tages nahe, ob ich nicht Lust und Liebe für den Priesterberuf hätte. Mein Vormund, der Schecks, sträubte sich heftig.

»Nein, nein!« entgegnete er hartnäckig dem geistlichen Rat, »der Hansl soll einmal ein tüchtiger Metzger und Gastwirt werden. Ich glaub, ich schenk ihm eines meiner Wirtshäuser.

Ein Pfarrer! Ha, ha, er, der kleine Hansl ein Pfarrer? Ist denn ein Gastwirt nichts?« – Tagelang blieb der Bräu verstockt und sagte nein. Dem geistlichen Rat aber gelang es dennoch, ihn zu überreden. »Der Priester am Altar«, so setzte er einmal dem Schecks auseinander, »ist nichts anderes als ein Gastwirt. Freilich kein gewöhnlicher und nicht mit einem Biergarten. Er ladet die Gläubigen zum Tisch des Herrn und bewirtet sie mit der Speise des ewigen Lebens.«

Jetzt konnte der Bräu, der von dieser Rede gar sehr beeindruckt war, nicht mehr nein sagen. Er gab seinen Segen darein und eine passable Summe. Er war ein großzügiger Mensch. Ich kam nach Freising ins erzbischöfliche Knabenseminar, wo ich bis zum bestandenen Abitur ein mittelmäßiger Schüler blieb.

Ach, wenn doch der Bräu damals hart geblieben wäre! Ich bin kein Pfarrer geworden, sondern hab die philosophisch-philologischen Fächer studiert an der Universität zu München. Gewiß, ich bin zufrieden, es geht mir nicht schlecht und ich hab meine Beschäftigung gefunden. Aber Tegernbach habe ich aufgeben müssen, die Äcker und Wiesen, den Bach und die Mühle, die Dorfkirche mit dem Bild des heiligen Laurentius und den Wald! Gern denk ich zurück! Poesie ist Erinnerung.

Hanns von Gumppenberg

Das Oadelwoaß

O Berg – euch liab' ich allezoat,
Ja selbscht im Winta, wenn es schnoat!
Ich grüaß' den roanen Sunnenschoan,
Und stoag' ins stoale G'wänd hinoan:
Da wer'n miar wohl die Woadel hoaß,
Doch grüaßt mich z'letzt oan Oadelwoaß,
Oan Oadelwoaß!

O Liad, gediachtet still dahoam,
Wie g'froat von diar mich jeda Roam!
Jetzt kling' von Berg zu Bergen woat,
Zum Proas der Alpenherrlichkoat!
Und singt dich d'Senn'rin hoch am Oas,
Dann bist auch du oan Oadelwoaß,
Oan Oadelwoaß!

(nach einer »oberbairischen« Dialektdichterin)

VI. Was ist schwärzer als die Kohle?

Politische Verhältnisse im Spiegel der Literatur

Ludwig Thoma

Eröffnungshymne

Was ist schwärzer als die Kohle?
Als die Tinte? Als der Ruß?
Schwärzer noch als Rab' und Dohle
Und des Negers Vorderfuß?
Sag mir doch, wer dieses kennt!
– Bayerns neues Parlament.

Und wo sind die dicksten Köpfe?
Dicke Köpfe gibt es viel,
Denken wir nur an Geschöpfe
Wie Rhinozeross' im Nil.
Dick're hat – o Sakrament!
– Bayerns neues Parlament.

Wer ist frömmer als die Taube?
Als die milchgefüllte Kuh?
Als der Kapuzinerglaube
Und das fromme Lamm dazu?
Frömmer ist das Regiment
In dem neuen Parlament.

Und was ist das Allerdümmste?
Schon noch dümmer als wie dumm?
Sagt mir gleich das Allerschlimmste,
Aber ratet nicht herum!
Sag' mir endlich, wer es kennt!
Himmelherrgottsakrament!!

Querelles allemandes

Deutscher Mann und Freiheitsstreiter,
Volksvertreter und so weiter,
Sag' uns dieses eine noch:
Rufst du deinem Kaiser Hoch?

Bleibst du nicht auf deinem Hintern,
Mürrisch wie die Schlechtgesinntern,
Wenn man seiner Obrigkeit
Dreimal donnernd Hurra schreit?

Gehst du auch zum Königsschlosse
Wenn schon – denn schon als Genosse?
Trittst du hin vor Majestät,
Falls es gar nicht anders geht?

Das sind tiefe deutsche Fragen,
Ja die tiefsten sozusagen,
Denn auf seiner Erdenbahn
Ist und bleibt man Untertan.

Aufzustehen – hochzuschreien –
Blech zu quatschen – Mücken seihen –
Das ist deutsch und treu und echt –
Sakrament! Mir wird es schlecht!

Lena Christ

Kriegserklärung

Krieg! – Ein Weltkrieg! –
Wer hatte dies Wort geprägt?
Dies Wort, das so ungeheuerlich, so furchtbar ist, daß es vordem fast nur von alten Kaffeebasen und von Wahrsagerinnen in den Mund genommen wurde.
Die hatten ja schon immer gesagt: So und so – und wer das Jahr 1920 erleben will, der muß einen eisernen Kopf haben – denn da kommt der Weltkrieg.
Aber das glaubten nur die wenigsten im Volk; – ja – es gab so manchen, der trotz dieser seit Jahren wirklich drohenden Gefahr über solchen vermeintlichen Unsinn lachte.
Zwar hatte heuer im Juni da drunten in Sarajewo ein Serbe sich

am Leben des österreichischen Thronfolgerpaares vergriffen. Doch das war in Bosnien geschehen, und in Bayern regte man sich nicht lange darüber auf. Man verdammte den elenden Mordbuben, bedauerte aufrichtig die Unglücklichen, die seinem Anschlag zum Opfer gefallen waren, und hatte ein herzliches Mitleid mit den verwaisten Kindern und dem hartgeprüften alten Kaiser Franz Josef.

Man erwartete Sühne, – aber nur einzelne dachten an die möglichen Folgen und schüttelten bedenklich den Kopf.

Und dann kam es.

Mitten in den großen Fremdentrubel – mitten in das wohlig-gemütliche Ausruhen und sommerliche Rasten vieler Tausender schlug die Botschaft wie eine Bombe ein:

Österreich fordert Sühne! –

Österreich hat an Serbien ein Ultimatum gestellt! – Stunden beklemmender Spannung folgten.

Was wird Serbien tun? –

Am Samstag, den 25. Juli abends, traf dann aus Wien die Nachricht ein: Serbien nimmt das Ultimatum nicht an! –

Es gibt Krieg! –

Wie überall, so auch in München, wirkte das Wort »Krieg« in diesem Augenblick wie eine Erlösung.

Im Blut jedes einzelnen begann es zu wurlen und zu zucken – man atmete auf, – man erhob sich, – lief hinaus in die Straßen, man tat, was jeder tat. –

Wie ein ungeheuerer Strom flutete im Innern der Stadt die unendliche Menge dahin, – man wußte nicht, wo sie sich gesammelt – man redete nicht darüber, wohin es ging.

Ein Wogen – Brausen – Jubeln – Vorwärtswallen! »Hoch Österreich! – Hurra, Kaiser Franz! – Es lebe der Kaiser! – Der König hoch! – Nieder mit Serbien! Hurra! Hurra!«

Dazwischen weithinschallender Gesang.

Dann vor der österreichisch-ungarischen Gesandtschaft. – Ein vieltausendstimmiges, brausendes Hochrufen; – plötzlich ein Augenblick der Stille – einer spricht – man lauscht, weint, – Hurra! Hoch! –

Der Gesandte erscheint auf dem Balkon.

Er dankt allen, die da kamen, und spricht die Hoffnung aus,

Deutschland und Österreich möchten durch ewige Freundschaft und Waffenbrüderschaft verbunden bleiben. –
Und dann donnert's abermals und tost's durch die Menge: »Hoch! Hurra!«
Langsam bewegt sich der gewaltige Zug weiter. »Auf! Zum König!«
Vor dem Wittelsbacher Schloß dasselbe Schauspiel. Brausende Hochrufe.
Dazwischen tönt die Königshymne und »Deutschland, Deutschland über alles«.
Der König aber war in Leutstetten, und so wogte die Menge wieder weiter.
Im Innern der Stadt, in den Bierhallen, in den Kaffeehäusern – überall sammelten sich Hunderte – Tausende.
Stürmisch wurden von den Musikkapellen vaterländische Lieder verlangt und von der Menge stehend mitgesungen.
Eins dieser Kaffeehäuser ging dann an jenem Abend in Scherben; infolge eines Mißverständnisses, wie es später hieß. –
Auch sonst mag mancher in diesen Tagen gewerkt und geschrien haben, dem es besser angestanden wär, zu schweigen; aber das lag halt in der Natur der Sache. –
Eine Woche voll drückender Ungewißheit folgte dieser kurzen, erregten Zeit.
Was wird Rußland tun? – Was Frankreich und England? –
Mittlerweile kehrten die Fürsten in ihre Residenzen zurück, die Sommerfrischler kamen wieder in die Hauptstadt, und die alten Weiber liefen nach der Stadtsparkasse, ihre paar Gräten heimzuholen und im Strumpf oder Strohsack zu verwahren.
Neue Botschaften! –
Rußlands drohende Haltung – Beschießung von Belgrad – nächtlicher Ministerrat in Paris – und schließlich: Rußland mobilisiert!
Mit der darauf in Deutschland folgenden Verhängung des Kriegszustandes begann in München eine allgemeine Flucht der Fremden. Ein Sturm auf alle nach dem Norden gehenden Züge setzte ein, und neben den Bergen von Koffern und Körben schob sich eine ungeheuere, aufgeregte, rufende und fragende Menge durch die Sperren des Bahnsteigs. –
Der nächste Tag, es war Samstag, der 1. August, brachte noch

Nachrichten von letzten Vermittlungsversuchen: Der Großherzog von Hessen reist nach Rußland. – Deutschland fragt amtlich in Petersburg an. – Deutschland verlangt Antwort innerhalb zwölf Stunden. –
Rußland schweigt. –
Und dann ...
Berlin, 1. August 1914, 6 Uhr 30 Minuten abends: »Seine Majestät der Kaiser ordnete die Mobilmachung des deutschen Heeres und der Flotte an.«
Zu Hunderten drängte sich die Menge um die Telegrammtafeln, – wie ein Aufatmen ging es durch die ganze Stadt: Mobil! –
Als dann kurz darauf vom König ebenfalls die Mobilmachung für die bayerische Armee befohlen wurde, hatte schon alle eine ungeheuere Bewegung ergriffen.
Die Tageszeitungen sagten dazu lakonisch: »Die Bekanntmachung wurde von der Bevölkerung mit stürmischer Begeisterung aufgenommen.«
Ja – wahrlich! – Wer in diesen Tagen unser Bayernvolk sah, – hörte, – der konnte guten Muts für kommende Schrecken sein, – konnte kecklich mit einstimmen in den tausendfachen Sang: »... Fest steht und treu die Wacht – die Wacht am Rhein!«
So war's in Bayerns Hauptstadt.
Draußen aber, in den Märkten und Dörfern, auf Feldern und Fluren – da war in den letzten Julitagen nicht vieles anders denn die Jahre vorher.
Da mähten die einen, banden die andern; Fuder um Fuder ward schweigsam im Schweiß des Angesichts aufgebaut – heimgefahren – abgeladen.
Der Bauer gab kurz seine Befehle – tat sein Tagwerk; die Bäuerin wirtschaftete im Haus und im Stall, die Söhne und Knechte schafften ihr Werk wie immer.
Da und dort war auch einer auf dem Feld, der trug den Rock des Königs, – und von den Söhnen war der und jener Soldat, – hatte dieser und jener seinen Ernteurlaub. –
Still und geruhig ging's überall her; man nützte die Tage und sah kaum nach den drohenden Wettertürmen am Himmel, – sah kaum in die Zeitung, die jetzt voll von allerhand Kriegsgerede und Alarmnachrichten war, und machte einen Acker um den

andern leer, – eine Tenne um die andere voll mit Heu, Klee, Korn, Weizen.
Aber wenn sie zu den Mahlzeiten im kühligen Hausflöz beisammensaßen und mit dem Löffel langsam bald in die Schüssel über, bald unter den Dreifuß fuhren, da nahm der Bauer die Zeitung, las eine Weile, führte seinen Löffel bedächtiger zum Mund und sagte danach: »Schaugts, daß's firti werds draußt, – i fürcht, es geht bald los.«
»Ah was! Dös hoaßts scho wie lang alleweil!« meint die Bäuerin.
»Ja – wenns nur grad amal losgang!« ruft der jüngere Sohn, einer vom Leibregiment.
»Vo mir aus gibts heunt no an Kriag!« sagt der ältere, Gefreiter bei der Feldartillerie.
»Was nur alleweil habts mit eukan Kriag! Es gibt koan Kriag net, sag i!« brummt die Hausmutter und macht das Kreuz und betet: »Himmlischer Vater, wir danken dir, daß du uns gespeist hast ...«
Da tritt der Postbot ein – mitten unterm Beten. »Hans! A Telegramm! – Sepp! – Für di aa oans! – Pfüat enk Good.«
»Gelobt sei Jesus Christ«, schluckt die Bäuerin. »In Ewigkeit. Amen«, sagt halblaut der Bauer.
»Muata – i muaß glei furt – eirucka«, kommt's von den Lippen des Jüngeren.
»Vata – i muaß abfahrn – glei auf der Stell!« tönt's vom Mund des Älteren.
Und sie weisen den Alten ihre Befehle.
»Jess Maria – daß Gott derbarm!«
Die Bäuerin schlägt nochmals ein Kreuz.
»Jetzt grausts ma; jetz bring i mei Sach nimmer hoam.«
So sagt der Bauer und starrt auf die Telegramme. »Ja no – des is halt a so.«
Langsam deckt die Dirn ab, – langsam legt die Bäuerin das härene Tischtuch in die Schublade.
Da geht der Bauer in die Kammer.
Nach einer Weile kommt er wieder, zählt zwanzig Talerstücke auf den Tisch und sagt zu seinem Weib: »Dreißg Mark für an jeden. Richt eahna d' Sach zsamm, Muata!«
Nach einer Weile ein helles Juchzen im Hof.

Vom Stall her antwortet ein zweites – von der Straße her ein weiteres.
Da steht der Sepp in der Uniform des Leibregiments; die Mutter schneidet ihm ein Zweiglein Rosmarin vom Stock, – der Vater reicht ihm den braunen Handkoffer: »Schaug halt, daß d'wieder kimmst, Sepp.«
Der Hans tritt aus dem Stall: »Juhu! – Vater – schnell no an Schapfa Bier her! ... He! Kurbei! Wastl! – Da gehts hera! ... Wir gengan aa glei mit! ... Trinkts no schnell amal, ehvor!«
Die Dirn steigt eilends hinab in den Keller und bringt etliche Flaschen.
Der Bauer langt die blaue, bauchige Krugl vom Fenstersims und schenkt ein: »Soo. Trinkts, Buam! – Daß's wieder hoam kemmts!«
»Dös tean ma schon. Aber zerscht müaß ma no auf Paris eine!«
»Und auf Petersburg!«
Alle lachen – juchzen – trinken.
Der Hans besteckt sich mit Balsaminen und Georginen, – der Wastl vom Nachbar bettelt sich ein Rosmarinsträußl, – und der Kurbei vom Häusler beginnt zu singen: »Siegreich wolln mir 's Frankreich schlagen ...«
»'s Rußland hoaßts jetz – du Ochs!« verbessert ihn der Wastl, und ein lustiges Lachen ertönt.
Dann ein kurzer Abschied.
»Also – pfüat enk der Himmel! Mir arbatn scho, daß koana einakimmt auf Bayern – koa Franzos und koa Ruß! – Geh – woan net Muata! – Wir san ja no net daschossn! – Des hat do no Zeit bis darnach!«
»Pfüat di Good, Vata. Mir kemman scho wieder.«
»Pfüa Good, Bauer.«
»Pfüa Good.«
»Juhu! Jujujuhu! ––– Siegreich wolln mir 's Frankreich schlagen – sterben als ein tapfrer Held ...«
Stumm geht der Bauer an die Arbeit.
Die Bäuerin läuft die Stiegen hinauf und steht lange auf der Laube, wo die vielen Geranien feuerrot blühen, steht und schaut lang hinaus, bis der Wald die Dahingehenden aufnimmt.

Schweigsam geht der Tag dahin; – schweigend sitzt man bei der Abendsuppe.
Bald darauf dröhnt der Hausriegel, – der Bauer verwahrt sein Sach heut ehender denn sonst, – er ist müd.
Die Bäuerin folgt stumm und mit rotgeweinten Augen.
Ums Gebetläuten liegt alles ringsum in der Ruh, – nirgends mehr sitzt einer auf der Hausbank.
Da – um halb zehn Uhr fährt der Bauer auf. Die Hunde geben wütend Laut – Stimmen von Männern dringen vom Hof herein. – Jemand rüttelt an der Haustür: »He da! – Aufmacha! – Auf da! – Bauer! – Ortsführer!«
»Was gibt's?« fragt der Bauer aus dem Fenster.
»Der Kriag is erklärt! – Unterschreiben! – Der Ortsführer muaß unterschreibn!«
»Der bin i net. Naa. Der Kriag, sagts? ... Der Windl drent ... Der Nachba is Ortsführer ... Is er vom Kini selber erklärt ...?«
Aber die hören ihn nicht mehr; schon dröhnen ihre Stiefel an die Tür des Nachbarhauses.
»Aufgemacht da! – Der Kriag is erklärt! – Unterschreibn! – Ortsführer, auf ...!«
Langsam vergeht die Nacht, – in mancher Kammer verlöscht das Licht erst beim Morgengrauen.
Am andern Tag sagt der Bauer: »I muaß an Knecht habn; – der Woaz muaß hoam, daß ma in d' Mühl fahr kinnan – der Kriag is erklärt ...«

Lena Christ

Der Spion

Aus dem Angerkloster tritt eine Nonne.
Der Schleier umrahmt ein grobgeschnittenes, faltenreiches Gesicht, große, grobe Arbeitshände verbergen sich in den weiten Ärmeln.
Unter dem faltigen Rock stapfen ein Paar ungeschlachte Füße in unförmigen Schuhen.
Mit hastigen Schritten eilt die Klosterfrau über den Platz; ein

kleines Mädchen gibt ihr die Hand und grüßt sie – eine rauhe, schier männliche Stimme antwortet dem Kind, das sich danach umwendet und der weitereilenden Nonne nachblickt.
»Was schaugst denn, Kloane?« fragt eine vorübergehende Frau das Mädchen.
»Dera Schwester schaug i nach; die is wia a Mann.«
»Welcher Schwester?« fragt die Alte wieder; aber da sieht sie die Nonne eben in eine Straße einbiegen.
Sie läuft ihr nach, so rasch sie kann.
»Oho! Wo aus denn so eilig, Frau Wimmer?«
»Hab koa Zeit! I hab wem in der Reissen – a Mannsbild in a r an Klosterfrauengwand!«
»Mariand Josef! Den hab i aa grad gsehgn! Da muaß i glei aa mitlaafa!«
Beide rennen nun hinter der alten Nonne her, bis sie ein Bekannter aufhalten will: »Halt, halt, meine Liabn! Da werd nix grennt! ...«
»Gengans doch zua und haltn S' uns net auf, Herr Burger! Uns pressierts!«
»Ja freili. Wo brennts denn?«
»Wir verfolgn wem ...«
»Ja – a Mannsbild ...«
»Ja – als Klosterschwester ... dort ... sehngs? ...«
»Was? – De Schwester? – Sie, de muaß i ma r aa a wengl oschaugn!«
Und er läuft eilends dahin.
Nun sind aber schon etliche Neugierige aufmerksam geworden; und da sie das Wort »Schwester« hören, ist ihr Urteil fertig.
»Was sagn S'? De Schwester? ... Ja, das werd halt a Russ' sei ... oder a Spion! ... Da müaß ma glei aa mit!«
Die Nonne biegt derweil ins Rosental ein. Plötzlich hört sie hinter sich eiliges Laufen. Sie schaut um und sieht, wie ein Trupp Menschen um die Ecke rennt, die Straße überquert und nun ihr gegenüber gleichen Schritt mit ihr hält.
Da greift sie rasch nach ihrem Schleier – befühlt das Gewand, – schüttelt den Kopf und geht weiter.
Drüben wird die Menge immer größer, und ein kleiner Schusterbub plärrt plötzlich: »Maxe, da geh hera! – A Spion!«

»A Spion!«
Plötzlich wird's lebendig in der Horde.
»Fangts'n do, den Kerl, bevor er was anstellt!« ruft einer.
»Hauts'n nieder, den Hund!« ein anderer.
»Verhaften lassen!« – »Niederschiaßn!« – »Dagarma!« so tönt's wild durcheinander.
Die Nonne merkt etwas.
Sie beginnt zu laufen.
»Aha! – Jetz werd eahm Angst, dem Hund!« höhnt einer, und alles rennt hinterdrein.
»Packts'n zsamm!« – »Schlagts'n tot!« –
Die Nonne eilt in fliegender Hast dahin. Plötzlich stürzt sie in ein Haus mit einem Gittertor, schlägt das Tor zu und rennt die Stiege empor.
Eine Köchin tritt eben aus einer Wohnung; da kommt die Schwester.
»Ich bitte Sie um Gottes willen, Fräulein! Schützen Sie mich!«
Ein Schutzmann eilt die Stiege herauf.
Ein Kriminalkommissär folgt.
Drunten tobt und schreit die Horde.
»In Stückln werd er dahackt! – Zu Voressn werd er daschnittn! – In Fetzn werd er daschlagn!«
So tönt's wild durcheinander.
Droben findet inzwischen eine peinliche Untersuchung vor den Schutzleuten, den Hausleuten und der Köchin statt, wobei sich herausstellt, daß die Nonne wirklich ein Weib – eine Nonne ist.
Die trostlose, schluchzende Schwester wird in ein Automobil gebracht und unter dem Johlen und Schreien halbwüchsiger Burschen wieder nach dem Kloster geschafft.
Die Menge aber hat schon wieder einen andern »Spion« auf dem Korn.

Josef Hofmiller

Aus: »Revolutionstagebuch 1918/19«

Freitag, 8. November. Wir sind über Nacht ein »Freistaat« geworden und Bayern wird augenblicklich nicht von Ludwig III. regiert, sondern von Kurt Eisner, dem früheren literarischen Mitarbeiter der Münchener Post und Führer der Münchner Unabhängigen. Doch ich muß weiter ausholen. Zunächst war gestern nachmittag eine Massenversammlung auf der Theresienwiese angesagt. Sie scheint riesig besucht gewesen zu sein. Wenigstens, als ich aus meiner Englischstunde nach Haus ging, abends zwischen ½ 6 und 6, wälzte sich ein unendlicher Zug, jedoch nicht in zugmäßiger Aufstellung, sondern das Zurückfluten einer gewaltigen Volksmenge, durch die Theatiner- und Weinstraße und durch die Residenz- und Dienerstraße. Auch die Maximilianstraße wimmelte von Leuten, die alle nach Haidhausen hinausströmten. Mama war mit meiner Schwester spazieren gegangen, und sie waren dabei in die Nähe des Friedensdenkmals gekommen, wo es ebenfalls von Menschen wimmelte. Ich kümmerte mich nicht weiter um diese Dinge, da ich sah, daß die Leute ruhig waren; die Straßen waren noch schlechter beleuchtet als gewöhnlich, so daß das Zurückfluten dieser schweigsamen Menge in der Finsternis etwas Unheimliches hatte. Als wir abends gegen 10 Uhr ins Bett gingen, hörten wir ferne Schüsse und Johlen. Wir vernahmen auch öfter den Ruf Republik.

Heute früh fiel mir nur auf, daß wieder keine Zeitung da war. Aber da dies in letzter Zeit öfter vorgekommen war, maß ich der Sache keine Bedeutung bei. Unsere Centa kam heim von der Milchfrau und erzählte, die Soldaten in der Kirchenschule machen Krawall und ziehen ab. Ich ging um ½ 8 Uhr in die Klasse, traf unterwegs meinen Schwager, der mir erzählte, bei ihnen draußen in der Lucile-Grahnstraße sei scharf geschossen worden, so daß er zunächst an Fliegeralarm gedacht habe. Er habe sich in den Kleidern ins Bett gelegt. Als ich in meinem Gymnasium über die Treppe hinaufging, erzählte mir Hartlmeier von der 8. Klasse, ein Schüler des Albertinums, sie hätten eine schreckliche Nacht hinter sich: das Generalkommando und der Bayerische

Hof seien gestürmt, an unserer Studienkirche sei ein Maschinengewehr aufgefahren gewesen gegen die Offiziere im Hotel Bayerischer Hof, die sich nicht hätten ergeben wollen und Handgranaten geworfen hätten. Erst um 3 Uhr sei es ruhig geworden. Im Lehrerzimmer erfuhr ich dann von den andern Herren, daß in der Nacht die Unabhängigen sich der öffentlichen Gewalt bemächtigt haben; es scheinen alle Zeitungen in ihrer Hand zu sein. Die »Neuesten Nachrichten« enthalten auf der ersten Seite einen von Kurt Eisner unterzeichneten Aufruf. Verschiedene Kollegen waren sehr aufgeregt. Etwa um ¾ 9 Uhr kam der Rektor und entließ die Schüler bis Montag nach Hause. Ich ging mit M. heim. Wir sahen die Schußspuren am Bayerischen Hof. Vor dem Generalkommando stand ein ganz junger Bursche von den Schleißheimer Fliegern; auf meine Frage sagte er, er wisse nichts, man habe ihn halt hergestellt.

An den Anschlagsäulen waren Zettel mit Aufrufen des Arbeiter- und Soldatenrates, einer richtet sich an die Beamten für Post und Eisenbahn, sie sollten sofort zu ihrer Arbeit zurückkehren. Die Leute waren überall ruhig und standen nur neugierig herum. Wir sahen viele Soldaten, fast alle hatten sich noch rasch mit neuen Kleidern ausgerüstet, schwerbepackt waren alle, besonders auf Stiefel scheinen sie es abgesehen zu haben; einen sah ich auch, der ein halbes Dutzend kurzer, gelber Riemen mitgenommen hatte. Auf allen Plattformen der Straßenbahnen waren sie zu sehen. Meine Hauptsorge war, unsern Kartoffelbedarf für eine Woche zu sichern, was mir auch gelang: ich brachte im Netz zweimal je 14 Pfund nach Hause, kaufte noch um 2 Mark Kohlrabi und um weitere 2 Mark Weißkraut. Die Gemüsehändlerin sagte: »Die Bande haben sich die dummen Teufel selber hergezügelt, sie haben nicht hören und sehen wollen, jetzt haben sie den Dreck.« Die Leute urteilen alle merkwürdig ruhig. Ich hörte allgemein nur: das gewalttätige Machen hat keinen Sinn usw. usw. Ich wollte auch noch Brot kaufen, aber andere Leute waren ebenso schlau gewesen, und es war keins mehr zu bekommen bis heut abend.

Als ich gerade bei der Gemüsefrau einkaufte, sahen wir zwei ihr bekannte Hartschiere vorbeigehen, mit ihrem langen Paradeschritt, aber in Zivil. »Schauen Sie sie an, die armen Teufel«,

sagte die Riedlin, »für die ist es hart, das sind jetzt alte Männer und müssen sich eine richtige Arbeit suchen.« Die Hartschiere waren wirklich arme Kerls. Alle trieben nebenbei irgendein Handwerk, und oft war es schwer, sie zu längerem Dienst zusammenzubekommen, jeder trachtete, um seinen handwerklichen Verdienst nicht zu verlieren, wenn er Dienst hatte, für fünf Mark einen Ersatzmann aufzutreiben.
Hinter dem Maximilianeum kehrte eine Straßenkehrerin die welken Blätter zusammen und ließ sich durch nichts stören. Sie hat, scheint's, den Geist der neuen Zeit noch nicht erfaßt.
Abends. Inzwischen war ich mit meiner Frau und den beiden Buben im Kinderwagl in die Stadt. Schon gleich unten an unserem Haus sahen wir an der Anschlagtafel ein gelbes Plakat, das zwei Aufrufe enthielt, einen an die Soldaten, sie dürften nicht rauben und plündern, solche Ehrlose würden unnachsichtlich bestraft, der andere an die Arbeiter, es sollten sich zur Aufrechterhaltung der Betriebe Leute zur Verfügung stellen. Beide unterzeichnet namens des Arbeiter- und Soldatenrates von Kurt Eisner.
Als wir zum Rondell hinterm Maximilianeum kamen, wo eine Plakatsäule steht, sahen wir eine knallrote Proklamation, des Inhalts, das Volk habe jetzt sein Schicksal selbst in die Hände genommen. Der Schluß lautete: »Die Dynastie Wittelsbach ist abgesetzt, Hoch die Republik!«
In der Kanalstraße war ein weißes Plakat angeschlagen, im Interesse der Lebensmittelversorgung wolle man alle Kraftwagen ungehindert fahren lassen und den Führern nach Möglichkeit helfen. Unterzeichnet: Unterleitner Hans.
Diese drei Plakate sahen wir auf der Weiterfahrt durch die Stadt immer wieder. Wir fuhren bis zur Hauptpost, wo unter den Arkaden drei Maschinengewehre aufgepflanzt waren mit der Mündung gegen die Residenz. Die Soldaten, die sie bewachten, sahen harmlos aus, rauchten Pfeifen und hatten Maßkrüge neben sich. Wer stehen blieb, wurde ruhig aufgefordert, weiterzugehen. An der schwarzen Tafel am Hoftheater war angeschlagen, die Vorstellungen seien abgesetzt, die Gelder würden zurückvergütet. Ohne Unterschrift. Man sah eine Menge Neugierige auf den Straßen, aber alles war sehr ruhig. Viele Automobile, auffallend

mehr als bisher, alle voll von Soldaten. Auf einem waren vielleicht 30 Mann, alle mit Gewehren; solche Autos habe ich heute ein paar Dutzend gesehen. Es macht den Eindruck, als wollten die Soldaten zeigen, daß sie die Macht in Händen haben und die Bevölkerung einschüchtern.
Man fühlte sich durch den Anblick der Maximilianstraße beinahe an Fasching erinnert. Wie an Fasching zog eine Menschenmenge stadtwärts, neugierig und ruhig. Die Hupen der Kraftwagen brachten auch etwas von unserem langweiligen Münchner Fasching herein. Bei der Rückfahrt traf ich E. H., der mir erzählte, er sei gestern an die Kirchenschule gegangen, als der Rummel losging. Die Soldaten hätten die Türen gesprengt, Gewehre geholt, die Kantine geplündert, Decken gestohlen, auch anderes, die Kanzlei verwüstet, die Akten auf die Straße geworfen. Noch schlimmer hätten sie in der Türkenkaserne gehaust. Dort hätten sie alles geplündert und dann den Leuten auf der Straße Verschiedenes zum Kauf angeboten. Alle Geschäfte seien geschlossen, wer Rolläden hätte, hätte sie heruntergelassen. Es scheint nötig zu sein. Gerade höre ich, daß das Geschäft Spielmann am Gärtnerplatz gestürmt, verwüstet und ausgeplündert wurde. Unsere jüdischen Mitbürger scheinen in Sorge zu sein, daß sich die Wut der Menge gegen sie richte.
Kurt Eisner ist, wie ich eben aus Kürschner ersah, 51 Jahre alt, und hat bisher vorwiegend literarische und sozialpolitische Kampfschriften veröffentlicht. Ein Kollege beschrieb ihn mir als blaß, dunkelbärtig, mit langen Locken und einer großen Glatze. Er spielt ein gewagtes Spiel. Wie lang kann er es spielen?
Samstag, 9. November. Heut früh sind die »Neuesten« wieder in ihrem regelmäßigen Umfang erschienen, ebenso die »Augsburger Abendzeitung«. Die Revolution war offenbar von langer Hand geplant, nur die staatlichen und militärischen Behörden ließen sich allen Warnungen zum Trotz überrumpeln. Voraussetzung für die Revolution war die Vereinigung der in zwei Flügel gepaltenen Sozialdemokratie. Das Quartier des Arbeiter- und Soldatenrates ist der Mathäser. Das erste war, daß Bahnhof und Telegrafenamt besetzt wurden, sodann die Zeitungen. Die politische Umwälzung vollendete sich im Landtagsgebäude. Um 10 Uhr abends war es schon in der Gewalt der Revolutionäre; um

Mitternacht tagte zum erstenmal geschlossen der Arbeiter- und Soldatenrat im Sitzungssaal der Kammer, wählte Kurt Eisner zum Präsidenten und verkündete die Republik, die Absetzung der Dynastie und der gesamten Regierung. Plünderungen kamen vor, besonders von Waffengeschäften, auch militärische Lager wurden geleert, aber, das muß man der Gerechtigkeit halber feststellen, gegen den Willen des Rates, der von Anfang an, wie es scheint, ehrlich bemüht war Ordnung zu halten und Gewalttaten zu verhindern. Militär durchzog mit geschultertem Gewehr die Stadt und verlangte zunächst von allen begegnenden Soldaten und Offizieren die Entfernung der schwarz-weiß-roten Kokarde.

Am Stachus sah Stemplinger, wie ein junger Strizzi einem verwundeten Offizier, der den linken Arm in der Schlinge trug, die Kokarde herunterreißen wollte. Ohne ein Wort zu sagen, gab ihm dieser eine saftige Watsche. Das Publikum brüllte Beifall.

Am Freitag morgen war die ganze Umwälzung vollzogen. München war als Hauptstadt des Königreichs Bayern zu Bett gegangen, um als Hauptstadt des bayerischen »Volksstaats« zu erwachen. Telegraf, Telefon und Straßenbahn waren am Donnerstag abend stillgelegt worden. Am Freitag wurde der Betrieb wieder aufgenommen.

Gestern abend war noch Doktor H. bei uns. Er erzählte, er habe in der Nacht von Donnerstag auf Freitag von 12 Uhr an, wo er sich zu Bett legte, angefangen, die Schüsse zu zählen; bis 3 Uhr habe er etwa 200 gezählt. Korbweise seien die Sachen aus dem Bekleidungsamt geholt worden; ein Paar Stiefel schon um 5 Mark. Ihm fiel auf, alle Leute auf der Trambahn und auch auf der Straße seien viel freundlicher. Das glaubte ich nicht. Ich beschloß, heute darauf ein besonderes Augenmerk zu haben und muß seine Wahrnehmung bestätigen. Während bisher noch jedem, der von auswärts kam, der mürrische, geradezu finstere Gesichtsausdruck der meisten Leute auf der Straße auffiel, sehen die Leute jetzt entspannt aus, beinahe vergnügt. Einen fidelen, beinahe kindlichen Eindruck machen die zum größten Teil ganz jungen, fast knabenhaften Soldaten, die mit geschultertem Gewehr vor Geschäften, Banken usw. Posten stehen; ungefähr, wie wenn es ein Spiel wäre, das sie recht freut. Ich sah einen einzigen

Mann, der etwas Wildes in Kleidung und Aussehen hatte; salopp im Anzug, Militärkragen und Hemd geöffnet. Alle anderen sahen manierlich aus. Ich sah auch die Staatszeitung ausgehängt; das Wort »Königlich« und das Wappen waren durchstrichen mit einem roten Andreaskreuz, das mit der Hand angebracht war, und zwar auf allen Exemplaren, die ich sah. Der Mann hatte offenbar viel übrige Zeit. Ebenso müssen viele Geschäfte das Wort »Hoflieferant« auf ihren Schaufenstern überkleben. Während in der Maximilianstraße fast noch alle Geschäfte geschlossen hatten, als ich in meine Schule ging um eine Notprüfung zu halten, fand ich um 1 ½ Stunden später fast alle in der verkehrsreichsten Lage der Stadt, Kaufinger-, Neuhauserstraße, Bahnhofviertel, geöffnet, als ob nichts geschehen wäre. Nur ein paar Juweliere hatten geschlossen oder wenigstens die Auslage leergeräumt. Das Straßenbild hat durch die Soldaten, die mit geschultertem Gewehr Dienst tun, aber dabei mit der Bevölkerung fraternisieren, etwas Manöverhaftes bekommen; sonst ist es unverändert, außer, daß man überhaupt keine Offiziere sieht. Vor vielen Geschäften und in ihnen stehen Wachtposten; auch in den beiden Kaufhäusern. Im Oberpollinger war ich selbst und fragte den Mann am Eingang, warum er dastehe. Er sagte, es wären schon Versuche gemacht worden, zu plündern; Tietz habe 30 Mann täglich, von denen jeder für den Tag 50 Mark erhalte.
Vom südlichen Frauenturm hängt eine lange rote Fahne. Sonst sah ich keinerlei rote Abzeichen, nur im Färbergraben lief unbeachtet ein schwarzer Pudel mit einer roten Krawatte.
Aus dem Aufruf »An die Bevölkerung Münchens« geht folgendes hervor: Was sich in der Nacht von Donnerstag auf Freitag konstituiert hat, ist »ein provisorischer Arbeiter-, Soldaten- und Bauernrat.« Es soll »eine Volksregierung, die von dem Vertrauen der Massen getragen wird, unverzüglich eingesetzt werden«. Was für eine Volksregierung? Eine bayerische oder bloß eine Münchner? »Eine konstituierende Nationalversammlung wird so schnell wie möglich einberufen werden.« Das ist das Vokabular der französischen Revolution. In Frankreich folgte auf die konstituierende Nationalversammlung die gesetzgebende, auf diese der Konvent, auf ihn die Schreckensherrschaft. »Bayern will Deutschland für den Völkerbund rüsten.« Was soll das hei-

ßen? »Die demokratische und soziale Republik Bayern hat die moralische Kraft, für Deutschland einen Frieden zu erwirken, der es vor dem Schlimmsten bewahrt.« Wie stellt sich Eisner das vor?

Sonntag, 12. Januar. Heute Wahl zum Bayerischen Landtag. Gutes, etwas frisches Wetter, heiter und klar, geeignet zu Demonstrationen, von denen aber bis jetzt nicht viel zu bemerken. Auch für gestern abend waren Putsche erwartet, wir gingen deshalb sogar um eine halbe Stunde früher aus und von unserm asketischen Dünnbier-Dämmerschoppen nach Haus, aber alles blieb ruhig. Die Wahlbeteiligung war sehr stark, die Leute standen an wie um Butter, Zigaretten oder Pferdefleisch. Der Anblick der zahlreichen Frauen und Soldaten in und vor dem Wahllokal fiel auf.

Unmittelbar vor mir wählte ein Soldat, der auch den Wahlzettel einer Frau abgeben wollte, die krank daheimlag. Als ihm bemerkt wurde, das dürfe nicht sein, erklärte er, dann werde er sie herübertragen. Am Vormittag fuhr ich mit Linie 4 zweimal durch die Stadt, weil ich im Union mit L. einen Schoppen Apfelwein trank, bemerkte aber nichts. Nachmittags mit dem größeren Buben ausgefahren. Der Anblick der Maximilianstraße hatte etwa die Stimmung des Faschingssonntags (nicht Dienstags!), nur ganz ohne Masken, soweit nicht die »Soldaten« maskiert waren, die zahlreich herumlaufen und von denen ein großer Teil offenbar noch nie in einer Uniform gesteckt ist. Aber die vielen Plakate in allen möglichen Farben, sehr schreiend, erinnerten an diejenigen der karnevalistischen Unterhaltungen. Die Parteien rückten vielfach mit einer Art Musik an, Trommel, auch dünnem Blechorchester, Knaben trugen Plakate an Stangen, dann kamen Soldaten mit roten Fahnen, dann Reiter auf roten Sätteln, hinterher eine Rotte ganz kleiner Jungen, Durchschnitt fünf bis sieben Jahre, genau wie an Fastnacht. Auf dem Max-Weber-Platz spielte eine Kapelle zu Pferd »Nur einmal blüht im Jahr der Mai«. Die Residenz war über und über mit roten Wahlaufrufen verpflastert, besonders die Tore, aber auch die Residenzwache. Das Wittelsbacher Palais hingegen entbehrte dieses Schmucks. In dieses Palais ist übrigens die Bayrische Fettstelle verlegt worden, ein Witz des Herrn Eisner, der alles tut, um den König zu

diskreditieren. Vom Landtag wehte lang und öd eine rote Fahne. Unten beim Hausmeister steckte ebenfalls ein langer roter Wimpel, der genau so aussah wie die rote Fahne des Kaminkehrers, durch die er mitteilt, daß er in diesem Haus den Rauchfang ausbrennt. Am erzbischöflichen Palais war ein rotes Plakat, aber schon abgekratzt. Als wir um 4 Uhr wieder an den Residenzplatz kamen, begegneten uns unmittelbar hintereinander zwei Trupps berittener »Soldaten«, jeder etwa fünfzehn bis zwanzig Mann. Die Leute saßen etwas unsicher auf ihren Rössern. An der Trambahnhaltestelle Widenmayerstraße stand ein Militärauto, dessen Insassen ausgestiegen waren und einem Soldaten, der Ledergamaschen und Pelzkragen hatte, handgreiflich ihre Meinung sagten. Da ich immer wieder das Wort »Revolver« hörte, drängte ich Mama weiterzufahren. Sonst hätte mich die Sache interessiert, da beide Parteien den Eindruck machten, als ob sie lieber *nicht* raufen wollten als raufen; ungefähr wie unsre Schulbuben immer sagen: »Geh her, wannst a Schneid hast«, dabei aber immer zurückhufen.
Als wir heimkamen, fanden wir einen Zettel vor des Inhalts, man solle bei »Überfällen, Einbrüchen, Plünderungen usw.« (»usw.« ist gut) sofort zur nächsten Schutzmannsstation schicken. Ich werde den Zettel aufbewahren, weniger um von der telefonischen Nummer Gebrauch zu machen, als als Dokument der Zeit. Denn vermutlich würden die Schutzleute nicht kommen, und jedenfalls würden sie nichts tun. Drollig war, daß bemerkt war, die Mitteilung erfolge »im Einverständnis der zuständigen Behörden«. Die zuständige Behörde sieht also Plünderungen »usw.« voraus, kennt aber keinen anderen Schutz dagegen, als die Mitteilung der telefonischen Nummer der zuständigen Schutzmannsstation. Das versteht Eisner offenbar unter Regieren. Ich finde, wir alle sind in der Lage jenes vom Dach herunterfallenden Schieferdeckers, der sagte: *»Ça ne va pas mal, pourvu que ça dure.«* (»Bis jetzt geht's ja gar nicht übel, wenn's nur so weiter geht!«)

Ernst Toller

Räterepublik

Eisner hat mit seiner Berner Rede gegen den Imperialismus und gegen die Kriegsverbrechen den erbitterten Haß der deutschen Reaktion erregt. Auf dem Weg zum bayerischen Landtag töten ihn die Schüsse des einundzwanzigjährigen Grafen Arco-Valley.
Der Landtag wird eröffnet, da stürzt der Arbeiter Alois Lindner mit erhobenem Revolver in den Saal, schießt auf Auer, dem er die Schuld am Tode Eisners beimißt, schwer verwundet sinkt Auer zu Boden. In wilder Panik stieben die Abgeordneten davon, sie lassen das Parlament, das Volk, ihre Mandate, ihre Hüte und Mäntel im Stich, Bayern hat keine Regierung.

Am 21. Februar 1919 fuhr ich nach Bayern. Auf einer Bahnstation hörte ich draußen erregtes Rufen des Schweizer Bahnschaffners, drinnen kräftiges Bravo eines deutschen Spießers, verstand die Worte nicht, die an mein Ohr drangen und mußte endlich begreifen: Kurt Eisner ist ermordet.
Eisner war ein Mann von anderem geistigen Format als die Ebert, Scheidemann, Noske, Auer. Deutsche Klassik und romanischer Rationalismus haben ihn geformt und gebildet. Sein politisches Ideal war die vollkommene Demokratie, er verwarf die parlamentarische Demokratie, die das Volk einmal an die Urne führt, um es dann für Jahre auszuschalten. Von unten her sollte der Geist des Lebens und der Wahrheit als kritischer, belebender, anfeuernder Geist das Tagewerk der Gesellschaft durchdringen, darum bekannte er sich zur Rätedemokratie. Die Notwendigkeit raschen sozialen Neubaus erkannte auch er nicht. An die Spitze der Sozialisierungskommission, deren Einsetzung der Rätekongreß gefordert hatte, berief er Professor Brentano, den bekannten Freiwirtschafter, in der ersten Sitzung dieser Kommission hielt er eine Ansprache, die die Industriemagnaten aufhorchen ließ, sozialisieren, sagte er, könne man nur, wenn etwas zu sozialisieren da ist, diese Voraussetzung fehlte in Deutschland.
Eisner haßte die Presse als eine Volkspest, sie belüge und verhetze die Völker, trotzdem, als einige Revolutionäre die Redak-

tion einer der übelsten Zeitungen besetzten, fuhr er persönlich in das Verlagsgebäude und sorgte für den Abzug der Eroberer. So stark war seine Verachtung der Journaille, so stark seine Achtung vor formaler Pressefreiheit. »Die Wahrheit«, schrieb er während des Krieges in einer Eingabe an das Münchener Generalkommando, »ist das höchste aller nationalen Güter. Ein Staat, ein Volk, ein System, in dem die Wahrheit unterdrückt wird, oder sich nicht hervorwagt, ist wert, so rasch und so endgültig wie möglich zugrunde zu gehen.«

Der Moralist bekämpfte die Entwicklung in Berlin, er glaubte, daß die verantwortlichen Männer des alten Systems, die im Auswärtigen Amt weiterregieren und die Verhandlungen mit der Entente führen, den Frieden erschwerten, neue Männer, aufrechte Republikaner, die nicht teil hatten an der Schuld der Monarchie, seien nötig, sie würden mildere Friedensbedingungen für Deutschland erreichen. Er hegte die Illusion, daß Clemenceau der Vorkämpfer der europäischen Demokratie sei, er möchte ihn sprechen, ihn überzeugen, daß das deutsche Volk durch die Revolution zur Freiheit, zur Verantwortung gefunden habe, daß es ein Verbrechen an Europa wäre, dieses Volk durch einen grausamen Frieden zu erniedrigen. Clemenceau wies den Mittelsmann schroff zurück, ja er bedrohte ihn mit Verhaftung, weil er mit dem Feind konspirierte. Die französischen Regierungsmänner und Militärs dachten nicht daran, die deutsche Republik zu stützen, die einen hielten sie für ein Täuschungsmanöver der Machthaber von gestern, die andern fürchteten den Sieg des Bolschewismus und die Infizierung Frankreichs.

Eisner, zeit seines Lebens arm, bedürfnislos, lauter, war klein, von schmalem Wuchs, graublondes Haar fiel ihm wirr in den Nacken, ein wirrer Bart auf die Brust, die kurzsichtigen Augen sahen fremd über den tief unter der Nasenwurzel lose sitzenden Kneifer, die kleinen gepflegten Hände, von fraulicher Zartheit, erwiderten weder den Druck von Freunden noch von Feinden, diese Geste zeigte seine Scheu vor menschlicher Beziehung.

Eines unterschied ihn von allen anderen republikanischen Ministern, sein Wille zur Tat, sein Todesmut. Er wußte, daß ein Volk, ebenso wie ein Mensch, nur in täglicher Arbeit reift, aber nicht wenn eine Mauer zwischen Leben und Tat gesetzt ist. Und er fürchtete nicht den Tod. Das fühlte das Volk, und darum glaubte es ihm. Talente und Gaben sind vielen gegeben, aber nur dem, der die Furcht vor dem Tod bewußt überwand, folgen die Massen.

Der Schuß Arcos alarmiert die Republik, die erregten Volksmassen fordern Rache für Eisner, der Zentralrat der Arbeiter-, Bauern- und Soldatenräte übernimmt die Regierungsgewalt, er proklamiert den Generalstreik, er verhängt den Belagerungszustand über Bayern, er beruft den Rätekongreß ein, die Arbeiterschaft, von der sozialen Tatenlosigkeit der Republik enttäuscht, fordert, daß der politischen endlich die soziale Revolution folge, was in Rußland gelungen ist, muß auch hier gelingen, der Parlamentarismus habe versagt, der Gedanke der Räterepublik gewinnt die Massen.

Bis jetzt war die Kommunistische Partei ohnmächtig, ihr Einfluß gering, jetzt werden ihre Parolen populär. Die kommunistische Zentrale in Berlin schickt Leviné nach München. Leviné kämpfte schon als Student in der russischen Revolution 1905, er wird verhaftet, in der Schlüsselburg eingekerkert, nach Sibirien verbannt, arbeitet dort in einem Bleibergwerk, flüchtet über Asien nach Europa und studiert in Deutschland Nationalökonomie. 1918 wendet er sich der Spartakusgruppe zu. Der hagere Mann, aus dessen eingefallenem Gesicht die gebogene fleischige Nase groß vorspringt, ist kein Redner, der sofort das Gehör der Massen hat, jedesmal muß er es erst erkämpfen, mit sparsamen Gesten und eindringlicher Dialektik erzwingen. In wenigen Wochen reorganisiert er die Partei und bestimmt entscheidend ihre politische Haltung.

Die Kommunisten tun nicht mit, sie mißtrauen den Rechtssozialisten, die trieben, wie schon so oft in der deutschen Revolution, ein dunkles und für die Arbeiterschaft gefährliches Spiel, die Arbeiterschaft sei nicht reif, die Räterepublik werde ohne Unterstützung Norddeutschlands sich nicht halten können. Das aber hätten sie vor Wochen sagen müssen, wo sie die Räterepublik in Parlamenten, Kongressen, Zeitungen, Versammlungen als nächstes politisches Kampfziel forderten, und jeden, der die Möglichkeit naher Verwirklichung bezweifelte, Konterrevolutionär und Kleinbürger schalten. Man darf nicht Parolen verkünden, an die man nicht glaubt. Die Scheu vor der Wahrheit führt zum Selbstbetrug. Man darf nicht der Wirklichkeit, die anders sich zeigt, als man sie wünschte, ausweichen und sich entschuldigen, so war es nicht gemeint.

Die Unabhängigen zögern. Hat eine revolutionäre Partei das Recht, die Massen im Stich zu lassen? Revolutionäre Führer dürfen nicht blindlings Massenstimmungen folgen, auf die Gefahr, verkannt zu werden, müssen sie sinnlosen Aktionen wehren. Aber sind es nur Stimmungen? Sind nicht schon Tatsachen geschaffen, die unser Tun beeinflussen müssen?

Die Parteibürokratien beraten, das Volk handelt. In jener Stunde ist in Würzburg, Augsburg, Fürth, Aschaffenburg, Lindau, Hof die Räterepublik ausgerufen. Wir hätten das Volk früher über die wahren Machtverhältnisse in Deutschland aufklären müssen, daß wir es nicht taten, war unsere Schuld.

In der Nacht vom sechsten zum siebenten April 1919 versammelt sich der Zentralrat, versammeln sich die Delegierten der Sozialistischen Parteien, der Gewerkschaften, des Bauernbundes im Wittelsbacher Palais. Wo früher Zofen und betreßte Lakaien herumwedelten, stapfen jetzt die groben Stiefel von Arbeitern, Bauern und Soldaten, an den seidenen Vorhängen der Fenster des Schlafzimmers der Königin von Bayern lehnen Wachen, Kuriere, übernächtigte Sekretärinnen.

Die Volksbeauftragten werden gewählt, es zeigt sich auch hier das Unwissen, das Ziellose, die Verschwommenheit der deutschen Revolution. Sylvio Gsell, der Physiokrat, der Theoretiker des Freigeldes und der Freiwirtschaft, wird Finanzminister. Zum Präsidenten des Zentralwirtschaftsamtes bestimmt man den Marxisten Dr. Neurath. Wie sollen diese beiden Männer miteinander arbeiten? Mir werden nacheinander drei Volkskommissariate angeboten, ich lehne alle drei ab. Zum Leiter des Volkskommissariats für Auswärtige Angelegenheiten beruft man Dr. Lipp, dessen Fähigkeiten niemand kennt. Er hat kein Gesicht, nur einen Vollbart, trägt keinen Anzug, nur einen Gehrock, die beiden Requisiten scheinen die Gründe seiner Eignung zu sein. Ein Arbeiter, bei dem ich mich nach Dr. Lipp erkundige, sagte, er kenne den Papst persönlich. Andere Männer werden mit Ämtern betraut, die zwar nicht den Papst persönlich kennen, aber doch den Dorfpfarrer.

Als ich das Wittelsbacher Palais verlasse, dämmert der Morgen. Die Revolution hat gesiegt. Hat die Revolution gesiegt? Diese Räterepublik ist ein tollkühner Handstreich verzweifelter Arbeitermassen, die verlorene deutsche Revolution zu retten.
Was wird sie schaffen, wie wird sie enden?
Vor der kleinen Pension, in der ich wohne, wartet einer unserer Sektionsführer.
– Jetzt haben wir die Macht.
– Haben wir sie? sage ich. Der Genosse stutzt, sieht mich nachdenklich an, ich verabschiede mich rasch.

Der erste Tag der Räterepublik, Nationalfeiertag. Auf den Straßen festlich gekleidete Arbeiter, scheu und ängstlich drängen sich die Bürger und sprechen über die Geschehnisse der letzten Nacht, Lastwagen mit Soldaten durchfahren die Stadt, auf dem Wittelsbacher Palais weht die rote Fahne.
Die Arbeit beginnt. Ein Erlaß verkündet die Sozialisierung der Presse, ein anderer die Bewaffnung der Arbeiter und die Schaffung der roten Armee, ein dritter die Beschlagnahme von Wohnungen zur Linderung der Wohnungsnot, ein vierter regelt die Lebensmittelversorgung.
Die Münchener Garnison entsendet Vertreter zum Zentralrat, sie werde die Räterepublik zu verteidigen wissen. Die Soldaten des ersten Leibregiments geben ihrer Kaserne den Namen Karl-Liebknecht-Kaserne. Auch die alten königlichen Staatsanwälte und Richter wollen nicht zurückstehen, sie stünden ›auf dem Boden der Räterepublik‹, sie seien bereit, in den neu geschaffenen Revolutionsgerichten die Feinde der Revolution anzuklagen und zu richten. Die Kirchenglocken läuten, die Kirchenglocke von Starnberg schweigt, der alte königliche Bezirksamtmann selbst gibt den Befehl, den Widerstand zu brechen.
Nur die Kommunisten bekämpfen die Räterepublik, sie rufen die Arbeiter zu Demonstrationen auf, sie schicken Redner in die Ka-

serne, diese Räterepublik verdiene es nicht, daß die Soldaten sie verteidigen.

Inzwischen haben sich Ministerpräsident Hoffmann und die anderen Minister, die aus München geflohen sind, besonnen, die vom Landtag gebildete Regierung verlegt ihren Sitz nach Bamberg, zu ihrem Schutz beruft sie das in Ohrdruf gebildete Freikorps Epp, sie verhaftet die Träger der Räterepublik in den fränkischen Städten und beherrscht Nordbayern. Nach Bamberg ist auch der räterepublikanische Ernährungskommissar, der Bauernbündler Wutzlhofer gefahren, eben hat er sich noch von mir seine Ernennung bestätigen lassen, jetzt amtiert er im Kabinett der Gegenregierung Hoffmann.

In München ist der Vorsitzende des Zentralrats zurückgetreten, ich werde zu seinem Nachfolger bestimmt.
In den Vorzimmern des Zentralrats drängen sich die Menschen, jeder glaubt, die Räterepublik sei geschaffen, um seine privaten Wünsche zu erfüllen. Eine Frau möchte sofort getraut werden, bisher hatte sie Schwierigkeiten, es fehlten notwendige Papiere, die Räterepublik soll ihr Lebensglück retten. Ein Mann will, daß man seinen Hauswirt zwinge, ihm die Miete zu erlassen. Eine Partei revolutionärer Bürger hat sich gebildet, sie fordert die Verhaftung aller persönlichen Feinde, früherer Kegelbrüder und Vereinskollegen.
Verkannte Lebensreformer bieten ihre Programme zur Sanierung der Menschheit an, ihr seit Jahrzehnten befehdetes Lebenswerk bürge dafür, daß jetzt endlich die Erde in ein Paradies verwandelt werde. Sie wollen die Welt aus einem Punkt kurieren, läßt man die Prämisse gelten, ist ihre Logik unangreifbar. Die einen sehen die Wurzel des Übels im Genuß gekochter Speisen, die anderen in der Goldwährung, die dritten im Tragen unporöser Unterwäsche, die vierten in der Maschinenarbeit, die fünften im Fehlen einer gesetzlich vorgeschriebenen Einheitssprache und Einheitskurzschrift, die sechsten machen Warenhäuser und sexuelle Aufklärung verantwortlich. Sie erinnern alle an jenen schwäbischen Schuster, der in einer umfangreichen Broschüre zwingend bewies, daß die Menschheit nur darum moralisch

krank sei, weil sie ihre elementaren Bedürfnisse in geschlossenen Räumen verrichte und künstliches Papier benütze. Wenn sie, dozierte er, die Minuten in Wäldern verbrächten und mit natürlichem Moos sich behülfen, würden auch ihre seelischen Giftstoffe im Kosmos verdunsten, körperlich und seelisch gereinigt, als gute Menschen, kehrten sie zur Arbeit zurück, ihr soziales Gefühl wäre gekräftigt, der Egoismus verschwände, die wahre Menschenliebe erwache, und das Reich Gottes auf Erden, das lang verheißene, bräche an.

Der Kommissar für Auswärtige Angelegenheiten, Dr. Lipp, waltet seines Amtes, er sendet staatsmännische Depeschen in die Welt, er kennt wirklich den Papst persönlich, denn er telegraphiert an den Nuntius:
»Ich mache es mir zur heiligen Pflicht, die Sicherheit Ihrer verehrlichen Person und des gesamten Instituts der Nuntiatur in München zu garantieren. Glauben Sie an meine Ergebenheit.«
An den bayerischen Gesandten in Berlin telegraphiert er:
»Da das opus primum sed non ultimum des Herrn Preuß über die deutsche Verfassung für Bayern niemals bindendes Gesetz werden kann, weil ich die durch bayerisches Blut bei Wörth und Sedan erworbenen Reservatrechte Bayerns nicht preisgeben darf, ersuche ich Sie, unverzüglich dem Grafen Brockdorff-Rantzau Ihr Abschiedsgesuch einzureichen.«
Unsere Kontrollbeamten im Telegraphenamt lesen kopfschüttelnd die Depeschen, endlich wird es ihnen zu bunt, sie bringen mir die Depesche an den Papst und fragen, ob der Zentralrat die Beförderung zulasse. Ich lese:
»Proletariat Oberbayerns glücklich vereint. Sozialisten plus Unabhängige plus Kommunisten fest als Hammer zusammengeschlossen, mit Bauernbund einig. Liberales Bürgertum als Preußens Agent völlig entwaffnet. Bamberg Sitz des Flüchtlings Hoffmann, welcher aus meinem Ministerium den Abtrittsschlüssel mitgenommen hat. Die preußische Politik, deren Handlanger Hoffmann ist, geht dahin, uns vom Norden, Berlin, Leipzig, Nürnberg abzuschneiden, auch von Frankfurt und vom Essener Kohlengebiet, und uns gleichzeitig bei der Entente als

Bluthunde und Plünderer zu verdächtigen. Dabei triefen die haarigen Gorillahände Gustav Noskes von Blut. Wir erhalten Kohle, und wir erhalten Lebensmittel in reichlichem Maße aus der Schweiz, von Italien. Wir wollen den Frieden für immer. Immanuel Kant ›Vom ewigen Frieden‹ 1795, ›Thesen 2–5‹. Preußen will den Waffenstillstand zur Vorbereitung des Rachekrieges.«
Zweifellos, Lipp ist wahnsinnig geworden. Wir beschließen, ihn sofort in eine Heilanstalt zu überführen. Um Aufsehen in der Öffentlichkeit zu vermeiden, muß er freiwillig seinen Rücktritt erklären.

Im Ministerium des Auswärtigen sind die Zimmer der Sekretärinnen mit roten Nelken geschmückt, Herr Lipp hat sie den Damen als Morgengruß gebracht, dann ist er fortgegangen, niemand weiß wohin, wahrscheinlich entwirft er neue Depeschen. Endlich erreichen wir ihn, er kommt ahnungslos in mein Zimmer im Wittelsbacher Palais. Ich soll ihn zum Rücktritt bewegen.

– Haben Sie schon das Badezimmer des letzten Königs von Bayern gesehen? fragt er mich. Welche Schande. Ich sehe da ein winziges Paddelruder, wundere mich, frage den Lakaien und muß hören, daß Ludwig von Wittelsbach, anstatt zu regieren, stundenlang warme Bäder nahm und zu seinem Vergnügen in der Badewanne paddelte.

Ich kenne das Badezimmer des alten Königs, ich habe über aktuellere Fragen mit Herrn Lipp zu sprechen.

– Haben Sie diese Telegramme aufgegeben?

Sorgfältig liest Lipp die Telegramme. »Ich habe sie sogar mit eigener Hand geschrieben.«

– Sie werden zurücktreten, der Text Ihrer Erklärung ist vorbereitet, seien Sie so freundlich, Ihre Unterschrift darunter zu setzen.

Lipp erhebt sich, zupft an seinem grauen Gehrock, zieht ein Kämmchen aus der Tasche, frisiert mit eleganter Geste seinen Henri-Quatre-Bart, steckt sein Kämmchen wieder in die Tasche, ergreift die Feder, stützt sich einen Moment auf den Schreibtisch und sagt mit trauriger Stimme:

– Was tue ich nicht für die Revolution.

Er unterschreibt das Dokument und geht.

Nachmittags sitzt er wieder im Ministerium, beschenkt die Sekretärinnen und redigiert Telegramme. Samariter entführen ihn von seiner Arbeitsstätte.

Am 9. April abends stürmt in mein Zimmer einer unserer Sektionsführer.
– Die Kommunistische Partei hat in den Betrieben eigene revolutionäre Obleute bestimmt und sie zu einer Versammlung im Mathäserkeller einberufen. Ihr sollt heute nacht gestürzt werden.
Ich schüttle ungläubig den Kopf, hat die Kommunistische Partei nicht vor wenigen Tagen die Schaffung der Räterepublik abgelehnt, hat sie nicht, und mit Recht, ihren frühen Zusammenbruch, die unglückseligen Folgen für die Arbeiterschaft prophezeit, welche neuen politischen Ereignisse bestimmen sie, die Macht zu erobern? Die Lage ist die gleiche wie vor einigen Tagen, eher aussichtsloser. Nur wollte damals die Kommunistische Partei nicht als Minderheit in einer Regierung vertreten sein, sie forderte, obgleich sie die Arbeiterschaft nicht führte, die Führung der Regierung, das Diktat ihres politischen Willens, diesen Machtanspruch hoffte sie jetzt durchzusetzen.

Wie ich in den Matthäserkeller eintrete, spricht Leviné. Die Räterepublik sei eine Scheinräterepublik, die Regierung sei unfähig, man müsse sie stürzen, anstelle des Zentralrats einen neuen Rat wählen, der die Macht übernehmen werde. Die Versammlung stimmt Leviné zu.
Ich melde mich zum Wort, der Vorsitzende will es mir nicht geben, ich wende mich an die Versammlung, sie fordert, daß man mich sprechen lasse. Der Zentralrat, der abgesetzt werden soll, wurde vom Kongreß der Arbeiter-, Bauern- und Soldatenräte Bayerns gewählt, die Delegierten des Landes sind darin vertreten, die Regierung stützt sich auf den Bauernbund, auf weite Kreise der Bauernschaft.
– Wenn ihr heute eure politische Haltung revidiert habt, rufe ich den Kommunisten zu, und glaubt, daß nur die unfähige Regierung an der Verfahrenheit schuld sei, liegt es an euch, durch eure Mitarbeit die Revolution zu retten. Wenn ihr uns stürzt, eine neue Regierung bildet, und die Bauern nicht mittun, was wollt ihr beginnen, wie wollt ihr München ernähren?

– Wir werden es wie in Rußland halten, antwortet Leviné, wir werden den Klassenkampf aufs Dorf tragen, wir werden durch Strafexpeditionen die Bauern zwingen, Korn und Milch zu liefern.
– Diese Strafexpeditionen erzielten nicht einmal in Rußland Erfolge, in Bayern würde solches Beginnen zu völligem Fiasko führen. In Bayern könnt ihr euch nicht auf die Dorfarmut stützen, selbst die niederbayerischen Gütler sind keine russischen Muschiks, der bayerische ist nicht der russische Bauer, er ist bewaffnet, er wird sich wehren, wollt ihr auf die Dörfer ziehen und um jeden Liter Milch eine Schlacht liefern?
Die Versammlung stimmt mir zu.
Wieder spricht ein Kommunist, wieder lassen sich die Obleute umstimmen. Der Sekretär der Kommunistischen Partei soll ins Wittelsbacher Palais gehen, er soll die Regierung verständigen – daß sie gestürzt sei.
Die Versammlung wählt eine neue Regierung, ich kenne, außer den kommunistischen Führern, keins der neuen Mitglieder. Einige werden darum berufen, weil sie das sozialdemokratische Parteibuch haben, denn jetzt ist rühmenswerte Tugend, was bei uns Verbrechen war, die Mitarbeit von Sozialdemokraten. Ob diese Männer fähig oder unfähig sind, ob sie Einfluß in ihrer Partei haben, ist gleichgültig.
Die Versammlung beschließt, in Permanenz zu tagen, sie billigt ein Manifest, das die Arbeiterschaft Münchens zum Generalstreik aufruft und die Entwaffnung der Münchener Regimenter und der Münchener Polizei fordert.
Die neuernannte Regierung verläßt den Saal. Ich muß bleiben, ich bin verhaftet.
Kuriere kommen und gehen, Komitees organisieren sich, Vollmachten werden geschrieben und gestempelt, den Stempel des neuen Rats hatte man vorsorglich schon mitgebracht.
An den Tischen sitzen die Menschen, schläfrige Kellner bringen Bier und Wurst. Leiser werden die Stimmen, müder die Gesten, die Luft hängt schwer und rauchig über den Köpfen.
Um zwei Uhr nachts tost von draußen Lärm, alle Türen knallen auf, Soldaten der republikanischen Schutztruppe stürmen mit erhobenen Revolvern in den Saal. Der Führer der Truppe bahnt

sich durch die Menge einen Weg und springt auf mich zu, ich weiche zurück, er schreit mich an:
– Wir kommen dich befreien!
Die Menge weiß nicht, ob der Überfall ihr gilt oder mir. Da dreht sich der Truppenführer mit schußbereiten Revolvern zur Menge:
– Hände hoch! Verlaßt sofort den Saal! Nach dreimaligem Trommelwirbel wird geschossen!
Schon dröhnt der erste dumpfe Trommelwirbel, die Menge ist von Soldaten zerniert, hundert Gewehrläufe richten sich drohend auf den Saal, einige Arbeiter eilen zu den Fenstern, öffnen sie und springen hinaus, die meisten aber bleiben.
– Schießt, wenn ihr die Courage habt!
Ich packe den Führer.
– Sind Sie wahnsinnig? Widerrufen Sie sofort den Befehl!
– Nein.
– Dann werde ich es tun.
Zitternd vor Wut hält mir der Soldat den Revolver vor die Nase, schon spreche ich zur Versammlung:
– Niemand wird auf euch schießen.
Die Soldaten ziehen ab, ich begleite sie zur Stadtkommandantur.
– Die Truppen wissen, sagt mir der Stadtkommandant, daß man sie entwaffnen will, alle Kasernen sind alarmiert, die Soldaten haben sich verschanzt, beim ersten Versuch der Arbeiter, die Kasernen zu erstürmen, wird scharf geschossen, München wird heute das furchtbarste Blutbad erleben.
Als ich die Stadtkommandantur verlasse, ist es sechs Uhr, ich sehe die ersten Trambahnen, die Straßenbahner sind der Streikparole nicht gefolgt.
Ich fahre zu Maffei und Krupp und spreche in Betriebsversammlungen, die Arbeiter lehnen den Marsch auf die Kasernen ab. Auch die anderen Fabriken folgen nicht der kommunistischen Parole.
Die neue Regierung löst sich auf, einige Stunden später erinnert sich niemand mehr an sie, nicht einmal die Kommunistische Partei.

In München bekämpfen sich die Revolutionäre, in Nordbayern sammelt sich der Gegner. Der Rechtssozialist Schneppenhorst, der vor einer Woche noch seinen Kopf für die Verteidigung der Räterepublik verpfändete, formiert Truppen gegen uns.
Die inneren Kämpfe in München müssen beendet werden. Der Zentralrat fordert die Kommunisten noch einmal auf, jetzt, da die Räterepublik bedroht ist, die Revolution zu verteidigen. Die Kommunistische Partei entsendet Delegierte in den Zentralrat – zu spät.

Die Räterepublik läßt sich nicht halten, die Unzulänglichkeit der Führer, der Widerstand der Kommunistischen Partei, der Abfall der Rechtssozialisten, die Desorganisation der Verwaltung, die zunehmende Knappheit an Lebensmitteln, die Verwirrung bei den Soldaten, alle diese Umstände müssen den Sturz herbeiführen und der sich organisierenden Konterrevolution Kraft und Elan geben.
In meiner politischen Unerfahrenheit wage ich nicht, der Arbeiterschaft die Situation schonungslos darzustellen.
Nichts belastet den politisch Handelnden schuldvoller als Verschweigen, er muß die Wahrheit sagen, sei sie noch so drückend, nur die Wahrheit steigert die Kraft, den Willen, die Vernunft.
Diese Räterepublik war ein Fehler, Fehler muß man eingestehen und ausmerzen. Schon verhandeln Soldatenräte und Rechtssozialisten auf eigene Faust mit der Gegenregierung, wir dürfen keine Zeit verlieren, die Konterrevolution bedroht uns in den eigenen Reihen.

Am Sonnabend, am 12. April, klingelt das Telephon.
– Ist Toller am Telephon? fragt eine Stimme.
– Ja. Wer spricht?
– Das ist gleichgültig, ich will Sie warnen, ein Putsch gegen die Räterepublik bereitet sich vor.
Knacken im Telephon. Auf meine Rufe antwortet niemand. Unsere Lage ist zu bedrohlich, als daß ich diese telephonische Warnung überhören dürfte. Ich alarmiere nachts die Belegschaften der großen Fabriken.
Aus einem vagen Gefühl gehe ich nicht nach Haus, sondern

schlafe in der Wohnung eines Freundes. Morgens weckt mich seine Stimme, er steht am Telephon, er gibt mir ein Zeichen, er wiederholt die Worte, die ihm ein Bekannter, der Rechtsanwalt Kaufmann, sagt:
– Putsch gegen die Räterepublik geglückt ... Truppen der Regierung Hoffmann haben den Bahnhof eingenommen ... alle Mitglieder des Zentralrats sind verhaftet ... Mühsam ... Hagemeister ... Wadler ... nur Toller und Leviné werden noch gesucht, wir sind ihnen schon auf der Spur. Mein Freund hängt den Hörer ein.
Da schrillt die Türklingel.
Mein Freund erschrickt und sieht mich an.
Sie haben mich gefunden, denke ich und suche einen Weg, zu entkommen.
– Zur Flucht ist es zu spät, sagt mein Freund.
Wieder schrillt die Klingel.
– Hinter dem Bücherschrank ist eine kleine Kammer, laß uns rasch den Schrank fortrücken.
Wir tun's, ich verberge mich in der Kammer, mein Freund rückt den Schrank vor die Tür.
Nach einer Weile befreit er mich aus meinem Versteck.
– Du hast Glück, sagt er, zwar ist ein Leutnant da, aber der kommt gerade aus der Türkei und will nichts mehr von der Monarchie wissen, seit Wilhelm nach Holland geflohen ist. Außerdem sucht er keine Sozialisten, sondern eine Frau, und die linke und die rechte Politik sind ihm gleich verhaßt. Wenigstens bringt er Neuigkeiten.
Die Regierung Hoffmann, erzählt der Offizier, habe mit Hilfe einiger Münchener Sozialdemokraten die republikanische Schutztruppe gewonnen, jedem Mann seien 300 Mark versprochen, die Soldaten hätten nachts den Bahnhof und die Regierungsgebäude besetzt, sie beherrschten die Stadt, die Räterepublik habe ein unrühmliches Ende gefunden.

Aber die Arbeiter, zu schwach die Revolution aufzubauen, wollen den Weißen nicht kampflos die Stadt lassen, sie versammeln sich auf der Theresienwiese, die revolutionären Truppen schließen sich ihnen an, die Kämpfe beginnen.

Vor unserem Haus patrouillieren Regierungssoldaten, ich bitte den Offizier, mir seine Uniform zu leihen.
– Mit Vergnügen, antwortet er, ich schenke sie Ihnen mit sämtlichen Orden und Ehrenzeichen. Ich verlange nur einen Gegendienst. Wenn Sie die Macht wiedergewinnen, schenken Sie mir ein Flugzeug, ich will zu den Eskimos fliegen und eine Eskimofrau heiraten und das verdammte Europa vergessen.
– Ein bißchen lang, der Weg.
– Es lohnt sich, sagt er, die europäischen Frauen sind verhinderte Rekruten, ich will eine Frau heiraten und keinen künftigen Unteroffizier.

Ich ziehe mir die Leutnantsuniform an und gehe auf die Straße.
Ich treffe weiße Soldaten, sie grüßen den Leutnant.
Ein Arbeiter, das Gewehr geschultert, begegnet mir.
– Wo wird gekämpft, Genosse?
Der Arbeiter stutzt, sieht mich an, sieht meine Leutnantsuniform, sein Gesicht verzerrt sich:
– Mei Ruah!
– Wo wird gekämpft, Genosse?
Der Arbeiter packt das Gewehr, legt an und läßt es wieder sinken:
– Mach, daß du weiterkommst!
Ich habe vergessen, daß ich Leutnantsuniform trage, ich laufe rasch weiter.

Inzwischen haben die Arbeiter und Soldaten den Bahnhof im Sturm genommen, die weißen Truppen sind auf bereitstehenden Zügen davongedampft.
Nur im Luitpoldgymnasium hält sich noch eine Kompagnie der republikanischen Schutztruppen, die zur Regierung Hoffmann übergegangen war, mit den Kameraden stürme ich das Haus, die Truppen ergeben sich.

In den Stunden, in denen ich an den Kämpfen teilnahm, versammelten sich die Betriebsräte, sie glaubten, alle Mitglieder des alten Zentralrats seien verhaftet und wählten einen neuen Zentralrat, die Kommunisten beherrschen ihn.

Ich gehe zur Stadtkommandantur, wo der neue Rat tagt. Bevor ich etwas sagen kann, werde ich verhaftet. »Jetzt haben wir den König von Südbayern«, ruft Lewien. Mögen die Arbeitermassen einig sein, die Parteiführer bekämpfen sich weiter. Man glaubt, daß ich als Vorsitzender des alten Zentralrats dem neuen gefährlich werden könne, erst nach wortreichem Hin und Her werde ich entlassen.

Die ›Scheinräterepublik‹, wie die Kommunisten sie nannten, ist zugrunde gegangen, die ›wahre‹ Räterepublik beginnt ihr Werk.
Kaum eine Woche ist vergangen, seit die Kommunistische Partei erklärt hat, diese Räterepublik könne nicht lebensfähig sein, die inneren und äußeren Bedingungen fehlten, die Arbeiterschaft sei nicht reif, die Lage im übrigen Deutschland denkbar ungünstig, die Übernahme der Regierung nur ein Dienst für die Reaktion. Der Sieg der Arbeiter wirft alle Bedenken der Kommunisten über den Haufen, der bewaffnete Kampf habe die Einheit des Proletariats geschaffen, im Gegensatz zur Scheinräterepublik sei diese Räterepublik das Werk der Massen, die Kommunistische Partei als revolutionäre Kampfpartei gehöre in diesem Augenblick an die Spitze der Kämpfe, vielleicht lasse sich die Räterepublik so lange halten, bis die kommunistische Revolution auch in Österreich gesiegt habe, und sich ein revolutionärer Block Österreich-Ungarn-Bayern bilden könne.
Kommissionen werden gewählt, sie sollen die rote Armee neu organisieren, die Gegenrevolution bekämpfen, das Finanz- und Wirtschaftswesen aufbauen, die Lebensmittelversorgung regeln. Die Polizei wird aufgelöst, die rote Garde übernimmt den Sicherheitsdienst der Stadt. Der Oberbefehl über die rote Garde wird dem Kommunisten Eglhofer übertragen. Eglhofer war einer der Führer der Kieler Matrosenrevolte im Herbst 1918, man ließ die Matrosen antreten, jeder zehnte, auch Eglhofer, wurde zum Tode verurteilt, später wurde er zu lebenslänglichem Zuchthaus begnadigt, die Novemberrevolution hatte ihn befreit. Organisatorische Fähigkeiten fehlten ihm, so war er auf einen Stab von Mitarbeitern angewiesen, die er wahllos heranzog.
Die erste populäre Handlung der Regierung ist die Beschlag-

nahme der gehamsterten Lebensmittel, es bleibt bei der Beschlagnahme. Die bürgerlichen Zeitungen dürfen nicht mehr erscheinen, zum Regierungsorgan wird das Mitteilungsblatt des Vollzugsrats der Betriebs- und Soldatenräte bestimmt. Die Betriebe arbeiten nicht, der Generalstreik mit unbestimmter Dauer ist verkündet.

In Bamberg hat die Regierung Hoffmann das bayerische Volk zu den Waffen gerufen und von der Reichsregierung in Weimar militärische Hilfe erbeten. Zwei Armeekorps rücken in Nordbayern ein. Die Berliner Zeitungen bringen Schreckensnachrichten über München, der Bahnhof, so heißt es, sei in Trümmer geschossen, in der Ludwigstraße würden die Bürger zusammengetrieben und bildeten lebendige Ziele für die Schießübungen der roten Garde, Gustav Landauer, der der Räteregierung gar nicht mehr angehört, habe den Kommunismus der Frauen eingeführt.
In München ist es ruhig. Das Revolutionstribunal schreckt mehr durch seine Ankündigung als durch Taten, niemand wird zum Tode verurteilt, niemand erschossen, niemand beraubt oder mißhandelt.

Am 15. April abends spricht Leviné in einer Versammlung der Betriebsräte. Mitten in seine Rede tönen Sturmglocken, niemand weiß, wer den Befehl gegeben hat, keiner kennt die Ursachen, Gerüchte schwirren, in der Stadt sei von Bürgern ein Putsch angezettelt.

Vor einem Jahr, als man mich beim Streik verhaftete, weigerte ich mich, die Uniform anzuziehen und Waffen zu tragen. Ich haßte die Gewalt und hatte mir geschworen, Gewalt eher zu leiden als zu tun. Durfte ich jetzt, da die Revolution angegriffen war, diesen Schwur brechen? Ich mußte es tun. Die Arbeiter hatten mir Vertrauen geschenkt, hatten mir Führung und Verantwortung übertragen. Täuschte ich nicht ihr Vertrauen, wenn ich mich jetzt weigerte, sie zu verteidigen, oder gar sie aufrief, der Gewalt zu entsagen? Ich hätte die Möglichkeit blutiger Folgen vorher bedenken müssen und kein Amt annehmen dürfen.

Wer heute auf der Ebene der Politik, im Miteinander ökonomischer und menschlicher Interessen, kämpfen will, muß klar wissen, daß Gesetz und Folgen seines Kampfes von anderen Mächten bestimmt werden als seinen guten Absichten, daß ihm oft Art der Wehr und Gegenwehr aufgezwungen werden, die er als tragisch empfinden muß, an denen er, im tiefen Sinn des Wortes, verbluten kann.

Im Sturmschritt laufen wir zur Kirche, die der Feind besetzt hält. Der Feind meldet sich nicht. Friedlich schweigt die Glocke.
Wieder klingeln wir den Küster heraus.
– Wer hat Ihnen den Befehl zum Sturmläuten gegeben?
– Des wenn i wüßt!
Ein Arbeiter packt den Küster.
– Du Hund! Du hasts mit die Weißen!
– Was mit die Weißen? Woher soll ich jeden damischen Spartakisten kenna? Die Sektion Sendling hat den Befehl zum Läuten gebn.

Im Sektionslokal der Kommunistischen Partei Sendling sagt man uns, der Befehl sei von der Stadtkommandantur gekommen, die Weißen marschierten gegen München, die Arbeiter zögen ihnen entgegen.
Auf der Straße halten wir ein Lastauto an. In einem Gasthaus an der Nymphenburger Straße machen wir halt.
– Wo sind die Weißen?
Niemand weiß es.
In der Schenke sitzen drei Soldaten vom Schweren Reiter-Regiment, trinken ihr Maß und schimpfen auf das schlechte Bier. Die Pferde sind an den Bäumen festgebunden. Ein Soldat gibt mir sein Pferd, die beiden andern begleiten mich.

Bei Karlsfeld erreichen wir Münchener Arbeiter und Soldaten, die spontan, ohne militärische Leitung, die weißen Truppen, die München vom Norden überfallen wollten, zur Umkehr gezwungen und vor sich hergetrieben haben. Nun, da sie den Angriff abgewehrt und die Fühlung mit den weißen Truppen verloren haben, zerfällt die einheitliche Wucht der vorstürmenden Massen, es bilden sich ratlose Gruppen.

Wir reiten auf der Chaussee in der Richtung Dachau weiter. Plötzlich pfeifen Kugeln, mein Pferd scheut.
– Zurück! rufe ich.
Wie ich mich umwende, sehe ich das Pferd des einen Kavalleristen sich aufbäumen, der Reiter, getroffen, stürzt zu Boden. Wir haben den Toten erst am nächsten Morgen bergen können. In seiner Tasche finden wir einen Brief:
»Liebe Mutter, wie geht es Dir? Mir geht es gut, ich sitze hier im Gasthaus und warte auf die Weißen. Sie greifen München an. Ich weiß nicht, was die nächsten Stunden bringen werden. Ich sage mir, lieber ein Tod in Ehren.«

Im Karlsfelder Gasthaus sind die Vertrauensleute der Münchener Arbeiter versammelt.
– Der Toller soll die Führung übernehmen! ruft einer.
– Von einem Geschütz? antworte ich. Ich denke daran, daß ich im Krieg Artillerieunteroffizier war.
– Na, vom Heer, ruft ein alter weißhaariger Krupparbeiter.
Ich sträube mich und versuche zu erklären, daß ein Heerführer andere Fähigkeiten braucht.
– Oana muaß sein Kohlrabi herhalten, sonst gibts an Saustall, und wennst nix vastehst, wirst es lerna, die Hauptsach is, dich kennen wir.
Ich weiß nichts zu erwidern, welche Gründe konnten auch dieses törichte, rührende Vertrauen von Männern, die eben eine aktive, militärisch geführte Truppe besiegt hatten, erschüttern?
So werde ich Heerführer.
In den Reihen der Arbeiter finde ich einige junge Offiziere, die in der alten kaiserlichen Armee gedient haben. Ein ›Generalstab‹ wird gebildet, die Arbeiter werden in Bataillone gegliedert, Stellungen vor Dachau bezogen, der Feind hält Dachau besetzt.
– Ein Generalstab braucht Karten, sagt der Chef der Infanterie, ein neunzehnjähriger Student.

– Recht hat er, sagt ein Bierbrauer, der im Krieg Gefreiter war.

In den frühen Morgenstunden fahre ich mit dem Chef der Infanterie zum Kriegsministerium nach München. Auch die reaktionären Offiziere im Kriegsministerium wußten, daß ein Generalstab Karten braucht, sie haben vorsorglich die Geländekarten von Dachau beiseite geschafft.

Wir fahren nach Karlsfeld zurück. Aus München sind Verstärkungen eingetroffen, fünfhundert Arbeiter aus der Fabrik von Maffei, bewaffnet und militärisch gegliedert.
Vom Kriegskommissar Eglhofer wird mir ein Befehl überbracht.
– Dachau ist sofort mit Artillerie zu bombardieren und zu stürmen.
Ich zögere, diesen Befehl zu befolgen. Die Dachauer Bauern stehen auf unserer Seite, wir müssen unnütze Zerstörung vermeiden, unsere Kräfte organisieren.
Wir stellen den Weißen bis zum Nachmittag dieses Ultimatum:
Zurückführung der weißen Truppen bis hinter die Donaulinie, Freilassung der am 13. April entführten Mitglieder des Zentralrats, Aufhebung der Hungerblockade gegen München.
Denn seit dem zweiten Tag der Räterepublik ist München durch die Bamberger Regierung blockiert. Als die Engländer im Krieg über das deutsche Volk die Hungerblockade verhängten, war man empört, jetzt versucht die Bamberger Regierung, das eigene Volk auszuhungern.

Die Weißen schicken als Parlamentäre einen Oberleutnant und einen Soldatenrat. Wir verhandeln nur mit dem Soldatenrat.
– Kamerad, du kämpfst gegen Kameraden, du gehorchst denen, die dich bedrückt haben, unter denen du gelitten, gegen die du dich im November aufgelehnt hast.
– Und ihr? antwortet er. Was habt ihr aus München gemacht? Ihr mordet und plündert.
– Wer sagt das?
– Unsere Zeitungen schreiben so.

– Willst du dich überzeugen? Du darfst nach München fahren, niemand wird dir etwas tun, du kannst dich umschauen und sehen, daß du belogen wirst.
Der Offizier, wütend und ungeduldig, fährt den Soldatenrat an:
– Keine Antwort! Kein Wort weiter!
– Ach, ihr seid schon wieder soweit!
Der Offizier steht auf, drängt hinaus, der Soldatenrat flüstert mir zu:
– Wir schießen nicht auf euch.
Von zweien unserer Leute begleitet, fahren die Parlamentäre nach Dachau zurück. Nach zwei Stunden hören wir, daß die Bamberger Regierung unsere Bedingungen angenommen habe, nur in einem Punkt gäbe sie nicht nach, die weißen Truppen würden sich bis Pfaffenhofen zurückziehen, die Regierung wolle den Stützpunkt diesseits der Donau nicht aufgeben.

Nachmittags um vier Uhr krachen Geschütze. Haben die Weißen die Vereinbarung gebrochen?
Unsere eigenen Geschütze hatten geschossen, auf Befehl eines unbekannten Soldatenrats.
Einer unserer Parlamentäre kommt von Dachau zurück, der Kommandant habe ihm gedroht, die beiden anderen Parlamentäre an die Wand zu stellen, sie verdienten kein anderes Schicksal, da die rote Armee durch den Bruch des Waffenstillstands ehrlos gehandelt hätte.
Ich trage als Führer der Truppen die Verantwortung für das Leben unserer Leute, ich entschließe mich, im Auto nach Dachau zu fahren und selbst den Vorfall zu klären.

Das Auto erreicht unsere vorderste Linie, ich sehe keine Soldaten. Wir fahren weiter, erreichen die Barrikaden, die die Weißen auf der Chaussee nach Dachau errichtet haben. Sie sind zerstört. Plötzlich wird das Auto von Maschinengewehr- und Infanteriefeuer bestrichen.
– Weiterfahren! rufe ich dem Chauffeur zu.
Ich sehe unsere Truppen in Schützenlinien vormarschieren.
– Wer hat den Befehl gegeben? frage ich einen Zuführer.
– Ein Kurier.

Auf den Gedanken, daß der Vormarsch das Werk eines Provokateurs war, komme ich nicht, erst später erfahre ich, daß der Soldatenrat Wimmer, der bei der Einnahme Münchens mit den weißen Truppen einzog, eigenmächtig, um Verwirrung zu schaffen, Kanonade und Angriff befahl.
Was soll ich tun? Mitten im Gefecht den Rückzugsbefehl geben ist nicht möglich, jetzt heißt es, die vormarschierenden Truppen unterstützen.
Ich fahre nach Karlsfeld zurück, schicke Reserven den Kämpfenden nach und schließe mich einem Trupp an.
Das Feuer von drüben verstärkt sich.
Meine Gruppe zaudert, sie verlangt Artillerie zur Unterstützung, ich weigere mich, den Befehl zu erteilen, springe mit ein paar Freiwilligen vor, die andern folgen, wir erreichen unsere Infanterie, wir stürmen Dachau.

Als das Gefecht einsetzt, stürzen sich die Arbeiter und Arbeiterinnen der Dachauer Munitionsfabrik auf die weißen Soldaten, am entschlossensten sind die Frauen. Sie entwaffnen die Truppen, treiben sie vor sich her und prügeln sie aus dem Dorf hinaus. Der Kommandant der Weißen rettet sich auf einer Lokomotive. Unsere Parlamentäre, deren Erschießung schon befohlen war, retten sich im Durcheinander der Flucht.
Fünf weiße Offiziere und sechsunddreißig Soldaten werden gefangen. Unsere Truppen besetzen die Stadt.
Ich, der ›Sieger von Dachau‹? Die Arbeiter und Soldaten der Räterepublik haben den Sieg erfochten, nicht ihre Führer. Ohne Unterschied der Partei eilten sie herbei, die Revolution zu schützen, auch sozialdemokratische, auch parteilose Arbeiter, sie warteten auf keine Parole, die einheitliche Front der Werktätigen formierte sich in der Tat.

Die Weißen ziehen sich bis nach Pfaffenhofen zurück. Eglhofer sendet einen Kurier, die gefangenen Offiziere sollten sofort vor Standgerichte gestellt und erschossen werden. Ich zerreiße den Befehl, Großmut gegenüber dem besiegten Gegner ist die Tugend der Revolution, glaube ich.
Die gefangenen Soldaten dürfen frei umhergehen, sie werden

verpflegt wie unsere Truppen, es sind irregeleitete Brüder, sie werden die Gerechtigkeit unserer Sache erkennen, sie werden sich überzeugen, daß sie belogen wurden, sie dürfen frei sich entscheiden, ob sie bei uns bleiben oder in die Heimat zurückkehren wollen.
Mögen die Gesetze des Bürgerkriegs noch so brutal sein, ich weiß, die Konterrevolution hat in Berlin rote Gefangene ohne Schonung gemordet, wir kämpfen für eine gerechtere Welt, wir fordern Menschlichkeit, wir müssen menschlich sein.
Die gefangenen Soldaten, die in die Heimat zurückkehrten, kämpften einige Tage später wieder gegen uns.

Wir beziehen in Dachau Quartiere. Im Stab arbeiten frühere Offiziere der kaiserlichen Armee.
Autorität und blinder Gehorsam regierten das kaiserliche Heer, auf Freiwilligkeit und Einsicht soll die rote Armee sich gründen, wir dürfen den alten verhaßten Militarismus nicht übernehmen, der rote Soldat darf keine Maschine sein, er hat erkannt, daß er für seine Sache ficht, sein revolutionärer Wille wird die notwendige Ordnung schaffen.
Ach, der deutsche Arbeiter war zu lange an Gehorsam gewöhnt, er will gehorchen, Brutalität hält er für Stärke, autoritäre Herrengeste für Führertum, Ausschaltung eigener Verantwortlichkeit für Disziplin, vermißt er die gewohnten Ideale, glaubt er, das Chaos breche an.
Soldaten, die vier Jahre lang für die Sache der Monarchie sich blind geopfert, die den Schrecken des Krieges, Hunger und Not ertragen haben, werden, da sie für ihre eigene Sache kämpfen, nach wenigen Tagen unzufrieden, weil die rote Front nicht so gut organisiert ist wie die kaiserliche Kaserne.
Etwa zweitausend Mann haben Dachau gestürmt, nach drei Tagen sind tausend nach München zurückgekehrt. Wir sind gezwungen, die eigenmächtigen Urlauber aufzuhalten, wir müssen Regeln der alten militärischen Disziplin einführen, um die Truppenkadres nicht zu schwächen, wir müssen den Schankwirten verbieten, den Soldaten Alkohol zu verkaufen.
Der Instinkt für Freiheit und Freiwilligkeit ist verschüttet und gebrochen. Jahre wären nötig, um die Laster des Militarismus zu

überwinden. Der alte Staat war stark durch das Untertanentum seiner Bürger, gezüchtet in Schulen, Kasernen, Vereinen, Zeitungen, die neue Gesellschaft kann nur durch freie Menschen aufgebaut werden, Untertanengesinnung untergräbt sie.

Durch den Krieg sind die Menschen verwahrlost, alle, Bürger und Arbeiter, besonders die Jungen.
Eines Abends wird die Tür meines Zimmers aufgerissen, Soldaten tragen auf einer Bahre ein junges Mädchen herein. In kurzen Stößen jappt der Atem, im verstörten Gesicht flackern weit aufgerissene, feuchtglänzende Augen, Bluse und Rock sind zerknüllt und zerfetzt.
Ein Soldat meldet:
– Aus der Fürsorge.
– Aus der Fürsorge?
– Ja, wir haben sie im Massenquartier gefunden.
– In diesem Zustand?
– Mehr als zwanzig Rotgardisten sind drübergegangen.
– Tragt sie ins Lazarett, ich komme mit.
Unterwegs lasse ich mir erzählen. Erst war's einer, der empfahl sie dem nächsten, da wartete der dritte, die andern folgten im sich entfesselnden abgründigen Rausch.
Das Schicksal dieses verwahrlosten Kindes ergreift mich.
Hier sehe ich den Krieg, nackt und brutal, ein Stahlbad hat ihn Wilhelm II. genannt, die deutschen Professoren sagen von ihm, er wecke die moralischen und sittlichen Kräfte des Volkes, bitte, meine Herren, überzeugen Sie sich, aber sagen Sie nicht, die Geschichte beweise die Verworfenheit der Roten, Ihre Helden, wenn sie ehrlich sind, könnten Ihnen von tausend gleichen Episoden des ›großen‹ Krieges berichten.
Auf dem Weg zum Lazarett begegnet mir ein Soldat mit einem zweiten Mädchen, das man gleichfalls in dem Massenquartier aufgetrieben hat. Ich will auch dieses Mädchen zum Arzt führen, da es auf einer Bank sich ausruhen möchte, lasse ich einen Posten zurück. Als ich vom Lazarett zurückkomme, ist der Posten mit dem Mädchen verschwunden.

Die militärische Niederlage hat die Bamberger Regierung moralisch geschwächt. Wir dürfen den weißen Truppen keine Zeit lassen sich zu sammeln, wir sind stark genug, sie über die Donau zurückzudrängen, die Lebensmittelversorgung in München stockt, wir können mit unserm Vormarsch die Hollerdau, ein landwirtschaftlich wichtiges Gebiet, besetzen, dessen Bauern uns freundlich gesinnt sind.
Der Vormarsch wird vom Münchener Generalstab verboten. Die Kommandanten der Dachauer Front sind Unabhängige, die Kommunisten trauen ihnen nicht.

Die weißen Truppen besetzen Augsburg, unsere Truppen sollen die Stadt zurückerobern. Den wichtigen Frontabschnitt bei Dachau zu räumen, halte ich für wahnwitzig, ich versuche, im Münchener Kriegsministerium den Generalstab davon zu überzeugen, Lewien, der politische Kommissar, legt mir einen Plan vor, der mich an die Depeschen des Herrn Lipp erinnert. Die roten Truppen werden nach München zurückgenommen, ein Kordon von etwa hundertfünfzig Mann wird die Stadt ringsum bewachen, diese Wachen sind untereinander und mit dem Kriegsministerium telephonisch verbunden. Wenn eine Wache den Feind sichtet, unterrichtet sie das Kriegsministerium, das Kriegsministerium alarmiert die Arbeiter, vor den Toren Münchens wird die Entscheidungsschlacht ausgetragen.
Ausgeheckt ist dieser Plan von einem früheren Pionier namens Hofer, nach dem Zusammenbruch wird bekannt, daß er als Spitzel im Dienst der weißen Generale arbeitete. Wir wundern uns nicht, daß dieser Mann dem Generalstab angehört, wie leicht ist es, mit den höchsten militärischen Ämtern betraut zu werden. Ein junger Kaufmann wollte nach Brasilien auswandern, er besucht im Kriegsministerium einen Bekannten, der fragt ihn, ob er im Krieg war, der Kaufmann sagt, er war Verpflegungsoffizier, eine halbe Stunde später ist ihm die Leitung der Artillerie übertragen.
Die Nächte sind kalt, unsere Truppen nur dürftig bekleidet, wir brauchen tausend Mäntel, sie sind nicht zu beschaffen, ich spreche im Vollzugsrat über die militärische Desorganisation in München, über die kindischen Pläne des Herrn Hofer, gerate mit Leviné in Konflikt und wende mich an die Betriebsräte.

Dazu hatte ich kein Recht, aber wichtiger als der Dienstweg war mir die Verteidigung der Revolution.

Entscheidenden politischen Einfluß gewinnen einige Russen, einzig darum, weil ihr Paß sie als Sowjetbürger ausweist. Das große Werk der russischen Revolution verleiht jedem dieser Männer magischen Glanz, erfahrene deutsche Kommunisten starren wie geblendet auf sie. Weil Lenin Russe ist, trauen sie ihnen dessen Fähigkeiten zu. Das Wort ›In Rußland haben wir es anders gemacht‹ wirft jeden Beschluß um.
Den gleichen verhängnisvollen Einfluß haben einige Frauen, die ein paar Wochen in Sowjetrußland zu Besuch waren, sie stützen sich auf ihre touristischen Erfahrungen und glauben, weil sie die revolutionäre Wirklichkeit flüchtig sahen, nun damit die Eignung zu strategischen Leiterinnen aller künftigen Revolutionen erworben zu haben. Und Männer, die seit Jahren in der sozialistischen Bewegung arbeiten, beugen sich, ohne zu zögern, mit befremdlicher Freude, ihren Phrasen, ihren Allerweltsrezepten.

München ist von konterrevolutionären Truppen zerniert. Wir stützen uns längst nicht mehr auf Oberbayern, die bayerischen, württembergischen und preußischen Regimenter marschieren von allen Seiten gegen München. Vereinzelte Vorstöße der roten Armee können ihren Vormarsch nicht aufhalten.
Der Bamberger Regierung wird es anfangs nicht leicht, bayerische Freiwillige zum Marsch gegen München zu gewinnen, die Arbeiter weigern sich, auf die Soldaten ist kein Verlaß, selbst die Bauern schließen sich nur spärlich den Freikorps an. Da setzt die Propaganda ein, Schauergeschichten über die Pläne der Münchener Regierung werden verbreitet, den Bauern wollte sie Haus und Vieh rauben, den Bürgern die Sparpfennige wegnehmen, die Familie zerstören, die Priester ermorden, die Klöster plündern. Die Wirkung solcher Propaganda steigert man durch das Versprechen hoher Kampfzulagen.
Die Regierung muß Hilfe vom Reich erbitten, als erste kommen die Württemberger, sie nehmen Lindau und Augsburg und stoßen vom Westen her gegen München vor.

Bald sind die Generale die politischen Herren, die Bamberger Regierung wird ihr Werkzeug.

Etwa hunderttausend Soldaten sind gegen München aufgeboten, wir verfügen über wenige tausend.
Das ist die Frage: sollen wir die militärische Entscheidung herbeiführen, oder dem Kampf ausweichen? Sollen wir zwei Schritte zurückgehen, um später, gesammelter und reifer, einen Schritt vorwärts gehen zu können. Wir haben kein Recht, die Arbeiterschaft zu einem Kampf aufzurufen, der zur sicheren Niederlage, zu sinnlosem Blutvergießen führt. Solange der Gegner nicht weiß, wie schwach wir sind, solange wir noch einen Schein von Macht besitzen, müssen wir für die Arbeiterschaft retten, was zu retten ist.
Auch die Kommunisten wissen, daß unsere Lage unhaltbar ist, aber sie dringen auf militärische Entscheidung, jede Verhandlung mit der Bamberger Regierung sei Verrat, sie erhoffen von der Niederlage mächtige revolutionäre Antriebe, sie glauben, durch die Niederlage werde das Proletariat reifer und aktiver. Aber das Volk hatte allzu viele Niederlagen ertragen. Leiden, Elend und Unterdrückung wirken nur so lange als revolutionäre Antriebe, wie sie im Menschen die Überzeugung wecken, daß seine Lage nicht notwendig sei, und daß er sie zu ändern vermöge. Werden sie zur Gewohnheit oder scheinen sie übermächtige, unüberwindliche Gewalten, wird der Mensch Spielball jedes Scharlatans, der ihm verheißt, das himmlische Reich auf Erden herbeizuzaubern, Söldner und Landsknecht jedes Freibeuters, der ihm das Brot für den nächsten Tag bezahlt.
Ich trete von meinem Amt als Truppenkommandant zurück, ich kann es nicht mehr verantworten, mit dem Vollzugsrat und dem Generalstab, deren Politik ich verwerfe, zusammenzuarbeiten. Die Betriebsräte erfahren nichts über die wahren Vorgänge, es ist gefährlich, länger zu schweigen.

In der Versammlung der Betriebsräte am 26. April steigern sich die Gegensätze zum offenen Konflikt, nach einem Mißtrauensvotum treten Aktionsausschuß und kommunistischer Vollzugsrat zurück, die Betriebsräte bilden aus ihren Reihen eine neue Regie-

rung, aber die Kommunisten fordern die Arbeiter auf, den Anordnungen dieser neuen Regierung nicht zu folgen, die kommunistischen Wachen im Wittelsbacher Palais weigern sich, sie zu schützen.
So amtieren zwei Regierungen in München. Der Kampf der Revolutionäre untereinander wird wütender von Stunde zu Stunde.

Die Verhandlungen mit der Regierung in Bamberg führen zu keinem Ergebnis, die mächtigen Generale wollen keine Verständigung.
Sie hassen Bayern, hier allein war die Republik mächtig, hier allein verteidigte das Volk die Novemberrevolution. Indem man die Räterepublik niederschlug, wollte man die Republik treffen.

Menschenleer sind die Straßen der Stadt am 30. April. Noch verkriechen sich die Bürger in ihren Häusern, noch marschieren kleine Abteilungen von Rotgardisten und bewaffneten Arbeitern durch die Stadt, noch wehen auf dem Wittelsbacher Palais und auf dem Kriegsministerium rote Fahnen, noch läuten wimmernd die Sturmglocken und verscheuchen verängstigte Frauen von Gassen und Märkten. Nur die Kinder freuen sich an den umherjagenden Militärautos, sie ahmen die Großen nach, sie spielen rote Armee, sie besiegen den Feind, sie erobern Städte und machen Gefangene, sie rufen »Hoch die Roten!« und »Nieder die Weißen!«, sie verhaften Konterrevolutionäre und sperren sie triumphierend in Schuppen und Keller. Furchtbar sind diese kindlichen Spiele anzuschauen, furchtbarer ist die Wirklichkeit.
Die rote Garde hat in den letzten Tagen planlos Menschen verhaftet, wir müssen sie befreien, ich telephoniere an die Gefängnisse, die Verzweiflungstaten der Pariser Kommune dürfen sich nicht wiederholen.
Die Parlamentäre, die der Aktionsausschuß zu der Regierung Hoffmann entsandt hat, kehren zurück, die Generale fordern die bedingungslose Übergabe der Stadt und die Auslieferung aller Führer, sie wissen, daß die Betriebsräte diese Bedingungen nicht annehmen können.
Das gegenseitige Mißtrauen in den Reihen der Revolutionäre ist so

groß, daß manche nicht mehr wagen, in ihren Wohnungen zu schlafen, einer sieht im andern den Feind, einer fürchtet, vom andern verhaftet zu werden.

Eine Genossin bringt mir einen Paß, ich solle fliehen, ich zerreiße den Paß.
Bis zuletzt habe ich gehofft, das schreckliche Blutbad werde vermieden, jetzt geht es nicht mehr um Verteidigung oder Rückzug, die Regierung zwingt uns den Kampf auf.
Wir sind gescheitert, alle. Alle begingen Fehler, alle trifft Schuld, alle waren unzulänglich. Die Kommunisten ebenso wie die Unabhängigen. Unser Einsatz war vergebens, das Opfer nutzlos, die Arbeiter vertrauten uns, wie können wir uns jetzt vor ihnen verantworten?
In meiner Verzweiflung gehe ich ins Kriegsministerium, man wird mir erlauben, als Soldat nach Dachau zurückzukehren.
Übernächtig, mit eingefallenem Gesicht und brennenden schlaflosen Augen sitzt Eglhofer im Arbeitszimmer des Kriegsministers. Soldaten kommen und gehen. Immer neue Hiobsposten.
– Augsburg ist von den Weißen genommen.
– Die roten Truppenverbände lösen sich auf.
– Überall bilden sich Bürgerwehren.
– In den Dörfern werden die Rotgardisten von Bauern entwaffnet, verprügelt, erschossen.
Wortlos nimmt Eglhofer die Berichte entgegen, wortlos gibt er mir den Passierschein.
Ich verlasse das Kriegsministerium und gehe von der Schönfeld- zur Ludwigstraße.
– Toller, Toller!
Ich drehe mich um und sehe Eglhofer am Fenster. Er winkt mir, ich gehe zurück in sein Zimmer.
– Du kommst nicht mehr durch nach Dachau, die Truppen sind schon auf dem Rückzug. Bei Karlsfeld stehen die Weißen. Sämtliche Außenstellungen der roten Armee sind zusammengebrochen. Gerade ist die telephonische Meldung gekommen.
Wie wir uns stumm ansehen, stürzt ein Soldat ins Zimmer:
– Die Weißen haben den Münchener Bahnhof erobert.
Schreit's, läuft ins Nebenzimmer, schreit es wieder, läuft auf den

Gang und brüllt die Worte durch die Korridore. Und ehe wir's fassen können, ist das Kriegsministerium leer. Nur Eglhofers Adjutant, ein kaum zwanzigjähriger Matrose, ist ins Zimmer getreten und stellt sich neben Eglhofer. Der setzt seine Mütze auf, steckt einen Revolver in die Tasche, packt zwei Handgranaten, die vor ihm auf dem Schreibtisch liegen.
– Was willst du tun? frage ich.
– Hierbleiben.
Der junge Matrose sagt mit leiser schüchterner Stimme:
– Ich bleibe auch hier, Rudolf.
Das Telephon klingelt.
– Die Meldung war falsch, sagt Eglhofer, die Weißen sind doch nicht in München.
Eglhofers Gegner nannten ihn einen Bluthund, in Wahrheit war er ein sensibler Mensch, den erst das Erlebnis der Kieler Matrosenrevolte hart und mitleidlos gemacht hat.

Abends versammeln sich die Betriebsräte zum letzten Mal, ohnmächtig sehen sie dem Ende entgegen, ihre Macht ist dahin, die Arbeiterschaft zerfallen, die rote Armee in Auflösung, sie fordern das Proletariat Münchens auf, die Waffen niederzulegen, schweigend den Einmarsch der Weißen hinzunehmen – die Revolution ist besiegt.
Da stürzt ein Mann aufs Podium, ruft, daß im Luitpoldgymnasium neun Gefangene erschossen sind, Bürger der Stadt München. Entsetzen packt die Versammlung. Diese Arbeiter, die wissen, daß sie vielleicht morgen schon an die Wand gestellt werden, erheben sich schweigend von ihren Sitzen, wann je haben die Weißen ähnlich auf die Kunde von der Erschießung gefangener Arbeiter geantwortet?
Welche Folgen mag diese Verzweiflungstat haben, Hunderte von Menschen auf unserer Seite werden dafür büßen.

Ich laufe ins Luitpoldgymnasium, die Besatzung hat es schon verlassen. Ein paar junge Burschen finde ich und zwei frühere russische Gefangene, die zur roten Armee übergetreten sind. Ich rate jenen, sich davonzumachen, diesen, sich der Uniform zu entledigen und sich zu verbergen. Den Russen halfen keine Alltagskleider, einen Tag später waren sie vogelfrei, Freiwild jedes tollgewordenen Spießers. Ein Münchener alldeutscher Verleger rühmte sich später in einer christlichen Zeitung, daß sie ihm, vor einer Kiesgrube aufgestellt, als lebendige Schießscheiben gedient hätten. Allein in einem Vorort Münchens wurden mehr als zwanzig Russen getötet. So still und tapfer sie als Soldaten der Revolution gelebt hatten, so still und tapfer standen sie vor den Gewehrläufen des Exekutionspelotons.

Hinter einer verschlossenen Türe höre ich Schreie.

– Da sind noch Gefangene, sagt einer.

– Wo ist der Schlüssel zur Tür?

Niemand weiß es.

Wir rütteln am Schloß, die Tür gibt nicht nach, wir schlagen sie ein.

Das Schreien und Weinen wird greller und trostloser, plötzlich verstummt es. Die Tür bricht auf, drinnen in den Winkeln hokken und knien sechs Menschen in Todesangst.

Da wir ihnen sagen, daß wir nicht gekommen sind, sie zu erschießen, sondern sie zu befreien, wollen sie es nicht glauben.

Wen hat man da gefangen gesetzt? Keine Führer der Konterrevolution, kleine armselige Menschen, ein alter Dienstmann ist darunter, der, weil es regnete, ein Plakat der roten Garde von der Litfaßsäule riß, um es über seinen Karren zu decken, ein Hotelwirt, den ein entlassener Kellner denunziert hat, ein unzufriedener Arbeiter.

Ein Soldat führt mich zu dem Schuppen, in dem die Erschossenen liegen, nicht Geiseln, wie später die Zeitungen lügen, acht waren Mitglieder der völkischen Thule-Gesellschaft, man hatte bei ihnen gefälschte Stempel der Räteregierung gefunden und faksimilierte Unterschriften ihrer Führer. Als die Kunde kam, daß die weißen Truppen jeden gefangenen Rotarmisten, ja selbst Sanitätsmannschaften gnadenlos töten, hatte der Kommandant des Luitpoldgymnasiums ohne Wissen eines verantwortlichen Führers den Befehl zu ihrer Erschießung erteilt. Eine Frau ist unter den Toten, ein jüdischer Maler. Ich zünde ein Streichholz an und sehe im trüben flackernden Licht die unheimlichen Gestalten.

Der Soldat erzählt mir, wie sie gestorben sind, aufrecht und ohne Furcht, einer hat sich eine Zigarette angesteckt und ist mit der Zigarette im Mund an die Mauer gegangen.
Mit der gleichen Tapferkeit werden morgen die Unsern sterben.
Wie ich vor den Toten stehe, denke ich an den Krieg, an den Hexenkessel im Priesterwald, an die zahllos Hingemordeten Europas.
Wann werden die Menschen aufhören, einander zu jagen, zu quälen, zu martern, zu morden?

Ich muß noch in dieser Nacht dafür sorgen, daß die Leichen aus dem Luitpoldgymnasium geschafft werden, ihr Anblick wird Racheorgien der Weißen entfesseln, ich gehe zur chirurgischen Klinik, spreche mit dem Assistenten des Professor Sauerbruch und flehe ihn an, die Leichen sofort abholen zu lassen. Er hat es nicht getan.
Am nächsten Tag, nach dem Sieg der Weißen, erzählen Plakate und Zeitungen, man habe die Leichen verstümmelt aufgefunden, die abgeschnittenen Geschlechtsteile in Kehrichtfässern entdeckt. Als man zwei Tage später die Wahrheit verkündete, in den Fässern hätten Fleischteile geschlachteter Schweine gelegen, niemand sei verstümmelt worden, hatte die erbärmliche Lüge ihre Wirkung getan. Hunderte armer unschuldiger Menschen büßten sie mit unmenschlichen Leiden und grausamem Tod.

In breiten Schwarmreihen ziehen die Weißen in Schwabing ein, die Bürger haben die Fenster geöffnet, sie jubeln, sie überschütten die Soldaten mit Geschenken. Eine Frau in ärmlicher Kleidung läuft auf einen Offizier zu und reicht ihm eine Rose.

Erich Mühsam

Der Revoluzzer

Der deutschen Sozialdemokratie gewidmet

War einmal ein Revoluzzer,
im Zivilstand Lampenputzer;
ging im Revoluzzerschritt
mit den Revoluzzern mit.

Und er schrie: »Ich revolüzze!«
Und die Revoluzzermütze
schob er auf das linke Ohr,
kam sich höchst gefährlich vor.

Doch die Revoluzzer schritten
mitten in der Straßen Mitten,
wo er sonsten unverdrutzt
alle Gaslaternen putzt.

Sie vom Boden zu entfernen,
rupfte man die Gaslaternen
aus dem Straßenpflaster aus,
zwecks des Barrikadenbaus.

Aber unser Revoluzzer
schrie: »Ich bin der Lampenputzer
dieses guten Leuchtelichts.
Bitte, bitte, tut ihm nichts!

Wenn wir ihn' das Licht ausdrehen,
kann kein Bürger nichts mehr sehen.
Laßt die Lampen stehn, ich bitt! –
Denn sonst spiel ich nicht mehr mit!«

Doch die Revoluzzer lachten,
und die Gaslaternen krachten,

und der Lampenputzer schlich
fort und weinte bitterlich.

Dann ist er zu Haus geblieben
und hat dort ein Buch geschrieben:
nämlich, wie man revoluzzt
und dabei doch Lampen putzt.

Lion Feuchtwanger

Cajetan Lechners rauhester Tag

Der Altmöbelhändler Cajetan Lechner saß im Kapuzinerbräu, als dort die Revolution ausbrach. Hörte mit an den historischen Schuß, die Rede Kutzners, schaute mit eigenen Augen, wie der Führer und der Staatskommissar Hand in Hand auf dem Podium standen. Das Herz ging ihm auf. Schon sah er wieder das Schrankerl in deutschem, in seinem Besitz, träumte schon das gelbe Haus befreit von seinem fremdrassigen Räuber. Gewaltig in das blaugewürfelte Taschentuch schneuzte er, mächtig aus dem kropfigen Hals schrie er Heil. Viele Krüge Bieres leerte er. Nur eines wurmte ihn in dieser historischen Nacht: daß er seinen Photographenapparat nicht mit hatte, daß er nicht für die Nachwelt in einem künstlerischen Bild hatte festhalten können den grauen Tonkrug, aus dem der Führer sich stärkte nach der Verkündigung der nationalen Einheit, oder die beiden Hände, des Kutzners und des Flaucher, wie sie vereint lagen im Treuschwur.
Die Nacht rückte vor. Von außen immerzu der Trommelwirbel anziehender Truppen. Ordonnanzen und Kellnerinnen mit Orders und Bier. Allmählich wurde der Alte müde. Aber er ging nicht nach Haus, er schlief, zusammen mit vielen andern, im großen Saal des Kapuzinerbräus, der als Heerlager hergerichtet war.
Nicht aber schliefen die Führer. Sie wachten, sie regierten. Im ersten Stock hatte Kutzner sein Oberkommando aufgeschlagen. Alles war gut abgelaufen, es war auch ohne den Klenk gegangen, er hatte die Miesmacher strahlend widerlegt. Er arbeitete, erließ

Aufrufe, verkündete das Standrecht, die Einsetzung eines nationalen Staatstribunals.
In der Stadt unterdes feierten die Wahrhaft Deutschen ihren leichten Sieg. Verwüsteten das Gebäude der verhaßten Linkszeitung, plünderten es aus, zerschlugen die Maschinen, die Setzkästen, schmissen johlend die Büsten der Sozialistenführer zum Fenster hinaus. Verhafteten an Hand einer schwarzen Liste Parteifeinde aller Art, Abgeordnete und Stadträte der Linken, Juden in gehobener Stellung. Schleppten die Gefangenen herum, unterhielten sie durch langsame, umständliche Erwägungen, wo und wie man sie am besten erledige, ob durch Hängen an diesem Baum oder an jenen Laternenpfahl, ob durch Erschießen an dieser Mauer oder an jenem Sandhaufen. Besonders Mißliebige wurden gröblich mißhandelt, bespuckt, ihrer Kleidung beraubt. Man hielt Kriegsrat über sie, führte sie mit vorgehaltenen Maschinenpistolen in ein Gehölz, eröffnete ihnen, jetzt sei es soweit.
Kutzner und Vesemann, im provisorischen Oberkommando, erließen noch immer Aufrufe. Die Nacht rückte vor, gewisse Nachrichten aus den Kasernen, die längst da sein mußten, wollten nicht eintreffen. Man telefonierte nach Flaucher, nach dem Landeskommandanten, schickte Kuriere, ersuchte, forderte, befahl. Die Herren blieben verschwunden. Ein Gerücht kam auf von einem Rundtelegramm Flauchers, er lehne den Putsch ab, erklärte die mit Waffengewalt erpreßte Stellungnahme für ungültig. Andere Meldungen kamen, die Reichswehr stehe hinter Flaucher, auswärtige Polizei, auswärtiges Militär sei im Anmarsch. Kutzner wollte die Gerüchte nicht wahrhaben, erklärte hochfahrend, er sei bereit, zu kämpfen und zu sterben. Allein das war eine Geste. Seine innere Freude entwich wie Luft aus einem angestochenen Reifen. Die alte Lähmung war wieder da, die peinliche Erinnerung an das Abendessen in der Rumfordstraße, an das Geflenn und Geschrei seiner Mutter.
Im Hauptsaal der Möbelhändler Cajetan Lechner schlief nicht gut. Der Raum war voll Rauch, roch nach Menschen und Bier. Der Morgen kam herauf, die alten Knochen taten weh. Aber dann kriegte er Kaffee und ein Gewehr. Seine Zuversicht hob sich, sein Humor war wieder da. Es wurde acht Uhr, zehn Uhr,

man wartete, es gab Bier und Weißwürste. Endlich hieß es, jetzt sei es soweit. Aufgeht's. Antreten zu einem Demonstrationszug, Richtung Zentrum, Marienplatz.
Der Gauleiter Erich Bornhaak hatte den Demonstrationszug vorgeschlagen. Es war Blödsinn, hier untätig herumzuhocken, sich auf die Eroberung des Kapuzinerbräus zu beschränken, sich von Flaucher den Weg vorschreiben zu lassen. Ob der nun umgefallen war oder nicht, ob die Möglichkeit bestand, ihn, war er umgefallen, zu einem zweiten Umfall zu bewegen, das war piepe. Begeisterung war in der Stadt, ein großer Teil der Reichswehr stand zu ihnen, auch gegen die Vorgesetzten. Ein Demonstrationszug, selbst gegen Flaucher, wird bald erweisen, woran man ist.
Es war ein ansehnlicher Zug, bestehend freilich zumeist aus sehr jungen Leuten. Kutzner und Vesemann schritten voran, beide in Zivil, flankiert von Soldaten mit aufgepflanztem Seitengewehr. Man marschierte in Zwölferreihen. Cajetan Lechner war in der vierzehnten Reihe. Er nahm sich wunderlich aus mit seinem weißlichen Schnauzbart, dem mächtigen Kropf, den angegrauten Koteletten unter diesen strammen jungen Leuten: aber er stellte seinen Mann. Man hatte Kaffee im Leib, auch Bier und Würste, man marschierte, an der Spitze Vesemann und der Führer, und indem man marschierte, siegte man. Heute eroberte man München, morgen Bayern, in einer Woche das Reich, in einem Monat die Welt. Am Straßenrand standen Leute, winkten, schrien Heil. Eine erkannte Cajetan Lechner ganz genau, das war die Hofrätin Beradt, die Alte aus dem Prozeß Krüger. Sie verteilte Astern und Zigarren, und bei ihr ging es ganz wild auf mit Heil und Hurra.
An der Ludwigsbrücke stand Polizei. Es waren schäbige zwölf Mann. Auf den Pfiff eines Offiziers warfen sich die ersten zwei Reihen der Wahrhaft Deutschen auf die Polizisten, spuckten sie an, entwaffneten sie, überwältigten sie, führten sie ab. Der alte Lechner schaute angeregt; so also war das, wenn man siegte. Geschwellt marschierte er weiter, der inneren Stadt zu. Zweibrükkenstraße, Theatinerstraße, Marienplatz. An den Mauern die Anschläge der neuen nationalen Regierung sind heruntergerissen. Neben ihren Resten kleben andere Plakate, Proklamationen Flauchers: in seiner Hand ruhe die gesamte vollziehende Macht

des bayerischen Staates; wer sich Kutzner und Vesemann anschließe, werde als Hochverräter behandelt. Herunter mit den Sauplakaten. Wahrscheinlich ist es nur ein jüdischer Dreh. Weiter. Perusastraße, zur Residenz, zur Feldherrnhalle.
Was? In der Residenz liegt Landespolizei? Will absperren? Das wäre ja noch schöner. Die kämen uns recht, die Bazi, die elendigen. Man staut sich, schreit, fuchtelt. Der Altmöbelhändler Lechner kann nicht recht erkennen, was eigentlich los ist. Soviel sieht er: um die Feldherrnhalle herum kommt Reichswehr. Gehört sie zu uns oder zu den andern?
Ein Knattern. Die schießen ja. Wer schießt? Einige fallen um. Jesus Marie und Josef, hat es die gerissen? Einer, wie er umfällt, drückt den Bauch hoch wie bei einer gymnastischen Übung. Auch die andern, denen offenbar nichts geschehen ist, schmeißen sich hin. Er selber, der alte Lechner, schmeißt sich hin, einfach in den Dreck, trotzdem er seinen schönen Rock anhat.
Ein Fuchs, auf der Flucht, in höchster Todesgefahr, das hat man mehrmals beobachtet, beißt unterwegs schnell noch eine Gans tot und schleppt sie mit. Der alte Lechner, wie er in der Residenzstraße an der Feldherrnhalle im Dreck liegt und mit nie erlebter Anspannung alle seine Gedanken darauf richtet, aus der Gefahr herauszukommen, ringsum äugend, was geschieht und wie sich die andern anstellen, findet Zeit, einige allgemeine und einige besondere Beobachtungen zu machen. So ist das also, mein Lieber, mit Krieg und Schlacht und Vorstürmen, mit Vaterland und Revolution. Verflucht ungemütlich, Herr Nachbar. Eine Sauerei, Herr Nachbar. Er sieht das graue Auto des Führers, wie es umdreht, wie es mit Vollgas, rücksichtslos, durch die dichten Menschen davonfährt. Wie gern säße er darin. Es kommen noch ein paar Schüsse. Er sieht, vom Boden aus schräghinauf lusend, wie die Kugeln an der Mauer zerspritzen. Schad, daß er seinen Apparat nicht dabei hat. Einige richten sich hoch, laufen fort, geduckt. Trampeln über ihn weg. Herrschaftseiten, das war sein Arm. Schießen die weiter, die Saubazi? Eine Mauer her. An der Mauer zerspritzen die Kugeln. Er möchte hinter so eine gute, steinerne Mauer, durch die die Kugeln nicht durchkönnen. Jetzt ist schon wieder einer auf seinem Rücken. Hundskruppel, saugrober. Das ist doch keine Art nicht. Eine Kugel kommt geflo-

gen, gilt sie mir oder gilt sie dir? Gescherter Rammel. Er schnauft, es wird ihm weh und weich am ganzen Leib.
Er will da fort. Er wird jetzt einfach fortlaufen. Es scheint stiller, es hat ganz kurz gedauert. Rings um ihn die meisten stehen auf, äugend, laufen, verdrücken sich. Es ist schon ganz leer um ihn. Der Boden ist bedeckt mit Waffen. Herrgottsakra, hier treten sie ihn noch zu Tod. Er richtet sich hoch, auch er. Schon schiebt es ihn mit, reißt es ihn mit in eine Seitenstraße.
Hier, Gott sei Dank, ist es still, hier fliegt nichts herein, hier ist es gut. Jetzt merkt er erst, wie schwach er ist, weich und weh und überall wie aus Watte.
Die Schießerei hat keine zwei Minuten gedauert. Von den ersten Kugeln der Reichswehr war der ganze Zug zerstoben. Nicht allen aber war das gut hinausgegangen wie dem Cajetan Lechner, nicht alle waren zerstoben; viele Verwundete lagen, achtzehn Tote auf dem Odeonsplatz.
Unter ihnen zum Beispiel der Gymnasiallehrer Feichtinger. Er hatte mitgeholfen, den Mann Krüger zu verurteilen. Dann hatte er zwei blaue Hefte benötigt, war, um sie zu kaufen, erst am Isartorplatz umgestiegen statt am Stachus, war bestraft worden, hatte sich erbittert dem Kutzner angeschlossen. Nun lag er vor der Feldherrnhalle. Er war sein Leben lang stolz darauf gewesen, daß ihm die Brillengläser nie zerbrochen waren. Sie waren auch jetzt unversehrt; aber der Gymnasiallehrer Feichtinger war tot.
Einer der Führer auch lag unter den Erschossenen. Der Windige hatte mehr Kugeln pfeifen gehört als die meisten im Zug; sie machten ihn nicht nervös, er wußte, wie man sich am besten davor schützt. Drei Jahre lang war er an Punkten der Erde gewesen, wo es Kugeln gab wie Regentropfen; jetzt, hier, auf dem gemächlichen Odeonsplatz, hatte es ihn ereilt. Da lag er, zu Füßen der fragwürdigen Feldherrn, blutlos die eben noch sehr roten Lippen, keine Augenweide mehr.
Der Altmöbelhändler Cajetan Lechner stand in seiner Seitenstraße. Er zitterte, er war sakrisch erschöpft: aber er lebte. Vor ihm, neben ihm drückten Menschen in ihn hinein, preßten. Er stand gepreßt an eine mächtige Haustür, eine breitflügelige. Da wird nichts zu machen sein, die ist bestimmt abgesperrt. Trotz-

dem, mühselig, griff er nach der Klinke, suchte, drückte gegen die Klinke. Siehe, ein Teil der Tür öffnete sich. Er war in einem weiten, hellen Hausgang. Gleich wieder schloß er die Tür, mechanisch. Es war besser, wenn da nicht zu viele mit hereinschwappten.

Es war eine gute Tür, die wohl keine Kugel durchließ. Wenn nur nicht das Gewehr so merkwürdig an ihm herumbaumelte. Er möchte das Gewehr los sein, ums Leben gern. Dann wäre er die ganze Sache los und hätte mit den Kugeln nichts zu schaffen. Er tappte die niedrigen Steinstufen hinauf, zum ersten Stock. Dort war ein Schild: Dr. Heinrich Baum, Dr. Siegfried Ginsburger, Rechtsanwälte. Er läutete. Er hoffte nicht, daß man öffnen werde. Aber schau an, die Tür klinkte auf. Ein Fräulein fragte ihn, was er suche. Er antwortete mechanisch, er wolle zum Herrn Rechtsanwalt. Man ließ ihn ein. Ein jüngerer, hagerer Mensch mit nicht unguten, bebrillten Augen fragte ihn, was er wünsche. Cajetan Lechner sagte: »Ja mein, ja mein.« Er nahm das baumelnde Gewehr von der Schulter, lehnte es an ein Aktengestell. Es wollte nicht stehen. Er hielt es auf der einen Seite, auf der andern, behutsam; er dachte, wenn es falle und scheppere, dann sei es ganz aus. Schließlich, leise, sehr vorsichtig, legte er es quer über den Schreibtisch. Dann sagte er: »Herr Doktor, ich hätte eine Bitte. Dürfte ich austreten?« Der Anwalt zeigte ihm selber den Weg.

Cajetan Lechner, die Tür hinter sich verriegelnd, atmete auf. Das war ein hartes Rennen gewesen, aber er hatte es gemacht, und jetzt war er in Sicherheit. Er hockte da, atmete. Dann, ruhiger geworden, säuberte er sich umständlich. Das war eine schwere Arbeit, und sie gelang nicht restlos; denn er hatte sich übel bekleckert.

Er blieb lange in der guten Sicherheit hinter der versperrten Tür. Umständlich, mit noch zitternden Gliedern, zog er sich wieder an. Dann nahm er die Binde mit dem indischen Fruchtbarkeitsemblem vom Ärmel, warf sie in die Schüssel, zog die Spülvorrichtung. Die Binde wollte nicht hinunter. Er nahm eine Art Besen und stopfte sie vollends hinein. Dann, befriedigt, setzte er sich noch eine Minute. Endlich, leise aufseufzend, verließ er den Raum.

Er wollte sich drücken; aber das Schreibfräulein führte ihn von neuem zu dem Anwalt. »Was wünschen Sie?« fragte freundlich der bebrillte Herr. »Eigentlich nichts weiter«, sagte Cajetan Lechner. »Nichts für ungut, Herr Doktor«, sagte er zutunlich, »was bin ich schuldig?« – »Nichts«, sagte der Anwalt. »Nur: was soll ich mit dem Gewehr?« fragte er. Cajetan Lechner zuckte die Schultern. »Wollen Sie es nicht mitnehmen?« fragte der Anwalt. »Nein, nein«, sagte mit entsetzter Abwehr Cajetan Lechner.
Der Anwalt trat ans Fenster. Von der Straße kam nur noch wenig Lärm. Cajetan Lechner hockte da, schweigend. Es war ein großer, kahler Raum; doch er gefiel ihm besser als irgendein andrer Raum, den er kannte, und er wollte möglichst lang bleiben. »Jetzt, scheint es, schießen sie nicht mehr«, sagte am Fenster der Anwalt und wandte sich langsam um. Der alte Lechner stand schwerfällig auf. »Also dann geh ich halt«, sagte er. »Dann sage ich halt: Vergelt's Gott.« Er schob sich hinaus. Vor der Tür stand er lange und schaute das weiße Schild an mit den schwarzen Buchstaben: Dr. Heinrich Baum, Dr. Siegfried Ginsburger. Das sind Juden, stellte er fest.
Auf der Straße war es unfreundlich, kalt. Dem Cajetan Lechner war noch immer, als baumle ihm das verflixte Gewehr um die Schulter. Er fühlte sich schwach in den Gliedern, hatte Hunger, das Bedürfnis, sich richtig zu waschen. Aber er hatte eine große Scheu davor, nach Hause zu gehen an den Unteranger. Auch in kein Restaurant traute er sich; ihm war, jeder müßte ihm ansehen, wie übel er sich bekleckert hatte. Er strich durch die Straßen, erschöpft. Gelangte schließlich in die Isarauen. Ging immer weiter. Harlaching, die Menterschwaige. Schlank und hoch spannte sich die Großhesseloher Brücke. Er setzte sich auf eine Bank, schaute auf den Fluß, der graugrün und unabänderlich vorüberrollte. Er hatte ernstlich gehofft, durch den Kutzner das gelbe Haus zu kriegen und vielleicht auch wieder das Schrankerl. Jetzt hatte sich der Kutzner als ein Narr und ein Schisser erwiesen und er selber auch nicht als bayrischer Löwe, und er war keineswegs hochgekommen, sondern auf diese Bank. Die Großhesseloher Brücke zog ihn an. Sie war sehr hoch, ein beliebtes Ziel aller Selbstmörder, von ihr sprang sich's tief und sicher. Von ihr waren zahllose Dienstmädchen aus ihrem Liebeskummer,

zahlreiche verelendete Drei-Quartel-Privatiers aus ihrem Hunger und Gewurstel für immer herausgesprungen. Wenn es Sommer wäre, dachte der Cajetan Lechner, dann könnte man schön kommod ins Wasser gehen: so muß man springen. Denn plötzlich war er fest entschlossen, seinem versauten Leben ein Ende zu machen. Gestern, wird es in der Zeitung heißen, sprang der geachtete Altmöbelhändler Cajetan Lechner von der Großhesseloher Brücke in die Isar. Die Schande trieb ihn in den Tod.
Müd und steif schleppte er sich auf die Brücke. Kinder spielten dort, Lausbuben, so zwölf- oder vierzehnjährige, sie spielten Kutzner und Flaucher. Der alte Cajetan Lechner schwang sich mit krachenden Knochen auf das Brückengeländer. Es war kalt. Ein heftiger Husten überkam ihn, er zog sein blaugewürfeltes Taschentuch, schneuzte sich. Die Buben waren aufmerksam geworden. »Da kommt her«, schrie einer, »da springt einer ab, das wird fein.« Sie sammelten sich um den alten Lechner, erwartungsvoll, ihn durch wohlwollende Zurufe anfeuernd.
Cajetan Lechner hockte auf dem Brückengeländer, die Knaben störten ihn. Wenn die so damisch herstierten, da konnte eines nicht auf einen vernünftigen, weihevollen letzten Gedanken kommen. »Fahrt ab, Saububen, dreckige«, sagte er. Aber die dachten gar nicht daran. Sie debattierten, wie hoch die Brücke sei, und ob einer da schon durch den Luftdruck getötet werde oder erst unten zerschmettere. Sie hatten ähnliches im Film gesehen, sie waren sachverständig und sehr gespannt auf die Wirklichkeit.
Der alte Lechner hockte auf seinem Geländer. Es war verflucht kalt, die Füße waren ihm ganz steif, da kriegte man ja das Reißen. Eigentlich war ihm die Stimmung vergangen. Doch er genierte sich vor den Buben, so unverrichteterdinge wieder herunterzusteigen. Sie hatten ganz recht, er war ein Unwürdiger, es gehörte sich, daß er da hinuntersprang. Er suchte sich anzufeuern, sich seinen ganzen Jammer vorstellend. Die Buben schimpften, daß er sie solang warten ließ. Aber der Appetit war ihm ebenso rasch vergangen, wie er ihm angeflogen war. Da half kein Anfeuern mehr; wenn eines nicht in Stimmung ist, dann kann man nicht verlangen, daß man da hinunterspringt. Grimmig aus seinen wasserblauen Augen schaute er auf die Knaben, stieg umständ-

lich herunter vom Geländer, schimpfte: »Rotzbuben, dreckige, gescherte Lackel, Saubagage, damische«, trollte sich. »Schisser, Hundskrüppel, elendiger«, derbleckten ihn die Buben zurück.
Er schleppte sich wieder zur Bank, todmüde, als müßte er jeden Knochen einzeln vor sich her tragen. Hinter ihm klang es noch immer: »Alter Saubartel, Hundskrüppel, dappiger, Lahmarsch, trauriger.« Er möchte gerne länger ausruhen, trotz der Hundsbuben. Allein wenn er auf der Bank sitzenbleibt, dann erkältet er sich auf den Tod.
Er ging zurück zur Stadt. Jetzt waren überall die Plakate Kutzners abgerissen, nur mehr die Plakate der Regierung klebten. Er stellte sich vor solch einen Anschlag, las, ohne zu begreifen. »Der Schuft von einem Flaucher, der Verräter, der Hundling«, schimpften die Leute. »Ja, ja«, sagte Cajetan Lechner. Wenn einer ihn anschaute, glaubte er, er schaue schief, rieche ihm seine Schande an.
Schließlich, getrieben von Schwäche, traute er sich doch in eine Wirtschaft. Er aß eine Leberknödelsuppe. Erst aß er mechanisch, gierig, aber dann schmeckte es ihm, und er bestellte eine saure Lunge, und hernach bestellte er einen Kalbsbraten. Dazu trank er ein Bier, und noch eins, und dann trank er Kaffee. Er saß lange in der rauchigen Wirtschaft, es war warm, er dunstete aus. Das war ein böser Tag gewesen. Das Schrankerl hin, das gelbe Haus hin, die Ehre hin. Unwürdig war er, so benahm man sich nicht als Hausbesitzer und Vizepräsident der Grüabigen.
Aber es war doch gut, hier zu hocken. Wie die Kugeln an der Mauer zerspritzten, das war scheußlich gewesen. Jetzt hatte er einen Kalbsbraten und eine saure Lunge im Magen, und sein Gewehr war er auch los und die Armbinde, und jetzt geht er ins Volksbad und badet.
Er zahlte und gab ein reichliches Trinkgeld. In der Trambahn, auf der Fahrt zum Volksbad, schauten sie ihn schon wieder so an. Dann lag er in der Wanne. Er blickte träumerisch auf die Inschrift, daß man nach fünfundvierzig Minuten die Badezelle wieder verlassen haben müsse und daß der Friseur im Hause sich auch für Fußpflege empfehle. Schade, daß man nur so kurz in der Wanne bleiben durfte. Der Lechner hatte das Gefühl, als spüle er mit jeder Minute mehr von dieser damischen Revolution und von

seinem unwürdigen Revolutionsadam fort. Aber er mußte bald heraus aus der blaßblauen Wanne und wieder in seine beschmutzten Kleider.
Seufzend fuhr er nach Haus. Wenn man die Kinder brauchte, dann waren sie nicht da: heute, wo er die Wohnung leer hoffte, da hockte natürlich die Anni und wartete auf ihn. Sie hatte eine Mordsangst ausgestanden. Es hatte so viele Tote und Verwundete gesetzt, sie wußte, er war dabeigewesen, und er war die ganze Nacht und den ganzen Tag nicht nach Haus gekommen.
Er hatte für ihre Fragerei ein nichtssagendes, mürrisches Gebrabbel. Verlangte ins Bett; er fürchtete das Reißen oder wenigstens einen starken Schnupfen, sie solle ihm einen Fliedertee machen. Hastig, während sie ihm den Tee zubereitete, zog er sich aus, suchte die Wäsche vor ihr zu verstecken. Sie brachte ihm eine Wärmflasche und das heiße Getränk. Er schwitzte, brummte, fühlte sich wohl. Aber ganz ausschwitzen konnte er seine Unwürdigkeit und Schande nicht. Soll ihn der Hautseneder frotzeln: er hat keine Lust mehr, Hausbesitzer zu sein. Nie mehr wird er vergessen, wie es ihm weich und weh um den Leib war. Er wird sich nicht mehr einmischen in die Händel der Großkopfigen. Ein solcher wie er muß froh sein, wenn sie ihm sein Bier, seine saure Lunge und seine Ruh lassen. Er wird sich überwinden und wird ohne ein Wort zuschauen, wie in Zukunft bei den Grüabigen ein anderer den Vize macht.

Oskar Maria Graf

»Verbrennt mich!«

Ein Protest

Wien, den 12. 5. 1933

Wie fast alle linksgerichteten, entschieden sozialistischen Geistigen in Deutschland habe auch ich etliche Segnungen des neuen Regimes zu spüren bekommen: Während meiner zufälligen Abwesenheit aus München erschien die Polizei in meiner dortigen Wohnung, um mich zu verhaften. Sie beschlagnahmte einen gro-

ßen Teil unwiederbringlicher Manuskripte, mühsam zusammengetragenes Quellenstudienmaterial, meine sämtlichen Geschäftspapiere und einen großen Teil meiner Bücher. Das alles harrt nun der wahrscheinlichen Verbrennung. Ich habe also mein Heim, meine Arbeit und – was vielleicht am schlimmsten ist – die heimatliche Erde verlassen müssen, um dem Konzentrationslager zu entgehen.
Die schönste Überraschung aber ist mir erst jetzt zuteil geworden: Laut »Berliner Börsencourier« stehe ich auf der *weißen* Autorenliste des neuen Deutschland und alle meine Bücher, mit Ausnahme meines Hauptwerkes *Wir sind Gefangene*, werden *empfohlen!* Ich bin also dazu berufen, einer der Exponenten des »neuen« deutschen Geistes zu sein!
Vergebens frage ich mich, womit ich diese Schmach verdient habe.
Das Dritte Reich hat fast das ganze deutsche Schrifttum von Bedeutung ausgestoßen, hat sich losgesagt von der wirklichen deutschen Dichtung, hat die größte Zahl ihrer [seiner] wesentlichsten Schriftsteller ins Exil gejagt und das Erscheinen ihrer Werke in Deutschland unmöglich gemacht. Die Ahnungslosigkeit einiger wichtigtuerischer Konjunkturschreiber und der hemmungslose Vandalismus der augenblicklich herrschenden Gewalthaber versuchen all das, was von unserer Dichtung und Kunst Weltgeltung hat, auszurotten, und den Begriff »deutsch« durch engstirnigsten Nationalismus zu ersetzen. Ein Nationalismus, auf dessen Eingebung selbst die geringste freiheitliche Regung unterdrückt wird, ein Nationalismus, auf dessen Befehl alle meine aufrechten sozialistischen Genossen verfolgt, eingekerkert, gefoltert, ermordet oder aus Verzweiflung in den Freitod getrieben werden!
Und die Vertreter dieses barbarischen Nationalismus, der mit Deutschsein nichts, aber auch gar nichts zu tun hat, unterstehen sich, mich als einen ihrer »Geistigen« zu beanspruchen, mich auf ihre sogenannte weiße Liste zu setzen, die vor dem Weltgewissen nur eine schwarze Liste sein kann!
Diese Unehre habe ich nicht verdient!
Nach meinem ganzen Leben und nach meinem ganzen Schreiben habe ich das Recht, zu verlangen, daß meine Bücher der reinen

Flamme des Scheiterhaufens überantwortet werden und nicht in die blutigen Hände und die verdorbenen Hirne der braunen Mordbanden gelangen!
Verbrennt die Werke des deutschen Geistes! Er selbst wird unauslöschlich sein, wie eure Schmach!
(Alle anständigen Zeitungen werden um Abdruck dieses Protestes ersucht. Oskar Maria Graf)

Veröffentlicht in: »Arbeiter-Zeitung« (Wien), 12.5.1933, nachgedruckt in zahlreichen Zeitungen des Auslands, deutsch und in Übersetzungen.

Bertolt Brecht

Die Bücherverbrennung

Als das Regime befahl, Bücher mit schädlichem Wissen
Öffentlich zu verbrennen, und allenthalben
Ochsen gezwungen wurden, Karren mit Büchern
Zu den Scheiterhaufen zu ziehen, entdeckte
Ein verjagter Dichter, einer der besten, die Liste der
Verbrannten studierend, entsetzt, daß seine
Bücher vergessen waren. Er eilte zum Schreibtisch
Zornbeflügelt, und schrieb einen Brief an die Machthaber.
Verbrennt mich! schrieb er mit fliegender Feder, verbrennt mich!
Tut mir das nicht an! Laßt mich nicht übrig! Habe ich nicht
Immer die Wahrheit berichtet in meinen Büchern? Und jetzt
Werd ich von euch wie ein Lügner behandelt! Ich befehle euch:
Verbrennt mich!

Albrecht Haushofer

Heimat

Man hat mich über meine Flucht befragt,
warum ich nicht den Weg zum Rhein genommen,

zur nahen Schweiz, den jungen Strom durchschwommen,
bevor man gründlich erst nach mir gejagt.

Ich wollte nicht aus meiner Heimat gehn.
Sie schien mir lange guten Schutz zu gönnen.
Dann hat auch sie mich nicht mehr bergen können,
ich werde lebend kaum sie wiedersehn.

Doch bleibt es tröstlich, ihrer Berge Mauern
im Hintergrund von Alm und Hof zu wissen,
muß ich auch selbst den Gipfelhauch vermissen.

Die silbergrauen Wände werden dauern,
ob sie der Mensch durchklettert oder flieht,
bis neues Eis die Felsen rings umzieht.

Schuld

Ich trage leicht an dem, was das Gericht
mir Schuld benennen wird: an Plan und Sorgen.
Verbrecher wär' ich, hätt' ich für das Morgen
des Volkes nicht geplant aus eigner Pflicht.

Doch schuldig bin ich anders als ihr denkt,
ich mußte früher meine Pflicht erkennen,
ich mußte schärfer Unheil Unheil nennen -
mein Urteil hab ich viel zu lang gelenkt . . .

Ich klage mich in meinem Herzen an:
ich habe mein Gewissen lang betrogen,
ich hab mich selbst und andere belogen -

ich kannte früh des Jammers ganze Bahn –
ich hab gewarnt – nicht hart genug und klar!
und heute weiß ich, was ich schuldig war . . .

Dem Ende zu

Die Stimmen, die von außen uns erreichen,
sind schrill und heiser. Geiferndes Erschrecken
verrät der Hinkende. Die andern recken
mit hohlem Schrei die toten Siegeszeichen.

Das Ende wittern selbst erprobte Toren.
Doch kann der Krieg nicht enden dieses Mal
bis kein Gefreiter mehr, kein General
behaupten darf, er wäre nicht verloren.

Was half es, daß der wägende Verstand
die Rechnung führte bis zum letzten Schluß!
Der Wahn begreift nur, was er fühlen muß.

Der Wahn allein war Herr in diesem Land.
In Leichenfeldern schließt sein stolzer Lauf,
und Elend, unermeßbar, steigt herauf.

Untergang

Wie hört man leicht von fremden Untergängen,
wie trägt man schwer des eignen Volkes Fall!
Vom Fremden ist's ein ferner Widerhall,
im Eignen ist's ein lautes Todesdrängen.

Ein Todesdrängen, aus dem Haß geboren,
in Rachetrotz und Übermut gezeugt –
nun wird vertilgt, gebrochen und gebeugt,
und auch das Beste geht im Sturz verloren.

Daß dieses Volk die Siege nicht ertrug –
die Mühlen Gottes haben schnell gemahlen.
Wie furchtbar muß es nun den Rausch bezahlen.

Es war so hart, als es die andern schlug,
so taub für seiner Opfer Todesklagen –
Wie mag es nun das Opfer-Sein ertragen ...

Erich Kästner

Deutsches Ringelspiel 1947

Einige bezeichnende Figuren unserer Tage kommen nacheinander, an im Kreise bewegte Marionetten erinnernd, ins Rampenlicht. Dort singt jede Figur ihr Lied. Nachdem sie alle an der Reihe waren, enthüllt die auf dem Sockel stehende, im Dämmer der Bühnenmitte bisher nur geahnte allegorische Figur, die Zeit, ihr Gesicht und bringt den Abgesang. Während und so oft die Schauspieler stumm und plantenartig den Weg rund um die »Zeit« zurücklegen, ertönt eine spieluhrartige Musik. Das Licht konzentriert sich während des ganzen Spieles auf die Rampenmitte. Nachdem einige der Figuren den Lichtkegel durchschritten haben, halten sie inne. An der Rampe steht die verschneite Flüchtlingsfrau. Die Spieluhrmusik hat aufgehört.

Das Gebirg steht starr. Die Seen sind aus Eis.
Und es schneit. Und mich friert. Und es schneit ...
Kaum weiß ich noch, wer ich bin, wie ich heiß.
Ihr macht euch in euren Stuben breit.
Und es schneit. Und mich friert. Und es schneit ...

Ich steh euch im Weg, wo ich steh, wo ich bin.
Und es schneit. Und mich friert. Und es schneit ...
Wo kam ich her, wo soll ich hin?
Ihr habt für mich keinen Raum, keine Zeit.
Und es schneit. Und mich friert. Und es schneit ...

Ihr redet viel von Jesus Christ.
Und es schneit. Und mich friert. Und es schneit ...
Ob euer Herz aus Eisen ist?
Der Mensch tut sich nur selber leid.
Und es schneit. Und mich friert. Und es schneit ...

Nach dem Ende des Liedes wird der Rundgang, auch musikalisch, wieder aufgenommen, bis der Geschäftemacher im Lichte der Rampe stehenbleibt. Die Spieluhrmusik hört auf. Der Geschäftemacher ist ein auffällig dicker Mann mit steifem Hut, jovial und gerissen lächelnd.

Ich hab alles das, was keiner mehr hat.
Bei irgendwem muß es ja sein.
Ich spiele das Leben am liebsten vom Blatt.
Da klingt nicht jeder Ton rein.
Bei Nacht und Nebel und tonnenweise
macht Fleisch, macht Mehl seine leise Reise.
Ich mache die Preise!
Ich schiebe, ich schob, ich habe geschoben.
Fett – schwimmt oben!

Ich handle mit Holz, mit Brillanten und Speck,
mit Häusern, mit Nägeln und Sprit.
Ich handle, wenn's sein muß, mit Katzendreck
und verkauf ihn als Fensterkitt.
Ich verschieb die Waggons und dann noch die Gleise.
Ihr rennt wie hungrige Mäuse im Kreise.
Ich mache die Preise!
Es liegt mir nicht, mich lange zu loben.
Fett – schwimmt oben!

Darnach erneut Rundgang mit Spieluhrmusik. Bis zur Figur des heimkehrenden älteren Kriegsgefangenen.

Das ist die Heimkehr dritter Klasse,
ganz ohne Lorbeer und Hurra.
Die Luft ist still. Der Tod macht Kasse.
Du suchst dein Haus. Dein Haus ist nicht mehr da.

Du suchst dein Kind. Man hat's begraben.
Du suchst die Frau. Die Frau ist fort.
Du kommst, und niemand will dich haben.
Du stehst im Nichts. Das Nirgends ist dein Ort.

Du bist dem Tod von der Schippe gesprungen.
Der Abgrund hat dich *nicht* verschlungen,
auch nicht die Große Flut.
Du bist noch da und doch nicht mehr vorhanden.
Jetzt müßte einer schreien:

Stimme von oben:
»Stillgestanden!«

Das täte mir gut ...

Erneut Rundgang bis zur Figur des Frauenzimmers. Das Lied im Tango-Rhythmus.

Diese Zeit ist meine Zeit,
und meine Zeit verrinnt.
Wie lange noch, dann ist's soweit!
Ich nehme, wen ich find.

Diese Zeit ist meine Zeit,
und Sünde ist ein Wort.
Ich habe keine Zeit zum Leid
und jag die Treue fort.

Diese Zeit ist meine Zeit,
ich kämpf gern Brust an Brust.
Mit Lust und Liebe, süß im Streit,
erstreit ich Lieb und Lust.

Diese Zeit ist meine Zeit.
Ich taug soviel wie sie.
Ich bin der Leib. Sie ist das Kleid.
Diese Zeit ist meine Zeit.
So schön war es noch nie!

Wieder Rundgang mit Spieluhrmusik. Bis zur Figur des Dichters. Er trägt einen Straßenanzug und hält, als Allegorie, eine Leier.

Der letzte Schuß ging längst daneben.
Ihr krocht aus Kellern und aus Gräben.
Das große Sterben war vorbei.
Der Tod war satt, und ihr begannt zu leben
wie einst im Mai.
Ich bin der Dichter, der euch anfleht und beschwört.
Ihr seid das Volk, das nie auf seine Dichter hört.
Die Welt ging diesmal fast zugrunde.
Die Welt ging diesmal beinah vor die Hunde.
Ihr saht das Zweitjüngste Gericht.

Doch die Bedeutung dieser schwarzumwehten Stunde
fühlt ihr nicht!
Ich bin der Dichter, der euch anfleht und beschwört.
Ihr seid das Volk, das nie auf seine Dichter hört.

Rundgang. Bis die Figur der «armen Jugend», ein junges Mädchen, stehenbleibt.

Kein Himmel kann es wollen
und auch die Erde nicht,
daß wir zerbrechen sollen,
wie wenn ein Glas zerbricht.

Wär's nicht am End gerechter,
man säh in unser Herz?
Es ist auch nicht viel schlechter
als Herzen anderwärts.

's müßt auch für uns was geben,
und wär es gleich nicht viel:
Wie sollen wir denn leben
ganz ohne Glück und Ziel?

Seid Menschen, nicht Nationen!
Vergeßt den alten Brauch!
Der Himmel wird's euch lohnen
und wir, die arme Jugend, auch.

Rundgang mit Spieluhrwerk. Bis zur Figur des Parteipolitikers, der ein Wahlplakat mit fingiertem Text umhängen hat.

Während man sich redlich müht,
daß aus den ererbten Trümmern,
frei nach Schiller, Leben blüht,
regen sich, statt mitzuzimmern,
Gruppen, die der Wunsch durchglüht,
was schon schlimm ist, neidlos zu verschlimmern.

Geh nicht in irgendeine Partei,
oder in eine zu kleine Partei,
oder in eine zu feine Partei!
Spiel nicht alleine Partei!
Gründe nicht deine Partei!
Geh auch nicht in seine Partei!
Es gibt nur eine Partei,
sonst gibt es keine Partei, –
es gibt nur meine Partei!

Rundgang mit Spieluhrmusik. Bis zur Figur der Halbwüchsigen, verwildert, mit einem Bündel.

Wer Unrecht tut, hat's besser als die Braven.
Er lügt und stiehlt und lacht die andern aus.
Es ist bequemer, nachts im Heu zu schlafen
als hinter Gittern, im Erziehungshaus.

Ich wär ganz gerne fromm und gut und klug.
Ich glaube nur, ich glaube nur, –
ich wünsch mir's nicht genug …

Ich weiß soviel, was ich nicht wissen sollte.
Und was ich wissen sollte, weiß ich nicht.
Ich habe viel getan, was ich nie, nie tun wollte!
Habt ihr auch ein Gewissen, das nicht spricht?

Und hat's noch Sinn, daß man mir hilft und rät?
Ich fürchte fast, ich fürchte fast, –
es ist bereits zu spät ...

Rundgang mit Spieluhrmusik. Bis zur Figur des Widersachers, der breitbeinig, Hände faul in den Taschen, stehenbleibt. Alte Breeches und schwarze Reitstiefel.

Wir haben euch gezwungen und verlockt?
Stellt eure Unschuld bloß nicht untern Scheffel!
Wir haben euch die Suppe eingebrockt,
und ihr habt nicht mal einen Löffel!

Er lacht schadenfroh. Andere Stimmen lachen, von sehr weit, wie ein Echo, hinterdrein.

Ablösung vor! Ihr erbt den Schrott und Schund.
Es ist, als ob wir's abgesprochen hätten!
Wir richten Deutschland jedesmal zugrund –
Und dann kommt ihr und dürft es retten.

Lachen, wie nach den ersten vier Zeilen.

Dann schau'n wir zu und schimpfen euch Verräter
und spotten all der Fehler, die ihr macht.

Habt ihr das Land dann wieder hochgebracht,
entsenden wir die ersten Attentäter
und werben für die nächste Völkerschlacht!
Soviel für heute, alles andre – später!

Lachen, wie nach den anderen Strophen.

Erneut Spieluhrmusik. Während sich die neun Figuren weiter im Kreise bewegen, hebt sich der Scheinwerfer und zeigt auf die Figur der Zeit. Sie steht auf einem Sockel und hat wie Justitia eine Binde vor den Augen. Die Figuren stehen still. Ende der Spieluhrmusik.

Mein Reich ist klein und unabschreitbar weit.
Ich bin die Zeit.
Ich bin die Zeit, die schleicht und eilt,
die Wunden schlägt und Wunden heilt.
Hab weder Herz noch Augenlicht.
Ich kenn die Gut und Bösen nicht.
Ich trenn die Gut und Bösen nicht.
Ich hasse keinen. Keiner tut mir leid.
Ich bin die Zeit.

Im folgenden immer eisiger, immer verächtlicher, immer unnahbarer.

Da ist nur eins, – das sei euch anvertraut:
Ihr seid zu laut!
Ich höre die Sekunden nicht,
ich hör den Schritt der Stunden nicht.

Ich hör euch beten, fluchen, schrein,
ich höre Schüsse mittendrein,
ich hör nur euch, nur euch allein ...
Gebt acht, ihr Menschen, was ich sagen will:
Seid endlich still!

Nun etwas weniger kühl, eine Nuance menschlicher.

Ihr seid ein Stäubchen am Gewand der Zeit, –
laßt euren Streit!
Klein wie ein Punkt ist der Planet,
der sich samt euch im Weltall dreht.

Mikroben pflegen nicht zu schrein.
Und wollt ihr schon nicht weise sein,
könnt ihr zumindest leise sein!
Schweigt vor dem Ticken der Unendlichkeit!
Hört auf die Zeit!

Während die Spieluhrmusik wieder einsetzt und die Figuren sich erneut zu drehen beginnen, fällt der Vorhang.

VII. Grün ist überall. Grün branden die Felder

Literatur zwischen Donau und Inn

Georg Britting

Fischfrevel an der Donau

Mein Vater war eine Zeitlang Angler, später ließ er es, ich weiß nicht warum, war also eine Zeitlang Angler, sogar leidenschaftlicher Angler, und viele seiner freien Abende und die meisten seiner Sonntage verbrachte er am Wasser, an der Donau, der grün und mächtig strömenden, auch am bräunlichen, traurigen, stillen Regen, an der schwarzen, funkelnden Naab und der bläulich schillernden Laaber. Er hatte es gern, wenn ich ihn begleitete, in den Uferstauden saß, zu seinen Füßen, mit ihm den Korkschwimmer belauerte, mit ihm hoffte, daß ein Fisch den Köder nähme, aber an schlechten Tagen drehte sich der Schwimmer nur höhnisch um sich, und oft gingen wir mit leeren Händen heim, und dann schämte sich mein Vater, und es war da doch gar nichts zu schämen, wenn die Fische eben keine Lust hatten, zu beißen.

Am liebsten begleitete ich ihn, wenn er sich zu den Altwässern an der Donau aufmachte, einer grünen Wildnis von Weiden und verfilztem Gestrüpp. Da saßen wir auf dem lehmigen Boden, eine Weide, krumm, hing über dem schwarzen Spiegel, und all die vielen Blätter spiegelten sich im Wasser. Wasserjungfern, grün, mit Glasflügeln, schwebten, surrten, seltsam starr, als seien sie nicht aus Fleisch, wie Maschinen waren sie. Schilf stand am Ufer, stach aus dem Wasser, gelbes und grünes, und es roch schlammig.

Wenns mir zu heiß wurde an dem moorigen Tümpel, schlich ich mich weg durchs rauschende Gebüsch, bis zum steinernen Damm, der die Altwässer von der Donau trennt. Da wehte es auch schon kühl her, das war der Strom, da floß er, grün, breit, wallend, strudelnd manchmal. Ich hängte die Beine ins Wasser, die Schuhe hatte ich bei meinem Vater gelassen, und sah lange auf das Strömende hinaus, und so unruhig ich sonst war, hier konnte ich eine halbe Stunde lang sitzen und schauen, nur schauen. Vom Dorf gegenüber krähte verloren, verschollen ein Hahn, die Turmuhr schlug ihren Schlag, die Sonne lag auf den roten Dächern, alles war wie träumend, der große Strom floß, und weiße, dicke Wolken schwammen am blauen Himmel.

Abends gingen wir dann heim, im Fischnetz trug ich die Beute, zwei, drei Fische, vom Vater totgeschlagen, mit glasigen Augen und Blut vorm Maul, und die Fische gabs dann meistens als Abendessen, aber ich machte mir nicht viel daraus, hatte Angst vor den Gräten, kostete nur gerade und hielt mich lieber an ein Butterbrot.

Mein Vater hatte sich eine Angelkarte gelöst, was sage ich, zwei, drei Angelkarten, die ihn zum Fischen in verschiedenen Flüssen berechtigten. Ich hatte keine Karte, sie wurden ja auch nur an Erwachsene abgegeben, aber manchmal hieß mich mein Vater die Gerte halten, damit er sich etwas Bewegung machen könne, und ich hoffte und fürchtete dann in einem, daß ein Fisch anbeißen könnte, denn ich traute es mir nicht recht zu, so ein zappelndes Tier aus dem Wasser zu schleudern, hoch im Bogen, kunstgerecht, wie ichs beim Vater oft gesehen hatte. Aber als es mir einmal gelang, schrie ich vor Begeisterung, als der silberblitzende Befloßte am Ufer im Sand sprang, auf und nieder sprang, am Haken noch hing. Mein Vater kam herbeigeeilt, löste vorsichtig den Haken aus dem gemarterten Schlund, hielt den Fisch fest in der Hand, bis ich das Netz öffnete, der Fisch hineinplumpste. Das Netz wurde dann ins Wasser gehängt mit dem lebenden Tier.

Das hatte mich stolz gemacht, Jägerfreude war in mir, daß ich abends wie ein Alter neben meinem Vater heimging, das Fischnetz trug wie immer, und hin und wieder hinsah auf meinen Fisch, den ich aus der Flut geschleudert hatte, und der nun tot und verkrümmt in den Maschen hing, neben den beiden, die Vater sich noch geholt hatte, aber meiner war der größte von heute.

Das war in den großen Sommerferien. Und als ich zu Bett ging, immer noch stolzgeschwellt über mein Jagdglück, überfiel es mich, morgen allein zum Fischen zu gehen, in aller Frühe schon mich aus der Wohnung zu schleichen und unbemerkt wieder zurückzukommen, ehe alles aufgestanden war. Es war zwar verboten, ohne Karte zu fischen, »schwarz« angeln hieß man das, und man mußte vor jedem Schutzmann achtgeben, aber ich wußte auch, dort hinaus, in das Gestrüpp vor der Stadt, geriet so leicht kein Wächter, wir hatten noch nie einen gesehen und waren

schon dutzendmal dort gewesen. Ich schlief schlecht, fuhr immer wieder im Bett hoch, aber immer wieder und immer noch sah die Nacht schwarz zum Fenster herein. Als es etwas nach drei Uhr war, ich war zum Fenster getreten, hatte in die tiefe Stille hinausgeblickt, glaubte ich im Osten einen schwachen Lichtschimmer zu sehen, und da kleidete ich mich kurzentschlossen an, schlüpfte auf Strümpfen zur Tür, zog im Hausflur die Schuhe an, ging die hallenden Straßen zur Donau hinab. Es fröstelte mich, Nachtkühle schauerte, die Donau rauschte und trug kleine Nebelfetzen auf ihrem Rücken dahin. Die Dämmerung kam, noch waren die Sterne am Himmel, keine Wolke. Ich war wohl noch nie in meinem Leben so früh auf den Beinen gewesen, alles sah merkwürdig und anders aus, die bekannten Umrisse von Häusern und Bäumen verschwammen undeutlich im Grau, die Ufersteine waren naß vom Tau, wenn ich mich umsah, rötete sich der Himmel, das Grau über der Donau lichtete sich, ein hellerer Schein legte sich über die Hänge am jenseitigen Ufer.
Der Damm begann, die Sträucher rechts und links wischten mir feucht ins Gesicht, warfen mir Tropfenketten über die Ärmel, das nasse Gras, das kümmerlich zwischen den Dammsteinen wucherte, machte mir die Stiefel glänzend schwarz. Da war die Stelle, wo wir gestern die Angelgerte versteckt hatten, ich bog die Weiden auseinander, da stand sie, ich nahm sie, nun brauchte ich noch Köder. Ich wußte einen Platz, wo es Würmer gab, grub mit einem Stück Holz in der weichen Erde, um diese Stunde waren sie am leichtesten zu erwischen, bald auch hatte ich genug bläulichrot schimmernde Regenwürmer, nur solche mittlerer Größe nahm ich, die schmeckten den Fischen am besten. Ich tat die Schlängeltiere in eine Tüte, die ich mir aus einem großen feuchten Blatt drehte, und ging zu dem Weiher, wo ich gestern meinen ersten Fisch geangelt hatte.
Die Würmer auf den Haken zu spießen, das tat ich ungern, es trat ein weißlicher Saft aus den Ringelleibern, wenn das scharfe Eisen hineindrang, und es war mir unangenehm, daß ein Wurm gleich dreimal oder viermal durchbohrt werden mußte, bis er wie ein zuckendes Geflecht am Haken hing, aber es mußte sein, und ich meinte mich zusammennehmen zu müssen, und die Schwäche kam mir knabenhaft und unmännlich vor.

Dann schleuderte ich den Köder klatschend auf das Wasser, er sank unter, und der Korkschwimmer lag unbeweglich auf dem schwärzlichen Glanz. Nie war es hier sonst so ruhig gewesen. Keine Wasserjungfer surrte, Mücken tanzten nicht wie sonst, auf den Sträuchern blitzten die Tautropfen, das Schilf stach feindselig in die Luft, kein Wind ging. Der Schwimmer rührte sich nicht, ich warf den Köder an eine andere Stelle, geschickt genug, daß er in eine Art von Bucht niederfiel, wo Fische gern stehen, aber keiner machte sich an den Wurm.
Mit einem Ruck holte ich den Köder heraus, der Wurm drehte sich immer noch am Haken, und ich ging auf dem Damm eine Strecke zurück und hinüber zur Donau.
Hier war das Licht schon mächtiger geworden, der Himmel glänzte grünsilbrig und war bestrebt, blau zu werden. Das Dorf drüben lag noch im Grau, wie immer krähte ein Hahn herüber, kalt wars und immer noch dämmerungsfrüh.
Es war kein sehr hoher Wasserstand in diesem Sommer, große Steine, vom Uferbau übriggeblieben, ragten aus der Flut, still rauschte das Wasser um sie, die bemoost waren, und ich zog meine Schuhe aus, um auf einen dieser Klötze zu steigen. Kalt schlug der taufeuchte Stein gegen meine fröstelnden Fußsohlen, mit der Angelgerte das Gleichgewicht suchend, stand ich schaukelnd, trat auf einen anderen Block hinüber, der wie ein Tierrükken aus dem Wasser sich wölbte.
Neben diesem Stein ging das Wasser tief hinunter, es war ein Baggerloch vielleicht, deutlich sah ich am Boden des Kessels die flachen, grünlichen Donaukiesel und sah noch etwas, etwas so Erschreckendes und Erstaunliches, daß ich den Atem anhielt, unwillkürlich. Ich kniete auf dem Stein nieder und brachte mein Gesicht dicht über das Wasser, daß ich die Kühle spürte, die aus der Tiefe aufstieg, und geheimnisvoll und seltsam lautlos, ja, die Lautlosigkeit fiel mir besonders auf, obwohl sie doch ganz und gar natürlich war, lautlos und wie schwebend glitten viele Fische in dem Kessel hin und her, schwammen schräg nach oben, wendeten, ließen sich nach unten sinken, standen kurz, rührten ein wenig die Schwanzflossen, strichen umeinander her. Es waren dickköpfige Barben darunter, Aiteln, Brachsen mit breitgequetschten Leibern, Weißfische blitzten, wenn sie sich auf die

Seite legten, wie sie es gerne tun. Es war ein verwirrender Anblick, es war wohl ein Dutzend Fische, vielleicht mehr, vielleicht weniger, ich konnte sie nicht zählen, weil sie sich unaufhörlich bewegten. Ich wäre auch zu aufgeregt gewesen, sie kaltblütig zu zählen.
Ich sah weg von dem geschmeidigen Gegleite: da war die Donau, mächtig, wie in Stößen schien sie manchmal schneller zu fließen, drüben waren die Wiesen, das Dorf war da, die Hügel jenseits, der Himmel über mir, ein paar Schwalben schossen dicht überm Wasser hin, die Sonne war schon heraufgekommen, wärmte noch nicht, leuchtete noch bloß, und als ich wieder hinabsah in den Fischkessel, da schwamm und stieg und glitt und blitzte immer noch das Fischdutzend.
Sie sahen sehr groß aus, die Fische, das Wasser war trügerisch, wußte ich, ließ die Dinge größer und verzerrt erscheinen, aber auch wenn ich das abrechnete, mußten es immer noch stattliche Tiere sein, die sich hier versammelt hatten.
Sie mit der Hand zu fangen, wie es fast möglich schien, wollte ich doch nicht versuchen, aber hier konnte man angeln auf die einfachste Art, ohne Gebrauch des Schwimmers, hier konnte man dem Fisch den Köder dicht vors Maul halten und zusehen, wie er schnappte. Ich ließ also den Haken mit dem sich noch immer drehenden Wurmknäuel in das Loch gleiten, mitten zwischen die Fische. Ich sah die dünne Angelschnur schräg im Wasser wie eine grüne Wasserpflanzenfaser schwimmen, aber zuerst beachteten die Fische den Köder nicht, streiften die Schnur, daß sie sich bog, und ich zog den Köder hin und her, um einen der Fische zu verlocken, ihm nachzuschwimmen, um ihre Neugier zu reizen, aber die blauschwarz-schimmernden Tiere waren gar nicht neugierig, lautlos, immer wieder erregte es mich, daß sie lautlos waren, stumm und geheimnisreich zogen sie ihre Bahn.
Eine große Brachse stand fast am Boden des Lochs, und da ließ ich den Köder noch tiefer sinken, bis er dicht vorm Maul des scheibenflachen Tieres hing. Der Fisch stieß ein paarmal mit dem Maul gegen den Köder, schwamm rückwärts, als nehme er einen Anlauf, schoß vor, schnappte zu, ich riß die Angelgerte entgegen der Richtung des Stoßes der Brachse, damit der Haken fest in ihren Gaumen dringe, schon straffte sich die Schnur, ich

spürte den Ruck, ich sah den Fisch sich winden und krümmen, sah, wie blitzend, silberne Perlen werfend, die anderen Fische nach oben schossen, aus dem Loch herauszukommen, dicht aneinander, eine flüchtende Schar drängte ins offene Wasser, sah das Loch leer, nur eine zappelnde Brachse schlug Wellen, und dann schleuderte ich sie heraus ans Licht und ans Ufer.
Ich sprang über die Rücken der großen Steine ans Land, zog den schlagenden Fisch an der Schnur heran, um ihn vom Haken zu holen. Ich schauderte, als ich das Tier, zweimal handlang, naß, in die linke Hand nahm, spürte, wie seine Muskeln sich spannten, mußte fest zugreifen, daß es mir nicht entschlüpfte, und versuchte nun, wie ich das oft bei meinem Vater gesehen hatte, den Haken aus dem Gaumen herauszudrehen.
Aber es gelang mir nicht. Ich zitterte, als das Eisen sich nicht löste, als hellrotes Blut dem Tier aus dem Maul drang, und so wollte ich den Fisch zuerst töten und ihn dann vom Haken nehmen, um ihm Schmerzen zu sparen. Ich schlug seinen Kopf ein paarmal fest gegen einen Stein, aber meine bebende Hand hatte keine Stärke, der Fisch lebte, rutschte mir aus den Fingern, zappelte und sprang am Boden.
Ich stürzte mich von neuem auf ihn, klatschte den Kopf wieder gegen einen Stein, und weil der Fisch nicht sterben wollte, schmetterte ich ihn in meiner Verzweiflung gegen den gepflasterten Damm, immer wieder, tobend, Tränen der Wut und des Mitleids und der Beschämung im Auge, immer wieder, fünfmal, sechsmal. Aber der Fisch lebte, seine Sprünge wurden kleiner zwar, matter, aber tot, tot war der Fisch nicht.
Es war schrecklich, am liebsten wäre ich davongelaufen: ich hatte noch nie in meinem Leben ein Tier getötet, ja, einen Käfer vielleicht einmal zertreten, eine Spinne, aber das Tier hier war halb so lang wie mein Unterarm, und starb nicht. Seine Schuppen hingen schon am Damm, es war mit Erde beschmiert, daß es nun wüst und schwärzlich aussah, sein silberner Glanz war weg, den scharfen blauen Eisenhaken hatte es im Maul, wieder warf ich es zu Boden, aber es lebte.
Ich setzte mich zu Boden, den Rücken gegen den Fisch, sah auf die Donau hinaus, saß mit schlagendem Herzen, der Fisch mußte doch von selber sterben, das war jetzt meine letzte Hoffnung, er

mußte doch ersticken, aber ich wollte ihm dabei nicht zusehen, das wenigstens wollte ich nicht. Jetzt gerade kam ein kleiner Flußdampfer ratternd gegen die Strömung gekeucht, in der Strommitte, ich war selbst mit dem Dampfer schon manchmal gefahren, er arbeitete sich nur langsam voran, er war nur mäßig besetzt, sah ich, bei dieser Morgenfahrt. Jemand auf dem Schiff hatte mich Frühaufsteher sitzen sehen, winkte mit einem weißen Tuch einen Gruß herüber, wie betäubt zog ich auch mein Taschentuch, winkte zurück, war entschlossen, nicht umzusehen nach dem lautlosen Todeskampf hinter mir, bis der kleine Dampfer um die Strombiegung verschwunden sein würde. Die ersten Wellen, die das Schiff warf, kamen gegen das Ufer gerannt, klatschten gegen den Damm, schäumend, das Schiff war nun nicht mehr zu sehen, sein Keuchen noch schwach zu hören, die Wellen verliefen sich, die Donau strömte wie immer.

Ich drehte mich um, der Fisch zuckte immer noch. Ich glaubte, es nicht mehr ertragen zu können, der blaue Himmel über mir sah unbarmherzig zu, in den Weiden ging ein leichter Wind, die Morgenstille war friedlich, freundlich sah das Dorf herüber, und der Fisch, der Fisch lebte.

Da tötete ich ihn, wie die Tiere, die ich schon je getötet hatte, die Spinnen und die Käfer: die hatte ich zertreten! Ich zog meine Schuhe an, sprang auf den Fisch und sah ganz geradeaus dabei, sah nicht auf meine Füße hin, rutschte, trat wieder zu, drückte und stampfte, hämmerte mit den Absätzen, zerquetschte und zermalmte ihn, bis ein schmutziges, blutverklebtes, unförmiges, geschupptes Stück Fischfleisch auf den Steinen lag. Dann zog ich den Haken heraus, jetzt ging es leicht, warf den Fisch weit ins Wasser, reinigte, rieb und schabte die Schuhe im Gras, reinigte mir die Hände in der Donau, wusch sie lange und gut und unermüdlich, ließ sie im Wasser hängen, wohlig, ließ sie von dem grünen Donauwasser umspülen, konnte mir nicht genug tun mit dem Waschen, als müßte ich Vieles und Schlimmes und Ekelhaftes abwaschen. Die Angelgerte versteckte ich wieder am alten Platz und machte mich dann auf den Heimweg und fing plötzlich zu laufen an, lief lange, bis ich atemlos war.

Es gelang mir, unauffällig in die Wohnung zu kommen, es war mir den ganzen Tag, als sei der Boden unter mir nicht fest, und als ich nachmittags, es waren ja Ferien, im Gras lag und ein Butterbrot aß, fand ich an meinem Schuh, zwischen Oberleder und Sohle, eine Schuppe, eine getrocknete, spröd gewordene, undurchsichtige, stumpfweiße Schuppe. Die rieb ich zwischen den Fingern, legte sie auf das Brot, biß kräftig ab und aß die Schuppe mit dem Brot rasch hinunter. Warum ich das tat, weiß ich nicht.

Georg Britting

Grüne Donauebene

Grün ist überall. Grün branden die Felder.
Nur die Straße ist ein weißer Strich
Quer durchs Grün. Aber herrlich,
Herrlich grün lodern die Wälder.

Die Lerche sirrt. Der Himmel ist blau,
Sonst überall ist nur Grün.
Ein kochendes Grün, ein erzgrünes Glühn –
Flirrend darin eine Bauernfrau

Mit weißem Kopftuch, und ihr rotes Gesicht
Trieft flammend vom unendlichen Licht.

Das alte Leben

Noch gibt es Mägde,
Die das Kopftuch tragen, und die
Silberne Kette am Mieder,
Am Sonntag,
Und die Knechte glänzen vorm Tor
In weißen Hemden.

Noch schneidet die Sense,
Und der Dreschflegel tobt auf der Tenne,

Die Henne
Gackert eitel im Scheunenstroh –
Der Bäuerin ist es Gesang!

Aber die Dorfstraße her
Klirrt schon die Mähmaschine,
Und der spinnenbeinige Garbenwender –
Den Kindern ein Wunder!

Das alte Leben
Geht in die schwarzen Täler hinein.
Die Sichel blitzt dort
Am Stiegengeländer, neben dem Wetzstein,
Und die Sonne brütet den süßen
Schnaps aus den Nüssen,
Vorm Fenster glüht er im Glas.

Die Verliebten auch,
Hungrig nach Küssen,
Flüstern die alte Frage,
Am Abend,
Im Brennesselgarten,
Die gern gehörte.

Der unverstörte
Kalender
Zählt dort vor sich hin.

Hans Carossa

Die beinah tödliche Dosis

Wenn man zu Beginn dieses Jahrhunderts die Bevölkerung eines Ortes zahlenmäßig angeben wollte, so sprach man in unserer Gegend wohl meistens von Einwohnern, zuweilen aber auch, wie in alter Zeit, von ›Seelen‹, und die Stadt Passau hatte vierundzwanzigtausend Seelen.

Von geschichtlichen oder politischen Schicksalen der Stadt soll übrigens hier nicht die Rede sein; jedenfalls ist Passau mit seiner Umgebung seit Jahrhunderten eines der wunderbarsten, merkwürdigsten Stadt- und Landschaftsbilder Deutschlands gewesen und wird es vermutlich immer bleiben. Wer zum ersten Male vom Mariahilfberg oder von der Burg Oberhaus über die Stadt hinsieht, wird vor der Schönheit und Kühnheit ihrer Lage fast erschrecken, und es ist begreiflich, daß die verschiedenartigsten Geister sich von ihr angezogen fühlen. Der Erforscher der Erdrinde übt seinen Scharfsinn, wenn er die schweigsamen Orakel des Gesteins befragt, um die Vorgänge kennenzulernen, die sich in Urzeiten ereignet und schließlich die Halbinsel zurückgelassen haben, die heute Kirchen, Häuser und Gärten trägt. Der Liebende der Tierwelt aber, wie muß es ihn anmuten, wenn ihm auf sonnigen Hängen bei Obernzell die Smaragdeidechse begegnet, die ihn an südliche Reisen erinnert! Vor allem wissen es Zeichner und Maler, daß ihnen hier besondere Aufgaben gestellt werden. Manchem ist es wohl gelungen, Linien, Farbenhauch und Glanz der Landschaft einzufangen oder den immer wechselnden Wasserstand anschaulich zu machen; auf die Künftigen aber warten wohl neue Probleme.

An tief gelegenen, mit steilen Höhen umbauten Orten wird das Auge ähnlich wie in Brunnenschächten lichtempfindlicher; dies merkt man in Passau vornehmlich an den seltenen Herbst- und Frühlingstagen, wo warme trockene Winde von den Bergen fallen; wir sehen dann den Himmel so kornblumenblau, wie er uns über den weiten, flachen Ebenen fast nie erscheint, und jene zarten, leicht geknickten Wolkenstriche, die das Volk ›Regenwurzeln‹ nennt, glänzen silberweiß.

Ohne Donau und Inn wäre wohl Passau immer nur eine verträumte Legendenstadt gewesen; die zwei mächtig zusammenflutenden Gewässer machten sie erst zu einer freien weltoffenen Siedelung, um die sich freilich Jahrhunderte lang weltliche und geistliche Herrschaften zankten und stritten. Fast jede Seitengasse führt zu einem Strand, und bei der großen Überschwemmung 1899 sah ich noch Zillen und Barken wie venezianische Gondeln durch die Straßen fahren.

Im Schlimmen wie im Guten war zu allen Zeiten das Wasser der

natürliche Dämon der Stadt Passau. Die herrlichen, länderverbindenden Ströme sind stets auch bereit, gefährlich und feindlich zu werden. Wer die Totenbücher liest, wird über die Zahl der Kinder wie der Erwachsenen staunen, die vor allem der Inn jahraus, jahrein verschlingt. In der Heiligen-Geist-Gasse sieht man eine Votivtafel aus Solnhofer Stein in eine Hauswand eingelassen: da weist eine Hand nach einem Kreuz, und eine alte Inschrift berichtet, bis hierher seien am Maria-Himmelfahrtstag, dem 15. August 1501, ›die Wassergüss' gangen‹. Über die Stadtmauer hinweg haben also damals Donau und Inn an der Stelle des Heiligen-Geist-Spitals ihre Fluten vereinigt.
Meine ersten Passauer Monate fielen noch in die Zeit, wo ich meinen Aufenthalt als einen vorübergehenden ansehen durfte. Ich befand mich ja vorerst als Vertreter, ja gleichsam nur als Famulus meines erkrankten Vaters hier; auch stand mir noch die Promotion bevor, die ich in Leipzig ablegen sollte. Dennoch enthüllte mir die alte Stadt bereits den Aspekt, der sich für einen jungen Arzt aus seiner Tätigkeit ergibt. Er geht ja mit anderen Gedanken und Gesichten durch Tage und Nächte als irgendein Bürger oder ein durchreisender Gast. Wenn in der Dunkelheit lange Reihen erleuchteter Fenster friedlich seinen späten Heimweg begleiten, so weiß er in seinem verschwiegenen Herzen, daß es hinter diesen feierlich ruhigen Lichtern durchaus nicht immer froh und friedlich zugeht, und auch am hellen Tage hält ihm manches Haus eine Zeichenschrift entgegen, die kein anderer liest. Viele bemerken an gelblicher Mauer das Marienbild und die kleine rote Lampe, die darunter brennt; er aber kennt auch das Erkerstübchen, das dahinter dämmert, und die junge Mutter, die nach überstandenen Wehen, ihr Kind an der Brust, in die Genesung hinüberschläft. Mancher mag auch noch über einem Torbogen den halb verwitterten schildhaltenden Adler von grauem Stein unterscheiden; doch wenige wissen, daß gerade jetzt hinter dieser Figur, auf schweißdurchfeuchtetem Lager, ein menschliches Antlitz verfällt und stirbt.

›Wer würde Arzt werden, wenn er alle Unbilden voraussähe, die seiner warten?‹ Diese Frage des alten Goethe hat gewiß noch keinen vom Studium der Heilkunde abgehalten, so berechtigt sie

sein mag. Was die Unbilden angeht, so verteilen sie sich meistens auf weite Strecken des Lebens und nehmen doch nur selten bösartige Formen an. Schlimmer sind jene Schuld- und Sorgengefühle, denen man sich durch Leichtsinn und Mangel an Sammlung selbst ausliefert.
Durch den Rechtsanwalt Heberle, den späteren Schwiegervater des Dichters Klabund, war ich mit einigen jungen Offizieren der Passauer Garnison bekannt geworden, die manchmal auch meinen ärztlichen Rat einholten, und eines Abends fand ich mich zu einem Herren-Abend ins Kasino eingeladen. Dort verlief alles nach einem bestimmten Ritus, innerhalb dessen aber ziemliche Freiheit herrschte: denn nachdem Trinksprüche auf den deutschen Kaiser und auf den Prinzregenten von Bayern ausgebracht waren, folgten Vorträge mit witzigen, nicht immer durchaus gutmütigen Anspielungen auf gewisse Eigenheiten der höheren Vorgesetzten, hierauf musikalische Darbietungen. Eben hatte mein Tischnachbar, der junge Leutnant Lajos Ziegler, mit wohlgeschultem, klangvollem Tenor ›Tom der Reimer‹ gesungen und unendlichen Beifall geerntet, als mir eine Ordonnanz ein Briefchen überreichte, worin ein unverzüglicher Krankenbesuch erbeten wurde. Der Patient, ein alter Oberbaurat, stand seit Wochen in meiner Behandlung; er litt an Kreislaufstörungen, die öfters jenen quälenden und gefährlichen Zustand hervorriefen, den wir Angina pectoris nennen. Die Mittel, die man heute dagegen anwendet, waren damals noch unbekannt; man legte Senfblätter auf die Brust, wusch die Herzgegend mit heißem Essig, ließ Baldriantee trinken und gab, wenn dies alles nichts nützte, Morphium und Coffeïn. Vor kurzem aber war das Heroin aufgekommen, dem ungemein lindernde Wirkungen nachgesagt wurden; ich hatte eine frische Lösung daheim und beschloß, aus meiner guten Stimmung heraus, dem alten Herrn ausgiebig Ruhe zu verschaffen, indem ich ihm eine volle Spritze gab. In Wohltäterbehagen ging ich nach Hause, entdeckte jedoch, als ich vor dem Schlafengehen meine Sachen aus der Tasche nahm, daß ich die größere Spritze gebraucht, also dem fast Achtzigjährigen nicht einen, sondern zwei Kubikzentimeter eingeflößt hatte. Dem Schrecken dieser Erkenntnis folgte gleich ein fast noch größerer: mein Taschenbuch der Therapie belehrte mich, daß dieses noch

wenig bekannte Heroin eher stärker war als das Morphium, nach dessen Höchstgabe meine Injektion berechnet gewesen; auch dies war mir in dem ganz ungewohnten Weintaumel nicht zum Bewußtsein gekommen.

Wer sich jemals in ähnlicher Lage befunden, wird sich meinen Gemütszustand vorstellen. Wirksame Gegengifte gab es kaum; es war nicht anzunehmen, daß der Oberbaurat den Morgen erleben würde. Der Fernsprecher war noch nicht eingeführt; schrecklich schwiegen die Wände. Wie in jener winterlichen Kindheitsnacht, wo ich mir einbildete, meinen Schulfeind Reisinger umgebracht zu haben, vernahm ich in jedem Schritt, der sich dem Hause näherte, die drohende Verhaftung. Ich blieb angekleidet, verbrannte Briefe und zürnte wieder einmal dem Vater, durch den ich auf eine so von Schuldgefahr umstellte Bahn gedrängt worden war. Andere mochten getrost einmal geistesabwesend sein, der Schaden war selten groß; beim Arzt aber ging es gleich um Tod und Leben. Ratlos wechselte der Geist von Entschluß zu Entschluß; bald wollte ich zu dem Kranken zurückkehren, bald mein Bewußtsein in Veronal versenken, bald zur Mutter fahren, die fast immer einen Rat wußte. Endlich schlief ich sitzend ein und träumte von ihr. Sie stand am Fenster, wiegte langsam den Kopf und sagte, es wolle ihr gar nicht gefallen, daß der Vater neuerdings eine schwarze Halsbinde trage, da erwachte ich zu neuer Pein. Es war die Zeit der kürzesten Nächte; schon machte die Dämmerung alles Weiß im Zimmer sichtbar, ein aufgeschlagenes Buch, den Leinenmantel an der Tür. Ich nahm Hörrohr und Hut und ging in die Straße hinunter. Ein offener Wagen mit einer ganzen Wohnungseinrichtung fuhr vorbei; Reisende eilten mit Handtaschen zum Bahnhof. Auf dem Vorgärtchen drüben glitzerte der Tau der Nacht; hinter violetten Schwertlilien hob die junge Bernadette von Lourdes ihre Hände zu der holdseligen Dame empor. Aber die Mirakelwelt, wie fern lag sie mir! Dennoch stieg aus der Bedrängnis des Herzens etwas auf wie ein Gebet.

Als mir das Fenster einer Auslage mein Spiegelbild zeigte, das so übernächtig verstört aussah, stieg ich noch einmal in die Wohnung hinauf, tauchte das Gesicht in kaltes Wasser, nahm ein belebendes Mittel und machte mich wieder auf den Weg. Häuser und

Bäume begannen ihre Schatten zu entwerfen, Glocken riefen zum ersten Gottesdienst.

Auf der Donaubrücke holte mich ein Zug Soldaten ein, geführt von Leutnant Lajos Ziegler, dessen Gesang mir vom Kasino her noch in den Ohren lag. Der Glückliche wußte nicht, wem er grüßend zulächelte. War einmal ein Haftbefehl wegen fahrlässiger Tötung gegen mich erlassen, so erfuhr es in wenigen Stunden die ganze Stadt, und das Regiment mußte bedauern, mich eingeladen zu haben; der liebe Lajos aber durfte mich in der Öffentlichkeit nicht mehr kennen.

Auf einmal stellte sich jene Gleichgültigkeit ein, die zuweilen aus überstarken Gemütsbewegungen hervorgeht. Vom Brückengeländer, zwischen dessen Eisenstreben die tauigen Perlengewebe der Spinnen ausgespannt waren, sah ich auf die Donau hinab. Sie hatte nicht ihr gewöhnliches Ölgrün und -grau, sondern glich unter dem Ostwind einem klaren, aus Türkis und Stahl geschmolzenen Strom. Die Strandgebäude aber, vielfach mit Moos und Farnkraut bewachsen, schillerten schwach in den Verwitterungsfarben, mit denen die immer feuchte Luft sie bemalt. Ein Schiff mit fremden Fähnchen lehnte am Gestad; auf Deck lag der gewaltige Anker, um den ein Kind unermüdlich herumtanzte; davor stand ein üppiges Weib und breitete Wäsche über ein Gestell. Sie glich von weitem jener Schlepperfrau, deren Söhnchen ich einst auf Amaliens Zureden untersucht und behandelt hatte. Wieder einmal hätte es nahegelegen, sich an das geheime Gesetz zu erinnern, wonach der nämliche Mensch immer wieder das Nämliche tut und erleidet; eigentlich war ja die Lage, die ich mir damals durch meine übermäßige Tablettenspende bereitet hatte, von meiner gegenwärtigen nicht allzu verschieden; nur daß jetzt kein Vater helfend einsprang.

Indessen der Anblick vieler Schiffe, die jetzt von Osten und Westen heranfuhren, verwegene Fluchtgedanken in mir weckte, kam ein älteres Mädchen mit einer Henkeltasche am Arm auf mich zu, stellte sich vor als die Ausgeherin des Instituts der Englischen Fräulein im Kloster Freudenhain und bat mich, gleich mit ihr zu kommen: Mater Gonzaga, die Lehrerin für neue Sprachen, sei krank geworden, der alte Hausarzt aber verreist. Die Dienerin trug sich selbst ein wenig klösterlich. Ihr Mund stand halb offen, und auch sonst hatte sie den Ausdruck der Schwerhörigen; doch aus den blauen Augen sprach wohlwollender Humor. Sie verriet mir, die ehrwürdigen Fräulein hätten sichs lang überlegt, einen so jungen Herrn zu rufen, der noch keinen Doktortitel habe, aber die ehrwürdige Mater Oberin habe schließlich gemeint, wenn ich einigermaßen meinem Vater ähnlich wäre, so dürfte man es wagen, im übrigen müßten halt alle beten, daß es gut ausginge.

So überschritt ich denn mit ihr die Donaubrücke und ging, statt rechts zum Anger abzubiegen, wo der Oberbaurat wohnte, nach links der Höhe zu, die den Stadtpark und über ihm das Kloster Freudenhain trägt. Der ursprüngliche Name war Freundenheim gewesen; denn der Fürstbischof Josef Franz von Auersperg hatte es gegen Ende des achtzehnten Jahrhunderts als Lustschloß erbaut, um seine Freunde bei sich zu versammeln. Über diesen Mann berichtet ein altes Buch, seine höchste Lust sei gewesen, rings um sich her frohe und zufriedene Menschen zu erblicken; er habe den Unglücklichen nicht nur Tränen des Mitleids, sondern tätige Hilfe geweiht und, als es an Arbeit zu mangeln anfing, viele brotsuchende Menschen beschäftigen wollen. Freundenheim galt als einer der schönsten fürstlichen Sommersitze jener Zeit; rauschende Feste sind darin gefeiert worden, zu denen auch an die Passauer Bürgerschaft Einladungen ergingen. Dem Zeitalter der Säkularisation aber fehlte der Sinn für die edle heitere Gründung; die nüchternen Gehirne wollten nichts mehr für sie opfern und überließen sie dem Verfall, bis anno 1880 die Englischen Fräulein Gebäude, Garten und einige Felder erwarben und das Ganze mit Fleiß und Liebe für Unterricht und Erziehung der Mädchen instandsetzten.

Zwischen Reihen alter tiefgeästeter Kastanienbäume stiegen wir zu dem Kloster hinauf, das ein wenig an Schloß Nymphenburg erinnert. Ein hohes Gittertor stand weit offen; wir betraten den geräumigen Vorgarten, den weiße Mauern rund umgeben. Einst war dies der Ehrenhof gewesen, wo die Wagen der Gäste auffuhren. Das erste, was von dem Gebäude in die Augen fiel, war ein langer Balkon voller Blumen, darüber ein stattliches Wappen von grauem Stein aus fürstbischöflicher Zeit, mit einer Krone zwischen Schwert und Krummstab. Sonst war der wohlerhaltene

Bau ohne Prunk, von bescheidenen Maßen. Das Empfangszimmer, in dem ich die Oberin erwarten sollte, war ein Raum mit gewölbter, von Rosetten und Kränzchen umrankter Decke und einem hohen Fenster; durch dieses überblickte man jenen Vorgarten bis zu der weißen Mauer, die das Ganze von der Welt abschloß. Kein Unberufener hatte Zutritt in diesen Bereich, und wie gern sagte ich mir, daß ich hereingehörte, wenn auch nur für eine halbe Stunde! Es war, als ließe sich die Schuld, die mich unten in der Niederung bedrückte, hier in der Höhe etwas leichter tragen.
Die Oberin gab mir in Wort und Gebärden sogleich den Geist des Hauses zu spüren. In ihrem Bericht war nicht eine Silbe zuviel, und über der Gemessenheit und Sachlichkeit vergaß man beinahe, daß durch dieses Dasein ein großer Auftrag wirkte, der ohne einen geheimen Überschwang der Seele doch nicht möglich war. Vielleicht weil ich aus dem Kasino kam, drängte sich mir die Verwandtschaft zwischen Ordens- und Kriegerleben auf. Jedem der beiden ist eine bestimmte Tracht vorgeschrieben; sie bedeutet Zucht und alles, was diese einbegreift: Ichverleugnung, Lakonismus, unbedingten Gehorsam.
Die Oberin sprach wie die Ausgeherin von der Kranken als von der Mater Gonzaga; ich stellte sie mir daher als ziemlich bejahrt vor und war verwundert, einer jugendlichen Erscheinung gegenüberzustehen. Im Gedächtnis leben mir heute noch die sehr dunklen Augen, die prüfend blickten, aber ein sanftes Licht verströmten, und die schwarzen Brauen, die so dicht und stark waren wie feine Bürstchen. Während ich grüßend auf sie zuging, war mir, als huschte über ihr Gesicht eine kleine Helligkeit, ein unvollkommenes Lächeln, das aber gleich unter einer höflichen Miene verschwand, und dieses Alltagsgesicht bewahrte sie, soweit ihre Beschwerden es zuließen. Wenn sie meine Fragen beantwortete, sah sie immer mehr ihre Vorgesetzte an als mich. Diese zog ihr das Kopfkissen glatt und schob ihr dabei geschwind eine glänzend braune Locke, die sich hervorstehlen wollte, unter die gestärkte Leinenhaube zurück. Eine körperliche Untersuchung hätte ich gerne vermieden; aber die Oberin forderte sie, und da mir die Ursache der Schmerzen wirklich nicht klar geworden war, mußte ich ihr dafür dankbar sein. »Verzeihen Sie, wenn

ich Ihnen sage, daß es hier sehr weh tut«, äußerte Mater Gonzaga, ohne die Miene zu verändern, als ich die empfindliche Stelle unterhalb des rechten Rippenbogens abtastete, – es war die ganze Disziplin eines in Jahrhunderten gewachsenen Standes, die sich in dem einzigen Satz zum Ausdruck brachte. Etwas Unirdisches wob um diese zarte geistliche Lehrerin, die in Schmerz und Schwäche sich nicht gehen ließ, und während ich nach beendeter Untersuchung den Heilplan überlegte, erwachte ein Mut in mir, dem Schicksal entgegenzugehen und nicht zu verzweifeln, wenn mich die Bestrafung meines Leichtsinns nun ereilte. Mit einer Art Beruhigung sah ich mich in der Zelle um. Sie enthielt nichts Überflüssiges: eine englische Grammatik, ein Stoß blauer Schulhefte, ein Rotstift und ein Gebetbuch lagen auf einem alten Tischchen, dessen Füße unten in Rehhufen endeten, und dies war der einzige Zierat in der schmalen, aber sehr hohen Zelle. Elektrisches Licht und elektrisches Läutwerk gab es noch nicht; ein Petroleumlämpchen stand hinter den Heften, dabei eine Glocke mit hölzernem Griff.

Nachdem der Schmerz gestillt und die Beratung beendet war, stellte die Oberin noch einige persönliche Fragen. Vor allem wollte sie wissen, wann der Vater zurückkehren werde, wie sich die Praxis anlasse, ob ich verheiratet sei und einiges andere. Das Junggesellentum schien sie als Mangel zu empfinden. Als ich erwähnte, daß mir die Promotion noch fehle, wurde sie rot: »Nun, das wird sich ja nachholen lassen«, sagte sie lächelnd und erteilte mir gleich einen Vertrauensbeweis, indem sie mit Bestimmtheit bat, die Kranke vorerst noch jeden zweiten Tag zu besuchen. Wir einigten uns auf die Abendstunde nach fünf Uhr. Draußen verzögerte sich mein Schritt zwischen den Blumenbeeten. Eine hohe Sonnenblume hielt ihre Blätter flach wie Hände hin und ließ sie mit Licht füllen. In einer langen Reihe von Stauden des niedrigen weißblühenden Phloxes stand ab und zu eine flammende Gladiole wie ein Fest zwischen Werktagen.

Ich versuchte mir den Tagesgang der Mater Gonzaga vorzustellen und vergaß dabei mehr und mehr meine Sorgen. Gern hätte ich gewußt, welchen Eindruck sie von mir gewonnen haben mochte. Naturbetrachter erzählen von einem grünen Strahl, der manchmal auf Bergeshöhen in der allerersten Sekunde des Sonnenaufgangs hervorleuchtet und gleich wieder erlischt. Wer ihn je erblickte, möchte ihn immer wieder sehen, und so wünschte ich mir im Antlitz der kranken Nonne noch einmal jene flüchtige kleine Helligkeit zu finden, die ich bei meinem Eintreten zu erkennen geglaubt; doch kamen die eitlen Gefühle um so weniger zur Entfaltung, als an irdische Liebe nicht zu denken war. Ihr Gelöbnis, die Würde des Ordens, die Gottesliebe, ihre ganze Berufung standen zwischen ihr und mir, und so mündete schließlich alles in dem Vorsatz des Arztes, das Mögliche für sie zu tun.

Vor dem Gittertor erwarteten mich abermals die Eumeniden; doch schien ihre Wut gemildert. Als wollte ich mich zur Entscheidung sammeln, ging ich zuerst noch eine kleine Strecke bergaufwärts, wo gleich oberhalb des Klosters die Felder begannen. Eine Pflugschar stand verlassen in einem Acker; sie war von Tau leicht rostig angelaufen, das blitzte wie neues Kupfer im Vormittagslicht. In einer Ackerfurche lag etwas wie ein vom Schlage getroffener Mann; schon griff ich nach meinem Arzneienbehälter, da näherte sich ein Landstreicher von der Straße her dem Regungslosen, hob ihn auf und stellte ihn gerade; es war nur eine Vogelscheuche, freilich eine recht gut ausgestattete. Bedächtig umschlich sie der Stromer, befühlte den alten, vertragenen Rock, den man ihr umgehängt hatte, zuletzt auch den Hut. Dann zog er seinen eigenen schlechten Janker aus, hielt ihn vergleichend neben den Anzug der Puppe, untersuchte Taschen, Knöpfe und Futter und kam zu dem richtigen Ergebnis, daß der Vogelscheuchenrock doch noch der bessere war. Mit Sorgfalt vollzog er den Austausch der Kleidungsstücke, leerte seine Habseligkeiten in die neugewonnenen Taschen herüber und strolchte weiter, ohne mich bemerkt zu haben.
Ich ging nun geraden Weges zu meinem Kranken. Die Wohnungstür war nur angelehnt, der Vorraum menschenleer. Jeder Gegenstand sprach mich bedeutsamer an als sonst, ja manchen nahm ich jetzt erst wahr. Neben der Kleiderablage war unter Glas und breitem Rahmen die bekannte Szene zu sehen, wo ein höfisch unterwürfiger Goethe an einer Straßenseite steht und, sich verbeugend, mit entblößtem Haupt irgendwelche Kaiserliche Hoheiten, die ihn keines Blickes würdigen, an sich vorüber

gehen läßt, während ein betont rüpelhafter Beethoven, den Hut auf dem Kopf, sich gleichsam mit den Ellenbogen durch die feinen Leute hindurchlümmelt. Es ist immer eine bestimmte Sorte von Kleinbürgern, die sich bei solchen Bildern wohlfühlt, etwas dergleichen zuckte mir durch den Sinn, während ich auf das Krankenzimmer zuging, und Anklopfen und Eintreten waren eins. Der Leidende lag nicht im Bett, sondern saß im Lehnstuhl am Fenster und las die Donauzeitung. Sobald er mich erkannte, drohte er mit der Faust: »Auf Sie bin ich böse, – sagen Sie doch: warum haben Sie mir diese Wunderspritze nicht schon längst versetzt? Muß man sich wochenlang martern lassen, um endlich das richtige Mittel zu kriegen?« Lachend gab er mir die Hand, und nun erst wagte ich zu fragen: »Wie geht es Ihnen, Herr Oberbaurat?« – »Lo-bens-wert!« rief er, jede Silbe hervorhebend; aber schon kam seine Gattin mit zwei Töchtern aus dem Nebenzimmer, alle drei lachten, weinten, nannten mich Lebensretter, Engel in Menschengestalt und baten mich, noch ein Viertelstündchen zu bleiben: ein Gesundheitskuchen sei eben fertig geworden, und gleich käme auch ein guter Kaffee. Nicht leicht fiel es mir, die jäh eintretende seelische Entspannung zu verbergen; doch ernüchterte mich zum Glück ein wenig die ungeduldige Neugier meines Kranken, der nicht nur den Namen des Mittels erfahren, sondern sich auch gleich einen größeren Vorrat verschreiben lassen wollte. Daß wohl nur seiner ungewöhnlichen und eigentlich abnormen Toleranz gegen das Narkotikum der gute Ausgang zu verdanken war, konnte er nicht wissen, und ich selbst mußte darüber schweigen.

Zum Schlusse taten es die dankbaren Leute nicht anders; sie wollten mich auch noch mit einem Geschenk erfreuen. Dem Schreibtisch zur Seite stand auf seinen Hinterbeinen ein ausgestopfter Fuchs, der mit seinen Vorderpfoten den Papierkorb des Hausherrn umfaßt hielt. Da ich, gebannt von seiner Häßlichkeit, immer wieder auf dieses Möbel hinblicken mußte, so entstand in der ganzen Familie die Meinung, es hätte mirs angetan, und nun half keine Abwehr: die räudige Tiermumie, von der die Hausfrau mit Rührung berichtete, der Papa besitze sie schon seit zwanzig Jahren, wurde mir samt dem Korb, den sie umarmte, feierlich zugesprochen und noch am gleichen Tag in die Wohnung geschickt. Wie eine Verkörperung meines bösen Gewissens sollte sie von nun an, meinen Schönheitssinn beleidigend, jedoch aus Aberglauben geduldet, in meinem Ordinationszimmer stehen, und vielleicht hat ihre Gegenwart mich wirklich in den folgenden Jahren vor allzu groben Unachtsamkeiten bewahrt.

Heinrich Lautensack

Fliegende Warenhäuser

Der Huber-Anna (vulgo Erath)

Jeder dritt-, höchstens viertfolgende Sonntag ist dem Bauern – Pardon: Herrn Bauersmann! – ein Tag, an dem er »shopping« geht – und wobei er absolut nicht weniger Kaprice seinerseits entfaltet und andererseits Einhaltung von sehr viel Zeremonial erheischt wie in Paris, London, New York, Berlin nur die fashionabelste Lady oder mondänste Madame. – Davon wissen, wenn auch in einer etwas despektierlicheren Tonart vielleicht, die kleinen Handelsleute, die die Märkte der einzelnen Marktflecken ständig bereisen, ein Lied zu singen.
Marktflecken übrigens – ist das nicht an sich schon ein hübsches Wort? Ein farbiger Tupfen? So daß man unwillkürlich eine malerische Impression davon bekommt? – Nun aber gar eine Spezialkarte etwa vom ganzen Bayerischen Wald rein in bezug auf seine vielen, vielen Marktflecken (und die sich daranknüpfenden regelmäßigen Märkte) angelegt und ausgeführt: das ergäb' leichtlich etwas so Überfarbiges wie eine ultraexpressionistische Leinwand.
Und um – öfters an jedem zweiten Sonntag sogar, wie es die Jahreszeit eben zuläßt – einen stattfindenden Markt, Jahr- oder Handelsmarkt geheißen, da oder dort zu besuchen, dazu scheut der Bauer keinen noch so weiten Weg. Steht – außer im tiefsten Winter natürlich – oft um halb drei Uhr in der Früh an einem Sonntag auf und läuft zu Fuß seine guten vier Stunden weit zum nächsten Markt. Absolviert, dort angelangt, die Reihen der längst aufgetanen unterschiedlichen Buden ein-, zweimal, noch eh' er zu Amt

und Predigt in die Kirche muß. Verrichtet danach seine gläubige Andacht – und macht sich sodann auf ein neues und nun erst recht an viel Schauen und wenig Kaufen. Begrüßt zwischenein die und die Bekannten und läßt wohl auch durch ein paar fallengelassene Worte zu dem und dem Betreffenden, der gleichfalls von näher oder weiter hergekommen ist, einen lang schon schwebenden Tausch oder Handel nicht gar völlig einschlafen ...
Und das alles zusammen aber hübsch einsilbig – bis es das erste Mal ins Wirtshaus gegangen ist: zu einem Glas Bier und einem Lüngerl, Kuttelfleck oder gar einem neuzeitlichen Gulasch. – Hübsch einsilbig, das will heißen: nicht wie gerade noch schläfrig vom So-sehr-früh-Aufstehn; aber auch nicht etwa immer noch stumm-bewegt und vor Bewegung stumm von der Poesie des abwechslungsreichen Vierstundenwegs von daheim vom Gehöft bis hierher zum Markt ... Sondern das diktiert ihm so sein Naturell im allgemeinen; und im besonderen verhält er sich so aus dem, was man spezielle Bauernschläue nennt – aus jenem Gemisch von Mißtrauen, ewig auf dem Quivive sein und zugleich aber auch listig darauf lauern, wie man den andern am gelungensten ein wenig einseifen und daraus nicht nur seinen eigenen Vorteil, sondern auch noch sein gut Teil hämische Schadenfreude gewinnen könnte ...
Eija: wenn nicht von bestimmteren Absichten getrieben, zieht es den Bauern zumindest schon deswegen unwiderstehlich hin bis zum entferntesten Markt, weil er fürchtet, daß ihm durch sein Fortbleiben vielleicht etwas »auskommen« könnte. – Und der Magnet ist eben bei Bauer und Jahrmarkt genau wie bei den Damen hinauf bis zu den allerhöchsten in bezug aufs weltstädtische Warenhaus: die »Okkasion«, die ewige, leidige ... zuweilen verwünschte, immer aber brennend herbeigesehnte ...
Es ist bekannt, daß so ein Jahrmarkt – viermal im Jahr zu jeder der vier Jahreszeiten ursprünglich angesetzt – ein Stück Mittelalter ist. Da strömten die Reichsten wie die Ärmsten herbei, sich mit allem Nötigen für daheim zu versorgen – und zur bloßen Kaufgelegenheit gesellte sich sehr bald alle mögliche Lustbarkeit. – Wie aber dann, zu meiner Knabenzeit, die Lokalbahnen angelegt wurden und – in den allerjüngsten Tagen – die Errichtung von Automobilpostlinien von den Städten aus weit über Land noch

hinzukam, da prophezeiten beide Male, und nicht nur die immerfort unzufriedenen Kaufleute gern, nun sei es mit jenem Stück Mittelalter, das in den Jahrmärkten bis dato bestanden, bald endgültig aus und vorbei. Indes, das war falsche Prophetie. Zumindest für den besonderen Bayrischen Wald. Der Bauer ändert sich nicht von gestern auf morgen – justament der Bauersmann nicht! – und so hat der Bestand wie der Besuch der Märkte keineswegs nachgelassen. Recht im geraden Gegenteil: wer mit seinem Geh- oder auch Fuhrwerk irgendwie nicht gar gut beieinand war oder sonst einen Vierstundenweg scheute, der schwingt sich nunmehr ganz einfach aufs »Postschnauferl«! Die »Okkasion«, die bis in die mißtrauischsten Falten des bäuerischen Herzens hinein magische Macht hat und behält, konnte durch den seither leichter ermöglichten Verkehr naturgemäß doch nur profitieren – und andererseits und nicht zuletzt haben es die die Märkte bereisenden Handelsleute doch nun ebenfalls um vieles leichter, speziell in den Bayrischen Wald hinein immer noch weiter vorzudringen! Und wo gestern womöglich die Seiltänzer, Feuerfresser, Degenschlucker und Schnelläufer ein wenig ausblieben (und ausbleiben mußten, weil gerade sie selber sich denn doch ein wenig überlebt hatten!), da baut sich morgen etwa schon ein anderes, noch viel wunderbareres Wanderzelt auf (das andererseits auch wieder noch viel schneller abzubrechen und überhaupt zu transportieren geht!) – ein Wanderzelt, darinnen der Kinematograph an diesem Jahrmarktssonntag verwirrende und atemversetzende Films zeigt!

Man muß so sagen: die Jahrmärkte sind längst kein Stück Mittelalter mehr. Die sind mit der Zeit gegangen; die haben sich gewandelt. Beispiel: wo einst die Drehorgel grämlich leierte, schmettert in allen Dorfwirtshäusern heute längst der Phonograph ...

Und das weiß auch der Bauer wohl für sich zu schätzen und sagt sich: Wozu soll ich da lange in die Stadt hinein? Bahn- wie Automobilverbindungen sind vielmehr da, damit selbst die neuesten Errungenschaften bis zu mir herauskommen! – Und damit sind wir unversehens bei einem ganz andern Stück Mittelalter angelangt: beim Durchschnittsbauern selber in bezug auf die nächste auch nur einigermaßen größere Stadt. Nämlich die ganze Natur des Bauern verwehrt ihm selber das öftere Zusammenkommen sozusagen mit der Stadt: – sowie die Stadt sich auch nur ein wenig städtisch gehabt, ist's dem Bauern schon zu »fremd«, viel zu wenig »grüabi« (gemütlich), unbehaglich, ja »kalt« innerhalb ihrer Mauern. Der Bauer weiß nicht, wie sich eigentlich in der Stadt gehaben. Vor den Stadtleuten sich klein machen? Das tut der Bauer nicht gern. Falls er sich aber groß aufspielen will? – da spotten die ihn gar erst tüchtig aus. Sich dumm anstellen – so wie ein Käfer sich tot stellt –, siehst du, das freilich liebt er: aber für dieses etwas langwierige Manöver haben die eiligen Städter keine Zeit ... wie noch weniger für den Spaß, den er selber bis zur Neige auskosten will: wenn er dann plötzlich die Maske des Dummen fallen läßt und der andere seinerseits die Rolle des ziemlich Hereingelegten wenigstens markieren soll! – Ich deutete es weiter oben schon einmal an: außer dem eigenen Vorteil muß der Bauer aus einem Handel auch noch ein gut Teil hämische Schadenfreude ziehen können, anders ist's ihm nur eine halbe Sach', und das war's auch, was ich eingangs mit des Bauern Kaprice meinte, die er beim Kauf entfaltet, und mit dem vielen Zeremonial, das er von seiten des Verkäufers peinlichst eingehalten wünscht.

Gradaus hingehen und wo was Gewisses kaufen: Guten Tag – was kostet soviel? – Hier die Begleichung! – und somit adieu ... das achtet der Bauer für nichts Rechtes und nichts Gescheites. Vielmehr soll der Verkäufer den ganzen langen Sonntag über für ihn parat sein und vom frühen Morgen bis zum späten Abend von seiner Geneigtheit und Gnade existieren und wachsen: so wie der Schatten des Kirchturms, des Wirtshausschildes oder der elenden Krambude vom goldenen Sonnenstrahl existiert und wächst! – Und wenn der Bauer sich gegen Nachmittag zur fünften Wirtshaustür hineindreht, ist es zum fünfundzwanzigstenmal gewiß heut schon mit dieser herrischen Gebärde zum Verkäufer hin als wie zu einem Hund: Du hast hier heraußen zu bleiben, bis ich wiederzukommen geneigt bin – Kusch!!!

Und so ist so ein Markt in seiner Gesamtheit sowohl, indem es von billigster Roßwurst an alle nur möglichen Dinge bis hinauf zum teuersten schwerseidenen Kopftuch gibt, als auch in einer solchen Praktikabilität, daß gleich sechs verschiedene Schuster mit ihren Erzeugnissen aus allen Himmelsrichtungen herbeigekommen sind und man sich die dauerhaftesten Sohlen also genau aussuchen kann – und so ist ein Markt längst schon sozusagen ein fliegendes Warenhaus gewesen, eh' man in den großen und allergrößten Städten drinnen an ähnliche mehr immobile dachte – und das mit noch zahlreicheren »Erfrischungsräumen«, als selbst heute die riesigsten Kaufpaläste aufzuweisen haben!

Schnittwaren hält der eine »Stand« feil, Alpenkräutermagerbrot der andere; Galanteriewaren ein dritter, ein vierter Käse und Zigarren; und so geht das in bunter Reihe fort – bald Textilwaren, bald Lebensmittel; Spielwaren im Verein mit Heiligenbildern und Rosenkränzen, und daneben flammende Lebzelterherzen; Tonwaren, ein Seiler, der Messerklinger, zwei Schuhmacher, Mahd- und Dreschgeräte ... Diese Liste erhebt keinen Anspruch auf Vollständigkeit, aber ausgesprochene Zehnpfennigbasare so wie auf Messen und Dulten sind hierorts, für einen einzigen Tag bloß, unrentabel, und den Roßmetzger-Hiasl siehst du die ganze Zeit über mehr in Wirtshäusern alte, kranke, das heißt eben schlachtreife Rösser auskundschaften als bei seinen fertigen Würsten und prima prima Roßleberkäse ...
Doch an all diesen Gelegenheiten und Verführungen schiebt sich weitaus die Mehrzahl der Marktbesucher schier in einem fort vorbei und drängt – nach oben oder unten – nach einem viel, viel größeren Stand hin ... Nicht nur, weil man da das allermeiste hübsch auf einem Haufen zusammen hat: Stahl- und Leinenwaren, Wollsachen und Spiegel, Zwirn und Meterstäbe, Knöpfe und Mundharmonikas, Strohhüte und Gebetbücher, Stöcke, Schirme und Hosenträger, Fäustlinge, Hausschuhe, Barchentunterröcke und dito Beinkleider, Jägerhemden, Uhrketten, Bleistifte, Weckeruhren, Notizbücher, Rucksäcke, Ansichtskarten und – hilf der Himmel! – was noch alles. Nein also, gewiß nicht nur, weil da ein gar so ungeheures Potpourri ist, ein Potpourri von Waren zum Aussuchen, sondern und vielmehr, weil in diesem »billigen Jakob«, wie man ihn nennt, hier obenein noch etwas wie die »lustige Person« von diesem ganzen Jahrmarktspiel agiert! Ergo: ein aus dem Mittelalter herübergerettetes Stück »Hofnarr«, meint ihr, berge sich in diesem »Marktschreier«, wie ihn die gestrenge Behörde nennt (und verbietet)? Ein Stück

»Hofnarr«, irgendwie ins Bäuerische übersetzt? Mit mehr Recht behaupte ich hingegen: der »billige Jakob« verkörpert ein allerneuzeitlichstes Stück satirisches Witzblatt! Ein Stück satirisches Witzblatt, das trotz aller amtlichen Erlasse – um 1900 zumal – regelmäßig an einem jeden Sonntag in einer Neuauflage erscheint!

Der »billige Jakob« genießt Narrenfreiheit und -unverletzlichkeit in genau demselben Sinn wie ein Witzblatt. Der »billige Jakob« sagt den Bauern in satirischer Form die Wahrheit, »gibt's ihnen gründlich« – zugleich im Namen der Lebzelten- wie der Dreschflegelverkäufer, und daß die Witzsamenkörner sozusagen auf keinen steinigen Boden fallen, dafür sorgt (wieder einmal!) die mindestens faustdicke und stets empfangsbereite Schicht echt bäuerischer Schadenfreude! Das heißt, es meint ein jeder bei einem jeden guten oder schlechten Witz: der andere müsse sich sehr davon betroffen fühlen!

Oder aber, um es noch anders, noch zutreffender zu sagen: die billigen Jaköbe, die ich kenne (und ich kenne deren eine ganze Reihe), waren jedenfalls Zeit ihres »Schaffens« (so nennen sie dies ihr besonderes Gewerbe, welcher Ausdruck mich übrigens sehr bezeichnend dünkt!) – waren immer schon in Worten etwas, was uns neuerdings auf den ganzseitigen täglichen Inseraten der Weltstadtwarenhäuser mit Pinsel und Tusche amüsiert: nämlich die Karikatur in Verbindung mit der Annonce-Anpreisung. Siehe vor allem August Hajduk, siehe Deutsch, um von all den Berliner Karikaturisten nur diese zwei zu nennen ...

Diese billigen Jaköbe waren von jeher Karikaturisten, wie die heutigen Karikaturisten letzten Endes sozusagen nur wieder billige Jaköbe sind.

Und wie Hajduk heute zu einem Sonderangebot von orientalischen Teppichen einen unverkennbaren Berlin-W-Kapitalisten mit Fes, Wasserpfeife, krummschnäbeligen Bastschuhen und echt orientalisch übergeschlagenen Beinen auf einem Smyrnateppich hockend ulkig ausstaffiert – so taten die Jaköbe dasselbe, wenn sie, während sie etwa ein Dutzend Kragenknöpfe zu einem wahren Spottpreis ausboten, zu den Bauern sagten: »Ach, ihr habt wohl keine Knöpfe für Kragen nötig? Ihr schlagt euch da lieber einen Nagel ins Kreuz zum Befestigen?!« Oder wenn's grad um Patentgummihosenträger ging: »Pardon – gar manche Bauern wollen von der alten Mode nicht ab, die tragen die Hosen mit den Händen und lassen sich von den Flöhen die Fingernägel abbeißen!«

Das ist des schreierischen Jakobs Art ... und die andern, die stummen Händler um ihn herum, wissen gar wohl, was sie an ihm haben: ein guter Jakob mit dementsprechend vielem Zulauf nutzt den übrigen als allgemeiner Stimmungsmacher in eben dem Maß, als ihnen ein schlechter Jakob an ihrer eigenen geringeren Einnahme fühlbar wird ...

Und aber wo zwei Jaköbe zusammenkommen und sie am frühen Morgen schon merken, daß entweder das Wetter nicht aushalten wird oder umgekehrt vor irgendwie heute am Sonntag dringlicher Erntearbeit etwa der Besuch nicht ganz auf der sonstigen Höhe stehen dürfte, da »bilden« die beiden – ein Hauptspaß, wie man sich leicht denken kann! – »Kompanie«. Das will sagen: der eine von ihnen packt überhaupt nicht aus und sucht dem andern vielmehr brüderlich dabei zu helfen, wenigstens dessen Kisten – bis auf die letzte Neige auszuverkaufen ...

Doch ich will lieber keine derartigen Geschäftsgeheimnisse allzu offen preisgeben!

Daß gegen den glutrot hereinbrechenden Abend hin die »Erfrischungsräume« – Pardon: die Wirtshäuser – bis zum Ersticken angefüllt sind und als ob sie im nächsten Augenblick auffliegen würden: das ist – im weiteren Verfolg – von jeher ein zu leidiges Kapitel gewesen. Denn ob statt der Spieldosen, Drehorgeln und Orchestrions von einst nun Phonographen lärmen – diese letzteren sind höchstens nur noch aufreizender, bis schließlich ein Bierkrügel durch die Luft saust oder ein Messer blitzt.

Bleibt also letztlich nur noch zu konstatieren – schon um den einmal aufgenommenen Vergleich ja bis zu Ende durchzuhalten –, daß an etlichen Marktflecken eine Gelegenheitsdieberei oder gar auch Kleptomanie herrscht wie nur in den großstädtischen Warenhäusern ...

Emerenz Meier

Wödaschwüln

Mi würgt der Wind, mi druckt der Tag –
Hü, meine Öchsl, hü!
Schwül wirds, es kimmt a Wödaschlag.
Hü, meine Öchsl, hü!
Der Acker hat an hirtn Bodn,
Der Mähnt koan Gang, der Pfluag an Schodn –
Hü, meine Öchsl, hü!

Mi würgt der Wind, mi brennt der Tag!
Hott, meine Öchsl, hott!
Und daß mi's Mensch iatzt nimmer mag? –
Hott, meine Öchsl, hott!
Es hat – i moan – sein guatn Grund,
Und wann i 'hn net derstich, den Hund,
Den schlechtn, straf mi Gott!

Mei Mensch is schö, drum gfallts eahm guat.
Wüah, meine Öchsl, wüah!
A Messer und fünf Stich gibt Bluat.
Wüah, meine Öchsl, wüah!
Zua bis aufs Heft und ummadraht,
Verfluachter Lump, wia wohl dös taat!
Wüah, meine Öchsl, wüah!

Und bist so schö, du schwarze Dirn,
Zauf, meine Öchsl, zauf!
Und hast so krauste Haar ums Hirn,
Zauf, meine Öchsl, zauf!
Und lachst so süaß und schaust so fei,
Und kannst so falsch und elend sei!
Zauf, meine Öchsl, zauf!

Mi würgt der Wind, mi brennt der Tag!
Aoh, meine Öchsl, aoh!

Muaß's sein, daß i dös ewi trag?
Aoah, meine Öchsln, aoh!
Der Dunner kracht, es blitzt und brennt,
Schlag, Herrgott, ein und mach an End! –
Aoh, meine Öchsl, aoh!

Josef Schlicht

Auf d' Leicht

Der christliche Glaube und die bäuerliche Ehre sind's, die sich aus dem Leichenbegängnis widerspiegeln; der Glaube an ein Helfenkönnen und Wiederfinden, die Familienehre, welche ja stets einen Zuwachs erhält, wenn am Grab jedes Hausgliedes gerühmt wird: »A schöne Leicht (Leichenbegängnis, Beerdigung; man geht auf die Leicht oder mit der Leicht) hat a g'habt!« Zur schönen Leich gehört vor allem ein unabsehbarer Zug hinter dem Sarge. Unser ländlicher Leichenzug zeichnet sich durch sein ernstes Gebet aus. Der Bayer achtet streng darauf, daß es hinter dem Verstorbenen unausgesetzt schalle: »Vater unser« und »O Herr gib ihm die ewige Ruah«. Vorbeter mit Stentorstimmen sind eine Hauptzierde jedes bayerisch-ländlichen Leichenbegängnisses. Hinter dem Sarg des Kindes beten Vater und Gevatter (Pate) vor. Der Gevatter spielt auf dem Dorf überhaupt die allergrößte Rolle: er wird mit Umsicht erkoren, aber darum auch eingeweiht in jedes Familienbegebnis. Da wird kein Kauf oder Verkauf gebrieft, keine Gutsübergabe vorgenommen, kein Leibtum (Ausnahm, Austrag) geschrieben, kein Sohn und keine Tochter ausgeheiratet, kein Bauwerk aufgeführt, ohne daß zuvor der Gevatter in den Familienrat gezogen worden: »Han, Gvatta, wie moanst jetzt du?« Auch hinter dem Sarg des bayerischen Bauern selbst ist der Gevatter die Hauptperson. »O Herr gib ihm die ewige Ruah« betet er vor, zusammen mit dem treuen Oberknecht, welcher die farbenreich bemalte, fünf Schuh lange und baumdicke, brennende Hauskerze seinem Bauern nachträgt und im vieljährigen braven Dienste sozusagen ein Familienglied geworden ist.

Von mattherziger Rücksichtelei auf die sogenannt gebildete ungläubige Welt verstehen glücklicherweise unsere tapferen Vorbeter nichts: sie betrachten nicht den Menschen, sondern Gott als den alleinigen Herrn in Land und Stadt, beten darum ungeniert und sind dabei einzig bedacht, daß der Vorderste wie der Hinterste sie deutlich höre. Wird auf die Leiche eines Ausnahmbauern eingesagt, welcher von der Grundscholle weg ins Pflaster (d. h. in die Stadt) gesiedelt ist, so kommen diese Vorbeter vom Land in die Stadt, und wie draußen durch die ländlichen Fluren, ganz so beten sie herinnen durch die städtischen Gassen ihr »Vater unser« und »O Herr gib ihm die ewige Ruah« dermaßen kräftig, daß ungläubige und irrgläubige Fenster klirren. Wie man auf großstädtisch den Verstorbenen zum Friedhof trägt: die Hüte auf, die Arme gemächlich gekreuzt, ungeniert plaudernd wie im Familienkränzlein, das ist den religiös aufgewachsenen Bauern ein Greuel. Alle gehen barhaupt, ob nun ein Hundstag mit dreißig Graden sengt oder ein eisiger Dezembersturm peitschend um die Köpfe fährt. Ja selbst wenn ein Gutsherr evangelischen Glaubens mitten im katholischen Land lebt, stirbt, zur Gruft getragen und ihm vom katholischen Klerus und Volk auch das bürgerliche Ehrengeleit gegeben wird, da dauert es gar nicht lange, so schütteln unsere glaubensfesten alten Weiberln über den stillen kalten Leichenzug unzufrieden das Haupt, fangen frischweg an und beten tapfer d'rein: O Herr gib ihm die ewige Ruah! Und das ewige Licht leuchte ihm! O Herr laß ihn ruhen im Frieden! Amen! Versteht es dann der Geistliche mit ebenso zartsinnigen wie markigen Worten ein Lebensbild zu zeichnen, in welchem der Tote nochmal dramatisch vor die Lebenden tritt, so hat der Bayer gerade am frischen Grab ein besonders offenes Herz: erbaut sich an den Tugenden, verzeiht die Schwächen und läßt sich für alles Edle gewinnen.

So viele Altäre, so viele Geistliche treten zur Seelenmesse heraus und die Orgel bewegt sich in Trauerklängen. Es kommt der Opfergang, und dieser entfaltet am deutlichsten die große Verwandtschaft, Beliebtheit und Geltung in Stadt und Land. Ist's ein tagwerkschwerer Einöder, so entziffert der Opfergang im Begräbnis, Siebent und Dreißigst (am 7. und 30. Tag nach der Beerdigung fanden früher Gottesdienste statt) mit Leichtigkeit zwischen vier- und fünftausend Leidtragende. Da wird streng auf Gegenseitigkeit kontrolliert: ist eine Familie im Opfergange nicht vertreten, so geht man ihr eben auch nicht auf die Leicht. Es kann das Hofzeremoniell nicht gemessener verlaufen als der bayerische Leichenopfergang: an der Spitze der Kreuzelbua, nach ihm die acht Träger in den roten Bruderschaftsröcken, alsdann die kleinen und großjährigen Söhne, hinter ihnen die vier bis fünf Tauf- und Firmgevatter, hernach die Brüder und Schwäger des Verstorbenen, die gesamte weitschichtige Vetternschaft vom nächsten an bis zum sogenannten neunundneunzigsten Suppenschnittel, die Dorfnachbarn, Pfarrgenossen und endlich die Auswärtigen in unabsehbarer Reihenfolge. Nach der Männerwelt geht das Frauenvolk im nämlichen Rang. Die ländliche Seelnonne, die auf dem Dorf derb und fest das »Totenweib« heißt, wandelt mit der lichtflimmernden Latern als die letzte um den Hochaltar und schließt den Opfergang. Wer, die Landsitte nicht kennend, nach dem Totenweibe noch opfergeht, der fällt dem Bauernspott anheim.

Das blauweiße katholische Bayernvolk hält also seine Leichenzüge ab mit hohem würdigen Ernst. Allerdings spielt die äußerliche Ehre dabei ihre Rolle; allein die Hauptsache ist dennoch das eigentliche Christenwerk.

Wenn sie im linksuferigen Donautal, dortherum wo der Bogenberg in die Lüfte ragt, den Bauern aus seinem Großhof zum Gottesacker tragen, so betet man für ihn, die halbe Wegstunde, einen gar bedeutungsschweren rührenden Rosenkranz. Die zwei Vorbeter treten ernst hinter die Bahre des Bauern, heben an mit kräftigen Stimmen und sprechen zu seinem Hof hinaus das erste Gesätzlein: zehn »Gegrüßt seist du Maria«, deren jedes sie mit den Worten schließen »Gebenedeit ist die Frucht deines Leibes, Jesus Christus, der ihm seine Sünden verzeihen wolle«. Nun durch seine schönen sprossenden Weizenbreiten beten sie ihm das zweite Gesätzel: »der ihm ein gnädiges Urteil verleihen wolle.« Dort, wo der Großhof mit seinen Dächern und Bäumen den Blikken entschwindet, lenken sie ins dritte Gesätzel: »der ihm die ewige Ruhe schenken wolle.« Jetzt, da schon die sämtlichen Glocken der Pfarrkirche voll feierlichen Ernstes läuten, beten sie das vierte Gesätzlein: »der ihm eine glückselige Auferstehung

verleihen wolle.« Beim Eintritt in den Freithof haben sie das fünfte und letzte Gesätzel: »der ihm das ewige Himmelreich geben wolle.«
Das Menschliche ragt hier hinein ins Göttliche, das Diesseits ins Jenseits. Der blauweiße Bauer, gerad und ehrlich wie er ist, verstellt sich auch zu Lebzeiten mit seinen Sünden nicht viel. So ziemlich jedes im ganzen Leichenzuge weiß sie: die Schrannenräusche, Zornwetter, Fuchteleien, schweren Sakra, Säumnisse in der Hauszucht. Alles, was ihm mit der Leicht geht, betet darum glaubensvoll zum lieben Herrn Jesus Christus, daß er ihm seine Sünden verzeihen wolle. Der Tod läßt halt nicht mit sich spaßen; wie keinem andern Menschen sitzt diese Wahrheit dem bayerischen Bauern drinnen. Deswegen tut er aber auch sein Mögliches, damit der Standesgenoß auf der Bahre zuletzt noch einen guten Richter, ewige Ruhe, freudenreiche Auferstehung erlange und einen Himmel, der nie mehr endet. Und daß sein Beten auch was hilft, das glaubt er felsenfest. Wenn das Bitten schon bei irdischen Herrn was ausrichtet, warum soll es beim gewaltigen milden Herrn des Himmels und der Erde umsonst sein? Soll's ein Frevelmensch, woher immer, wagen und unserm katholischen Bauern sein Leichengebet als Dummheit spötteln, Herrgott! da blitzt es, der Bauer kehrt voll gerechten Grimms den ganzen Spieß um. »Was, du Brettlochs, haltst di für gscheid, weilst um koan Pfenning koa Religion nöt hast? Du wennst so lang warst wie's dumm bist, du kunnst 'n Moschei (Mond) busseln, dös sag i!« standredet und kapitelt er den Spottvogel und rupft ihm seine Hochmutsfedern aus.
Und dennoch, bisweilen geht der schönste bayerische Begräbnisernst, wie gesagt, in die Brüche.
Was Wunder auch, wenn schon der Pfarrer selbst schmunzelt, im goldbordierten Leichenornat, hart an der Bahre und trotz allem sichtbarlichen Verbeißen?! Der Simmerlbauer im Oberbayerischen starb und der Bader Steffelberger trat ins Haus, um voll Amtsgewichtigkeit den Tod zu schauen. Wie er baumfest glaubte, war der Simmerlbauer am gastrischen Fieber entschlafen; so umgab er sich mit Doktorsmienen, setzte sich und schrieb den Totenschein. Als dann der Pfarrer zur Hausschwelle trat, um den Simmerlbauer auszusegnen, da gab man ihm den Schein

zu Handen und er, amtsgemäß, mußte vorher den Leichenzettel lesen und hierauf erst durfte er den Aussegnungspsalm anstimmen. Siehe, als tödliche Krankheit stand in der Leichenschau: »garstiges Fieber«. Ob er nun tausendmal nicht wollte, der Pfarrer mußte schmunzeln; er schüttelte wieder und wieder sein Haupt, wie um sich loszumachen von etwas, das nicht in die ernste Leiche gehört. Eitel umsonst: bei der Hausschwelle im De profundis, unterwegs im Miserere, am Grabe beim Benedictus, ja sogar noch im Requiem fuhr ihm der unselige Bader mit seinem garstigen Fieber durch den Kopf.
Der Opfergang hat stets seine Finessen. Gehen recht viele, wie auf der Großleiche, nun so heißt's scharfe Augen haben, um nicht als Söldner unter die Bauern zu geraten oder gar in die Verwandten hineinzukommen. Ist man ganz mutterseelenallein, nun so möchte man sich vor Verlegenheit in den Erdboden verkriechen. In einer Pfarrkirche an der Kinsach hatten's die Bauernmädel im Brauch, an den Hochfesten opferzugehen aus einem sehr weltlichen Beweggrund: um in ihrem Feststaat einen Paradegang zu machen. Einmal nun ging ein einziges Mädel. Als sie sich allein sah, getraute sie sich hinter dem Hochaltare nicht mehr hervor aus Furcht und Schande. Das war nun die ganze Kirchenzeit hindurch ein Schauen und Lauern, Kichern und Zischeln: »Kimmts no?« »Kimmts nimma?«
Der bayerische Schulmeister vom alten Schrot und Korn hatte besonders auf die Großleiche seine eigenen Lieder: er sang unter dem langen Opfergang von der Orgel den »blassen Tod«, die »gute Nacht«, je nachdem bauernwichtig das eine oder das andere bei ihm angeschafft wurde. Im Regental gab's vor Jahrzehnten einen braven Schulmeister. Wenn der Bauer bei ihm die Leiche ansagte, Ämter und Messen bestellend, schieden sie gewöhnlich mit den Worten:
Bauer: »Und für d' Wandlung möcht i die guate Nacht!«
Schulmeister: »Die guate Nacht kostet einen Gulden!«
Nach der Wandlung sang und orgelte er alsdann die »gute Nacht« den Bauern. In diesem Volkslied nimmt nämlich der Tote seinen weit ausgreifenden rührenden Abschied von Vater und Mutter, Sohn und Tochter, Bruder und Schwester, Ehegatten, Vetter und Base, Ähnl und Ahnl, Urödl und

Uradl. Und jedesmal, wenn eins verabschiedet ist, die Schlußverse:

Auf daß du in der heutigen Nacht
Besser schlafst als in der vergangenen Nacht,
Gute Nacht! Gute Nacht!

Gar nicht lange, so wurde auf der Frauenseite Tüchlein um Tüchlein gezogen, und selbst über manche derbe Mannsbacke kugelte eine dicke Zähre.

Siehst du im Straubinger Bäu einen Tafernhof voll ländlichen und städtischen Kutschen, so ist's ausgemachte Sache: heute gibt's eine Großbauernleiche. Darum gilt's als Hauptsorge, daß die sogenannten Einsagerinnen (Leichenbitterinnen) frühzeitig genug und in gehöriger Armee auslaufen nach Ost und West, Süd und Nord: ein Ämtlein, um das man sich hitzig meldet aus guten Gründen. Die Einsagerin, den Rosenkranz im Gürtel und die Kirm auf dem Buckel, trägt schwere Reichnisse heim in Mehl, Brot, Silber- und Kupfermünze. Bedeutende Verwandte werden aus weitester Entfernung mittels eigener gehender oder fahrender Eilboten auf die Leiche geladen. Und wenn alles da ist, aber der Gevatter noch nicht: so muß das ganze Leichenbegängnis, Pfarrer, Schulmeister und Leute, noch ein bißl verziehen, die stramme Ordnung muß dem Gevatter weichen. Ist der Pfarrherr schwierig, nun, so tritt der Vizemesner noch ins Mittel, steigt auf den Turm und reibt die Uhr um eine halbe Stunde zurück. So trifft der Gevatter noch rechtzeitig ein, und der Vizemesner erhält ein Trinkgeld.

Aus der Kirche geht's noch mal ans Grab heraus, um sich von dem Toten zu verabschieden. Der Schmerz lebt frisch auf und offenbart in seinem Übermaß die tiefsten Hausgeheimnisse. Dennoch muß die Träne versiegen: vom Grab weg schreitet man nach ländlicher Bayernsitte ins Wirtshaus zu einem kurzen vetterschaftlichen Trunke.

Den Dreißigst, somit das vollständige Leichenbegängnis, beschließt die sogenannte »Begräbnis«, der Totenschmaus in der Familienstube, aus welcher der Verstorbene ist herausgesegnet worden. Die Gäste sind: der Kreuzelbua, die Träger, der Toten-

gräber, die Ministranten, der Vizemesner, das Totenweib, die Familie, die Vettern und Basen, die Nachbarn und Armen. Der Hausherr läßt sie am Grabe umständlichst in seine »Grämeß« laden. Ist der Schmaus, bei welchem das Bier die Hauptrolle spielt, vorbei, so wird auf den Knien der Totenpsalter gebetet. Seelnonne und Vizemesner beten vor, häufig auch nur die erstere, weil der letztere zu tief in den Krug geschaut hat und dadurch amtsuntauglich geworden ist. Der Endvaterunser ist der: »für Voda und Muada, für Schwesta und Bruada, für Ähnl und Ahnl, für Död und Dod und für die ganz vostarbn Freundschaft.«
Sehr oft spinnt sich indessen das geschäftsbeflissene Totenweib, da eine die andere zu überbieten strebt, noch darüber hinaus in nimmer endende angehängte Vaterunser ein: für die drei allerärmsten Seelen im Fegfeuer usw. Das ist freilich recht und fromm, aber das bewegliche Bubenvolk scheut das und will, nachdem es tapfer gezecht hat, im vorhinein nicht mehr ins Gebet. Das erlauerte ein kluger, strammer Einödbauer zwischen Ilm und Abens, der ums Jahr 1840 herum seiner Bäuerin die »Begräbnis« hielt. Als der Rosenkranz anhob, fehlten ihm die vier Ministranten. Er nahm nun den Ochsenfiesel vom Nagel und ging geräuschlos in den Roßstall hinaus. Der Oberministrant spielte da vor den drei andern den Spotthanswurst: zog er seine Ohrläpplein an, so fuhr ihm seine Zunge weit zum Maul heraus, drückte er Kinn und Scheitel, dann schnellte sie ebenso jäh hinein. Der eine spielte, die andern lachten und klatschten. Aber mit einem Mal fuhr der Ochsenfiesel dem Possenreißer sausend um die Lenden und sofort den dreien auch. Sie waren in der Ecke, konnten nicht mehr aus, wanden sich unter den Hieben und heulten wie geprügelt. »Schau, schau, jetz geht enk 's Maul auseinanda!« spottete der Bauer. »Marsch da, nei in Rosenkranz!« sprach er gebieterisch, ließ sie aus, maß aber jedem noch eine auf mit dem Ochsenfiesel.
Doch, so bitterlich weh der dreimalige Schaufelwurf dröhnt: begraben ist im katholischen Lande nicht vergessen. Von nun an mit jedem Sonntage treten die bayerischen Söhne und Töchter zu den elterlichen Gräbern, um dem Vater und der Mutter den Weihbrunn zu geben und kindlich eingedenk zu sein: da unten

schläft jenes Mutterauge, das so viele Nachtwachen gehalten für uns, der Vaterarm, der sich geplagt hat für uns, das treue Elternhaupt, das sich abgekümmert um unsertwillen, das gute Elternherz, das die unermüdliche Triebfeder aller Guttaten gewesen.
Ja selbst die Oberdirn ehrt die Grabstätte ihres Diensthofes. Sie hat von Pflicht wegen sonntags die Weihbrunnkrugel zur Kirche zu tragen und aus dem Zuber frisch zu füllen. Davon sprengt sie nun reichlich auf die dienstherrschaftliche Grabstätte und füllt die Weihbrunngefäße am Grab und an der Stubentür. Je größer der Hof ist, um so größer muß die Weihbrunnkrugel sein. Als eine frisch eingestandene Abenstaler Dirn sich in die Sonntagskirche anschickte, war ihre erste ernstliche Beschwerde die: »Mit a sölchan kloan Weihbrunnkrugl müaßt i mi ja schama!« Eine andere mußte her, und zwar die größte im Dorf, sonst hätte es sehr möglicherweise einen Dienstaustritt gegeben.
Wenn unsere Bauern »auf die Leich« fahren und gehen, so fallen sie gewöhnlich, einer hat den andern am Ellenbogen, in jedes Wirtshaus ein, wie sie ihnen heimwärts am Wege liegen. Sie trinken und karten dann, bleiben hocken, kommen tiefspät heim, als hätten sie eine weite Reise gemacht, und bringen ein namhaftes Leichenräuschl mit. »'s nächst Mal bleibst du dahoam und geh i auf d' Leicht!« wettert da die brave Ehehälfte mit Fug und Recht. Indessen der Sturm legt sich wieder, und der reuige Eheherr darf nach wie vor auf die Leicht.
Wenn das Bettelweiberl an der Tür des Hauses ein recht rührendes Vaterunser betet für den verstorbenen Bauern, so wischt sich die Bäuerin die Augen aus und reicht hernach eine so große Gabe, daß das Bettelweiblein sie in Empfang nimmt mit dem gesteigertsten Danke: »Geltsgott hoam und hoam!«
Je tiefer in den Herbst hinein, desto öfter geht's auf die Leiche. Der Bayer selbst, wenn er ernstlich krank ist, umgibt sich durchaus mit keinen rosigen Täuschungen, er schaut dem Tode christlich ins Antlitz. »Hm, wenn 's Lauberl abfallt!« sagt er wehmütig und achselzuckend, aber fest und ergeben.

Wilhelm Dieß

Leichenbegängnis

Die Rott, ein spielerisches, dunkeläugiges Flüßlein, hat zur rechten Seite ein weitgeschwungenes Tal, das fruchtbar ist wie ein Garten und hinüberreicht bis zum Inn und seinen Steilufern, und zur Linken einen Höhenzug, der sie fast den ganzen Weg begleitet. Die Landschaft auf der Höhe, nicht minder fruchtbar wie das Tal, ist ungemein faltig – nicht eine Viertelstunde kann man nach irgendeiner Richtung ebenaus gehen. Das Tal ist besetzt von behäbigen, schweren Dörfern, auf der Höhe sind die Einzelhöfe zu Hause. Eine Landstraße zieht am Fuße der Hügelkette die Rott entlang, eine alte, erfahrene Landstraße, die sich vor Jahrhunderten schon so richtig ihren Platz gewählt hat, daß an ihr nichts herumkorrigiert werden kann und sie ihre Ruhe hat. Sie ist breit genug, daß zweispännige Erntewagen aneinander vorbeifahren können, kräftig genug, daß sie unter einem wichtigtuenden Lastkraftwagen nicht einbricht, und elastisch genug, daß ein Rottaler Wagenpferd, ohne Schaden an seinen Beinen zu nehmen, nach Herzenslust austraben kann. Alte Obstbäume stehen an ihren Rändern, für den Ablauf des Regenwassers hat sie zwei richtige Straßengräben, kurz, man kann an ihr seine Freude haben.

Auf die Höhe hinauf schickt sie viele Seitensträßlein, die je nach der Aufgabe, die sie zu erfüllen haben, kerzengerade ansteigen oder in Kehren oder den Hügel flach anschneiden. Von allen Arten kann man sie antreffen, natürlicherweise.

Eines macht sich unvermerkt in einem Dorfe davon und wird erst auf halbem Hang von unten sichtbar. Es hat eine ziemliche Höhe zu überwinden, läßt sich das aber nicht verdrießen, sondern steigt gerade an, solange es Atem hat, schwingt kräftig aus und nimmt den Rest wieder wie ein Abschneider. So ist es schon immer gewesen, wie die alten Apfelbäume und Pappeln, die es begleiten, beweisen.

Das Dorf, aus dem es kommt, ist ein Pfarrdorf, das sich schmal an den Hügel lehnt. Es besteht aus einigen mächtigen Bauernhöfen, einem Wirtshaus mit Metzgerei, Schulhaus, Pfarrhof, einem

Bäcker, einem Kramer, einer Schmiede vor allem; an den Ausläufern sitzen der Schneider, der Schuster, einige Kleinhäusler. Mittendrin, versteckt unter hohen Bäumen, steht die Kirche, im ummauerten Friedhof. Wer von der Ebene kommt, kann das Dorf lange nicht sehen; er glaubt, der Zwiebelturm, der allein sichtbar ist, gehöre zu einer einsamen Kirche. Das Dorf nämlich ist völlig versunken in seiner Baumwildnis und verschmolzen mit der Hügelwand, an die es sich schmiegt.

Wenn es den Menschen gegeben wäre, glücklich zu sein, dieses Dorf wäre dazu geschaffen. Es ist nicht zu groß und nicht zu klein, an Arbeit fehlt es nicht und nicht an Brot und nicht an Zeit. Der Zwiebelturm zwar trägt eine Uhr, aber wer sie ablesen wollte, müßte auf den Friedhof gehen, da er sie sonst von keiner Stelle sehen kann, und niemand kann den Stundenschlag hören, da er in den Wipfeln der Bäume verklingt. Wer hier lebt, spürt die Stunde und weiß damit besser Bescheid über den Ablauf der Zeit als der Uhrenleser. Indessen – die Menschen, so trefflich sie oft alles anrichten können zum Glücke – zufrieden und glücklich sein, das gelingt dann doch nicht. Weiß der Teufel, woran das liegt.

Wer von dem Dorf auf die Höhe und von der Höhe zum Dorf herab will, der hat keine Wahl, er muß sich des einzigen Sträßleins bedienen und kann das beruhigt tun. Es hat eine feste Decke und wer sich Zeit läßt, bergauf und bergab, dem fehlt nichts. Zumal wenn es trocken ist. Manchmal ist es anders.

Vor vierzig Jahren einmal, im November, da war scharfer Frost eingefallen. Dann ist es wieder etwas wärmer geworden, hat auch geregnet, gleich darauf ist ein eisiger Wind gekommen, und unter dem ist die Wimmermutter, die ehrengeachtete Austragsbäuerin Therese Höber vom Wimmerbauern in Wimm auf der Höhe, gestorben. Sie war noch gut bei Jahren und hätte auch ihrer Arbeit noch vorstehen können, wenn sie eine gehabt hätte. Aber wie es eben geht. Ihren Bauern hatte, als er noch nicht fünfzig war, ein Baum erschlagen, und von da an sind die Kinder erstaunlich schnell herangewachsen, der älteste Bub hat ihr bald keine Ruhe mehr gelassen mit dem Übergeben. Die Wimmerin war ganz gewiß keine von denen, die sich um ihre Sachen nicht wehren, aber was will eine Wittib gegen einen tatenlustigen, jungen Bauern machen. Und nochmals heiraten, und damit die Kinder aus dem Haus treiben, wollte sie auch nicht. Also ist sie in den Austrag gegangen, hat zu kränkeln angefangen und ist auch rasch genug gestorben.

Ihr Sohn hat eine große Leich bestellt, mit Aussegnung vom Haus aus. Am Morgen ist der Leichenkondukt auf dem Hof erschienen, der Pfarrer hat über das wächserne Angesicht der Wimmerin das Kreuz gemacht und den Segen gesprochen, der Sarg ist geschlossen worden, und die Bleß und die Rottalerin, zwei wunderschöne, selbstgezogene Stuten, haben auf einem mit Tannenreisig ausgeschlagenen Brückenwagen die Wimmerin aus dem Hof weggefahren, in dem sie vierzig Jahre gearbeitet und gewerkt hatte. Als der Leichenzug an die Stelle kam, wo das Sträßlein steil abfällt, ist der Sarg vom Wagen gehoben worden, vier Männer haben ihn auf ihre Schultern genommen, um ihn zu Tal zu tragen.

Vorne sind der Aumüller gegangen und der Waizinger, hinten der Stadlberger und der Munzinger, alle vier Bauern aus der Nachbarschaft; der Aumüller und der Munzinger junge Mannsbilder, die beiden andern schon etwas älter, aber bei voller Kraft.

Die Ordnung des Zuges war so: Voraus schritt der Meßner zwischen zwei Ministranten mit dem großen Kreuz, dann folgte der Sarg, dann der Pfarrer und dann das Leichengefolge.

Das Sträßlein, leider Gottes, war an diesem Morgen, wie es bei diesem Wetter nicht gut anders sein konnte, mit einer dünnen Eisschicht bedeckt, über und über, eine richtige Eisbahn.

Der Meßner mit dem Kreuz setzte höchst behutsam Schritt vor Schritt, die Füße einwärts gestellt, den Blick auf den Boden geheftet, was ihm einen erheblichen Vorteil vor den Sargträgern verschaffte, denen die Traglast das Haupt in die Höhe zwang und die sich also allein auf das Tastgefühl ihrer Beine verlassen mußten. Diese Beine mußten auch noch alle im Gleichschritt bleiben – es ist klar, daß der Transport des Sarges auf dem Sträßlein eine gefährliche Unternehmung war. Dessen war sich der Meßner bewußt, der immer langsamer wurde, als ob er den ganzen Zug mit seinem Körper hätte bremsen wollen. Das wußte der Pfarrer, der ängstlich Abstand hielt vom Sarg, und das wußten schließlich alle Leidtragenden, die sich rechts und links am

Rande der Straße hielten und unentwegt ihre Aufmerksamkeit auf die acht Beine unter dem Sarg richteten.
Mit Vorsicht und Behutsamkeit ging aber alles gut, bis an der linken Seite hinten der Stadlberger, niemand weiß wie, auf einmal mit einem Bein ins Rutschen kam. Er war der längste von den vier Sargträgern, auch der älteste und schwerste. Nebenbei gesagt: auch der reichste und angesehenste. Er hatte fünfzehn Rosse in seinem Stall, eines herrlicher wie das andere, hundert Tagwerk besten Getreidebodens um den Hof herum; von allem andern abgesehen, war er Reichstagsabgeordneter und hatte eine richtige Bibliothek im Haus, deren Grundstock von seinem Vatersbruder stammte, der Generalvikar des Bischofs von Passau gewesen war. Wer ihn nicht näher kannte, mußte denken, daß nicht viel hinter ihm stecke. Denn er zeigte immer Unlust zu reden, und man konnte ihm nicht ansehen, was er dachte. In Wahrheit war er ein guter Beobachter, hatte seine Augen überall, und reden konnte er wie ein Buch und grundgescheit, wenn es einmal der Mühe wert war. Er hatte eine dunkle, körnige Stimme. Es geschah rein der Wimmerin zu Ehren, seiner nächsten Nachbarin, daß er heute den Sarg auf die Schultern genommen hatte, es wäre sonst seine Sache nicht gewesen.
Nun, gerade ihm also rutschte ein Bein weg; seinem Bemühen, es wieder aufzusetzen, war der Erfolg versagt. Vielmehr sackte er etwas zusammen und bekam auf diese Weise mehr von der Last des Sarges, als er mit einem Bein im Gleichgewicht halten konnte. So folgte auch dieses dem entwichenen Bruder, und der Stadlberger, Gott sei's geklagt, schlug hin, nach rückwärts, die Beine nach vorne in die Luft gestreckt. Ein solcher Sturz ist schmerzhaft, aber das war jetzt nebensächlich. Der Sarg senkte sich nach rückwärts, zugleich mit dem Stadlberger, der Munzinger neben ihm wollte zugreifen – ganz vergeblich, auch er verlor den Halt. In der Absicht, die Lage zu retten, faßte er noch rasch den Ansatz, mit dem die Bahre auf seiner Schulter lag, mit beiden Händen und stieß sie mit einem kräftigen Ruck in die Höhe, ehe er niedersank. Das hatte zur Folge, daß der Sarg, der unbefestigt auf der Bahre lag, einen Schwung nach vorne erhielt und mit einer Kante dem Aumüller, ehe er wußte, wie ihm geschah, ins Genick fuhr. Die Wimmerin war im Leben eine ganz gewichtige

Frau gewesen, und so war es ausgeschlossen, daß der Aumüller dem Angriff, der noch dazu ganz unvermutet und von hinten erfolgte, standhalten konnte. Er gab einen kurzen Laut von sich, der ebenso der Gegenwart wie der nächsten Zukunft galt, verlor ein Bein nach innen und eins nach rückwärts und stürzte zur Seite. Der Sarg folgte ihm, gleich einem fliehenden Feinde. Der Waizinger gab geistesgegenwärtig nach und ließ die Bahre los. Auf diese Weise wäre er als einziger auf den Beinen geblieben, wenn nicht der Munzinger, der wie ein Schlitten daherkam, sie ihm weggeschlagen hätte. Also mußte auch er sich hart niedersetzen. Dabei traf er als erster den Meßner – auf den dann der Sarg noch eindrang –, der, wie es nicht gut anders sein konnte, auch rückwärts hinschlug, mit ihm das schwere Kreuz, das er nicht aus den Händen ließ, und das den Waizinger so sehr am Schädel traf, daß diesem ein lang hingezogener Fluch entfuhr. Das alles ging rasch und ohne Stocken vor sich. Der Pfarrer sah es mit Bestürzung, schon aber saß auch er auf der glatten Bahn, hingerissen vom Waizinger, der ihn am Bein ergriffen hatte, um sich daran festzuhalten.
Die Bahre war verschwunden. Der Sarg, in seinem Schwung und seiner Fahrt vom Nacken des Aumüllers gehemmt, hatte sich quer gedreht, war mit der Breitseite an den stürzenden Meßner und an diesem entlang gefahren und hatte gleichsam als Vorreiter den Weg nach abwärts genommen. Nicht weit freilich, und er taumelte in den Straßengraben, dessen Enge ihn aufhielt. Die gestürzten Männer glitten im Knäuel hinterdrein. Es ist außerordentlich schwierig, auf abschüssiger Bahn aus der Bodenlage in die Höhe zu kommen, und durchaus nicht einfacher, wenn man es mit mehreren zusammen ausführen soll. Denn da will sich jeder am andern stützen, und was immer einer erreicht zu haben glaubt, wird dadurch, daß ein anderer an ihm sich emporziehen will, wieder zunichte gemacht. Man müßte das Aufstehen in solcher Situation planvoll unter entsprechender Leitung üben, dann würden die Schwierigkeiten schwinden und es könnte sogar ein kraftvolles Bild daraus werden – indessen, wer hätte um jene Zeit an so etwas auch nur gedacht!
Das wild bewegte Gemenge der Männer glitt langsam abwärts, und es hatte den Anschein, als ob es vor dem Ende der Straße

überhaupt nicht mehr zum Halten zu bringen wäre. Sehr ungebärdig benahm sich der Aumüller; ihn hatte wohl der Stoß des Sarges ins Genick aufgeregt, er war aber auch sonst von ungeduldigem Wesen. Seltsam ging es mit dem Pfarrer zu. Seit er am Boden lag, war jede geistliche Würde von ihm gewichen, er lag und rutschte und kugelte als Mann unter Männern; seine Griffe, seine Bewegungen und seine Äußerungen waren ungehemmt, kräftig und ganz der Lage angepaßt. Seinen Pfarrkindern ist er damals menschlich so nahe gekommen wie nie zuvor oder nachher. Die Leidtragenden, die im ersten Schrecken Gefahr gelaufen waren, selbst hinzuschlagen, weil solche Stürze anstecken wie das Gähnen, hatten zunächst untätig sich der Verwunderung über die Gewalt dieser Erscheinung hingegeben, dann aber war der Wimmerbauer daran gegangen, seine Mutter zu retten. Den fliehenden Sarg mit den Augen festhaltend, stieg er mutig in den unruhigen Haufen hinein und lag im nächsten Augenblick mitten drin. Dem einen oder andern, der helfen wollte, ging es nicht anders. Das schreckte ab, und der Leichenzug blieb nun wie erstarrt auf einem Fleck stehen.
Der Stadlberger war bei der Schlittenfahrt unversehens nach vorne geraten, bei einer Umdrehung sah er den Sarg vor sich im Graben, und voll Besonnenheit steuerte er mit den Füßen sogleich darauf zu. Es gelang ihm, er bekam etwas Halt und konnte sich auch behaupten, als der Waizinger und der Meßner ihn mit strampelnden Stiefeln bedrängten. Er umklammerte den Sarg und ward auf diese Weise der Anker, an dem das strudelnde Männerwrack allmählich zum Stillstand kam.
Langsam richteten sich die Gefallenen wieder empor, zuletzt der Stadlberger. Ernsthaften Schaden hatte keiner genommen, sie sahen nur alle etwas zerzaust aus. Die Chorröcke des Pfarrers und des Meßners waren sehr in Unordnung, ja bei näherem Zusehen zeigten sie sich erheblich zerrissen. Das Barett des Pfarrers war zerstampft und nicht mehr zu gebrauchen. Dagegen konnten die Kopfbedeckungen der übrigen Beteiligten ziemlich unversehrt beigebracht werden.
Es dauerte eine Weile, bis jeder über seinen Zustand ins reine gekommen war. Die Aufmerksamkeit zog dann zunächst der Waizinger auf sich, der ein Gespräch mit dem Meßner begonnen

hatte. Er behauptete, dieser – nebenbei bemerkt ein Störschneider in mittleren Jahren, Vater vieler Kinder – sei ein ganz gescherter Lackl und das hätte es niemals gebraucht, daß er ihm das Kreuz an den Schädel geschlagen hätte. Wenn es nach Rechten ginge, müßte er ihm auf der Stelle einen Anstand beibringen und ihn richtig herschlagen, und er hätte gute Lust dazu. Es war klar, daß der Waizinger recht schmerzhaft getroffen worden war und dadurch zu ungerechten Vorwürfen neigte. Der Meßner war noch ganz benommen, seine Knie waren zittrig, und er wußte zu seinem Glück dem zornigen Waizinger nicht zu antworten. Daß man sich endlich auch des Sarges wieder erinnerte, lenkte den Waizinger ab und beruhigte sein aufgestörtes Gemüt.
Der Sarg lag unbeschädigt im Straßengraben und wartete geduldig. Man hob ihn auf die Straße und führte ihn auf der Bahre wie auf einem Handschlitten sorgsam abwärts. Hinter ihm hatte sich der Zug wieder geordnet. Die Kirchenglocken begannen zu läuten, da man in der Nähe des Friedhofs angekommen war. Unten an der Straße und beim Eingang zum Friedhof standen Frauen in Trauertracht, das mit einem Rosenkranz umschlungene Gebetbuch in den Händen, bereit, sich dem Zug anzuschließen. Nun hoben die vier Bauern den Sarg wieder auf ihre Schultern und trugen ihn bis zu der frischen Grube im Friedhof, die das Grab der Wimmerin zu werden bestimmt war. Die ganze Zeit über erklangen die Glocken, nicht anders, als sie die Verstorbene allsonntags zur Kirche gerufen hatten. Sie verstummten erst, als der Pfarrer seine Stimme erhob zum Wechselgesang des Requiem aeternam dona eis, Domine. Noch einmal wurde der Sarg eingesegnet, dann senkte er sich ruhevoll in die hartgefrorene Erde. Die Wimmerbäuerin Therese Höber war in ihren Frieden eingegangen.
Der Leichentrunk nach der Beerdigung war ihrer würdig. Der junge Bauer ehrte seine Mutter, indem er den Leidtragenden volle Schüsseln zu gefüllten Krügen auf den Wirtshaustisch stellen ließ. In den Gesprächen wurde der Lebenslauf der Verstorbenen in allen Einzelheiten besprochen, und es kam ein günstiges Urteil zustande. Um den Nachlaß brauchte niemand Sorge zu tragen, da die Wimmerin schon zu Lebzeiten all ihre irdische Habe weitergegeben hatte.

Es ist natürlich, daß auch die stürmische Abfahrt eingehend erörtert wurde. Die gute Bewirtung und der Umstand, daß sich der Leichentrunk bis in den Nachmittag hinein ausdehnte, trugen dazu bei, daß manche unfreundliche Äußerung fiel und im besonderen das weibliche Geschlecht sehr abfällige Bemerkungen über die Mannsbilder machte. Diese indessen schenkten ihnen keine Beachtung.
Der Stadlberger und der Waizinger gingen zusammen nach Hause. Es hatte zu schneien begonnen, frühe Dämmerung war im Anzug. Die beiden Männer schritten langsam und ungefährdet das Sträßlein hinan, sie unterhielten sich über ihre Fohlen. Als sie an die Stelle des Sturzes kamen, schüttelte der Stadlberger, einen Augenblick verhaltend, stumm den Kopf. Der Waizinger sagte: »Du kannst dir nicht denken, wie mir der Lackl das Kreuz naufghaut hat.« Er sagte es in heißem Groll, und er hat diesen Groll lange in seinem Herzen getragen.
Der Straße aber hat niemand die Sache nachgetragen. Man hat sie unangetastet gelassen bis heute.

VIII. ... des is der Königludwigschänder

Bayrische Literatur der Gegenwart

Herbert Rosendorfer

Der Eiffelturm

Bruno A. Rabe verteidigte sich später damit, daß die Idee ursprünglich gar nicht von ihm gewesen sei.

Sie stammte von einem Mann namens Hündlbacher, den Rabe als seinen Freund bezeichnete. Freund Hündlbacher äußerte die Idee so nebenbei, als Rabe wieder einmal versuchte, bei ihm Geld zu leihen. Später hatte Hündlbacher mit der Sache, die aus dieser Idee erwuchs, nichts mehr zu tun. Natürlich aber erfuhr er davon aus den Zeitungen.

Bruno A. Rabe war nicht eigentlich ein moderner Mensch, obwohl er sich – wie die Mittelinitiale zeigt – bemühte, up to date zu sein. Nur was unmodern ist, ist im Grunde genommen modern, das gilt für die Literatur genauso wie für die Damenoberbekleidung und ganz besonders für die Verbindung von beiden: für das Theater. In diesem Metier war Rabe tätig.

Obwohl man ihm mannigfache Talente fürs Theater nicht absprechen konnte, war er, kraß gesagt, zu dumm, um die heiklen Verflechtungen von Literatur und gesellschaftlichen Gegebenheiten zu erkennen. Konkret gesprochen: Rabe spielte unverdrossen Tennessee Williams, als unter wacheren Theaterleuten das Geraune um Ionesco längst zu einem Donner angeschwollen war. Als der Trend der Kellerbühnen zum Happening unverkennbar wurde, entschloß sich Rabe endlich, Ionesco zu spielen. Damals allerdings, als Rabe seinen Freund Hündlbacher anzupumpen versuchte, spielte er gar nichts. »Theaterferien«, sagte er.

Es war Februar, eine ungewöhnliche Zeit für Theaterferien.

Theaterdirektor Rabe hatte zunächst, bevor er die Theaterferien deklarieren mußte, probeweise bei Kerzenlicht gespielt. Zwar war es ihm gelungen, Kerzen auf Kreditbasis zu beschaffen, aber schon bei der ersten Vorstellung erwies sich, daß die Kerzenbeleuchtung im Theater technisch kaum durchzuführen war, ganz abgesehen davon, daß diese Praxis vor der Feuerpolizei sorgsam verschwiegen werden mußte, also auch in der Werbung nicht verwertet werden konnte. Es war, mußte Rabe einsehen, letzten

Endes einfacher, die schon überstrapazierten Geldquellen nochmals anzuzapfen und so das Geld für die offenen Lichtrechnungen irgendwie aufzutreiben.
Bei Hündlbacher war Rabes wünschelrutenfeine Nase für überzählige Zwanzigmarkscheine fündig geworden, als der Freund die erwähnte Idee von sich gab.
Diese Idee beruhte auf der Überlegung, daß es so gut wie ausgeschlossen ist, für ein Unterfangen, das nur im entferntesten im Geruch der Völkerverständigung steht, *keine* Subventionen zu bekommen.
»Aber was für eine Idee?« fragte Rabe.
»Mein Gott«, sagte Hündlbacher, »die Idee kann gar nicht dumm genug sein. Olympische Spiele oder den Eiffelturm von Paris nach München tragen, zum Beispiel.«
Dieses Wort, möglicherweise mit einer zugleich aufleuchtenden Zahlen-Fata-Morgana im Bewußtseinshintergrund, muß in Bruno A. Rabes Vorstellungswelt wie der sprichwörtliche Blitz eingeschlagen haben. Rabe unterbrach jedenfalls seinen Pumpversuch bei Hündlbacher und empfahl sich.
Rabe erkundigte sich und erfuhr, daß in jenem Jahr in München für den Sommer eine deutsch-französische Freundschaftswoche geplant war. Unverzüglich gründete er ein Komitee (das zunächst nur aus ihm bestand) und rief eine ›Internationale Jugendbewegung‹ ins Leben, die das Ziel hatte, den Eiffelturm von Paris nach München zu tragen.
»Das wird nicht gehen«, warnten Rabes Freunde.
»Das geht«, sagte Rabe.
Er selber konnte nur mit Vorbehalten zur eigentlichen Jugend gezählt werden. Wie alt er war, wußte niemand genau. Es war auch schwer zu schätzen, denn trotz seiner Stirnglatze und einiger Zahnlücken wirkte er, namentlich wenn man seine unvergorenen Ansichten hörte, jünger, als er vermutlich war. So nahm niemand Anstoß an Rabes kecker Firmierung ›Jugendbewegung‹.
Eine vorläufige Bestandsaufnahme ergab, daß der Eiffelturm – unbeschadet etwaiger Gewichtsverluste durch Rost – 1889 aus 9 122 243,28 Kilogramm Eisen errichtet wurde, an der Grundfläche 129,22 Quadratmeter mißt und 300 Meter hoch ist. Pro Qua-

dratzentimeter Bodenfläche ergibt das eine Belastung von drei Kilogramm.

Rabe erkannte klar, daß er niemals auf einen Schlag die Subventionen für dieses riesige Unternehmen würde bekommen können. So machte er zuerst kleinere Beträge locker, aktivierte die Kolpingjugend, die Falken, die Pfadfinder, reiste per Autostopp nach Bonn (zurück kam er bereits im Schnellzug I. Klasse), und in kurzer Zeit waren so viel öffentliche Mittel und so viel allseitige Betriebsamkeit in das Unternehmen investiert, daß es kein Zurück mehr gab.

Anfang Mai versammelte sich ein Heer von jugendlichen Idealisten auf dem Champ-de-Mars. Fröhliches Lagerleben umtoste die vier Füße des Eiffelturmes, bis die Formalitäten erledigt waren. Dann wurde der Turm abgeschraubt. Ein Versöhnungsfeuer wurde entzündet; unter Absingen diverser Nationalhymnen erfolgte am 10. Mai bei Sonnenaufgang der feierliche Abhub.

Bruno A. Rabe, ein notorischer Langschläfer, versäumte diesen Augenblick. Als er, wie es seine Gewohnheit war, so gegen ein Uhr mittags aufwachte, nahm er – und er wußte sogleich, woher es rührte – ein leichtes Schaukeln seines Bettes wahr. Rabe hatte nämlich – in der wohl richtigen Überlegung, daß es bei rund neun Millionen Kilogramm auf sein Gewicht nicht mehr ankäme – in der Wohnung oben auf dem Turm Logis bezogen und beabsichtigte, sich nach München tragen zu lassen. Zwei Freundinnen leisteten ihm Gesellschaft.

Rabe erhob sich aus den Armen der Mädchen und trat ans Fenster. Es bot sich ihm ein überwältigendes Bild. Tausende von Pfadfindern und Kolpingsöhnen umdrängten die vier Eiffelturm-Stützen wie Bienen den Stock. Das vielsprachige »hauruck« der Anführer und Unterführer drang nur ganz leise zu Rabe herauf. Fast unmerklich schwankte der Turm, von einer milden Nachmittagssonne beschienen, an Charenton vorbei nach Osten.

In der Folge gab es herrliche Feste für Bruno A. Rabe. Manch edler Korken knallte in der kleinen Wohnung oben in fröhlicher Runde, und der Champagner schaukelte leise im Glas. Hunderttausende von Neugierigen säumten den Weg. Legionen von Photoreportern begleiteten den Transport. Der eine oder der andere

Bürgermeister ließ es sich etwas kosten, den Eiffelturm für zwei oder drei Tage in La Ferté oder in Orbais zu haben.
So verging der Mai. Bald war nicht mehr zu verkennen, daß die Zeit drängte. In Bar-le-Duc mußte sich Rabe dazu entschließen, den Turm umlegen und waagrecht weitertransportieren zu lassen. Das erleichterte und beschleunigte zwar den Transport, beengte aber Rabes Lebensführung. Da auch in der kleinen Wohnung im Eiffelturm die Räume mehr lang und breit als hoch sind, veränderte sich das Ausmaß der Bodenfläche in ungünstigem Sinne. Ein Teil der Möbel mußte geopfert werden. Die Küche, vordem einfach durch eine Tür zu erreichen, konnte jetzt nur mehr über eine Leiter erstiegen werden. Die Schwierigkeiten, ein schräg aus der Wand ragendes Wasserklosett zu benutzen, mag sich jeder selber ausmalen. Als Robinson-Ionesco Rabe (Brunos Sohn aus einer seiner zahlreichen Ehen) beim Spielen aus einem mangelhaft gesicherten Oberlicht fiel, mußte Rabe einen provisorischen Fußboden über die Wand legen lassen.
Mitte Juni erreichte man den Rhein. Um ein Haar wäre hier das ganze Unternehmen zum Erliegen gekommen. Rabe redete und redete mit dem zuständigen Zollinspektor. Aber Zoll hat bekanntlich mit Völkerverständigung nichts zu tun. Eine Zolldeklaration wurde verlangt. Da hatte Rabe eine Sternstunde: »Andenken«, erklärte er. Der Eiffelturm passierte als Souvenir den Rhein.
Der damalige Ministerpräsident von Baden-Württemberg ließ es sich nicht nehmen, zwischen Weil der Stadt und Böblingen symbolisch mit Hand anzulegen. Der Rektor von Tübingen und der Bischof von Rottenburg spendeten ihre Glück- und Segenswünsche. Nach der sehr mühsamen Überquerung der Schwäbischen Alb kam es kurz vor Ulm zu einem ernsthaften Zwischenfall. Die beiden Rabe-Freundinnen (genannt Bu-Bu und Tutsie-Wutsie) hatten herausgefunden, daß Rabe mindestens seit Nancy – vermutlich aber schon seit dem Abmarsch – mit einer Gruppe von Pfadfinderinnen ziemlich freie Sonnenaufgangsfeiern abhielt.
»Dafür kannst du zeitig aufstehen«, schrie Bu-Bu.
Bruno grinste und schnalzte mit der Zunge in seinen Zahnlücken herum. Daraufhin gab ihm Tutsie-Wutsie eine Ohrfeige. Da Bruno nur über sehr geringe Körperkräfte (im Gegensatz zu

Manneskräften) verfügte, was seine Freundinnen natürlich wußten (beides), war die Ohrfeige von Tutsie-Wutsie stets das Signal, Bruno Rabe zu verprügeln.
Diesmal aber gelang ihm unter Ausnützung der besonderen Verhältnisse die Flucht. Er sprang aus der Wohnung und lief querfeldein. Die Kommando-Gruppe ›Turmspitze‹ glaubte an eine Richtungsänderung und folgte. Zum Unglück hatte es stundenlang vorher geregnet. Die Eiffelturm-Spitze mit dreißig Rotten ›Deutsche Jugend des Ostens‹ versank im Morast. Bu-Bu, Tutsie-Wutsie und Robinson-Ionesco konnten sich im letzten Augenblick retten. Von Rabe fehlte zunächst jede Spur.
Wertvolle Tage vergingen, bis die Bundeswehr die verlorenen Rotten ausgrub und den Eiffelturm wieder flottmachte. Auch Bruno A. Rabe wurde wiedergefunden. Er übte im Wald Kniebeugen. »Tu's nicht, Bruno!« schrie Bu-Bu, als sie ihn sah. Bruno hatte schon einige Male gedroht, er werde eines Tages so lang Kniebeugen machen, bis sein Herz versagen würde. Tutsie-Wutsie umschlang Bruno, Robinson-Ionesco weinte. So ließ sich Bruno A. Rabe endlich bewegen, wieder zum Turm zurückzukehren.
Die ausgiebige Versöhnungsfeier, an der natürlich auch die Pfadfinderinnen teilnahmen, konnte nicht darüber hinwegtäuschen, daß viel Zeit verlorengegangen war. Es wurde nun zwar unter Aufbietung aller Kräfte in Tag- und Nachtschichten getragen, als aber der Eiffelturm den Burgfrieden Münchens erreichte, war die deutsch-französische Freundschaftswoche gerade zu Ende gegangen.
Wie bringt man den Eiffelturm wieder zurück nach Paris?
Bruno A. Rabe war sich im klaren darüber, daß für den Rücktransport womöglich noch größere Eile geboten war. Noch in der Nacht ließ Rabe das schwierige Wendemanöver ausführen. Als die Spitze des Turmes im Morgengrauen endlich gen Westen zeigte, erreichte Bruno Rabe die niederschmetternde Nachricht: man habe es sich, schrieb man ihm aus Paris, inzwischen überlegt. Paris sei tatsächlich, was viele immer schon gesagt hätten, ohne Eiffelturm viel schöner. Rabe könne ihn behalten.
Nun, die Nachricht war, um das richtigzustellen, im ersten Augenblick gar nicht so niederschmetternd. Schließlich bekommt

man ja nicht alle Tage neun Millionen Kilo Eisen geschenkt. Als Rabe gegen ein Uhr dieses Tages aufwachte, gab er sogleich Anweisungen, den Turm aufzurichten. Er glaubte schon, nie mehr Miete für Theatersäle schuldig bleiben zu müssen und Herr im eigenen Haus zu sein, wenn er in Zukunft auf dem Eiffelturm bei Pasing Theater spielen würde.

Als man mitten in den Vorbereitungen für das Aufrichten war – Anlegen von Winden, Stahlseilen, Montage von Rollenlagern –, erschienen einige Herren bei Bruno A. Rabe. Ihre offiziellen Mienen ließen nichts Gutes ahnen.

»Was haben Sie mit dem Ding da vor?« fragte einer der Herren.

»Das ist kein Ding, das ist der Eiffelturm«, sagte Rabe und erläuterte seine Theaterpläne.

»Geht nicht«, sagte der offizielle Herr.

»Warum nicht?«

»Er nimmt zu viel Platz weg.«

»Aber der Turm bleibt ja nicht liegen. Er wird aufgerichtet, meine Herren, sehen Sie die Winden und Rollen.«

»Er entspricht nicht den feuerpolizeilichen Vorschriften«, sagte der zweite der Herren.

»Im senkrechten Zustand«, sagte ein dritter, »stört er das Stadtbild.«

»Aber, aber«, sagte Rabe, »in Paris hat der Turm jahrzehntelang nicht gestört, im Gegenteil ...«

»Unser Oberbürgermeister«, sagte der dritte Herr, »hat andere Vorstellungen von Türmen, modernere.«

»Überhaupt«, brachte sich jetzt der vierte der Herren, der bis dahin geschwiegen hatte, zu Gehör, »wem gehört das Ding jetzt?« »Mir«, sagte Rabe.

»Dann müssen Sie Einfuhrzoll zahlen.«

»Ist schon erledigt«, sagte Rabe. »Ich habe schon eine Zolldeklaration abgegeben ...«

»Ich weiß«, sagte der vierte Herr, »Sie haben ihn als Andenken deklariert. Wir ließen das durchgehen, solange sich der Turm quasi gastweise in der Bundesrepublik aufhielt. Jetzt hat sich die Situation natürlich geändert. Neun Millionen Kilo sind ja wohl kein Pappenstiel.«

»Und wieviel wäre das an Zoll?« fragte Rabe kleinlaut.

Der vierte Herr blies die Backen auf, als er nachdachte. »Wenn wir Ihnen den günstigsten Tarif gewähren: zwölf Pfennig pro Kilogramm.«
»Das sind«, stammelte Rabe, »das sind 900000 und zweimal 90000 ...«
»Rund eine Million«, sagte der vierte Herr.
»Aber bedenken Sie doch, meine Herren. Es ist doch ein öffentlich gefördertes Unternehmen der Völkerverständigung.«
»Das *war* es«, sagte nun wieder der erste Herr. »Solange der Eiffelturm das Wahrzeichen von Paris war – gut. Aber Paris hat Ihnen den Eiffelturm nun geschenkt. Ab sofort ist es Ihr Wahrzeichen. Wo kämen wir hin, wenn jeder seine Eiffeltürme in der Gegend herumträgt.«
»Dann verzichte ich auf den Turm«, sagte Rabe verzweifelt.
»Das ist Ihre Sache«, sagte der zweite Herr. »Dann sorgen Sie dafür, daß das Ding hier wegkommt.«
»Aber wohin?« fragte Rabe.
»Schreien Sie nicht so mit uns«, sagte der dritte Herr. »Wohin – das ist Ihre Sache. Ist es vielleicht unser Turm?«
»Ich schenke ihn Ihnen«, sagte Rabe schnell und freundlich. »Ich schenke ihn der Stadt München!«
»Woher sollte die Stadt München die Million für den Zoll nehmen?« fragte der erste Herr.
»Aber *dieser* Anziehungspunkt für den Fremdenverkehr, die Amerikaner ...«
»Ich erwähnte bereits«, sagte der dritte Herr, »daß unser Oberbürgermeister eine völlig andere Vorstellung von Türmen hat.«
»Kennt er ihn denn überhaupt, den Eiffelturm?« fragte Rabe.
»Ja«, sagte der dritte Herr, »von Postkarten.«
»Man könnte ihn zerkleinern ...«, sagte Rabe.
»Wie reden Sie vom Oberbürgermeister«, fuhr der erste Herr auf.
»Ich meine den Turm. Zerkleinern in ganz kleine Teile und Andenkenmedaillen daraus machen, vielleicht für die Olympiade. Ich stifte ihn ... ja! Ich stifte ihn für den Olympiafonds.«
»Da kostet ja das Zerkleinern mehr, als der Profit ausmacht«, sagte der zweite Herr.

»Und die Million Zoll müßte trotzdem bezahlt werden«, fügte der vierte Herr hinzu. »Womöglich zweimal, einmal von Ihnen, Herr Rabe, weil Sie den Turm eingeführt haben, und einmal von der Stadt München, weil sie ihn geschenkt bekommt.«
»Dann sollen mich alle gern haben«, schrie Rabe. »Bu-Bu, Tutsie-Wutsie, kommt heraus, wir gehen; den Turm soll sich an den Hut stecken, wer will.«
»Unterstehen Sie sich«, sagte der erste Herr. »Wir haben Sie und den Turm durch Polizeiposten bereits umstellen lassen. Sie sind dafür verantwortlich, daß das Ding wieder weggeschafft wird. Sie entkommen uns nicht, mit *dem* Ding am Halse nicht.«
»Ich empfehle Ihnen«, sagte der vierte Herr leise, »einmal mit den umliegenden Landkreisen zu reden. Die sind vielleicht großzügiger.«
Als die vier Herren gegangen waren, schlich sich Rabe durch den Polizeikordon in die Stadt. Keines der Pfandhäuser wollte dem Angebot nähertreten. Hündlbacher, dem Rabe erklären wollte, daß er als Urheber der Idee für die Beseitigung des Turmes sorgen müsse, ließ sich verleugnen. Auch die Bundeswehr zeigte kein Interesse.
So verging der Sommer. Die Subventionen flossen immer spärlicher, und das Interesse der Pfadfinder und Kolpingsöhne wurde immer geringer. Je mehr absprangen, desto schwerer wurde die Last des Turmes für die Verbliebenen, und je schwerer die Last wurde, desto mehr sprangen ab. Der Transport wurde zusehends langsamer. Ein Versuch, den Turm bei Pfaffenhofen zu vergraben, schlug infolge Kleinlichkeit der örtlichen Behörden fehl.
Weihnachten feierte Bruno A. Rabe in seinem Eiffelturm. Auch der gewiß märchenhafte Anblick des ganz mit Eiskristallen überzogenen Stahlriesen am malerischen Donauufer bei Kelheim tröstete Rabe nicht über das Mißliche seiner Lage hinweg.
Ein mit großem Werbeaufwand von Rabe propagierter Vorschlag, mittels des Turmes ein allgemeines Neujahrsbleigießen zu veranstalten, fand keinen Widerhall.
»Du lieber Himmel«, sagte Rabe, »was soll im Frühjahr werden, wenn wir den Turm nicht mehr schieben können, weil kein Eis mehr da ist, auf dem er rutscht?«

»Wir können Rollen unterlegen«, tröstete ihn Bu-Bu. »Das habe ich in einem Film über die Pyramiden gesehen.«
Am Jahrestag des Abhubes bewegten Rabe, Bu-Bu, Tutsie-Wutsie und sogar der kleine Robinson-Ionesco den Turm millimeterweise auf Rollen über die Große Laaber. Im Juni zeigte sich ein Silberstreifen am Horizont: Die Stadt Vilshofen, erfuhr Rabe, interessiere sich für den Turm – als Adenauer-Denkmal. Als aber die verantwortlichen Herren aus Vilshofen den Turm besichtigten, erklärten sie, so groß hätten sie ihn sich doch nicht vorgestellt.
Am 14. August, dem Tag vor Mariä Himmelfahrt, überholte ein langer Zug feierlich gekleideter Bauern und Bäuerinnen den Turm. Es war, wie sich Rabe erkundigte, eine Wallfahrt nach Altötting.
»Und was sind diese großen Kreuze, die Sie da mitschleppen?« fragte Rabe.
»Aus Sühne«, sagte der anführende Geistliche, »tragen wir diese schweren Kreuze mit uns.«
»Und wo bleiben die Kreuze?« fragte Bruno A. Rabe plötzlich interessiert.
»Die werden an der Gnadenkapelle niedergelegt.«
Noch am selben Tag weihte Rabe den Eiffelturm als Votivgabe der Gottesmutter von Altötting.
»Ein ungewöhnliches Votiv«, murmelte der Bischof, der die Weihe vornahm. (Wegen der Größe des Objektes hatte sich der Pfarrer des nächstgelegenen Ortes für unzuständig erklärt, assistierte aber nun bei der Weihe.) »Na ja, lieber Amtsbruder«, raunte der Bischof dem Pfarrer zu, »die Kirche hat in letzter Zeit mit vielen Traditionen gebrochen; nur mit einer Tradition wollen wir nicht brechen: zu nehmen, was wir bekommen – und wenn es der Eiffelturm ist.«
Die folgende Nacht verbrachten Bruno A. Rabe und die Seinen als Gäste im Pfarrhaus. Es sollte am nächsten Tag besprochen werden, welche Laienorganisationen eingesetzt werden könnten, um den Mariä-Turm zügig nach Altötting zu schaffen.
Und in jener Nacht geschah das Unfaßbare: Der Turm wurde gestohlen. Am Morgen des 15. August war er verschwunden. Die Kriminalpolizei stand – und steht noch immer – vor einem

Rätsel. Das Karteiblatt mit der ausführlichen Beschreibung in der Sachfahndungskartei der Landespolizeidirektion Landshut ist die einzige Erinnerung, die an das einstmals so berühmte und kühne Bauwerk des Ingenieurs Gustave Eiffel blieb.

Reiner Zimnik

Gsangl auf der Wiesn

Es war wieder einmal soweit. Die gesamte Bayerstraße entlang hatte man ihn in der Nase, am Sendlinger Tor und bei günstigen Winden sogar auf den oberen Balkonen von Schwabing: den Geruch von gebratenen Hendln und Steckerlfisch – den ›Wiesn‹-Geruch.

Langsam, unter zähem Auskosten der Vorfreude durch unaufhörliches Dagegenreden, arbeitet sich Sebastian Gsangl an das alljährlich wiederkehrende Ereignis heran. »Man braucht gar nimmer hingehn«, verbreitete er noch einige Tage lang allabendlich von seinem Balkon, »Sie treffn koan oanzign Bekannten draußn vor lauter Preißen und Amerikaner. Bis von Persien her kemma's schon aufe! – Und überall muaßt osteh'! Da wenn 'S Eana Maß glei dahoam tringa is vui gscheider!« Und dann kommt doch der Moment, wo es wie aus einem inneren Zwang aus ihm herausspricht: heit pack i's!

Jageranzügerl aus dem Schrank, Gamsbart an den Hut gesteckt und hinein in die wogenden Massen. Keinen Blick auf die Schaubuden und Karussells zunächst – der Mensch muß ein Ziel haben. Kopf zwischen die Schultern, Ellenbogen vor und sich mutig durch das Gedränge aus rülpsenden Mannsbildern und kreischenden Weibern gestemmt, und da ist auch schon die Fischbraterei. Er muß anstehen, na und? Überall muß man anstehen heutzutage, wir haben Neuzeit, die Menschheit vermehrt sich immer rapider. Geduld muß einer haben und solides Schuhwerk, damit sie einem nicht auf die Zehen steigen, sagt sich Sebastian Gsangl, dann ist's schon durchzustehn. Zwar wird es allmählich eng um einen herum, doch hoch am Himmel kreist der Zeppelin und macht alle Völker zu einer Familie. Was wär' der

Mensch ohne große Gedanken, sinniert Sebastian Gsangl noch eine Weile fort, dann zückt er seine Geldbörse, legt 4 DM 20 in die gerötete Handfläche der Kassiererin und ist glücklicher Besitzer einer resch gebratenen, noch heiß aus dem Einwickelpapier dampfenden Regenbogenforelle.

Das ist erfreulich, doch gilt's jetzt, sich in einer der Bierhallen einen Platz zu erkämpfen, wo man die kostbare Beute verzehren und dazu seinen Durst löschen kann, denn das lange Warten vor den glühenden Holzkohlenrosten hat seine Kehle in einen ausgetrockneten Schwamm verwandelt. Sorgsam verstaut er den Fisch in seiner Brusttasche, knöpft sich die Joppe zu und versucht durch die Menschenmauer zu dringen, die die Eingänge umlagert. Lange Zeit ohne Erfolg – bis er plötzlich von einem gerade vorrückenden Leiberklumpen erfaßt und ohne sein Zutun in das Innere des Biertempels getragen wird und sich schweißgebadet und nach Luft ringend aufrecht und dennoch verhältnismäßig unlädiert in dem brüllenden Inferno aus Blasmusik und Biernässe wiederfindet, das die einen als Himmel bezeichnen und den anderen die Hölle dünkt.

An einem großen runden Tisch mit lauter ›Zünftigen‹ in Krachledernen und Tirolerhüten, auf denen ›D'Isartaler‹ geschrieben steht, ist noch ein Platz frei. »Bittschön, derfet i do ...?« Die Zünftigen klopfen ihm auf die Schulter und rufen: »Hälloh, Proust, Gemuhtlichkeit ... sit down old fellow!« Sebastian Gsangl erschrickt. »Des san ma da sauberne Zünftige ...« Ein glücklicher Zufall will es, daß gerade die Kellnerin vorbeikommt und eine frische Maß vor ihm abstellt. Nach einem tiefen Zug aus dem Maßkrug kommt sein seelisches Gleichgewicht zwar vorerst wieder ins Lot, aber kaum hat er begonnen seinen Steckerlfisch auszuwickeln, setzt wie ein Orkan die Blasmusik wieder ein. ›In München steht ein Hofbräuhaus‹ donnert es vom Podium herab, und im selben Moment stehen die Zünftigen auf den Stühlen, grölen und schunkeln, zerren ihn zu sich herauf und schieben ihn hin und her, daß er nicht mehr weiß, wo oben und unten ist. »Entschuldigen'S, i möcht mein Steckerlfisch essen!« Sebastian Gsangl wehrt sich verzweifelt, aber es nützt ihm nichts, und so muß er die Tortur über sich ergehen lassen, bis den Blechmusikanten endlich die Luft ausgegangen ist. Schnell schüttet er sich noch den restlichen Kruginhalt in den Hals, verstaut seinen Stekkerlfisch und verdrückt sich aus der wildgewordenen Pseudo-Trachtlerhorde.

Aber noch keine zwanzig Meter weit ist er gekommen auf seiner Suche nach weniger anstrengender Gesellschaft, da wird er mit dem Ruf »Jetzt gehn wir alle mal zum Brunzen« von einem quelläugigen, zwei Meter hohen Fleischberg gepackt und mit eisernem Griff einer langen Reihe ähnlich gearteter Bierbullen einverleibt, die sich, jeder seinen Vordermann an den Schultern gefaßt, stampfend und schwankend unter heiserem Absingen des Liedes vom treuen Husaren den Aborten zu bewegt. »Laßts mi aus – i muaß net!« – mit allen Kräften versucht sich Sebastian Gsangl aus seiner Zwangslage zu befreien, »Auslassn, oder i bring oan um!«, aber je heftiger er um sich schlägt, desto fester legen sich die Pratzen seines Peinigers um seinen Nacken, der sein Opfer prustend vor Vergnügen unerbittlich jener Räumlichkeit entgegenschiebt, die aufzusuchen Sebastian Gsangl im Moment weder Lust noch Regung verspürt, bis er, unmittelbar vor dem Ort, der Erfüllung seines eigenen Bedürfnisses den Vorzug gebend, Sebastian Gsangl mit einem unschuldigen »Geh weida – ist doch lustig« endlich freiläßt.
Aber Sebastian Gsangl hat noch nicht aufgegeben. »Dees waar ja na doch scho g'lacht, daß an alter Münchner auf seim ureigenen Fest koa Platzerl mehr findn daad, wo er in Ruhe sein Steckerlfisch essen ko!« Um nicht noch weitere Enttäuschungen erleben zu müssen, beschloß er, sich von einem abgestellten Bierbanzen aus erst einmal einen grundlegenden Überblick zu verschaffen. Zunächst schien es freilich aussichtslos, in der brodelnden Masse nur einen einzigen freien Stuhl entdecken zu können. Doch mit der Zeit gewöhnten sich seine Augen an das Gewurl aus Köpfen und Krügen, und er erkannte, daß nicht alle Bierzeltbesucher sich an dem Geschunkle und Geplärr beteiligten. Wie seltene Inseln in einer überschäumenden Brandung stachen ein paar Tische aus dem kochenden Hexenkessel heraus, deren Inhaber unberührt vom Lärm und Trubel ihrer Umgebung bedächtig ihren

Radi zurechtschnitten und ohne Hast ihren Krug zu Munde führten: es gab sie also noch, die Festbesucher vom alten Schlage, die *wirklich* Gemütlichen. Freudig bewegt suchte Sebastian Gsangl einen Tisch auf, an dem sich ein mit friedlichem Behagen an seiner Ziehgarrn zuzzelnder Familienvater mit seinem wohlerzogenen Anhang niedergelassen hatte. Schon an der soliden Art seiner Hosenträger war zu erkennen, daß es sich hier um einen anständigen Menschen handeln mußte. »Daad's Eana was ausmachn?« wandte sich Sebastian Gsangl höflich an die vertrauenerweckende Tischrunde. »I find sonst nirgends koan Platz net!« Ein kurzer, prüfender Blick – dann rückte die Familie zusammen. »Sitzen'S Eana nur her, Herr Nachbar!« Unaufgefordert wird ihm ein gefüllter Maßkrug zugeschoben: »Da – tringan'S nur, d'Kellnerin kimmt net so schnell ...« Sebastian Gsangl war unter seinesgleichen.

Endlich konnte er ungestört seinen Fisch auswickeln und sich seine wohlverdiente Brotzeit einverleiben. »An Guadn, gell!« wünscht die Familie.

»Meassi«, bedankt sich Sebastian Gsangl. »San net schlecht heuer, d'Steckerlfisch!«

»Gell ja! – Mir ham Hendln ghabt!«

»Und?«

»Warn aa net schlecht!«

»Prost nachert.«

»Prost.«

»'s Bier gang' aa. Bloß miserablig eischenga dean's wieder!«

»Alle Jahr 's Gleiche!«

»Also wirkli – in dera Beziehung san's ausgschaamt!«

»I muaß mi aa jedsmal ärgern! – Aber trotzdem: Prost, Herr Nachbar!«

»Herr Nachbar: Prost!«

Die Musikkapelle hatte eine neue Marschfolge aufgelegt, und der ganze Spektakel begann wieder von vorne. »D'Leit führn si auf wia d'Viecher!« konstatierte Sebastian Gsangl.

»Aa alle Jahr 's Gleiche!«

»Und des Schunkeln, dees hab i da glei so dick, daß aus is!«

»No! – Fürchterlich!«

»Hat's früher aa net gebn. Is aa net bairisch!«

»Aber wirkli net!«
»Wissen'S, ›Oktoberfest‹ – dees bedeit für mi: A frische Maß Bier, a guade Brotzeit und a bißl a Musi – aus! – Alles andere is a Schmarrn!«
»Recht ham'S!«
»Auf dees dringma!«
»Auf dees dringma!«
»Prost Herr Nachbar!«
»Prost!«
Eine weitere Maß und noch eine dazu legte Sebastian Gsangl auf seinen sachverständig gebetteten Oktoberfestfisch, dann zahlte er und nahm Abschied von seinen freundlichen Tischnachbarn.
»I geh no zum Schiassn«, gab er bekannt, »mei kloane Nichte mecht' an Teddybären. – Pfüat eich!«
Für einen Teddybären reichte sein Stehvermögen zwar nicht mehr, aber ein paar selbstgeschossene Papierblumen brachte er noch zusammen. Ein Lebkuchenherz zum Umhängen erwarb er noch an einem nahegelegenen Lebzelter, dann machte er sich, hinreichend geschmückt für seine Verhältnisse und mit sich und der Welt zufrieden, auf den Weg zur Trambahn.
»Es war einmal – ein treuer Hu ..., – jetzt fang' i aa scho o mit dem Schmarren«, rief er sich selbst sofort zur Ordnung.

Fritz Fenzl

Wos da Pfarra sogt

Des ko
scho so sei,
des ko
a ned so sei,
wea woaß.

Wissn
duad ma ned,
obs so is,
awa

ma woaß a ned,
obs andas is.

Weil ...
Wea sois a scho wissn?

Nua:

Wenns ned a so is,
dann woaß ma äh ned,
wos ma doa soid.

Awa:

Wenns nachad
doch so waar,
wias da Pfarra sogt,
(ma woaß ja nia),
dann san
mia
auf jedn Foi
am Sonndog
oiwei
in Kiacha ganga!

Gedankn an a Zukunft mit dia

Heiratn,
di heiratn,
a Wohnung mitanand,
a Leem mitanand,
Kinda,
Enklkinda,
dazua du,
nua du,
oiwei nua du,
a Leem lang nua di ham,

a ganz Leem lang nua di ham deaffa, –
a ganz Leem lang oiwei nua di ham miassn ...

Parkstadt

A Supamarkt
A Friseasalon
A Bushaltestöi
A Spuiblooz
Und die Leit
Die do leem

Sunst nix bsondas

A Amsl rumpet an a Glosscheim
A Springbrunna steigt aus ara Betonplattn
A Baam wachst duach a Eisngitta
A Metallplastik starrt eckad in Himme nei
Und vom Dooch
Springt oana

Sunst nix bsondas

Carl-Ludwig Reichert und Michael Fruth

familienlem

nix is so griawi und bequem
ois wiara scheens familienlem
wamma um an disch rum hoggd
und koana wos zum andan sogd

(do sog i:)

bfiadde mama, bfiadde babba
i seil mi ob weis mia jez glangd

i hogg me auf mein feiaschdui
und far a wengal umanand

mei bruada hoggd in schdadlheim
mei kloane schwesda fixd
mei muadda ged heid nachd aufn schdrich
und da fadda woas fo nix

oan onkl suachas üwaroi
da anda is bolizisd
mei grosmuadda schbind im schbidoi
unsan fiffi hod da bliz dawischd

da feanseh laffd da nachba blead
und fozzd sei oide zamm
do wissma glei wia guads uns ged
und wia zinfti dasmas hom

(do sog i:)

bfiadde mama, bfiadde babba
i seil mi ob weis mia jez glangd
i hogg me auf mein feiaschdui
und far a wengal umanand

weamuatbruada

xuffa
ausgrudschd
bruin zaschlong
entweda
as auto ned xeng
& dafarn
oda
an haxn brocha
& fabluat
oda

ned warm ozong
& dafroan
oda
ois midnand
auf jedn foi
hi

xangl

bis zum nexdn weidkriag
lig i lenxd in da gruam
& aus meine boandl
waxn d runklruam &
aus meine eigal
waxd da feidsalod &
um ois midnanda
is dan nima schod
& wan de bombm dan auf
meine boandl foid
bleib i ganz koid

Franz Xaver Kroetz

Wunschkonzert

Ein Theaterstück

Das Stück ist der Vorschlag zur Darstellung eines Sachverhaltes, der mir oft in Polizeiberichten aufgefallen ist:
Selbstmord vollzieht sich in vielen Fällen unglaublich ordentlich. Der Selbstmord, dessen Vorbereitungen ohne Übergang aus den täglichen und deshalb als normal erachteten Tätigkeiten heraus passieren, geschieht mit der gleichen Ordnungsliebe, gleich säuberlich, bieder und stumm-trostlos wie das Leben, das ihn verursacht hat.
Das kann viel aussagen über das Leben einiger unter uns, über

ihre nichterfüllten Erwartungen, ihre aussichtslosen Hoffnungen, ihre kleinen Träume; das kann ihre Unfähigkeit dokumentieren, sich aus der Sklaverei der Produktion zu befreien, das kann zeigen, daß ihr Leben und Dahinleben dem von Arbeitstieren gleicht.
Wie Tiere projizieren diese Menschen ihre Notsituationen in ihrer Haltung im Stummsein, die ein starkes Maß an Ordnung, an Dulden, an »sich ungefragt einverstanden erklären«, an Ausnutzung und Verbietung bis zur Schwäche und zum Zusammenbruch enthält.
Würde die explosive Kraft dieser massiven Ausnutzung und Unterdrückung sich nicht, leider, gegen die Unterdrückten und Ausgenützten selbst richten, so hätten wir die revolutionäre Situation. So haben wir nur viele Fälle von kleinen, törichten Selbstmorden und Morden, die selbst wieder nur affirmativ funktionieren: die, die so weit sind, daß sie die Kraft und den Mut hätten, »ihr eigen Leben in die Waagschale zu werfen«, liefern sich selbst der Gerichtsbarkeit ihrer natürlichen Feinde aus. Damit säubern sie unfreiwillig die Gesellschaft, gegen die sie klagen. Jetzt sind sie die Angeklagten und verschwinden in den Gefängnissen oder in den Gräbern, was das gleiche sein muß.
Nur so ist es möglich, daß die unmenschliche Ordnung, in der wir leben, aufrechterhalten werden kann und wir weiter darin leben müssen.

Bühnenbild

Die Bühne stellt naturalistisch ein möbliertes Untermietszimmer dar. Wie in vielen Altbauwohnungen üblich, kann man sich vorstellen, daß die anderen anschließenden Zimmer auch untervermietet sind. Über einen langen Gang gelangt man zur Toilette. Das Zimmer selbst ist im Gegensatz zu den anderen Räumlichkeiten, die bildlich nur erahnbar sind, besonders säuberlich, bieder, kleinbürgerlich, ordentlich, liebevoll, freundlich und warm eingerichtet.
Für den Zuschauer wird erkennbar, daß in einem Meer von unwohnlichen Hinter- und Hinterhinterhäusern, die zum Wohnen völlig ungeeignet sind, sich jemand mit viel Liebe, Mühe und

Geschmack ein Plätzchen geschaffen hat, das von der Umgebung absticht.
Natürlich ist andererseits der »Geruch« von »Neckermann« und »Kunstgewerbe« überall gegenwärtig.

Personenbeschreibung

Fräulein Rasch ist ca. 40 bis 45 Jahre alt; schwarzhaarig, etwa 1,55 Meter groß, mit noch guter Figur, mit Ausnahme der Beine, die ziemlich dick sind und den Verdacht auf Wasser nahe legen. Ihre Gesichtsfarbe ist dunkel, von jener Bräune, die man nicht als erstrebenswert und schön empfindet, sondern schmutzig nennt. Fräulein Rasch macht einen überdurchschnittlich gepflegten Eindruck, wodurch ihre offenkundige Häßlichkeit zwar nicht ganz verborgen, wohl aber gemildert werden kann.
Vor allem ihre Kleidung verrät viel Auswahl, ist konservativ und von guter Qualität. Man erkennt, daß sie dafür viel ausgibt. Von Beruf ist Fräulein Rasch Angestellte in einer Papierwarenfabrik. In der Abteilung Schreibbedarf »betreut« sie die Briefumschläge. Ansonsten befinden wir uns in einer Kleinstadt, und Fräulein Raschs monatliches Nettoverdienst beträgt 615,50 DM.
Durch ihre unfreiwillige Jungfernschaft oder, was ähnlich ist, lange unfreiwillige sexuelle Enthaltsamkeit nach einem einzigen, frühen, kurzen, peinlichen und traurigen Fall von Liebe, ist Fräulein Rasch besonders anfällig für Werbung und damit Konsum; soweit ihre finanziellen Mittel das erlauben, zeigt sich das in der Einrichtung, der Kleidung und Pflege der Person deutlich.

Über die Dauer des Stückes

Da es natürlich nicht darum geht, das Publikum zu provozieren, sondern darum, ihm Einsichten darüber zu verschaffen, wie »armselig« das Leben des Fräulein Rasch ist, muß immer darauf geachtet werden, daß die jeweiligen Tätigkeiten nicht so lange dauern, daß sie für das Publikum langweilig und damit provozierend werden. Wenn der Informationsgehalt einer Tätigkeit erschöpft ist und nur noch Wiederholung bringt, »die sich wiederholt«, sollte man abbrechen, auch wenn das das System des Stückes durchbricht: reale Zeit sei gleich Bühnenzeit. Deshalb stelle ich mir vor, daß das Stück nicht mehr als eine gute Stunde dauert.

1. Teil

An einem beliebigen Werktag kommt Fräulein Rasch nach der Arbeit, nach dem Einkaufen, gegen 18.30 Uhr nach Hause. Sie kommt in die Wohnung, sucht nach ihrer Post, findet nur eine Reklameschrift, nimmt diese, geht zu ihrer Zimmertür, schließt sie auf und tritt ein. Sie legt das Einkaufsnetz mit Lebensmitteln und einer Zeitung auf den Tisch, stellt die Handtasche auf den Stuhl, legt die Reklameschrift auf die Kredenz und schließt ihre Zimmertür.

Sie zieht ihren Mantel aus, hängt ihn über einen Kleiderbügel und an einen Haken an der Tür. Sie entfernt einen Fleck auf dem Rücken des Mantels. Dann geht sie zum Fenster, greift an die Dampfheizung, fühlt, daß sie schön warm ist. Sie zieht vorsichtig den Store beiseite und öffnet das Fenster einen Spalt.

Auf dem Fensterbrett entdeckt sie etwas, das entfernt werden muß, nimmt einen Lappen von der Abflußkrümmung des Waschbeckens und reinigt gleich das ganze Fensterbrett. Sie legt den Lappen zurück und beginnt mit dem Auspacken und Einräumen der Lebensmittel in den Kühlschrank, die Kredenz und den Brotkasten. Dann hängt sie das Netz an den Nagel neben dem Ofen.

Sie zieht sich die hohen Stöckelschuhe aus und stellt sie in den Schrank. Dann zieht sie die Hausschuhe an, die neben dem Schrank stehen.

Von dem Schneiderkostüm, das sie trägt und welches sie gut kleidet, zieht sie die Jacke aus, hängt sie über einen Bügel und in den Schrank. Sie entnimmt dem Schrank eine ältere Strickweste und zieht diese an.

Dann geht sie zum Spiegel neben dem Herd beim Wasserbecken, nimmt die Ohrringe ab, die Halskette und einen Ring. Sie legt diese Schmucksachen in eine Schale auf der Kommode. Dann geht sie zurück zum Spiegel, schaut sich darin sehr lange an und richtet sich mit Kamm und Bürste die Frisur. Eine Verunreini-

gung der Haut, die seit dem Morgen stärker geworden ist, wird genau begutachtet, und nachdem sie sich die Hände gewaschen hat, wird diese Stelle mit einer Creme eingeschmiert.
Dann bedient sie den Gasherd und setzt Wasser zum Geschirrspülen auf. Das Geschirr selbst ist wenig. Als Wasserstelle dient ihr das geräumige Waschbecken, das aber nur kaltes Wasser liefert. Sie benutzt es für sämtliche Arten von Waschungen, reinigt es deshalb aber nach jedem Vorgang besonders gründlich.
Sie geht zum Fernseher in der Ecke und schaltet ihn ein. Dann setzt sie sich an den Tisch, nimmt von der Kredenz die Reklameschrift herunter und öffnet sie. Sie liest sie genau und legt sie dann beiseite. Aus ihrer Handtasche auf dem Stuhl nimmt sie Zigaretten Marke »Lord Extra« und ein Feuerzeug und zündet sich eine an. Inzwischen ist der Fernseher warm geworden und sie schaut hin. Es ist Werbeprogramm oder eine andere Vor-Acht-Sendung. Langsam und aufmerksam raucht sie dabei ihre Zigarette. Dann legt sie diese in den Aschenbecher, der auf der Kredenz steht, geht zur Kommode und nimmt die darauf liegende Fernsehzeitung. Sie geht zurück zum Tisch, legt die Zeitung ab, holt von der Kredenz den Aschenbecher und die brennende Zigarette, nimmt die Handtasche vom Stuhl, stellt sie ins Eck der Kredenz.
Sie setzt sich wieder, blättert in der Fernsehillustrierten und schaut nach, was es an diesem Abend geben wird. Sie zieht zum letzten Mal an der Zigarette und macht sie vorsichtig aus.
Sie steht wieder auf, geht zum Ofen und macht das Gas aus. Sie geht zurück zum Tisch, bleibt stehen und blättert eine Seite der Illustrierten um, zum Radioprogramm. Sie studiert es, geht schließlich zum Fernseher und macht ihn aus. Sie schaut auf ihre Armbanduhr und nimmt sie ab, legt sie zu den anderen Schmucksachen. Sie nimmt die Illustrierte, schließt sie und legt sie zurück an ihren Platz.
(Anmerkung: In Bayern gibt es am Mittwochabend um 19.15 Uhr die Sendung »Sie wünschen?« mit Fred Rauch, die sich vor allem, wenn sie speziell Unterhaltungsmusik und Schlager bringt [jeweils abwechselnd einmal Schlager und Unterhaltung, einmal Operette, einmal Oper] besonderer Beliebtheit erfreut. Insofern ist es gerechtfertigt, daß Fräulein Rasch ein uninteres-

santes Fernsehprogramm weniger interessiert als die beliebte Radiosendung. Im außerbayrischen Raum muß eine adäquate Sendung gefunden werden.)
Dann bindet sie sich eine Schürze um, läßt zuerst kaltes Wasser in das Becken und schüttet dann heißes nach. Sie nimmt die zusammengestellten Geschirrstücke von der kleinen Anrichte und wäscht schnell und gekonnt ab.
Anschließend trocknet sie das Geschirr ab und räumt es in die Kredenz. Einen flachen Teller und ein Besteck stellt sie auf den Tisch für das Abendessen. Sie läßt das Wasser aus dem Becken laufen und säubert es dabei sehr genau. Dann wäscht sie sich die Hände und kremt sie ein. Aus dem Eisschrank nimmt sie mehrere Dinge, die sie auf den Tisch stellt. Da sie mittags in der Betriebs-Kantine warm essen kann, wird das Abendessen wenig sein und nur etwas Kaltes.

2. Teil

Sie geht zum Radio und stellt es an. Dann geht sie zum gedeckten Tisch und setzt sich. Sie streicht sich ein Brot. Mit einer Fingerbewegung macht sie sich klar, daß sie etwas vergessen hat.
Sie steht wieder auf und entnimmt dem Kühlschrank eine Flasche Fruchtsaft. Sie holt ein Glas aus der Kredenz, schüttet Fruchtsaft hinein und füllt es mit Wasser auf. Dann stellt sie das Glas zu den anderen Sachen auf den Tisch. Den Fruchtsaft stellt sie sofort wieder in den Kühlschrank zurück. Dann setzt sie sich und beginnt zu essen.
Sie ißt bedächtig, richtet sich jedes Brot sehr liebevoll, garniert es. Sie hört sichtbar auf das Wunschkonzert und lacht, wenn Fred Rauch einen Spaß macht. Mit kleinen Schlucken trinkt sie den Fruchtsaft.
Nach dem Essen legt sie die Sachen säuberlich zusammen, packt Butter und Wurst wieder zusammen, schließt die Gläser mit den Zutaten. Dann zündet sie sich eine Zigarette an und raucht diese, ohne etwas anderes zu tun, ganz aus.
Dann steht sie auf, räumt den Tisch ab, stellt alles wieder an

den angestammten Platz zurück. Das Geschirr, einen Teller, eine Gabel und ein Messer stellt sie auf die Anrichte.
Sie verläßt das Zimmer und geht auf die Toilette. Es dauert ziemlich lange, bis sie sich den After putzen kann. Auch das geschieht sehr ordentlich und so pedantisch und hygienisch wie nur denkbar. Sie zieht an der Leitung und putzt säuberlich die Muschel mit der danebenstehenden Bürste aus. Sie öffnet das Toilettenfenster einen Spalt.
Sie kommt in ihr Zimmer zurück und wäscht sich die Hände, anschließend geht sie zum Radio und korrigiert eine Tonstörung, die inzwischen eingetreten ist. Sie beschäftigt sich eingehend damit, die optimale Klangschärfe herzustellen.
Sie geht zum Spiegel zurück und besieht sich die Stelle, die sie zu Anfang eingeschmiert hat. Sie fingert daran herum und reibt die Stelle neuerlich mit einer Creme ein.
Dann nimmt sie vom Ofen das restliche Wasser und schüttet es in das Becken. Sie läßt noch etwas kaltes dazu laufen. Sie geht zum Schrank und entnimmt ihm Seidenstrümpfe, die sie in das Bekken tut und wäscht.
Sie legt ein Handtuch, das sie von der Stange neben dem Becken weggenommen hat, über die Stuhllehne des zweiten Stuhls und legt die Strümpfe sehr vorsichtig zum Trocknen darüber.
Während sie das Wasser wieder ablaufen läßt, putzt sie das Bekken aus. Dabei macht sie einige Tanzschritte, duch die Musik animiert. Dann verläßt sie das Zimmer, um auf der Toilette das Fenster zu schließen, und kommt zurück.

3. Teil

Vom großen Schrank nimmt sie einen fast fertigen, selbst zu knüpfenden Teppich herunter. Sie breitet ihn über die Lehne des anderen Stuhls und betrachtet ihn. Sie zupft etwas daran herum.
Dann räumt sie den Tisch total ab. Sie stellt den Aschenbecher zurück auf die Kredenz, die Zigaretten und das Feuerzeug stellt sie dazu. Sie trinkt den letzten Schluck Fruchtsaft und stellt das Glas auf die Anrichte.
Dann legt sie den Teppich auf den Tisch. Unter dem Sofa holt sie

ein schweres Stück Eisen hervor und legt es so auf den Kopf des Teppichs, daß er nicht mehr rutschen kann. Sie geht wieder zum Schrank und nimmt ein Holzkästchen herunter, stellt es auf den Tisch, dann geht sie zur Kredenz, öffnet eine Schublade und nimmt die Knüpfvorlage heraus. In der anderen Schublade befindet sich die Schere, die sie ebenfalls holt.

Sie richtet sich alles her und schaltet die Stehlampe ein. Sie prüft die Lichtverhältnisse und entschließt sich, auch noch das große Licht einzuschalten. Dazu betätigt sie den Schalter neben der Tür.

Sie setzt sich auf den anderen Stuhl, rückt ihn mehrmals zurecht und beginnt, nachdem sie alles geordnet hat, aus dem Kästchen die Wolle und die Nadeln zu nehmen.

Sie schaut die Vorlage genau an, breitet sie aber nicht voll aus, zählt die Knoten ab, fädelt ein, richtet sich alle Nadeln her und beginnt zu knüpfen.

Sie arbeitet sehr sorgfältig, sehr genau und geschickt. Immer dann, wenn sie eine Farbe dem Muster entsprechend ganz geknotet hat, legt sie die Nadel weg und schneidet mit der Schere die Schlaufen auf, dann schneidet sie die Überhänge weg. (Man besorge sich bei der Inszenierung die genaue Heimarbeiteranleitung für Teppichknüpfen!)

Später steht sie auf und setzt erneut Wasser auf. Danach arbeitet sie weiter. Als das Wasser kocht, entnimmt sie der Kredenz einen Beutel »Fix-Butte« und die Teekanne und richtet sich den Tee. Sie stellt ihn auf die Anrichte, holt eine Tasse und stellt sie daneben. Dann arbeitet sie weiter.

Nach einiger Zeit, wenn der Tee gezogen hat, schenkt sie sich eine Tasse ein, holt Zucker aus der Kredenz, rührt ihn in den Tee und nimmt die Tasse mit zum Tisch. Aus der Kommode holt sie eine Schachtel Kekse, die sie auch auf den Tisch neben den Teppich stellt.

Sie arbeitet weiter, ißt zwei oder drei Kekse, trinkt die Tasse Tee und holt sich eine zweite, wenn die erste leer ist.

Allmählich beginnt das Interesse an der Arbeit sichtlich abzuflauen. Sie blickt sehr oft auf, sie vergleicht unverhältnismäßig lang die Vorlage und ihre Arbeit. Sie hört auf zu arbeiten, holt sich die Zigaretten, das Feuerzeug und den Aschenbecher von der Kredenz, stellt die Dinge auf den Tisch. Sie setzt sich und raucht, ohne zu arbeiten, eine Zigarette.
Sie wirkt jetzt müde, abgespannt und irritiert. Sie steht auf, nimmt die Armbanduhr aus der Schale, schaut, wie spät es ist. Sie geht zum Radio und stellt es etwas leiser. Dann setzt sie sich wieder und arbeitet weiter, langsamer, aber immer noch geschickt. Sie steht wieder auf, nimmt die Teetasse, die leer ist, stellt sie auf die Anrichte. Sie läßt Wasser in die Teekanne laufen, spült sie, wirft den gebrauchten Teebeutel in den Abfalleimer unter der Anrichte.
Sie holt den Aschenbecher, leert ihn in den Eimer, wischt ihn mit einem Tuch aus und stellt ihn auf die Kredenz. Dann geht sie zum Spiegel und betrachtet sich darin. Sie scheint mit sich zufrieden zu sein.
Sie geht wieder zum Tisch und setzt sich. Sie betrachtet genau die Vorlage, zählt ab und arbeitet dann sehr korrekt und schnell weiter, so lange, bis der Teppich fertig ist. An nichts ist zu erkennen, daß der Teppich fertig ist, wenn er fertig ist. Sie schließt die Nadeln in dem Kästchen ein, legt die Vorlage zusammen, legt die Schere dazu, dann steht sie auf und betrachtet den Teppich von weitem. (Zu einem Wandteppich von etwa 45 mal 70 cm braucht man bei täglich einer Stunde Arbeit ca. 1½ bis 2 Monate.) Sie lächelt, nimmt den Teppich und breitet ihn über der Längsseite des Sofas an der Wand provisorisch aus. Sie geht möglichst weit weg und betrachtet lang und kritisch ihr Werk. Sie ist zufrieden. Liebevoll nimmt sie den Teppich und legt ihn auf den anderen Stuhl, ohne ihn zusammenzufalten.
Dann beginnt sie mit dem Aufräumen der Dinge auf dem Tisch, sie tut sie in der gleichen Reihenfolge zurück, wie sie sie geholt hat.
Wenn sie damit fertig ist, betrachtet sie wieder sehr ausführlich und erfreut den fertigen Wandteppich und zupft noch einmal

daran. Allerdings macht das Zupfen nur, daß sie fast ängstlich schaut, ob sie auch nichts verdorben hat.

5. Teil

Fred Rauch verabschiedet sich, die Sendung ist zu Ende. Deutlich erkennt man, daß Fräulein Rasch mitdenkt. Sie schaltet, noch bevor eine neue Sendung angesagt wird, das Radio aus.
Sie geht zum Fenster und öffnet wieder vorsichtig den Store, dann blickt sie zum Fenster hinaus. Schließlich schließt sie es und zieht auch die Vorhänge so korrekt zu, daß niemand mehr hereinschauen kann.
Schließlich richtet sie noch für den nächsten Tag den Tisch zum Frühstück her. Am Eierbecher etc. kann man erkennen, daß sie sich zum Frühstück Zeit lassen wird.
Dann macht sie aus der Couch ein Bett. (Am besten eine Klappcouch mit dem Bettzeug in dem Kasten darunter.)
Das Ritual der Körperpflege beginnt. Diese reicht vom Aufwikkeln der Haare bis zur Fußpflege, vom Intimspray bis zum Zähneputzen. Alles das wird unheimlich gründlich gemacht.
Die abgelegte Wäsche unterzieht Fräulein Rasch einer genauen Kontrolle. Sie beschließt, die Unterhose zur schmutzigen Wäsche in einen Wäschesack im Schrank zu legen und für den nächsten Morgen eine frische herauszunehmen. Auch ein anderes Kostüm sucht sie sich für den nächsten Tag aus. Alles wird säuberlich an der Außenwand des Schrankes aufgehängt, die persönlichen Kleidungsstücke werden auf die freie Sitzfläche des Stuhles gelegt. Alle abgelegten Sachen tut sie zurück in den Schrank, um sie wieder ausgehängt benutzen zu können.
Dann holt sie zwischen dem Bettzeug ein warmes, hübsches Nachthemd hervor und zieht es an. Darüber einen Morgenmantel. Dann geht sie auf die Toilette. Diesmal muß sie nur urinieren, trotzdem trocknet sie sich säuberlich mit Klopapier den Schoß und öffnet wieder das Fenster einen Spalt. Sie kommt zurück, wäscht sich nochmals die Hände.
Dann beginnt der Kontrollgang: sie sperrt die Zimmertür doppelt ab, schaut genau, ob das Gas abgeschaltet ist, ob der Abfall-

eimer geschlossen ist, ob das Wasser nicht tropft. Dann öffnet sie mit viel Sorgfalt wieder das Fenster, braucht lange, bis es im gewünschten Öffnungswinkel steht und Luft herein kann, obwohl sie den Vorhang wieder zuzieht.
Dann richtet sie sich ihr provisorisches Nachtkästchen. Ein mit Stoff ganz überzogener Hocker wird aus der Ecke der Stirnseite der Couch neben das Bett gerückt.
Darauf befindet sich ein Wecker, ein Buch, ein leeres Glas und der »Stern«.
Sie nimmt das leere Glas, spült es aus, füllt es mit frischem Wasser und stellt das Glas wieder an seinen Platz.
Dann setzt sie sich auf die Bettkante, nimmt den Wecker, zieht ihn auf und stellt ihn auf sechs Uhr. Sie probiert, ob er funktioniert und stellt ihn dann befriedigt hin.
Es dauert nicht lange und sie steht wieder auf. Sie schaltet das große Licht aus, überschaut noch einmal den Herd, zieht den Bademantel aus, legt ihn über das Fußende des Bettes. Dann legt sie sich ins Bett. Sie ist dabei sehr vorsichtig und liegt nicht bequem, denn die Lockenwickler müssen ja berücksichtigt werden. Sie nimmt das Buch zur Hand, sucht das Lesezeichen, findet es, liest aber nicht, sondern starrt vor sich hin. Das dauert ziemlich lange. Dann legt sie das Buch weg, blickt noch einmal im Zimmer umher und löscht das Licht.
Zuerst liegt sie ganz ruhig, dann dreht sie sich vorsichtig um, wegen der Lockenwickler, und versucht zu schlafen.
Schließlich macht sie eine äußerst unruhige Bewegung im Bett und schaltet dann das Licht an. Sie steht auf, zieht wieder den Morgenmantel an, sperrt ihre Türe auf und geht zur Toilette. Das alles äußerst leise. In der Toilette schließt sie das Fenster. Sie geht zurück in ihr Zimmer, schließt die Tür hinter sich ab, wäscht sich die Hände, trocknet sie ab. Dann geht sie zum Teppich, schaut ihn sich wieder an.
Einige Momente später geht sie zur Kredenz, öffnet den oberen Teil und entnimmt ihm eine Schachtel Tabletten. Sie geht damit zum Tisch, legt sie hin, nimmt von dem Hocker das Glas Wasser, stellt es daneben. Sie setzt sich vorsichtig auf den Stuhl mit den Strümpfen, ohne sich anzulehnen, um diese nicht zu verderben. Sie nimmt eine Tablette heraus, nimmt sie mit einem Schluck

Wasser. Sie nimmt aus der Schachtel die Gebrauchsanweisung heraus und liest sie durch.
Sie öffnet das Röllchen wieder, läßt alle Tabletten herauskullern und zählt sie in Zweierreihen ab, es sind noch 9 Stück einer 20er Packung. Sie nimmt langsam eine nach der anderen, bis das Wasser, das sie jeweils in kleinen Schlückchen dazu trinkt, alle ist. Sie steht auf, will zum Becken, hält inne, geht zum Kühlschrank, entnimmt ihm eine halbvolle Piccoloflasche Sekt, geht wieder zum Tisch, öffnet das Fläschchen, schüttet ein wenig in das Glas, nimmt die restlichen Tabletten. Dann wartet sie einige Zeit.
Sie gießt den restlichen Sekt in das Glas, er sprudelt über und rinnt auf die Tischdecke. Sie hebt das Glas hoch und putzt mit dem Ärmel des Bademantels den Fleck weg, sie nippt am Sekt. Dann wartet sie ruhig und bedächtig, aber auf ihrem Gesicht ist plötzlich Interesse festzustellen.
Pause, dann *Ende*.

Herbert Achternbusch

Blutentnahme

14. Dezember 1975. Heute früh um 4 Uhr wollte ich Heinz zu seinem Auto in der Germeringer Straße fahren. Knapp vor der Bahnunterführung zum Pippinplatz, wo der Gegenverkehr Vorfahrt hat, hielt ich, weil mir ein Polizeiwagen entgegenkam, und setzte ein paar Meter zurück, was später die Beamten als auffällige Fahrweise bezeichneten. Sie hielten hinter mir und winkten mir auszusteigen. Sie fragten mich nach meinem Namen und machten einen Alkotest mit mir. Er verlief knapp positiv, worauf ich mit zur Blutentnahme ins Starnberger Krankenhaus zu kommen hatte. Heinz rief, daß ich Tabletten eingenommen hätte und die beiden doch nicht so sein sollten. Ich riet ihm, zu Fuß zu seinem Auto weiterzugehen. Ein Beamter parkte meinen Wagen vor der Sparkasse und brachte mir den Schlüssel mit den Worten, die an den anderen Beamten gerichtet waren, daß das Fahrzeug ordnungsgemäß abgestellt sei. Ich ging zu meinem Auto, um seine Maßnahmen zu überprüfen, und er hatte tatsächlich recht:

beide Türen waren verschlossen. Ich wurde angerufen, daß sie nicht so viel Zeit hätten, und ich sagte, daß sie deswegen doch Nachtdienst machten, worauf sie was Unverständliches motzten. Ich wurde sehr langsam nach Starnberg gefahren, und ich dachte, Mühltal kommt nie. Es hatte leicht geschneit, aber doch nicht so leicht, daß auf der Straße kein Schnee gelegen hätte. Meist war die Straße nur naß, doch im Wald hatte sie diesen Belag. Ich hatte kein schlechtes Gewissen und war guter Dinge, was sich freilich nicht äußerte. Auf den Gedanken, in diesem gemächlichen Fahrzeug wegen Trunkenheit am Steuer zu sitzen, wäre ich nicht gekommen. Es war eher so, als sei mein Fahrzeug ausgefallen und ich würde freundlicherweise von der Polizei hingefahren, wohin ich wollte. Ich hatte so gut wie nichts getrunken, nur eine Grippe machte mich etwas schwerfällig. So fuhren wir weiter die Würm entlang, und dann kam Starnberg in Sicht. Ich wußte im voraus, wo es zum Krankenhaus hinaufgeht, und ich hoffte, daß der Nachtarzt ein vernünftiger Mensch sei. Ein Mann in weißem Kittel sagte den beiden, daß es zehn Minuten dauern werde, bis der Arzt komme. Zu mir sagte er das nicht. Im Neonlicht merkte ich plötzlich, daß ich zu einem Delikt verkommen war, aber ich hielt stand und wußte, wer ich bin. Es summte etwas im Raum, mein Kopf war es nicht, weil ich zu nüchtern war. Hier zu warten, sagte ich, haben Sie viel Zeit. Aber wir sahen uns jetzt nicht mehr an. Der Weißkittel hatte den Polizisten auf ihre Frage hin sofort gezeigt, in welchem Raum der Ambulanz sich eine Schreibmaschine befindet. Beide suchten das elektrische Anschlußkabel, gefunden lobten sie sich. Sie wollten zur Sache schreiten, indem sie mir einen Stuhl anboten. Ich blieb stehen, den weiteren Verlauf besser verfolgen zu können. Wenn ich auf einem Stuhl sitze und nicht selber schreibe, schlafe ich sofort ein. Sie fragten mich nach meinem Namen. Ich sagte, daß sie den schon wissen, und daß ich mehr nicht sage. Sie sagten, daß sie mich hiermit darauf aufmerksam machen, daß ich das Recht habe, nichts zu sagen, was zu meinem Nachteil sei. Dann kam der junge Arzt. »Arm frei!« Aber ein Mensch bin ich und das ist mehr als eine Zier des Staates. Ich sagte, daß ich mir kein Blut nehmen lasse. Der Arzt hielt mich für verrückt. Die Beamten verharmlosten den Vorgang, indem sie sagten, wie schnell es vorbei sei. Der Arzt riet mir zur Vernunft. Ich fragte ihn, ob er wisse, was Vernunft ist, was er bejahte. Nach Ansicht der Beamten verschlechterte ich durch mein Verhalten meine Lage. Ich fand meine Lage nicht schlecht. Zu meinen Lasten ging ein neues Delikt. Die Beamten rieten sich zur Gewalt, das allerdings lehnte der Arzt ab. So stiegen wir wieder ins Auto, nachdem der Beschluß gefaßt worden war, mich auf die Starnberger Wache zu bringen, wo ihrer »mehr« seien und der Amtsarzt mir das Blut entnähme. Dem diensthabenden Beamten wurde erklärt, daß ich einer von denen sei, die über die Polizei sagen, sie tue die ganze Nacht nichts. Ich fühlte mich nicht bemüßigt, diese Vergröberung meines anfänglichen Einwands zu korrigieren. Der Amtsarzt war verhältnismäßig schnell da. Er saß unter einem Kalenderblatt, auf dem Kardinal Döpfner einen Polizisten begrüßt. Auch von ihm ließ ich mich nicht auf den Stuhl bitten. Man sagte ihm, wie der Fall liege und er erbrachte seinen erkennungsdienstlichen Beitrag, indem er meine Größe, mein Alter, mein Gewicht und meinen Zustand schätzte, letzteren als betrunken, ich sah ihn nur an, diesen Trottel. Er griff zu einer Spritze, und ich sagte nochmals, daß ich mir kein Blut entnehmen lasse. Ein Paragraph wurde mir nicht gezeigt. Er gab den Beamten den Befehl, mich zu halten. Schon in den Fängen von fünf Polizisten fragte ich mich, ob der Amtsarzt denn ihr Vorgesetzter sei. Es fehlte ein Vertreter der Gerechtigkeit, denn als ich sagte – man hatte mich schon zu Boden gebracht – wer hier feststellt, daß ich mich nicht wehre, sondern nur weigere, sagte einer dreist: »Niemand!« Meine Weigerung sah so aus, daß ich meine Arme mit aller Kraft an mich preßte und weder mit den Füßen noch dem Kopf oder sonst was stieß. Ich wehrte mich schon deshalb nicht, weil ich spürte, daß sie mich niederschießen würden, gehässig wie sie waren. Um meine Arme auseinander zu bringen, mußten sie mich auf den Boden werfen. In meiner Hilflosigkeit sagte ich, daß ich mehr demokratische Rechte hätte, als sie wüßten. Worauf mir wieder so eine Stimme über das Maul fuhr: »Das kennen wir schon. Das sagt ein jeder.« Einer kniete sich auf meine Kehle, und ich kriegte keine Luft. Er hatte mich von hinten und setzte sein Knie seitlich an. Seinen Hintern hatte ich über meinem Gesicht. Als ich ein wenig Luft bekam, er änderte geringfügig und kurzfristig seine Lage, fragte ich nach seinem Namen. Er sagte, daß er mir den nicht sagt. Er hatte einen langen spitzen Schnurrbart. Im nächsten Augenblick setzte er sich auf mein Gesicht. Da spürte ich auch den Stich im linken Arm, und ganz ungehörig gab meine Vene Blut her. Der Schwarm löste sich von mir, und ich war für sie von überhaupt keinem Interesse mehr. Ich wollte meine Lage begreifen und das Maß der Demütigungen nicht wahrhaben. Auf die Stichwunde wollte mir der Amtsarzt ein Pflaster tun – ich knöpfe gerade das Hemd auf und sehe, daß es drei Einstiche sind –, ich habe wahrscheinlich aus Widerwillen die Zeit, in der der Polizist auf meinem Gesicht saß, kürzer empfunden, als sie war. Dann war ich keiner Bewegung mehr fähig, auch keiner Lippenbewegung. Ich hörte einen Anzeige um Anzeige tippen. Jetzt hatte ich mich auch der Staatsgewalt widersetzt. Noch ziemlich nah hörte ich den Amtsarzt sagen, daß da ein Vater etwas versäumt habe. Ich hörte, wie er einen der Gautinger Polizisten fragte, wer im Krankenhaus oben Dienst gehabt hätte. »Der Hermes«, sagte der Polizist, worauf ich den Amtsarzt entgegnen hörte: »Das Arschloch!« Die einzige Verbalinjurie, die überhaupt gefallen war. Es folgten etwas längere Erwägungen,etwas weiter weg von meinen Ohren, als seien sie alle in einen anderen offenstehenden Raum gegangen. Was jetzt mit mir zu tun sei. Ob ich in eine Zelle solle. Ob eine Zelle frei sei. Es war eine frei. Aber die Starnberger Polizei war dafür, daß mich die Gautinger mitnimmt, dic wußtcn, wo ich wohne, weil sie mich kannten. Oder wir lehnen ihn einfach vor die Tür, meinte ein Starnberger. Dem entgegnete der Amtsarzt mit »Das geht nicht«. Man kam überein, mich nach Gauting zu fahren und vor meiner Wohnung auf die Straße zu werfen. Mir verging keine Zeit, die Sätze schienen mir von hinten gesprochen, obwohl ich sie verstand. Ich hatte Anwandlungen, mich für die Polizei zu schämen und sie dieser Entwürdigung zu entheben, indem ich mich erhebe. Aber ich konnte mich nicht bewegen, auch die Augen nicht. Es kamen zweimal die Gautinger Polizisten, ich solle mit ihnen gehen. Sie sahen auf mich herab, und ich sah sie verzerrt in meinem Blickfeld. Aber in meinen Blick tauchte kein anderer Blick. Irgendwann mittendrinnen in meinem Liegen, und dieses Liegen gehörte mir, richtete einer den Läufer, auf dem ich lag, etwas ab von mir. Ich war ihm dankbar, daß er mir das Sakko, das noch am rechten Arm hing, nicht irgendwie überlegte. Ich dankte, daß diese Kräfte kein Mitleid kennen. Man fragte den Amtsarzt, was er für diesen Einsatz bekäme. Das gehöre zu seinem Dienst. Frage und Antwort wurden als Scherz aufgenommen. Das Ergebnis der Blutuntersuchung sei in vier Tagen da. Dann faßte man mich an, hob mich hoch und ich kam auf die Beine zu stehen und versuchte mitzugehen, doch wie sich das Blut nicht von meinem Willen beeinflussen ließ, so jetzt auch nicht die Beine. Reduziert bis auf die Gedanken hatte ich Angst, daß auch die mich verlassen könnten, als ich mit dem Gesicht über Betontreppen abwärtsschwebte. Wer könnte ihnen etwas anhaben, wenn sie mich jetzt fallen ließen? Aber alle drei, auch der, der sich meiner Beine angenommen hatte, hielten mich tapfer fest, schoben mich mit dem Kopf voraus in ihren VW-Kombi, legten mir die Beine nach, als wollten sie die nicht vergessen, und dahin ging es, unvergleichlich schneller als auf der Hinfahrt. Ich lag auf einer feuchtdreckigen Gummimatte, deren Rippen sich unerbittlich in mein Gesicht drückten, wenn sie eine Rechtskurve nahmen und mein Gesicht unter den Hintersitz zu gleiten schien. Dieser Tag hatte es auf mein Gesicht abgesehen. Ich liebe mein Gesicht, wissen Sie. Wird wenigstens der Schnee so tief auf der Straße sein, daß ich weich liege? Nach einiger Zeit würde ich schon fähig sein, nach meiner Frau zu schreien. Aber nein, ich werde ins Gautinger Polizeirevier getragen, auf einen Stuhl gesetzt und kommentiert. Mein Zustand hat sich so verfestigt, daß ich sitzen bleibe. Der Zufall hat mein Auge auf einen Aktenordner gesetzt, auf ein auseinandergelaufenes grünliches VP. Angaben zur Person. »Er sagt ja nichts. Blutentnahme. Er hat bei der Blutentnahme wild um sich geschlagen. Wir mußten ihn festhalten. Er ist in die Unterführung hineingefahren«, und eine Verdrehung nach der anderen. Ich höre einen Mann, der einen Einbruch anzeigt, Fenster eingeschlagen, Mann in hellem Mantel gesehen. Die Anzeige könne nicht auf Bedrohung, nur auf Hausfriedensbruch und Sachbeschädigung lauten, belehrt ihn ein Polizist und schickt ihn wieder heim, sie kämen gleich. Der käme oft zu ihnen. Sie kommen überein, den Fall der Ablösung zu überlassen. Immer wieder kreuzen Polizeibeamte die Räumlichkeit, als bestehe darin ihr Tun. Irgendwann, da es hieß, daß ich schon zwei Stunden dasitze und mich nicht rege und mich auch im Kombi nicht geregt habe – keine Rede von meiner Bodenlage –, kommt meine hergeholte Frau und stellt fest, daß mit mir was geschehen sein muß. Sie gibt meine Personalien her. Und der neue Strafbestand der Beamtenbeleidigung zeichnet sich ab: Ich hätte sie Arschlöcher geschimpft. Und weil sie das den ganzen Tag hören, könnten sie das nicht mehr hören und hätten deswegen etwas fester zugepackt, sagt einer zu meiner Frau. Ich kann mit meiner Frau nicht sprechen, bloß keinen Weinkrampf kriegen. Wissen Sie, mein Mann ist sehr empfindlich. Eine ältere Polizistenstimme behauptet, daß sie noch meine kürzlich verstorbene Mutter gekannt hätte. Sie sei immer zu ihm gekommen, wenn sie Sorgen gehabt hätte – und der Sohn benimmt sich so, wie es ihm in seinen zwölf Jahren noch nicht vorgekommen sei. VP. Da ich unfähig bin, meiner Frau zu folgen und mich jetzt kein Polizeibeamter mehr tragen will, bittet meine Frau um einen Krankentransport. Wieder versichern sich die Beamten, daß der Alkotest für sie gerade noch positiv ist und daß der Amtsarzt gesagt habe, Medikamente seien zu meinen Gunsten und senkten den Alkoholspiegel. Irgendeiner hat für meinen Zustand das Wort Schock gefunden und das zirkuliert jetzt ungereizt. Sie versichern sich, daß mich der Amtsarzt für den Transport freigegeben hat. Ausdrücklich hat er gesagt: Dem fehlt nichts. Aber die beiden hatten auch meiner Frau zugestanden, daß ich keinen betrunkenen Eindruck gemacht habe. Die Ablösung scheint gekommen zu sein, weil die Frage aufkommt, ob es der Gautinger Amtsarzt gewesen sei. Der Starnberger. Wer? Der Käfer, Erleichterung, mein Fall scheint überhaupt nur noch in Starnberg passieren zu können. Jetzt möchten die Sanitäter, daß ich mit ihnen gehe. Der geht nicht. Ich komme auf eine Tragbahre. Sie lassen im Freien ihre Hände über mir kreisen. Aus ihrer Aussage folgere ich, daß ihnen meine Augen nicht folgen. Er hat einen schweren Schock. Er ist nicht bei Bewußtsein, sagen sie einem Polizisten auf der Treppe. Im Sanitätswagen bäume ich mich auf, so daß ein Gurt wegschnellt und die zwei Sani hinausspringen, ich schrei: »Fünf Polizisten!« Reaktion: »Du wirst schon nicht sterben!« Dann ist wieder Ruhe, und ordnungsgemäß werde ich heimgebracht, aber auf Verantwortung meiner Frau, wie sich die Polizisten von den Sanitätern, die mich ins Starnberger Krankenhaus eingeliefert hätten, und die Sanitäter von meiner Frau, vergewissern ließen. Offensichtlich wollen sie mich auf der Bahre nicht hineintragen, ich soll gehen. Unser Hund schleckt mich ab. Meine Frau weist den Weg. Die Kautsch steht am gewohnten Platz. Es geht auf acht, es wird Tag. Inzwischen ist es wieder dunkel geworden, doch derselbe Witterungszustand: es schneit, ohne daß sichtlich Schnee zusammenkäme. Die Blutergüsse werden schmerzhaft, ich habe Schluckbeschwerden, wenn mein Kehlkopf zusammenbricht? Es war nur so ein freiheitlicher Drang, der mir riet, nichts von mir herzugeben. Bevor ich ins Würmbad gehe, umarmt mich meine Frau und ich schrei auf, weil mir alles weh tut. Dort erzähle ich mit anderen Worten, was mir letzte Nacht geschehen ist. Der Schlosser erzählt, wie sein Sohn in die Lage kam, einem Polizisten eine Ohrfeige zu geben. Der wollte mit seinem Gummischlauch zurückgeben, verfing sich aber damit in der Dachrinne. 40 Mark ans Rote Kreuz. Sie hätten mich sehen mögen, von draußen. Durchs Fenster hätten sie schauen mögen. Gegen die kommst du nicht auf. Um gegen die Aussage eines Polizisten aufzukommen, brauchst du fünf Zeugen. So ist das! Aber wenn einer einigermaßen normal ist, dann wird er sowieso kein Polizist. Oder kannst du dir vorstellen, daß du ein Polizist bist?

Gerhard Polt und Hanns Christian Müller

Ein Sanierer

HEROLD: I sag Eahna ganz ehrlich, der Mieter is wie ein Hausschwamm. Der, wenn amal drinsitzt, kriegstn nimmer raus. Also, i sags Eahna, was ich an Aufwand ghabt hab, bis i die Bagage draußd ghabt hab, finanziell und ideell, Sie, des vergütet mir koa Finanzamt. Steuern derf i scho zahln, gel, und was draus macha aus dera Bruchbude – wissen S', des is des, was uns Unternehmer müde macht. Alloa, wega der oidn Schäsn, de wo da drin war – wie ein Blutegel. De hat si direkt festgsaugt. Weil sie gsagt hat, i soll wartn, bis sie nausgstorbn is. Na sag i, ja Sie san guat, Frau, Sie wohnan jetzt seit vierzig Jahr da herin bei am Mietpreis, wo i mr net amal a Essiggurkn kaffa ko, ja, da könnan Sie no lang lebn, aba i ko net davo lebn, vastehngas. I gunn Eahna ja a langs Lebn, aba net auf meine Kostn und net da herin. I hob dera Frau nachad fünf Braune unter d Nasn ghaltn, schau her, Oide, des is doch des, was du brauchst, hab i gsagt, na hat ses woana ogfangt, wei, so vui Geld hat ja de in ihrm Lebn no nia auf oam Haufn gsehng, na hab i mir denkt, guat, i bin zwar net der Weihnachtsmann, aber den Umzug ins Altersheim zahl i ihr aa no, ma is ja schließlich a Mensch irgendwie. Guat, na war de Oide draußt, na is erst losganga. Im ersten Stock a Familie mit vier Kinder. Sie, des is ja wie ein Tabu. Findn Sie für solchane Krattler amal a Ersatzwohnung. Praktisch aussichtslos. I hab dene gsagt, Leut, as Nymphenburger Schloß kon i euch natürlich net mietn, a ganze Jahresmiete hätt i dene erlassn, nix. I habs nachad an meine Anwälte übergebn, wei, mit gutm Zuspruch is nix ganga. Sie, wenn S' amal an guatn Anwalt brauchn, i hob oan, der find Eahna oiwei a Gesetzeslücke. Der is wia a Marder. Guat, also zufällig hat si nachad der Familienvater von dene umbracht, na sans a Fürsorgefall worn, un na is doch wenigstens a weng schneller ganga. Überall, wo was frei worn is, hob i a paar Türkn nachgschobn, des san guate Verwohner, hats ghoaßn, dabei ham de Hund dann heimlich as renoviern ogfangt. Na hab i de aa wieder naustoa müaßn, und in dem Stil waar des aso weiderganga, na hab i as Dach abdeckt, d Haustür ausghängt und im Stiagnhaus as Liacht abdraht. Da drin hats pfiffn wia in am Windkanal. Aber Sie wern lacha, nur so gehts. Nur so. Schaun Sie, i hab den Häuserblock gerbt, von meim Bappa, aber wie sagt so schön der Meister Goethe: Was du ererbt von deinen Vätern ... *Entdeckt einen Penner.* Ah, was tuatn der da? Ja, schaug, daß du weidakimmst, oda muaß i d Polizei rufn. Ja, hörst du schlecht, schleich di! *Penner verzieht sich.* Ja, sagn S' amal, de san ja schlimmer wie de Ratzn. Sie, wenn man so Leut siehgt, dann fragt ma sich doch wirklich: In was für am Staat lebn mir denn eigentlich ...

Gerhard Polt und Hanns Christian Müller

Mai Ling

Herr Grundwirmer und Mai Ling sitzen in einer Möbel-Krüger-Sofaecke.

GRUNDWIRMER: Sag amal schön Grüß Gott, Mai Ling, Grüß Gott! – Ich habs erst seit drei Wochen. – Mai Ling hoaßts, des is – des hoaßt – ich heiß ja eigentlich Grundwirmer, und sie natürlich jetzt eigentlich aa. Oiso sozusagen Mai Grundwirmer, geborene Ling. – 2758 Mark und a bissl was, ab Bangkog Airport, hab ich bezahlt, ah, hab ich kommen lassen. Ich muß sagn, des is relativ preiswert, wenn man bedenkt, ah, sie is aus der Provinz. Weil, in Bangkog selber kauft net amal mehr der Amerikaner ein. Des is alles zu verseucht, zu rein marktmäßig. 500 Demark mehr, und ich hätt a Fitnamesin habm kenna – de san noch etwas robuster – des mag sein, da gehn jetzt die Meinungen auseinander, aber, schaun Ses an, de is doch net schlecht, oder? Also ich bin sehr zufrieden. Sie ist äußerst sauber, sie schmutzt nicht, wie der Asiate anundfürsich überhaupt nicht schmutzt. Ich mein ich bin sehr zufrieden, wissen Sie. – Ge, Mai Ling, simmer zufrieden, hahaha, ge, ja ... Freilich Anpassungsschwierigkeiten lassen sich nicht ganz vermeiden. Rein küchenmäßig betrachtet, ich vertrag ja des Chinesische net a so, mir ham ja da ganz andere Vorstellungen, schon beim Besteck ... I hob glei gsagt, Mai Ling, diese Staberl da – ich habs dann eingschürt, ich habs verbrennt, a paar hab ich ihr glassen, da kanns dann Mikado spuin damit. Nix dagegen. Und ich muß sagen, sie is da sehr flexibel und anschmiegsam. Überhaupts des Schlafzimmer, da sans ja berühmt, die Asiatinnen, da kenntens Deitsche sei. Ich hab ein Schleiflackschlafzimmer, wissen Sie, und ich muß sagen, pikobello, es spiegelt sich alles darin. Und sie is auch ausgesprochen leise. Wenns irgendwo knarzt oder so ein kleines Pochen, ge, könnt ma moana, des is a Mäuserl, des is sie. Sie tritt ja fast kaum auf, sie schwebt förmlich, weils aa nix wiegt. – Sie is a bissl gelb ankommen, ah, i moan, des woaß ma ja vom Asiaten, aber sie is scho sehr gelb ausgfallen, obwohl, sie paßt hier sehr gut rein. Geimpft is aa, geht ja net anders, ich mein, bei Importen is des immer so, da werd sehr drauf gschaut. Obwohl, es hat geheißen: 1 Meter 49 is sie groß. Sie is aber 3 cm länger ankemma, als ma zerscht gedacht hätt, weil ich hab gmeint, a Verwandte von mir, de Anni, de hat a Kinderbett ghabt, da hab i glaubt, daß ich s reinbring, na ja, vom Mobiliar her hab ich halt a bissl – umdisponieren müssen. Des sind halt amal Kosten, mein Gott, die kann man halt sozusagen als Anschlußkosten, äh, ich muß überhaupt sagen, diese Kosten, Taxi vom Flughafen, Anfahrtswege, Standesamt, Gesundheitspaß, Ausweisgebühren, sie werd ja nachad a Deitsche, des wird extra berechnet. Ich sag des nur für weitere Interessenten – es gibt da Leute, die sind dann doch überrascht, was für eine Kostenlawine sich da auf sie zubewegt. Ich möcht auf alle Fälle sagen, ich bin sehr zufrieden, obwohl ich Einzelabnehmer bin. Auch diese Flitterwoche, die sozusagen absolviert worden ist, hat eigentlich unsere Erwartungen durchaus, – Sie verstehen. Ich war sehr überrascht, diese enorme Exotik, die da plötzlich auf einen zukommt, und drum hat der Asiate auch diese Nachfrage, äh, diese Resonanz in breitesten Kreisen der Bevölkerung. Jetzt passen S' amal auf: Ah, Mai Ling, hol amal Zigaretten, da drüben sinds, Zigaretten – gel, sie versteht schlecht – Zigaretten und Zündhölzel – die da am Tisch liegen, hols amal her, da brings her Mai Ling ... die Zigaretten sollst holen, Zigaretten ...

Mai Ling steht auf und holt Zigaretten und Zündhölzer.

Schaun S', ich hab früher an Ding ghabt, an Schäfer, der is ungern ins Wasser ghupft, ge, wenn ma ihm an Stecka neigschmissen hat, is er auch ... Mai Ling, Zigaretten. Ja, also, sehen Sie, es geht, es ist ein Geduldspiel, die ham ja ein ganz anderes Zeitgefühl. Ma muaß a Geduld habn und a gewisse praktische Psychologie, nachad geht ois. Mai Ling, jetzt derfst di wieda hinsetzen. Sammer sehr zufrieden. Ja, ich kanns nicht anders sagen: eine runde Sache rundherum.

Gerhard Polt und Hanns Christian Müller

Das Beton-Lied

Beton, Beton, Beton –
Beton, Beton Beton Beton.
Waschbeton,
Mischbeton,
Fein-Stahl-Fertigbeton.

Mir baun uns a haltbare Welt,
die in fuchzg tausend Jahr aa no hält.

Beton, Beton, Beton –
Beton, haltbarer Billig-Beton.

De Kirch, as Rathaus, Ton in Ton,
ois aus gediegenem Farbigbeton.

Farbig-Beton, Billig-Beton,
haltbarer Fertig-Beton.

Vier eigene Wänd aus Fertig-Beton,
mit an Loch drin, des tuats nachad schon.

Beton, Beton, Beton –
Beton, a kloans Paradies aus Beton.

In der Nachbarschaft ham ses fei alle schon,
eahna gmüatlichs kloans Häuserl aus Stahl-Beton.

Beton, Beton, Beton –
Beton, Bett, Zaun, Zukunft: Beton.

Kaum graut der Morgen, na siehgst n schon,
phantasievoll und praktisch glänzt er in der Sonn,

da Misch-Beton, da Stahlbeton,
da Fein-Wasch-Klar-Sicht-Beton.

Wartungsfrei, sauber, keimfrei und schön,
ma ko si glei gar net gnua an eahm sehgn,

am Misch-Beton, am Stahlbeton,
am Fein-Wasch-Klar-Sicht-Beton.
Beton, Beton, Beton –
Beton, Paradies aus Fertigbeton.

Josef Wittmann

werkdog

d schdraß grau,
d fabrik grau,
da himme grau.

da dog zwischn sieme in da friah
und aufdnacht um sieme
grau
wia-r-an schef sei anzug.

mia miaßn,
sogda,
auf an greana zweig kema –

awa do siehge schwarz fia uns.

hoamat

mach d aung zua:
de kiacha,
des schdoodtor,
de heisa,
wos bleibd?

da gruch von deim haus.

des, wos ma head,
wenn wieda amoi
üwahaupts nixn los is.

des und
a schdaada blooz, wo de neamands daschreggd,
wennsd ganz aloans du bisd und
a handvoi leid, wo s d song konsd,
guad, daßs de gibd.

wenn des nimma is
konsd geh.

Siegfried Zimmerschied

Da Mitterer

oder: Anmerkungen zu einer Karriere

Ein untersetzter, älterer Mann steht auf einem Balkon. Er hat den rechten Fuß auf einen Stuhl gestellt und stützt sich mit dem rechten Arm auf dem Knie ab. Er raucht. In der anderen Hand hält er eine halbausgetrunkene Bierflasche. Neben ihm liegt, auf einem Tisch, ein halbverzehrtes Schmalzbrot. Er wirkt müde und krank. Er steht lange Zeit unbewegt und beobachtet die Straße, die am Haus vorbeiführt.

FRAU: *Sie ruft aus der dem Balkon angrenzenden Küche*
Iatzt kann i mid'm Hendl nimma länga wart'n. Es is scho fast vabrennt.

MANN: *schaut auf die Uhr, seine Stimme klingt rauh und erkältet*
Es gähd iatzt no ned.

FRAU: *leidenschaftslos*
Jed's moi is' des seybe mit dir. Oiwei muaß' Essen auf die wart'n.

MANN: I schtäh jo a ned zu mein'm Vagnüg'n do.
FRAU: *tritt etwas näher zu ihm hin*
Owa du woaßt doch, daß kimmt. Jed'n Dog kimmt's immer zur seyb'n Zeid, acht Joh lang scho.
MANN: Des kann a Trick a sei.
FRAU: *wendet sich ausdruckslos ab*
I iß' iatzt.
MANN: *schaut auf die Uhr*
Oa Minut'n no.
Die Frau beginnt zu essen.
FRAU: Hoi' da hoid wenigstens a Zeidung.
MANN: *schüttelt den Kopf*
Des kam eam grod recht.
FRAU: Auf de bo Minut'n kam's a ned a.
MANN: Des sogt ma oiwei, wenn's passiat.
FRAU: I schtey da s'Essen warm.
MANN: Iatzt!
Er verfolgt gebannt den Straßenverlauf – von rechts nach links.
FRAU: Wia immer. Glei kimmt de Gegenlinie.
MANN: *enttäuscht*
Genau. De san fehlerlos – wia d'Weydzeid – de Straßenbahnen.
FRAU: Kimm iatzt.
MANN: *fassungslos*
Wia der des schafft?
Er geht in die Küche und setzt sich an den Tisch.
Er beginnt geistesabwesend zu essen.
FRAU: Du host' as jo a immer g'schafft.
MANN: Wos?
FRAU: Na ja, du host jo a oiwei de Wurscht richtig g'würzt, wiast no in da Fleischfabrik warst.
MANN: *ärgerlich*
Des kann' ma jo ned vagleicha.
FRAU: Freilich.
MANN: Na. Bei mir is' um d'Menge ganga – und do gähd's um Sekunden.
FRAU: Owa Fehler host da a koan leist'n kiena.
MANN: *verächtlich*

I war jo nur fia de Lyoner zuaschtändig.
A Pfund Pfeffer, drei Pfund Soiz und a hoibat's Pfund Paprika.
Wenn' ma de des zwoamoi g'mocht hod, dann kann ma's.

FRAU: Bei dene von da Straßenbahn is des a nur Routine.

MANN: Owa a höherwertige.
verbittert
An de Pfefferwurscht und de Salamis ham's mi eh nia anneloss'n.

FRAU: Des war sicha koa Mißtrauen oda so.
mechanische Anteilnahme
Du warst zu wichtig. Dei Plotz war bei de Lyoner. Ohne die hätt'ma lauta fade Wurschtsolot' g'hobt in ganz Deitschland.

MANN: Des häd' a andara a kiena.

FRAU: So leicht is ma ned zu ersetzen.

MANN: Bei oam Pfund Pfeffer und drei Pfund Soiz.

FRAU: Du host dein Ma g'schtand'n.
Mia griang heid no, noch acht Joh' des Fleisch ummasunst von da Firma. Glaub'st de dat'n des doa wennst nixe daugt hättst.

MANN: *neidig*
Da Mitterer, der hod z'erst a Lyoner g'würzt, dann d'Salamis und am Schluß . . . d'Leberwirscht.
steigert sich
Dann is a zur Schtod ganga und iatzt koordiniert er d'Straßenbahnen. In' ana richtigen Zentrale sitzt der. Des is a Aufschtieg.

FRAU: Auf d'Zuverlässigkeit kommt's a. Ob oana a Flugzeig fliagt oda Lyoner würzt – überoi gibt's Vasaga.

MANN: *schaut auf die Uhr*
Da Mitterer hod's g'schafft.

FRAU: Meinatweng.
Der Mann steht auf und geht wieder auf den Balkon.

FRAU: Host jo eh no drei Minut'n Zeid.

MANN: Und wenn's früha kimmt?

FRAU: Dann heast' as.

MANN: Mid dene Ohr'n nimma.

FRAU: Weil'st immer im Zug schtähst.
MANN: I muaß aufpass'n. Koa Mensch is fehlerlos.
FRAU: *beginnt mit dem Abräumen*
Hod's g'schmeckt?
MANN: *zu sich*
Lyoner würzen, a ganz' Lem einfach vawürz'n.
FRAU: Nia heast' ma zua.
MANN: *schaut wieder gebannt auf die Straße*
Scho wieda.
Er sieht ihr nach und blickt dann auf die Uhr
Unglaublich.
FRAU: *Sie löst Kreuzworträtsel*
Bist miad?
MANN: *Er setzt sich*
A weng.
FRAU: Is jo a koa Wunda, wenn' ma jeden Dog bis um zweyfe in d'Nocht aufbleibt und um hoibe sechse in da Friah scho wieda aufstäht.
MANN: Glaub'st de ändan weng mia an Fahrplan?
FRAU: Owa muaßt denn jede Bahn überprüfen. Olle zehn Minut'n und des achtzehn Schtund am Dog. Des san ...
MANN: ... Hundatacht.
FRAU: S'doppelte, weil's in zwoa Richtungen fahn.
MANN: 216 san's. Am Sonntog 220, wengam Fuaßboischpui.
FRAU: Owa de foahn doch a ohne di.
MANN: Des sogt' se so leicht.
FRAU: Seit deina Pensionierung schtähst iatzat scho acht Johr do und überprüfst ob de Fahrzeiten von de Straßenbahnen schtimman, Sommer und Winter. D'Aung host da kaputt g'mocht, hean duast nixe mehr, schlofa duast nixe ... du ruiniast de.
MANN: *fanatisch*
Da Mitterer mocht nomoi an Fehler, des garantier i dia.
FRAU: *wendet sich müde ab*
Da Mitterer und d'Leberwurscht, de san dei Untergang.
MANN: Oa Minut'n no.
FRAU: I leg' mi iatzt hi. Mid dea off'na Balkondia hob' i mia s'Rheumatische g'hoit.

MANN: *Er schaut wieder der Straßenbahn nach. Er steht in der anfänglichen Position alleine auf dem Balkon*
I kann's dawart'n Mitterer.
I kann's dawart'n.

Hanns Meilhamer und Claudia Schlenger

Der Lodenmantelreißer

(gewidmet den Über-Bayern)

1. Neilich geh i so durch München,
es is mitten am Tag,
und i denk grad, daß i Lodenmäntel
oiwei no net mag;
da sehg i in einem Torbogn,
bucklert und zum Sprung geduckt,
so an kloana schwarzen Mann,
der grimmig schaut und aufgregt schluckt.
Auf oamoi gibt er sich an Stoß,
springt auf an Lodenmantel los,
benimmt sich wie ein böses Kind
und is vor Wut wie blind:
Des is der Lodenmantelreißer,
der alle Lodenmäntel haßt.
Des is der Lodenmantelreißer,
der Tag und Nacht net rast'.
Denn der Lodenmantelreißer
haßt grünen Loden wie die Pest,
weshalb der Lodenmantelreißer
das Lodenmantelreißen niemals läßt.

2. I hab einen Wahnsinnsschreck kriagt,
wia i den da reißen sehg,
doch, kaum hat er fertig grissn,
is er aa scho wieder weg.
Naa, da muaß i wirklich lacha,

daß's in München sowas gibt,
und i net der oanzige bin,
der koane Lodenmäntel liebt.
Da schreit hinter mir a Frau:
»Helft's! Mei Trachtenhüatl! Au!« –
doch de Federn san scho grupft,
von oam, der weiterhupft.
Des is der Trachtenhüatldätscher,
der hupft von Huat zu Huat.
Des is der Trachtenhüatldätscher,
der kann des wirklich guat.
Kann er ein Trachtenhüatl dätschen,
fühlt er sich ganz daheim –
drum laßt der Trachtenhüatldätscher
das Trachtenhüatldätschen niemals bleibn.

3. I muaß nomoi furchtbar lacha,
wia i wieder zu mir kimm,
und jetzt find i aa de Stadt
auf oamoi gar nimmer so schlimm,
denn de ganzen stoanern Gsichter
san zum Leben erwacht,
weil de kloana frechen Manndln
koan Respekt ham vor der Tracht –
oi's schreit hellauf durchanand:
»Helfts! Mei Huat! Mei Schuah! Mei Gwand!« –
hinter jedem Münchner Haus
hupfan Manndl raus:
Des is der Wadlstrumpfbeißer
und der Schweinswürstlschmeißer,
des is der Haferlschuahhupfer
und der Gamsbartrupfer,
des is der Schuahbandlfiesler
und der Maßkruagbiesler,
des is der Hirschknopfschnorrer
und der Lederhosenbohrer,
des is der Woiperdingertratzer
und der Leberkasbatzer,

des is der Brotzeitgeier
    und (überhaupt) der Antibayer,
des is der Weißwurstverächter
    und der Dacklschlächter,
des is der Watschengsichtwatscher
    und der Hundsdreckdermatscher,
des is der Hausgangrevoluzzer
    und der Schnurrbartstutzer,
des is der Königludwigschänder
    und der Radiverschwender ...
hollaro-i-ri
hollaro-i-ri
hollariaho-hollaro-ratsch-bumm!

Uwe Dick

Der Öd

Das Bio-Drama eines Amok denkenden
Monsters
oder:
Wechselfiebrige Anfälle von Weisheit, Torheit und Faschismus.
Eine volkskundliche Studie

Wirtsstube. Mattes Licht über vereinzelten Zechern.
Ein Ventilator leiert. Im Eck das obligate Kruzifix.
Eintritt ÖD.
Ersessenes Recht leitet ihn zum Stammplatz.
Er setzt sich, dreht die Krempe seines
Knautschhutes tiefer in die Stirn, mustert seine
Umwelt und spricht:

HabedÄhre!
I bin da Ed.
Kennts mi ebba need?

Macht nix. Werds mi scho no kenna lerna, mi und an Toud!

Da Weg ind Ewigkeit   is gor need weit: Um fünf
dees foische Wort,   um sechse wara dort!

Lisssiii, gschwind: a Bier und
a Zwetschgnwassa,
damit i duachschtäh,
(schnaufend in die Runde)
wos i siehch!

(halblaut)
PfüatiGott!
Oschaung deans mi, wias Kardinalskollegium
an Herrn Jesus ogaffat,   wenna aufamoi
einetretat   im Namen der Liebe!

Ja habts denn in eiam Leem
no nia need   an einfachn Menschn gsähng?
Saan de heit scho so rar?
Wundan daats mi need   in dene kinstlichn Zeitn,
wo doch ois Verpackung is,
Glanzpapierlzeig ummadum,
Platschari-Plempi-Krempi ummanand
und koa Inhoit nimma, ... und wenn, dann aa oft
dafeit!

Aba i   mach do need mit, iii neeed!
I bin, wer-i-bin und i bleib ...
(nachdenklich-einschränkend)
wer i ...
Zeascht amoi,
bevori nacha: Arsche zu
Arsche, vaschtähst, hinunterrr
in die dunkle Grube   nach Gottes
unauffindbarem Rat   Schluß   Aus und Amen.

Aba dooo,
doda, vaschtähst, dooo
(deutet auf die Tischplatte)

bleibi, wiari bin!
Metamorforzn hi, Metamorfotzn her . . .
(Drohblick:)
Oda mecht   do oana
s Gegnteil behauptn?
(lacht lautlos-fängisch)
Riskant! Da Weg ind Ewigkeit   is gorneed w. . .
I moan,
rein philosophisch gsähng,
saan mir ja olle, wia ma saan. Jaw-
olle. Da is need
oana, wiara need is! Need *oana*
vo dem Hauffa Boana.
Koana   ko aus: de Groußn need, wia de
Kloana.
Koana ko aus: Kini, Kaisa, Ölscheich
oda Papst, –
er ko need aus.

Need amoi i hob auskenna. Drum
– saubläds Drum! –
zoih i heit oana.
Scheißtheologieschtudium, vaschtähst,
dees wosesi eibuidt ham nach meim Feidzug aufs
Gymnasium!
Und dees aa bloß, weil so a krumma
Vawandta grod gmoant hot, i schaugat
intelligent drei:
»so aufgeweckt der Jüngääa!«
Dabei weri, wiari mi kenn,
lediglich an Hunga ghabt
ham. Scheißtheologie!
Oamoi
need aufpaßt, vaschtähst, jungundumm wiamawar,
oamoineedaufpaßt . . .
(Seufzer der Abfindung)
Aba mei
– schreckt da Bock im Mai,

is da April voabei –
in so am Foi
ko ma hoit nix andas macha,
ois wiaran
Vadda!
Scheißtheo . . .
(verträumt-sonnig)
Maria hoaßts.
  Schwarze Hosn
  Greane Bandl
  Und mei Schatz
  Hoaßt Mariandl
Und i
da Josef, da Zimmara
und da Esl dazua!
(undeutlich, theatralisch)
Na, nananana: fff(rrr)uuuu(rrr)cht-baaar!
I moan, sie is need unguad!
(selbstgefällig)
Sonst hätt-is ja aa need . . . näa?!
Ziziwischbal, ziziwaschbal,
Muadda, heiratn daat i gean,
weil es beißt mi da Kini Kaschpal,
Daß i narrisch kannt wean!

Na, na, do hob i scho richtig higschaugt, aa,
wenn i lechaldamisch gwen bin: übas Mariandl
loß i no heit nix kemma
außa mi!
(irritiert)
Wos?
Sie!
Da brauchnS iatz
gor need
so ironisch lacha!
Übahaupts,
i kenn Eana ja gor need!?

Wia kemman Sie eigntlich dazua, zlacha?
Saan Sie do dahoam?
Ham mia uns scho amoi griaßt?
Sie, passnS' fei auf: WennS' scho
zuahean dodaa,
wennS' scho lusn, wia dSau voa da Meihdia,
nacha hoitnS' wenigstns Eana Lacha zruck, Eana
koutbatzats!

I moan, i loß mi iatz do gor need
zu iagndweichane Personalien hireißn, aba
dees mecht i na dengascht amoi klargschteit hom:
Leit, wia Sie, kennan ja bloß
üba andane lachn, weils seiba zum Woana saan!
Leit, wia Sie, kennan eanane Kartn
gar need offn aufn Tisch legn, weils
need auffiglangan!

Ea, vaschtähst, Ea: Daat mi o-schlabbatzn!

Duuu, gib fei obacht,
daß Di beim Hoamgeh
koa Bibal need o-foit!
Schaugat bläd aus,
Biafrakeapal, grindigs!

Dankschen, Lissi, goidige Oasn!
Du, i soi Da an schena Gruaß ausrichtn, vom ...
Zefünfal, iatz woaß-i-nimma, vo wem!
Bloß, weil mi dea Dopplgänga
von am Strichmanndal
seim Hoibschattn
draußbrocht hot
mit seim Lacha, mit seim unqualifiziatn.
Mi, vaschtähst: Ea – mi, host gheat!
(übersüß, naivelnd)
Kimmt eina doda
und schpuit mit seim Lebm,

wia wenna need wissat,
daß' mi zFuchsing hint
an Eisntoud hoaßn
und in Fding
an Kropfreißaaa!
Grod guad, daß mi gestan
koana greizt hot, sunst
daat i iatz glei
duachschtartn
und Di präparian firan Langschtrecknflug!

Geh, Lissi, bring ma a Zigarrn,
bevori obruck   vo meim Neitralitätsprinzip
und mit eam zamm, aso-scho, daßasi
firan Astronautn oschaugn miassat, weila
ewig und drei Tag
nix andas meah sehng daat, ois wia
handtellagrouße Schteandl!

Daat si auffelacha, ea!
Dabei schwimmat   in da guadn oidn Zeit
a soichana wia Du   scho lang an Inn obe,
pätschiat und ausgnomma!

Aba unsaoam, human bis zua Unkenntlichkeit,
vaschtähst, un ...
    Dankschen, Lissi!

    Servus, Beppi!
    Pfüati, Seppi!
    Wos is? Obis Blaadl mächt? Naaa,
    dankscheen! I bina Individualist:
    I kaaf ma mei Buidzeitung seiba!

... unsaoans,
dea wo si zruckpfeifn loßt, von seina
innan vox humana,
dem wead aa grod dees ois Blädheit

ausglegt,
ois Schwäche,
von soichane Abertausend,
wia Sie oana saan:
Serienkepfal
ausana Nutzmenschnbatterie,
Grästl aus da Ehe vom Wik-Hustngschpenst
und am Weißn Riesn!

Moant, i kannt need bis drei zäihn, weili
eam sein Hauptfähla duachgeh loß, deawo ea
seiba is!

Aba a soichas Leidn Christi
in Schmoiz aussabacha
bringt mi need aus da Fasson!
  (brüllend)
Miii-need!!!
  host gheat?!

Geh, bleimS' ma doch vom Fuaß
mit Eanane schriftdeitschn Manschettn!
S Schriftdeitsch
huift gor nix, wenn oana nix zum Sogn hot,
und is aa koa Garantie need
gegn an Hirnschwund,
der Eana aba gorneed beunruhign bracht,
weil do nix is, wos schwindn kannt!
Weil bei bloß am Ansatz vonana Hirnschtromkuavn
hätts Eana ja funkn miassn,
daß ma si in fremder Menschen Eloquentia
need neimischt, wia da Pfarra
ins Liebeslebm von de Lampal!

Saubleeds Lacha!
  Servus, Xare!
  Woos, du gähst aa scho?
Duuu, i hätt wos

zum Mitnehma für Di!
Kimmst need
zuafällig
(Blick auf den Nebenfeind)
anana Odlgruabm voabei?
Need?
Oiso nacha, dann nixfiarunguad!
PfüatDi,
Seavasss!
(aus dem Konzept geraten)
Scheißtheo ...
oissooo,
wos i sogn mecht ...
Mecht?
Inara Demokratie und meeecht?!
Ja Himmeteife, wia hammas denn, ha?
Wo bleibt denn do dea Mitsprachedingsdoda,
der wo am jedn zuaschtäht und mia
scho glei zwoamoi,
weil i eh so seitn ebbs sog?!
(brüllend)
Wo bleibts denn, ha?
Hammas oda hammas ned?
(lacht künstlich-hysterisch)
De – mo – kratie!
Dee moog grod iii!
hotta gsogt
unds Madl in Woid einezarrt!
Deppo-kratie, sog i!
Scheindemokratie,
GeldScheindemokratie, sog i!
Werte?
Aktien!
Wahrheit?
War-heit a Gschäft?
Na, na, na, es liagts mi need o!
Wea nix hot, dea is nix.
Wer da hat, dem wird gegeben werden!

Ois wead kaaft
und de meistn saans scho woan!

Aba i need!
I spring eich ausse, ausm Tretradl!
Wia?
Indem daß i fast nix brauch,
wofia i werkln miassat.
Und weil mi koa Besitz need bsitzt,
hob i Zeit.
Zeit zum Denga, Zeit zum Lebm!
Do is nämli koa Untaschied
zwischn Lebm und Denga.
Bloß oana
zwischem Lebm und Vegetian
(geisterseherisch)
Aaaa-ha-haaaaa, iatz heri eich schooo,
es niedaschprachlich organisiate Fleischpflanzal,
es duachrationalisiate Leichnziiig,
es Geidfratzn, klappa-di-klimpa-di-klappa,
mit eira voagschtanztn Arbeits-Müdologie
und dem Gsoach vo Sichaheit: as Leem
entgäht eich sicha heit!
Vo wegn da Schoanschtein, dea muaß ...
ruacha ... muaßma need!

Vazichts doch auf eiane
goidlackiatn Plastikarschfoama,
auf eire fourniertn Klosettdeckl,
auf eia rostfreis Backpuiva,
auf den ganzn Plämpi, vom
sonnabattariegschpeistn
Nosnwäama bis zum
Seibstwendakindasarg mit Windradl!

Lebts mehra ausm Hirn
und weniga ausm Kaufhaus,
daß no ebbs ibrig bleibt

fia eire Schratzn!

Oda seids ebban weitsichtiga woan
mit eiam Feansäha?
Delirium Siemens!
Schmeißtsn doch naus, den Glotzophon!

I laß mi scho lang nimma
eischläfan
von dene hoibamtlichn
Mattscheibmtelewischiwaschlaa,
von dene Massnblädien, QuasslÖdien,
Kassnschmähdien . . .
Weil fia de drei oda via
Alibi-Sendunga im Johr, de wo vielleicht
wos taugatn, rentiat sis Wartn need!

Und amoi ganz ökonomisch gfrogt:
aufd Nacht zwoa Hoibe Bia,
s Weibi
oooda s Dritte Programm,
soi dees a Leem sei?

He, Du,
hots da dSchtimm vaschlogn, bloß, weil i
amoi laut s Denga ogfangt hob, ha?
Ja, ooogfangt, Du saubläds Lacha!

Bist aa so oana, dea wo nachiplappat:
Demokratie gheat mit Leem ausgfüllt, mit
neiche Inhalte, und no an Kneedl
obewirgt!
Vafressate Lebmsqualitätt?!

Warum schweigst jetz wiara Grob,
Demokrattla, greisliga!
Hamma a Redefreiheit   oda hamma koane?
Ha?

Oda moanst gor, dRederei
is bloß am Öttka sei Gmächt?
(bohrend aggressiv)
Sog hoit,
blaßdekadents Biaschal, dees wo
sei Weitanschauung beim Neckamann kaaft hot
und iatz nimma zrecht kimmt
mitda Gebrauchsanweisung: Hamma
a Redefreiheit   oda hamma koane?
Hamma oda hamma need?
Hamma Da an Hamma naufghaut, ha?

Ja, wosisdenn?   Beißts aus?   Streikts,
Dei Assoziativschpeichal?
Host an Kuazschluß in Deine elektronischn
Bereitschaftsweinn, ha?
(beängstigend ins Monströse)
Waxn Da schwarze Fädn   duachs Mei?
Weils Wiatshaus   sche langsam laar wead,
daß mia zwoa
amoi Platz hättn   firan Ausgleich,
dea wo Di im Fehlboden findn daat,
und ibara Bauklamma,
mit der i Di gscheitlt hätt,
ziagatn d Schneckn
zu de Wiam in Dei Hirn!
(winkt ab)
Aba laß guad sei: Warst aa amoi
ois Mensch plant.
(tippt an die Stirn)
Do hostas need
und beim Kramer kriagstas need,
Konsumwichtl!
An' Kopf ko si bloß glanga, wea oan hot!
(reagiert auf einen Zwischenruf)
Ha?
Wos?
I   soi eam in Ruah lossn?

I   eam?
Ja, sogts amoi: Wea
hot si denn do in wen neigmischt, ha?
(empört)
Es sei . . .   es seidsmaja sau- bane Landsleit!
Iatz heifns aa no
zu dem heagwaahtn Gottesgnadnschoaß!
Ja, pfuideiffe: Ees
heids ma de Richtign!   Zammhoitn deans,
wia zwoa Arschbackn: wegn jedm Scheißdreck
saans außanand!
Und moanan aa no, i hätt mi auf ebbs eiglassn
mit dem gschtickltn Nulla!
Wia wenni need wissat,
daß ma auf am Scheißdreck
koana Piruettn draaht!
Oglangt, mei, oooglangt   hätt i den nia need!

Aba dees oane   muaß i eam   no gschwind
sogn:
(rückt feierlich-geheimnisvoll näher, falsch:)
Woaßt Du,
wos Dia gheat   in unsam Woihfartsschtaat?
Woaßt need, gei?!
Geh hea, nacha sog i Das:
Dia   gheat
a Pfaunfeda
in Orsch einegschteckt
unda Zigarrnschtumpm ins Mai,
aufn Kamin naufghockt
und ozundn, daßD raachst, Du Sau!
(sachlich, beruhigt)
So, dees moani, is gwen.
Hamma dees aa wieda!
Und do mog no oana behauptn, i daat need redn
mit de Leit!

Lissi, no a Bia, gschwind, gschwind,
weil bloß do wos waxt, wo wos rinnt.
  Panta Rei!
  All the day.
  Lissi, schnei,
  a hoibe Hei,
  a Hoibe, a himmlische Hei!
  Vita sine litteris mors est!
  Sine Hektolitter ...   Der
  Morskrug gäht so lange
  zum Munde, bis man bricht.
  (freut sich seines Einfalls,
  blickt auf das hingeschobene Bier,
  ergreift es)
So is recht:
  Poculum ad dextris,
  ad leavam panis!
  Urbi et orbi et prosit
  pro mundi vita!
  (trinkt zügig, setzt ab)
Ja-ha-ha! Do schaugst, gei, wiaris
heabladdl, mei humanistischs Buidungsgut,
mei griechisch-lateinischs Flichtlingsgepäck
ausm andachtskapitalistischn Meinungs-KZ,
wo uns so a Buttabauchbataillon vo Kuttnbrunza
mitam Sidoi-putztn Heilignschein
insan systemimanentn Tendenztrend
zum jux prima noctis
aus insane corpi delicti
treibm woit, praecisiii!

Scheißtheologie vaschtähst.
Aba i   hob scho damois   meine Bedenkn ghabt,
vo wegn, daß i,   da Ed,
a Ebmbuild sei soit
vo EAM!
Hob i vielleicht a dreieckats Aug, ha?!
Sog, Lissi, AnneLissi, ach, Anne-L ...,

hob i? Lissi, Schicksal- sAnnalyse;
hob i a dreieckats ...? Hob i need, gei?!

Transzendenz und Schweißfiaß, wia
soi denn dees zammgeh?
Süffisanz und Schweinshaxn scho eha!
Aufschtiegs-mater-iii---aaa, hotta,
hotta hüh gsogt, da Kardinal
afda Kechin!

I und a Ebmbuidl vo EAM?!
Demnach miassat ja EA
meine Hämhorroidn hobm! Ja Pfüatigooott!
An ganzn Kranz saturngrouße juuuupitagrouße
Trombosn hättns EAM nacha aussaschneidn miassn,
hams dees?

Aba guad, wartmas ab: am Tag X
wead sis nacha scho zoang!
Wemma aussirumpln aus unsane Gruabma,
wenn uns dPosauna weckan,
wemma aufferauschn mit ausbroate Kotflügl
zum groußn Hallelujah-host-ghäät!
Unda Astralwind schpuit in unsane
Rippmharfn: dees, moani, wead so a
Knechalbosanova wean, so a intanationala!
Mit zwoarazwanzg Woikn volla Doimätscha!
Und auf oamai pläääts:
(in den geleerten Krug)
EEEEEEED!!!

Dann bin i gmoant.
Do hoaßts zeascht amoi ruhig bleibm. Nervn!
Auf koan Foi provozian lossn; sonst bini glei
drent bei de Beck!
Aba *oa* Frog nimmima außa;
und wenna mi obedeiffet
ins ewige Bratwuaschtgleckal,

oa Frog nimmima außa:

Gott, sog i,
mit schee brav oglegte Ohrwaschl
undam selig-unschuidign Blick,
wiara de Madl hin und wieda
d virginitas kost hot,
Gott, sog i,
allmächtiger Schröpfer des Himmels und der Erdn,
Vater von *allem*, was da ist,
also auch von Gut und Böse,
Hell und Dunkel, Black and White, Oberleib und
Unterleib, Ahuramazda und Ahriman,
Knagge und Peitz und so weiter,
Gewalt-Tigerrr,
dea wo de zwoa Gegnsätz, de wo eam seiba
entschprunga saan, aufamoi nimma zammbringt
--- imma eingedenk, daß mei kloane
gottgewollte gottgewollt kloane Birn
dees need übaschaugt! ---
fia wen oda was, der Du die Güte bist,
soi dea aufwendige Schauprozeß guad sei?

Und warum, so frogt ein Chromosottal sei
Vaddagottal, warum, Du interplanetarische
Liebe und allumverschlingende Gerächtigkeit,
ohne de koane Maisal need geborn
und koane Judn need vagaast woan saan, warum
inszenierst denn eigntlich so an zweifehaftn
Zauba, so a Quetschhaus und Foitakugl,
de wo uns, klägliche Ebmbuidl
aus siebzig Prozent
Wassa UND
Deinem eingeborenen, schmerznsreichn Sohn
aus lauta Nächstnliebe, daat i sogn, hätt
erschpart bleibm kenna?!

Is dees need ganz schee sadistisch?

Riacht dees need nach Menschnhirn, ha?
(Singsang)
Herr üba Gestern und Morgen: WosD doch ois
vorausgwißt host, wias kimmt, mit uns
und mit de Dein!!

Gnade vor Recht, Sonne aller Sonnen,
Vater der Blitze, der Kometen, der Ozeane
und aa dea von de Duckantal . . .
deaf eina Deinerr Geringsten,
(langsam)
deaf i, da Ed, dees wissn?
Zua Feia des Jingstn Tages?

Meine Herrn!
BOING WUSCH KARTUSCH!!!

Dees hättima glei
denga kenna, daßi oane naufzundn kriag,
an kosmischn Karateschlog, an
Bummsara, dea wo no dreiadreißg Lichtjahr
ummanandarumpet
in da Schteandlkamma!
Aba dees is mas weat: Frogido, ergo sum!
Komme, was da wolle!
Lacha daat i ja, wemma alle
den foischn Glaubm hättn!
Wos hächst wahrscheinlich is, weil wohea,
wenn need aus unsane Kepf,
kemmans denn alle, de Wotane, Manitus,
Walagandas und Quetzalcoatls?
Wer hot do eigntlich wen gschaffn, ha?
Gschaffn, indem daßan dengt hot?
(blickt in die Höhe)
Du mi?
Oda i Di?
(Hand ans Ohr, als ob er Antwort erwarte,

dann abwinkend)
Du mi, gei?! Aba scho glei zwoamoi!
(parodiert Stimme des Gewissens)
Bista Atheist, Ed! Bista Agnostika, ha?!
(jovial)
A Haide bini. Liaba haide ois morgn, sogi.
Mit de oidn Griechn, moani, waari am bestn
auskemma. De hobm need oanzigs oan Gott ghabt,
sondan an ganzn Berg voi. Und da obaste
is da Zeus gwen. Dea regiat aa heit no:
Zeus, hotta gsogt. Zeus oda schtiab!
Na-na-na, dees, Deus hoitsD need aus im Kopf!
Gabats übahaupts a Religion ohne Menschn?
Und fia soichane Denkbuidl,
de wo ma need beweisn ko
– und aa need beweisn braucht –
schädln si dMenschn ob, dagurrrrgln se si!
Und mia mit unsam Gorillagott
– Menschenopfer
Opferblut
Opferdooot, heil! –
schtehngan do need hintn.
(süß-lullend)
Auch Du
bist ein Kind Gottes, auch Du!
Wooooos? Deees glaaabsD need?!
Im Namen der Liebe, iatz stich i Di ab!
Glaab oda schtirb,
glaab oda schtirb!
(eselsstimmig)
I – I – Iiiii glaab ois, hotta gsogt,
Iiiiiiii glaab ois zamm, was i dawisch!
Gott will es!
Gott mit uns gegn eich! Ihr hobts den Foischn!
Dees miaßts biaßn! Unsa Gott befiehlt:
auf gehts, mia schiaßn! ER segnet,
es regnet Granaten.
Die Religwution frißt ihre Kinder.

(sinnt)
Jesus in da Grippe lag. Naguad, wos
is dees scho, im Winta?! Aus meim Katharr
hotma doch aa koa Evanquälium need gmacht, oda?
Katharsiszeiglummanand!
Wead scho so a Ibasetzungsfehla gwen sei:
Da Esl an da Grippe, Joseph hotta ghoaßn;
und vo nix
kimmt aufamoi a Kind.
Und dann de Gschicht mit dem
Schwoafschtean und de Mohrnkepf!
Wead scho oana
bei dera Käitn
mim Belle an Boikn higschlogn sei,
voa lauta Niasn, und Schteandl
gsehng und Engl gheat hobm!
Nnnaaa, woaßtas: ex oriente jux
konni da bloß sogn. Tausend
und eine – scheinheiligä – Nacht!
(pfeift schräg-falsch: »Stille Nacht, heilige Nacht ...«)
Ährä sei Gott und die Preise
in die Höhe!
In dultsche Duslio!
EiaPopaia-Heitschibummbeitschi –
schrummbumm zäfix!
Wo soistn auf oan Schlog
so vui Gfuih heabringa?
(Pause, dann in gespielter Objektivität:)
Freili konni need beweisn,
daß koan Gott gibt: Nnna, konni need.
Drum sog i owei:
In dubio pro Deo!
Schodt nia inara Gseischaft, de wo
no need weida is mim Denga
ois wia bis zum groußn Wozu.
Duuut das Autobuzzilein betn,
daß es ein neues Töff-töff triegt,
daß es desund bleibt,

daß es nicht dengen muß,
weil das so weh duuuutt!?
Geh, leckts mi doch am ...
Wie man bätät, so lügt man.
I moan EA --- EA gangat ja no!
Aba dees Bodnpersonal, dees is dees Kreiz,
an deesn hignoglt habm. Und heit no
hinogln, jedn Tog!

Auweh, auweh: dees waar wos woan:
I ois Geistlicha! Ui-ui-ui-ui-ui!
Iß vui Kraut, dann schtäht das Gwand schee o!
Bei dem Priestermangel, o Bube, miassn mia
aa no fia de andan essn!
Und foisch
und mita Macht im Bund!
Und koan Mai gabats dann aa nimma,
zmindest koan offizielln, weil da Frühling
is revolutionär
und de Kiach mog dees gorneed,
zwecks da Oadnung, de wo bleibm muaß
auf dem Kaiphas, dea wo da Feis is, sogts.
Bei Frühling habms scho link-s gheat und
beinand-ling
de Zöli-Patal im Palotti z Freising:
wo inam jedn Winkl bis ins Tagebuach eina
a Pater ummanandgschnuffet hot.
Und mi hams scho glei gor need meegn, mi
mit meim Blick in dAugn, dems oiwei
ausgwicha saan:
*(faltet die Hände überm Bauch, senkt
den Blick)*
Schule der Demut!

Do, moan i, fehlts weit, wenns scho amoi
a Schui braucha, fiad Demut?!
I, wenn i a Marienkäferl siehch, an Salamander,
an Woiknlaufschattn oda a Zittergras,

nacha bin i demütig gnua.
Aba sLeebm scheichan dee ibahaupts!
(leiert)
Behüte uns vor Blitz und Sturm
und vor dem bösen Hosenwurm!
(schüttelt den Kopf)
Koa Wunda, daß mi dee need megn ham!
Und i hob aa need oanzigs
Frühlingsliada gschriebm.
Is aufamoi, am gemeinsamen Weg zude
getrenntn Schpeisesäle, a Schuidl ghängt
mit dem Gsatzl:
Die Nächstenliebe
sprach der PaterNoster
die Nächsten liebe ich
besonders heiß.
Von einem jeden bleibt mir bloß der
Knochen übrig.
Memento mori!
Gott sei Lob und Preis für diese Speis!

Da hams gschaugt, de Dunklmänna, de
Schpeckschleicha. Aba koa Wort valoan:

taktisches Silentium!
Zweitausend Jahre Erfahrung!
Bis i nachad amoi
mein MOLOCH in Umlauf brocht hob,
dea hot mi dann an Segn vo da Kiach kost:
A Fakke/Aphage Satanas!
Aba fiami war dees koa Auszug ausm gelobtn Land,
weil iatz hob i mein Simplicissimus wenigstns
nimma aufm Klosett lesn miassn
mim Taschnlampal!
O mei, dees saan Zeitn gwen!
Und uma Hoor
waari aa no a Dichta woan, damois.
So bläd kos geh!

Aba mei MOLOCH gäht heit no um zwischn Isar
und Ampa. Mächtnsn hean? Need, gei? DRUM
sogineich! Oiso nacha:
(aufgeräumt)
Der Moloch ist ein düster Loch,
das keiner mag und weder noch.
Ein Loch, das sozusagen so
nur unbeliebt, weil vorn das Mo.

Stünd vor dem Loch ein A, ein B,
so tät das keinem A-Loch weh
und niemand stöße sich daran.
Es kommt nur auf den Anfang an.

Präziser: jedes Loch stimmt froh,
solang vor ihm nicht steht ein Mo!
(winkt ab, grinst gequält)
Auweh, auweh! Ganz schee blääd, gei?!
Aba i hob scho no blädane,
brauchts need moana, daßds alloa seids!
Liebeslürik zum Schlofschpui, ä, zum Bei, näa,
schpui:
(operettenhaft)
Hoooit gähstuuu an meinäär Seitäää,
morgäään gähstuuu in die Breitäää . . .

Na, hea ma auf! Dees wead ztragisch.
Aba an kiazaan hob i no, an abschtraktn, an
raund-abaut-song:

Die Nutte und der Natter,
die gingen platter-
dings im Kreisverkehre
rings.

Ou, ou, ou . . . iatz hobis wieda need troffa!
Aba vielleicht is dees a Warnung:

Noli me tangere!
sagte die Schwangere.
Drauf er: Mei, bist Du bläd,
dees   sogst ma zschpät!

Ja-haa, soebbs waxt hea   inara Klostaschui,
in soana Triebhausatmosfärä.
Aba an Linkn mächat i deswegn aa need
gmacht ham!
Dee hob i ma gnua schdudiat,
de Murxistn, D-Mark-sistn, 67ge, 68ge,
z Minga; wias an de U-Bahn-Arbeita
vobeimissioniat ham,   laut aba wirr,
mit eanam boaniatn Sozio-Käsuaheli!
Und koa Fantasie, koa Beobachtungsgabe: sonst
hättns vorausgsähng,
daß a nosnbluadigs Rotzfahndal
no koa Revolution need is!
O mei, o easchta Mai!
(greift zum Krug)
Eascht a Mai voi!
Vom Marx ham de bloß an Bart, sonst nix!
Links redn   und rechts lebm, dees kenni scho.
An Sultan vom Kanapee obaschmeißn
und iban Bauch vom Sultan
seiba naufschteign aufs Kanapee und ...   Und?
Nix meah, aus juchheee!
Oa Johr vadient und gfressn
und dRevolution vagessn.
Kaffte Gseischafft, kaffte!
Geidsäckulum, gschtingats!
I konns boid nimma hean, dees Idiotikon:
Inflation, Stagflation, Rotzflation,
Kotzfusion, Konfusion, Keanfusion,
Konzeanfusion,
Gottessohn, Diskussion, Kortison ...
Vaaaaaliuuuuum!
Ohropax vobiscum!

Ob iatz a Schwarza rout siecht oda a Routa
schwarz, mi regt dees nimma auf.
Braucha kostas olle zwoa need zum arbatn!

Nauf woins, nauf. Dees is ois.
WoaßD, hotta gsogt,
unsa Staat is an riesige Pyramidn
– und wea ganz drobn drin sei wui,
muaß an kloan' schpitzn Kopf ham.

Do hockans untam Überbau
und redn und redn ...
Dialeckts mi doch am!

Theorie-Diskussion, vaschtähst?!
Koana vaschtähts, koana!
Do hobiso Hirnblosn platzn gheat, mei Liaba!
Das Individuum, hams gsogt,
gibt es noch nicht, hams gsogt,
weil die gegenwärtigen Produktionsverhältnisse,
hams gsogt, die Entfaltung der
Individualitättt, hams gsogt,
nicht zulassen!

Abaa s Kollektiv, hams gsogt,
kanntat des Individuum befrein, hams gsogt,
songs!
De und mi befrein!
Daß i need lach!
Und iii koa Individuum no need,
sondan lediglich a homo torso?!

Omeiomeiomei!
So vuih Ohnmacht auf zwoa Haxn,
so vuih Pro- und Anti-Thesn
so vuih gehirnamputiata ...
Abaaa, do koost nix macha, wenns Kind
koan Arsch hat: aufn Kopf

deafstas need schlogn
sonst weast eigschperrt!

Jaa und wia mi dee untan Tisch eineschnautzn
woitn, weil i eana Aktionspathos,
eana Parolen-Enemenemei
leerlaffa hob lossn
mit dea Bemerkung, daß a Kollektiv vo Nulln
summasumsarum
need mehra bringt, ois wiar oa
oanzige grouße ÜbaNull!

Hooo -ho-ho! Do hams aufgheult!
Schaum hams kriagt voa de Lippm!
Fies-aschn, wia schtuipschtiaflate Henka!
Mei Liaba, mei Liaba: dooo
hota mi ogschtiat, da neiche Mensch   vo moagn
is ois vorbei   und elektrisch!

Orthodoxe Giftaugn!
Naaa, deee saan fei koa Basis
fira bessane Gseischaft,
deee need! Mit dene
konnst koa menschlichare Weit aufbaun,
mit dene Dampfplaudara
und militante Koitschnauzaa,
Kryptofaschistn, de oanzig
da Wille zua Macht treibt,
Maulaufreißaaa, de ma hächstns no aufd Schtroß
schicka ko, damits aa amoi
an Abnteiaschpuiplatz habm, de geistign Saigling
mit eanane ideologischn Schnulla,
de wo si de Titl Marxistn
und Sozialistn zualegn, wia
andane a Hippi-Unifoam, odaran Bart, hinta dems
ungschteat rout wean kenna!

Aba dHe-Männa schpuin!
Und abschaffn,   daß oschaffn kennan!
(soldatisch)
Abzählen der ideologisch Gesinnungstreuen!
Abweichlerrr   an-die-Wand!
(Die Wirkung des Alkohols erzwingt Pausen)
Resolutiona!

Ächtungs-Ausschuß-Vorstands-Vorbereitungs-Tag-
und-Nacht-und-Sonda-Sitzunga . . .
Juuu, hotta gsogt, Juuuu-soooo
gehts need weita!
Adornisierts Marcusisch – depp-ressive Tolleranz –
Fiahrungsanschprich   und koan Charakta!

Woaßt,
manchmoi dengima,
iatz gähst hi   und ziagst eana amoi
so an Pfostn außa   vom Übabau!
Daß eana dea ganze meinungszementiate
Scheißdreck, de ganze FeatigteilDenketaschn
auffifoit
und grod aso schnoiat, host ghäat!
Ois soi eana auffefoin, ois:
dSchtatuttn,   dFreie Liebe, vo deas oiwei redn
und redn,   de ganze »Theorie der Sinnlichkeit«
– und inda Landjugnd deansas scho lang! –
ois soit eana auffefoin, ois, dene
Politkaschpal   mit eanam ProtestÄppiil!

Na, de liagn mi aa need oo:
Olle hobis duachschaugt, olle!
Lissi, no an Klarn,
damit i no deitlicha wean ko!
(zelebriert den Genuß)
Mmmmmmmmmm!
Schteterrr Trrropfennn
höhlt

das Hirrrn!   Aaaaaa!
(sinnt zurück)
Ha, daat si auffelacha, er!
(rülpsend)
Aphäaa, aba üüüphaah mei Marrriandl
loß i aa heit nix kemma   außa . . .
Auß-e? Isa ebban scho auße?
Isa ebban scho fuat?
Automatnkrischpal!
Seriennulla!
Vo nix kimmt nix, hota gsogt, drum
bini do!

Ea, host ghäaht: Ea   mi, host ghäat!
Ja, moanstuebba, daß i a Depp   bist!
Woast ja need amoi de via boarischn Pf.
Pfinga   Pfaffn   Pfotzn   Pfeiaweah!
Manufaktuaschoaß! Synthetik-Bimbo!
(lauscht ins Leere)
Lissi, du, sogamoi: woo   is iatz dea
eigntlich heakemma!

Bläde Frog!   Wo bin denn i   heakemma?

Konniaa need sogn.
Wea woaß dees scho?
Und de Computa   gebm da dee Antwoat aaneed!
Com Puter   sprach die Henne,
comm mit mir   auf die Tenne.
Seither ist jener Puter
der Vater   und sie dMut-ter.
Mutationa saan dees, gei?!
A geh Lissi, schenk ei, schenk ei:
Probma de Ganzheitsmethode,
sauf ma ois ganz heit!

Liaba wiad Menschheit   samma d Wiaschtheit,
lieba wiara Weitkriag   samma d Maßkriag!

Boi-i amoi schtiab, schtiab, schtiab ...
Ajo, olle miaßmaamoi schteabm,
druntn flaggn bei de Scheabm, olle ...
Olleee,
vielleicht sogar i!
(viel Pause)
Sitz i mi a bissal
aufs Kanapee,
schteh i auf, is as Lebm vobei.

Boi-i amoi schtiab, schtiab, schtiab:
Setzts ma a Maß Bia aufs Grab,
schtehni wieda auf und sog:
oiwei fidei-fidei bei meina Seei!

Dankscheeen, Lissiiii, dankscheen!
(schluckt zügig)
Boi-i amoi schtiab, schtiab, schtiab,
miaßn mi dMenscha tragn,
und dazua dZiddan schlagn,
oiwei fidei-fidei, bei meina Seei!
(horcht suchend)
Du, Lissi? Sog amoi: hatts iatz
den Knoiprotz zarissn? Den Flachkopf?
Weilin gornimma här und riach?
(Mit Blick aufs Kruzifix)
Daat mi olacha
(Wutausbruch)
ausm schiaffn Winkl!
(springt auf den Tisch)
Ja du Himme / Heagott / sakraments / kreizognaglta /
nackata / dreißgJahrlang / barfuaß / glaffana:
Schteig hoit oba, wannst kannst!
(pumpt erschöpft)
Wos?
Ob i mi no kenn?
Jaaa Lissiiii! Ja, Lissilein?

Auch duu,
mein Sohn Brutus! Weibabruat, foische!
Ob i mi no kenn?!
Ob i's no bin!
Need wearis sei!
Boi i doch gwiß woaß, daß is bi!
Na, woaßt, Lissi: Daß Duuuuu,
Daß Du mi iatz aa no opackst!?

Aba so is auf dera Weit: Wenns Gschäft
amoi glaffa is,
bist glei nix meah weat! Dann kost geh.
Mei liaba Schiaba, dees
is a Lebm, zu dems uns vagewoitigt ham!
Freia Wille, daß i need lach!

Nach meiner, wenns ganga waar, mi, wenns
gfrogt hättn, nia
hätt i Ja gsogt
zu dem Schtean volla Teiffe!
Nia, ja nia! sogt dKuah zum Schtia.
Sogta Schtia zua Kuah: geh zua, gib a Ruah, iatz
host gred gnua!

Drum, saubläāds Drummm samma do!
Weima do saan, samma do!

Lissi, frischauf, No a Hoi ...???
(hält inne, dann frostig:)
Do siehchstas wieda:
Freia Wille!
Aba mi trifft dees need!
I brauch need unbedingt
ebbs kaffa, damit i wea bi!
So weid daats kemma!
Na, na, na, na, i hoit mi scho aus!
Mi und de Frogn,
auf des koa Antwoat need gibt;

hächstns seibabastlte Papiaschiffal
fiade Bodwanndl   vo de kloana Leid!
Kloa, weils kloa bliebm saan.
Weilsesi dupfn habm lassn.
Weils need denga woin.
Weil dees wehduat, manchmoi.
Und weil oft koa End need heageht.
Dawei waar ja grod dees   des Abmteia!
Aba dees scheichans, de Haisla
mit eanam Eignheimgedankn bis ins Grob!
Wuuuusla, wenn amoi oa Fettaug weniga
auf da Suppm schwimmt.
Berufsmenschn! Dees, wenni scho hea!
Rechtwinkelig an Leib und Seele!
Oglegte Oahn, zuagmachte Augn,
eigfrorns Hian, stillglegts Gwissn,
Parteikappe,
paßt, sitzt und hat Recht
auf Vollbeschäftigung!
(im Marschrhythmus)
Paßt, sitzt und hat Recht
auf Vollbeschäftigung!
(schnarrend, überlaut)
Und auch geistig
fordern wir
das arbeitslose Einkommen!

Paßt, sitzt, und hat Recht
auf Vollbeschäftigung!

Und wenn need,
und wenn need,
(überschnappend)
muaß a Hitla hea!
Führer oder schpäter samma wieda so weit.
Hic
sunt leonis!
(raubtierhaft)

Ecc-zähn-homo: Die Bestiäääää
aller Gesellschaften.
(keucht, faßt Atem)
Omeiomeiomei, wenni eich oschaug
– Bimsstoaheazal, Krümmling, Hartgummiseein,
PlusUndMinusmacha –
grod, wenni eich asoo ooschaug, nacha
foit ma wieda dea Satz ei:
»Gott hat die Welt aus dem Nichts geschaffen. Das
Nichts scheint durch«.
(lacht zustimmend)
Ja-ha-haa, dees gfoit ma. Dees
is guad beobacht!
Das Nichts   scheint durch.
Aba dees heans hoit gar need gean, de Kloakepf,
de Drüsnsklavn selbsterhöhter Abkunft,
wenn eana dUnendlichkeit
ins Schnecknhaisl bloost,
in eana Graffl eina,
hinta dem se si
gar z gean vabarrikadian   und so dean,
wia wenn eanane Tapetn – de Bleame, Pinktal und
Spiroina – dWeitoadnung sichan kanntn.

Need zum Oschaugn!

Unta soichane Leid
bist fei alloa, mei Liaba!

Wemma frogn deaf:
Bei wem
lossn Sie denga?
(singend)
Ja, jaaahahaaaa, i kenn enk scho:
Liaba dreimoi am Tog
s Schtiagnglanda putzt, ois oamoi
nochdengt!
Und am Wochnend

5000 Schtreichleinheitn
fias Autobuzzi!
Ut aliquid FIAT, VW und so FORD.

I hea eich scho: Wos bringtn dees, dengaaa?!
Do konnima nix fia kaffaaa!
Blädwerisei unds Denga ofanga!

Und wenn da Planet vareckt
– Smog! Smog! Smog no ganz anders kemma! –
und wenn Milliona krepian:
Wos geht dees mi oo?
Da Vadda im Himme weads scho richtn.
Pfui Deiffe, vox noosn-populi!

Ja, brauchts gor need bloosn
aus eire Hetzhundnoosn!
I hoit mi scho zruck.
Wea dLeid kennt, dea rennt!
I sog grod dees: Sok-ra-tes!
Jessas, Galiläi, ä-zä-terror!
Hot si seiba ghängt, hot laut dengt.

Bin scho schtaad   und dahi aa glei!
Aba bevoa i iatz gäh,
singi no oan . . . Lissi?
(lauscht)
SDianei is nett,
wias Resei in da Blüah:
zum Schtehlossn z schad,
und zum Abbrockn z friah!

SDianei is nett,
wia da Keaschbaam am Egg:
An jeda, dea füageht,
dea reißt an Ast weg!

Sensibl, gei?
Liegt eich need, ha?
Aba vielleicht paßt eich dees ind Schlachtschissl?

Hob a Diandl ghabt,
hobs gean ghabt,
hob gmoant, si liabt mi,
hobi nochigfrogt,
hots zwölfe ghabt
und da Dreizehnt war i!

Und a Schwiegamuada
und a Bandlwuam
ham de gleiche Natua:
Bevoas need ollezwoa
an Kopf wegham,
gemsda koa Ruah!

I siech scho, mit meine Gsangl
koni heit koa scheens Wedda nimma macha!

Lissi? Lissilein?!
Aus!
Aus is: finale grante!

Okäh, na wead hoit ganga!
Na zoihmahoit, hotta gsogt,
na zoihma HOIT: bleima do!
Na, na, na, brauchst
koa Angst need habm, Lissi!
Goidings Eval: I hau scho ab.
Mitsamt meina vox clamantis in deserto.
Gäh, i woaß doch,
wiareich dFreiheit schreckt
und ois
(tippt sich an die Stirn)
wos bloß do
is.

Drum seids gor so gern oghängt
and Arbat,
and Famülüäh,
ann Vaein . . . u s weh!
Und drum bleibts
beim geistign Niewoh!

Wiad KlaviaAnfänga
oiwei bloß de weißn Tastn greiffn.
DUR.
Dur-Dur in eina Dur
Und wann amoi s Schwarz aufschpuit?
(winkt ab)
Ewig unvorbereitet!
Dawei soitns schtatt da Phantasie   eha dDummheit
fiachtn!   Und dees dimmsde Dumm   is heit
as Schpezialistn DUUUUUUUUUUUUMMMMMMMM!
Oanzigs denga, fiawos ma zoiht wead.
Und nach Hiroschima
– dees is na oiwei sEnd vom Bombmgschäft –
Rotz woana
und Fingakuppm zammfressn!
(übertreibend)
Wea hätt dees dengt?
Jo wea, jowea?!

I lean bloß, wos i braaach, hotta gsogt,
da Preidde vo moagn!

Aba gegns Wissn   gibts koa andane Waffn
ois wias Wissn.
Unds Berufswissn alloa
is koa Wissn.
Wenns Voik   d Macht   need endguitig
an a paar kaffte Weißkiddl
im Krema-Labor-atorium valian wui,
nacha muaß leana!   Leana, need wos gäht,
sondan was voagäht.

Wos? Sachzwänge? Sach-zwänge?
Zwängs am Sach, gei?!

Lissi, zoihn hobi gsogt!
(kartet das Geld hin)
Via Bia, drei Klare, oa Zigarrn und
a grantigs Gsicht!
(halblaut, sie von der Seite anblickend)
Mei, dees arme Luada,
wead aa ganz   ihr Muada; a dreieckats Loch
unda viaeckate Seei!

IsDa dFreiheit aa scho phallus-tig ganga?
(letzter Versuch, sie aufzuheitern, zu versöhnen)
Geh, Lissilein!
Boanate Nachtigoi,
sing hoit   du aa amoi,
sing hoit fiamiii!

Iatz paß amoi auf, Lissi,
iatz sogiDawos. Iatz sogiDa
amoi, Lissi ...   dees oane sogiDa ...
(winkt ab)
Gredt und gschissn   is glei a Haffa!
(viel Zeit, viel Stille)

Da schaugst und schaugst   und bist richtig siehchst,
host dAugn scho zuagmacht.
(energisch aber schwankend auf:)
So,
iatz wead ganga!
Iatz geh i hoam!
(unter der Tür zum Publikum)
Wißts es,   wo i dahoam bin?
Dees wißts need, gei!?

Inam jedn   von eich,
servaßßß!

IX. Dieses Holz wächst auf dem guten Boden aller Länder

Bayrische Autoren über bayrische Autoren

Ludwig Thoma

Georg Queri

Gulbransson sagte einmal, er habe noch nie einen so echten gotischen Bauernschädel gesehen wie den Queris. Und mir erschien er immer wie aus einem Breughelbilde herausgeschnitten, mit seinem kugelrunden Kopfe, in dem ein paar schlaue, lustige Augen saßen.

Er stammte aus einer alten Bauernfamilie, die am Starnberger See ansässig war, und er sprach rühmend davon, daß die Queris vom heruntern Seezipfel bis Ammerland hinauf einen Ruf als gefürchtete Raufer gehabt hätten.

Ihm selber hat es ein Unfall, den er als frischer Schulbube erlitten hatte, unmöglich gemacht, diese Eigenschaft der Familie weiterzubilden; aber ihren urwüchsigen Humor erbte er, und der hat viele schwere Proben siegreich bestanden.

Als Bub lag er fast ein Jahr lang im Streckverband, nachdem er sich durch einen schweren Sturz beim Turnen den linken Hüftknochen zerschmettert hatte. Das Bein blieb verkürzt, und zeitlebens machten sich bei ihm die Folgen des Unfalls geltend, da sich immer wieder Knochensplitter ablösten und Eiterungen herbeiführten; mehrmals wurde er operiert, vernäht und wieder operiert, aber die langen Wochen im Krankenhaus konnten sein Gemüt so wenig vergrämen wie dürftige Verhältnisse, mit denen er zu kämpfen hatte. Es wurde der lustige Queri, an dem der Alt-Münchner seine helle Freude hatte, ein liebevoller Beobachter und Schilderer seiner Landsleute und ihrer Lebensfreude. Wo Queri war, saß Altbayern mit seinem breiten Lachen und seinem schlagfertigen Witze am Tische, und er war nicht bloß der Lobredner, er war vor allem selber das Beispiel der Unverwüstlichkeit unseres Stammes.

Seine Begabung reichte aber weit über die Fidelität hinaus, in der sie manchen Kritikern zu stecken schien. Sie war von guter Bauernart, tüchtig und derb und in der Derbheit gutmütig und heimatfroh.

Ich lernte ihn näher kennen, als er 1910 während der Ammergauer Passionsspiele bei meinen Verwandten wohnte. Was er mir von seinem Leben erzählte, seine Art, den Himmel immer voller Baßgeigen zu sehen und, was fehlschlug, leicht zu verschmerzen, auch in bescheidensten Verhältnissen nie ängstlich und nie kleinlich zu sein, jede Behaglichkeit ausgenießend, an allem Genüge zu finden, machte ihn mir lieb.

An Ernst fehlte es ihm keineswegs, und er hat sich ohne Hilfe, ganz aus Eigenem, vom kleinen Reporter Münchner Blätter zum geachteten Schriftsteller durchgearbeitet. Als Altbayer trug er das Seriöse nicht zur Schau, sondern versteckte es hinter einem fröhlichen Leichtsinn, den manche, die ihn nicht genauer kannten, sehr irrtümlich für den Grundzug seines Charakters nahmen.

Er hat viel gearbeitet, freilich auch einiges flüchtig herausgebracht, nach dem alten süddeutschen Rezept: ›Es tuat's scho ...‹ Aber er schritt vorwärts und ließ sich vor allem nicht durch Selbstgefälligkeit darin beirren.

Im Sommer 1919 kam er auf etliche Wochen zu mir nach Tegernsee, und der Umgang mit ihm wirkte in der gedrückten Stimmung befreiend. Von den miserablen Zeitläuften ließ sich der Queri Girgl nicht unterkriegen, und er sah durchs schwärzeste Gewölk den blauen Himmel durchschimmern. Alles mußte wieder besser und gut werden, denn alleweil hängt es nicht auf eine Seite, und hinterm Schlechten kommt das Gute. Er schmiedete Pläne, hatte dies vor und hatte jenes vor, und wer ihn so unbekümmert von der Zukunft reden hörte, konnte die Gegenwart vergessen.

In Tegernsee wurde sein Singspiel ›Matheis bricht's Eis‹ mit starkem Beifall gegeben, und er setzte mir auf der Heimfahrt vom Theater auseinander, wie er selber in dem Singspiel nur einen ersten Schritt zur heiteren Volksoper erblicke.

Anderntags kehrte er nach Starnberg zurück, um sich ins Bett zu legen und die Ausheilung einer immer wiederkehrenden Eiterung abzuwarten.

Er stand vom Krankenlager nicht mehr auf; nach etlichen Wochen wurde er nach München in die chirurgische Klinik verbracht und starb nach einer Operation Ende November.

Josef Hofmiller

Lena Christ

Am 30. Juni 1930 waren es zehn Jahre, daß Lena Christ lautlos aus dem Leben ging, zur Sühne für die Fälschung von Künstlersignaturen, die sie begangen hatte, um in der Zeit allgemeiner Geldentwertung ein paar Bilder leichter zu verkaufen. Warum verkaufte sie nicht lieber hinterrücks nach berühmten Mustern unter Mißbrauch der Gastfreundschaft aus einer fremden Villa Teppiche, Bilder und Silbergeräte? Das hat sie nicht getan. Nicht die kleinste Brillantnadel hat sie gestohlen. Nur Unterschriften auf Bildern nachgemacht, so spottungeschickt, daß kein halbwegs ernsthafter Bilderkäufer je darauf hereingefallen wäre. Aber sie ließ es gar nicht so weit kommen, daß sie vom Richter gefragt wurde: »Bekennen Sie sich schuldig?«, um dann ein pathetisches »Nein« in den Saal zu rufen. Sie fragte sich selbst und sagte »Ja!«. Sie zuckte nicht die Achsel über das, was sie getan hatte: »Gott, wenn man es so nennen will!«, sondern sie nannte es so. Nie hat sie im Esplanadehotel gewohnt und nie ist sie erster Klasse gefahren; sie schwang sich nicht auf zur Entschuldigung »ohne den Rahmen der Vornehmheit könne sie nicht arbeiten«. Verstieg sich nicht zum Ausspruch: »Ich muß meine Kinder schlachten können, wenn ich an mich glaube.« Hielt sich nicht »für namenlos groß«; ihre Verhaftung nicht für ein »nationales Unglück«. Verglich sich nicht mit Georg Büchner und Heinrich v. Kleist. Nicht eine einzige von den Gaukeleien fiel ihr ein, aus denen sich die neue Moraille zusammensetzt; sondern sie ging zum Waldfriedhof, um zu sterben.

Hätte sie es für ihre Pflicht gehalten, »die Fackel brennend weiter zu tragen«, so konnte sie's ruhig darauf ankommen lassen, sich getrost verurteilen zu lassen. Was kam im schlimmsten Fall heraus? Ein paar Monate, durch Untersuchungshaft großenteils verbüßt, mildernde Umstände, Bewährungsfrist. Schon längst könnte sie wieder »die Fackel weitertragen«, auf deutsch: schriftstellern. Sie – löschte die Fackel. Sie war recht ungeschickt. Ungeschickt im Leben, ungeschickt im Fälschen, ungeschickt im Sterben. Zu ungeschickt sogar zum ethischen Alibi. Sie lebte in

Schwabing, ohne die Schwabinger Weltanschauung zu lernen. Sie schrieb, um leben zu können, darunter drei Meisterwerke, machte eine Unbesonnenheit, verlor den Kopf, schrieb geschwind noch ein paar rührende Abschiedsbriefe, unter anderem an Ludwig Thoma, der sie entdeckt hatte, fuhr mit der Straßenbahn hinaus auf den Waldfriedhof, und blieb gleich draußen. Heut ist sie vergessen. Kein Mensch spricht von ihr. Darum will ich es tun.

Sagte ich nicht vorhin: drei Meisterwerke? Jawohl: drei Meisterwerke, von denen mir jedes für sich allein lieber ist, als die ganze Litanei vom Barbusse bis zum Wolfenstein. *›Erinnerungen‹* heißt das erste. Als es 1912 erschienen war, zeigte ich es im Märzheft 1913 der Süddeutschen Monatshefte an:

»Es gibt Bücher, deren Wert als Beitrag zur Sittengeschichte so überragend ist, daß davor die Frage nach künstlerischen Eigenschaften zunächst ganz zurücktritt ... Es ist wahrhaftig Neuland, in das die Verfasserin führt; man lernt Lebensweisen kennen, von denen man keine Ahnung hatte: das Idyll des kleinen Halbbauern, dessen Frau städtische Kostkinder aufzieht; die Lebenshaltung des Münchner Vorstadtwirtschaftspächters; allerlei Kehrseiten eines Frauenklosters; das typische Schicksal der Pächterstochter, und eine, wie es scheint, ziemlich typische Ehe in Kreisen untersten Bürgertums. Die Einfachheit der Erzählung hat etwas unmittelbar Überzeugendes; man schenkt der Verfasserin sofort Zutrauen, so scharf, so fest, so hart und stimmungslos steht alles da ... Es ist eine Autobiographie von einer Ungeschminktheit, wie es wenige gibt ... Zugleich von einer stofflichen Spannung, die etwas vom spanischen Schelmenroman der alten Zeit hat ... Man hat das Gefühl, als seien Schichten, die bis jetzt fast nur schablonenhaft, pseudohumoristisch, verlogen gemalt wurden, hier unerbittlich geschildert und dabei, was die Hauptsache ist, ohne jede Absicht unerbittlich zu sein, sondern bloß mit der Absicht zu erzählen.«

Inzwischen sind zwanzig Jahre verflossen, und außer unbeträchtlichen ist doch auch manches starke Buch durch meine Hände gegangen. Jedoch nach wie vor gehören mir die ›Erinnerungen‹ zum bleibenden Besitz unserer Erzählung, zum mindesten ebenbürtig jedem der drei großen Romane Ludwig Thomas, dem

›Andreas Vöst‹, dem ›Wittiber‹ und dem ›Ruepp‹. Die ›Erinnerungen‹ sind Lena Christs wirklicher Lebenslauf. Sie ist geboren am 30. Oktober 1881 zu Glonn in Oberbayern als lediges Kind der Magdalena Bichler, Handschusterstochter von Glonn, und des Karl Christ, Geschäftsreisenden von Mönchsroth bei Dinkelsbühl. Sie war verheiratet mit dem Schriftsteller Peter Jerusalem. Sie starb am 30. Juni 1920. Nach Bildern zu schließen, hatte sie den schönen blonden Charakterkopf, wie er sich im Voralpenlande vielfach findet.

›*Matthias Bichler*‹ heißt das zweite Meisterwerk der Lena Christ. Der abenteuerliche Lebenslauf eines kleinen Holzschnitzers. Geschrieben in einer Sprache, würzig wie Wiesenblumen, frisch wie ein Wiesenbach; immer hart an der Mundart, ein herzhaftes Deutsch voll Klang und Melodie. Wie köstlich dies Buch geschrieben ist – nur der Oberbayer kann es ganz nachfühlen; kein verbrauchtes Wort, keine verwaschene Wendung; alles lebendig, alles gesprochene Sprache. Wieder eine Handlung von der Zigeunerbuntheit des Schelmenromans. Ein Buch, so rein und unverfälscht süddeutscht, daß man es in hundert Jahren als klassisch empfinden wird, wie wir heute den Jung Stilling, den Armen Mann im Toggenburg als klassisch empfinden. Was steckt nur allein an altbayerischer Volkskunde in der Geschichte! Nicht aufgeklebt, nicht aus alten Jahrgängen von Zeitschriften ausgeschrieben und zurechtgeschnitten, nein: alles gewachsen, alles selber empfunden, alles selber erfunden, von unglaublicher Echtheit. Von den ›Erinnerungen‹ zum ›Bichler‹ ist ein weiter Fortschritt. Die ›Erinnerungen‹ sind noch herb und bitter, der ›Bichler‹ ist voll Gemüt und Humor. Die ›Erinnerungen‹ sind ein erschütterndes persönliches Bekenntnis, der ›Bichler‹ aber ist eine künstlerisch reife Prosadichtung, aus der allein man das Leben im Leitzachtal kennenlernt, wie es noch vor fünfzig Jahren – was sage ich: wie es vor dem Kriege war.

›*Die Rumplhanni*‹ heißt das dritte. Die Lena Christ war jedesmal ganz auf ihrer Höhe, wenn sie sich selbst gab. In den ›Erinnerungen‹ mit der Herbheit eines Holzschnitts. Im ›Bichler‹ (ihre Mutter hieß Magdalena Bichler) hat sie ihr Geschick geheimnisvoll ins Männliche übersetzt. In der ›Rumplhanni‹ hat sie es in Gedanken weitergesponnen: Wie wäre es gegangen, wenn sie bei den Bauern geblieben wäre? Als Magd, als Mittldirn, wär in die Stadt gekommen, hätte Dummheiten gemacht, Dummheiten gebüßt (einmal kommt die Heldin sogar ins Gefängnis), hätte ihren Humor behalten und sich zu guter Letzt das bescheidene Glückskrönlein einer bürgerlich guten Partie aufs Haupt gesetzt? In diesem Roman gestaltet die Verfasserin lauernde Möglichkeiten der eigenen Natur, zugleich dichterisch und unerbittlich, rein erfindend, wahrer als die Wirklichkeit; es ist ein Gerichthalten über sich selber, wie Ibsen es meint. Das Zufällige der Handlung ist symbolisch. Es ist, als hätte sie ihr Schicksal immer geahnt: auch der ›Matthias Bichler‹ kommt ins Gefängnis, aber auch er beißt sich durch. Ihre Helden haben die Robustheit, die ihr selbst versagt war. Als Charakter ist die ›Rumplhanni‹ von einer strotzenden Rundheit, wie seit der Heldin von Anzengrubers ›Sternsteinhof‹ in dieser Art nichts mehr geschaffen worden ist. Ich gestehe offen, mir ist die ›Rumplhanni‹ lieber; denn die Lena Christ kennt nicht nur ihre Bauern besser als Anzengruber, sie redet vor allem ihre Sprache besser, und ihr Humor ist nie bitter.

Sie hat sonst noch manches geschrieben. Davon wird das meiste vergessen werden. Diese drei Bücher aber werden bleiben. Sie gehören innerlich zusammen, bilden sozusagen die Trilogie eines und desselben Lebens. Wenn man in hundert Jahren wissen will, wie es damals in Oberbayern gewesen ist, werden diese drei Bücher neben denen von Ludwig Thoma den Wert kulturgeschichtlicher Quellenwerke haben.

So falsch es wäre, Lena Christ gegen Ludwig Thoma auszuspielen, so unumwunden darf ausgesprochen werden, daß sich die Sphäre der Christ und die Ludwig Thomas wohl stofflich berühren, aber nicht künstlerisch. Ihre kleinen Sachen, namentlich wenn sie Thoma geradezu nachahmt, wie in den ›Lausmädelgeschichten‹, gebe ich preis, außer ›Unsere Bayern anno 14‹, Skizzen aus der ersten Kriegszeit, so urwüchsig, unliterarisch hingeworfen, daß ein jeder, der diese Zeit in Altbayern erlebt hat, sagen muß: So war es! Genau so war es! Zum mindesten als Zeitdokument wird dieser schmale Band bleiben. Aber eben dies ist es, was die Christ von Thoma unterscheidet: bei ihr hat man niemals das Gefühl, was sie schreibt, sei Literatur. Thoma beobachtet, unterstreicht, arbeitet heraus, hat künstlerische Absichten, ist gelegentlich ironisch, oft satirisch, verwertet seine Mittel meisterhaft, mit bewußtem Kunstverstand. Der Kunstverstand der Christ ist zum mindesten nicht bewußt. Es steckt alles im Blut. Sie erzählt darauf los wie ein Holzknecht oder ein Jagdgehilfe, mit einer unerschöpflichen Lust am Fabulieren. Sie ist im Innersten viel triebhafter als Thoma, unbeherrschter, in den ›Erinnerungen‹ grenzt es manchmal an *pseudologia phantastica;* nicht *sie* schreibt, *es* schreibt. Wenn die Dutzendweiber das Erzählen anfangen, wird es in der Regel flach, stereotyp, eine verwischte und verblasene Männerbelletristik. Aber wenn die richtigen Weiber anfangen zu erzählen, dann reichen sie in Tiefen, wo die Mannsbilder nicht mehr hinkommen. Ich denke dabei vor allem an die Lagerlöf, an die Undset, an die besten Sachen von Clara Viebig, von der Croissant-Rust, von der Supper, an die Handel-Mazzetti, an Paula Grogger. Der Mann schreibt gewöhnlich nur mit dem Kopf; beim Weib, wenn es gut schreibt, schreibt der ganze Mensch. Mit nachtwandlerischer Sicherheit nimmt es Hemmungen, über die der Mann selten wegkommt. In ihren ›Erinnerungen‹, in denen sie sich alle Bitterkeit von der Seele schreiben muß, ist die Christ von einer erschreckenden, manchmal peinlichsten Offenheit, deren Thoma nicht fähig gewesen wäre; diese Unfähigkeit zur Rousseauschen Selbstentblößung ließ ihn seinen autobiographischen Roman nach dem ersten Kapitel abbrechen, und statt einer wirklichen Autobiographie nur, wie er richtig schreibt, ›Erinnerungen‹ geben, während derselbe Titel beim Erstlingswerk der Christ irreführend ist: es ist der ungeschminkteste autobiographische Roman seit Ulrich Bräkers ›Armem Mann im Toggenburg‹. Aber auch der ›Matthias Bichler‹, so innerlich voller Musik, so verklärt er ist, scheint sich gewissermaßen selber geschrieben zu haben, und die ›Rumplhanni‹ nicht minder. Alles steht da wie gewachsen. In diesem Sinne hat es wohl Werner Mahrholz gemeint, wenn er die Christ in seiner ›Dichtung der Gegenwart‹ »rein dichterisch vielleicht neben Annette Droste das größte, sinnlichste Talent unserer Literatur« nennt: »man muß auf Jeremias Gotthelf und Goethe zurückgreifen, um eine gleiche Macht und Kraft in der sinnlichen Lebendigkeit der Darstellung zu finden«. Naturbegabungen wie die

Christ kommen von den ›Müttern‹ her: von den Urmächten des Lebens, des Volks; sie stammen aus dem ganz Einfachen, Ersten und Letzten; sind ganz und gar unintellektuell, stark und ungebrochen bis zum Mythus. Immer wieder tauchen aus einsamen Brunnenstuben seltsame Wesen auf, ungerufen, unerklärbar, eines Tages sind sie da, sie schlagen die Augen auf, und die Welt ist reicher.

Oskar Maria Graf

Dem Gedenken Ludwig Thomas

Rede vor den Deutschprofessoren der Princeton-, der John-Hopkins- und der Maryland-Universität, 1944

Meine Damen und Herren!
Es ist mir, dem Emigranten, der kein Englisch spricht, eine besondere Freude, vor Ihnen in meiner Muttersprache sprechen zu dürfen, denn in dieser Sprache bin ich aufgewachsen, ihr verdanke ich meine schriftstellerische Existenz, sie ist meine unverlierbare Heimat. In ihrem Geist suche ich die grenzenlose Welt in ihrer Lebensvielfalt zu begreifen. Das andere, das scheinbar Fremde zu begreifen heißt nicht nur, mit ihm in Frieden zu leben, es bedeutet vielmehr, sich von ihm beständig bereichern zu lassen und zugleich diesem Fremden, anderen sein Bestes zu geben. Die ewige Quelle einer Sprache aber war, ist und bleibt das Volk, die natürliche Gemeinschaft, aus der man stammt, und je mehr eine Sprache in diesem Volke ›daheim bleibt‹, um so unzerstörbarer ist sie. Die Völker – dies ist immerhin eine trostreiche Erkenntnis für mich – wissen nie viel mit Abstraktionen wie ›Nation‹ oder ›Vaterland‹ anzufangen. Tief, unausrottbar aber wissen sie um das Geborgensein in ihrer ›Heimat‹. Wenn ich es aphoristisch zugespitzt formulieren darf, so möchte ich sagen: Das Volk ist der Körper, seine Heimat ist die Seele, und die Sprache ist der Geist, durch welche das Menschliche dieser Einheit zum Ausdruck kommt. Erst die Erfülltheit von Volk und Heimat, die aus einem Dichterwerk spricht, macht es für alle Völker und Zeiten

gültig. Das gilt besonders für meinen allzufrüh verstorbenen Landsmann Ludwig Thoma.
Das Leben dieses Mannes, der nur 54 Jahre alt wurde, war viel zu kurz. Er konnte seine Arbeit nicht sichten und seine endgültige Stellung zur Welt nicht klären, wie er es wahrscheinlich später im Sinne gehabt hätte. Er schrieb viel Tägliches, und er schrieb aus der unmittelbaren Eingebung, die ihm Dinge, Menschen und Begebnisse zutrugen. Er nahm diese Arbeiten künstlerisch nie allzu ernst. In der Vollkraft seines Lebens und seiner Schöpferlust dachte er nicht daran, das Wesentliche vom Unwesentlichen zu scheiden. Und er war voll von Widersprüchen wie alle Menschen seiner Generation. Er war durchaus ein Kind der damaligen Zeit. Als diese Zeit durch eine andere abgelöst wurde, verstand er das ›Neue‹, das ja immer nur die Ausdrucksform der nachfolgenden Generation ist, nicht mehr. Er fing an zu poltern und zu raunzen, und was dabei herauskam – besonders während des ersten Weltkrieges und nach dem Zusammenbruch des alten Kaiserreiches –, war zum Teil recht unerfreulich, recht mißverständlich und oft geradezu kannegießerisch dörflerisch, aber es war nichts anderes als die Abwehr eines Seßhaften, vom Herkommen Begrenzten gegen den überhitzten Betrieb in Literatur und Politik, was ja solche Übergangszeiten immer kennzeichnet. Er war nicht der einzige seiner Generation, den eine zusammenbrechende Welt, die er zeitlebens für stabil gehalten hatte, irritierte und zuweilen vollkommen blind machte. Auch Thomas Mann schrieb damals seine schriftstellerisch glänzenden ›Betrachtungen eines Unpolitischen‹, die voll von Verkennung und Ressentiments sind und oft geradezu ins Triviale absinken. Viele Jahre später, nachdem ihn jene national Betonten, denen er sein Wort geliehen hatte, als ausgewachsene Nazis ausbürgerten, hat er seine Irrtümer eingestanden und widerrufen. Ludwig Thoma fand keine Zeit mehr dazu, und das, was er in jenen wirren Jahren so grämlich herauspolterte, war herzlich unerheblich. Längst ist vergessen, daß er mit dem übernationalen Admiral Tirpitz und mit Walther Rathenau damals, als der Krieg für Deutschland bereits gänzlich verloren war, zur Vaterlandsverteidigung bis auf den letzten Mann aufrief. Er verstand weder die Friedenssehnsucht der hungernden Massen noch die Geister, die zu jener Zeit

eine gründliche Revolution herbeiführen wollten. Als diese Revolution zusammengebrochen war und die sogenannte Weimarer Republik sehr unsicher zu agieren begann, verstand er sie sowenig wie Thomas Mann und blieb grollend abseits. Darüber starb er.
Unverhofft und zu schnell wurde er aus dem Leben gerissen. Etliche Tage vorher war er noch auf der Jagd gewesen, verspürte auf einmal heftige Leibschmerzen, die beängstigend zunahmen, wurde nach München gebracht, und in der Klinik stellten die Ärzte eine völlige Vereiterung der ganzen Bauchhöhle fest. Sie konnten nicht mehr operieren. Betroffen merkte der Sterbende, daß es zu einer Regelung seiner Hinterlassenschaft zu spät war. Er konnte nur noch einige mündliche testamentarische Anordnungen geben. Der ausgezeichnete, aber stur nationalistische Literaturkritiker Josef Hofmiller, mit dem er viele Jahre befreundet war, wurde beauftragt, seine ›Gesammelten Werke‹ herauszugeben. Trotz aller eifrigen Bemühungen gelang es auch dem nicht, das Suspekte und ›Unnationale‹, das in allen wichtigen Gedichten, Satiren, Geschichten, Artikeln und Romanen Thomas so überreichlich vorhanden ist, auszuschalten. Auch Hofmiller starb einige Jahre darauf, und jene Lebensgefährtin – Frau von Liebermann –, die der sterbende Dichter zur Erbin seines ganzen Nachlasses eingesetzt hatte, wurde von den Nazis auf Grund ihres nicht reinen ›Ariertums‹ einfach der Rechte beraubt. Der tote Dichter konnte sich nicht dagegen wehren. In ihm glaubten die Büchervernichter und Mordbrenner endlich einen echten, rechten bayrischen Nationalheros und ›Blut-und-Boden-Dichter‹ gefunden zu haben, ausgerechnet in ihm, der bereits 1905, anläßlich der ersten Marokkokrise, als ein Krieg zwischen Deutschland und Frankreich drohte, den deutschen Arbeitern in einem vielverbreiteten Antikriegsbuch den unvergeßlichen Vierzeiler ›Kanonenfutter‹ widmete:

»Hinter den Mauern, hinter den Schlöten
liegt euer Vaterland.
Ihr sollt euch schlagen dafür und töten
und habt es niemals gekannt!«

Da kann man wahrhaftig nur noch sagen: »Spotten ihrer selbst und wissen nicht, wie!«
Ludwig Thoma erkannte diese Lügner und Gewalttäter, längst bevor sie sich einen parteipolitischen Namen gegeben hatten. Er wußte, welche Hilfsmittel sie anwandten und auf welch schamlose Art sie Stimmung zu machen verstanden, um das Volk zu verwirren, um die Völker aufeinanderzuhetzen. Es zeugt nicht nur für seinen Scharfblick, sondern auch für seinen unbeirrbaren Gerechtigkeitssinn, wenn er schon im Jahre 1913 in einem Artikel ›Giftmischer‹ in seiner ausgezeichneten Monatsschrift ›Der März‹ den künstlich erzeugten Chauvinismus in Deutschland *und* in Frankreich schonungslos anprangert. Abermals droht wegen Marokko der Krieg, und Thoma schreibt, nachdem die Gefahr endlich gebannt ist:
»Die Regierungen Frankreichs und Deutschlands haben sich über die strittigen Fragen geeinigt, Verträge geschlossen und unterschrieben. Beide erklären, daß es gegenwärtig keine Differenzen gebe, beide schwören, daß sie nur für die Verteidigung rüsten. Was haben die Völker gegeneinander?
Eigentlich – nichts.
Sie lieben den Frieden, die Arbeit, das Recht, sie wollen ehrlich verdienen und sparen, sie denken nicht daran, Leben, Gesundheit, Wohlfahrt für kriegerische Abenteuer einzusetzen.
Wenn die Regierungen und die Völker aufrichtig den Frieden wollen, woher kommt der wütende Lärm, der Haß? Woher kommen die kreischenden Drohungen, als wollte man sich morgen an die Gurgel fahren?
Das Mißtrauen malt sich diese ganze Ruchlosigkeit des Vorhabens aus; die Vorstellung erregt Wut, die sich zur Raserei steigert. Was gibt Anlaß zu diesem gefährlichen Mißtrauen, unter dem alles ruhige Verständnis erstirbt?
Eigentlich – nichts.
In Frankreich verzichtet man auf die graziöse, freie Heiterkeit. Die Jugend bereitet sich für die Schicksalsstunde vor, so heißt wohl die Redensart, und in Wahrheit erlaubt man den Gassenbuben, das große Wort zu führen, erlaubt man jedem Lumpen, sich mit der Revancheidee interessant zu machen ... In das Privatleben greift der politische Haß ... und aus der verbitterten Stim-

mung heraus erwachsen Zustände, die in einem friedlichen und gesitteten Lande kaum mehr erträglich scheinen.
Auch in Deutschland wirkt die immer wieder verkündete Botschaft von dem unvermeidlichen Kriege lähmend und verderblich ... Auch wir pfeifen ja leider die Propheten nicht aus, welche im Lande umherreisen und von der ›tatenarmen‹ Zeit faselieren ... Zwischen Frankreich und Deutschland türmt sich eine Mauer auf, und von der alten, verständigen Würdigung des Guten hier und dort ist kaum mehr etwas zu merken.
Man ist so weit gekommen, daß man die besten Leistungen des anderen hämisch anzweifelt; höchstens regt sich noch ein mit Sorge vermischter Respekt vor der Verwendung irgendeiner großen Erfindung im Kriege.
Denn alle diese Siege des menschlichen Geistes, die Erfindungen der Flugzeuge, der lenkbaren Luftschiffe, der drahtlosen Telegraphie usw. dienen ja nur dem künftigen, unabwendbaren Zerstörungswerk.
Vor fünfzig Jahren wäre man in Europa selig gewesen über die märchenhaften Fortschritte der Technik, vor achtzig Jahren hätte Herr Biedermeier die Erfinder überschwenglich angedichtet, hätte von der Verbrüderung aller Europäer geträumt! Heute rechnet der Spießbürger aus, wie viele Zentner Dynamit aus einem Luftkreuzer herabgeschmissen werden können, und der Bourgeois von drüben läßt seine ›Adler‹ Jagd machen auf alles, was da kreucht und fleugt.
Das friedliche Behagen aneinander ist verschwunden, jedes Gefühl für gemeinsame Aufgaben ist erstickt.
Michel Bréal und Anatole France predigen gegen den verbrecherischen Wahnsinn jenseits der Vogesen. Was gilt's, sie werden diesseits darum verhöhnt werden!
Es ist alles vergiftet, und das verdanken wir der nationalen Presse. Es ist die Kleinarbeit von 365 Tagen im Jahre, Mosaik, zusammengesetzt aus Gemeinheiten, Entstellungen, Lügen.
Geben wir der chauvinistischen Presse, was der Presse ist. Ehre, wem Ehre gebühret.«
Sie sehen, meine Damen und Herren, Thoma macht immer einen Unterschied zwischen dem Volk und jenen, die es mißleiten. Er redet von den Franzosen nicht anders als von den Deut-

schen. Und derartige Äußerungen gibt es Hunderte in seinem Werk. Er, der sein Leben lang das Volk beobachtet und geschildert hat, weiß genau, wie leichtgläubig und verführbar *jedes* Volk ist – nie aber hätte er zu den Verführern gehört! Machttrieb, Eitelkeit und die Gier, über wen zu siegen, das sind die Kennzeichen aller großen und kleinen Verführer, aber lieben können sie nicht. Thoma liebte das Volk. Er gehörte so sehr zu ihm wie etwa ein herzlich besorgter Ehemann, dem der Zusammenhalt seiner Familie und die Ausgeglichenheit seines Hausstandes am meisten gilt. Eben deswegen ist er von Anfang an politischer Schriftsteller und Satiriker. Das entspricht auch ganz und gar seiner bäuerlichen Natur. Er kann nicht schweigend zusehen, wenn er etwas für schädlich hält. Er spricht es offen, derb und unzweideutig aus. Aber er versteht es ebenso, das Echte, Starke und Unvergängliche, das er immer nur im Volke findet, ins helle Licht zu rücken, denn er *glaubt* tief und wahrhaft an diese Dinge. Darum eben wird er zum Dichter.
1916, als die Flut des Chauvinismus dank Ludendorffschen Siegen und der wilden Amtspropaganda zuhöchst getrieben worden war, schrieb Ludwig Thoma sein schönstes und innigstes Buch ›Die Heilige Nacht‹. Kein Wort von Krieg und Völkerhaß steht darin, wohl aber von der entrechteten Armut und vom unbarmherzigen Reichtum. Der Dichter schickt das Buch an den Bauerndoktor Georg Heim und schreibt dazu: »Man kann sich in der künstlerischen und literarischen Produktion niemals anpassen; man muß im Heimatboden wurzeln, wenn Volkstümliches die Frucht sein soll. Dann hilft alles zusammen, Abstammung, Blut, Kindereindrücke, die allemal das stärkste sind ... Ich habe das Buch mühelos geschrieben und hatte niemals Sorge zu tragen, daß der Ton echt bleibt.« Und ein anderes Mal, in einem Brief an Paul Busson, charakterisiert er ein eben beendetes Buch von sich so: »Meinen Sommerroman werde ich in zirka acht Tagen fertig haben. ›Altaich‹ heißt er. Ohne jede Tendenz, bloß harmlos-lustige Menschen zeichnen war die Absicht. Ich glaube, daß mir gerade das gelungen ist.«
Diese beiden Äußerungen kennzeichnen besser als weitschweifige Untersuchungen die Art seines Schaffens. Sie geben aber auch Auskunft über seine Stellung zu seinen Werken. Mehr

noch: Mit etlichen, sicher nicht ergrübelten Sätzen erklärt ein Mensch sein ganzes Wesen. Er schreibt das, was er ist, unkompliziert hin. Sogleich weiß man, daß er trotz aller Natürlichkeit scharf unterscheidet zwischen Gewichtigem und Zufälligem, daß er sich und anderen nichts vormacht. Ein durchaus männlicher Mensch mit gesundem Selbstbewußtsein, ohne verwirrende Eitelkeit, steht vor uns.

Aber ist es nicht bezeichnend, daß er in jener Zeit ganz besonders betont, man müsse im Heimatboden wurzeln, wenn Volkstümlichkeit die Frucht sein soll? Ich nehme an, daß Ihnen dieses Beispiel am besten belegt, was ich eingangs sagte. Genau wie Ludwig Thoma bekannten auch wir Gegner des Hitlersystems uns stets zu unserem Volk, zu unserer Heimat, zu unserer Muttersprache – auch in *dieser*, der jetzigen Zeit.

Glauben Sie doch nicht, daß jeder von uns emigrierten Schriftstellern zu Hause ein wilder, wichtigtuerischer ›Politikant‹ war! Die meisten wollten nur in Frieden und Freiheit unserem größten Kulturerbe dienen und es durch ihr Künstlertum bereichern. Weder Stefan Zweig, der sich in Brasilien auf so tragische Weise das Leben nahm, noch Thomas Mann waren ursprünglich allzusehr politisch interessiert, und ein ganz besonderer Fall ist Albrecht Schaeffer, der stets weltabgewandte, tief religiöse Sprachbildner, der ganz still nach 1933 Deutschland verließ und seitdem in der Nähe von New York eine Schule leitet. Er schweigt und hat nie wieder ein Buch veröffentlicht. Sie alle waren, wie Thomas Mann einmal meinte, weit mehr zu Repräsentanten geschaffen als zu irgendeiner Parteinahme. Doch auch sie mußten erkennen, welche dunkle, unbeschreibliche Barbarei mit dem Nazismus heraufkam und wie diese Barbarei unsere Dichtung, unsere Kunst, unsere reine Wissenschaft, kurzum, das weltgültig Geistige an unserem Volk verfälschte, schändete und erbarmungslos stupid in ihre Dienste zwang.

Die Generation der Manns, der Zweigs und Thomas – vergessen wir das nicht – erlebte das rasche Aufblühen Deutschlands und die großartige Entfaltung auf allen Gebieten. Ein gesunder Patriotismus ohne Aggressivität gegen andere Völker kennzeichnete sie. Unausgesprochen waren all diese Geistigen Bismarckianer mit starkem liberalen Einschlag. Sie waren stolz auf den großen Beitrag, den Deutschland dem Fortschritt der ganzen Welt leistete, aber sie waren zugleich tief empfänglich für alles, was die Welt ihnen gab. Darum waren sie friedliebend und rechtlich und *sehr* empfindlich gegenüber dem Treiben der herrschenden Mächte in der Heimat. Das trieb Ludwig Thoma, wie ich schon sagte, zur politischen Tagesschriftstellerei und zur Satire. Und niemand andrer als er hatte ja so sehr das Zeug dazu! Vergessen Sie aber nicht, daß es auch damals sehr bedeutende, schöpferische Menschen gab, die – einfach, weil ihnen jede kämpferische Begabung dieser Art fehlte – voll Scham und Abscheu über dieses Treiben der Oberen lieber in die Fremde und Ungewißheit flüchteten. Nach dem Kriege 1870/71, in den Jahren des wildesten Gründertums, ging einer der bedeutendsten deutschen Lyriker des ausgehenden 19. und des beginnenden 20. Jahrhunderts *freiwillig* – er war preußischer Junker und Patriot, war zu Hause keineswegs suspekt und wurde von keinem System vertrieben! – nach Amerika und lebte fünf Jahre in den kümmerlichsten Verhältnissen in New York als Stiefelputzer, Klavierlehrer, Stubenmaler und Stallbursche in diesem selbstgewählten Exil. Er hatte als tapferer Offizier in zwei Kriegen – Anno 1866 und Anno 1870/71 – mitgefochten und war durch einen Revolverschuß in den Unterleib schwer verwundet worden.

»Der Überdruß vor soviel Schwindel und Verlogenheit oben und vor soviel Unterwürfigkeit unserer protzigen, schnell reich gewordenen Bürger ist mir einfach unerträglich. Speiübel wird mir, wenn ich sehe, wie die sogenannten Gebildeten mit und ohne Macht nun darangehen, unser geduldiges Volk jeden Tag besoffen zu machen, um es um so mehr über die Löffel barbieren zu können«, schrieb er damals an einen Freund. Er hieß Detlev von Liliencron und starb, nachdem er verarmt und verbittert heimkehrte, als kärglicher Ehrenpensionist, wohl mancherlei geehrt, aber wenig bekannt zu seiner Zeit, im Jahre 1909. Er war kein Hohenzollerngeist wie etwa Wildenbruch, kein wilder ›Teutscher Barde‹ wie etwa Nikolaus Becker, der die ›Wacht am Rhein‹ dichtete usw., er war ein trotziger, unabhängiger Geist, der alles Echte am Deutschen unsagbar liebte – er war ein Dichter!

Das, was *er* liebte und *wie* er es liebte, rückte Ludwig Thoma nur in anderer Art und anderer Form in unser Bewußtsein. Man vergleiche nur einmal die letzten Strophen des ergreifenden Gedichtes ›Abschied und Rückkehr‹ von Liliencron, als er heimkommt:

»Die Mädchen lachen Arm in Arm,
Soldaten stehen vor der Wache.
Und aus der Schule bricht ein Schwarm,
der lustig lärmt in *meiner* Sprache.
Es schreit mein Herz, es jauchzt und bebt
der alten Heimat heiß entgegen.
Und was als Kind ich je durchlebt,
klingt wieder mir auf allen Wegen«

mit dem, was Ludwig Thoma nach einem langwöchigen Aufenthalt in Paris, der Stadt, die ihn wahrhaft bezaubert hat, schreibt. »Aber«, stellt er schlicht und unsentimental fest, »wenn ich an stillen Frühlingsabenden auf den gepflegten Wegen des Bois de Boulogne spazierenging und die Amseln pfeifen hörte, überkam mich doch das Heimweh. Es war mir erst wieder recht wohl, als ich etliche Tage später in Finsterwald vor dem Sixtbauernhause saß. Und roch es auch nicht nach zartem Parfüm und klang es auch nicht nach silbernen Glöckchen, *die* Frühlingsluft wehte stärker, derber und gesunder um mich.«
Und allen jenen, die heute den Mund so voll nehmen und ihn gerne in die Reihen der heutigen Verderber unserer Heimat stellen wollen, sei in Erinnerung gebracht, was dieser scheinbar so engstirnige Bayer in seiner klassischen Betrachtung ›Vaterlandsliebe‹ schrieb, die mit den Worten schließt:
»Ich will nicht den Finger an die Nase legen und fragen, was Vaterlandsliebe ist.
Früher einmal, da hätte ich schnell die Antwort gehabt.
Fehrbellin und Leuthen und Sedan.
Und noch ein paar Namen dazu.
Aber heute will mir das alles nicht mehr langen. Es wird mir deutscher ums Herz, wenn ich einen schlichten Arbeiter sehe oder einen Bauern, dem die Hand am Pfluge hart geworden ist, als wenn mir der schönste General begegnet.

Denn es ist wirklich eine große Frage, *wem* das Vaterland gehört.«
Immer hat dieser Mann unversteckt gesagt, was er für dumm und gefährlich hielt. Seine Stärke bestand darin, daß er nie nach einer Meinung zu suchen brauchte und immer nur aus sich selber schöpfte. Er hatte aber auch stets den Mut zur eigenen Meinung! Was für Gruppen und Parteien sich auch seinerzeit um ihn stritten und wenn auch das Hitlerregime ihn zu dem Ihrigen umlügt – nie wird er irgendwo einzureihen sein. Er war der Ludwig Thoma, nicht mehr und nicht weniger. Er war ein Kopf für sich, ein echtes Herz und ein eigener Mensch.
Man hat immer und immer wieder gesagt und geschrieben, Ludwig Thoma sei ein geborener Erzähler gewesen. Eine solche Behauptung bedarf – soll sie richtig verstanden werden – einer grundsätzlichen Erklärung. Wer es unternimmt, dem Wesen des Erzählerischen bei Thoma auf den Grund zu kommen, der darf nicht mit abgewelkten, Begriff gewordenen und vieldeutigen Worten hantieren. Er muß konkret bleiben und jedes Ding, von dem er spricht, in die Greifbarkeit rücken. *Wie* so eine Geschichte abgefaßt, aufgebaut und beschlossen wird, das muß man betrachten. Die bitterste Anklage, die hinreißendste Satire, das bewegteste Theaterstück, ja sogar noch der Zeitungsartikel – alles bleibt Erzählung. Darum diese Ausgeglichenheit. Anklage, Satire, Zorn und Bitterkeit, Spott und Hingeneigtsein zu einer Sache, alles erhält eben durch dieses Erzählerische das Maß. Thoma kann niemals fanatisieren, schon das unterscheidet ihn von den Nazis. Er kam von daher, wo man nur dann anklagen, wettern, spotten oder predigen kann, wenn sich sozusagen das Wort sogleich ins Bild umsetzt. Er konnte nicht einfach sagen »So ist's!« oder »So muß es sein!«, er mußte zuerst das Drum und Dran, die Atmosphäre haben. Er war unfähig, komplizierte Erklärungen abzufassen. Ihm wurde alles zu einer Art ›Geschichte‹. Ein Erzähler braucht Zeit, er holt – wenn er gefragt wird – weit aus. Er gibt die Antwort mit dem Bericht eines Vorfalles und macht damit das Dafür und Dawider menschlich verständlich. Ein sehr lebendiger Humanismus wirkt dauernd in ihm. Wir wissen von Abraham Lincoln, daß er Ratschläge und Meinungen meist in Form einer Anekdote weitergab, daß er oft,

zum nicht geringen Verdruß seiner Umgebung, eine lustige Erinnerung zum besten gab, um das, was er wollte, einleuchtend zu machen. Auch Lincoln blieb zeitlebens ein Stück Volk. Solche Menschen verwenden ihre Logik durch die List der Phantasie und durch die Lust an der Kombination. Alles Knappe und Trockene ist ihnen fremd. Sie sind ohne Absicht episch und darum so ursprünglich. Um überhaupt mit einer Angelegenheit in Fühlung und mit ihr ins reine zu kommen, dazu bedarf es bei einem solchen Menschen einer Erläuterung. Er verlangt stets nach einem sinnfälligen Beispiel. *Dies* ist das letzte Wunder des erzählerischen Menschen. Dies der Schlüssel zu seinem Schaffen.

Ludwig Thoma begann als Dreißiger und stand schon halb in einem anderen Beruf. Als Gebirgler kam er in das bayrische Bauernflachland und wurde Rechtsanwalt in dem – heute so grauenhaft berühmten – Dachau bei München. Es ist – wie man in meiner Heimat zu sagen pflegt – ›ein schönes Lesen‹, wie er in seinen Erinnerungen seine Entwicklung schildert. Ganz so nebenher erzählte er an Stammtischen Gesehenes und Erlebtes. Ein Redakteur ermunterte ihn, diese Dinge niederzuschreiben, ganz so abzufassen, wie er sie über den Tisch weg erzählt habe. Er tut's, und der Redakteur druckt die kleinen Sachen in seiner Zeitung. Sie finden Anklang, und nach einigem Herumsuchen meldet sich auch ein Verleger in Passau, der ein Buch daraus machen will.

›Agricola‹ hießen diese ersten Erzählungen. In der Art des Tacitus wollten sie Leben, Land und Leute der bayrischen Hochebene zwischen Isar und Inn schildern. Darin standen bereits Meisterstücke wie etwa ›Das Sterben‹ eines Bauern, der noch einmal alles regelt, bevor er in die Ewigkeit muß. Ganz sachlich, mit feinstem Instinkt für das Wesentliche, ist alles in die richtige Bedeutung gehoben. Der durchs Fenster dringende, über die Bettdecke fallende Sonnenstrahl und die peinlich genaue Berechnung der Kosten des Leichenschmauses durch den Sterbenden fügen sich zu einem Bild greifbarer Eindringlichkeit.

Der äußere Aufstieg Thomas ging nun sehr schnell. Kurz darauf wurde der Verleger Albert Langen, der Schwiegersohn Björnsons, auf ihn aufmerksam und berief ihn an den ›Simplicissimus‹, das damals künstlerisch und literarisch beste, politisch-satirisch kühnste Witzblatt Europas. Über Nacht fast war Thoma an *die* Stelle gerückt, wo er sich völlig entfalten konnte. Der Bauernanwalt wurde politischer Wortführer gegen jede Reaktion. Deutschland hatte den stärksten Satiriker seiner Zeit und den echtesten Erzähler seines Volkes.

Ganz gewiß gab es in Deutschland schon vor Thoma von Berthold Auerbach bis Anzengruber und Peter Rosegger eine ganze Reihe beachtlicher Volkserzähler, und da waren seine Zeitgenossen Wilhelm von Polenz, den Tolstoj einmal rühmte, dann Ludwig Ganghofer, da war der kräftige Tiroler Schönherr und der viel zuwenig beachtete, bohrende Münchner Joseph Ruederer und auch mein engerer Landsmann, der saftige Georg Queri. Sie alle aber, selbst der liebenswerte, meist aber zu moralisierende Rosegger, blieben mehr oder weniger Beobachter, sie alle hafteten zu eng an der sogenannten ›Heimatkunst‹. Sie blieben gewissermaßen Bildner von außen her, durch das Anschauen und Beschäftigen mit den Menschen, die sie interessierten. Mit Thoma aber trat zum erstenmal der reine Bauer in die Arena der deutschen Literatur, der bäuerliche Mensch schlechthin, der aus sich selber heraus bildete. Nur die jüngere, geniale Bauernmagd aus dem Inntal, die unglückliche Lena Christ, die ihn an erzählerischer Kraft und dichterischer Unmittelbarkeit sogar manchmal übertrifft, stammt aus der gleichen Sphäre und bleibt bis zu ihrem verhängnisvollen Selbstmord im gleichen Kreis. Sie hat, könnte man sagen, wenn man ihr grandioses Buch ›Erinnerungen einer Überflüssigen‹ liest, gar keinen Verstand, sie ist nur ein Stück rohe, unberechenbare Natur.

Nehmen wir einmal einen solchen Bauern, der – so, wie er nun einmal ist – ins Gewirr unserer Gesellschaft gerät. Sein Herkommen, sein Verwachsensein und seine immerwährende, harte Arbeit mit der widerspenstigen Erde haben sein Denken und sein Gefühl in eine Richtung gezwungen, die nur den Vorteil und den natürlichen Zweck anerkennt. Er verfügt über keine angelernte Klugheit, aber über eine instinktive. Er hat keinen sogenannten ›Geist‹ wie wir, nur einen sehr konkreten Verstand, der bei ihm lediglich die Rolle eines praktischen Hilfsmittels spielt. Jahraus, jahrein ist alles, was er tut, den Widerständen und Wechselfällen der Natur ausgesetzt. Er sieht den Boden an, die Erde, die ihn zeitlebens so plagt, und fühlt seine ewige Abhängigkeit von ihr, und ohnmächtig und demütig kommt er zu der Erkenntnis: »So werden auch wir dereinst. Dreck, und sonst nichts!« Das ist und bleibt seine unverrückbare Weltanschauung, die er von sich auf alle anderen Menschen überträgt. Diesem Bauern werden von vornherein alle unsere Angelegenheiten und Wichtigkeiten – mögen sie nun noch so scheinbar groß und bedeutend aussehen – seltsam verschroben vorkommen. Dieser ganz und gar Respektlose sieht schärfer hinter unsere Geziertheiten, unsere Heuchelei. Die Unnatur um ihn herum wird ihn in kurzer Zeit zur Abwehr zwingen. Er steht nicht etwa kämpferisch, kriegerisch auf gegen sie, nein, er ist nicht im geringsten ein Revolutionär! Er stimmt nur ein Gelächter an über all die Anmaßung und Unwichtigkeit der Kreatur! Das ungefähr – denke ich mir – hat Ludwig Thoma zum Satiriker gemacht. Ihm schien es anfänglich durchaus nicht so, als sei er dazu geschaffen. Eigentlich neigte er nach echter Bauernart sein Leben lang zur Beschaulichkeit, aber schon die Schule griff in seine lebhafte Eigenwilligkeit. Später als Rechtspraktikant und Anwalt entschleierte sich ihm das sogenannte Gesetz, die Gerichtsbarkeit. Die Richter entpuppten sich als lebensfremde Menschen. Und immer größer wird der Kreis dieses Widersinns. Schule, Gerichtssaal, Gesetz, Richter sind nur Merkmale eines Systems, antwortet er sich selber nach einigem Nachdenken und dringt vor bis zu jener Stätte, wo all diese Wirrsal erzeugt wird, zur Volksvertretung, zur Regierung und endlich bis zum Kaiser. Alle Ströme des Einflusses erspäht er. Muckertum, Beziehungsseuche, Kriecherei und Dummheit entdeckt er, und nun hat er den ganzen umfassenden Stoff zum Kampf.

Nie hat einer so schnell innerhalb seiner inneren Berufung seine besondere Eignung gefunden wie er. Bei nur flüchtiger Betrachtung fällt einem sofort die Beweglichkeit dieses doch gewiß bodenständigen Mannes auf. Er, der ganz und gar Gegenwärtige, hat fast etwas von einer gutredigierten Zeitung – überallhin hat er seine Fühler ausgestreckt, alles berührt er, von überallher wird er angeregt und nimmt waghalsig dazu Stellung. So voll von Leben und von Lebendigem ist er, daß ihm gleichsam das Leblose an Menschen, Dingen und Einrichtungen wie eine ständige Herausforderung vorkommt. Man darf nicht sagen, er sei ein zutiefst Beunruhigter, man ginge sehr fehl, wenn man ihn etwa einen ›faustischen Kämpfer‹ nennen würde. Nein, nein, das alles ist er nicht – er ist ein wackerer Streiter, ein echt bayrischer Prozeßhansl. Doch auch dieser Begriff darf nicht falsch ausgelegt werden. Weder etwas Kleinhumoristisches noch etwas rein Nörglerisches darf man ihm anhängen. Es soll damit nur sozusagen das Fundament einer Veranlagung gekennzeichnet werden. Denn, wie ich ja schon sagte, das Entscheidende für einen Menschen – und noch dazu für einen Schriftsteller – ist immer das *Wie*. *Wie* Thoma schrieb, *wie* er etwas ansah und uns übermittelte, *das* besiegte uns.

Wer von uns erinnert sich nicht an die Zeit, als Thoma seine ersten Bauerngeschichten und Satiren im ›Simplicissimus‹ veröffentlichte! Wem von uns fällt bei einer solchen Gelegenheit nicht so ein saftig-derbes Sächlein ein, bei dem er unwillkürlich ausrief: »Endlich wieder einmal ein echter Kerl!«

Warum freuten wir uns denn alle so darüber? Warum ging uns denn das alles so an? Warum war es uns so neu, so lebendig, warum riß es uns so mit? Warum gefiel uns denn dieser ›echte Kerl‹ so?

Gewiß, er griff Dinge und Einrichtungen an, an denen jeder etwas auszusetzen hatte. Seine Schärfe und Derbheit ließen ganz Deutschland aufhorchen. Er warf seine Brandfackel in die schwärzeste Finsternis! Licht und Leben verbreitete er, Kampflust spornte er an. Er ›derbleckte‹ – wie man als Bayer sagt – das Wilhelminertum und jene klägliche letzte deutsche Kaisergestalt mit einer derartig vernichtenden Grobheit, wie man sie nie wieder erlebt hat. Und ein schallendes Gelächter dankte ihm. Dieses Gelächter kam nicht nur von den Unteren, von den Benachteiligten und Unzufriedenen allein, es kam sogar noch von weit oben. Denn diese Späße hatten etwas Spezifisches, das nur ihnen anhaftete. Sie waren nicht nur selbstzufriedener Witz. Der Witz wächst aus der etwas überheblichen Gescheitheit, die glaubt, sie allein sei Anfang und Ende aller Dinge. Der Hohn kommt aus der Bitterkeit des Empörten und kennt keine Gerechtigkeit, der Humor aber entstammt einer ererbten Weisheit, er ist Gemeingut eines Volkes. Und er ist im tiefsten Sinn jenes demütige

und unverwirrbare Lächeln, das in jedem Hauch die ewige Vergänglichkeit alles Irdischen erkennt. Der Humor entschleiert und klärt und zwingt schließlich zur Einsicht. Er ist etwas, das die Menschen *zusammenführt*, Hohn und Witz aber sondern ab. Aus der Erkenntnis der Unzulänglichkeit alles Menschlichen schöpft der echte Humorist. Ihn beengt nicht einmal der Haß. Eben deswegen, weil Thomas Satire vom Humor herkam, darum erfaßte sie uns alle so, eben weil er dieses Spezifische in höchstem Maße besaß, darum hatte sie eine solche Stoßkraft. Alles Unklare, alles Programmatische, Prophetie oder Utopie blieben ihm stets fremd. Er kämpfte im Kreis seiner Zeit um die Erträglichmachung des Lebens, weiter nichts. Er blieb immer ein ganz Gegenwärtiger, aber wie er es verstand – zum Beispiel –, das Spezielle stets allgemeingültig zu machen, das zeigt jene klassische – wie viele andere solche Köstlichkeiten nicht ins Gesamtwerk aufgenommene – Satire auf den Ordenswahn Kaiser Wilhelms. Sie heißt ›Der Orden‹ und stand vor langer, langer Zeit im ›Simplicissimus‹. Ich will sie Ihnen nur der Erinnerung, nicht dem Wortlaut nach erzählen:
Ein Kammersänger, der sehr darauf erpicht ist, von Seiner Majestät dekoriert zu werden, darf vor dem Kaiser singen. Er singt und singt, und als er endlich fertig ist, spricht sich Seine Majestät sehr anerkennend darüber aus. Der Kammersänger zerfließt schier vor Devotion, wartet und wartet. Seine Majestät lobt und lobt, und schließlich wird der Sänger entlassen. Es hat keinen Orden gegeben.
Wie vernichtet steigt der Kammersänger drunten im Hof in seine Kutsche. Er macht ein Gesicht – zum Weinen! Die Majestät schaut gnädigst zum Fenster hinunter und bemerkt des Sängers Traurigkeit.
»Na, was ist's denn? Warum machen S' denn so ein Gesicht, Herr Kammersänger!« ruft Seine Majestät leger und erkundigt sich noch leutseliger: »Sagen Sie's nur grad 'raus! Nur keine Angst!«
»Ja ... hm ... ja ... Majestät, wenn ich mir alleruntertänigst erlauben darf ... Ich mein' halt! Ich mein'! ... Ich hätt' halt gern einen Orden mögen«, ermannt sich der Sänger endlich. Majestät ist sofort im Bilde und ruft: »Ja so! Ja so! ... Das hab'

ich ja ganz vergessen! ... Warten Sie ein bißl!«, geht an den Schreibtisch, nimmt *zwei* gleiche Orden, wickelt sie ein und wirft sie dem Sänger in den Wagen hinunter: »Da, bitte!« Wie aber der nun das Päckchen aufmacht, wird sein Gesicht noch verdutzter und fassungsloser. Er starrt völlig verblödet zur Majestät empor.

»Na, was haben Sie denn? Ist's nicht recht? ... Hab' ich schon wieder was falsch gemacht?« fragt Majestät.

»Nein – nein! Nein! ... A–aber, Majestät, es sind *zwei gleiche* Orden, *zwei*!« ruft endlich der Sänger entgeistert.

»Ja so! Ja so!« besinnt sich Majestät einen Augenblick und setzt gefaßt dazu: »Ah, geben S' den anderen dem Kutscher!«

Natürlich war der Kaiser nicht genannt, sondern irgendein Fürst, und Fürsten gab's damals an die dreißig in Deutschland. Sie glichen dem Herrn in Berlin auf ein Haar.

Sie sehen, nicht die Heftigkeit, nicht heißspornige Empörung trieben Thoma, so zu schreiben, wie er's tat. Er schaut bloß auf, erspäht etwas, sieht deutlicher hin und lacht das Jämmerliche, das er da zu sehen bekommt, nieder. Unerreicht in dieser Kunst ist er in seinem berühmten ›Briefwechsel eines bayrischen Landtagsabgeordneten‹. Diese Briefe, die der Bauer Joseph Filser, der durch Betreiben der Geistlichkeit in das Parlament gewählt wird, schreibt und erhält, sind wahrhaft etwas Einmaliges. Man liest sie, allerdings nur, wenn man die Feinheiten des Dialektes kennt, und fragt nicht nach der entschwundenen Zeit und nach den verschwundenen Menschen, alles ist gegenwärtig. Es sind zwerchfellerschütternde Bekenntnisse einer sehr pfiffigen Bauernseele, die oft in einem Nebensatz die ganze Lächerlichkeit der damaligen Treibereien des Klerus aufdecken, etwa, wenn dieser neugebackene bäuerliche Landtagsabgeordnete sein Tagewerk beschreibt und dabei meint, »um neun Uhr geht das Regieren an!«, oder wenn er sich bei seinem Pfarrer erkundigt: »Schreiben Sie mir meinen Standpunkt, Hochwürden!« Mit fast dämonischer, breughelscher Deutlichkeit sind in diesem unvergleichlichen Buch die Korruption, die Muffigkeit und Widersinnigkeit des damaligen Staatsbetriebes ins Ewige gerückt, in die ewige Lächerlichkeit. Nie wieder hat Thoma diese, seine satirische Simplizität überboten.

Die Verfasser der üblichen Literaturgeschichten machen es sich leicht, wenn sie auf Ludwig Thoma und seine Werke zu sprechen kommen. Jeder dieser Herren scheint in seinem Gehirn eine geräumige Schublade zu haben, wo all solche Elemente leicht unterzubringen sind. Droben steht: ›Gemütliche Heimatdichtung‹. Ich will Sie nicht lange mit Zitaten aus diesen dickleibigen Büchern aufhalten, ich brauche nur einige Stellen etwa aus Kurt Martens ›Deutscher Literatur der Gegenwart‹ hervorzuholen, die den meisten anderen ähneln.

»Auch der Altbayer Ludwig Thoma«, heißt es da kurz und bündig, »ist um seiner frisch-fröhlichen Bauerngeschichten und einiger bodenständiger Einakter willen den Heimatkünstlern zuzuzählen«, und etliche Seiten weiter wird folgendermaßen charakterisiert: »Die drollige Stammeseigenschaft stark umreißenden Dialektreize, auf die übrigens sich auch Wolzogen in seinen Romanen gut versteht, trugen viel zum Erfolg zweier darin – aber auch *nur* darin – verwandter Schriftsteller bei, des Oberbayern Ludwig Thoma und des Sachsen Hans Reimann.«

Ich halte mich nun nicht gerade für kompetent, diesen ausgezeichneten Kennern der deutschen Literatur etwas zu erwidern. Ich lasse lieber Thoma selber sprechen. Dies schrieb er 1910 in einem Gedenkartikel für den verstorbenen Wilhelm Raabe, der den Titel ›Oberlehrer‹ trägt:

»Herr Professor Dr. Richard M. Meyer sagt uns denn auch, warum nicht die allerlauteste Begeisterung und solchergestalt die Note I für den Dahingeschiedenen am Platze ist. Bei der Durchsicht der von Wilhelm Raabe gefertigten Hausaufgaben kam er zu der abgewogenen und gerechten Meinung, daß der Dichter ›nicht das Höchste erreicht hat, was er hätte erreichen können‹. Leider fügt er nicht bei, ob dieses bei ›größerem Fleiße‹ oder bei ›strengerer Sammlung‹ möglich gewesen wäre, aber jedenfalls gibt er ihm die Note kaum I–II, eher II–I.

›Setzen Sie sich, Raabe! Vielmehr legen Sie das Zeugnis dem lieben Gott vor und sagen Sie ihm, daß der Professor Meyer im allgemeinen nicht unzufrieden ist mit dem Talente, das er Ihnen verliehen hat. Der nächste.‹

Ich aber halte es in dieser Schule nicht länger aus; mich überkommt es wie in der Zwetschgenzeit, und indem ich meinen Fin-

ger erhebe, rufe ich dringend: ›Herr Professor, ich bitte um die Erlaubnis, hinausgehen zu dürfen.‹«
In der von ihm und Albert Langen gegründeten politischen Wochenschrift ›Der März‹ schrieb Thoma eine ganze Reihe solcher Artikel, die meiner Meinung nach schon längst in die Schulbücher der deutschen Republik gehört hätten. Auch jener umfassende, nicht nur kühne, sondern auch historisch ungemein wichtige Angriffsartikel ›Die Reden Kaiser Wilhelms‹, den der Dichter während einer sechswöchigen Haft schrieb, erschien im ›März‹ 1907. Emil Ludwig, der im ersten Weltkrieg die Fahrten der deutschen Unterseeboote noch emphatisch verherrlichte und uns Deutsche heute alle in eine Strafschule für schwererziehbare Kinder schicken möchte, hat in den Jahren der deutschen Republik sicher einmal diesen Artikel gelesen und gemerkt, daß es nun, da es ja gänzlich ungefährlich geworden war, sehr ruhmreich und einträglich sei, eine solche Kaiservernichtung – wie sagt man doch? – neu zu adaptieren! Hält er doch auch jetzt wieder alle Füllfederhalter, Schreibmaschinen und Sekretärinnen bereit, um sofort nach der Vernichtung Deutschlands wenigstens dem Braunauer Verbrecher, der es in die Vernichtung getrieben hat, in Form eines sensationellen, dickleibigen Buches ein Denkmal zu setzen! Vielleicht zwar nicht ein gerade schmeichelhaftes – aber immerhin ein Denkmal!
Aber bleiben wir bei Thoma. Eben während jener Haft schrieb er in sein ›Stadelheimer Tagebuch‹, das erst nach seinem Tode erschien, er möchte einmal etwas Ernstes schreiben. Wohlgemerkt, das geschieht, nachdem er bereits den großen Roman ›Andreas Vöst‹, die an ein Gemälde von Leibl gemahnende ›Hochzeit‹, seine meisten Einakter, die köstlichen ›Lausbubengeschichten‹ und eine ganze Reihe sehr echter Geschichten geschrieben hat. Niemand wird bestreiten, daß Thoma der vollgültige Typ des Bayern ist, aber – sehen Sie – jene Literaturgeschichtenschreiber und jene federgewandten Leute, die alles charakterisieren können, ohne es zu kennen, haben es im Laufe der Zeit wirklich fertiggebracht, daß man den Begriff ›Bayern‹ mit einem gewissen schmunzelnden Behagen von oben herab mit ›Bier, simpler Grobheit und drolligem Dialekt‹ gleichsetzt. Nie scheint man über diese humoristische Verallgemeinerung hin-

ausgekommen zu sein. Als gäbe es kein bayrisches Barock, als hätten nie die mächtigen Baumeister, die Brüder Asam, eine ganze Epoche beeinflußt, als gehörten Jean Paul, Spitzweg und Hans von Marées, Slevogt, Max Reger und Richard Strauß nicht zu Bayern und als sei – um diese ganz willkürliche Aneinanderstellung von Namen nicht zu weit auszudehnen – weder Röntgen noch Albert Einstein (schließlich trennt nur eine Brücke über die Donau sein württembergisches Geburtsstädtchen Ulm vom bayrischen Neu-Ulm!) uns zugehörig, als hätten wir nicht zwei ungewöhnlich kunstsinnige Monarchen gehabt, wovon der eine dem Genie Richard Wagners die Wege ebnete, ja wahrhaftig, als seien wir ein Volk, krakeelend, saufend, fressend und Feste feiernd, aber keines, das Kultur, ernsthaften Bürgerfleiß und ruhige Gedankenarbeit kennt. Deswegen eben erscheint mir Ludwig Thoma so wichtig. Auch er hat in seinem erzählerischen Werk das wirkliche Bayern der Welt erschlossen!
Nachdem er lange Jahre im polemischen Kampf gestanden hatte, kehrte er wie nach einer ungemütlichen Fahrt auf einer unserer kleinen Lokalbahnen in seine Heimat, in die geliebten Berge zurück. Jagd trieb er, unter Bauern hockte er als einer ihresgleichen und wünschte sich gewissermaßen nichts anderes mehr, als seine Ernte noch trocken unter Dach zu bringen. Sein früh verstorbener Lebensfreund, der Bildhauer Ignaz Taschner, hatte ihm ein Haus entworfen. Als es fertig dastand, als der Dichter einzog, blickte er noch einmal ins Flachland hinaus, setzte sich hin und schrieb sein Unvergänglichstes, den ›Wittiber‹ und die ›Heilige Nacht‹.
Wie ein langsam heranwachsender Wald hatte sich seine Erzählungskunst entfaltet: Heiteres, sehr wechselvolles Gebüsch wucherte zuerst aus dem Boden. Nie wurde es zum Dickicht, immer blieb es leicht durchschreitbar. Jetzt aber wuchsen die großen, tiefwurzelnden Bäume auf mit ihren patriarchalischen Kronen. Sie ragen empor aus dem heimatlichen Boden, ganz dazugehörig, eins mit Mensch und Landschaft ringsum ...
Noch im ›Andreas Vöst‹ waren gewaltsame Übergänge, aber wie war da schon die Sprache dem Stoff angepaßt! Klar, einfach und immer bildhaft. Niemals brauchte Thoma zu ›erfinden‹, niemals griff er bei irgendeiner Betrachtung in Gott weiß was für Geistig-

keiten und Welten; Boden und Volk, dem er entstammte, trugen ihm die Sprache, ja sogar die Wendungen dieser Sprache zu. Und dieses Deutsch war ein viel farbigeres als das herkömmliche. Es war überzeugender, lebendiger und ist in seiner lapidaren Kraft einzigartig. Indem Thoma dieses Handwerkszeug ganz ausnützte, bereicherte er unseren Sprachschatz, der ja, seiner Meinung nach, immer vom Dialekt her neuen Zustrom bekommt, überhaupt. Wer zum Beispiel Thomas Werke nur daraufhin durchliest, wird Worte finden, die wir erst seit ihm in ihrer ganzen Ursprünglichkeit kennen, Worte, wie etwa ›Gesurms‹, ›früherszeiten‹, ›derweil‹ oder die schönen Redewendungen als Ausdruck der Verwirrung »Er weiß nicht mehr hott oder wißt« oder »Wir heimgarten so miteinander« und viele, viele dem Bauern abgelauschte Bezeichnungen. Sie stehen so sehr an der richtigen Stelle, gehören so sehr zum Ganzen, daß alles Nachdenken darüber beim Leser aufhört. Wir erleben ihre wohltuende Heimeligkeit.

Und die durchaus ungesuchten, schlagkräftigen Argumente seiner Artikel setzt er nun ins Dichterische um. Da ist im ›Vöst‹ der Tod einer Bäuerin, noch stärker als im ›Agricola‹, und da wird gleich am Anfang des Romans ein Kind, das schon bei der Geburt in den Händen der Hebamme stirbt und infolgedessen nicht getauft ist, wie ein Hund in die Erde verscharrt, weil es, wie Thoma ironisch schreibt, »die Vorschrift der Religion ist«. Er aber hält als menschlich empfindender Christ der unduldsamen, muffigen Geistlichkeit entgegen: »Ich weiß nicht, ob der liebe Gott den unchristlichen Zustand eines Kindleins so hart beurteilt wie seine Geistlichen, aber das eine ist gewiß, daß es nicht in geweihter Erde ruhen darf, worein nur Christen liegen, darunter manche sonderbare.«

All die durch den Broterwerb scheinbar verschüttete, in Wirklichkeit aber aufgesparte Kraft, seine ganze Innigkeit, sein unerbittlich-wahrhaftes Anschauen kommen jetzt zur vollen Geltung, und als er den ›Wittiber‹ fertig hat, sagt er selber, daß er mit dieser Arbeit zufrieden ist. Ohne jede Eitelkeit, genau wie ein Bauer, der sein Feld gut bestellt hat, meint er: »Das hält. Wenn jemand nach hundert Jahren noch wissen will, wie bayrische Bauern lebten und waren, der ›Wittiber‹ sagt es ihm.« Diese harte, karge Geschichte vom Untergang etlicher Bauernmenschen ist ganz aus einer menschlichen Mitte heraus gestaltet. Aus einer solchen Mitte kam einst Jeremias Gotthelf, so in diese Mitte hinein drang noch einer: Tolstoj.

Es mag mir als Vermessenheit zugeschrieben werden, wenn ich die zwei großen Namen zum Vergleich heranziehe. Wer gerecht nachprüft, kommt zu diesem Ergebnis.

Von dem biederen Schweizer Pfarrer Gotthelf wird erzählt, er sei höchst überrascht gewesen, als man ihm erzählte, daß seine Bücher in ganz Deutschland verbreitet und sogar ins Englische (ich glaube, von John Ruskin) übersetzt seien. Er habe, so meinte er ungefähr, ja gar nichts anderes gewollt, als durch seine lehrhaften Geschichten seinen Pfarrangehörigen schmackhafte Sittenpredigten zu bieten. Er war höchlichst überrascht über seine begeisterten Leser in aller Welt.

Und was war das Lebensziel des großen Russen? Er wurde Christ und Bauer, unterrichtete das Landvolk und wollte einer sein von ihm. Er sieht im Nationalismus den Tod aller menschlichen Kultur, aller Verträglichkeit der Völker untereinander, aber er liebt unendlich sein Stück Heimat, die russische Erde. Er pflügt diese Erde, er erntet, er haßt die Kunst und die Literatur. Er erkennt nichts mehr an als Gott und eben diese Erde. Er will zurück zu den Menschen, die den Boden bebauen und keinen Feind mehr kennen, will eins sein mit ihnen. Und noch sterbend, kurz bevor er verlöscht, als alle so ein Wesens um ihn machen, ruft er in tiefster Bedrängnis: »Aber wie sterben denn die Bauern, die Bauern!«

Es nehme jemand irgendeine Geschichte Gotthelfs, die ›Macht der Finsternis‹ oder die ›Volkserzählungen‹ Tolstojs und Thomas ›Wittiber‹, und er wird überrascht sein. Überall ist das gleiche tief bäuerliche Beharren der geschilderten Menschen, überall trifft man dieselbe Schicksalsverhaftetheit, und – das Merkwürdigste – jeder der drei schaut ähnlich ein Ding an, sogar die gleichen Worte findet man, dieselbe Eindringlichkeit und Unmittelbarkeit.

Geliebt haben sie alle drei: der Schweizer, der Russe, der Bayer. Geliebt, wie man nur lieben kann, wenn man wo ganz daheim ist. Gelehrt haben sie alle drei, jeder auf seine Weise – Gotthelf wie

ein glaubensfester Pfarrer aus innerster Berufung, Tolstoj aus der Unruhe des Gottgemarterten, Thoma mit einer Art gesundem Hausverstand, phrasenlos und innig.
›Innig‹? Wie wenig scheint dieses Wort für Thoma zu passen, aber wer einmal erfahren will, was bäuerliche Innigkeit ist, der setze sich zu Weihnachten hin, wenn draußen die Bäume und Felder voll Schnee liegen, und lese seine ›Heilige Nacht‹. Nur für sein Volk scheint er es aufgeschrieben zu haben, dieses ganz im bayrischen Dialekt gehaltene, volksliedhafte Gedicht von der Legende in Bethlehem. Seit Kindheitsgedenken lebt sie als Gleichnis in uns, aber wie verunziert, wie aller Glaubhaftigkeit beraubt hat man sie im Lauf der Jahrhunderte! Thoma unternimmt nichts weiter, als daß er Christi Geburt ungefähr so erzählt wie ein Bauer meiner Heimat. Jede steife Feierlichkeit ist dieser Betrachtungsweise und Vorstellungsart fremd. Zwei arme Menschen, Joseph und Maria, müssen in die nahe Stadt, um allerhand amtliche Angelegenheiten zu erledigen. Es ist harter Winter und tiefer Schnee liegt, sie kommen nur mühsam weiter, und der Reiche, der vorbeifährt, nimmt sie nicht mit. Es wird langsam Nacht. Die zwei Leute haben keinen Pfennig Geld, und nun suchen sie in einem kleinen verschneiten Dorf billig Unterkunft, aber niemand von den Bauern läßt sie ein, bis schließlich der Ärmste, der ›Simmerl‹, ihnen seinen Stall anbietet. Und da kommt nun Maria mit dem Kind nieder.
Welche Leuchtkraft hat jedes kleinste Geschehnis! (Leider kann ich Ihnen die zarten Zwischengesänge, die wirken, als seien sie uralte Volkslieder, wegen des Dialekts nicht vorlesen.) Es mag mir vielleicht als Rührseligkeit ausgelegt werden, wenn ich gestehe, daß ich die ›Heilige Nacht‹ beim Lesen so empfinde, als säße ich als Kind wieder daheim in der warmen Stube und sähe all das Göttliche dieser Legende so menschlich und geheimnislos, als wär's etwas, das jedem von uns geschehen könnte. Ein scheinbar ganz enger Bauer hat dieses innige Gedichtwerk geschrieben, aber jedes Wort vermittelt uns seinen Sinn – uns, dem Volk, uns, den Menschen!
Er hieß Ludwig Thoma und wird immer ein Teil aller Menschen bleiben ...
Meine Damen und Herren! Es ist tröstlich und erhebend, *heute* in

einem Land, das mit Deutschland im Krieg steht und eine andere Sprache spricht, über einen deutschen Dichter sprechen zu können, der sich gleichsam als Toter in der Gefangenschaft der nichtigsten Schänder seines Volkes befindet. Es beweist, daß dasjenige, was sein Werk an Allgemeinmenschlichem enthält, die Abgrenzung längst gesprengt hat, daß man den Geist nicht gefangenhalten kann. Er gehört der gesitteten Menschheit. Wie jeder echte Dichter hat auch Thoma das Unvergängliche unseres Volkes zum gültigen Bild gestaltet. Erst wenn jedes Volk vom anderen ein solches Bild hat, sind wir auf dem Wege zu einem haltbaren Frieden. In *dieser* Zeit, da uns die unbeschreiblichen Ereignisse verwirren und oft blind machen für alles, was uns nicht äußerlich zugehört, ist ein Dichtwerk das einzige, was uns innerlich wieder verbinden kann.

Über einen Dichter reden ist immer mehr oder weniger ein Reden über sich selber. Vielleicht habe ich das Lied, das ich Ludwig Thoma sang, zu hoch gestimmt. Verzeihen Sie mir meine nicht gewollten Übertreibungen. Aber – wie sollte es denn anders sein – aus mir sprach das Glück, ihn ganz gelesen zu haben. Seine Werke haben mich durch alle Länder meines Exils begleitet wie die besten Freunde, und sie haben mich immer wieder aufgerichtet, ich empfand bei jeder Zeile, die dieser begnadete Mensch hinterlassen hat, daß ich ein wenig aus dem gleichen Stammholz geschnitten bin, und ich meine, dieses Holz wächst auf dem guten Boden aller Länder.

New York, 20. Oktober 1944

Herbert Achternbusch

Neues von Ambach

Ich fahre jedes Wochenende nach Ambach und sitze beim Bierbichler im Biergarten. Neulich machte ich die Augen zu und öffnete sie wieder, und wieder stand ein neues Weißbier da. Als das 30. zu bestellen war, sagte der junge aber erwachsene Sepp, daß er mir das spendiert, da mußte ich mich ehrenhalber mit der Behauptung «Möchst mich bsuffen machen?» entfernen. Wieder mühe ich mich ab, das Wasser des Starnberger Sees zu erblicken. Wenn die Wellen Heuschrecken wären, gäbe es die großen Uferbäume nicht mehr, die neuen Straßenlampen stünden allein da, die die Dummen der Gemeinde aufstellen ließen, damit sich das sieche Volk, das hierher zur Verjüngung kommt, nicht erfällt, sondern wiederkommt und wieder Geld bringt, damit man die Bäume und das Liebliche vernichten kann mit einer breiten Straße, auf der sich dann noch mehr Siechtum wälzt und alles erstickt. Mögen sich die Wellen nicht in Möwen verwandeln, die so mancher Leute Hirn einhacken? Einmal lacht alle 16 Minuten ein Siege, dem als Fünfjährigen eine Dreschmaschine das Hirn herausgerissen hat, das ihm die Ärzte zwar wieder vollständig aber etwas verschoben eingepflanzt haben. Da kommt schon einmal eine, der das Gespräch ihrer Arztfreunde zu langweilig wird und die bittet, ob sie sich an meinem Tisch erholen kann. Mein Gesicht leidet so offensichtlich, daß ich es niemand zumuten will. An einem anderen Tisch heißt es dann, daß jemand eine Arie gesungen hat wie schon lange nicht mehr zu hören (dann allerdings bekam sie ein Kind), und an unserem Tisch heißt es, daß jemand herzzerreißend dirigiert hat (im Gespräch danach war er banal). An ihr vorbei sehe ich gerade das Wasser noch, denn wenn ich das eine schon gedacht habe, so das andere noch nicht. Trotzdem sage ich, daß sich noch nie ein Mädchen zu mir hergesetzt hat. Stillschweigend merke ich, daß es stimmt. Ich nehme eine Nil aus der Schachtel und sage, daß ich in der Hoffnung hier bin, daß meine Tochter einmal vorbeikommt. Dort ist der Dampfersteg, dort muß sie einmal aussteigen, weil jeder Mensch einmal in seinem Leben eine Dampferfahrt macht. Ja, ich habe eine Tochter aus der Schulzeit, die nächstes Jahr volljährig wird. Ich wollte sie schon lange kennenlernen, aber ich fürchte mich vor ihr, jetzt warte ich, damit sie einmal kommt. Als ich sie vor zwei Jahren erblickte, saß ich in einem Apfelbaum. Es war Nacht, Werner Herzog und ich sind über ein Nachbargrundstück in den Garten eingestiegen, ein Vorhangspalt gab sie frei. Da ist eine, die hat einen breiten Kopf und sieht dir gleich, sagte er. Das wird sie sein, antwortete ich. Ihr kam ein doofer Lacher vorm Fernseher aus. Drei Zigaretten habe ich noch, dann muß ich mehr reden. Der Siege fängt gerade wieder mit seinem

Demokratiewitz an. Da hör ich jemand schreien: Das ist ja valentinesk, das ist ja valentinesk. Da bin ich auf einmal ganz Tisch. Worum geht es? Da haben Frauen für die Abschaffung des Abtreibungsverbotsparagrafen demonstriert, und von den Demonstrantinnen hat die Polizei, obwohl sie das nicht darf, wie von Verbrechern Fingerabdrücke genommen, und zwei, die sich geweigert haben, denen haben sie die Finger abgebrochen. Abgeschnitten hätte ich lieber gehört, sagt einer. Valentinesk? Oder daß wenigstens die Polizei die Erzeugungswaffen sicherstellt, damit sie bei weiteren Straftaten keine Verwendung finden. Ich habe sowieso acht Austern auf meiner Geschlechtssäule sich festklemmen lassen, unten im Starnberger See, bei den drei schwedischen Soldaten aus dem Dreißigjährigen Krieg, die im Winter auf den kürzesten Weg nach Starnberg hinüberwollten, und die ein Ambacher Fischer auf ein dünnes Eis führte, wo sie mit ihren Rüstungen einbrachen. Ich war einmal verliebt und wir wollten Dampfer fahren. Mit dem Rückwärtsgang rauschte der Dampfer in die Nacht. Tanzmusik. Da wollte sie mich nicht mehr, weil der Dampfer besetzt war. Hochgerankt stand ich am Wasser. Hunderttausend Zuschauer schrien. Wie ein Efeu, dem man die Hauswand nimmt, stürzte ich in den See. Penthesileia! Meine Braut! Was tust du? / Ist dies das Rosenfest, das du versprachst? Wie gerne las ich das, daß sie die Zähne in seine Brust schlägt mit den Hunden wetteifernd: Troff Blut von Mund und Händen ihr herab. Kleist hat sich erschossen, hat es nicht geschafft: Gleich einem Schacht, und grabe, kalt wie Erz, / Mir ein vernichtendes Gefühl hervor. Zwischen den Vermouthbrüdern am Viktualienmarkt blieb nur er, Valentin. Auch blöde sein zu wollen, war meine größte Leistung. »Während ein faustgroßer Stein in der Mitte des Sees, also an der tiefsten Stelle, rapid unterging, blieb ein ebenso großer Gummiball an der seichtesten Stelle auf der Wasserfläche liegen.« Dann wird wieder über Valentin geredet, und jeder so gut er kann, das reicht aber nicht. Man muß mit seinem Kopf was riskieren. Mit der Polizei kannst nichts riskieren. Da gegen die Polizei noch nie ein Prozeß gewonnen wurde, habe auch ich meine Verhandlung verloren, weil ihnen geglaubt wird, auch wenn sie zu fünft dasselbe Protokoll mit denselben Rechtschreibfehlern haben. Als Hunde und Schweine hätte ich sie beschimpft. Ja, wenn ich kein Schriftsteller wär, dann hätte ich mich dieses üblichen Polizeibeschimpfungsjargons bedienen müssen, wenn ich mich überhaupt einer Beschimpfung bedient hätte, denn ich habe sie nicht beschimpft. Wenn ich die Polizisten beschimpft hätte, habe ich zum Richter gesagt, dann hätte ich »ihr Dregsei« gesagt. Aber das bayerische Gericht machte sich lächerlich, indem es mich verurteilte, und niemand lachte. Obwohl ich sie gar nicht beschimpft habe, das ist doch komisch. Lach doch! Lachts doch über eure Polizei. Meine Polizei ist sie nicht. Die tät ganz anders ausschaun, aber ich will mich nicht streiten. Es drängt mich in die Innenräume, ich muß das Vorhängelchen am Türglas zur guten Gaststube zur Seite schieben und sehen, welche Mengen an Fisch die teuren Filmregisseure wieder verschlingen. Wie sie sich am leichenweißen Fischfleisch weiden! Es ist so eine Trockenheit, daß die Kühe mit Bananen gefüttert werden müssen, und auf den Wiesen so eine Brandgefahr, daß wegen der Brandgefahr die Bauern Schwimmwesten tragen, so eine Hitze, daß die Fischer mit ihren Kompressoren keinen Sauerstoff mehr in den Starnberger See pressen dürfen, weil er sonst in der Luft fehlt, so daß die Fische eingehen und gegessen werden müssen. Mit dem gleichen Gewand wie sie Fische essen, drehen sie Filme, statt was anderes anzuziehen. Was kann man von Leuten schon erwarten, die sich von Fischleichen nähren? Nichts. Den Valentin allerdings mögen sie alle sehr gern, und wenn ein Bauer wegen der Brandgefahr mit einer Schwimmweste kommt, dann sagen sie wieder valentinesk, denn sie haben den Valentin ganz weit von sich weggeschoben, und bevor sie zugeben, daß an ihm viel Bayerisches ist, werden sie lieber Rassisten, indem sie behaupten, daß seine Eltern von auswärts waren und er hier nur aufgewachsen ist. Warum er nicht weggegangen ist, kommt ihnen nicht in den Sinn. Natürlich behaupten das nicht nur die Filmregissöre, sondern alle Intellektuellen und die SPD. Ich weiß auch, warum sie ihn mögen, damit sie sich auch wieder eine zeitlang länger mögen können. Ja, die sind vielleicht froh, daß sie keine solchen Deppen sind wie der Valentin! Die größten Deppen findet man wirklich nur noch in der CSU. Die singen nur noch »O Haupt voll Blut und Wunden«, inwendig ist bei denen alles zerstört. Die Frage allerdings »Haben Sie ein

Hirn?« kann einwandfrei nur ein Metzger beantworten. Während ich so vor mich hinmosere, wer taucht da auf? Einer von der Aktion Dasanderebayern. Und was sagt er? Er sagt, daß sie meinen Beitrag *Blutentnahme* in ihrem Lesebuch zu einem Freistaat nicht gebrauchen konnten, weil der Staatssekretär Glotz bangt, der Bundesjustizminister Vogel könnte eventuell meinen Beitrag lesen und vielleicht meinen, was ich geschrieben habe, sei gegen die Polizei. Schleich dich! So vertrieb ich diesen kleinen Schatten des großen Schattens. Ich bin dann an den Starnberger See gegangen, wo passend düster der kleine Mond unterging, und ich habe mir gesagt, das soll mein Land sein, wo ich woanders nicht leben kann, und ich fühlte mich fern wie am Tschadsee. Diese Gefahr, daß der Kopf einfach aussetzt und das Leben verfließt, habe ich schon als Jüngling gekannt. Wenn die Jugend vergeht, daß dann die Gefahr bleibt? Die Lehrer stocherten jedem von uns so lange in der Nervenzentrale herum, bis es in jedem Kopf still wie in einem Schlafzimmer wurde (und heute habe ich noch den Verdacht, daß vielleicht meine starke Welt der Schlaf ist) und die meisten nicht herrlich ausschliefen, sondern eingingen und jetzt herumgeistern. Valentin: Wir hauchten unsere Seelen aus und verwandelten uns in Geister. Ich lebte damals mit meiner Großmutter in einem Zimmer, aber wir hatten in unserem Haushalt alles, Kopfschmerzen, Kreislaufstörungen und einen kleinen Radio (anfangs war er größer). Der einzige Mann, der damals Karl Valentin im Radio Gehör verschafft hat, war ein Jimmy Jungermann in seiner Dienstagsendung. Ohne ihn hätte ich in meiner Jugend überhaupt niemand kennengelernt, der die Welt anschaut. Die Lehrer schauten ja nicht einmal uns an (die Eltern schauten das Geld an). Wir sollten nur auf die Lehrer schauen, daß wir gerade extra auf ihre Krawatten schauten, und wenn da ein Dings oben war, ein Rotzmops, dann schauten wir stundenlang nur den an. (Ja, was haben jetzt eigentlich die Lehrer angeschaut?) Wie ein Hund das Bein, hoben sie ihre Gedanken, die schon hunderttausend andere gedacht haben und pißten uns damit an, wie ein Hund das Bein hebt. (Mein einziger Erzieher, den ich nicht angefeindet habe, war das Kino.) Als wir damals in der ersten Stunde in der Turnhalle den *Ententraum* weiterdachten, schlug uns der wütende Turnlehrer seine Trillerpfeife an der Schnur in die Kniekehlen, und wir machten uns halt wieder an die Hupferei am Reck. »So ein länglicher Wurm, ungefähr 30 Zentimeter gelb.« Das ist realistisch, mit seinem Kopf zu denken, was er kann! An diese Stelle will folgender Satz: »Herr Achternbusch, Sie müßten einmal zu einem realistischen Drehbuch gezwungen werden.« Die Antwort des Bayerischen Fernsehens auf mein Drehbuch *Die Atlantikschwimmer* und wieder kein Geld. Das mußt du erst merken, daß du in einer gespreizten Kultur bist, in der du so viel denken mußt, weil es so wenig zu leben gibt. Aber ich bin davon abhängig, daß ich angeregt werde, es dürfte nicht jeden Tag dasselbe passieren. Ich spüre oft den Drang, wegzugehen, wegzugehen ist ein alter Drang, ganze Völker sind schon weggegangen. In der Schulzeit ging ich oft an die Donau und sah den Ertrinkenden zu, und es kam mir nicht in den Sinn einen zu retten: nur für die Leiche bekam man von der Wasserwacht 16 Mark. Am Starnberger See kann viel Zeit vergehen, und auf einmal hast du doch wieder Lust, deinen Mund auf einen anderen zu pressen und an ihre blonde Brust zu langen, denn bald genug schreist du aus der Hölle: So einen Saustall wie ihr oben habt, können wir in der Hölle nicht brauchen. Übrigens der erste, der zur Erde hinauffunkte, war wieder Valentin. Mir gefällt es ausgezeichnet in der Hölle, war sein erster Satz. Bayern soll der Teifl holen, schreit er, die Politik soll der Teifl holen, und das trotz Feiersalamandermarmelad und Kreuzotternkompott zum Essen. Neulich sah ich im Stadtmuseum sämtliche Filme mit Karl Valentin, deren man noch habhaft werden konnte. Ich sah den Film *Der Theaterbesuch*, den ich schon 1966 gesehen habe und daraufhin unbedingt was schreiben mußte, und einem vorgelesen, der zu entscheiden hatte, ob ich das auch in seinem Papageikreis für München vorlesen darf: nichts. Dann habe ich den *Firmling* wiedergesehen, der wahrscheinlich der beste deutsche Film ist (ich weiß es gewiß). Und dann habe ich die Wiederentdeckung *Beim Rechtsanwalt* gesehen (mit Ton und zwischendurch ohne Ton), und bei meinem Rechtsanwalt Bossi war es genauso, die ganze Zeit hat er telefoniert und nach Verwandten gefragt, damit er weiß, von wem er das Geld holen kann. Ein Recht, das was kostet, ist genau wie ein Apfel. Da sind die Leute hineingeströmt ins Museum, und das hat ihnen gefallen im Museum, weil wir verzagt sind und uns kein Mensch hilft und wir uns nicht helfen dürfen, weil wir zu dumm und zu gemein sind und Äpfel essen sollen, statt ein Recht zu kriegen. Äpfel mindern Kopfschmerzen und Schlaflosigkeit, einen Apfel in jedes Grab! Saudumm ist Valentins gebräuchlichstes Wort. Und oft schimpft (flucht) er sowas von bayrisch (man brächte ihn lieber mit diesem James Juice in Verbindung) Aff blöder, Depp depperter (ich habe die Polizei nicht beschimpft!), so unerbittlich grausam wild (das ist nur in den Filmen zu erfahren, weil das entbrannte Geschau dazugehört), so daß er nicht nur alles zerdenkt, sondern auch verflucht, (und seine eigene Weltanschauung), weil es so saudumm ist. So etwas fällt mir in Ambach ein, wenn ich nachts auf dem Steg sitze und ins schwarze Wasser Blicke werfe, die ich naß heraushole. Und wie war es, als ich aus dem Stadtmuseum herausgekommen bin? Da bin ich gestanden in der Hitze und habe mir die Häuser angeschaut, die sie im Glauben gebaut haben, daß es nie wieder Sommer wird. Und tatsächlich hat es seit 30 Jahren keinen Sommer mehr gegeben (und 30 Jahre haben sie gebaut). Und jetzt stehen die Häuser da und wissen nicht wie sie schauen sollen in dem vielen Sonnenschein. Woher soll ein Haus sein Hirn nehmen, wenn der Hausbesitzer keins hat? Und woher soll ein Hausbesitzer ein Hirn nehmen, wenn alle Hausbesitzer keins haben? Den Valentin soll man endlich verbieten, dann tauchen so saublöde Fragen überhaupt nicht mehr auf. »Nimm einem ein Hirn, der keins hat, dieser Staat.« Sehen Sie, so gefährlich ist der. Erst neulich lief ich am Valentinsbrunnen vorbei und rief: An dir renn ich vorüber. Wie gern hätte er abendfüllende Spielfilme gemacht: kein Geld. Und das Geheimnis meines Wartens geb ich preis: ich warte, bis die Wirtstochter in der Küche fertig ist, Annamirl, sie für meinen nächsten Film zu gewinnen, was mir beim *Atlantikschwimmer* noch nicht gelungen ist. Im *Bierkampf* möchte ich, daß sie mein Eheweib spielt. Es wird nach Mitternacht, bis sie mit ihrer Arbeit fertig ist, jetzt sitzt sie da, die weiße Schürze ausgezogen. Müde und wach sitzt sie da. Aus ihrem Gesicht lacht das schlaue mit den Händen arbeitende Bayern, und unterscheidet mich von den anderen Regissören.

Johann Lachner

Wilhelm Dieß

Nein, so bequem ist es nicht mit diesem Jubilar, daß man einfach hergehen könnte und sagen: Seht, der Lehrerssohn Wilhelm Dieß aus der Rottaler Gegend hat sich durch hervorragende Anlagen, eisernen Fleiß und eine gesunde Portion Lebenstüchtigkeit zu einem hochgeachteten und hochgeehrten, auf sichtbarer Höhe des bayerischen Lebens stehenden Mann emporgearbeitet! Er hat es zum Doktor juris, zum Vorstandsmitglied der Münchener Anwaltskammer, zum Ministerialrat im Justiz- und im Kultusministerium, zum Vorsitzenden des Landesverbandes für Heimatpflege, zum Professor an der Universität München, zum Generaldirektor der Bayerischen Staatstheater, zum Direktor der Abteilung Schrifttum in der Akademie der Schönen Künste gebracht – und er hat damit bewiesen, daß das wahre Verdienst auch auf dieser Welt belohnt wird. Das könnte man sagen, aber es wäre nur die halbe Wahrheit. Denn wer weiß, ob Wilhelm Dieß diese Laufbahn als Belohnung empfindet, ob er nicht lieber seine Ruhe den Ämtern vorgezogen hätte, ob er es nicht gar bedauert, daß er nicht Musiker oder Schriftsteller oder etwa ein Bauer auf einem großen Hof geworden ist? Die ganze Wahrheit ist die, daß er ein durch und durch musischer Mensch, daß er der Schönheit der Künste und der Natur völlig verfallen ist. Es genügt ein Blick auf seinen mächtigen Schädel, in dem sich die klugen, lebendigen Augen unter einer heftigen Stirn mit den teils gefühlvollen, teils genüßlichen unteren Gesichtspartien streiten – sofort weiß man: Das ist ein dominierender und sich distanzierender, seinen Ehrgeiz mißachtender, die Einsamkeit vergeblich suchender und immer zwischen Schönheit und Standfestigkeit, Mißtrauen und Bejahung, zwischen innerem Trieb und äußerer Haltung unermüdlich und würdig ausgleichender Mensch.

Man kann sich denken, in welch ruhigem Zustand sich das Bad Höhenstadt befand, als am 25. Juni 1884 dortselbst Wilhelm Dieß als Sohn des örtlichen Lehrers in eine immer noch aufrichtig schöne Landschaft hineingeboren wurde. Er gewann alsbald verständigen Umgang mit den Tieren, der Schrift und den Bauernsöhnen, kam mit dem Vater nach dem nahen Pocking und dann aufs humanistische Gymnasium nach Passau, ein Jahr später jedoch nach Landshut. Er war immer ein schnell begreifender Schüler, der Wilhelm, aber im Betragen aufsässig, wie er es bis heute geblieben ist. Als er absolvierte, starb der Vater. Die Mutter zog mit ihm und einer Witwenpension von 43 Mark nach München. Er sollte studieren.

Er studierte genau deswegen, weil ihm das ein wohlsituierter Verwandter als finanziell und sozial unmöglich abriet, und obgleich er sich lieber der Musik gewidmet hätte, in der er vom ebenso musischen Vater gründlich ausgebildet worden war (Orgel, Geige, Klavier) – aus purem Trotz studierte er Jus, er studierte die Rechte, was damals in Bayern als ein kostspieliges, als ein zugleich lockendes und schwieriges Unternehmen galt, freilich auch im günstigen Fall als ein lohnendes. Wie war das zu finanzieren? Nachhilfestunden, Singen im Chor von Kirchen und Theatern, gelegentlich auch Solo-Baßpartien, Aushilfe in Orchestern als Geiger und Cellist verschafften ihm die Mittel, sein Studium vorwärtszubringen. Er hatte Gönner, wie den Musikprofessor Becht, und eine unermüdliche Lust, dem Leben etwas abzutrotzen. Mit dem Erfolg, daß er auf einem der schönstgelegenen bayerischen Höfe sitzt, auf »der Ecke«, die nördlich zwischen Tegernsee und Schliersee in die Ebene hinunterschaut. Das hat er geschafft, indem er nach auserbetener Bedenkzeit alle Angebote zur staatlichen Laufbahn ausschlug und ein unabhängiges Dasein als Rechtsanwalt führte. Nach dem Zusammenbruch des ihm feindlichen Regimes hat man ihn geholt. Man hat ihn gebraucht und befördert, aber er war immer derselbe: trotzig, mißtrauisch und rechtlich, eigentlich anderen Dingen zugetan. Den geheimen Dingen, die man ihm nun plötzlich wegnehmen wollte, weil man ihn brauchte, weil sein Neinsagenkönnen in diesem Nachkriegsdurcheinander so selten war. Als das billige Jasagen wieder in die Mode kam, konnte er sich endlich den gröbsten Verpflichtungen entziehen.

Wilhelm Dieß ist spät zum Schreiben gekommen. Er hat sein Leben so aufgefaßt, wie es gerade die Stärksten unter den besten Bayern auffassen: als Leben. Als die von Gott geschenkte Aufgabe, ohne viel Aufhebens davon herzumachen, ohne nach rechts und links zu schielen und ohne sich stören zu lassen, mit Anstand und Genuß durch das irdische Jammertal zu wandern. Wilhelm Dieß hat das versucht, aber eines Tages, nachdem er die Fünfzig schon überschritten hatte, kam der Versucher in Gestalt eines Verlegers. Der geborene Erzähler wurde zum Schreiber. Eine der musischen Saiten des musischen Menschen Dieß wurde zum Klingen gebracht. Das war ein Glücksfall. Es enthüllte sich eine Begabung und eine im gelebten Leben erworbene Erfahrung, ein in tausend geistigen Schlachten gewitztes Können, vor allem aber ein unendlicher Reichtum an Beobachtung und eine souveräne Beherrschung der so oft mißhandelten deutschen Sprache – es offenbarte sich die Einfachheit des Erzählens, die nur dort blühen kann, wo der üppigen Blüte gewehrt wird. Was wir Wilhelm Dieß zu verdanken haben, ist das Vermögen, die Wirklichkeit des bayerischen Lebens so sehr zu verdichten, daß daraus echte Dichtung entsteht. Wilhelm Dieß hat sich in den fünf Bändchen, die er uns vorgelegt hat, als der bedeutendste Erzähler erwiesen, den die bayerische Landschaft besitzt: Er schreibt nicht im Dialekt und ist doch bayerischer als der gängigste Dialektschreiber. Er ist der dichterisch stärkste unter allen seinen spärlichen Mitbrüdern …

Daten – Werke – Nachweise

Achternbusch, Herbert, geboren am 23. 11. 1938 in München. Studium an der Kunstakademie in Nürnberg. Dann Volksschullehrer in Starnberg. Lebt in Gauting als Schriftsteller und Filmemacher.

Werke (u. a.): Hülle (1969), Das Kamel (1970), Die Alexanderschlacht (1971), L'État c'est moi (1972), Der Tag wird kommen (1973), Die Stunde des Todes (1975), Land in Sicht (1977), Die Atlantikschwimmer (1978), Es ist ein leichtes beim Gehen den Boden zu berühren (1980), Das Haus am Nil (1982), Die Olympiasiegerin (1982), Wellen (1983), Das Gespenst (1983), Wind (1984), Wanderkrebs (1984).

»Blutentnahme«, »Neues von Ambach«
aus: H. A., Land in Sicht. Roman. Suhrkamp Verlag Frankfurt am Main 1977, S. 96–108, 84–96.

Althaus, Peter Paul, geboren am 28. 7. 1892 in Münster (Westfalen). Studium der Philosophie. Lebte ab 1922 in München. Arbeit für Zeitschriften (»Simplicissimus«, »Jugend«), Rundfunk, Kabarett. Freier Schriftsteller und Übersetzer. Versuchte nach 1945, die Schwabinger Brettltradition wiederzubeleben. 1961 Schwabinger Kunstpreis für Literatur. Starb am 16. 9. 1965 in München.

Werke (u. a.): In der Traumstadt (1951), Dr. Enzian (1952), Flower Tales (1953), Wir sanften Irren (1956), Seelenwandertouren (1961), PPA läßt nochmals grüßen (1966), Traumstadt und Umgebung (1975).

»Fasching macabre«, »Kleine Ansprache«, »Früher war's das Künstlerviertel«
aus: P. P. A., Traumstadt und Umgebung. Sämtliche Ge-

dichte. Süddeutscher Verlag München 1975, S. 235, 237, 163, alle Rechte liegen bei Dr. Ingeborg Stahlberg, Karlsruhe 41.

Amery, Carl (eigentlich: Christian Mayer), geboren am 9. 4. 1922 in München. Jugend in Passau und Freising. 1941 Soldat. Wurde 1946 aus amerikanischer Kriegsgefangenschaft entlassen. Studium der Philologie in München und den USA. Von 1967 bis 1970 Direktor der städtischen Büchereien in München. Lebt als freier Schriftsteller in München.

Werke (u. a.): Die Kapitulation oder Deutscher Katholizismus heute (1963), Das Königsprojekt (1974), Der Untergang der Stadt Passau (1975), An den Feuern der Leyermark (1979), Leb wohl geliebtes Volk der Bayern (1980).

»Was ist bayerisch?«
aus: C. A., Leb wohl geliebtes Volk der Bayern. Ein Requiem. Carl Bertelsmann Verlag GmbH, München 1980, S. 13–24.
(Die zwei letzten Absätze des Kapitels wurden weggelassen.)

Bauer, Josef Martin, geboren am 11. 3. 1901 in Taufkirchen. Der Sohn eines Bäckers besuchte bis 1920 das Gymnasium in Freising, dann das Priesterseminar. Arbeit als Landarbeiter, Fabrikarbeiter, kaufmännischer Angestellter. 1927 Redakteur einer Lokalzeitung in Dorfen. Ab 1935 freier Schriftsteller. Soldat in beiden Kriegen. Im Katholizismus verwurzelter realistischer Erzähler. Starb am 16. 3. 1970 in Dorfen.

Werke (u. a.): Das Haus am Fohlenmarkt (1936), Die barocke Kerze (1938), So weit die Füße tragen (1955), Kranich mit dem Stein (1958), Der Abhang (1960), Siebtens die Gottesfurcht (1964).

»Die Vielfalt der Mundart« (Titel vom Herausgeber)
aus: J. M. B., Auf gut bayerisch. Eine Fibel unserer eigenen Sprache. Franz Ehrenwirth Verlag GmbH & Co. KG, München 1969, S. 138–145.

Becher, Johannes R., geboren am 22. 5. 1891 in München. Studierte Medizin und Philosophie in München, Jena und Berlin. Verweigerte 1914 den Kriegsdienst. 1917 Mitglied der USPD, 1919 der KPD. 1933 Emigration: Tschechoslowakei, Frankreich, UdSSR. Redigierte 1935–45 die Zeitschrift »Internationale Literatur – Deutsche Blätter«. 1945 Rückkehr nach Berlin. 1953 Präsident der Deutschen Akademie der Künste (Ost-Berlin), 1954 Kultusminister der DDR. Starb am 11. 10. 1958 in Ost-Berlin.

Werke (u. a.): De Profundis Domine (1913), Verfall und Triumph (1914), Verbrüderung (1916), Gedichte für ein Volk (1919), Am Grabe Lenins (1924), Maschinenrhythmen (1926), Ausgewählte Dichtung aus der Zeit der Verbannung (1945), Abschied (1945), München in meinem Gedicht (1946), Winterschlacht (1953).

»Oberbayrische Hochebene«, »Café Stefanie«
aus: J. R. B., München in meinem Gedicht. Heinrich F. S. Bachmair, Starnberg am See 1946, S. 19, 27. Alle Rechte beim Aufbau-Verlag Berlin.

Brecht, Bertolt, geboren am 10. 2. 1898 in Augsburg. Gymnasium in Augsburg. Ab 1917 Studium der Medizin in München. 1922 Kleist-Preis. Schriftsteller und Dramaturg. 1924 Übersiedlung nach Berlin. 1933 Flucht über Prag, Wien nach Zürich. Weitere Exilländer: Dänemark, Schweden, Finnland, UdSSR, USA. 1936–39 Mitherausgeber der Exilzeitschrift »Das Wort« (Moskau). Rückkehr nach Europa: Schweiz, DDR. In Ost-Berlin Generalintendant des Deutschen Theaters, Aufbau des Berliner Ensembles. Starb am 14. 8. 1956 in Ost-Berlin.

Werke (u. a.): Baal (1922), Trommeln in der Nacht (1923), Hauspostille (1927), Die Dreigroschenoper (1928), Die heilige Johanna der Schlachthöfe (1932), Svendborger Gedichte (1939), Mutter Courage und ihre Kinder (1941), Der gute Mensch von Sezuan (1942), Leben des Galilei (1943), Kalendergeschichten (1949), Der kaukasische Kreidekreis (1954), Gesammelte Werke (20 Bände, 1967).

»Die Bücherverbrennung«
aus: B. B., Gesammelte Werke. Band 9. Suhrkamp Verlag Frankfurt am Main 1967, S. 694.

Britting, Georg, geboren am 17. 2. 1891 in Regensburg. Studierte in Regensburg. 1914 Kriegsfreiwilliger. Ab 1920 freier Schriftsteller. Herausgeber der Zeitschrift »Die Sichel«. Lebte ab 1921 in München. Kam vom Expressionismus zur mundartlich gefärbten Darstellung von Lebens- und Naturgesetzlichkeiten bar jeder Idyllik. Starb am 27. 4. 1964 in München.

Werke (u. a.): Der verlachte Hiob (1921), Lebenslauf eines dicken Mannes, der Hamlet hieß (1932), Die kleine Welt am Strom (1933), Der irdische Tag (1935), Der bekränzte Weiher (1937), Das gerettete Bild (1938), Lob des Weines (1944), Der Eisläufer (1948), Afrikanische Elegie (1953), Gesamtausgabe in Einzelbänden (8 Bände, 1957–67).

»Fischfrevel an der Donau«, »Grüne Donauebene«, »Das alte Leben«

aus: G. B., Das große Georg Britting Buch. Ausgewählt und herausgegeben von Ingeborg Schuldt-Britting. Mit einem Nachwort von Hans Egon Holthusen. Nymphenburger Verlagshandlung München 1977, S. 14–23, 82, 340f.

Carossa, Hans, geboren am 15. 12. 1878 in Bad Tölz. Arztsohn. Studium der Medizin in München, Würzburg, Leipzig. Ab 1903 praktizierender Arzt, erst in Passau, dann u. a. in Nürnberg und München. Von 1928 an lebte er in Seestetten an der Donau. Völlig zeituntypische Lyrik und Prosa in der Tradition Goethes und Stifters, meist autobiographisch. Starb am 12. 9. 1956 in Rittsteig bei Passau.

Werke (u. a.): Gedichte (1910), Eine Kindheit (1922), Verwandlungen einer Jugend (1928), Der Arzt Gion (1931), Führung und Geleit (1933), Geheimnisse des reifen Lebens (1936), Das Jahr der schönen Täuschungen (1941), Ungleiche Welten (1951).

»Die beinah tödliche Dosis«

aus: H. C., Der Tag des jungen Arztes, in: H. C., Jubiläumsausgabe in fünf Bänden. Insel-Verlag Frankfurt am Main 1978, Band 2, S. 256–267.

Christ, Lena, geboren am 30. 10. 1881 in Glonn bei München. Uneheliches Kind. Kindheit bei den Großeltern, die in ärmlichen bäuerlichen Verhältnissen in Glonn leben. Ab 1888 bei Mutter und Stiefvater (Wirtsleute) in München. Herzlose Behandlung. 1898 Novizin in einem schwäbischen Kloster. Rückkehr nach München, Arbeit in der Gastronomie. 1901 Heirat mit dem Buchhalter Anton Leix, 3 Kinder, Trennung. Als Diktatschreiberin 1911 bei dem Schriftsteller Peter Jerusalem, der sich später Peter Bendix nennt. Von Bendix, den sie 1912 heiratet, zum Schreiben angeregt. Nach einer Affäre um Bilderfälschungen Freitod am 30. 6. 1920 in München.

Werke: Erinnerungen einer Überflüssigen (1912), Lausdirndlgeschichten (1913), Mathias Bichler (1914), Unsere Bayern anno 14/15 (1914/15), Die Rumplhanni (1916), Bauern (1919), Madam Bäurin (1919), Werke (1970).

»Kriegserklärung«, »Der Spion«
aus: L. C., Unsere Bayern anno 14/15. Verlag Albert Langen München 1923, S. 5–12, 47–49.

»In der Auer Herberg'« (Titel vom Herausgeber)
aus: L. C., Die Rumplhanni, in: L. C., Erinnerungen einer Überflüssigen. Mathias Bichler. Rumplhanni. Madam Bäurin. Bauern. Süddeutscher Verlag München 1970, S. 626–640.

Dick, Uwe, geboren am 21. 12. 1942 in Schongau am Lech. Erst journalistische Arbeit in München, dann freier Schriftsteller, wohnte in Brannenburg und Wasserburg, lebt jetzt am Salamanderberg über dem Inntal. 1972 Förderpreis für junge Künstler und Schriftsteller des Landes Bayern. Hervorragender Rezitator seiner Werke. Reisender aus Leidenschaft. Erweiterte das »Inn-Bairische« zum »IndoEuroBairischen« und lehnt es strikt ab, als bayrischer Dichter klassifiziert zu werden. Schreibt aus der Lust am Leben lebensweise Lyrik und Prosa. »... nie ersetzte ich das Leben durchs Schreiben. Und auch jetzt wieder ist mir die Schwalbe überm Dach wichtiger als der Satz in der Hand.«

Werke (u. a.): König Tauwim (1970), Sauwaldprosa (1976, erweiterte Ausgaben 1978/81), Ansichtskarten aus Wales – Erfahrungstexte (1978/85), Der Öd (LP und Textbuch 1980), Das Echo des Fundamentschritts (1981), Im Namen des Baumes und seines eingeborenen Sohnes des Buntspechts (1984), Monolog eines Radfahrers (1985).

»Der Öd«
aus: U. D., Der Öd. Das Bio-Drama eines Amok denkenden Monsters oder: Wechselfiebrige Anfälle von Weisheit, Torheit

und Faschismus. Eine volkskundliche Studie. Andreas-Haller Verlag Passau 1983, S. 17–47.

Dieß, Wilhelm, geboren am 25.6.1884 in Höhenstadt bei Passau. Stammt aus Schullehrersfamilie. 1890 Umzug ins Rottal. Ab 1894 Gymnasium Passau, dann Landshut. Bis 1909 Jurastudium in München. Kriegsteilnahme, dann Arbeit als Anwalt. Eigener Hof in der Nähe des Tegernsees, den Dieß während der Nazizeit bewirtschaftete. Nach 1945 als politisch Unbelasteter im Staatsdienst. Generaldirektor der Bayrischen Staatstheater. Honorarprofessor an der Universität. Starb am 13.9.1957 in München.

Werke: Stegreif-Geschichten (1936), Das Heimweh (1940), Der kleine Stall (1947), Der singende Apfelbaum (1950), Die Heimat von der ich rede (1959), Wir wenden das Leben hin und her (1961), Das erzählerische Werk in Einzelausgaben (4 Bände, 1976/77).

»Mai 1945«
aus: W. D., Madeleine Winkelholzerin und nachgelassene Erzählungen. Kösel-Verlag München 1977, S. 85–89.

»Tiberius scherzt«
aus: W. D., Der Blitz. Kösel-Verlag München 1977, S. 33–41.

»Leichenbegängnis«
aus: W. D., Das Geständnis. Kösel-Verlag München 1976, S. 121–129.

Dingler, Max, geboren am 14.5.1883 in Landshut. Von Beruf Zoologe. Leiter der zoologischen Abteilung des Forstinstituts der Universität Gießen. Ab 1936 Direktor der Wissenschaftlichen Staatssammlungen in München. Nebenher Autor von Theaterstücken, Kinderbüchern und Mundartgedichten. Honorarprofessor an der Universität München. Starb am 28.6.1961 in München.

Werke (u. a.): Das bairisch Herz (1940), Die Türkenfahrer (1943), Die oberbayrische Mundartdichtung (1953), Der Arntwagn (1983).

»Maibaum-Spruch«, »Thomasnacht«, »A kloane Bsinnlichkeit«
aus: M. D., Der Arntwagn. Gedichte. Rosenheimer Verlagshaus Rosenheim 1983, S. 28f., 51f., 8.

Ehbauer, Michl, geboren am 27. 6. 1899 in Amberg. Von Beruf Eisenbahner. Popularität errang er durch seine »Baierische Weltgschicht«, deren erster Teil 1922 erschien. Vorbild dafür war die »Pälzisch Weltgeschicht« von Paul Münch. Auftritte u. a. auch im »Platzl«. Starb am 1. 12. 1964 in München.

Werke (u. a.): Baierische Weltgschicht (vollständige Ausgabe 1974), Gereimtes und Ungereimtes (1984).

»Die Allerweltserschaffung oder Wia d' Welt auf d' Welt kemma is«

aus: M. E., Baierische Weltgschicht. Süddeutscher Verlag München 1952, S. 10–17.

Fenzl, Fritz, geboren am 31. 1. 1952 in München. Promovierter Germanist (mit einer Arbeit über Ludwig Thoma). Seit 1983 Leiter der Monacensia-Abteilung der Stadtbibliothek München. Mitglied der Münchner »Turmschreiber«. Mundartlyriker.

Werke: Da Zoaga ruckt auf zwäife (1977), Hinta da Fenstascheim (1979), Weiß wia Eis (1981), Hast du mei Sternderl gseng? (1984), Wie das Urviech erschaffen wurde (1984).

»Wos da Pfarra sogt«, »Gedankn an a Zukunft mit dia«, »Parkstadt«

aus: F. F., Da Zoaga ruckt auf zwäife. Bairische Gedichte, Franz Ehrenwirth GmbH & Co. KG, Verlag München 1977, S. 7f., 48, 33.

Feuchtwanger, Lion, geboren am 7. 7. 1884 in München. Fabrikantensohn. Gymnasium in München. Philosophisches und philologisches Studium in München und Berlin (Dr. phil. 1907). Viele Auslandsreisen. 1914 bei Kriegsausbruch in Tunis interniert, Flucht nach Deutschland. Nahm an der Revolution in Berlin teil. Ging 1927 von München nach Berlin. 1933 ausgebürgert. Bis 1940 Exil in Frankreich. Mitherausgeber der Exilzeitschrift »Das Wort«. In Frankreich inhaftiert. 1940 über Spanien und Portugal in die USA. Lebte in Kalifornien bis zu seinem Tode am 21. 12. 1958 (Los Angeles). Politisch engagierter Romancier und Dramatiker.

Werke (u. a.): Thomas Wendt (1920), Die häßliche Herzogin Margarete Maultasch (1923), Jud Süß (1925), Erfolg (1930), Die

Geschwister Oppenheim (1933), Exil (1940), Die Füchse im Weinberg (1946/47), Goya (1951), Spanische Ballade (1955).

»Cajetan Lechners rauhester Tag«
aus: L. F., Erfolg. Drei Jahre Geschichte einer Provinz. Roman. Fischer Taschenbuch Verlag 1975 (= Fischer TB 1650), S. 701–711. Alle Rechte beim Aufbau-Verlag Berlin.

(»Erfolg« ist ein Schlüsselroman über die politischen und gesellschaftlichen Verhältnisse in Bayern zur Zeit der Weimarer Republik. Entschlüsselungen zum Verständnis des abgedruckten Kapitels: Rupert Kutzner = Adolf Hitler; Franz Flaucher = Kultusminister Gustav Ritter von Kahr; Justizminister Klenk = Dr. Christian Roth, bayrischer Justizminister 1920/21.)

Fleißer, Marieluise, geboren am 23. 11. 1901 in Ingolstadt. Ab 1914 Mädchenrealgymnasium in Regensburg, Abitur 1919. Dann Studium der Theaterwissenschaft in München ohne Abschluß. Bekanntschaft mit Feuchtwanger und Brecht, literarische Beeinflussung. 1926 bis 1933 lange Berlinaufenthalte. Dann Rückkehr nach Ingolstadt, Schreibverbot von den Nazis. 1935 Heirat mit dem Tabakwarenhändler Josef Haindl. Psychische Krisen. Langsamer Neubeginn als Schriftstellerin, späte Wiederentdekkung und Anerkennung. Starb am 2. 2. 1974 in Ingolstadt.

Werke (u. a.): Fegefeuer in Ingolstadt (1926), Pioniere in Ingolstadt (1928), Ein Pfund Orangen (1929), Mehlreisende Frieda Geier (1931), Der starke Stamm (1950), Avantgarde (1963), Gesammelte Werke (3 Bände, 1972).

»Das Pferd und die Jungfer«
aus: M. F., Gesammelte Werke. Band 3. Suhrkamp Verlag Frankfurt am Main 1972, S. 295–307.

Frank, Leonhard, geboren am 4. 9. 1882 in Würzburg. Sohn eines Schreiners. Arbeitete als Fabrikarbeiter, Chauffeur, Anstreicher, Krankenhausdiener. Kunststudium in München von 1904 bis 1910 (Malerei, Graphik). Ab 1910 in Berlin. Floh 1915 als überzeugter Pazifist in die Schweiz. 1918 Rückkehr nach München. Ab 1920 freier Schriftsteller in Berlin. 1933 Emigration in die Schweiz, dann Frankreich, Portugal, USA. 1950 Rückkehr nach München. Erzähler mit sozialistisch-pazifistischer Einstellung. Starb am 18. 8. 1961 in München.

Werke (u. a.): Die Räuberbande (1914), Der Mensch ist gut (1918), Karl und Anna (1927), Das Ochsenfurter Männerquartett (1927), Links, wo das Herz ist (1952), Deutsche Novelle (1954).

»Als Kunststudent in München« (Titel vom Herausgeber) aus: L. F., Links, wo das Herz ist. Nymphenburger Verlagshandlung München 1952, S. 15–33.

Fruth, Michael, geboren am 19. 12. 1943 in Dresden. Lebt seit 1951 in Bayern. In München Studium der Germanistik und Anglistik. Freie Mitarbeit beim Bayerischen Rundfunk. Unter dem Pseudonym »Benno Höllteuffel« veröffentlichte Fruth gemeinsam mit Carl-Ludwig Reichert bayrische Gedichte, Lieder und Hörspiele, die sich durch Kleinschreibung, phonetische Genauigkeit und Experimentierfreudigkeit auszeichnen.

Werke und Nachweise: s. Carl-Ludwig Reichert

Geis, Jakob (Papa), geboren am 27. 12. 1840 in Athen. Sohn eines Hofoffizianten am Hof des Wittelsbacher Königs Otto von Griechenland. Leitete eine Singspielgesellschaft im Konzertsaal Oberpollinger am Karlstor. Starb am 3. 3. 1908 in München.

»Aber es schaut gut aus«
aus: Heut geh'n ma zu de Komiker. Vom Papa Geis bis Karl Valentin. Lieder, Szenen und Couplets Münchner und Wiener Volkssänger. Herausgegeben von Alfred Förg. Rosenheimer Verlagshaus Rosenheim 1976, S. 16.

Gollner, Gotthelf, ist das Pseudonym eines Autors, der unbekannt bleiben will. Gollner ist angeblich heute über 70 Jahre alt; einer von fünf Söhnen eines niederbayrischen Bauern; ein gelernter Zimmermann, der Deutschland, Österreich, Italien, die Schweiz bereist hat. Er soll 1939 zum Kriegsdienst eingezogen und an die Front geschickt worden sein, wo er ein Bein verlor. Heute lebt er angeblich in einer Austragswohnung auf dem Hof seines Sohnes in der Nähe von Mühldorf. Soweit die wahre oder erfundene Biographie. Für mich ausschlaggebend für die Aufnahme von Gollners Texten in die Anthologie war deren unbezweifelbare literarische Qualität – fernab von allen reißerischen Vermutungen über die Identität des Autors.

Werk: A oide Lindn is a Gschicht (1981).

»Vor dem Gewitter«, »Große Welt«, »Herbst«
aus: G. G., A oide Lindn is a Gschicht. Herausgegeben von Vera Botterbusch. Heinrich Hugendubel Verlag München 1981, S. 49, 12 f., 45.

Graf, Oskar Maria, geboren am 22. 7. 1894 in Berg am Starnberger See. Aus kleinbürgerlich-bäuerlicher Familie. Bäckerlehre im Geschäft des Vaters. Flucht nach München, schließt sich literarisch-anarchistischen Kreisen an. Im I. Weltkrieg resistente Haltung, Lazarette und Heilanstalten. Der Räterepublik in München nahestehend. Freier Schriftsteller, Dramaturg, Anarchist und Bohemien. 1933 Emigration: Österreich, Tschechoslowakei, USA. Lebte ab 1938 in New York. Vorsitzender des Schutzverbands Deutsch-Amerikanischer Schriftsteller. Antifaschistisches Engagement. Amerikanische Staatsbürgerschaft 1958. Verzichtete auf Rückkehr nach Deutschland. Starb am 28. 6. 1967 in New York.

Werke (u. a.): Die Chronik von Flechting (1925), Wir sind Gefangene (1927), Das bayrische Dekameron (1928), Kalender-Geschichten (1929), Bolwieser (1931), Der harte Handel (1935), Der Abgrund (1936), Anton Sittinger (1937), Das Leben meiner Mutter (1940), Unruhe um einen Friedfertigen (1947), Die Flucht ins Mittelmäßige (1959), An manchen Tagen (1961), Gelächter von außen (1966).

»Ein Bauer rechnet«
aus: O. M. G., Der große Bauernspiegel. Dorfgeschichten und Begebnisse von einst, gestern und jetzt. Süddeutscher Verlag München 1982, S. 133–140.

»›Verbrennt mich!‹«
aus: Oskar Maria Graf in seinen Briefen. Herausgegeben von Gerhard Bauer und Helmut F. Pfanner. Süddeutscher Verlag München 1984, S. 67 f.

»Dem Gedenken Ludwig Thomas«
aus: O. M. G., An manchen Tagen. Reden, Gedanken und Zeitbetrachtungen. Süddeutscher Verlag München 1985, S. 48–75.

Gumppenberg, Hanns von, geboren am 4. 12. 1866 in Landshut. In München Gymnasium und Studium der Literaturgeschichte und Philosophie. Ab 1901 Theaterkritiker der »Münchner Neuesten Nachrichten«. Mitglied des Kabaretts »Die elf Scharfrichter«. Starb am 29. 3. 1928 in München.

Werke (u. a.): Das teutsche Dichterross. In allen Gangarten vorgeritten (1901), Überdramen (1902), Lebenserinnerungen (1930).

»Das Oadelwoass«

aus: H. v. G., Das teutsche Dichterross. In allen Gangarten vorgeritten von ... Süddeutscher Verlag München 1966, S. 122.

Haushofer, Albrecht, geboren am 7. 1. 1903 in München. Sohn des Geopolitikers Karl Haushofer. Studierte Geographie und Geschichte in München. Ab 1940 Dozent für Geographie und Geopolitik in Berlin. Bis 1941 Mitarbeit im Auswärtigen Amt. Kontakte zu den Verschwörern vom 20. Juli 1944. Versteckte sich bis zu seiner Verhaftung in einer Almhütte im Werdenfelser Land. Gefängnis Moabit. Von der Gestapo am 23. 4. 1945 in Berlin ermordet. Verschlüsselte Zeitkritik in Lyrik und Drama.

Werke (u. a.): Scipio (1934), Sulla (1938), Moabiter Sonette (1946), Chinesische Legende (1949).

»Heimat«, »Schuld«, »Dem Ende zu«, »Untergang«

aus: A. H., Moabiter Sonette. Deutscher Taschenbuch Verlag München 1976 (Neuauflage 1982 = dtv 10099), S. 31, 47, 62, 54.

Hoferichter, Ernst, geboren am 19. 1. 1895 in München. Schreinersohn aus ärmlichen Verhältnissen. Schauspieler. Mitarbeit bei »Simplicissimus« und »Jugend«. Freier Schriftsteller und Weltreisender. Starb am 3. 11. 1966 in München.

Werke (u. a.): Das bayerische Panoptikum (1935), München, Stadt der Lebensfreude (1958), Weißblauer Föhn (1961), Jahrmarkt meines Lebens (1963), Das Ernst Hoferichter Buch (1977).

»Der Hausherr«, »Der Nierenbraten«

aus: E. H., Das bayerische Panoptikum. Hugendubel Verlag München 1935, S. 59–65, 91–99. Rechte bei Karl Ude, München.

Hofmiller, Josef, geboren am 26. 4. 1872 in Kranzegg im Allgäu. Studium der Philologie in München. Lehrertätigkeit in Freising, München und Rosenheim. Mitherausgeber der »Süddeutschen Monatshefte«. Essays und Kritiken, vor allem zur deutschen und romanischen Literaturgeschichte und zur bayrischen Kultur. Starb am 11. 10. 1933 in Rosenheim.

Werke (u. a.): Versuche (1909), Über den Umgang mit Büchern (1927), Franzosen (1928), Wanderbilder aus Bayern und Tirol (1928), Pilgerfahrten (1932), Gesammelte Schriften (6 Bände, 1938/41), Ausgewählte Briefe (1955), Ausgewählte Werke (1975).

»Aus: ›Revolutionstagebuch 1918/19‹«
aus: J. H., Revolutionstagebuch 1918/19. Aus den Tagen der Münchner Revolution. Karl Rauch Verlag Leipzig 1938 (= Josef Hofmillers Schriften. Zweiter Band. Hrsg. von Hulda Hofmiller), S. 27–31, 33–35, 134f.

»Lena Christ«
aus: J. H., Ausgewählte Werke, Rosenheimer Verlagshaus Rosenheim 1975, S. 121–125.

Horváth, Ödön von, als Sohn eines Diplomaten am 9. 12. 1901 in Fiume (heute Rijeka) geboren. Lebt als Kind in Belgrad und Budapest, 1913–16 in München. Wegen des Berufs des Vaters ständiges Umherziehen. Abitur 1919 in Wien, dann Studium in München. Geschichten für »Jugend« und »Simplicissimus«. 1924 Übersiedlung nach Berlin. Freier Schriftsteller, v. a. Dramatiker. Kleistpreis 1931. Emigrierte 1933 nach Österreich, ständiges Reisen, in Paris am 1. 6. 1938 von einem stürzenden Ast erschlagen.

Werke (u. a.): Der ewige Spießer (1930), Geschichten aus dem Wiener Wald (1931), Italienische Nacht (1931), Glaube Liebe Hoffnung (1932), Kasimir und Karoline (1932), Jugend ohne Gott (1938), Ein Kind unserer Zeit (1938), Gesammelte Werke (8 Bände, 1972).

»Das Märchen vom Fräulein Pollinger«
aus: Ö. v. H., Gesammelte Werke. Band 5. Lyrik, Prosa, Romane 1. Suhrkamp Verlag Frankfurt am Main 1972, S. 75f.

Hubensteiner, Benno, geboren am 4. 12. 1924 in Gosseltshausen/Hallertau. Studierte ab 1946 in München Germanistik, Anglistik, Geschichte, Kunstgeschichte. Dr. phil 1953. 1964 Professor für Geschichte und Kunstgeschichte in Passau. 1973 Ordinarius für Bayerische Kirchengeschichte in München. Starb am 4. 2. 1985 in München.

Werke (u. a.): Bayerische Geschichte (1950), Vom Geist des Barock (1967), Land vor den Bergen (1970), Lectio Bavarica (1976), Biographenwege (1984).

»Niederbayern und die Niederbayern«

aus: B. H., Lectio Bavarica. Zwölf bayerische Reden. Verlag Friedrich Pustet Regensburg 1976, S. 148–163.

Kästner, Erich, geboren am 23. 2. 1899 in Dresden. 1917 zum Kriegsdienst eingezogen, schweres Herzleiden. Neben dem Studium der Germanistik Arbeit als Bankbeamter und Redakteur. 1925 Dr. phil. Ab 1927 als freier Schriftsteller in Berlin. Während der Nazizeit sind seine Bücher verboten, er veröffentlicht in der Schweiz. 1945–48 Feuilletonredakteur der »Neuen Zeitung« in München. Mitbegründer des Kabaretts »Die Schaubude« (später »Die kleine Freiheit«). Humaner Moralist. Kritisch-satirischer Lyriker, Essayist, Romancier, daneben Verfasser von Kinderbüchern. Starb am 29. 7. 1974 in München.

Werke (u. a.): Herz auf Taille (1928), Emil und die Detektive (1928), Lärm im Spiegel (1929), Fabian (1931), Das fliegende Klassenzimmer (1933), Drei Männer im Schnee (1934), Lyrische Hausapotheke (1936), Der tägliche Kram (1948), Der kleine Grenzverkehr (1949), Notabene 45 (1961), Kästner für Erwachsene (1966), Gesammelte Schriften für Erwachsene (8 Bände 1969).

»Deutsches Ringelspiel 1947«

aus: E. K., Der tägliche Kram. Atrium Verlag Zürich 1948, S. 128–136.

Kiem Pauli, geboren am 24. 10. 1882 in München. Wurde von Ludwig Thoma angeregt, das oberbayrische Liedgut zu sammeln. Wissenschaftliche Unterstützung durch Kurt Huber, den

Psychologieprofessor an der Universität München, der sich dem Widerstand um die Geschwister Scholl anschloß und 1943 hingerichtet wurde. Starb am 10. 9. 1960 in Bad Kreuth.

Werke: Sammlung Oberbayrischer Volkslieder (1934), Oberbayrische Volkslieder (mit Kurt Huber, 1937).

»Nachwort zur ›Sammlung Oberbayrischer Volkslieder‹«
aus: K. P., Sammlung Oberbayrischer Volkslieder, Callwey Verlag München, 6. Aufl. 1980, S. 439f.

Klabund (eigentlich: *Alfred Henschke*), geboren am 4. 11. 1890 in Crossen an der Oder. Gymnasium in Frankfurt/Oder. Philologisches Studium in München und Lausanne ohne Abschluß, freier Schriftsteller (u. a. in München). Vom 16. Lebensjahr an lungenkrank. Lyrik, Dramatik und Prosa zwischen Impressionismus und Expressionismus. Lyrische Kurzromane. Virtuose Übertragungen. Starb am 14. 8. 1928 in Davos.

Werke (u. a.): Die Himmelsleiter (1916), Bracke (1918), Der himmlische Vagant (1919), Die Nachtwandler (1920), Franziskus (1921), Der Kreidekreis (1925), Die Harfenjule (1927), Borgia (1928).

»Marietta«
aus: Der himmliche Vagant. Eine Auswahl aus dem Werk. Herausgegeben und mit einem Vorwort von Marianne Kesting. Verlag Kiepenheuer & Witsch Köln 1978, S. 205–212.

Kobell, Franz von, geboren am 19. 7. 1803 in München. Stammt aus pfälzischer Beamten- und Künstlerfamilie. Studierte 1822 bis 24 Jura und Mineralogie in Landshut. Ab 1826 Professor für Mineralogie in München. Mitglied der Bayerischen Akademie der Wissenschaften. Im Gelehrtenkreis um König Maximilian II., dazu Jagdbegleiter des Königs. Dialektgedichte in pfälzischer und bayrischer Mundart, die seine Heimatliebe wiedergeben. Starb am 11. 11. 1882 in München.

Werke (u. a.): Triphylin (1839), Gedichte in hochdeutscher, oberbayerischer und pfälzischer Mundart (1841), Schnaderhüpfln und Sprüchln (1845), Wildanger (1859), P'älzische G'schichte (1863), Die G'schicht' von' Brandner-Kasper (1871), Ausgewählte Werke (1972).

»Die Gschicht von Brandner-Kasper«
aus: F. v. K., Ausgewählte Werke, Eingeleitet und herausgegeben von Günter Goepfert. Süddeutscher Verlag München 1972, S. 133–143.

Kölwel, Gottfried, geboren am 16. 10. 1889 in Beratzhausen/Oberpfalz. Studium der Philologie in München. Freier Schriftsteller (München, Gräfelfing, Fischbachau). Lyrik, Prosa, Dramatik mit starkem Heimatbezug. Starb am 21. 3. 1958 in München-Gräfelfing.
Werke (u. a.): Gesänge gegen den Tod (1914), Bertolzhausen (1925), Volk auf alter Erde (1929), Der tödliche Sommer (1931), Das Jahr der Kindheit (1935), Der Bayernspiegel (1941), Münchner Elegien (1946), Prosa. Dramen. Verse (4 Bände, 1962 ff.).
»Die reiche Braut«
aus: G. K., Prosa – Dramen – Verse. Band 1. Albert Langen-Georg Müller Verlag München Wien 1962, S. 269–283.

Kreis, Julius, geboren am 13. 8. 1891 in München. Humoristischer, satirischer Erzähler des Münchens der zwanziger Jahre. Auch Graphiker. Feuilletons und Kurzgeschichten. Schrieb mit Rudolf Grashey unter dem Pseudonym A. Kraut/K. Würstl 1922 einen heiteren Münchenführer. Starb am 31. 3. 1933 in München.
Werke (u. a.): Tandelmarkt (1923), Er, Sie, Es. Lustige Geschichten (1925), Der umgestürzte Huber (1935), Ringelspiel des Alltags (1933).
»Ameisen«
aus: J. K., Ringelspiel des Alltags. Albert Langen – Georg Müller Verlag München 1933, S. 85–91. Alle Rechte liegen bei Ernst Bürgel, München.

Kroetz, Franz Xaver, geboren am 25. 2. 1946 in München. Schauspielschule in München, dann Max-Reinhardt-Seminar Wien. Lehrjahre an Bauern- und Kellertheatern. Dramatiker, Erzähler, Schauspieler, Regisseur. Ludwig-Thoma-Medaille 1970, Fontanepreis der Stadt Berlin 1972.

Werke (u. a.): Heimarbeit. Hartnäckig. Männersache. Drei Stücke. (1971), Stallerhof. Geisterbahn. Lieber Fritz. Wunschkonzert. Vier Stücke. (1972), Oberösterreich. Dolomitenstadt Lienz. Maria Magdalena. Münchner Kindl. (1974), Weitere Aussichten. Ein Lesebuch (1976), Chiemgauer Geschichten (1977), Mensch Meier. Der stramme Max. Wer durchs Laub geht. (1979), Nicht Fisch nicht Fleisch. Verfassungsfeinde. Jumbo-Track. (1981), Der Mondscheinknecht (2 Bände, 1981/83), Furcht und Hoffnung der BRD (1984).

»Wunschkonzert«

aus: F. X. K., Gesammelte Stücke. Suhrkamp Verlag Frankfurt am Main (= st 259), S. 183–195.

Lachner, Johann (eigentlich Hans Mollier), geboren am 31.7.1895 in München. Studium der Kunstgeschichte. Journalist 1927–30. Bis 1943 im diplomatischen Dienst (Presseattaché an der deutschen Botschaft in Rom). Ab 1949 Redakteur bei der »Süddeutschen Zeitung« in München. Starb am 31.12.1971 in München.

Werk: 999 Worte bayrisch (1930).

»Wilhelm Dieß«

aus: Wilhelm Dieß, Stegreifgeschichten. Kösel-Verlag München 1976, S. 121–123. (Erstdruck »Bayerland« 1954, 56. Jg., Heft 6)

Lautensack, Heinrich, geboren am 15.7.1881 in Vilshofen. Die Eltern führten ein Textiliengeschäft, der Vater verkaufte auf ländlichen Märkten. Lautensack wuchs in Passau auf. Industrieschule und TH (ab 1899) in München. »Henkersknecht« bei den »Elf Scharfrichtern«. Vortragsstücke und Gedichte. Filmdramaturg in Berlin. Dramatiker, Lyriker, Erzähler. Offener Ausbruch der Geisteskrankheit bei der Beerdigung seines Vorbilds Frank Wedekind am 12.3.1918. Starb am 10.1.1919 in der Heilanstalt Eberswalde bei Berlin.

Werke (u. a.): Cabaret – Schwank und Satire (1906), Hahnenkampf (1908), Die Pfarrhauskomödie (1911), Das Gelübde (1916), Erotische Votiftafeln (1919), Altbayrische Bilderbogen (1920), Das verstörte Fest. Gesammelte Werke (1966).

»Das Lied zur Laute«, »Der Laternanzünder«, »Das verstörte Fest«, »Fliegende Warenhäuser«
aus: H. L., Das verstörte Fest. Gesammelte Werke. Carl Hanser Verlag München 1966, S. 53, 24f., 26f., 390–397. Alle Rechte bei Wilhelm Lukas Kristl (in Vertretung der Erbengemeinschaft Lautensack).

Lohmeier, Georg, geboren am 9. 7. 1926 in Loh/Landkreis Erding. Studierte an der Theologischen Hochschule in Freising und an der Universität München (Geschichte, Philologie, Theologie). Lebt heute als freier Schriftsteller. Arbeit für Funk und Fernsehen, vor allem bekannt durch die Serie »Königlich Bayerisches Amtsgericht«. Überzeugter Monarchist. Bayrischer Poetentaler 1972.
Werke (u. a.): Bayerische Barockprediger (1961), Königlich Bayerisches Amtsgericht (1969/71), Liberalitas Bavariae (1971), Der Weihnachter (1971), Geschichten für den Komödienstadel (1974), Die Ahnen des Hauses Bayern (1980), Der mich erfreut von Jugend auf (1983), Runde Menschen (1984).
»Beim alten Schecks«
aus: G. L., Geschichten für den Komödienstadel. Verlag R. S. Schulz Percha 1974, S. 199–208.

Lutz, Joseph Maria, geboren am 5. 5. 1893 in Pfaffenhofen. Studierte Naturwissenschaften und Wirtschaftswissenschaft in München. War Diplomlandwirt. Konnte seinen Beruf nach einer Lungenverletzung im Ersten Weltkrieg nicht weiter ausüben. Freier Schriftsteller, Gedichte, Volksstücke, Erzählungen. Starb am 30. 8. 1972 in München.
Werke (u. a.): Der Kumpf (1933), Der Brandner Kaspar schaut ins Paradies (1934), Der Geisterbräu (1937), Im Hintergrund die Frauentürme (1940), Das himmelblaue Fenster (1948), Vertrautes Land, vertraute Leut (1956), Die schönsten Geschichten (1974), Stille Stunde (1975), Das Beste aus seinen Schriften (1981).
»Die Sterne«
aus: J. M. L., Die schönsten Geschichten. W. Ludwig Verlag Pfaffenhofen 1974, S. 133–138.

Mann, Thomas, geboren am 6. 6. 1875 in Lübeck. Aus altem Lübecker Patriziergeschlecht. 1893 Übersiedlung nach München. Erst Volontär einer Versicherungsgesellschaft. Ab 1894 Mitarbeit am »Simplicissimus«. 1899 Redakteur. Dann freier Schriftsteller. Bis 1933 in München, dann Exil, das ihn 1939 in die USA führt. Ab 1952 Wohnsitz in der Schweiz. 1929 Nobelpreis. Starb am 12. 8. 1955 in Kilchberg bei Zürich.

Werke (u. a.): Buddenbrooks (1901), Tristan (1903), Der Tod in Venedig (1913), Der Zauberberg (1924), Joseph und seine Brüder (1933/42), Lotte in Weimar (1939), Doktor Faustus (1947).

»Beim Propheten«

aus: T. M., Sämtliche Erzählungen. S. Fischer Verlag Frankfurt am Main 1971, S. 286–293.

Meier, Emerenz, geboren am 3. 10. 1874 in Schiefweg bei Waldkirchen/Bayerischer Wald. Familie betrieb Landwirtschaft, führte Gasthaus. Ging bei den Englischen Schwestern in Waldkirchen zur Schule. Veröffentlichte Erzählungen und Gedichte u. a. in »Bayerland«, den »Fliegenden Blättern«, der Passauer »Donau-Zeitung«. Materielle Not zwang ihre Familie zur Auswanderung in die USA. Emerenz kam mit ihrer Mutter 1906 nach Chikago. Dort starb sie am 28. 2. 1928.

Werke (u. a.): Aus dem bayerischen Walde (1897), Gedichte (1954).

»Wödaschwüln«

aus: E. M., Aus dem Bayerischen Wald. Erzählungen – Gedichte. Verlag Morsak Grafenau 1974, S. 155.

Meilhamer, Hanns, geboren am 19. 11. 1951 in Passau. Aufgewachsen in Pocking (Niederbayern). 1971–79 Studium der Kunsterziehung und Theaterwissenschaft in München und Berlin. Seit 1980 fest in München. Schriftsteller, Kabarettist. Seit 1982 textliche und schauspielerische Zusammenarbeit mit Claudia Schlenger. 1983 deutscher Kleinkunstpreis.

Werke: Aufn Bugl vun an groußn Stiern (1976), Die Füße schlenkern im Wind (1981).

»Der Lodenmantelreißer«

von Hanns Meilhamer und Claudia Schlenger. Bisher unveröffentlicht. Mit freundlicher Genehmigung der Autoren.

Mösslang, Franz Hugo, 1904 in München geboren. Studierte Philologie, Geschichte, Geographie, Zeitungswissenschaft. Ab 1928 journalistische Tätigkeit. War Leiter der Deutschen Journalistenschule in München. Starb am 30.6.1982.
Werk: Deutschland deine Bayern (1969).
»Das verschnörkelte Weltbild«, »Das altbayrische Jahr« (Titel vom Herausgeber)
aus: F. H. M., Deutschland deine Bayern. Die weiß-blaue Extrawurscht. Mit 30 Illustrationen von Ernst Hürlimann. Hoffmann und Campe Verlag Hamburg 1969, S. 42–48, 68–77.

Mühsam, Erich, geboren am 6.4.1878 in Berlin. Von Beruf Apotheker, ab 1901 freier Schriftsteller. Redakteur bei anarchistischen Zeitschriften in Friedrichshagen und Zürich. Ab 1909 in München, ab 1911 Herausgeber der Zeitschrift »Kain«. Teilnahme an der Münchner Räterepublik 1918/19. Mitglied des Zentralrats. Verurteilt zu 15 Jahren Festung, davon 6 Jahre in Haft. 1926–31 Herausgeber der linken Zeitschrift »Fanal«. Im Konzentrationslager Oranienburg am 11.7.1934 ermordet.
Werke (u. a.): Die Wüste (1904), Die Hochstapler (1906), Brennende Erde (1920), Revolution (1925), Namen und Menschen (1949), Ausgewählte Werke (2 Bände, 1958).
»Der Revoluzzer«
aus: Bayerisches Lesebuch. Geschichten, Szenen und Gedichte aus fünf Jahrhunderten. Herausgegeben von Gerald Deckart und Günther Kapfhammer. R. Piper & Co. Verlag München 1971, S. 237f. Alle Rechte bei Verlag Klaus Guhl Berlin.

Müller, Hanns Christian, geboren am 14.4.1949 in München. Ab 1968 Studium der Psychologie, Philosophie und Geschichte in München. Besuchte ab 1973 die Otto-Falckenberg-Schule (Regie). Lebt in München und am Ammersee. Autor, Komponist, Regisseur.
Werke und Nachweise: s. Gerhard Polt

Polt, *Gerhard*, geboren am 5.7.1942 in München. Studierte ab 1962 nordische Sprachen, Politologie und Geschichte in München. 3jähriger Studienaufenthalt in Stockholm. Arbeitete als Übersetzer und Sprachlehrer. Lebt in Schliersee. Zusammenarbeit mit Hanns Christian Müller als Autor und Schauspieler. Deutscher Kleinkunstpreis 1981. Theater, Schallplatten, Fernsehen, Film.

Werke mit Hanns Christian Müller (u. a.): Öha (1979), Fast wia im richtigen Leben (2 Bände, 1982/83), Kehraus (1983), Da schau her (1984), Die Exoten (1985).

»Ein Sanierer«, »Mai Ling«, »Das Beton-Lied«

aus: Gerhard Polt, Hanns Christian Müller: Da schau her. Alle alltäglichen Geschichten. Mit Zeichnungen von Reiner Zimnik und vielen Fotos. Haffmanns Verlag Zürich 1984, S. 90, 114f., 109.

Queri, *Georg*, geboren am 30.4.1879 in Frieding bei Andechs. Journalist und Sammler oberbayrischen Brauchtums. Lebte in München. Schrieb für Tageszeitungen, »Simplicissimus«, »Jugend«. Im Ersten Weltkrieg Kriegsberichterstatter. Gab 1913 mit Thoma das »Bayernbuch« heraus, die erste Anthologie zur bayrischen Literatur. Starb am 21.11.1919 in München.

Werke (u. a.): Die Weltlichen Gesänge des Egidius Pfanzelter von Polykarpszell (1909), Bauernerotik und Bauernfehme in Oberbayern (1911), Der Wöchentliche Beobachter von Polykarpszell (1911), Die Schnurren des Rochus Mang (1912), Kraftbayrisch (1912).

»Wildererlied«, »Wann die alt Heindlin auf den Brucker Markt geht«, »Gebet zu unsern liebn Herrgott ...«

aus: G. Q., Weltliche Gesänge des Egidius Pfanzelter. Bayrische Geschichten, Grobheiten und Lieder. R. Piper & Co. Verlag München 1968, S. 45f., 57–59, 81f.

Reichert, *Carl-Ludwig*, geboren am 17.6.1946 in Ingolstadt. Studierte Altphilologie und Germanistik in München. Freier Mitarbeiter beim Bayerischen Rundfunk. War Musiker und Texter bei der bayrischen Rockgruppe »Sparifankal«. Schrieb mit Michael

Fruth unter dem Pseudonym »Benno Höllteuffel« Mundartgedichte, Lieder, Hörspiele.

Werke von Carl-Ludwig Reichert und Michael Fruth unter dem Pseudonym Benno Höllteuffel: warum nacha ned? (1969), friß wos i sog (1971), ois midnand (1980).

»familienlem«, »weamuatbruada«, »xangl«
aus: Benno Höllteuffel, ois midnand. Gedichte – Lieder – Hörspiel von Carl-Ludwig Reichert und Michael Fruth. Verlag Friedl Brehm München 1980, S. 71, 61, 47.

Reventlow, Franziska Gräfin zu, geboren am 18. 5. 1871 in Husum. Lebt ab 1895 in den Schwabinger Künstlerkreisen. Malereistudium und Schauspielunterricht. Verließ München 1909. Heiter-satirische Gesellschaftsromane. Verdiente ihren Lebensunterhalt mit Übersetzungen. Erfand für Schwabing den Namen »Wahnmoching«. Starb am 25. 7. 1918 in Muralto/Tessin.

Werke (u. a.): Ellen Olestjerne (1903), Von Paul zu Pedro (1912), Herrn Dames Aufzeichnungen (1913), Tagebücher 1895–1910 (1971), Romane (1976).

»Das dionysische Fest« (Titel vom Herausgeber)
aus: F. G. R., Herrn Dames Aufzeichnungen oder Begebenheiten aus einem merkwürdigen Stadtteil. in: F. G. R., Romane. Herausgegeben von Else Reventlow. Albert Langen – Georg Müller Verlag München 1976, S. 192–204.

(»Herrn Dames Aufzeichnungen« ist ein Schlüsselroman über Schwabinger Künstlerkreise um 1900, vor allem über die Gruppe der »Enormen« um Klages, Schuler, Wolfskehl, George. Die wichtigsten Entschlüsselungen: Delius = der Mysterienforscher Alfred Schuler, Professor Hofmann = Karl Wolfskehl, der Meister = Stefan George, Sendt = der Philosoph Paul Stern, Adrian = der Schriftsteller O. A. H. Schmitz, Susanna = Franziska Gräfin zu Reventlow, Konstantin = ein Neffe Ricarda Huchs.)

Ringelnatz, Joachim (eigentlich Hans Bötticher), geboren am 7. 8. 1883 in Wurzen/Sachsen. Verließ das Gymnasium und ging als Schiffsjunge zur See. 1909 Hauslyriker für das Künstlerlokal »Simplicissimus« der Kathi Kobus. Im 1. Weltkrieg bei der Marine. Dann wieder Auftritte (Kleinkunstbühnen in München und Berlin). Starb am 16. 11. 1934 in Berlin.

Werke (u. a.): Turngedichte (1920), Kuttel Daddeldu (1920), Als Mariner im Krieg (1928), Mein Leben bis zum Kriege (1931), Kinder-Verwirr-Buch (1931), und auf einmal steht es neben dir. Gesammelte Gedichte (1950).

»Bohème«

aus: J. R., und auf einmal steht es neben dir. Gesammelte Gedichte. Henssel Verlag Berlin 1950, S. 17f.

Ringseis, Franz (eigentlich Anton Neuhäusler), geboren am 20. 2. 1919 in München. Studium der Philosophie, Psychologie, Zeitungswissenschaft. Promotion und Habilitation. Professor an der Pädagogischen Hochschule in München seit 1958. Schreibt seine oft nachdenklichen, knapp pointierten Gedichte seit 1965. Auch Prosa und Aphorismen unter dem Namen Meier O'Mayr. Bundesverdienstkreuz 1978. Schwabinger Kunstpreis 1981. Mitglied der »Turmschreiber«.

Werke (u. a.): A Wassafoi mechat i sei (1968), Durch d' Wand spuit a Klavier (1969), Meine Versln san wias Leem (1978), Augnstern, i hab di gern (1980), A bißl Zeit für d Ewigkeit (1980), Mir nackatn Affn (1981), Von liabe Menschn (1983), Oamoi Mississippi und zruck (1984).

»Nach Japan«, »S Gänsebleame und i«, »Tuipn auf deim Grob«, »Heimatlied eines bayerischen Preußen«

aus: F. R., Meine Versln san wias Leem. Ausgewählte bairische Gedichte. Franz Ehrenwirth Verlag GmbH & Co. KG München 1978, S. 26, 34, 236, 42.

Rosendorfer, Herbert, geboren am 19. 2. 1934 in Bozen. Lebt seit 1939 bevorzugt in München. Studium an der Akademie der Bildenden Künste begonnen, dann Jurastudium. 1965 Gerichtsassessor. Seit 1966 in München als Amtsrichter tätig. Phantasievoller Erzähler mit barock-grotesker Fabulierfreude. Mitglied der »Turmschreiber«.

Werke (u. a.): Der Ruinenbaumeister (1969), Der stillgelegte Mensch (1970), Deutsche Suite (1972), Großes Solo für Anton (1976), Stephanie und das vorige Leben (1977), Das Messing-

herz (1979), Ball bei Thod (1980), Ballmanns Leiden oder Lehrbuch für Konkursrecht (1981), Briefe in die chinesische Vergangenheit (1983), Königlich bayerisches Sportbrevier (1984).
»Der Eiffelturm«
aus: H. R., Der stillgelegte Mensch. Erzählungen. Diogenes Verlag Zürich 1981 (= detebe 20327), S. 27–43. Alle Rechte bei Nymphenburger Verlagshandlung München.

Ruederer, Josef, geboren am 15. 10. 1861 in München. Aus angesehener, großbürgerlicher Familie. Scheiterte als Geschäftsmann. Freier Schriftsteller in München. Stoffe aus dem bayrischen und münchnerischen Alltagsleben, oft stark satirische Darstellung. Starb am 20. 10. 1915 in München.
Werke (u. a.): Ein Verrückter (1894), Die Fahnenweihe (1895), Tragikomödien (1897), Wallfahrer-, Maler- und Mördergeschichten (1899), München (1907), Das Erwachen (1916).
»Der Bürger«
aus: J. R., München. Carl Krabbe Verlag Stuttgart und Georg Müller Verlag München 1907, S. 53–75.

Schlenger, Claudia, geboren am 16. 12. 1947 in Bad Tölz. 1969–74 Arbeit als medizinisch-technische Assistentin. 1975–77 Hochschule für Politik, 1977–80 Berlin-Kolleg. Dann Schauspielunterricht. Ab 1982 Zusammenarbeit mit Hanns Meilhamer.
Nachweis: s. Hanns Meilhamer

Schlicht, Josef, geboren am 18. 3. 1832 in Geroldshausen/Hallertau. Stammte aus einer Kleinbauernfamilie. 1856 Priesterweihe. Sammelte Volkspoesie und schilderte das Brauchtum seiner Heimat (Hallertau, Gäuboden). Starb am 18. 4. 1917 in Steinach bei Straubing.
Werke (u. a.): Bayerisch Land und Bayerisch Volk (1875), Altheimland (1895), Niederbayern in Land, Geschichte und Volk (1898), 7 heitere Volksspiele für die Vereinstheater in der Stadt und auf dem Land (1904).

»Auf d' Leicht«
aus: J. S., Blauweiß in Schimpf u. Ehr, Lust u. Leid. Ein Bayernspiegel aus seinen Werken und dem Nachlaß ausgewählt und herausgegeben von Rupert Sigl. Rosenheimer Verlagshaus Rosenheim 1973, S. 378–385.

Schneider, Herbert, geboren am 8.10.1922 in München. Lebt als Journalist und Schriftsteller in München. Kurze, treffende Gedichte und Geschichten zum Münchner Alltag. Mitglied der »Turmschreiber«. 1969 Bayerischer Poetentaler, 1970 Ludwig-Thoma-Medaille.
Werke (u. a.): D' Münchner Rass (1956), Kinder der Bavaria (1959), Suibababierl (1970), Bairisches Federspiel (1971), Maxl und Muschi (1978), Münchner Gschichten (1979), Balladen & Co. (1982).
»So tröpfalweis«, »Nach 22 Jahr«
aus: H. S., Suibababierl. Gedichte. W. Ludwig Verlag Pfaffenhofen 1980, S. 28f., 102f.

Sommer, Siegfried, geboren am 23.8.1914 in München. Nach Soldatenzeit im Zweiten Weltkrieg Arbeit als Journalist und freier Schriftsteller. Wurde vor allem durch seine München-Feuilletons (unter dem Namen »Blasius«) bekannt, schrieb aber auch detailgenaue München-Romane.
Werke (u. a.): Und keiner weint mir nach (1953), Meine 99 Bräute (1956), Blasius, der letzte Spaziergänger (1960), Ein Jahr geht durch die Stadt (1962), Karussell (1963), Quo vadis, Blasius (1982), Liebe zu München (1984).
»Hereinspaziert zum Papa Schichtl!«, »Klagelied eines alten Münchners«
aus: S. S., Das große Blasius-Buch. 201 Münchner Gschichtln aus unserer Zeit. Süddeutscher Verlag München 1976, S. 113f., 410–413.

Sperr, Martin, geboren am 14.9.1944 in Steinberg/Niederbayern. 1962–64 Max-Reinhardt-Seminar Wien (Schauspielschule). Dann am Bremer Stadttheater. 1972 schwerer Unfall, der ihn für lange Zeit arbeitsunfähig machte. Schriftsteller

(v. a. Dramatiker) und Schauspieler. 1977 Ernst-Hoferichter-Preis.

Werke (u. a.): Jagdszenen aus Niederbayern (1966), Landshuter Erzählungen (1967), Koralle Meier (1970), Münchner Freiheit (1971), Willst du Giraffen ohrfeigen, mußt du ihr Niveau haben! (1979).

»Plädoyer für eine bayrische Literatur« (gekürzt um die beiden letzten Absätze)

aus: Bayerisches Lesebuch. Geschichten, Szenen und Gedichte aus fünf Jahrhunderten. Herausgegeben von Gerald Deckart und Günther Kapfhammer. R. Piper & Co. Verlag München 1971, S. 415–417.

Stieler, Karl, geboren am 15. 12. 1842 in München. Sohn des Hofmalers Josef Stieler. Jugendzeit am Tegernsee. Studierte Jura in München und Heidelberg. Promotion 1869. Mitarbeiter der »Fliegenden Blätter«. Ab 1882 Archiv-Assessor. Vor allem Lyrik und Reisebeschreibungen. Humorvoll-idyllischer Mundartdichter, stark beeinflußt von Kobell. Starb am 12. 4. 1885 in München.

Werke (u. a.): Bergbleamln (1865), Weils mi freut! (1876), Habts a Schneid!? (1877), Um Sunnawend (1878), Von dahoam (1882), Ein Winter-Idyll (1885), Kulturbilder aus Bayern (1885), Natur- und Lebensbilder aus den Alpen (1886), Gesammelte Werke (3 Bände, 1908).

»D' Liab«, »Die grantige Wirtin«, »Derschlagen«, »Vom Haberfeldtreiben«

aus: Habt's a Schneid. Das Karl Stieler Hausbuch. Herausgegeben von Günter Goepfert. Hugendubel Verlag München 1975, S. 119f., 139, 130, 296–300.

Thoma, Ludwig, geboren am 21. 1. 1867 in Oberammergau. Kindheit im Forsthaus Vorderriß. Früher Tod des Vaters. 1886 Forstakademie Aschaffenburg. 1887– 90 Jurastudium in München und Erlangen. Dr. jur. 1894–99 Anwalt in Dachau und München. Ab 1899 Redakteur beim »Simplicissimus«. 1906 (mit u. a. Hermann Hesse) Herausgeber der Zeitschrift »März«. Lebt ab 1908 in seinem Haus am Tegernsee. Sanitäter im

1. Weltkrieg, nach schwerer Ruhrerkrankung 1915 felddienstuntauglich. Starb am 26. 8. 1921 in Rottach.

Werke (u. a.): Agricola (1897), Andreas Vöst (1906), Lausbubengeschichten (1907), Kleinstadtgeschichten (1908), Briefwechsel eines bayerischen Landtagsabgeordneten (1909), Moral (1909), Erster Klasse (1910), Der Wittiber (1911), Magdalena (1912), Heilige Nacht (1917), Erinnerungen (1919), Der Ruepp (1922), Gesammelte Werke (8 Bände, 1956).

»Agricola«, »Die Probier«, »Peter Spanningers Liebesabenteuer«, »Der Postsekretär im Himmel«
aus: L. T., Die schönsten Romane und Erzählungen. Jubiläumsausgabe in sechs Bänden. Hrsg. von Richard Lemp. R. Piper & Co. Verlag München ²1983, Band 2, S. 94–98, 197–201, Band 6, S. 168–183, 293–300.

»Eröffnungshymne«, »Querelles allemandes«
aus: L. T., Für Politiker. Hrsg. von Günther Lutz. R. Piper & Co. Verlag München 1980, S. 24f., 99f.

»Georg Queri«
aus: Georg Queri, Weltliche Gesänge des Egidius Pfanzelter. Bayrische Geschichten, Grobheiten und Lieder. R. Piper & Co. Verlag München 1968, S. 7–9.

Toller, Ernst, geboren am 1. 12. 1893 in Samotschin/Westpreußen. Freiwilliger im 1. Weltkrieg. 1918 Vorsitzender im Zentralrat der Arbeiter-, Bauern- und Soldatenräte Bayerns in München. 1919 wegen Beteiligung an der Räterepublik zu 5 Jahren Festungshaft (Niederschönenfeld) verurteilt. Ging 1933 ins Exil: Schweiz, Frankreich, England, USA. Selbstmord in New York am 22. 5. 1939.

Werke (u. a.): Masse Mensch (1921), Die Maschinenstürmer (1922), Hinkemann (1923), Das Schwalbenbuch (1924), Hoppla, wir leben! (1927), Eine Jugend in Deutschland (1933), Gesammelte Werke (5 Bände, 1978).

»Räterepublik« (Titel und Kürzungen vom Herausgeber)
aus: E. T., Gesammelte Werke. Band IV. Eine Jugend in Deutschland. Carl Hanser Verlag München Wien 1978, S. 116–161. Alle Rechte bei Sidney Kaufman.

Valentin, Karl (eigentlich Valentin Ludwig Fey), geboren am 4.6.1882 in München. Schreinerlehre. Volkssänger, Schauspieler, Berufskomiker und Schriftsteller. Zahlreiche Filme und Schallplatten. Mit seiner Partnerin Liesl Karlstadt (Zusammenarbeit 1911–1935) gefeierte Gastspiele u.a. in Wien, Zürich, Berlin. Anerkannt in seinem absurden Witz und seiner verqueren Sprachkomik von Tucholsky, Brecht, Hesse u.a. Starb am 9.2.1948 in München.

Werke (u.a.): Originalvorträge (1926), Das Brillantfeuerwerk (1938), Karl Valentin's gesammelte Werke (1961), Sturzflüge im Zuschauerraum (1969), Das große Karl Valentin Buch (1973), Alles von Karl Valentin (1978).

»Das Aquarium«, »Am Heuboden«, »Der Firmling«
aus: Alles von Karl Valentin. R. Piper & Co. Verlag München 1978, S. 13–14, 189–190, 330–337.

Wedekind, Frank, geboren am 24.7.1864 in Hannover. Sohn eines Arztes und einer Schauspielerin. Gymnasium Aarau, dann Jurastudium. Arbeit als Journalist, Reklamechef und Zirkussekretär. Dann freier Schriftsteller, ab 1890 bevorzugt in München. Ab 1896 Mitarbeit am »Simplicissimus«. 1899/1900 Festungshaft wegen Majestätsbeleidigung. Dramaturg, Schauspieler und Regisseur, dazu Lautensänger im Kabarett der »Elf Scharfrichter«. Starb am 9.3.1918 in München.

Werke (u.a.): Frühlings Erwachen (1891), Der Erdgeist (1895), Der Marquis von Keith (1901), Die Büchse der Pandora (1904), Feuerwerk (1906), Lautenlieder (1920), Gesammelte Werke (9 Bände, 1912/21).

»Die Schutzimpfung«
aus: F.W., Prosa, Dramen, Verse. Ausgewählt von Hansgeorg Maier, Albert Langen – Georg Müller Verlag München ²1960, S. 121–126.

»Ilse«, »Brigitte B.«
aus: F.W., Ich hab meine Tante geschlachtet. Lautenlieder und »Simplicissimus«-Gedichte. Herausgegeben und eingeleitet von Manfred Halm. Insel Verlag Frankfurt am Main 1982 (= it 655), S. 49, 119–21. Rechte: Albert Langen – Georg Müller Verlag.

Weiß Ferdl (eigentlich Ferdinand Weisheitinger), geboren am 28.6.1883 in Altötting. Erst Drucksetzerlehre, dann Auftritte in Bauernkomödien. Wurde als Volkssänger bekannt durch seine Auftritte im »Platzl«, wo er auch im Direktorium saß. Starb am 19.6.1949 in München.

Werke (u. a.): Weiß Ferdl erzählt sein Leben (1951), Bayerische Schmankerln (1960).

»Oberammergauer Fremdenführer«, »Ein Wagen von der Linie Acht«

aus: W. F., Bayerische Schmankerln, in: Bayrisches Bücherkastl, Süddeutscher Verlag München 1981, S. 123–125, 164–169.

Wittmann, Josef, geboren am 25.4.1950 in München. Industriekaufmann. Seit 1977 lebt Wittmann mit seiner Familie in Tittmoning. Prosa, Gedichte und Szenen.

Werke: kuacha & kafä (1972), dea, dea wo (1973), Hansl, Grädl & Co. (1977), unser scheene koide hoamat (1982).

»werkdog«, »hoamat«

aus: J. W., unser scheene koide hoamat. Verlag Passavia Passau 1982, S. 14, 46.

Zimmerschied, Siegfried, geboren am 7.10.1953 in Passau. Lebt und arbeitet in Passau, der Stadt, die er liebt, und mit der er sich konsequent kritisch-satirisch auseinandersetzt. Macht Kabarett (meist in Soloauftritten) und bemüht sich mit einer kleinen Gruppe um ein neues, zeitgemäßes Volkstheater. Deutscher Kleinkunstpreis 1979.

Werke: Kleinstadtbrevier (1979), A ganz a miesa, dafeida, dreckada Dreck san Sie (1982), Für Frieden und Freiheit (1983).

»Da Mitterer«

aus: S. Z., A ganz a miesa, dafeida, dreckada Dreck san Sie. Andreas-Haller Verlag Passau 1982, S. 202–204.

Zimnik, Reiner, geboren am 13.12.1930 in Beuthen/Oberschlesien. Illustrator, Graphiker, Karikaturist. Lebt in München. Schuf in den sechziger Jahren für das Bayerische Fernsehen den gemütvoll-grantelnden Urmünchner Sebastian Gsangl.

Werke (u. a.): Geschichten vom Lektro (1962), Winterzeichnungen (1975), Sebastian Gsangl (1975), Die Maschine (1981).

»Gsangl auf der Wiesn«
aus: R. Z., Sebastian Gsangl. Diogenes Verlag Zürich 1979 (= detebe 197/3), S. 65–72.

Wir danken allen aufgeführten Verlagen und Rechteinhabern für die freundliche Genehmigung zum Abdruck der Texte.

Ludwig Thoma

Agricola
Bauerngeschichten.
Textrevision und Nachwort von Bernhard Gajek.
1986. 164 Seiten. Serie Piper 487

Altaich
Eine heitere Sommergeschichte.
4. Aufl., 171. Tsd. 1980. 263 Seiten. Piper-Präsent

Ausgewählte Werke
1985. 729 Seiten. Geb.

Für Politiker
Herausgegeben von Günther Lutz. 1980.
150 Seiten. Piper-Präsent

Heilige Nacht
Eine Weihnachtslegende.
Mit Zeichnungen von Wilhelm Schulz.
22. Aufl., 169. Tsd. 1984. 64 Seiten. Geb.
(Auch in der Serie Piper 262 lieferbar)

Josef Filsers Briefwexel
Textrevision und Nachwort von Bernhard Gajek.
Mit 29 Zeichnungen von Eduard Thöny.
21. Aufl., 620. Tsd. 1986. 188 Seiten. Serie Piper 464

Ludwig Thoma

Lausbubengeschichten
Aus meiner Jugendzeit.
Mit 35 Zeichnungen von Olaf Gulbransson.
24. Aufl., 511. Tsd. 1984. 149 Seiten. Piper-Präsent

Lausbubengeschichten – Tante Frieda – Josef Filsers Briefwexel
1981. 355 Seiten. Geb.

Ein Leben in Briefen
(1875–1921). 1963. 503 Seiten und 26 Fotos. Leinen

Magdalena
Ein Volksstück in drei Aufzügen.
Textrevision und Nachwort von Bernhard Gajek. 1985.
120 Seiten. Serie Piper 428

Mein Bayernland
Ausgewählt von Günther Lutz. 1985. 144 Seiten mit 12 Fotos. Geb.

Moral
Komödie in drei Akten.
Textrevision und Nachwort von Bernhard Gajek.
2. Aufl., 11. Tsd. 1985. 102 Seiten.
Serie Piper 297

Ludwig Thoma

Münchnerinnen

Roman.
Textrevision und Nachwort von Bernhard Gajek.
2. Aufl., 9. Tsd. 1985. 209 Seiten. Serie Piper 339

Papas Fehltritt

3 Erzählungen.
1978. 113 Seiten mit 3 Vignetten. Piper-Präsent

Der Postsekretär und andere Geschichten

Einführung von Johann Lachner. 1983. 217 Seiten. Piper-Präsent

Die schönsten Romane und Erzählungen

Jubiläumsausgabe in sechs Bänden. Herausgegeben von Richard Lemp. 2. Aufl., 67. Tsd. 1983. 2053 Seiten. Geb.

Tante Frieda

Neue Lausbubengeschichten.
Mit 38 Zeichnungen von Olaf Gulbransson.
14. Aufl., 261. Tsd. 1983. 170 Seiten. Piper-Präsent
(Auch in der Serie Piper 379 lieferbar)

Der Wilderer und andere Jägergeschichten

Textrevision und Nachwort von Bernhard Gajek.
1984. 119 Seiten. Serie Piper 321

Karl Valentin

Die alten Rittersleut
Szenen und Stücke.
1981. 123 Seiten. Piper-Präsent

Brilliantfeuerwerk
Mit Zeichnungen von Karl Arnold.
3. Aufl., 19. Tsd. 1982. 141 Seiten. Piper-Präsent

Der Feuerwehrtrompeter
Monologe und Couplets.
4. Aufl., 24. Tsd. 1982. 125 Seiten. Piper-Präsent

Die Friedenspfeife
Eine Auswahl aus dem Werk.
1983. 121 Seiten. Serie Piper 311

Gesammelte Werke
Band I: Monologe und Dialoge
Band II: Couplets – Szenen und Stücke 1
Band III: Szenen und Stücke 2
Band IV: Szenen und Stücke 3
2. Aufl., 38. Tsd. 1983. Zus. 781 Seiten. Geb.

PIPER

Siegfried Zimmerschied

Für Frieden und Freiheit

Ein Holzweg in vierzehn Stationen
1986. 128 Seiten. Serie Piper 552

Vierzehn Stationen benötigt der Hausmeister Wick Wimmer auf seinem »Holzweg«, der ihn unaufhaltsam zum aussichtsreichen Kandidaten einer christlichen Partei aufsteigen läßt – als »Alibiwurzelsepp«. Wie seltsam leicht sich alles fügt, wie die erwünschten Ehrenämter und öffentlichen Würden einem mit dem rechten Parteibuch und der passenden Gesinnung von selbst zufallen, das verblüfft Wick Wimmer genauso wie der jähe Sturz aus dem Himmel christlicher Politik, der ihn am Ende dieser Szenenfolge ereilt.
Siegfried Zimmerschied kennt das dargestellte Milieu aus eigener (leidvoller) Erfahrung – schon seit Jahren ist er die Laus im Filz der Passauer Heiligen Allianzen – mit seinem Wick Wimmer hat er eine Gestalt geschaffen, die exemplarisch Opfer wie Mittäter dieser allerchristlichen Union ist.